郏县董庄墓地

河南省文物考古研究院 编著

中州古籍出版社
·郑州·

图书在版编目（CIP）数据

郏县董庄墓地 / 河南省文物考古研究院编著. —郑州：中州古籍出版社，2019.12
 ISBN 978-7-5348-8912-7

Ⅰ. ①郏… Ⅱ. ①河… Ⅲ. ①墓葬(考古) – 发掘报告 – 郏县 Ⅳ. ①K878.85

中国版本图书馆CIP数据核字（2019）第285660号

JIAXIAN DONGZHUANG MUDI
郏县董庄墓地
河南省文物考古研究院　编著

责任编辑　赵建新
责任校对　唐志辉
封面设计　赵启航　贾　悦

出　　版	中州古籍出版社
	地址：郑州市郑东新区祥盛街27号6层
	邮编：450016
	电话：0371-65788693
经　　销	新华书店
印　　刷	河南瑞之光印刷股份有限公司
版　　次	2019年12月第1版
印　　次	2019年12月第1次印刷
开　　本	889毫米×1194毫米　1 / 16
印　　张	38.5印张
印　　数	1—1200册
字　　数	853千字
定　　价	480.00元

本书如有印装质量问题，请与出版社联系调换。

Cemeteries in Dongzhuang Village of Jia County

Henan Provincial Institute of Cultural Relics and Archaeology

Zhongzhou Ancient Books Publishing House

Abstract

Cemeteries in Dongzhuang Village of Jia County (Abstract)

Cemeteries in Dongzhuang Village of Jia County is located in the northeast of Dongzhuang Village of Wangji Township, Jia County, Pingdingshan City, Henan Province. It was excavated in 2006 by Henan Provincial Institute of Cultural Relics and Archaeology to facilitate the construction of Zhengzhou-Raoshan High Way.

All the 127 tombs were found dating from the Han, Tang and Song Dynasties. 94 of them were excavated including 90, 3 and 1 of the Han, Tang and Song Dynasties respectively. 2776 relics were unearthed which were made of from pottery, porcelain, copper, bone, iron to stone and so on. The relics were rich in types and shapes. Also they were in complete collections and of unique characteristics which fully reflected the general situation of cultural development of the region in different periods of history and therefore could be used as cultural specimens to study the development and exchange of historical culture in the region.

The report falls into four chapters. Chapter one is introduction. Chapter two is about tombs of the Han Dynasty. Chapter three is about tombs of the Tang and Song Dynasties. Chapter four is about analysis and research of related issues. The contents of the report include the geographic environment conditions of tomb distribution, evolution of history and culture, introduction, typological analysis of typical relics and tomb structure, analysis of burial form and tools, analysis of the combination of relics, the division of tombs into historical periods, the nature of tombs, burial customs, burial rules and so on.

Cemeteries in Dongzhuang Village of Jia County are mainly civilian tombs of the Han Dynasty, which are of high scientific, historical and artistic value. They are valuable references to researches on tombs of the Han, Tang and Song Dynasties, especially for those on tombs of the Han Dynasty.

《郏县董庄墓地》

主　编

衡云花

副主编

黄富成　韩凯英

绘　图

李晓莉　刘　莉

照片拍摄

黄富成　聂　凡　衡云花　郭木森

特殊器物分析检测

唐　静

出土遗物修复保护

王利彬　韩凯英　赵晟伟　杨素勇　黄亚芬
魏梦娇　陈钦龙　常清海　李国响

目　录

第一章　概论 ·· 1
　　一、地理位置与环境 ··· 1
　　二、历史沿革 ·· 3
　　三、墓地发掘及报告整理基本情况 ··· 3

第二章　汉代墓葬 ··· 7
　第一节　墓葬概述 ·· 7
　　一、M1 ·· 7
　　二、M2 ·· 9
　　三、M3 ··· 12
　　四、M4 ··· 16
　　五、M5 ··· 19
　　六、M6 ··· 21
　　七、M7 ··· 23
　　八、M9 ··· 26
　　九、M10 ··· 29
　　一〇、M12 ·· 30
　　一一、M15 ·· 32
　　一二、M16 ·· 34
　　一三、M17 ·· 37
　　一四、M18 ·· 39
　　一五、M19 ·· 40
　　一六、M20 ·· 41
　　一七、M21 ·· 42
　　一八、M22 ·· 44
　　一九、M23 ·· 45
　　二〇、M24 ·· 46
　　二一、M25 ·· 48

二二、M26 …… 48
二三、M27 …… 49
二四、M28 …… 50
二五、M29 …… 51
二六、M30 …… 52
二七、M31 …… 53
二八、M33 …… 54
二九、M34 …… 56
三〇、M35 …… 57
三一、M36 …… 58
三二、M37 …… 58
三三、M38 …… 61
三四、M39 …… 62
三五、M40 …… 65
三六、M41 …… 65
三七、M44 …… 68
三八、M45 …… 69
三九、M46 …… 73
四〇、M52 …… 82
四一、M53 …… 85
四二、M54 …… 88
四三、M55 …… 90
四四、M56 …… 94
四五、M57 …… 99
四六、M58 …… 141
四七、M61 …… 157
四八、M64 …… 175
四九、M65 …… 189
五〇、M68 …… 191
五一、M69 …… 194
五二、M70 …… 197
五三、M72 …… 199
五四、M74 …… 202
五五、M75 …… 204
五六、M76 …… 206
五七、M77 …… 209
五八、M78 …… 211

五九、M79 ………………………………………………………………………………………………… 217
　　六〇、M80 ………………………………………………………………………………………………… 219
　　六一、M81 ………………………………………………………………………………………………… 221
　　六二、M82 ………………………………………………………………………………………………… 223
　　六三、M84 ………………………………………………………………………………………………… 226
　　六四、M86 ………………………………………………………………………………………………… 227
　　六五、M87 ………………………………………………………………………………………………… 229
　　六六、M88 ………………………………………………………………………………………………… 232
　　六七、M90 ………………………………………………………………………………………………… 238
　　六八、M91 ………………………………………………………………………………………………… 240
　　六九、M94 ………………………………………………………………………………………………… 244
　　七〇、M95 ………………………………………………………………………………………………… 246
　　七一、M96 ………………………………………………………………………………………………… 253
　　七二、M97 ………………………………………………………………………………………………… 255
　　七三、M99 ………………………………………………………………………………………………… 257
　　七四、M104 ……………………………………………………………………………………………… 260
　　七五、M105 ……………………………………………………………………………………………… 261
　　七六、M108 ……………………………………………………………………………………………… 263
　　七七、M109 ……………………………………………………………………………………………… 267
　　七八、M110 ……………………………………………………………………………………………… 270
　　七九、M111 ……………………………………………………………………………………………… 272
　　八〇、M112 ……………………………………………………………………………………………… 275
　　八一、M113 ……………………………………………………………………………………………… 276
　　八二、M115 ……………………………………………………………………………………………… 282
　　八三、M116 ……………………………………………………………………………………………… 285
　　八四、M117 ……………………………………………………………………………………………… 289
　　八五、M118 ……………………………………………………………………………………………… 291
　　八六、M119 ……………………………………………………………………………………………… 292
　　八七、M120 ……………………………………………………………………………………………… 295
　　八八、M121 ……………………………………………………………………………………………… 297
　　八九、M122 ……………………………………………………………………………………………… 303
　　九〇、M123 ……………………………………………………………………………………………… 305
第二节　墓葬形制结构的类型学分析 ………………………………………………………………………… 310
　　一、土坑（土洞）墓 ……………………………………………………………………………………… 310
　　二、砖室墓 ………………………………………………………………………………………………… 311
第三节　葬式（头向、面向）与葬具分析 …………………………………………………………………… 317
　　一、葬式（头向、面向）………………………………………………………………………………… 317

二、葬具 318
　第四节　出土遗物的类型学分析 318
　　一、陶壶 319
　　二、陶罐 338
　　三、陶仓 341
　　四、陶耳杯 343
　　五、陶三足樽 344
　　六、陶井 345
　　七、陶博山薰炉 345
　　八、陶鼎 345
　　九、陶灶 346
　　一〇、陶瓮 346
　　一一、陶器盖 346
　　一二、钱币 350
　第五节　出土遗物的组合形态分析 355
　第六节　小结 362
　　一、墓葬分期 362
　　二、墓葬年代推断 367

第三章　唐宋时期墓葬 375
　第一节　墓葬概述及年代推断 375
　　一、M59 375
　　二、M60 376
　　三、M66 378
　　四、M67 381
　第二节　小结 382

第四章　墓地相关问题研究 383
　　一、墓葬形制演变及葬俗 383
　　二、出土遗物形制演变 386
　　三、墓地性质 387
　　四、相关问题 388

附表
　　一、郏县董庄墓地汉代墓葬登记总表 390
　　二、郏县董庄墓地唐宋时期墓葬登记总表 408

附录一　汉代铜钫的保护与修复 ··· 410

附录二　郏县董庄墓地汉代墓葬出土10件铜器表面成分分析检测报告 ···················· 415

后记 ··· 429

插图目录

图一　董庄墓地地理位置示意图 ·· 2

图二　郏县董庄墓地墓葬分布图 ·· 5

图三　M1平、剖面图 ··· 8

图四　M1出土陶壶 ··· 9

图五　M2平、剖面图 ··· 10

图六　M2出土遗物 ··· 11

图七　M3平、剖面图 ··· 12

图八　M3出土陶器 ··· 14

图九　M3出土铜钱 ··· 15

图一〇　M4平、剖面图 ··· 17

图一一　M4出土遗物 ··· 18

图一二　M5平、剖面图 ··· 19

图一三　M5出土陶壶 ··· 20

图一四　M6平、剖面图 ··· 21

图一五　M6出土陶器 ··· 22

图一六　M7平、剖面图 ··· 24

图一七　M7出土陶器 ··· 25

图一八　M7出土铜钱 ··· 26

图一九　M9平、剖面图 ··· 27

图二〇　M9出土陶画像砖 ··· 28

图二一　M9出土陶画像砖 ··· 28

图二二　M10平、剖面图 ··· 29

图二三　M10出土遗物 ··· 30

图二四　M12平、剖面图 ··· 31

图二五　M12出土陶器 ··· 32

图二六　M15平、剖面图 ··· 33

图二七　M15出土铜钱 ··· 33

图二八　M16平、剖面图 ··· 34

图二九	M16 出土遗物		36
图三〇	M16 出土铜钱		37
图三一	M17 平、剖面图		38
图三二	M17 出土遗物		39
图三三	M18 平面图		40
图三四	M19 平面图		41
图三五	M20 平面图		42
图三六	M21 平、剖面图		43
图三七	M21 出土陶壶		44
图三八	M22 平面图		45
图三九	M23 平面图		45
图四〇	M24 平、剖面图		46
图四一	M24 出土陶器		47
图四二	M25 平面图		48
图四三	M26 平、剖面图		49
图四四	M27 平面图		50
图四五	M28 平面图		51
图四六	M29 平、剖面图		52
图四七	M30 平、剖面图		53
图四八	M31 平面图		54
图四九	M33 平、剖面图		54
图五〇	M33 出土陶壶		55
图五一	M34 平、剖面图		56
图五二	M34 出土陶器盖		57
图五三	M35 平、剖面图		57
图五四	M36 平、剖面图		58
图五五	M37 平、剖面图		59
图五六	M37 出土陶器		60
图五七	M38 平面图		61
图五八	M39 平、剖面图		62
图五九	M39 出土陶器		64
图六〇	M40 平面图		65
图六一	M41 平、剖面图		66
图六二	M41 出土陶器		67
图六三	M44 平、剖面图		68
图六四	M44 出土陶罐		69
图六五	M45 平、剖面图		70

图六六	M45 出土遗物	72
图六七	M46 平、剖面图，南视图	74
图六八	M46 平面图（底）	74
图六九	M46 出土陶壶	76
图七〇	M46 出土遗物	78
图七一	M46 出土遗物	79
图七二	M46 出土遗物	81
图七三	M46 出土铜钱	82
图七四	M52 平、剖面图	83
图七五	M52 出土遗物	85
图七六	M53 平、剖面图，墓门正视图	86
图七七	M53 出土遗物	87
图七八	M54 平、剖面图，墓门正视图	89
图七九	M54 出土陶壶	90
图八〇	M55 平、剖面图	92
图八一	M55 出土遗物	93
图八二	M55 出土铜钱	94
图八三	M56 平、剖面图	95
图八四	M56 出土陶罐	97
图八五	M56 出土陶器	98
图八六	M56 出土铜钱	99
图八七	M57 平面图（1）	101
图八八	M57 平面图（2）	103
图八九	M57 剖面图	105
图九〇	M57 墓道夯土堆积剖面图	105
图九一	M57 墓门正视图	106
图九二	M57 出土遗物	108
图九三	M57 出土遗物	109
图九四	M57 出土釉陶壶	111
图九五	M57 出土釉陶壶	112
图九六	M57 出土遗物	113
图九七	M57 出土遗物	116
图九八	M57 出土遗物	117
图九九	M57 出土遗物	119
图一〇〇	M57 出土遗物	121
图一〇一	M57 出土遗物	122
图一〇二	M57 出土遗物	123

图一〇三	M57 出土铜钱	127
图一〇四	M57 出土铜钱	128
图一〇五	M57 出土铜钱	129
图一〇六	M57 出土铜钱	130
图一〇七	M57 出土铜钱	131
图一〇八	M57 出土铜钱	132
图一〇九	M57 出土铜钱	133
图一一〇	M57 出土铜钱	134
图一一一	M57 出土铜钱	135
图一一二	M57 出土铜钱	136
图一一三	M57 出土铜钱	137
图一一四	M57 出土铜钱	138
图一一五	M57 出土铜钱	139
图一一六	M57 出土铜钱	140
图一一七	M58 平、剖面图	142
图一一八	M58 前堂南视图	143
图一一九	M58 墓门正视图	143
图一二〇	M58 出土陶壶	145
图一二一	M58 出土陶器	147
图一二二	M58 出土陶器	149
图一二三	M58 出土遗物	150
图一二四	M58 出土陶画像砖	152
图一二五	M58 出土陶画像砖	153
图一二六	M58 出土陶画像砖	154
图一二七	M58 出土陶画像砖	155
图一二八	M58 出土陶画像砖	156
图一二九	M58 出土铜钱	157
图一三〇	M61 平（顶俯视）、剖面图	159
图一三一	M61 平面图（底）	161
图一三二	M61 墓门正视图	163
图一三三	M61 南视图	163
图一三四	M61 北视图	164
图一三五	M61 出土陶罐	165
图一三六	M61 出土陶器	167
图一三七	M61 出土陶器	168
图一三八	M61 出土陶耳杯	171
图一三九	M61 出土陶器	172

图一四〇	M61 出土陶器	173
图一四一	M61 出土铜钱	174
图一四二	M64 平、剖面图	176
图一四三	M64 南视图	176
图一四四	M64 东视图	177
图一四五	M64 墓门正视图	177
图一四六	M64 前堂内出土遗物图	178
图一四七	M64 出土陶壶	180
图一四八	M64 出土陶器	181
图一四九	M64 出土陶器	182
图一五〇	M64 出土遗物	184
图一五一	M64 出土陶器	186
图一五二	M64 出土遗物	188
图一五三	M64 出土遗物	189
图一五四	M65 平面图、剖面图（南视图）	190
图一五五	M65 出土遗物	191
图一五六	M68 平、剖面图	193
图一五七	M68 出土遗物	195
图一五八	M69 平面图、剖面图（南视图）	196
图一五九	M69 出土陶器	197
图一六〇	M70 平、剖面图	198
图一六一	M70 出土遗物	200
图一六二	M72 平、剖面图	201
图一六三	M72 出土遗物	202
图一六四	M74 平、剖面图	203
图一六五	M74 出土陶器	204
图一六六	M75 平、剖面图	205
图一六七	M75 出土陶器	206
图一六八	M76 平、剖面图	207
图一六九	M76 出土遗物	208
图一七〇	M77 平、剖面图	210
图一七一	M77 出土陶器	211
图一七二	M78 平、剖面图	212
图一七三	M78 出土遗物	214
图一七四	M78 出土陶画像砖	215
图一七五	M78 出土陶画像砖	216
图一七六	M79 平、剖面图，墓门正视图	217

图一七七	M79 出土陶壶	218
图一七八	M80 平、剖面图	219
图一七九	M80 出土遗物	220
图一八〇	M81 平面图	222
图一八一	M81 出土陶壶	223
图一八二	M82 平、剖面图	224
图一八三	M82 出土陶壶	225
图一八四	M84 平、剖面图	226
图一八五	M84 出土陶壶	227
图一八六	M86 平、剖面图	228
图一八七	M86 出土遗物	230
图一八八	M87 平、剖面图	231
图一八九	M87 出土陶壶	232
图一九〇	M88 平、剖面图	233
图一九一	M88 出土遗物图	234
图一九二	M88 出土陶器	236
图一九三	M88 出土遗物	237
图一九四	M90 平、剖面图	238
图一九五	M90 出土陶壶	239
图一九六	M90 出土铜钱	240
图一九七	M91 平、剖面图	241
图一九八	M91 出土铜钱	243
图一九九	M94 平、剖面图	244
图二〇〇	M94 出土遗物	246
图二〇一	M95 平、剖面图	247
图二〇二	M95 出土陶壶	249
图二〇三	M95 出土陶画像砖	250
图二〇四	M95 出土陶画像砖	251
图二〇五	M95 出土铜钱	253
图二〇六	M96 平、剖面图	254
图二〇七	M96 出土陶仓	255
图二〇八	M97 平、剖面图	256
图二〇九	M97 出土陶器	257
图二一〇	M99 平、剖面图	258
图二一一	M99 出土遗物	259
图二一二	M104 平、剖面图	260
图二一三	M104 出土铜钱	261

图二一四	M105 平、剖面图	262
图二一五	M105 出土陶壶	263
图二一六	M108 平、剖面图	264
图二一七	M108 出土陶壶	265
图二一八	M108 出土铜钱	266
图二一九	M109 平、剖面图	267
图二二〇	M109 出土遗物	269
图二二一	M109 出土遗物	270
图二二二	M110 平、剖面图	271
图二二三	M110 出土陶器	273
图二二四	M111 平、剖面图	274
图二二五	M111 出土陶三足樽	274
图二二六	M112 平、剖面图	275
图二二七	M112 出土遗物	277
图二二八	M113 平、剖面图	278
图二二九	M113 出土陶壶	280
图二三〇	M113 出土铜钱	281
图二三一	M115 平、剖面图	282
图二三二	M115 出土遗物	284
图二三三	M116 平、剖面图	286
图二三四	M116 出土遗物	288
图二三五	M117 平、剖面图	289
图二三六	M117 出土遗物	290
图二三七	M118 平、剖面图	291
图二三八	M118 出土陶器	292
图二三九	M119 平、剖面图	293
图二四〇	M119 出土遗物	294
图二四一	M120 平、剖面图，墓门正视图	296
图二四二	M120 出土遗物	297
图二四三	M121 平、剖面图，墓门正视图	299
图二四四	M121 出土遗物	300
图二四五	M121 出土铜钱	302
图二四六	M122 平、剖面图	303
图二四七	M122 出土遗物	304
图二四八	M123 平、剖面图	305
图二四九	M123 出土陶器	308
图二五〇	M123 出土遗物	309

图二五一	M59 平面图	376
图二五二	M60 平、剖面图	377
图二五三	M60 出土陶罐	377
图二五四	M66 平、剖面图，墓门正视图	379
图二五五	M66 出土陶器	380
图二五六	M66 出土铜钱	380
图二五七	M67 平面图	381

插表目录

表一：郏县董庄墓地汉代墓葬形制结构的类型学分析统计表·················312
表二：郏县董庄墓地汉代墓葬出土陶壶类型学分析统计表·················323
表三：郏县董庄墓地汉代墓葬出土陶罐类型学分析统计表·················339
表四：郏县董庄墓地汉代墓葬出土陶仓类型学分析统计表·················342
表五：郏县董庄墓地汉代墓葬出土陶耳杯类型学分析统计表················343
表六：郏县董庄墓地汉代墓葬出土陶三足樽类型学分析统计表···············344
表七：郏县董庄墓地汉代墓葬出土陶器盖类型学分析统计表················348
表八：郏县董庄墓地汉代墓葬出土遗物组合形态统计表··················357

彩版目录

彩版一　　汉代墓葬 M2 出土遗物
彩版二　　汉代墓葬 M3、M4 出土遗物
彩版三　　汉代墓葬 M5 出土陶壶及其铺首
彩版四　　汉代墓葬 M6 出土陶壶及其铺首
彩版五　　汉代墓葬出土铜钱合照
彩版六　　汉代墓葬 M16 出土陶壶及其铺首
彩版七　　汉代墓葬 M17、M21 出土遗物
彩版八　　汉代墓葬 M33、M37 出土陶器及陶壶铺首
彩版九　　汉代墓葬 M37 出土遗物
彩版一〇　汉代墓葬 M39、M41 出土陶器及陶壶铺首
彩版一一　汉代墓葬 M44、M45 出土遗物
彩版一二　汉代墓葬 M46 出土陶壶及其铺首
彩版一三　汉代墓葬 M46 出土陶壶及其铺首
彩版一四　汉代墓葬 M46 出土陶器及陶壶铺首
彩版一五　汉代墓葬 M46 出土陶器
彩版一六　汉代墓葬 M46 出土铁、铜器
彩版一七　汉代墓葬 M46 出土铜器
彩版一八　汉代墓葬 M46 出土铜器
彩版一九　汉代墓葬 M46、M52 出土遗物
彩版二〇　汉代墓葬 M53、M54 出土遗物
彩版二一　汉代墓葬 M55 出土铜器
彩版二二　汉代墓葬 M56、M57 出土遗物
彩版二三　汉代墓葬 M57 出土陶器
彩版二四　汉代墓葬 M57 出土陶、瓷器
彩版二五　汉代墓葬 M57 出土陶、铜器
彩版二六　汉代墓葬 M57 出土铜、铁器
彩版二七　汉代墓葬 M57 出土铜、铁器
彩版二八　汉代墓葬 M57 出土铁、铜器

彩版二九　汉代墓葬 M57 出土铜器
彩版三〇　汉代墓葬 M57 出土铁剑、铜弩机
彩版三一　汉代墓葬 M57 出土遗物
彩版三二　汉代墓葬 M57 出土铜器
彩版三三　汉代墓葬 M57 出土铜器
彩版三四　汉代墓葬 M58 出土陶器
彩版三五　汉代墓葬 M58 出土陶器
彩版三六　汉代墓葬 M58 出土陶器
彩版三七　汉代墓葬 M58、M61 出土遗物
彩版三八　汉代墓葬 M61 出土陶器
彩版三九　汉代墓葬 M61 出土施彩陶器
彩版四〇　汉代墓葬 M61 出土陶器
彩版四一　汉代墓葬 M61 出土陶器
彩版四二　汉代墓葬 M61 出土陶器
彩版四三　汉代墓葬 M61、M64 出土遗物
彩版四四　汉代墓葬 M64 出土陶器
彩版四五　汉代墓葬 M64 出土陶器
彩版四六　汉代墓葬 M64 出土陶器
彩版四七　汉代墓葬 M64 出土陶器
彩版四八　汉代墓葬 M64 出土陶鸭、鹅
彩版四九　汉代墓葬 M64 出土陶鸡、狗
彩版五〇　汉代墓葬 M64 出土铜泡钉、铁剑
彩版五一　汉代墓葬 M64 出土铜当卢、刷柄
彩版五二　汉代墓葬 M64、M65 出土遗物
彩版五三　汉代墓葬 M68 出土铁、铜器
彩版五四　汉代墓葬 M68 出土铜器
彩版五五　汉代墓葬 M70、M72 出土遗物
彩版五六　汉代墓葬 M74、M75、M78 出土遗物
彩版五七　汉代墓葬 M78 出土陶壶
彩版五八　汉代墓葬 M79、M80 出土陶壶及其铺首
彩版五九　汉代墓葬 M80、M81 出土遗物
彩版六〇　汉代墓葬 M82、M87 出土陶壶及其铺首
彩版六一　汉代墓葬 M87、M88 出土遗物
彩版六二　汉代墓葬 M88 出土陶壶及其铺首
彩版六三　汉代墓葬 M88 出土釉陶壶及其铺首
彩版六四　汉代墓葬 M88 出土遗物
彩版六五　汉代墓葬 M90、M91 出土遗物

彩版六六　汉代墓葬 M95 出土陶壶及其铺首
彩版六七　汉代墓葬 M97 出土陶器
彩版六八　汉代墓葬 M99、M109、M110 出土遗物
彩版六九　汉代墓葬 M110、M111、M112、M113 出土遗物
彩版七〇　汉代墓葬 M113 出土陶壶及其铺首
彩版七一　汉代墓葬 M113、M115、M116 出土遗物
彩版七二　汉代墓葬 M117、M119 出土铁器
彩版七三　汉代墓葬 M119、M121 出土遗物
彩版七四　汉代墓葬 M121 出土遗物
彩版七五　汉代墓葬 M121、M123 出土遗物
彩版七六　唐宋墓葬 M60、M66 出土陶器

图版目录

图版一　汉代墓葬 M3
图版二　汉代墓葬 M10
图版三　汉代墓葬 M12
图版四　汉代墓葬 M46 左墓室
图版五　唐代墓葬 M66
图版六　汉代墓葬 M84
图版七　汉代墓葬 M87（左）、M88（右）
图版八　汉代墓葬 M90
图版九　汉代墓葬 M105
图版一〇　汉代墓葬 M119
图版一一　汉代墓葬 M1、M2 出土遗物
图版一二　汉代墓葬 M3、M5 出土陶器
图版一三　汉代墓葬 M6、M7 出土陶器
图版一四　汉代墓葬 M7、M10 出土陶器
图版一五　汉代墓葬 M10、M12、M16 出土遗物
图版一六　汉代墓葬 M16、M17、M21 出土遗物
图版一七　汉代墓葬 M21、M24 出土陶壶
图版一八　汉代墓葬 M33、M37 出土陶器
图版一九　汉代墓葬 M37 出土陶壶
图版二〇　汉代墓葬 M39 出土陶器
图版二一　汉代墓葬 M41 出土陶器
图版二二　汉代墓葬 M41 出土陶器盖
图版二三　汉代墓葬 M44、M45 出土陶、铁器
图版二四　汉代墓葬 M45、M46 出土陶、铜器
图版二五　汉代墓葬 M46 出土遗物
图版二六　汉代墓葬 M46 出土陶器、铁剑
图版二七　汉代墓葬 M46 出土铁、铜器
图版二八　汉代墓葬 M52 出土陶器、铁刀

图版二九	汉代墓葬 M53、M54 出土遗物	
图版三〇	汉代墓葬 M54、M55 出土陶壶、铜捉手	
图版三一	汉代墓葬 M55 出土遗物	
图版三二	汉代墓葬 M57 出土遗物	
图版三三	汉代墓葬 M57 出土陶器	
图版三四	汉代墓葬 M57 出土陶器	
图版三五	汉代墓葬 M57 出土遗物	
图版三六	汉代墓葬 M57 出土遗物	
图版三七	汉代墓葬 M57 出土遗物	
图版三八	汉代墓葬 M57 出土铜器	
图版三九	汉代墓葬 M57 出土铁、铜器	
图版四〇	汉代墓葬 M57 出土铜、铁器	
图版四一	汉代墓葬 M57 出土铜器	
图版四二	汉代墓葬 M57 出土遗物	
图版四三	汉代墓葬 M58 出土陶器	
图版四四	汉代墓葬 M58 出土陶器	
图版四五	汉代墓葬 M58 出土遗物	
图版四六	汉代墓葬 M58、M61 出土遗物	
图版四七	汉代墓葬 M61 出土陶器	
图版四八	汉代墓葬 M61 出土陶器	
图版四九	汉代墓葬 M61 出土陶器	
图版五〇	汉代墓葬 M61 出土陶器	
图版五一	汉代墓葬 M61 出土陶器	
图版五二	汉代墓葬 M61、M64 出土陶器	
图版五三	汉代墓葬 M64 出土陶器	
图版五四	汉代墓葬 M64 出土陶器、铜器	
图版五五	汉代墓葬 M64 出土陶器	
图版五六	汉代墓葬 M64 出土陶器	
图版五七	汉代墓葬 M64 出土铁、铜器	
图版五八	汉代墓葬 M64、M65、M68 出土遗物	
图版五九	汉代墓葬 M68 出土铜器	
图版六〇	汉代墓葬 M68、M69、M70 出土遗物	
图版六一	汉代墓葬 M70、M74 出土陶器	
图版六二	汉代墓葬 M74、M75、M76 出土陶器	
图版六三	汉代墓葬 M78 出土遗物	
图版六四	汉代墓葬 M79、M80 出土遗物	
图版六五	汉代墓葬 M81、M82 出土陶壶	

图版六六　汉代墓葬 M84、M86、M87、M88 出土遗物
图版六七　汉代墓葬 M87、M88 出土陶壶
图版六八　汉代墓葬 M88、M90 出土遗物
图版六九　汉代墓葬 M90、M94、M95、M96、M97 出土陶器
图版七〇　汉代墓葬 M97、M99、M105 出土陶器
图版七一　汉代墓葬 M105、M109 出土遗物
图版七二　汉代墓葬 M110 出土陶器
图版七三　汉代墓葬 M111、M112、M113 出土陶器
图版七四　汉代墓葬 M113、M115 出土陶器
图版七五　汉代墓葬 M115、M117 出土遗物
图版七六　汉代墓葬 M118、M119 出土遗物
图版七七　汉代墓葬 M119、M120 出土遗物
图版七八　汉代墓葬 M120、M121 出土陶壶
图版七九　汉代墓葬 M121 出土遗物
图版八〇　汉代墓葬 M121、M123 出土陶器
图版八一　汉代墓葬 M123 出土陶器
图版八二　汉代墓葬出土遗物合照
图版八三　汉代墓葬出土遗物合照
图版八四　汉代墓葬出土遗物合照

第一章 概论

一、地理位置与环境

郏县地处河南省中部偏西，平顶山市北部，属豫西山区向豫东平原过渡地带。东接襄城县，西邻汝州市，南依平顶山市卫东区及宝丰县，北连禹州市。地理坐标：东经 113°0′40″~113°24′50″，北纬 33°48′0″~34°10′50″。东西长 37.6 公里，南北宽 31.3 公里，总面积 737 平方公里。

郏县区位优越，交通便利。正在建设的郑万高铁在郏县规划设站。三洋铁路郏县站顺利通车。郑尧高速贯穿县境，平郏快速通道、洛界公路、郑南公路西线和南石公路在境内交汇。县城距新郑国际机场、郑州航空港均在 1 小时交通圈内。优越的地理位置，发达的交通网络，对后世文化的形成、发展和繁荣起到了非常重要的作用，为文化的交融与交流提供了便利和保证。

郏县自然环境优越，地势呈马鞍形，东南、西北高，中部低。东南部为外方山余脉，低山绵亘；西北部为萁山山地，峰峦起伏；中部为北汝河冲积平原，沃野坦荡。

郏县地处北温带南部。气候属温带大陆性季风气候，年平均气温 14.6℃，年降水量 678.6 毫米，无霜期 220 天。主要特征是四季分明，日照时间较长，热量比较充足，自然降水偏少。

郏县内河流属淮河流域沙颍河水系，境内有北汝河、干河、鲁医河、二十里铺河、青龙河、双庙河、叶犨河、胡河、肖河、蓝河、吕梁河、三险河、杨柳河、芝河、石河 15 条河流。北汝河为干流，也是境内最大的河流，自西向东贯穿全境，境内段长 48 公里，境内流域总面积 98 平方公里，常年流量 300~500 米^3/秒。

董庄墓地位于郏县城东的王集乡董庄村，郑尧高速公路、省道豫 20 线、洛界路从附近经过。（图一 董庄墓地地理位置示意图）

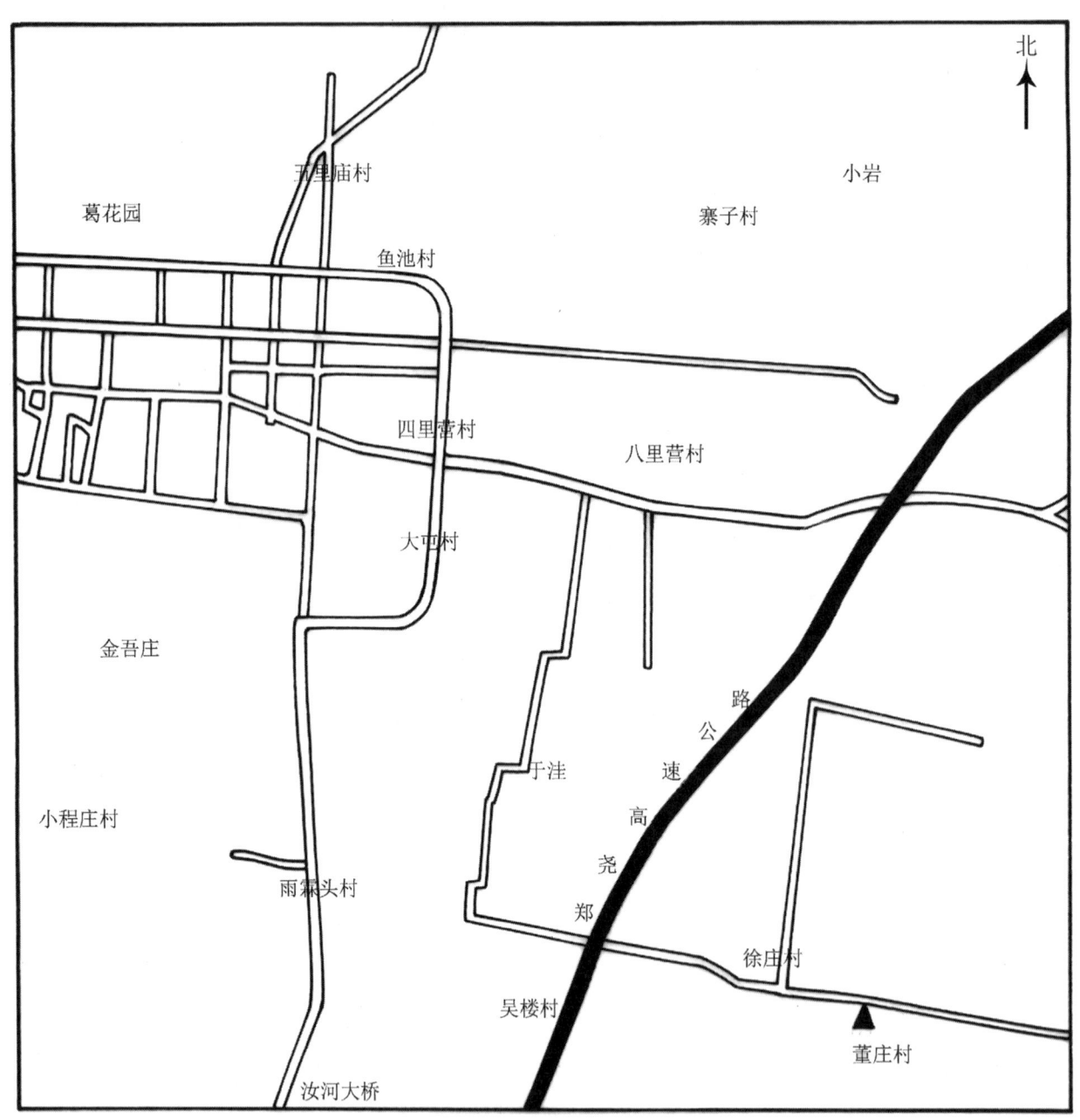

图一　董庄墓地地理位置示意图

二、历史沿革

郏县，隶属于河南省平顶山市。周康王时期（前1020～前996）称"夹"，为成周（雒邑）畿内地，春秋名郏邑，先属郑，后属楚。战国初属晋，后归韩。秦置郏县，隶颍川郡。东汉建武六年（30），废郏县并入父城县。建安（196～219）中复置郏县，属汝城郡。

西晋隶襄城郡。东晋十六国时期，先后隶前赵、后赵和东晋。北魏太和十七年（493），改郏县为龙山县，隶顺阳郡。

隋开皇初，改龙山县为汝南县。开皇十八年（598），改汝南县为辅城县。大业四年（608），改辅城县为郏城县。蒙古至元三年（1266），废郏城县为黄渠镇，入梁县。

元大德八年（1304），复置郏县，隶汝州。明成化十二年（1476），改隶汝州直隶州。清代沿明制。

民国初，先后属河陕汝道、豫西道、河洛道。民国十六年（1927），改隶豫西行政区。民国二十一年（1932），改隶第五行政督察区。民国三十三年（1944）5月，日军占领郏县。民国三十四年（1945）7月，河南人民抗日军第六支队收复禹郏交界地区，在禹郏交界带置禹郏县，县治曹沟村，同年10月撤销。

1949年3月，改隶许昌专区。中华人民共和国成立初期，先后属豫陕鄂边区第五专区、豫西区第五区。1986年3月，改属平顶山市。

三、墓地发掘及报告整理基本情况

2006年5月至8月，为配合郑州至尧山高速公路建设工程，河南省文物考古研究院（原河南省文物考古研究所）对郏县段王集乡董庄墓地进行了抢救性考古发掘。

本次发掘领队是孙新民，执行领队是郭木森。赵宏、王成负责考古发掘工地及出土文物的安全保卫工作。本次发掘得到郏县文化广电局和文物保护管理所的积极配合。参加发掘工作的主要人员还有薄毛旦、赵军领、田建峰、牛长鹏、赫海龙等。

2017年5月至2019年9月，在河南省文物考古研究院的大力支持下，开始全面系统地对河南省平顶山市郏县王集乡董庄墓地发掘清理的127座墓葬资料进行整理与研究。

河南省平顶山市郏县王集乡董庄墓地共发现127座墓葬，其中M8、M11、M13、M14、M32、M42、M43、M47、M48、M49、M50、M51、M62、M63、M71、M73、M83、M85、M89、M92、M93、M98、M100、M101、M102、M103、M106、M107、M114、M124、M125、M126、M127等33座墓葬，只留有墓葬迹象，部分墓葬被严重破坏只能看出大致方向，无法完备单元资料；部分墓葬被断崖打破，无法清

理。此次只对其余的 94 座经过科学考古发掘的墓葬资料整理、研究，进行报告。（图二　郏县董庄墓地墓葬分布图）

衡云花主持整理与研究的全面工作，负责报告的撰写，对相关问题进行分析和研究等。黄富成、韩凯英参与部分资料的整理及图文汇总和校对。郭木森先生对墓地发掘情况的简介进行核校，赵军领、薄毛旦对原始发掘资料进行复核和完善，黄亚芬、魏梦娇等参加墓葬资料的整理录入工作，李晓莉、刘莉、黄亚芬等完成墓葬平、剖面图和出土遗物图的清绘、扫描工作。王利彬、韩凯英、赵晟伟、杨素勇、黄亚芬、魏梦娇、陈钦龙、李国响、常清海等参加出土遗物的拼对、修复加固、铜器除锈清理等工作。赵晟伟、常清海撰写了《汉代铜钫的保护与修复》报告（附录一）。发掘现场照片由郭木森、薄毛旦等拍摄，出土遗物照片由黄富成、衡云花、聂凡等拍摄。在器物照片的拍摄过程中，由黄亚芬、李洁、朱树生等协助。李洁完成出土铜钱、铜镜、铜饰件、陶画像砖和陶器装饰附件等的拓片制作工作。在报告的整理过程中，薄毛旦、时丽娟、雷福珍、朱树生等作了部分协助性工作。唐静对 M46、M55、M57、M64、M68 出土的铜饰件进行金相检测分析，并撰写《郏县董庄墓地汉代墓葬出土 10 件铜器表面成分分析检测报告》（附录二）。衡云花对图文进行整体校对、合成，形成本报告。

第二章　汉代墓葬

河南省平顶山市郏县王集乡董庄墓地共发现127座墓葬，其中M8、M11、M13、M14、M32、M42、M43、M47、M48、M49、M50、M51、M62、M63、M71、M73、M83、M85、M89、M92、M93、M98、M100、M101、M102、M103、M106、M107、M114、M124、M125、M126、M127等33座墓葬，只留有墓葬迹象，部分墓葬被严重破坏只能看出大致方向，无法完备单元资料；部分墓葬被断崖打破，无法清理。经过科学考古发掘的有94座，其中90座墓葬为汉代墓葬，编号分别为M1、M2、M3、M4、M5、M6、M7、M9、M10、M12、M15、M16、M17、M18、M19、M20、M21、M22、M23、M24、M25、M26、M27、M28、M29、M30、M31、M33、M34、M35、M36、M37、M38、M39、M40、M41、M44、M45、M46、M52、M53、M54、M55、M56、M57、M58、M61、M64、M65、M68、M69、M70、M72、M74、M75、M76、M77、M78、M79、M80、M81、M82、M84、M86、M87、M88、M90、M91、M94、M95、M96、M97、M99、M104、M105、M108、M109、M110、M111、M112、M113、M115、M116、M117、M118、M119、M120、M121、M122、M123。（见附表：一、郏县董庄墓地汉代墓葬登记总表）在本章中对这90座汉代墓葬的资料逐一报告。

第一节　墓葬概述

一、M1

（一）层位关系

该墓的上部被施工破坏，依据附近断崖壁的层次推测该墓开口于第②层下。打破M5。

（二）墓葬形制、葬式与葬具

双室砖室墓。方向20°。由墓道、前堂、主墓室和侧墓室四部分组成。此墓被盗扰。

墓道　弧形竖井斜坡式。土坑。置于主墓室之北。墓道与主墓室方向一致。底长未知，宽1.66米，距地表深0.60米（残存）。

前堂　开口于墓道南壁，平面呈横置长方形。顶部形制未知。用空心砖铺地，空心砖只残留前后各少部分。前堂东西长 1.6 米，南北宽 1.4 米，距地表深未知。

　　主墓室　平面呈长方形。砖室。置于前堂南部。室顶被破坏，形制不详。局部使用空心砖，砖上有菱形图案和齿轮图案。直壁，平底。无封门痕迹。室内填土为五花土。口长、宽未知，距地表深 0.60 米。底长 2.45 米，宽 1.20 米，距地表深 0.70 米。

　　侧墓室　平面呈长方形。砖室。位于主墓室东侧。开口于前堂东壁，与主墓室平行排列方向一致，与主墓室相隔宽约 0.82 米。进口处用 2 块空心砖平铺。顶部形制未知。直壁，平底。无封门痕迹。室内填土为五花土。底长 2.80 米，宽 1.00 米，距地表深 0.43 米。

　　人骨架无存。头向、面向、葬式、性别不明。葬具未知。有随葬品。（图三）

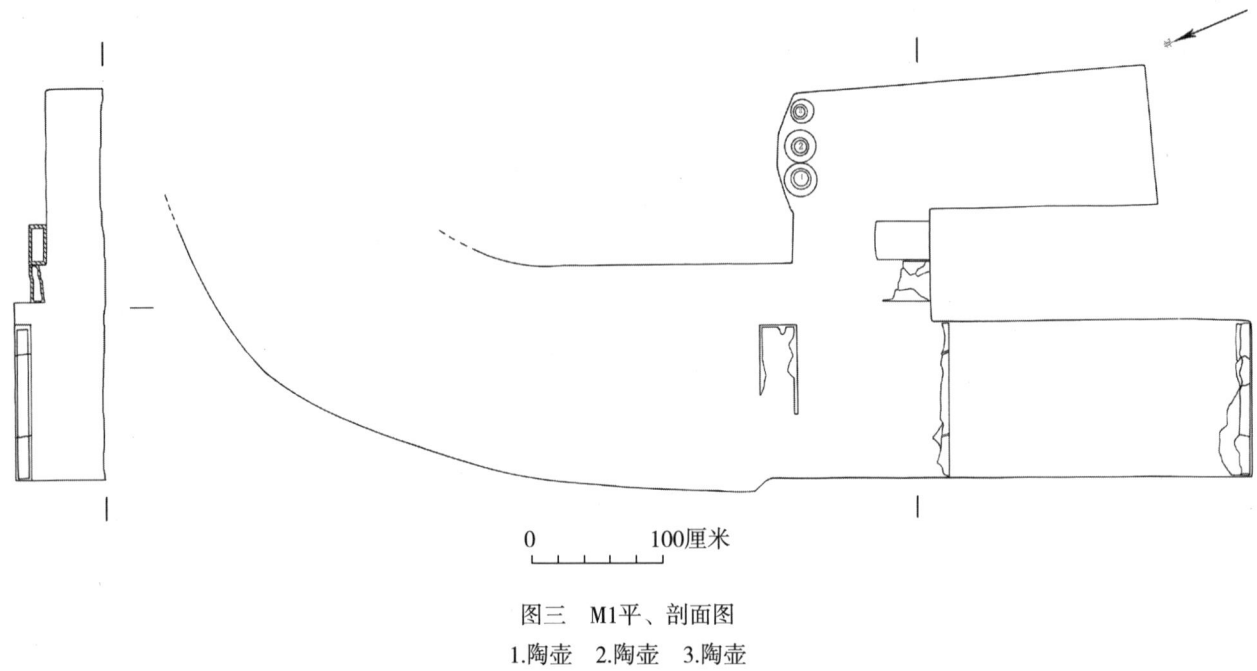

图三　M1 平、剖面图
1. 陶壶　2. 陶壶　3. 陶壶

（三）出土遗物

出土遗物共计 3 件。均为陶壶。置于侧墓室北部。

陶壶　3 件。均为泥质灰陶。轮制。其中 2 件（标本 M1:1、标本 M1:2），均残。器体较大，形制相似，尺寸有异。子口承盖。盖，小平顶微内凹，盖面弧形隆起，下部饰两周凹弦纹，斜沿，方唇。盖内壁满布凹旋纹。壶，盘口外撇，盘口下有不明显折棱，束颈，广溜肩，圆鼓腹，下腹弧内收为平底，下接矮圈足，圈足微外撇。肩腹交接处饰两周凹弦纹，腹两侧对称并各饰一兽面铺首衔环。标本 M1:1，盖面近沿处有数周细小凹弦纹；壶，颈肩交接处饰两周浅宽凹弦纹，腹中部饰三周斜篦点纹，下腹有数周轮转留下的刮痕。盖，顶径 4.9 厘米，沿径 16.5 厘米，高 5.0 厘米；壶，口径 17.2 厘米，腹径 29.2 厘米，底径 16.6 厘米，高 33.4 厘米，通高 38.6 厘米。（图四，1；图版一一，1）标本 M1:2，盖，顶径 4.6 厘米，沿径 15.7 厘米，高 4.6 厘米；壶，口径 17.2 厘米，腹径 29.8 厘米，底径 17.0 厘米，高 34.2 厘米；通高 39.0 厘米。（图四，3；图版一一，2）另 1 件（标本 M1:3），器体较小。盘口，束颈，溜肩，弧鼓腹，一侧腹中部有一块近圆形浅凹窝，平底微内凹。颈部削薄，下部有一周明显的凸棱；腹部饰数周凹弦纹，上部凹弦纹较窄，下部凹弦纹较宽。口径 10.0 厘米，腹径 8.0 厘米，底径 14.2 厘米，高 18.0 厘米。（图四，2；图版一一，3）

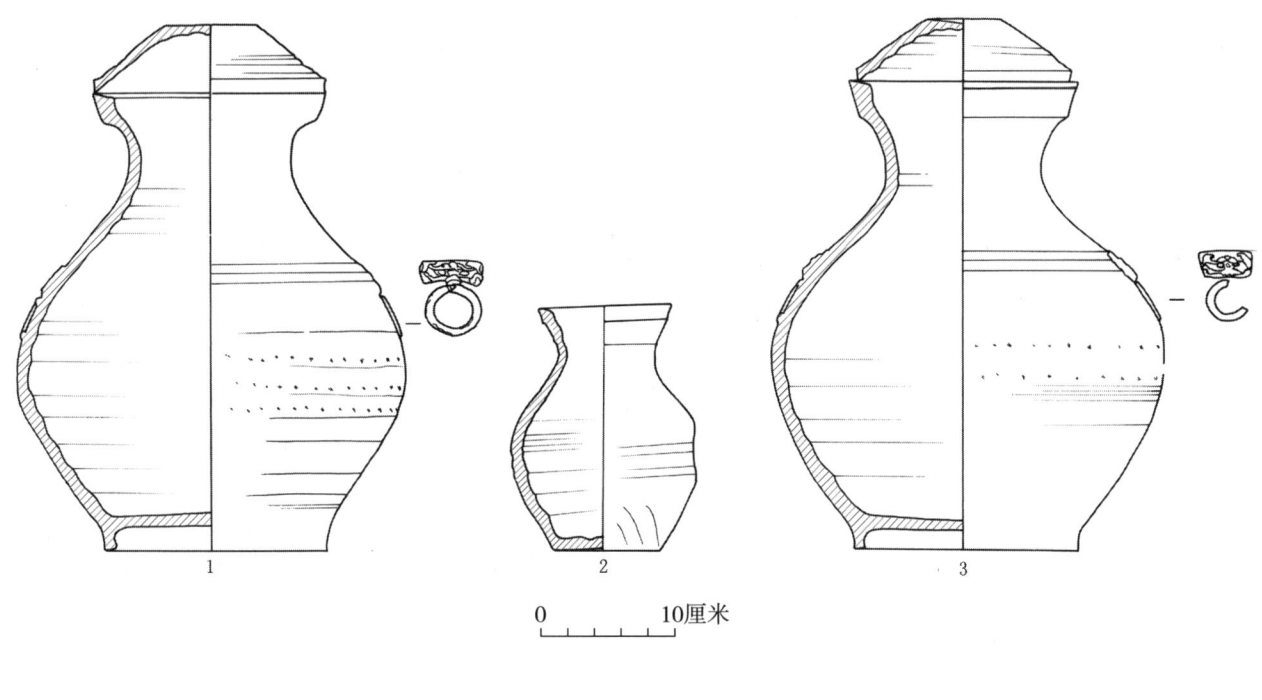

图四 M1出土陶壶
1.M1:1 2.M1:3 3.M1:2

二、M2

（一）层位关系

该墓的上部被施工破坏，依据附近断崖壁的层次推测该墓开口于第②层下。位于M1的西北部。

（二）墓葬形制、葬式与葬具

双室砖室墓。方向205°。由墓道、前室和后室三部分组成。墓道与墓室宽度相当。

墓道 长方形竖井斜坡式。土坑。置于前室之偏西侧。平面呈长方形，直壁，斜坡底。口长2.70米，宽1.14米，距地表深3.30米。底长2.68米，宽1.10米，距地表深4.02米。

墓室 双室。分前室和后室两部分，前室和后室组成平面近"T"形。前、后室平面均呈长方形，室顶均被破坏，形制不详。室内填土为五花土。分别报告如下：

前室 砖室。应该是主墓室。室壁用长1.16米、宽0.40米、厚0.12米的空心砖对缝垒砌，室底用长0.85米、宽0.30米、厚0.12米的空心砖平铺一层。无封门痕迹。室内填土为五花土。墓室内残存有棺木痕。口长2.38米，宽1.10米，距地表深3.30米。底长2.38米，宽1.10米，距地表深4.02米。

后室 土洞穴式。置于前室后部。应该是为放置随葬遗物所造。近南北向。无封门痕迹。室内填土为五花土。口长1.96米，宽0.90米，距地表深3.30米。底长1.96米，宽0.90米，距地表深4.02米。

人骨架无存。头向、面向、葬式、性别不明。虽无骨架及葬具，但前墓室内残存有棺木痕，据此推测葬具应为木棺。有随葬品。（图五）

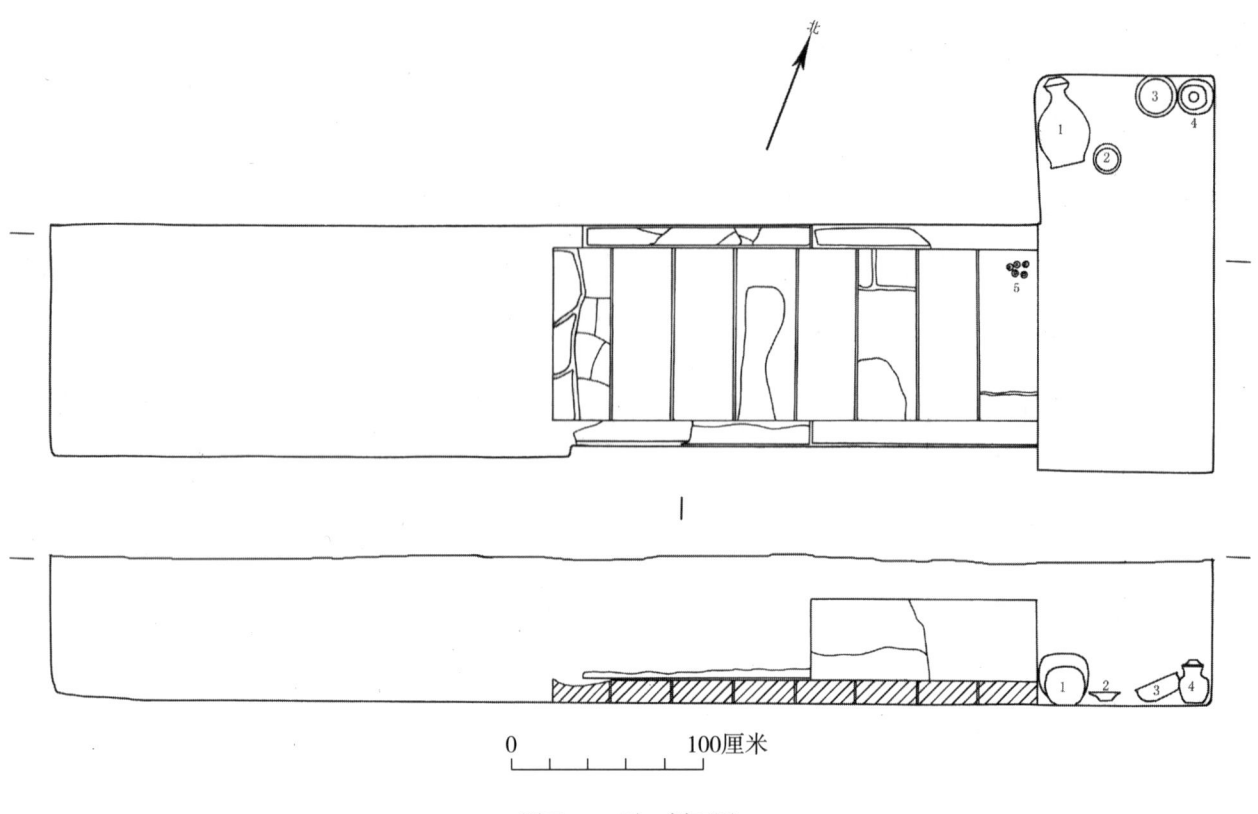

图五　M2平、剖面图
1.陶壶　2.陶器盖　3.铜釜　4.陶壶　5.铜钱

（三）出土遗物

出土遗物共计9件。有陶壶2、陶器盖1、铜釜1、铜钱5。铜钱放置在前室北部，其余遗物均放置在后室的北壁处。

陶壶　2件。均泥质灰陶。轮制。均子口承盖，盖形制各异。壶，形制近似，器体尺寸差异较大。壶，均为盘口外撇，盘口下有不明显折棱，束颈，溜肩，圆球形腹，空心状斜直假圈足底微内凹，足上扩下内收且与腹部无明显界线。标本M2:1，器体较大。盖，呈球形隆起，盖面下部有一周凸弦纹，宽沿微上卷，尖唇。壶，肩腹交接处有两周窄凹弦纹，凹弦纹下壶表两侧对称各饰一兽面铺首衔环，铺首下饰三周窄凹弦纹。器表施白衣，白衣多脱落。盖，沿径10.6厘米，高6.3厘米；壶，口径16.4厘米，腹径31.2厘米，底径17.6厘米，高39.0厘米；通高44.8厘米。（图六，1；彩版一，1、2；图版一一，5）标本M2:4，器体较小。盖，斜平顶，盖面弧形隆起，宽沿，方唇，唇中部有一周凹槽。壶，盘口下部有一周凹槽，肩腹交接处饰两周窄凹弦纹，下腹部有数周不明显凹弦纹。器表施白衣，白衣多脱落。盖，顶径3.6厘米，沿径9.9厘米，高2.9厘米；壶，口径9.6厘米，腹径15.0厘米，底径7.4厘米，高19.5厘米；通高22.8厘米。（图六，4；彩版一，4；图版一一，6）

陶器盖　1件。标本M2:2，泥质灰陶。轮制。弧形顶，盖面弧形隆起，宽平沿，沿下面有一周凹槽作母口，斜方唇。盖面下部有一周折棱。沿径16.8厘米，高5.0厘米。（图六，2）

铜釜　1件。标本M2:3，敞口，斜沿上仰，尖唇，弧腹，圜底近尖。口径20.2厘米，高9.2厘米。（图六，3；彩版一，5；图版一一，4）

铜钱　5枚。均为五铢。内廓正面均被磨除。（彩版一一，3）依据钱文书体、保存现状等分为以下四种情况进行报告：

1. 标本 M2:5-1，1 枚。钱文字迹清晰。"五"字中间两交笔弯曲。"铢"字的"金"旁上部呈小三角形，下部四点稍短；"朱"旁上部方折，下部圆折，下竖较直，下部长于上部，上、下部之间的间距较大。钱径 2.6 厘米，穿径 1.0 厘米。（图六，5）

2. 标本 M2:5-2，1 枚。钱文字迹清晰。"五"字中间两交笔弯曲。"铢"字的"金"旁上部呈稍大三角形，下部四点稍短；"朱"旁上部方折，下部圆折，下竖较直，下部长于上部，上、下部之间的间距较小。钱径 2.6 厘米，穿径 1.0 厘米。（图六，6）

3. 标本 M2:5-3，1 枚。钱文字迹清晰。"五"字中间两交笔呈稍曲。"铢"字的"金"旁上部呈稍大三角形，下部四点稍长；"朱"旁上部方折，下部圆折，下竖较直，下部长于上部，上、下部之间的间距较大。钱径 2.4 厘米，穿径 1.0 厘米。（图六，7）

4. 标本 M2:5-4，标本 M2:5-5，各 1 枚，共计 2 枚。为剪轮五铢。钱文书体不同，尺寸相同。钱文字迹部分不清晰。标本 M2:5-4，1 枚。"五"字中间两交笔呈微曲，"铢"字模糊不清。钱径 2.2 厘米，穿径 1.0 厘米。标本 M2:5-5，1 枚。"五"字中间两交笔较直。"铢"字的"金"不清晰；"朱"旁上部方折，下部圆折，下竖较直，下部长于上部，上、下部之间的间距较大。钱径 2.2 厘米，穿径 1.0 厘米。

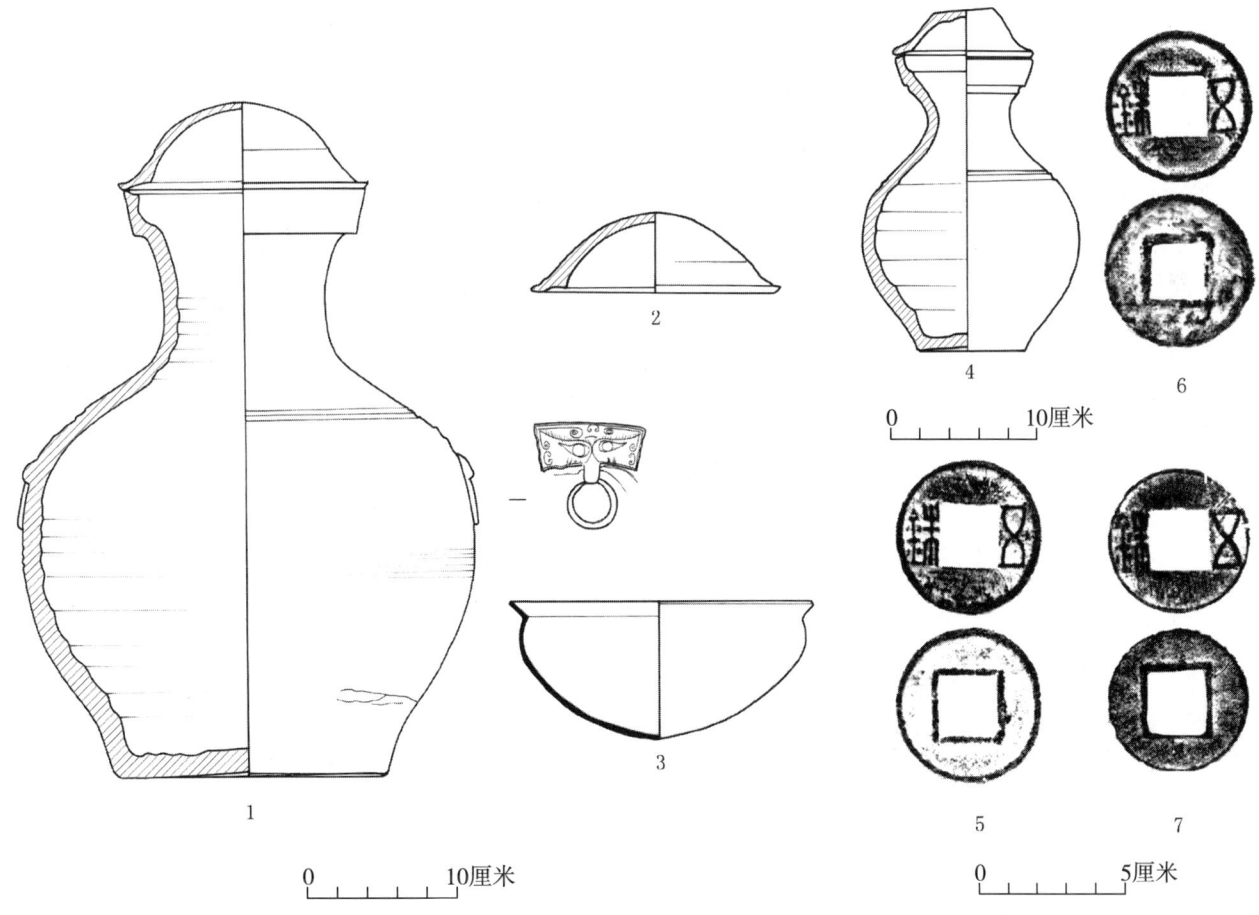

图六　M2出土遗物

1.陶壶（M2:1）　2.陶器盖（M2:2）　3.铜釜（M2:3）　4.陶壶（M2:4）　5.铜钱（M2:5-1）　6.铜钱（M2:5-2）
7.铜钱（M2:5-3）

三、M3

（一）层位关系

该墓的上部被施工破坏，依据附近断崖壁的层次推测该墓开口于第②层下。位于 M1 的西南部。

（二）墓葬形制、葬式与葬具

单室砖室墓。方向 112°。由墓道和墓室两部分组成。墓道窄于墓室，墓道与墓室构成平面呈铲形。此墓被盗扰。

墓道 长方形竖井斜坡式。土坑。置于墓室之东。直壁，斜坡底。底长 2.50 米，宽 1.50 米，距地表深 0.06~0.46 米（残存）。

墓室 平面呈长方形。砖室。室顶被破坏，形状不明。墓室壁用长 0.34 米、宽 0.13 米、厚 0.06 米的青砖垒砌，由于此墓破坏较为严重，最高保留七层；墓底用同样的青砖错缝平铺，接近墓口处保留 6 排。无封门痕迹。室内填土为五花土。口长、宽、距地表深均未知。底长 3.84 米，宽 2.08 米，距地表深 0.56 米（残存）。

人骨架无存。头向、面向、葬式、性别不明。葬具未知。有随葬品。（图七，图版一）

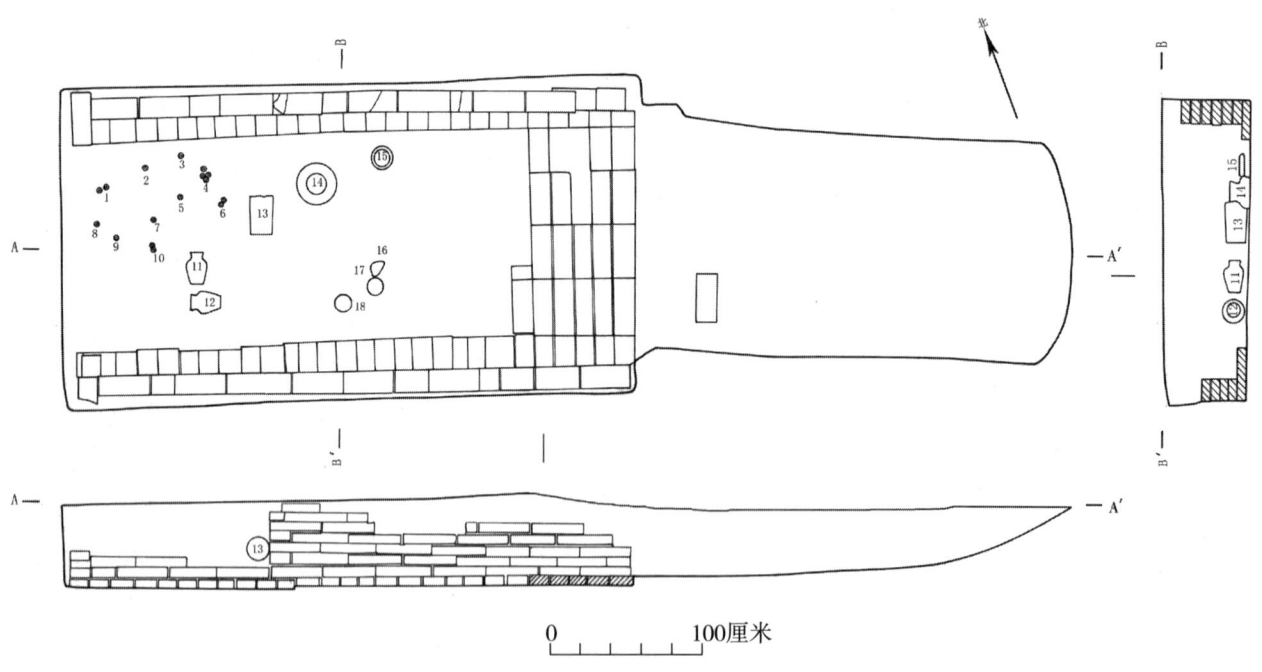

图七 M3 平、剖面图

1.铜钱 2.铜钱 3.铜钱 4.铜钱 5.铜钱 6.铜钱 7.铜钱 8.铜钱 9.铜钱 10.铜钱 11.陶壶 12.陶壶 13.陶仓 14.陶壶 15.陶器盖 16.陶器盖 17.陶器盖 18.陶器盖

（三）出土遗物

出土遗物共计24件。有陶壶3、陶仓1、陶器盖4、铜钱16。遗物放置在墓室内，比较散乱。

陶壶　3件。均为泥质灰陶。轮制。形制近似，尺寸各异。壶，盘口较深外撇，盘口下有明显折棱，束颈，溜肩，圆鼓腹，直筒型空心假圈足底微内凹，足与腹部有明显界限。标本M3:11，器体较小。子口承盖。盖，平顶，盖面弧形隆起中部有一周折棱，平沿，沿底面中部有一周凹槽作母口，方唇。壶，颈部薄削一层，下有明显凸棱；上腹部有两周凹弦纹。盖，顶径3.0厘米，沿径10.0厘米，高2.2厘米；壶，口径8.0厘米，腹径14.2厘米，底径8.4厘米，高18.0厘米；通高20.2厘米。（图八，2；图版一二，1）标本M3:12，器体较小。肩、腹中部各饰两周凹弦纹。口径11.4厘米，腹径15.6厘米，底径9.4厘米，高20.0厘米。（图八，4）标本M3:14，器体较大。子口承盖。盖，平顶，盖面弧形隆起，平沿，沿下面有一周凹槽作母口，方唇。壶，颈部薄削一层，下有明显凸棱；肩部饰四周凹弦纹，腹中部饰两周凹弦纹，两组凹弦纹中间两侧对称各饰一兽面铺首衔环。盖，顶径4.8厘米，沿径15.4厘米，高4.0厘米；壶，口径14.6厘米，腹径26.2厘米，底径13.8厘米，高33.8厘米；通高37.6厘米。（图八，1；图版一二，2）

陶仓　1件。标本M3:13，泥质灰陶。轮制。仅存下腹及底部。筒形腹，上扩下内收，平底微内凹。器表有数周细凹弦纹，器内均匀满布凹弦纹。底径7.6厘米，残高6.6厘米。（图八，7）

陶器盖　4件。均泥质灰陶。轮制。圆形沿。其中2件（标本M3:17、标本M3:18）形制相同，尺寸有异。均为平顶，盖面弧形隆起，中部有一周折棱，宽平沿，沿下面有一周凹槽作母口，方唇。标本M3:17，顶径3.5厘米，沿径14.8厘米，高4.2厘米。（图八，6）标本M3:18，顶径4.0厘米，沿径14.0厘米，高3.5厘米。（图八，8）另2件（标本M3:15、标本M3:16）形制、尺寸各不相同。标本M3:15，平顶，盖面弧形隆起，下部有一周折棱，宽平沿，沿下面有一周凹槽作母口，方唇。顶径5.0厘米，沿径15.2厘米，高4.2厘米。（图八，3；图版一二，3）标本M3:16，弧形顶，顶部被削凹凸不平，盖面弧形隆起，中部有一周折棱，斜沿，沿下面有一周凹槽作母口，斜方唇。顶径3.3厘米，沿径15.0厘米，高3.2厘米。（图八，5）

铜钱　16枚。均为五铢。正面内廓均被磨除，部分外廓被磨除。（彩版二，2）标本M3:1，2枚；标本M3:2，1枚；标本M3:3，1枚；标本M3:4，4枚；标本M3:5，1枚；标本M3:6，2枚；标本M3:7，1枚；标本M3:8，1枚；标本M3:9，1枚；标本M3:10，2枚。依据铜钱钱文书体、保存现状等分为以下五种情况进行报告：

1. 标本M3:5、标本M3:6-1、标本M3:6-2、标本M3:8、标本M3:9，各1枚，共计5枚。钱文书体相同，尺寸有异。钱文字迹均清晰。"五"字中间两交笔弯曲。"铢"字的"金"旁上部呈小三角形，下部四点稍短；"朱"旁上部方折，下部圆折，下竖较直，下部长于上部，上、下部之间的间距较大。标本M3:6-1（图九，5）、标本M3:6-2（图九，6）、标本3:8（图九，7）、标本M3-9，钱径2.6厘米，穿径0.9厘米。标本M3:9，边缘残缺一角，钱径2.7厘米，穿径0.9厘米。（图九，8）标本M3:5，钱体较小。外廓被磨除。钱径2.1厘米，穿径0.9厘米。（图九，4）

2. 标本M3:1-1，1枚。钱文字迹清晰。"五"字中间两交笔较直。"铢"字的"金"旁上部呈小三角形，下部四点稍短；"朱"旁上部方折，下部圆折，下竖较直，下部长于上部，上、下部之间的间距较大。钱径2.6厘米，穿径0.9厘米。（图九，1）

3. 标本M3:2，1枚。钱文字迹清晰。"五"字中间两交笔弯曲。"铢"字的"金"旁上部呈大三角形，

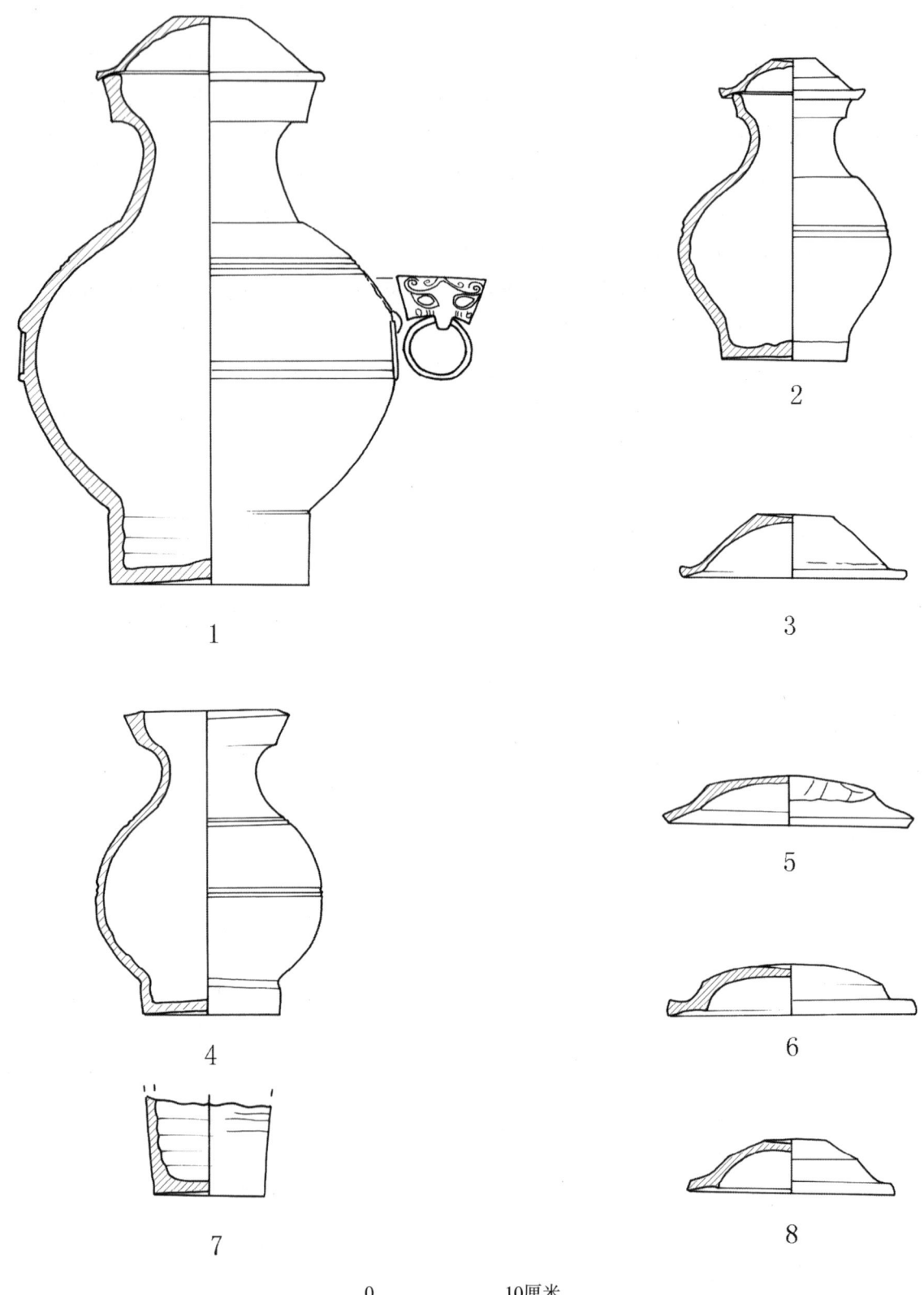

图八　M3出土陶器
1.壶（M3:14）　2.壶（M3:11）　3.器盖（M3:15）　4.壶（M3:12）　5.器盖（M3:16）　6.器盖（M3:17）
7.仓（M3:13）　8.器盖（M3:18）

下部四点稍短;"朱"旁上部方折,下部圆折,下竖较直,下部长于上部,上、下部之间的间距较大。钱径2.55厘米,穿径0.9厘米。(图九,3)

4. 标本 M3:1-2、标本 M3:3、标本 M3:7、标本 M3:10-2,各1枚。钱文字迹部分不清晰。标本 M3:1-2,"五"字中间两交笔较直。"铢"字的"金"旁上部不清,下部四点稍短;"朱"旁上部圆折,下部圆折,下竖较直,下部长于上部,上、下部之间的间距较大。钱径2.6厘米,穿径0.9厘米。(图九,2)标本 M3:3,1枚。标本 M3:10-2,1枚。"五"字中间两交笔弯曲,"铢"字不清。标本 M3:3,1枚。钱径2.4厘米,穿径0.9厘米。标本 M3:10-2,1枚。钱径2.3厘米,穿径0.9厘米。标本 M3:7,"五"字中间两交笔呈稍曲。"铢"字不清。钱径2.4厘米,穿径0.9厘米。

5. 标本 M3:4-1、标本 M3:4-2、标本 M3:4-3、标本 M3:4-4、标本 M3:10-1,各1枚。均残缺较甚,钱文书体辨识不清。残存尺寸不一。标本 M3:4-1,1枚。"五"字不清。"铢"字残缺。钱径2.1厘米,穿径0.9厘米。标本 M3:4-2,1枚。残缺较甚,残存3块,钱径残存1.9厘米,穿径1.0厘米。标本 M3:4-3,1枚。残缺较甚,残存6块,钱径残存1.3厘米,穿径残存0.8厘米。标本 M3:4-4,1枚。残缺较甚,残存2块,钱径残存1.9厘米,穿径0.9厘米。标本 M3:10-1,1枚。残缺较甚,残存2块。钱径残存2.2厘米,穿径1.0厘米。

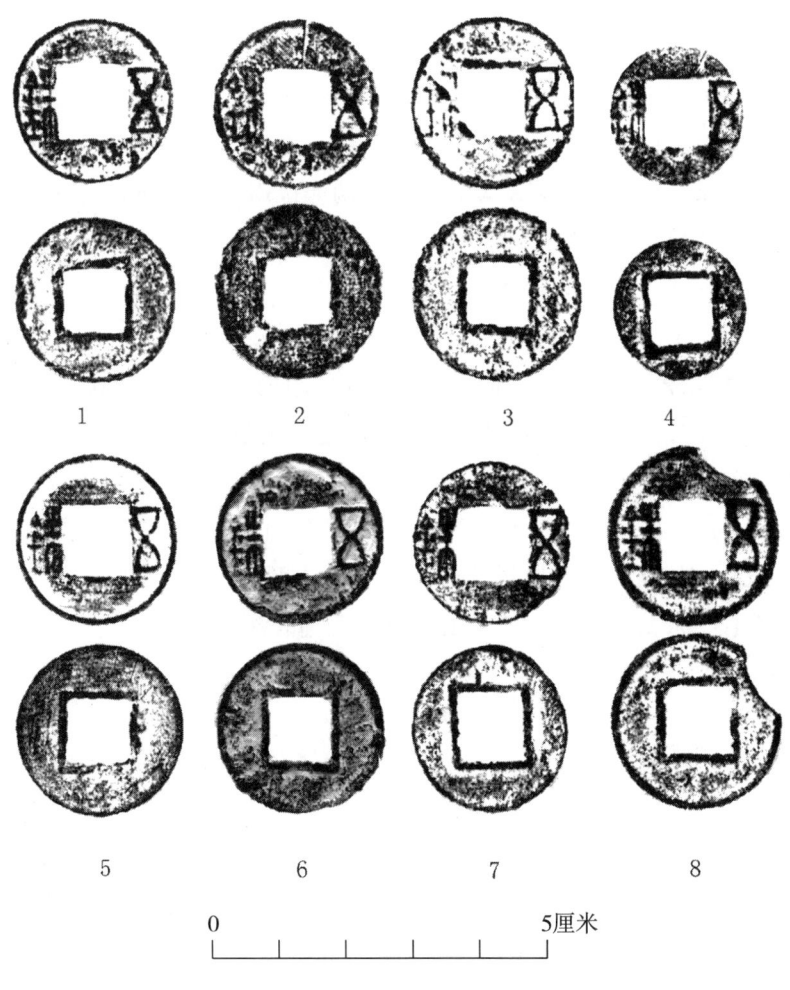

图九 M3出土铜钱
1.M3:1-1 2.M3:1-2 3.M3:2 4.M3:5 5.M3:6-1 6.M3:6-2 7.M3:8 8.M3:9

四、M4

（一）层位关系

依据附近断崖壁的层次推测该墓开口于第②层下。位于M1的西南方。

（二）墓葬形制、葬式与葬具

多室砖室墓。方向205°。由左墓道、右墓道、前堂、左墓室、右墓室、耳室六部分组成。左墓室打破右墓室，结合墓道结构，该墓应为二次夫妇合葬墓，应是先建右墓室，后建左墓室，左、右墓室与前堂打通，合为一体。

墓道　双墓道，分为左、右两部分。均为梯形斜坡式，南窄北宽。土坑。分置于左、右墓室之南。斜直壁，斜坡底。两墓道南端为一体，向北中间有隔梁，隔梁宽0~0.36米。上口长4.00米，宽2.66~3.30米，距地表深3.45米。底长1.70米，下端宽2.6~3.27米，距地表深0.97米。

前堂　平面呈近长方形。砖砌。置于墓道北部。南北宽，东西长。顶部形制未知。底部用空心砖平铺，仅留东侧少部分。砖长约1.12米、宽约0.37米、厚约0.12米，砖上雕刻有菱形图案和绳纹。堂内填土为五花土。前堂底长3.46米，宽1.16米，距地表深4.23米。

左墓室　平面呈近长方形。砖室。开口于前堂北壁西端。室顶形制未知。用空心砖竖放作封门，南部仅残留有少部分。底部用空心砖平铺，砖长约1.12米、宽约0.37米、厚约0.12米，砖上雕刻有菱形图案和绳纹，保留有5块，墓口处1块，墓室4块。墓室两侧也用空心砖横竖垒砌，为2块垒砌，空心砖图案有云纹、菱形纹、绳纹、方形纹等几种。室内填土为五花土。口长2.62米，宽1.30米，距地表深度未知。底长2.40米，宽1.26米，距地表深4.23米。

右墓室　平面呈近长方形。砖室。开口于前堂北壁东端。室顶形制未知。室壁用青砖垒砌，最高处保留七层，错缝平铺，青砖的侧面雕刻为几何形图案；底部用长0.34米、宽0.12米、厚0.06米且印有菱形图案的青砖错缝平铺，从残留看应为十七排。无封门痕迹。室内填土为五花土。口长2.50米，宽1.40米，距地表深度未知。底长2.49米，宽1.38米，距地表深4.23米。

耳室　平面呈近长方形。砖室。置于前堂西壁。室壁用空心砖对缝垒砌，残高0.84米，共两层。底部残存3块长约1.23米、宽约0.31米、厚约0.13米的空心砖平铺，从内部空间推测原应有4块。室内填土为五花土。底东西长1.32米，南北宽1.02~1.16米，距地表深4.23米。

人骨架无存。头向、面向、葬式、性别不明。葬具未知。有随葬品。（图一〇）

（三）出土遗物

出土遗物共计7件。有陶壶1、陶罐2、陶仓1、陶三足樽1、釉陶罐1、铜钱1。陶器置放于耳室内，铜钱置放在右墓室内。

陶壶　1件。标本M4:6，泥质灰陶。轮制。仅存壶口部。盘口。盘口外下部有一周凹弦纹。器表施红彩，红彩多脱落。残宽9.0厘米，残高6.6厘米。（图一一，7）

陶罐　2件。均泥质灰陶。轮制。残失较甚。形制、尺寸各异。标本M4:2，仅存两残块，可以看出罐为直口，方唇，矮直领，溜肩，鼓腹，平底微内凹。肩部有两周凹弦纹。残口宽8.1厘米，口腹部残高6.4厘米；底残宽8.9厘米，下腹至底残高4.0厘米。（图一一，2）标本M4:4，仅残存下腹部及底的一小

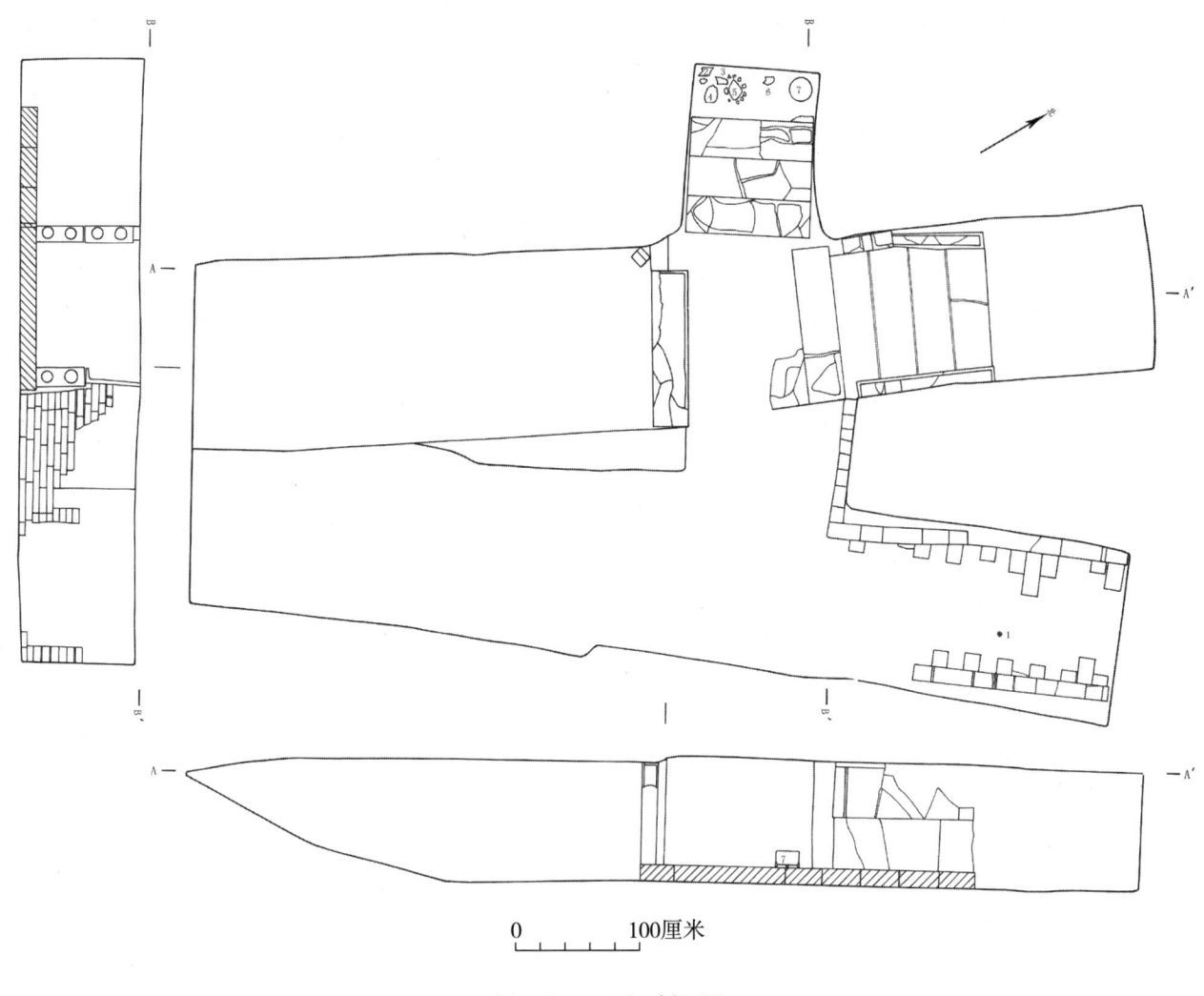

图一〇 M4平、剖面图
1.铜钱 2.陶罐 3.陶仓 4.陶罐 5.釉陶罐 6.陶壶 7.陶三足樽

部分,从残块只能看出弧腹、底为平底微内凹,整体形制不详。近底处有三周细浅的凹弦纹,器内满布轮转留下的弦纹。残宽10.8厘米,残高19.9厘米。(图一一,5)

陶仓 1件。标本M4:3,泥质灰陶。轮制。残失较甚,仅存下腹及底部的一部分。腹筒形上扩下束,平底微内凹。底外部满布浅窄凹弦纹,弦纹以一侧为中心呈水波辐射状均匀分布;底内部以中心为起点饰螺旋纹。底径9.7厘米,残高5.4厘米。(图一一,4)

陶三足樽 1件。标本M4:7,泥质红陶。轮制。圆筒形。直口,方唇,筒形斜直腹上收下扩,平底微外鼓,下附三蹄形足。腹外壁上、中、下部各有一周细凹弦纹,上、下两组由数周弦纹组成,中部凹弦纹由五周组成,三组凹弦纹中间各用细阴线刻画一周绵延连体"山"字形纹。器内外通体饰红彩,红彩有脱落。口径18.8厘米,底径19.2厘米,高12.1厘米。(图一一,1;彩版二,1;图版一二,4)

釉陶罐 1件。标本M4:5,胎灰色,釉为绿泛黄色。残失较甚,仅存10块大小不等的腹部残片,整体形制不详。只可看出其肩部饰两周凹弦纹。器内通体施红彩。其中最大一片残片残宽11.6厘米,残高17.0厘米。(图一一,6)

铜钱 1枚。为五铢。标本M4:1,钱文字迹清晰。"五"字中间两交笔较直。铢"字的"金"旁上部呈小三角形，下部四点稍短；"朱"旁上部方折，下部圆折，下竖较直，下部长于上部，上、下部之间的间距较大。内廓正面被磨除。钱径2.5厘米，穿径0.9厘米。（图一一，3；彩版二，3）

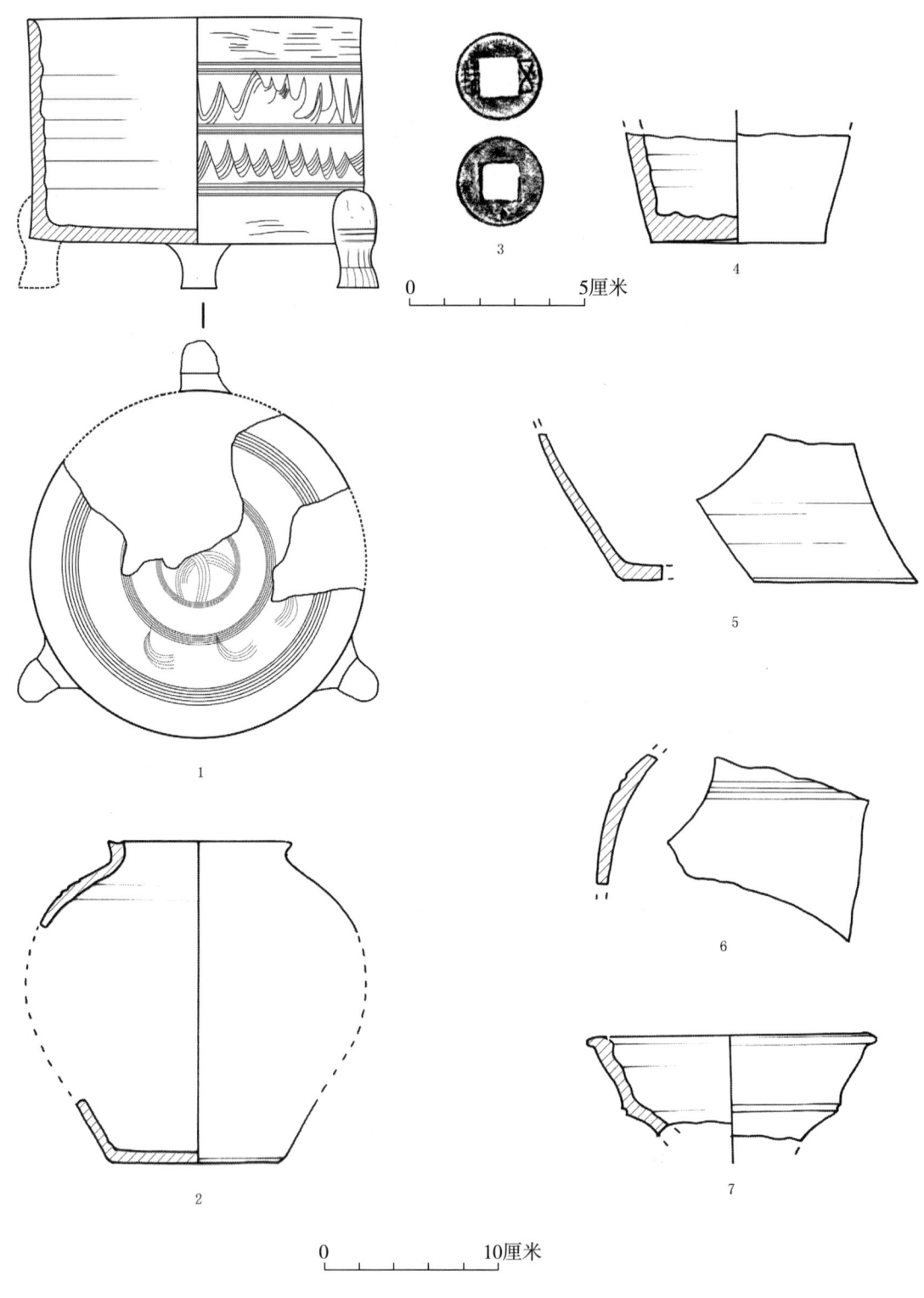

图一一　M4出土遗物
1.陶三足樽（M4:7）　2.陶罐（M4:2）　3.铜钱（M4:1）　4.陶仓（M4:3）　5.陶罐（M4:4）　6.釉陶罐（M4:5）
7.陶壶（M4:6）

五、M5

(一)层位关系

依据附近断崖壁的层次推测该墓开口于第②层下。被 M1 打破。

(二)墓葬形制、葬式与葬具

双室土洞墓。方向 289°。由墓道、墓室和耳室三部分组成。墓道略窄于墓室。

墓道　长方形竖井阶梯状。置于墓室西部。西部窄,留作台阶状。墓道前方有一宽 0.6 米的台阶,被 M1 打破。底长度不明,宽 1.3 米,距地表深 0.9 米(残存)。

墓室　平面呈长方形。室顶形制不详。无封门痕迹。室内填土为五花土、沙。底长 2.6 米,宽 1.4 米,距地表深 0.9 米(残存)。

耳室　平面呈长方形。洞穴式。开口于墓室的北壁前部。顶部被破坏,形制不详。室内填土为五花土。宽约 0.9 米,高未知,进深 0.7~0.9 米。

人骨架无存。头向、面向、葬式、性别不明。葬具未知。有随葬品。(图一二)

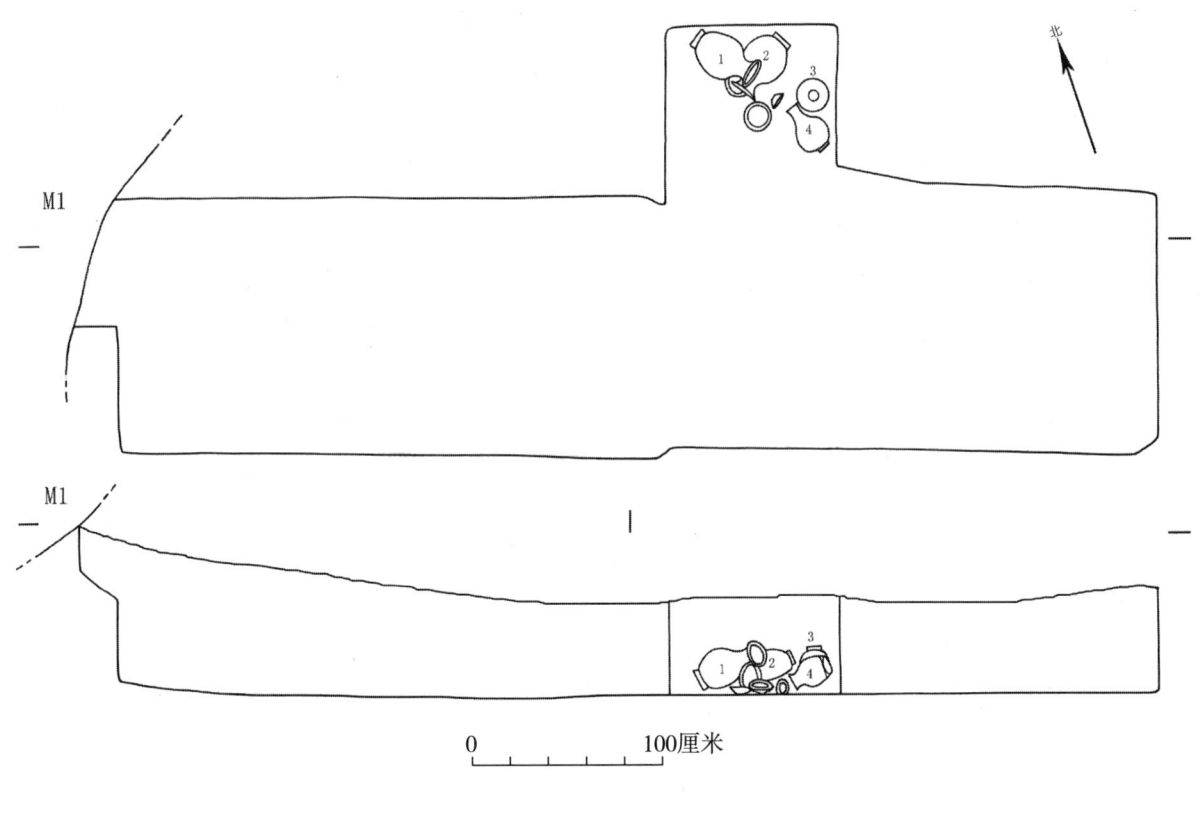

图一二　M5平、剖面图
1.陶壶　2.陶壶　3.陶壶　4.陶壶

(三)出土遗物

出土遗物共计 4 件。均为陶壶。置放于耳室内。

陶壶 4件。均泥质灰陶。轮制。两两形制相同，尺寸均不同。器表均通体施白衣，白衣大部分脱落。标本 M5:1、标本 M5:2，器体较大，形制相同。子口承盖。盖，平顶微内凹，盖面弧形隆起，平沿，沿底面中部有一周凹槽作母口，方唇。壶，浅盘口，盘口下方有明显折棱，颈近直微束，溜肩，圆球形腹，下腹内收，下接空心状直筒型假圈足底微内凹，足与腹部有明显界限。肩部饰两组窄凹弦纹，每组由两周凹弦纹组成；上腹两侧饰对称兽面铺首，下腹部饰多周浅宽凹弦纹。标本 M5:1，盖，面中部有两周折棱。壶，盘口中部饰一周凹弦纹。盖，顶径 4.2 厘米，沿径 15.6 厘米，高 3.8 厘米；壶，口径 15.6 厘米，腹径 15.0 厘米，底径 7.4 厘米，高 32.0 厘米；通高 35.6 厘米。（图一三，1；彩版三，1；图版一二，5）标本 M5:2，盖，顶径 3.9 厘米，沿径 16.5 厘米，高 4.0 厘米；壶，口径 15.6 厘米，腹径 24.4 厘米，底径 14.5 厘米，高 32.0 厘米；通高 36.0 厘米。（图一三，2；彩版三，3、4；图版一二，6）标本 M5:3、标本 M5:4，器体较小，形制相同。子口承盖。盖，平顶，盖面弧形隆起中部有一周折棱，平沿，沿底面中

图一三 M5出土陶壶

1. M5:1　2. M5:2　3. M5:3　4. M5:4

部有一周凹槽作母口，斜方唇。壶，盘口较直，盘口下折棱不明显，颈中束，溜肩，鼓腹，假圈足底微内凹。肩部饰两周凹弦纹。标本 M5:3，腹中部饰两周凹弦纹。盖，顶径 2.3 厘米，沿径 10.0 厘米，高 2.5 厘米；壶，口径 10.0 厘米，腹径 16.6 厘米，底径 7.8 厘米，高 22.0 厘米；通高 24.0 厘米。（图一三，3；彩版三，2；图版一二，7）标本 M5:4，腹中部饰四周凹弦纹，下腹近底部处有两周折棱。盖，顶径 3.5 厘米，沿径 10.5 厘米，高 2.3 厘米；壶，口径 10.0 厘米，腹径 16.6 厘米，底径 7.0 厘米，高 20.7 厘米；通高 22.8 厘米。（图一三，4；图版一二，8）

六、M6

（一）层位关系

依据附近断崖壁的层次推测该墓开口于第②层下。位于 M5 南部。

（二）墓葬形制、葬式与葬具

单室土洞墓。方向 20°。由墓道、墓室两部分组成。墓道与墓室宽度相当。此墓被盗扰。

墓道　长方形竖井式。置于墓室之北。直壁，平底。口长 1.90 米，宽 1.20 米，距地表深 0.50 米。底长 1.88 米，宽 1.20 米，距地表深 0.80 米。

墓室　平面呈长方形。室顶形制未知。直壁，底北高南低略成缓坡。在墓室南部有生土二层台，二层台高 0.04 米，长 0.90～1.20 米，宽 0.65 米，较为平整。无封门痕迹。室内填土为五花土。口长 4.10 米，宽 1.29 米，距地面最深为 0.50 米（残存）。底长 4.10 米，宽 1.26 米，距地表深 1.25 米。

人骨架 1 具。置放于墓室近西壁处，保存状况一般。头向北，面向下。葬式为俯身直肢葬。上肢骨不见，下肢交叉直放，左下肢小腿压在右上肢小腿上。性别为男性。年龄 40～45 岁。葬具为木棺，可见有棺木灰痕，厚 0.04 米。有随葬品。（图一四）

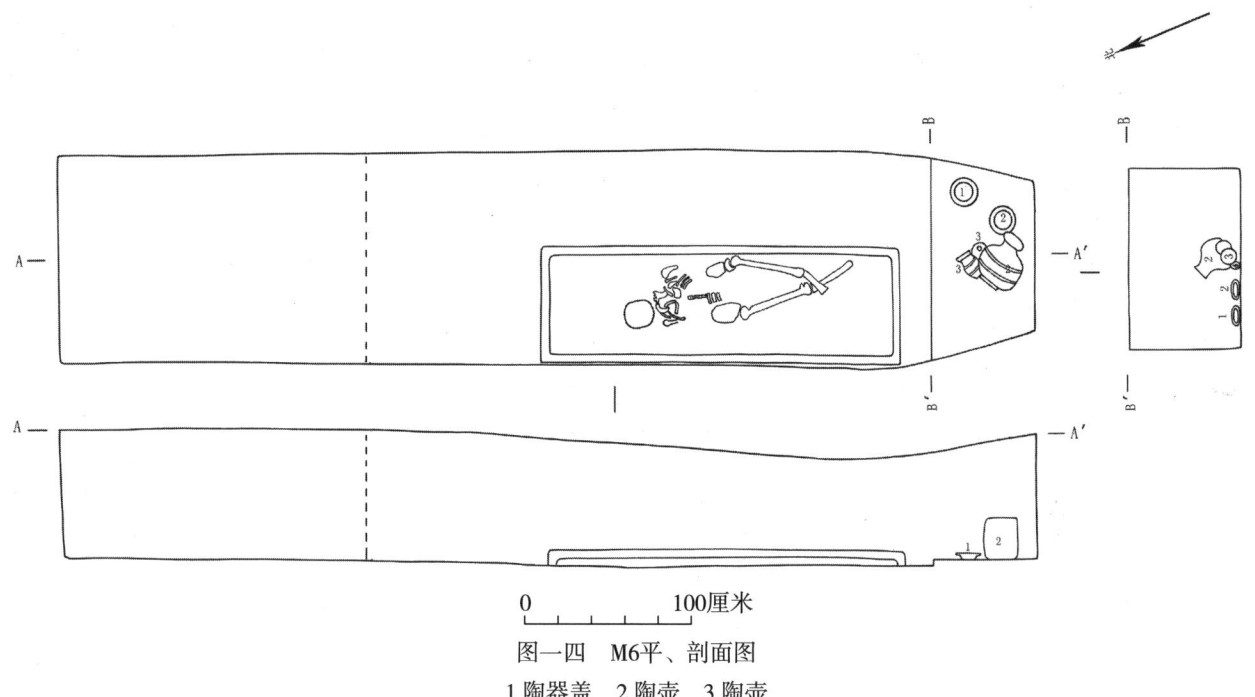

图一四　M6 平、剖面图
1.陶器盖　2.陶壶　3.陶壶

（三）出土遗物

出土遗物共计3件。有陶壶2、陶器盖1。遗物放置于南端二层台上。

陶壶　2件。均泥质灰陶。轮制。子口承盖。形制、尺寸各异。标本M6:2，器体较大。盖，平顶微内凹，盖面弧形隆起，平沿，沿底面中部有一周凹槽作母口，斜方唇。壶，盘口外撇，盘口下方有明显折棱，颈中束，溜肩，弧鼓腹，下腹内收成平底，下接折曲状矮圈足，圈足外撇，足部折棱在足上部。肩与上腹交接处、腹中部偏下各饰一周宽带纹，上腹两侧对称各饰一兽面铺首衔环。盖，顶径5.2厘米，沿径16.7厘米，高4.8厘米；壶，口径16.2厘米，腹径30.8厘米，底径14.2厘米，高34.6厘米；通高39.0厘米。（图一五，1；彩版四，1、2；图版一三，1、2）标本M6:3，器体较小。盖，斜平顶微内凹，盖面弧形隆起，盖面底部饰一周细凹弦纹，平沿，沿底面中部有一周凹槽作母口，斜方唇。壶，盘口外撇，盘口下方有明显折棱，束颈，溜肩，圆鼓腹，空心状假圈足底微内凹。肩与上腹交接处、腹中部各饰一周宽带纹。盖，顶径3.0厘米，沿径10.3厘米，高2.6厘米；壶，口径10.2厘米，腹径15.0厘米，底径8.4厘米，高17.1厘米；通高18.6厘米。（图一五，2；彩版四，3；图版一三，3）

陶器盖　1件。标本M6:1，泥质灰陶。轮制。平顶微内凹，盖面斜上隆起，平沿，斜方唇。顶径4.6厘米，沿径17.0厘米，高4.4厘米。（图一五，3；图版一二，9）

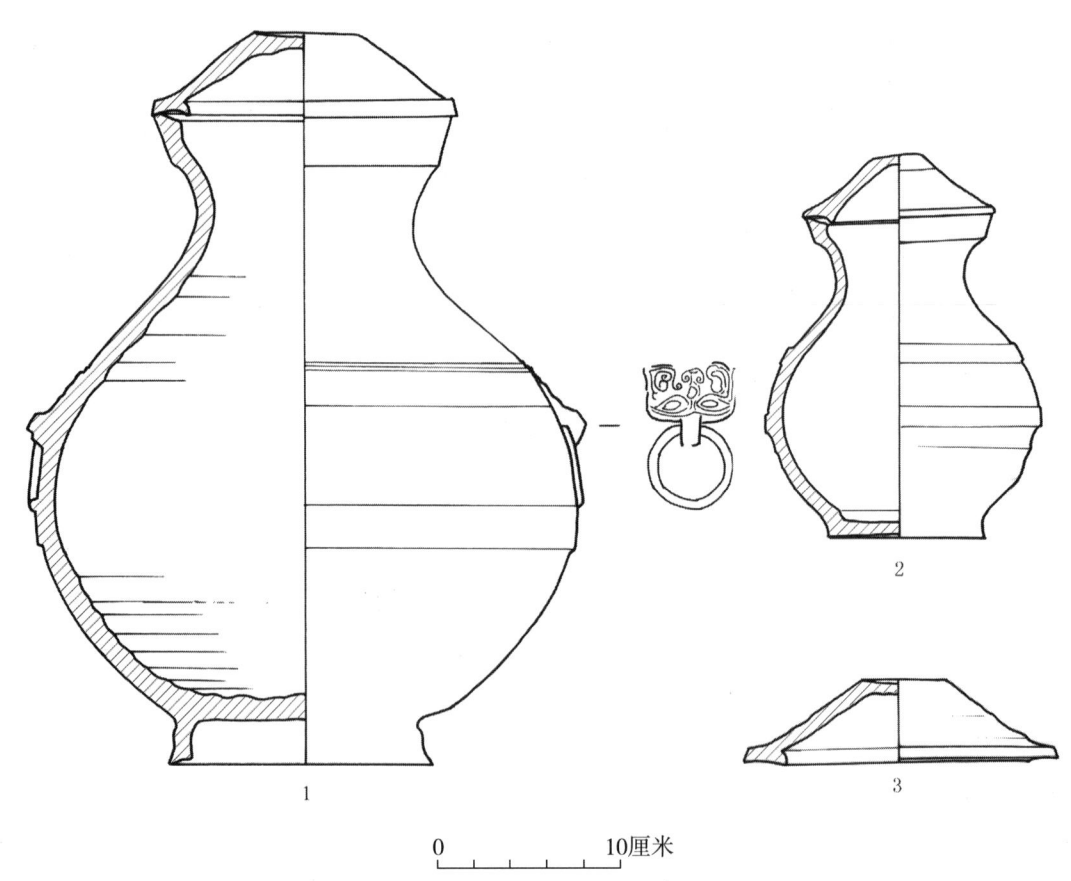

图一五　M6出土陶器
1.壶（M6:2）　2.壶（M6:3）　3.器盖（M6:1）

七、M7

（一）层位关系

依据下挖路基的层次推测开口于②层下。位于 M6 的南部。

（二）墓葬形制、葬式与葬具

双室砖室墓。方向 16°。由墓道、墓室和耳室三部分组成。墓道宽于墓室。

墓道　弧形竖井斜坡式。土坑。置于墓室之北。口长 6.10 米，宽 1.82 米，距地表深 1.65 米。底长 3.28 米，宽 1.56 米，距地表深 0.96~1.50 米。

墓室　平面呈长方形。砖室。室顶为平顶，保存较好，用长约 1.00 米、宽约 0.25 米、厚约 0.18 米的空心砖垒砌，砖的侧面雕刻着方形图案和绳纹，封顶砖数量未知。室壁用长约 1.15 米、宽约 0.36 米、厚约 0.16 米的空心砖对缝竖砌两层，高 0.47 米。室底用与室壁同样的空心砖铺地。墓室南部用空心砖竖放两排，上部为小空心砖，下部 2 块为长约 1.12 米、宽约 0.37 米、厚约 0.12 米的大空心砖垒砌，砖的纹饰各有不同，上部 1 块饰乳钉纹、绳纹、波浪纹等，下部饰圆圈纹、绳纹、波浪纹等。东西两壁也用空心砖垒砌，垒砌情况与南壁相同，同为 4 砖竖放，上部和墓顶交接处夹一层青砖。墓底用 8 块大空心砖平铺，砖长约 1.02 米、宽约 0.30 米、厚约 0.12 米。无封门痕迹。室内填土为五花土。口长 2.68 米，宽 1.42 米，距地表深 1.65 米。底长 2.60 米，宽 1.26 米，距地表深 3.27 米。

耳室　平面呈长方形。土洞穴式。开口于墓室南部东壁处。室内填土为五花土。宽 0.90 米，高 1.50 米，进深 0.70 米。

人骨架无存。头向、面向、葬式、性别不明。在墓室底部发现有棺灰，由此可以判断葬具为木棺。有随葬品。（图一六）

（三）出土遗物

出土遗物共计 19 件。有陶壶 5、陶罐 1、铜钱 13。陶壶 5、陶罐 1 放置在耳室内，铜钱散放在墓室底部。

陶壶　5 件。均泥质灰陶。轮制。子口承盖。盖形制稍有差异，壶形制相近，尺寸有异。壶，均为盘口，盘口下方有明显折棱，束颈，溜肩，圆球形腹，肩、腹交接处，腹中部各饰两组凹弦纹，空心状斜或直假圈足底微内凹，足上扩下内收且与腹部无明显界线。通体施白衣，白衣多有脱落。标本 M7:1，器体较大。盖，弧形顶，平沿上卷，沿底面中部有一周凹槽作母口，斜方唇。壶，上腹两侧对称各饰一兽面铺首衔环，足斜直下微扩。盖，沿径 15.7 厘米，高 5.3 厘米；壶，口径 15.6 厘米，腹径 29.6 厘米，底径 16.6 厘米，高 37.0 厘米；通高 45.0 厘米。（图一七，1；图版一三，6）标本 M7:3，器体较大。盖，平顶微凹，盖面弧形隆起，平沿，沿底面中部有一周凹槽作母口，斜方唇。壶，上腹两侧对称各饰一兽面铺首衔环，足斜直，上扩下内收。盖，顶径 4.6 厘米，沿径 16.6 厘米，高 4.8 厘米；壶，口径 15.4 厘米，腹径 29.0 厘米，底径 15.2 厘米，高 36.4 厘米；通高 40.6 厘米。（图一七，3；图版一三，4、5）标本 M7:4，器体较大。盖，弧形顶，平沿上卷，沿底面中部有一周凹槽作母口，斜方唇。壶，上腹两侧对称各饰一兽面铺首衔环，足斜直，上扩下内收。盖，沿径 15.8 厘米，高 4.3 厘米；壶，口径 15.8 厘米，腹径 29.4 厘米，底径 15.4 厘米，高 37.0 厘米；通高 41.0 厘米。（图一七，4；图版一四，2）标本 M7:5，器

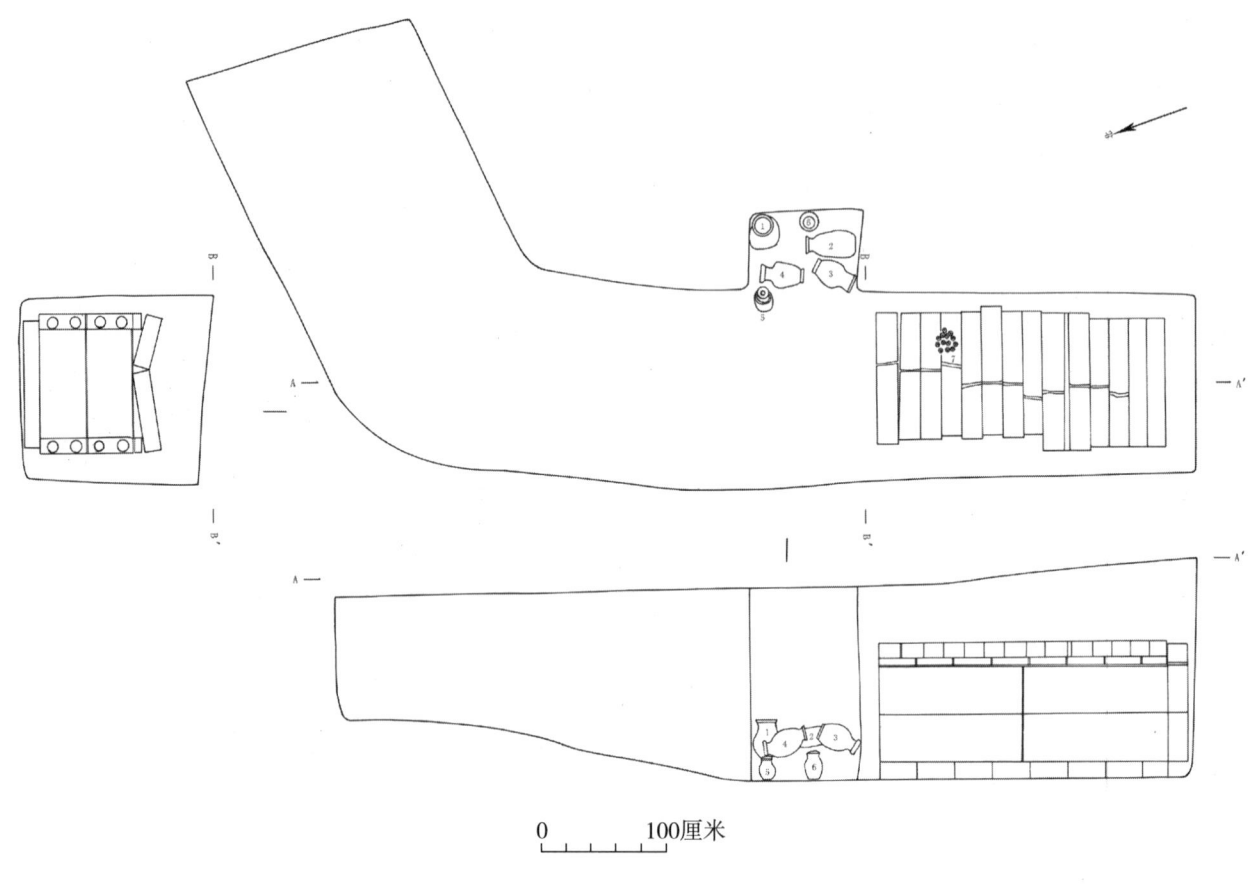

图一六　M7平、剖面图
1.陶壶　2.陶罐　3.陶壶　4.陶壶　5.陶壶　6.陶壶　7.铜钱

体较小。盖，平顶微凹，盖面弧形隆起，平沿，沿底面中部有一周凹槽作母口，斜方唇。壶，下腹近底处有数周轮转留下的细小划痕，足斜直，上扩下内收。盖，顶径2.8厘米，沿径9.4厘米，高3.1厘米；壶，口径9.3厘米，腹径15.4厘米，底径7.8厘米，高18.7厘米；通高21.6厘米。（图一七，5；图版一四，3）标本M7:6，器体较小。盖，平顶微凹，盖面弧形隆起，平沿，沿底面中部有一周凹槽作母口，斜方唇。壶，下腹近底处有数周轮转留下的细小划痕，足斜直，上扩下内收。盖，顶径3.0厘米，沿径9.4厘米，高2.8厘米；壶，口径9.2厘米，腹径15.0厘米，底径8.6厘米，高18.4厘米；通高21.0厘米。（图一七，6；图版一四，4）

陶罐　1件。标本M7:2，泥质灰陶。轮制。敞口，斜宽平沿，长颈微束，弧肩，弧腹，下腹部斜内收，平底微内凹。腹部有13周凹弦纹，其中上部8周较明显。口径15.8厘米，腹径27.0厘米，底径15.4厘米，高35.0厘米。（图一七，2；图版一四，1）

铜钱　13枚。均为五铢。正面内廓均被磨除。（彩版五，1）标本M7:7。依据钱文书体、保存现状等分为以下五种情况进行报告：

1. 标本M7:7-3、标本M7:7-6，各1枚，共计2枚。钱文书体、尺寸均相同。钱文字迹清晰。"五"字中间两交笔较直。"铢"字的"金"旁上部呈小三角形，下部四点稍长；"朱"旁上部方折，下部圆折，下竖较直，下部长于上部，上、下部之间的间距较大。钱径2.5厘米，穿径0.9厘米。标本M7:7-3，1枚。

图一七 M7出土陶器

1.壶（M7:1） 2.罐（M7:2） 3.壶（M7:3） 4.壶（M7:4） 5.壶（M7:5） 6.壶（M7:6）

（图一八，1）标本 M7:7-6，1 枚。（图一八，4）

2. 标本 M7:7-4，1 枚。钱文字迹清晰。"五"字中间两交笔较直。"铢"字的"金"旁上部呈小三角形，下部四点稍短；"朱"旁上部方折，下部圆折，下竖较直，下部长于上部，上、下部之间的间距较大。钱径 2.5 厘米，穿径 0.9 厘米。（图一八，2）

3. 标本 M7:7-5，1 枚。钱文字迹清晰。"五"字中间两交笔较弯曲。"铢"字的"金"旁上部呈小三角形，下部四点稍短；"朱"旁上部方折，下部圆折，下竖较直，下部长于上部，上、下部之间的间距较大。钱径 2.4 厘米，穿径 0.9 厘米。（图一八，3）

4. 标本 M7:7-1（3 枚）、标本 M7:7-2（1 枚）、标本 M7:7-7（1 枚）、标本 M7:7-9（2 枚），共计 7 枚。钱文字迹部分不清晰。标本 M7:7-1，3 枚。钱文书体、尺寸均相同。"五"字中间两交笔弯曲。"铢"字不清。边缘残缺。钱径 2.6 厘米，穿径 0.9 厘米。标本 M7:7-2，1 枚。"五"字中间两交笔呈稍曲，"铢"字不清。边缘残缺。钱径 2.4 厘米，穿径 0.9 厘米。标本 M7:7-7，1 枚。"五"字中间两交笔呈稍曲，"铢"字的"金"旁上部呈小三角形，下部四点稍长；"朱"旁不清。钱径 2.4 厘米，穿径 0.9 厘米。标本 M7:7-9，2 枚。钱文、尺寸相同。"五"字中间两交笔呈稍曲，"铢"字残缺。边缘残缺。钱径 2.5 厘米，穿径 0.9 厘米。

5. 标本 M7:7-8，2 枚。"五"和"铢"字均不清渐。边缘残缺。钱径 2.5 厘米，穿径 0.9 厘米。

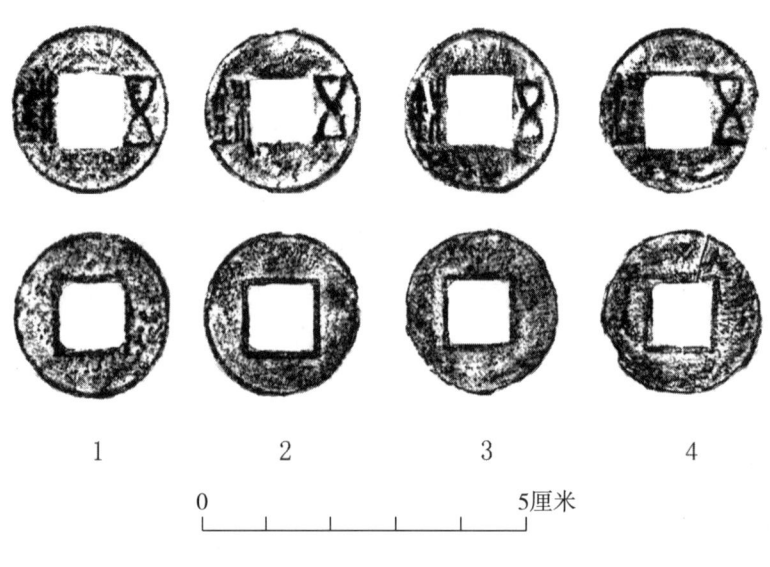

图一八　M7出土铜钱
1.M7:7-3　2.M7:7-4　3.M7:7-5　4.M7:7-6

八、M9

（一）层位关系

依据附近断崖壁的层次推测该墓开口于第②层下。

（二）墓葬形制、葬式与葬具

单室砖室墓。方向 307°。此墓由墓道、墓门和墓室三部分组成。墓道窄于墓室。此墓被盗扰。

墓道　长方形竖井斜坡式。土坑。置于墓室之东。直壁，斜坡底。口长 2.40 米，宽 1.05～1.20 米，距地表深度不明。底长 2.40 米，宽 0.80 米，距地表深 0.80～0.90 米（残存）。

墓门　平面呈长方形。开口在墓道东壁。被破坏严重。仅残留竖砌的 2 块长约 0.80～0.83 米、宽约 0.18 米、厚约 0.14～0.16 米的空心砖，砖上印人物形象，可能为封门砖。墓门宽 0.80 米，残高 0.95 米。

墓室　平面呈长方形。砖室。由于该墓墓室被现代路打破，只清理局部。墓室顶部被破坏，形制未知。墓室北壁只残存竖砌的 1 块长 0.36 米、宽 0.28 米、厚 0.12 米的空心砖。室底用长约 1.20 米、宽约 0.30 米、厚约 0.12 米的空心砖对缝平砌，可见 6 块。室内填土为五花土。口长 2.10 米（残存），宽 1.20 米，距地表深度未知。底长 2.10 米（残存），宽 1.10 米，距地表深 0.90 米（残存）。

人骨架无存。头向、面向、葬式、性别不明。葬具未知。有随葬品。（图一九）

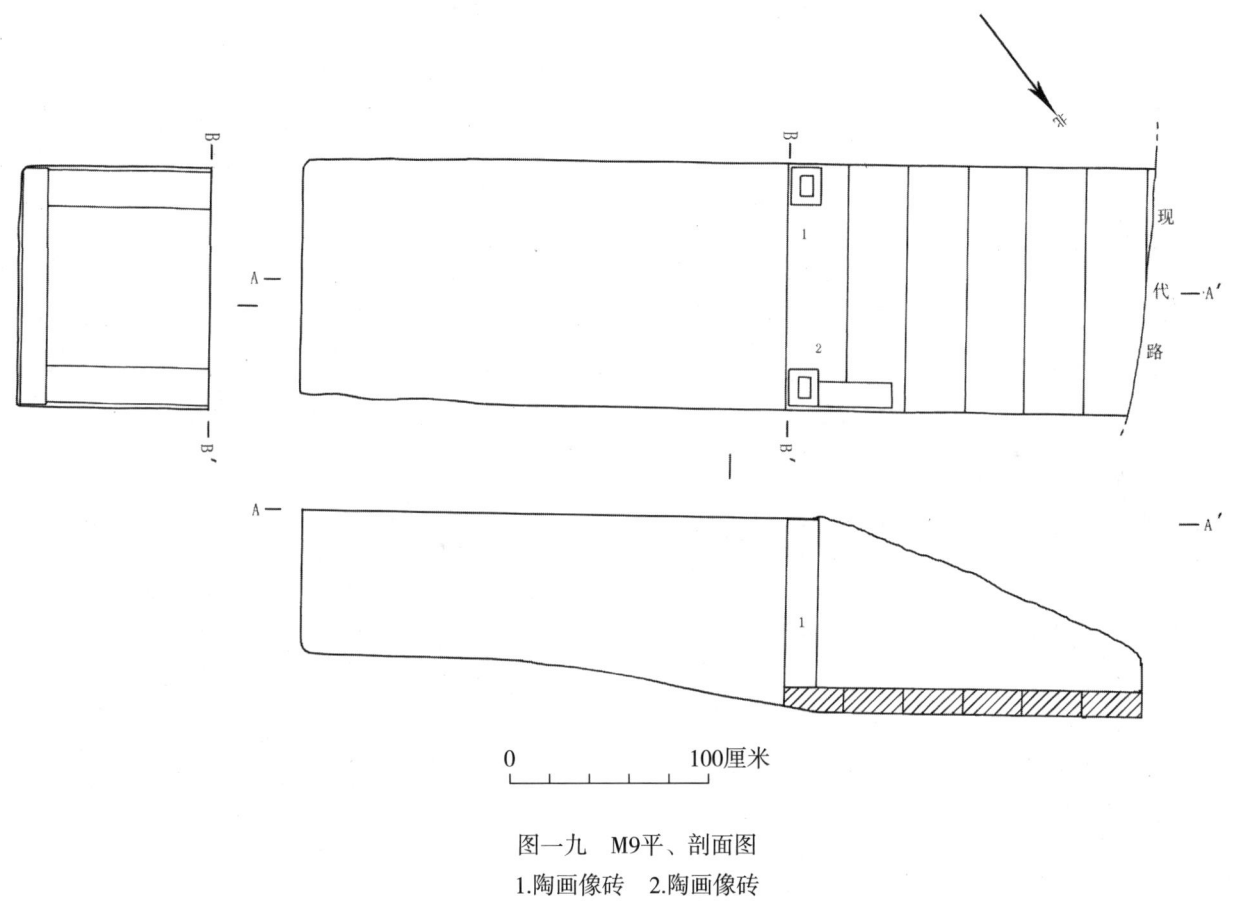

图一九　M9 平、剖面图
1. 陶画像砖　2. 陶画像砖

（三）出土遗物

出土遗物共计 2 件。均为陶空心画像砖。遗物为墓门的封门砖。

陶画像砖　2 件。均泥质灰陶。空心。形制、纹饰均相同，尺寸相近。长方形四棱柱体，由四片粘合而成，纹饰图案采用印模压印而成。四面均有装饰，正、背面图案相同，为主题图案；两侧面图案相同，为辅饰图案。正、背面装饰图案自上而下布局，上端饰上、下两排常青树，每排 3 株共 6 株，树叶间和树干间均饰一个麟趾纹；中间饰上、下两排拥慧门吏，门吏均着袍戴冠，躬身侍立，每排各 4 人共 8

人，每人均用长方形框间隔成为独立的个体；下端饰一排与上端常青树相同布局的3株常青树，每排之间均由排成直线的横向中粗绳纹隔开。两侧面图案由两条竖直阴线平分割为三部分，中部上、下满布一组13个菱形乳钉纹，菱形乳钉纹边均各饰一个麟趾纹，两侧为短直绳纹饰边框，绳纹呈叶脉状均匀地斜向外辐射延展。标本M9:1，长80.9厘米，宽17.6厘米，厚15.3厘米。（图二〇）标本M9:2，长82.8厘米，宽17.1厘米，厚15.3厘米。（图二一）

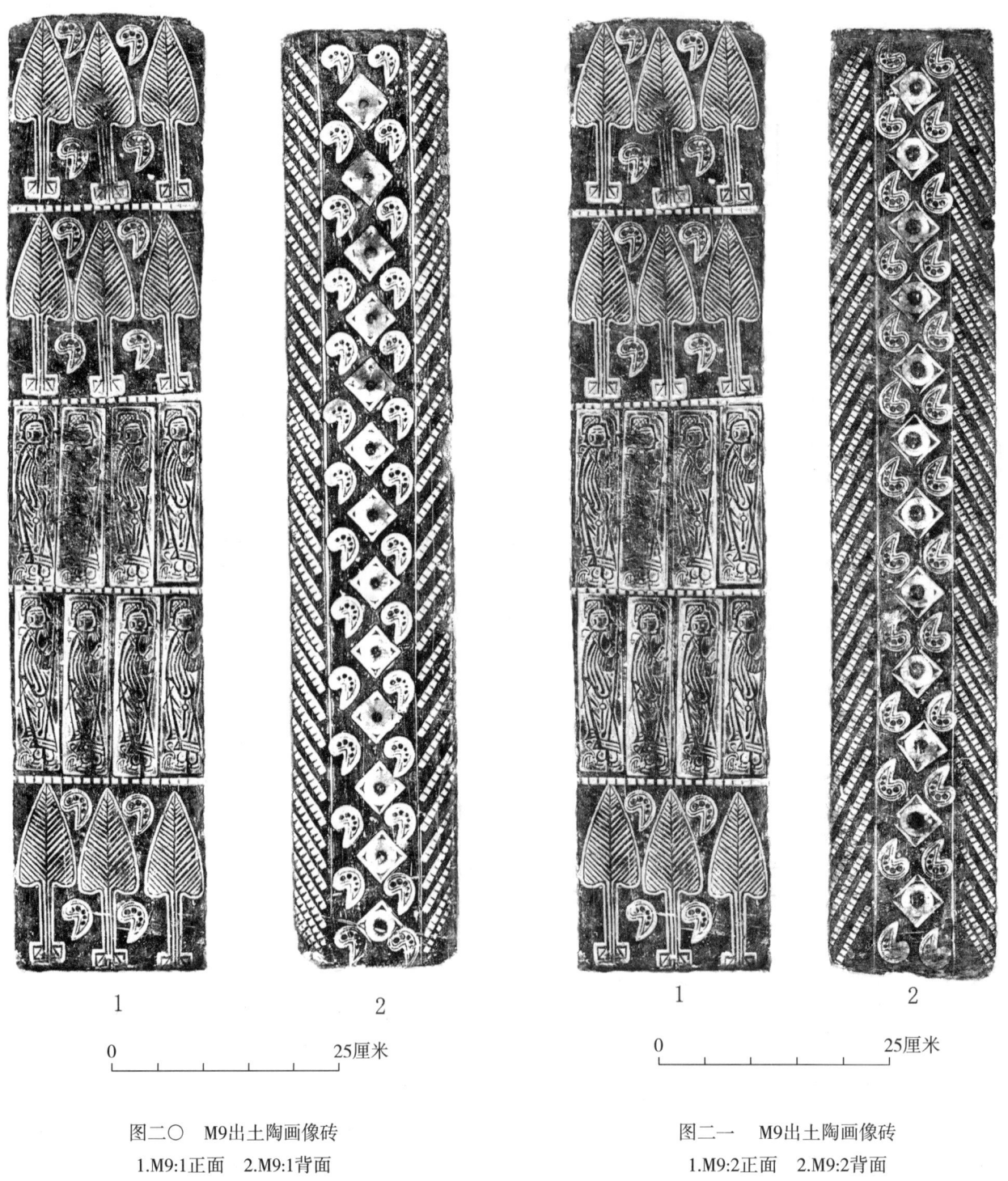

图二〇　M9出土陶画像砖
1.M9:1正面　2.M9:1背面

图二一　M9出土陶画像砖
1.M9:2正面　2.M9:2背面

九、M10

（一）层位关系

该墓的上部被施工破坏，依据附近断崖壁的层次推测该墓开口于第②层下。位于 M7 的南部。

（二）墓葬形制、葬式与葬具

双室砖室墓。方向 210°。由墓道、墓门、墓室和耳室四部分组成。墓道与墓室宽度相近。

墓道　长方形竖井式。土坑。置于墓室之西南。直壁，平底。底长 2.5 米，宽 1.26 米，距地表深 0.36 米。

墓门　开口在墓道北壁。用青砖垒砌，错缝平铺，仅残存两层，形制、尺寸均不详。

墓室　平面呈楔形。砖室。墓室顶无存，形制不明。室内填土为五花土。底长 4.00 米，南宽 1.24 米，北宽 1.36 米，距地表深 0.50 米（残存）。

耳室　平面呈长方形。土洞穴式。位于距封门北 0.74 米处的墓室西壁。顶无存，形制不明。宽 0.84 米，高未知，进深 0.38～0.54 米。

人骨架无存。头向、面向、葬式、性别不明。葬具未知。有随葬品。（图二二，图版二）

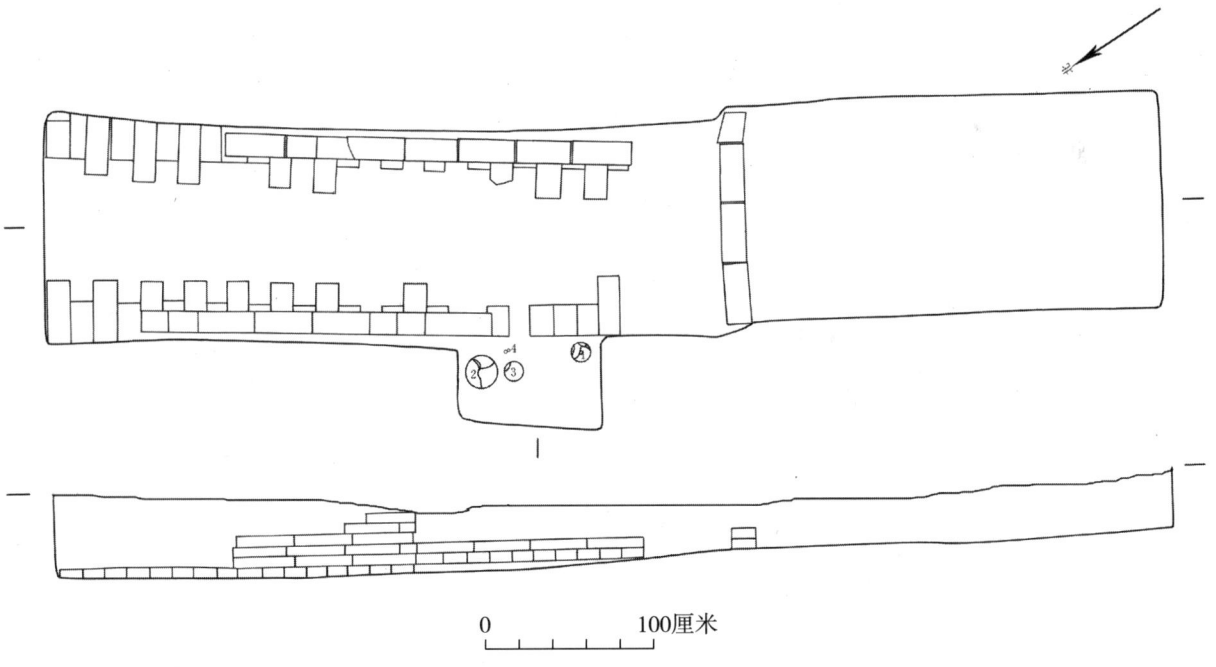

图二二　M10 平、剖面图
1.铜镜　2.陶器盖　3.陶器盖　4.铜钱

（三）出土遗物

出土遗物共计5件。有陶器盖2、铜镜1、铜钱2。均放置在耳室内。

陶器盖 2件。均泥质灰陶。轮制。形制相同，尺寸有异。平顶，盖面弧形隆起，中部有两周折棱，宽平沿，沿下面有一周凹槽作母口，斜方唇。标本M10:2，顶径4.0厘米，沿径17.2厘米，高5.3厘米。（图二三，4；图版一四，5）标本M10:3，顶径3.1厘米，沿径9.2厘米，高3.0厘米。（图二三，3；图版一四，6）

铜镜 1件。标本M10:1，圆形，圆钮，圆钮座。座外一周凸弦纹及一周内向八连弧纹蒂，连弧纹间有简单的纹饰。其外为两周短斜线纹，两周斜线纹之间有铭文，铭文部分残失，铭文为"内而清而□□□而明而光而□而光□日月"。字体比较方正。素宽缘。直径9.0厘米，厚0.3厘米，连钮高0.9厘米。（图二三，1；图版一五，1）

铜钱 2枚。均为五铢。正面内廓均被磨除。（彩版五，2）标本M10:4-1，钱文字迹清晰。"五"字中间两交笔弯曲。"铢"字的"金"旁上部呈小三角形，下部四点稍短；"朱"旁上部方折，下部圆折，下竖较直，下部长于上部，上、下部之间的间距较大。钱径2.65厘米，穿径1.0厘米。（图二三，2）标本M10:4-2，钱文字迹部分不清晰。"五"字中间两交笔弯曲。"铢"字不清。钱径2.65厘米，穿径1.0厘米。

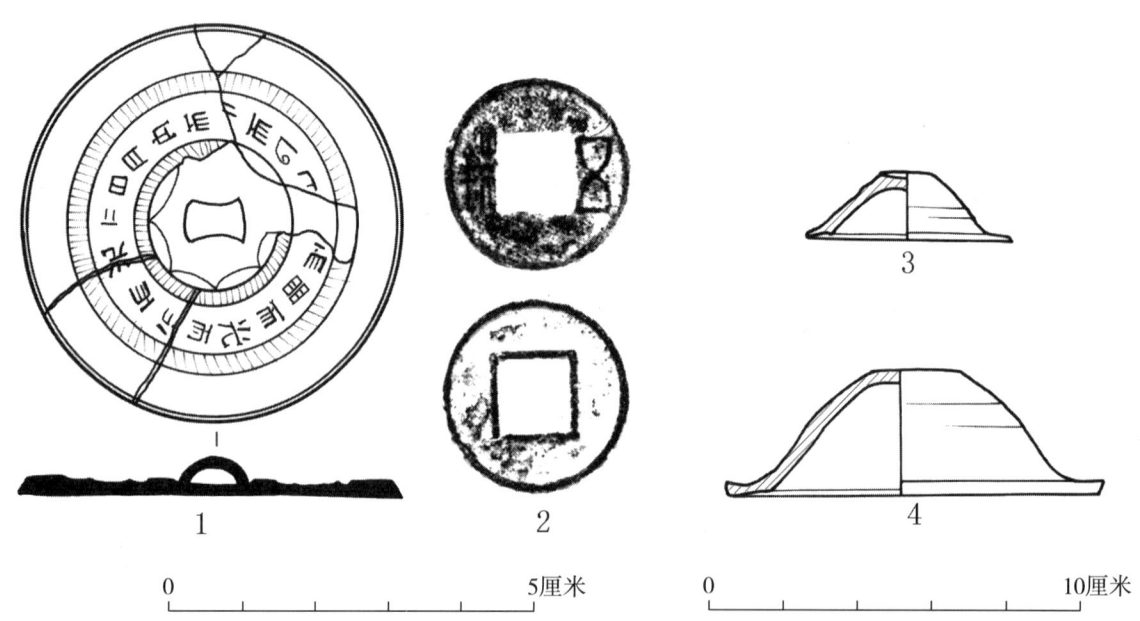

图二三　M10出土遗物
1.铜镜（M10:1）　2.铜钱（M10:4-1）　3.陶器盖（M10:3）　4.陶器盖（M10:2）

一〇、M12

（一）层位关系

该墓的上部被施工破坏，依据附近断崖壁的层次推测该墓开口于第②层下。位于M10的南部。

（二）墓葬形制、葬式与葬具

单室砖室墓。方向310°。由墓道和墓室两部分组成。墓道窄于墓室，墓道与墓室东西两壁均自南向北渐扩，构成平面呈楔形。

墓道　长方形竖井斜坡式。土坑。置于墓室之东北。直壁，斜坡底。上口长1.90米，宽1.20米，距地表深度不详。底长1.88米，宽1.88米，距地表深0.26～0.42米（残存）。

墓室　平面呈长方形。砖室。室顶无存，形制不明。该墓被破坏严重，仅在墓室底部有平铺的2块长约1.02米、宽约0.30米、厚约0.12米的空心砖。无封门痕迹。室内填土为五花土。口长3.80米，宽1.42米，距地表深0.50米（残存）。底长3.70米，宽1.42米，距地表深1.06米。

人骨架无存。头向、面向、葬式、性别不明。葬具未知。有随葬品。（图二四，图版三）

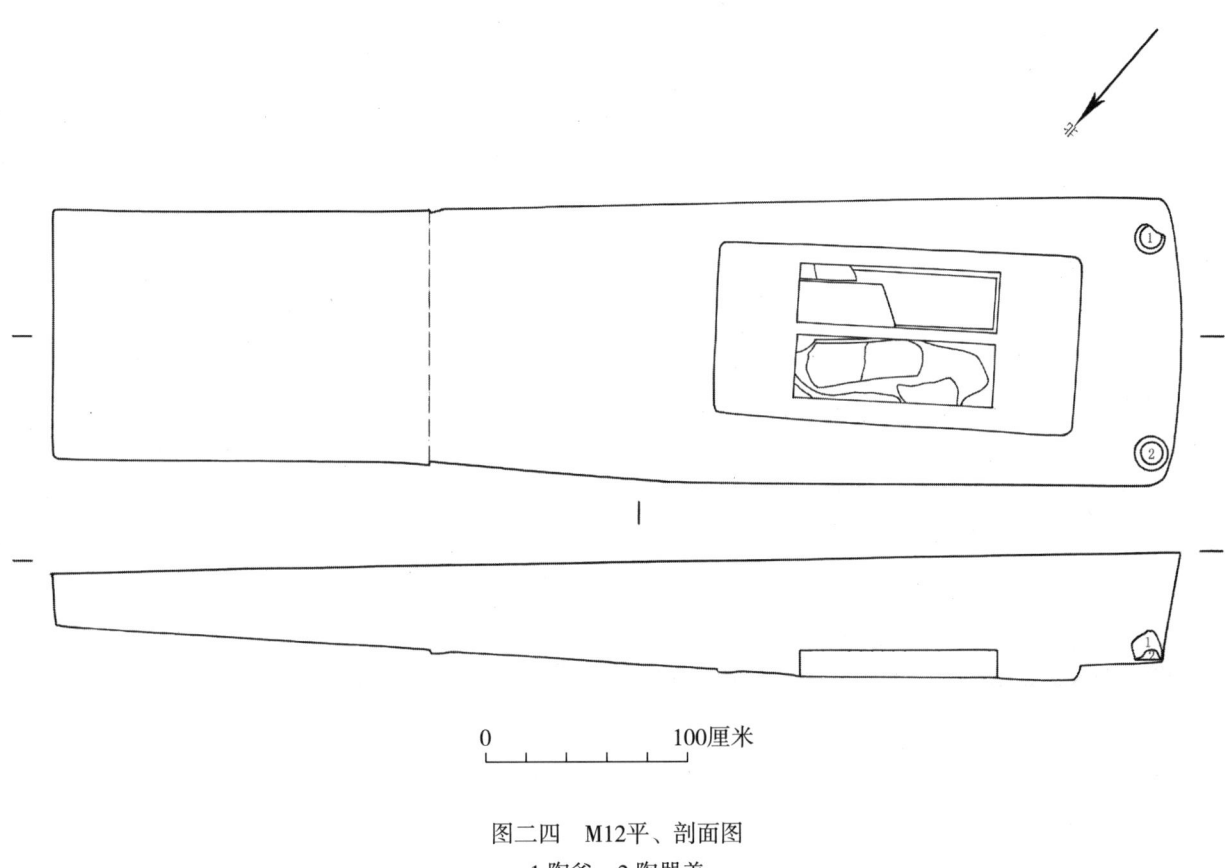

图二四　M12平、剖面图
1.陶釜　2.陶器盖

（三）出土遗物

出土遗物共计2件。有陶釜和陶器盖各1。置放于墓室后部两角处。

陶釜　1件。标本M12:1，敞口，斜沿上仰，尖唇，折腹，底与下腹部残失。腹部有一周折棱。口径21.3厘米，腹径20.6厘米，残高7.2厘米。（图二五，1）

陶器盖　1件。标本M12:2，泥质灰陶。轮制。环形顶，盖面弧形隆起，斜沿，沿下面有一周凹槽作母口，方唇。顶径6.2厘米，沿径17.0厘米，高4.8厘米。（图二五，2；图版一五，2）

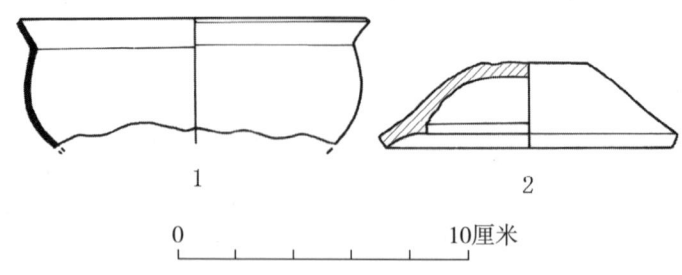

图二五　M12出土陶器
1.釜（M12:1）　2.器盖（M12:2）

一一、M15

（一）层位关系

该墓的上部被施工破坏，依据附近断崖壁的层次推测该墓开口于第②层下。位于M4的南部。

（二）墓葬形制、葬式与葬具

双室砖室墓。方向30°。由墓道、墓室和耳室三部分组成。墓道宽于墓室。该墓被盗扰严重。

墓道　弧形竖井斜坡式。土坑。置于墓室之北。口长2.60米，宽1.60米，距地表深度不详。底长2.00米，宽1.60米，距地表深0.70米（残存）。

墓室　平面近长方形。砖室。室顶无存，形制不明。该墓被破坏严重，周边砖和铺底砖所剩无几，均为子母砖。无封门痕迹。室内填土为五花土。口长4.24米，宽1.40米，距地表深度不详。底长4.20米，宽1.40米，距地表深0.66米（残存）。

耳室　平面呈不规则长方形。土洞穴式。开口在墓室西壁近口部。顶部无存，形制不详。室内填土为五花土。耳室宽1.90米，进深0.34～0.52米，距地表深0.66米（残存）。

人骨架无存。头向、面向、葬式、性别不明。葬具未知。有随葬品。（图二六）

（三）出土遗物

出土遗物共计2件。均为铜钱，置放于墓室中部。

铜钱　2枚。均为五铢。钱文书体不同、尺寸相同。正面内廓均被磨除。（彩版五，3）钱文字迹均清晰。尺寸均为：钱径2.6厘米，穿径1.0厘米。标本M15:1，1枚。"五"字中间两交笔弯曲。"铢"字的"金"旁上部呈小三角形，下部四点稍短；"朱"旁上部方折，下部圆折，下竖较直，下部长于上部，上、下部之间的间距较大。（图二七，1）标本M15:2，1枚。"五"字中间两交笔较直。"铢"字的"金"旁上部呈稍大三角形，下部四点稍短；"朱"旁上部方折，下部圆折，下竖较直，下部长于上部，上、下部之间的间距较大。（图二七，2）

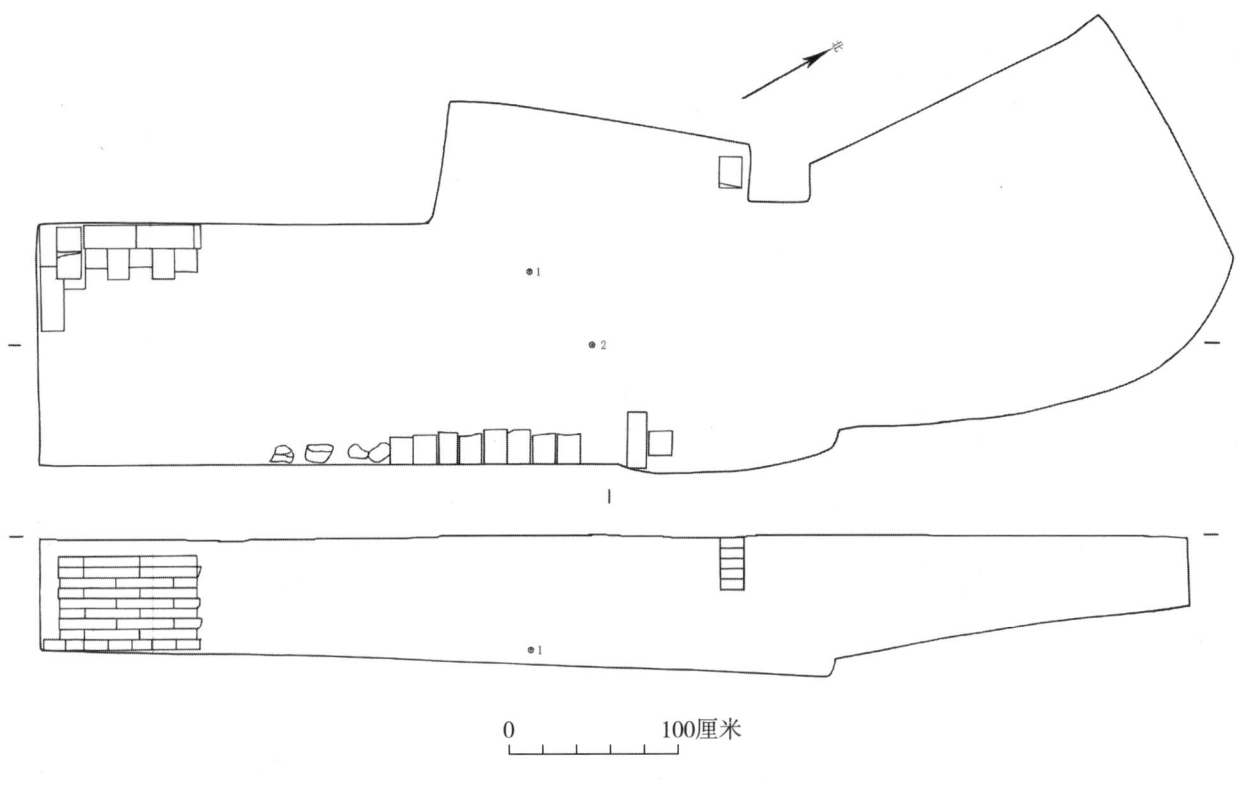

图二六　M15平、剖面图
1.铜钱　2.铜钱

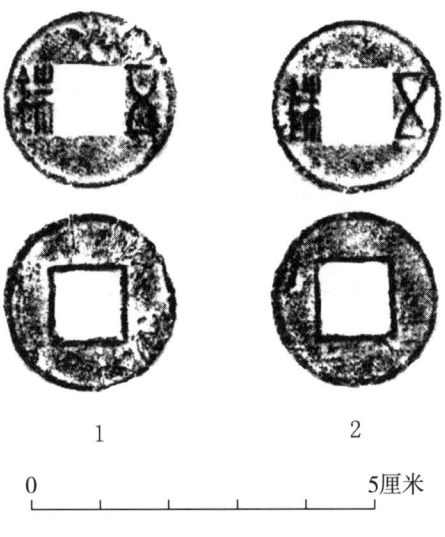

图二七　M15出土铜钱
1.M15:1　2.M15:2

一二、M16

（一）层位关系

该墓的上部被施工破坏，依据附近断崖壁的层次推测该墓开口于第②层下。位于 M15 的西北部。

（二）墓葬形制、葬式与葬具

双室砖室墓。方向 200°。由墓道、前室和后室三部分组成。墓道宽于墓室。

墓道　长方形竖井式。土坑。置于墓室之南。直壁，平底。口长 1.84 米，宽 1.76 米，距地表深度不详。底长 1.80 米，宽 1.75 米，距地表深 0.50 米（残存）。

前室　平面呈长方形。砖室。室顶无存，形制不明。直壁，平底。东壁用 2 块空心砖竖砌，西壁不见砖砌，北壁两侧各用 1 块窄空心砖竖砌与后室隔开。室底部用 5 块长约 1.18 米、宽约 0.28 米、厚约 0.12 米的空心砖平铺。无封门痕迹。室内填土为五花土。口长 2.26 米，宽 1.36 米，距地表深度不详。底长 2.26 米，宽 1.36 米，距地表深 0.50 米（残存）。

后室　平面呈长方形。砖室。与前室相通，略窄于前室。后室底：前部用 1 块残长 0.88 米、宽 0.30 米、厚 0.12 米的空心砖平铺，中部用 3 块残长 0.48 米、宽约 0.28 米、厚约 0.12 米的空心砖竖铺，后部未铺砖为生土。无封门痕迹。室内填土为五花土。底长 1.70 米，宽 1.12 米，距地表深 0.50 米（残存）。

人骨架无存。头向、面向、葬式、性别不明。葬具未知。有随葬品。（图二八）

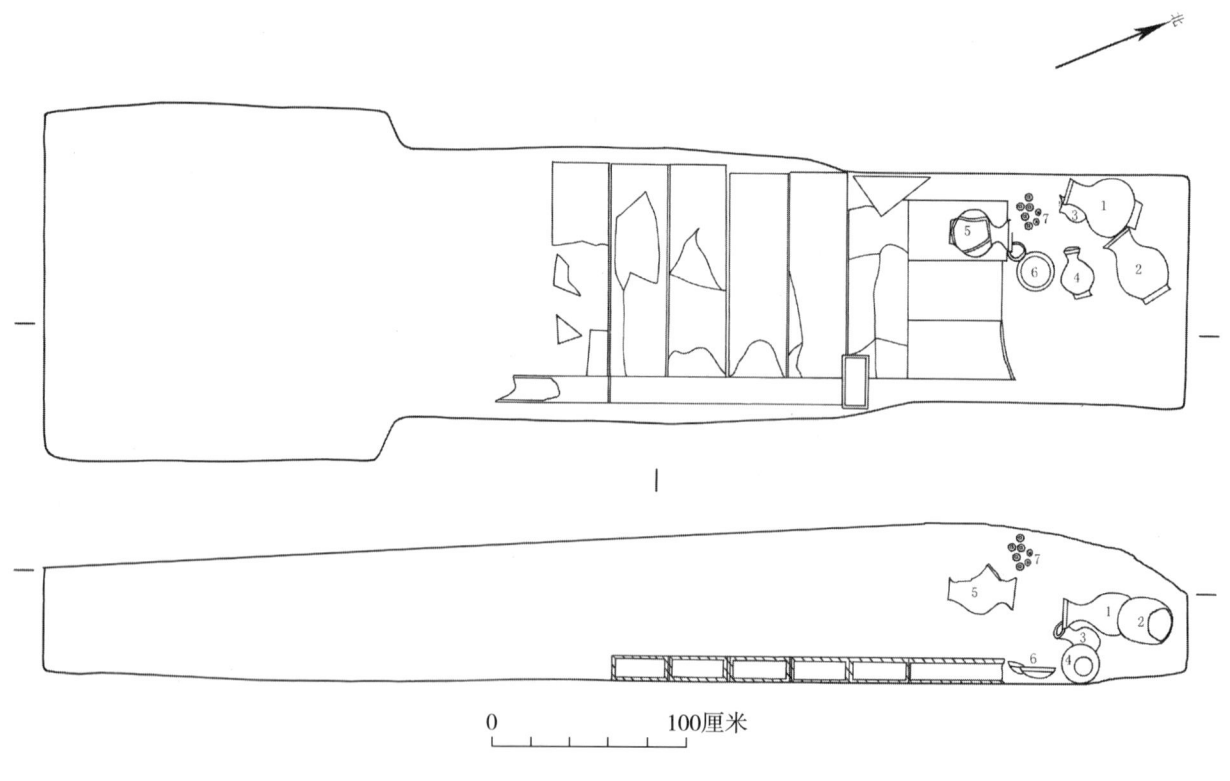

图二八　M16 平、剖面图
1. 陶壶　2. 陶壶　3. 陶壶　4. 陶壶　5. 陶壶　6. 铜釜　7. 铜钱

（三）出土遗物

出土遗物共计13件。有陶壶5、铜釜1、铜钱7。置放于后室北部。

陶壶　5件。均为泥质灰陶。轮制。形制相近，尺寸有异。3件（标本M16:1、标本M16:2、标本M16:5）器体较大，2件（标本M16:3、标本M16:4）器体较小。壶均为：盘口外撇，盘口下方有明显折棱，束颈，溜肩，圆球形腹，空心状斜直假圈足底微内凹。腹上部及中部各饰两周凹弦纹。标本M16:1，盘口稍直，足较直且与腹部有明显界线。盘口下部饰一周凹弦纹，肩部饰三周凹弦纹，腹两侧对称各饰一兽面铺首衔环。口径17.2厘米，腹径29.4厘米，底径14.2厘米，高36.0厘米。（图二九，1；彩版六，1、2；图版一五，3）标本M16:2，子口承盖。盖，弧形顶，平沿，沿下面有一周凹槽作母口，斜方唇。壶，盘口外撇，盘口下部饰一周凹弦纹，腹两侧对称各饰一兽面铺首衔环，足上扩下内收且与腹部无明显界线。盖，沿径17.2厘米，高4.4厘米；壶，口径17.6厘米，腹径28.2厘米，底径14.0厘米，高34.8厘米；通高38.8厘米。（图二九，3；彩版六，3、4；图版一五，4）标本M16:3，子口承盖。盖，弧形顶，平沿，沿下面有一周凹槽作母口，斜方唇。壶，盘口较直，腹中部饰三周凹弦纹。盖，沿径10.0厘米，高2.7厘米；壶，口径9.3厘米，腹径14.4厘米，底径6.0厘米，高18.2厘米；通高20.6厘米。（图二九，5；图版一五，5）标本M16:4，子口承盖。盖，弧形顶，平沿，沿下面有一周凹槽作母口，斜方唇。壶，盘口较直。盖，沿径10.1厘米，高2.9厘米；壶，口径10.0厘米，腹径16.2厘米，底径8.0厘米，高19.3厘米；通高22.0厘米。（图二九，6；图版一五，6）标本M16:5，盘口较直，盘口下部饰一周凹弦纹，腹两侧对称各饰一兽面铺首衔环，足上扩下内收且与腹部无明显界线。口径17.2厘米，腹径27.6厘米，底径16.4厘米，高34.0厘米。（图二九，2；图版一五，7）

铜釜　1件。标本M16:6，残。敞口，斜沿上仰，尖唇，弧腹，圜底近平。口径20.0厘米，腹径19.6厘米，高8.6厘米。（图二九，4；图版一六，1）

铜钱　7枚。均为五铢。正面内廓均被磨除。标本M16:7。（彩版五，4）依据铜钱钱文书体、保存现状等分为以下四种情况进行报告：

1. 标本M16:7-1、标本M16:7-2，各1枚，共计2枚。钱文书体相同，尺寸不同。钱文字迹均清晰。"五"字中间两交笔弯曲。"铢"字的"金"旁上部呈小三角形，下部四点稍短；"朱"旁上部方折，下部圆折，下竖较直，下部长于上部，上、下部之间的间距较大。标本M16:7-1，钱径2.7厘米，穿径1.0厘米。（图三〇，1）标本M16:7-2，钱径2.5厘米，穿径1.0厘米。（图三〇，2）

2. 标本M16:7-3，2枚。钱文书体、尺寸相均相同。钱文字迹均清晰。"五"字中间两交笔呈稍曲。"铢"字的"金"旁上部呈小三角形，下部四点稍短；"朱"旁上部方折，下部圆折，下竖较直，下部长于上部，上、下部之间的间距较大。钱径2.5厘米，穿径1.0厘米。（图三〇，3）

3. 标本M16:7-4，1枚。钱文字迹清晰。"五"字中间两交笔弯曲。"铢"字的"金"旁上部呈稍大三角形，下部四点稍长；"朱"旁上部方折，下部圆折，下竖较直，下部长于上部，上、下部之间的间距较大。钱径2.6厘米，穿径1.0厘米。（图三〇，4）

4. 标本M16:7-5、标本M16:7-6，各1枚，共计2枚。钱文字迹均不清晰，钱文书体不可辨识。尺寸不同。标本M16:7-5，钱径2.4厘米，穿径0.9厘米。标本M16:7-6，钱文"五"字不清，"铢"字残缺。钱径2.6厘米，穿径0.9厘米。

图二九　M16出土遗物

1.陶壶（M16:1）　2.陶壶（M16:5）　3.陶壶（M16:2）　4.铜釜（M16:6）　5.陶壶（M16:3）　6.陶壶（M16:4）

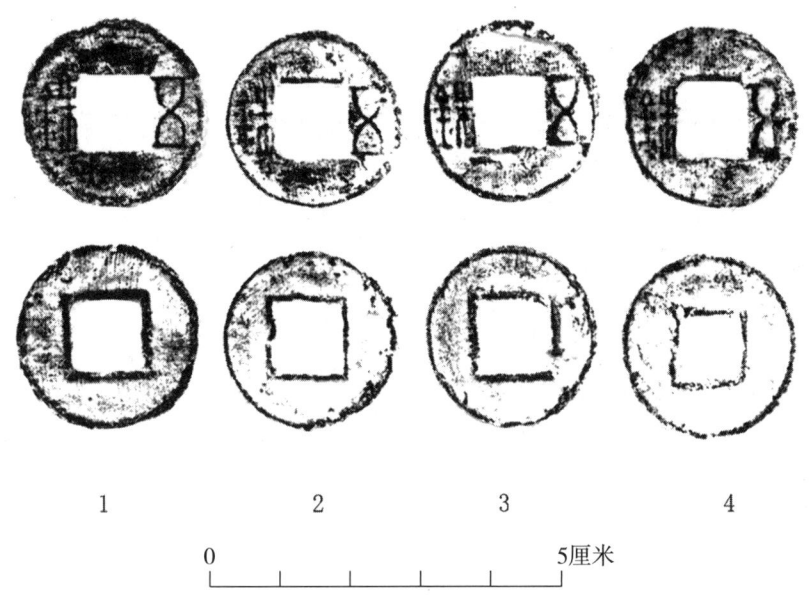

图三〇　M16出土铜钱
1.M16:7-1　2.M16:7-2　3.M16:7-3　4.M16:7-4

一三、M17

（一）层位关系

该墓的上部被施工破坏，依据附近断崖壁的层次推测该墓开口于第②层下。位于M13的西南部。

（二）墓葬形制、葬式与葬具

单室砖室墓。方向12°。由墓道和墓室两部分组成。墓道与墓室宽度几乎相当。墓道与墓室构成平面呈近长方形。

墓道　近长方形竖井斜坡式。土坑。置于墓室之北。直壁，斜坡底。口长1.20米，宽1.18米，距地表深2.75米。底长1.14米，宽1.10米，距地表深3.29~3.35米。

墓室　平面呈长方形。砖室。室顶无存，形制不明。直壁，平底。壁用长约1.35米、宽约0.34米、厚约0.13米的空心砖对缝垒砌，残存两层。底用8块同样的空心砖平铺，因挤压均残破。空心砖上饰有菱形纹、云纹和绳纹等。无封门痕迹。室内填土为五花土。口长2.66米，宽1.17米，距地表深2.75米。底长2.65米，宽1.16米，距地表深3.55米。

人骨架无存。头向、面向、葬式、性别不明。葬具未知。有随葬品。（图三一）

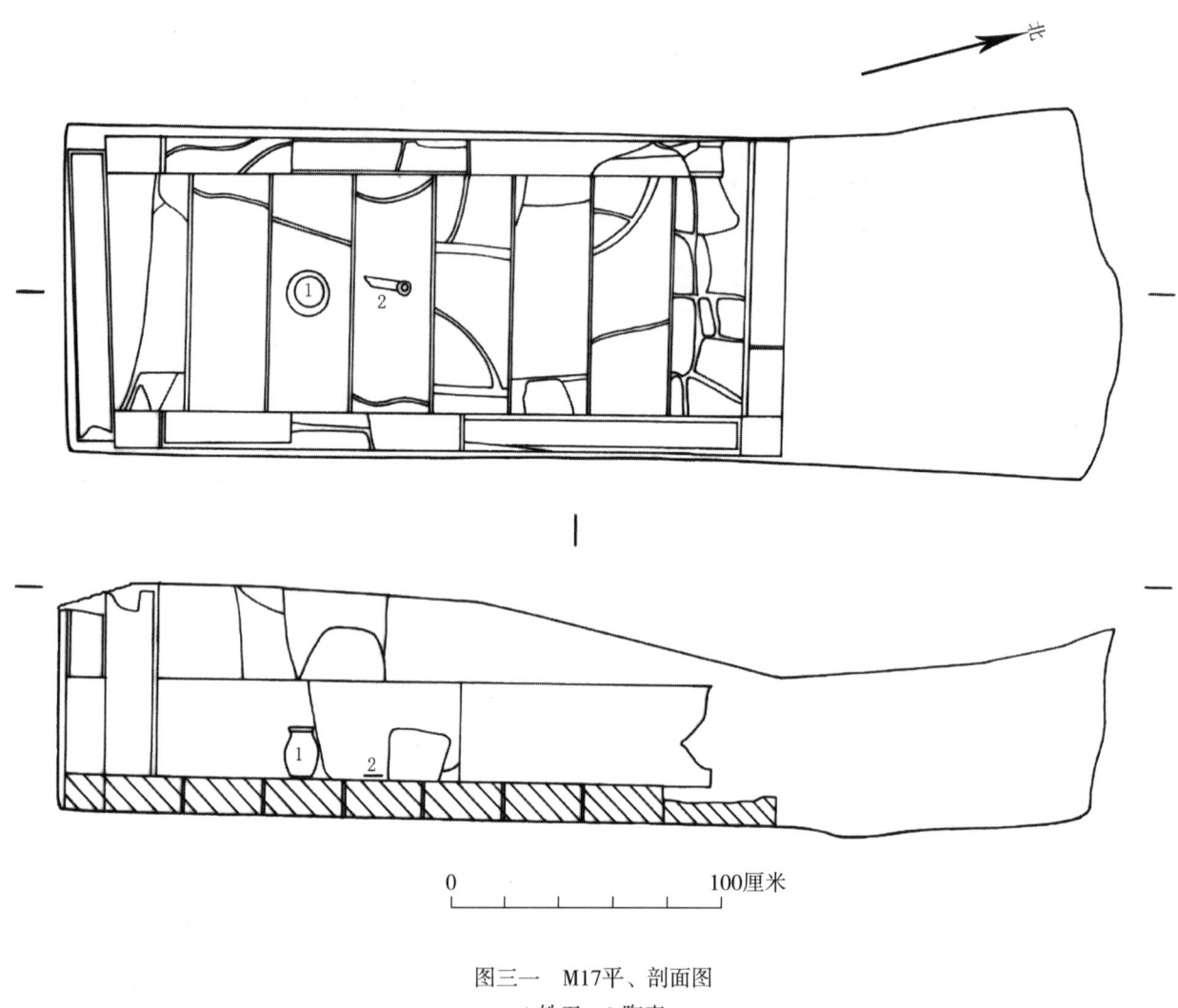

图三一 M17平、剖面图
1.铁刀 2.陶壶

(三)出土遗物

出土遗物共计2件。陶壶和铁刀各1件。置放在墓室内。

陶壶 1件。标本M17:2,泥质灰陶。轮制。器体较小。侈口,盘口下方有不明显折棱,束颈,溜肩,弧腹,平底微内凹。肩与上腹交接处、腹中部各饰一周宽带纹。下腹有数周轮转留下的刮痕。口径10.6厘米,腹径15.6厘米,底径8.6厘米,高18.2厘米。(图三二,2;图版一六,3)

铁刀 1件。标本M17:1,锈蚀严重。长条形。环手直背,单面直刃,刀尖部残。残长19.4厘米,厚0.5厘米。(图三二,1;彩版七,1;图版一六,2)

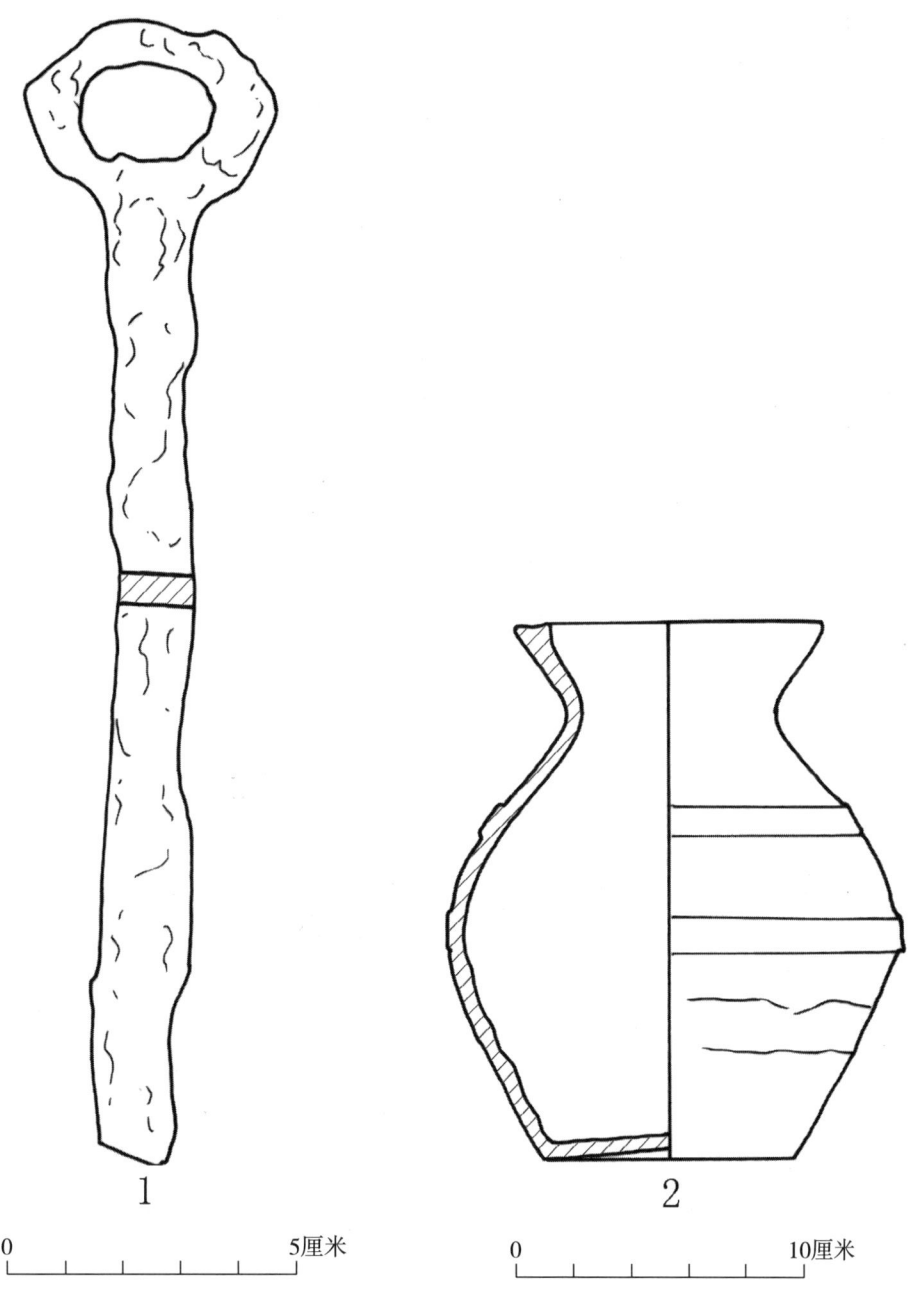

图三二　M17出土遗物
1.铁刀（M17:1）　2.陶壶（M17:2）

一四、M18

（一）层位关系

该墓的上部被施工破坏，依据附近断崖壁的层次推测该墓开口于第②层下。

(二)墓葬形制、葬式与葬具

单室土洞墓。方向 18°。由墓道和墓室两部分组成。墓道窄于墓室,墓道与墓室构成平面呈铲形。

墓道　长方形竖井斜坡式。置于墓室的东北部。直壁,斜坡底。底长 4.0 米,宽 1.4 米,距地表深未知。

墓室　平面呈长方形。直壁,壁四角微弧,平底。无封门痕迹。室内填土为五花土。底长 2.8 米,宽 1.8 米,距地表深未知。

人骨架无存。头向、面向、葬式、性别不明。葬具未知。未发现有随葬品。(图三三)

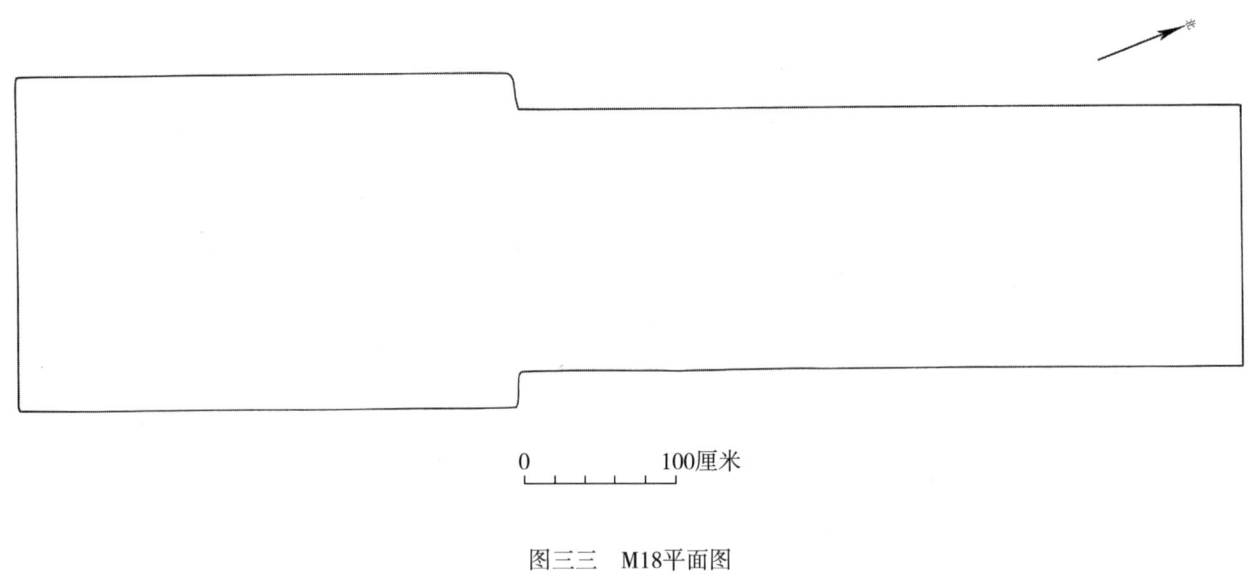

图三三　M18 平面图

一五、M19

(一)层位关系

该墓的上部被施工破坏,依据附近断崖壁的层次推测该墓开口于第②层下。位于 M18 西侧。打破 M23。

(二)墓葬形制、葬式与葬具

单室土洞墓。方向 18°。由墓道和墓室两部分组成。墓道窄于墓室,墓道与墓室构成平面呈铲形。

墓道　长方形竖井式。置于墓室的东部。直壁,平底。底长 2.50 米,宽 1.28 米,距地表深未知。

墓室　平面呈长方形。墓室直壁,平底。无封门痕迹。室内填土为五花土。南壁近墓门处有一平面呈长方形小龛,龛宽 1.08 米,高未知,进深 0.50 米。底长 5.00 米,宽 1.90 米,距地表深未知。

人骨架无存。头向、面向、葬式、性别不明。葬具未知。未发现有随葬品。(图三四)

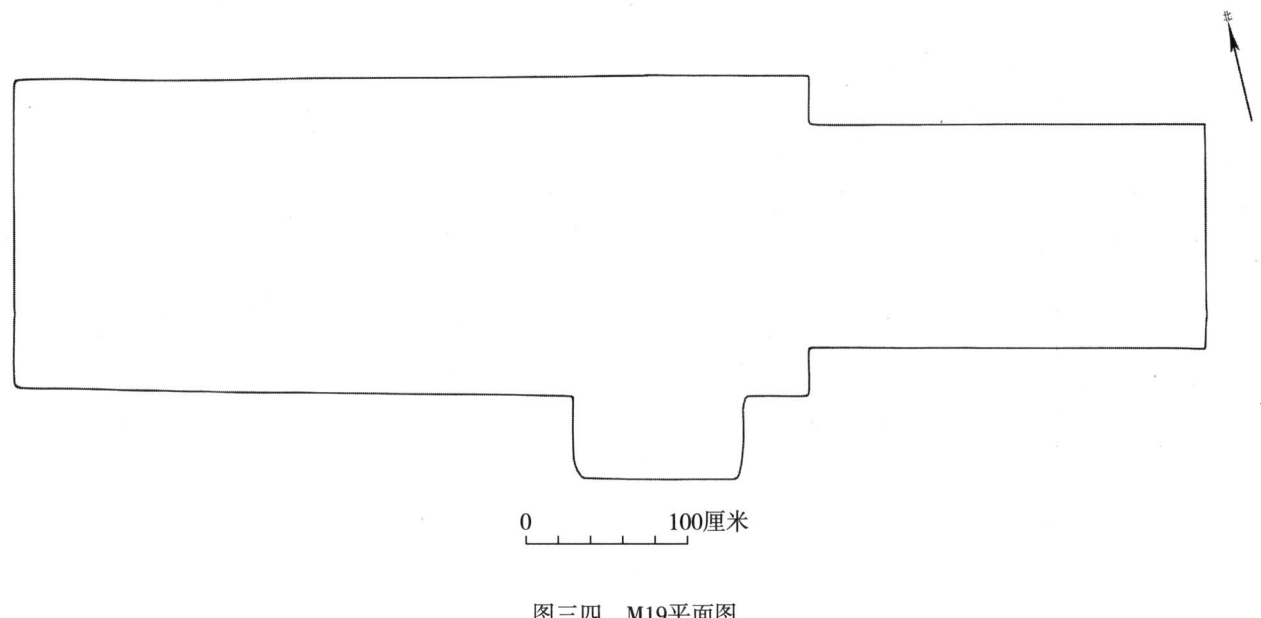

图三四　M19平面图

一六、M20

（一）层位关系

该墓的上部被施工破坏，依据附近断崖壁的层次推测该墓开口于第②层下。墓室被M87打破。

（二）墓葬形制、葬式与葬具

不规则形单室砖室墓。方向189°。由墓道和墓室两部分组成。呈不规则弧形。

墓道　弧形竖井斜坡状。土坑。置于墓室南部。墓道前半部呈弧形，后半部较直，前宽后窄。底直线长4.3米，宽1.2~1.6米，距地表深未知。

墓室　平面呈长方形。砖室。被破坏严重，其形制不明。室内局部残存有空心砖。无封门痕迹。室内填土为五花土。

人骨架无存。头向、面向、葬式、性别不明。葬具未知。未发现有随葬品。（图三五）

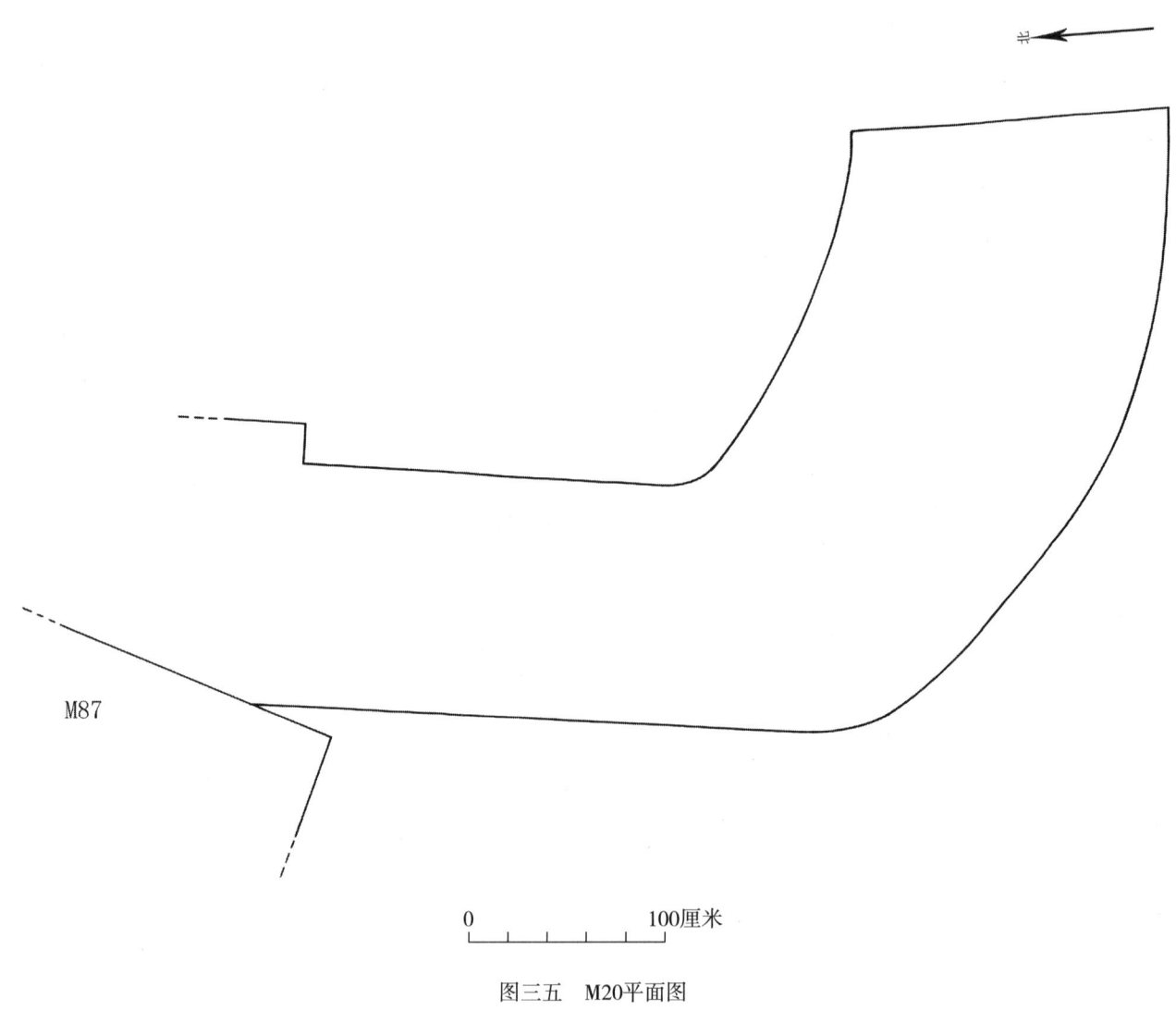

图三五 M20平面图

一七、M21

（一）层位关系

该墓的上部被施工破坏，依据附近断崖壁的层次推测该墓开口于第②层下。位于M24的西部。

（二）墓葬形制、葬式与葬具

单室土洞墓。方向190°。由墓道和墓室两部分组成。墓道与墓室宽度相近。

墓道　长方形竖井斜坡式。置于墓室之西。墓道上口被后期破坏，形制不详。底长2.18米，宽1.96米，距地表深0.16～0.80米（残存）。

墓室　平面呈长方形。室顶无存，形制不明。无封门痕迹。室内填土为五花土。口长2.32米，宽1.40米，距地表深0.95米。底长3.14米，宽1.98米，距地表深1.11～2.35米。

人骨架无存。头向、面向、葬式、性别不明。葬具未知。有随葬品。（图三六）

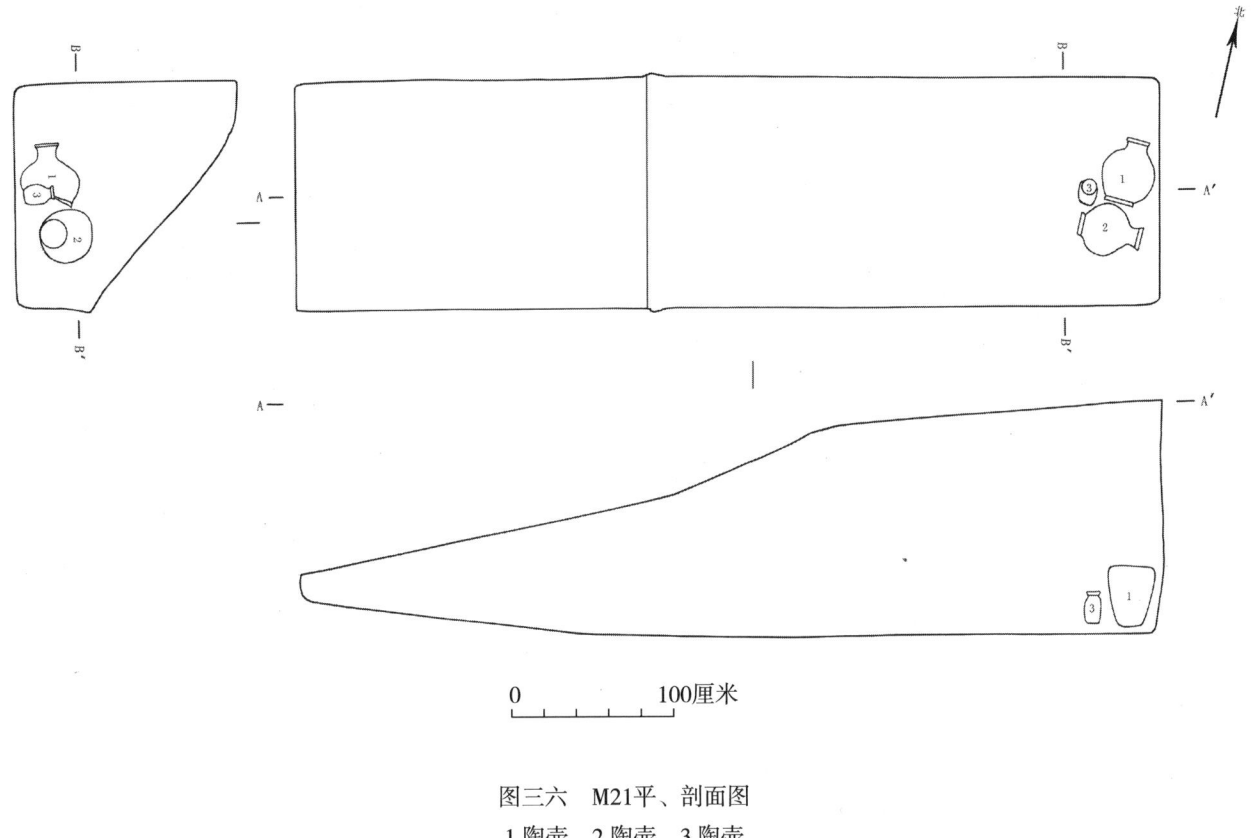

图三六 M21平、剖面图
1.陶壶 2.陶壶 3.陶壶

（三）出土遗物

出土遗物共计3件。均为陶壶。置放于墓室后部。

陶壶 3件。均泥质灰陶。轮制。并盖，盖形制有差异。2件（标本M21:1、标本M21:2），器体较大。形制相同，尺寸略异。均为浅盘口外撇，束颈，溜肩，扁圆腹，下腹内收成平底，下接折曲状圈足，圈足微外撇，足部折棱在足中部。肩与上腹交接处、腹中部、下腹部各饰一周宽带纹，上腹两侧对称各饰一兽面铺首衔环。标本M21:1，子口承盖。盖，环形顶，盖面弧形隆起，中部有一周折棱斜沿，沿下面有一周凹槽作母口，斜方唇。盖，顶径6.6厘米，沿径18.4厘米，高4.9厘米；壶，口径18.0厘米，腹径34.2厘米，底径18.4厘米，高38.4厘米；通高43.5厘米。（图三七，1；彩版七，2、3；图版一六，4）标本M21:2，子口承盖。盖，平顶，盖面弧形隆起，中部有一周折棱，平沿，沿下面有一周凹槽作母口，斜方唇。盖，顶径4.9厘米，沿径15.8厘米，高3.3厘米；壶，口径17.6厘米，腹径34.0厘米，底径17.4厘米，高39.4厘米；通高47.2厘米。（图三七，2；图版一七，1）另1件（标本M21:3），器体较小。子口承盖。盖，环形顶，盖面弧形隆起，中部有一周折棱，斜沿，沿下面有一周凹槽作母口，斜方唇。壶，盘口稍外撇，盘口下部有一周不明显折棱，束颈，溜肩，弧鼓腹，折曲状假圈足底微内凹，足底屑边一周，足部折棱近足底且几乎抹平。肩与上腹交接处、腹中部各饰一周宽带纹，上腹两侧对称各饰一兽面铺首衔环。盖，顶径4.3厘米，沿径10.0厘米，高2.3厘米；壶，口径10.2厘米，腹径15.6厘米，底径10.4厘米，高20.4厘米；通高18.6厘米。（图三七，3；彩版七，4；图版一七，2）

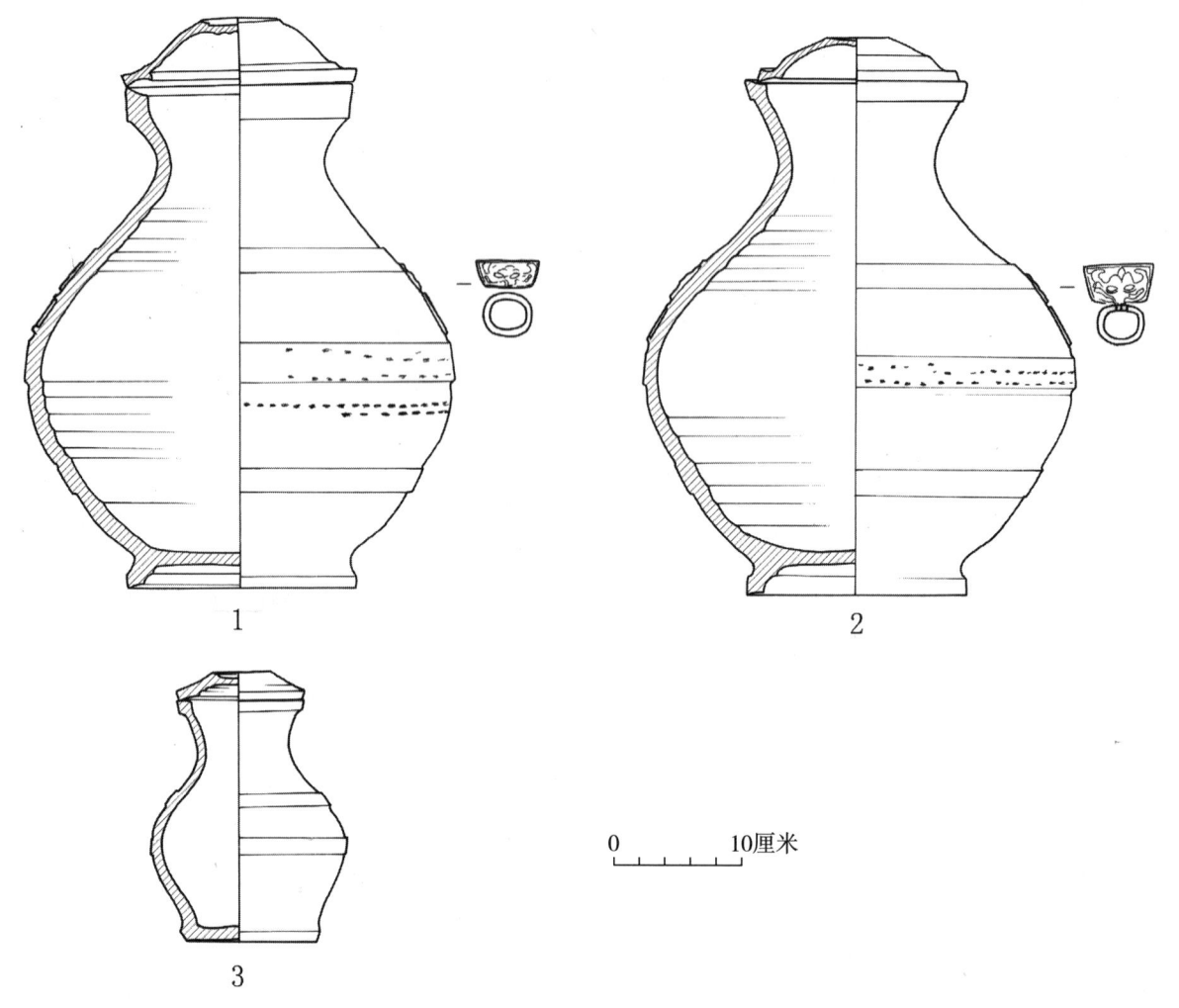

图三七　M21出土陶壶
1.M21:1　2.M21:2　3.M21:3

一八、M22

（一）层位关系

该墓的上部被施工破坏，依据附近断崖壁的层次推测该墓开口于第②层下。

（二）墓葬形制、葬式与葬具

单室土洞墓。方向295°。由墓道和墓室两部分组成。墓道略窄于墓室，墓道与墓室构成平面呈铲形。

墓道　长方形竖井斜坡式。置于墓室的西部，直壁，斜坡底。底长2.7米，宽1.1米，距地表深未知。

墓室　平面呈长方形。直壁，平底。无封门痕迹。室内填土为五花土。底长2.0米，宽1.2米，距地表深未知。

人骨架无存。头向、面向、葬式、性别不明。葬具未知。未发现有随葬品。（图三八）

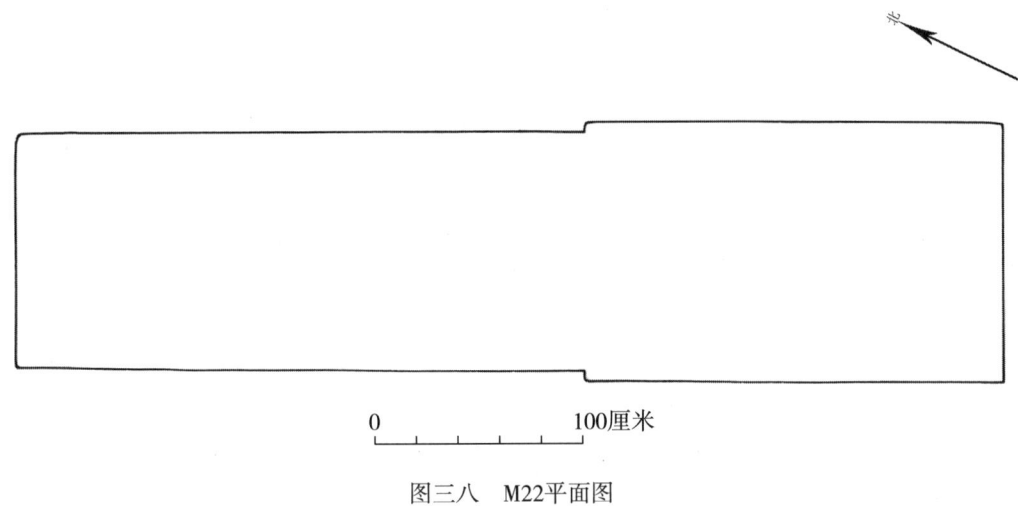

图三八　M22平面图

一九、M23

（一）层位关系

该墓被施工破坏严重，依据附近断崖壁的层次推测该墓开口于第②层下。与 M19 毗邻，墓道被 M19 打破。

（二）墓葬形制、葬式与葬具

单室砖室墓。方向 295°。由墓道和墓室两部分组成。

墓道　土坑。墓道被 M19 打破，未清理。形制不详。

墓室　平面呈长方形。砖室。直壁，四角略呈弧形，平底。清理时，仅在墓室底部发现八排铺地的空心砖。无封门痕迹。室内填土为五花土。底长 2.8 米，宽 1.2 米，距地表深未知。

人骨架无存。头向、面向、葬式、性别不明。葬具未知。未发现有随葬品。（图三九）

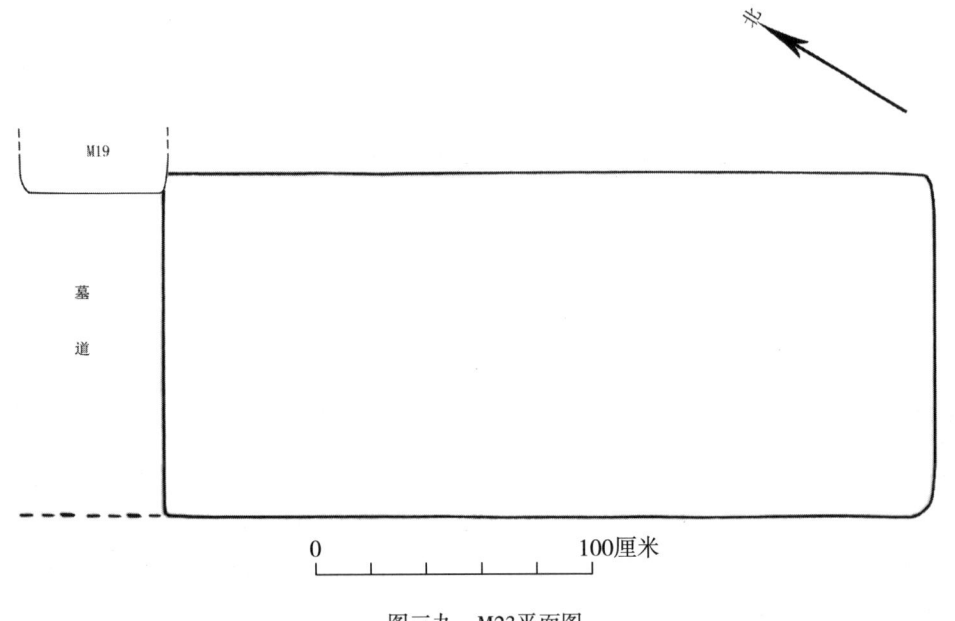

图三九　M23平面图

二〇、M24

(一)层位关系

该墓的上部被施工破坏,依据附近断崖壁的层次推测该墓开口于第②层下。位于 M25 的西部。

(一)墓葬形制与葬式

近长方形竖穴土坑墓。方向 192°。直壁,北部稍宽。斜坡底,南高北低。口长 4.26 米,宽 1.00～1.38 米,距地表深 0.54 米。底长 4.24 米,宽 1.00～1.38 米,距地表深 0.28～0.44 米。

人骨架无存。头向、面向、葬式、性别不明。葬具未知。有随葬品。(图四〇)

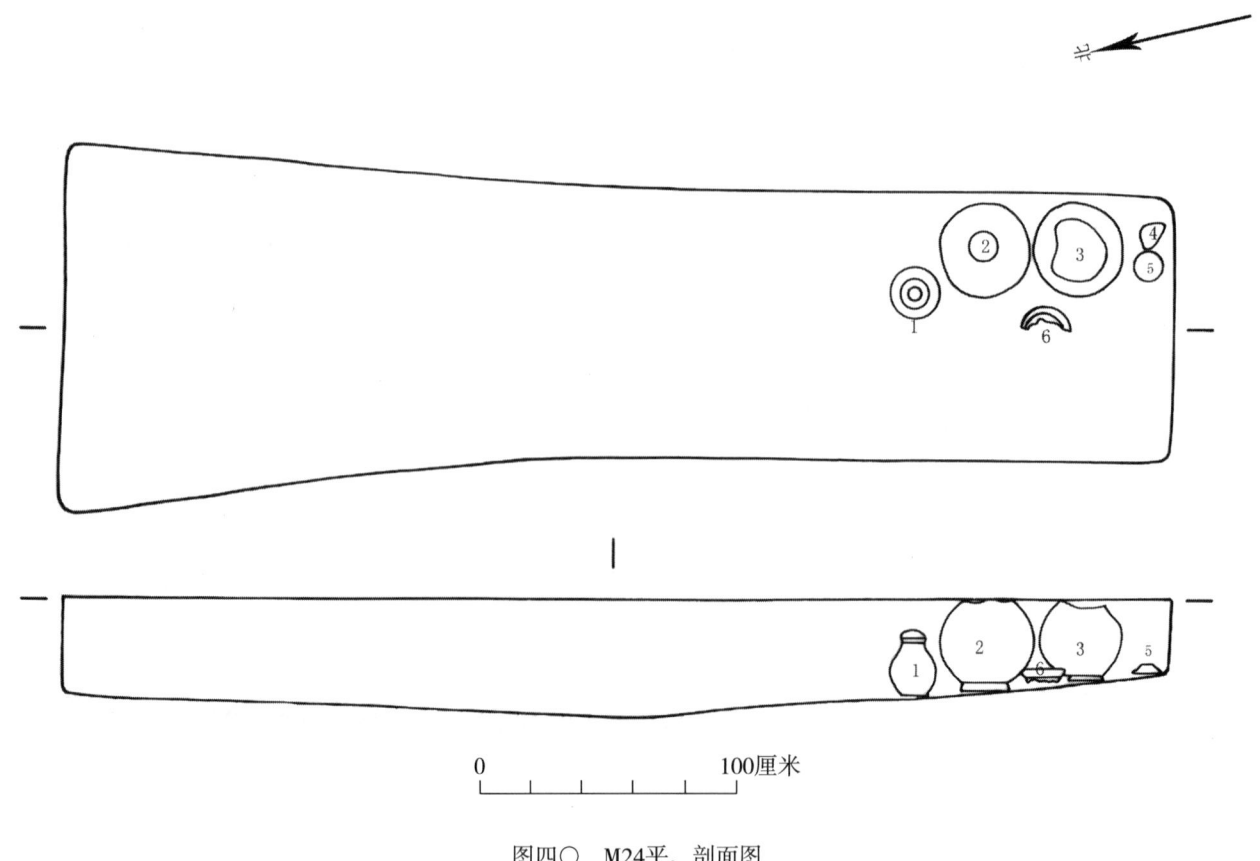

图四〇 M24 平、剖面图
1.陶壶 2.陶壶 3.陶壶 4.陶器盖 5.陶器盖 6.陶壶

(三)出土遗物

出土遗物共计 6 件。有陶壶 4、陶器盖 2。置放于墓室东南角。

陶壶 4 件。均为泥质灰陶。轮制。其中 2 件(标本 M24:1、标本 M24:6),1 件器体较小,1 件仅存口部。标本 M24:1,器体较小。盘口外撇,盘口下折棱近乎不见,束颈,溜肩,鼓腹,空心状假圈足底微内凹。肩与上腹交接处、腹中部各饰一周宽带纹。口径 10.4 厘米,腹径 16.0 厘米,底径 9.0 厘米,高 18.2 厘米。(图四一,3;图版一七,4)标本 M24:6,残失较甚,仅存口部的二分之一。盘口下部有一周明显折棱。口径17.7厘米，残高7.4厘米。另2件（标本M24:2、标本M24:3），器体较大。形制相同，尺寸有异。均为喇叭形盘口，盘口下折棱几乎不见，束颈较粗，溜肩，弧鼓腹，平底。肩与上腹交接处、腹中部、下腹部各饰一周宽带纹。两侧对称各饰一兽面铺首衔环。通体施白衣，白衣多有脱落。标本M24:2，子口承盖。盖，顶环形，盖面弧形隆起，斜沿，沿下面有一周凹槽作母口，斜方唇。盖，顶径4.8厘米，沿径17.8厘米，高4.3厘米；壶，口径17.4厘米，腹径33.4厘米，底径17.0厘米，高35.2厘米；通高39.0厘米。（图四一，1；图版一七，5、6）标本M24:3，口径17.8厘米，腹径32.6厘米，底径15.8厘米，高35.4厘米。（图四一，2；图版一七，3）

陶器盖　2件。均泥质灰陶。轮制。标本M24:4，残失较甚，仅存盖沿的一小部分。仅可看出盖为斜沿。残宽6.0厘米，残高3.8厘米。标本M24:5，平顶，盖面弧形隆起，下部有两周凹弦纹，平沿，沿底面中部有一周凹槽作母口，斜方唇。顶径2.9厘米，沿径11.0厘米，高2.0厘米。（图四一，4）

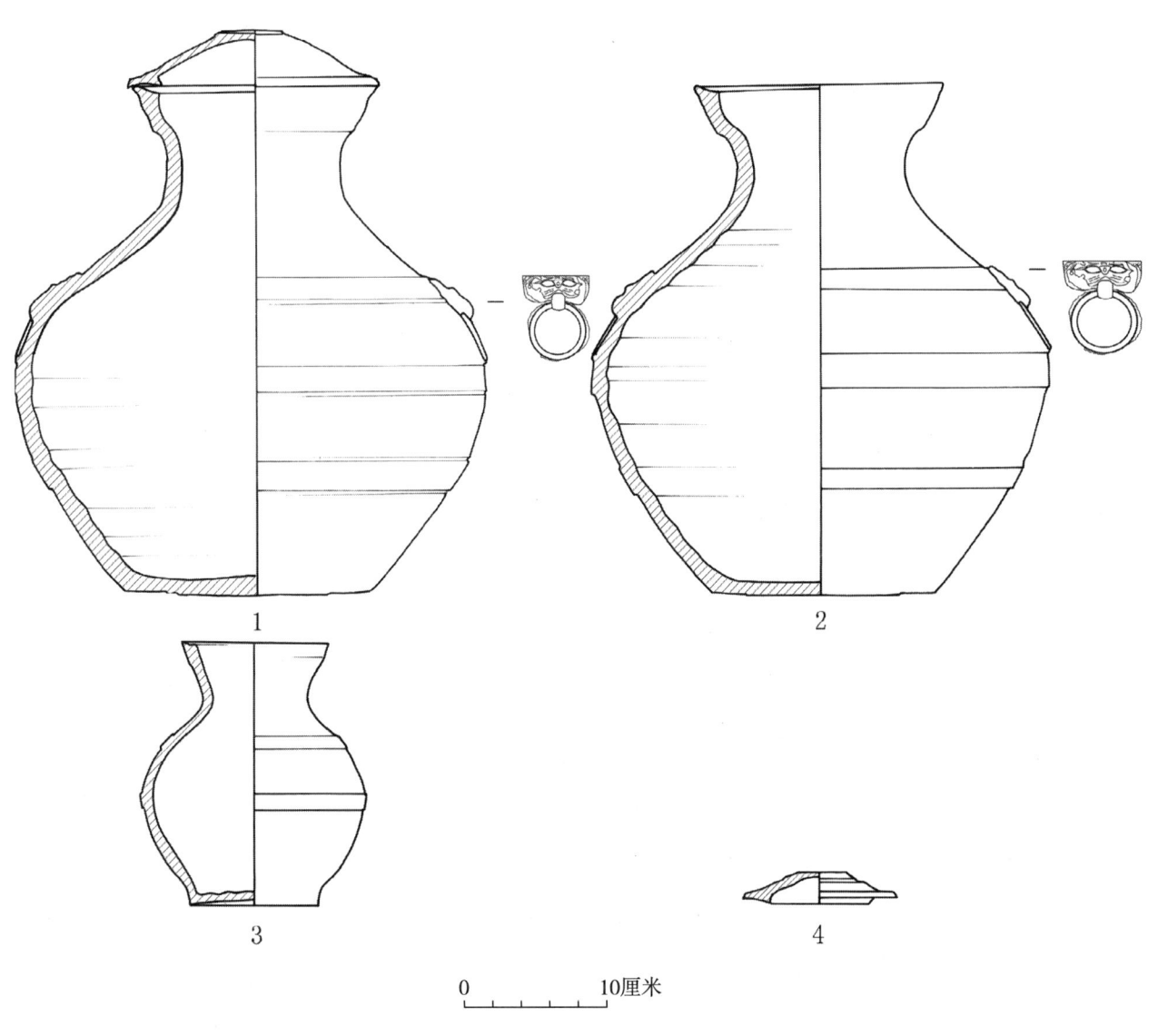

图四一　M24出土陶器
1.壶（M24:2）　2.壶（M24:3）　3.壶（M24:1）　4.器盖（M24:5）

二一、M25

(一)层位关系

该墓被施工破坏严重,依据附近断崖壁的层次推测该墓开口于第②层下。位于 M24 的东部,几乎与 M24 平行。被 M36 打破。

(二)墓葬形制、葬式与葬具

单室砖室墓。方向 195°。由墓道和墓室两部分组成。墓道窄于墓室。墓道与墓室构成平面呈铲形。

墓道　长方形竖井斜坡式。土坑。置于墓室的东南部。直壁,斜坡底。南部被 M36 打破。底残长 3.30 米,宽 1.20 米,距地表深约 0.60 米。

墓室　平面呈长方形。砖室。直壁,平底。清理时,仅在墓室底部发现八排铺地的空心砖。无封门痕迹。室内填土为五花土。底长 2.40 米,宽 1.70 米,距地表深约 0.60 米。

人骨架无存。头向、面向、葬式、性别不明。葬具未知。未发现有随葬品。(图四二)

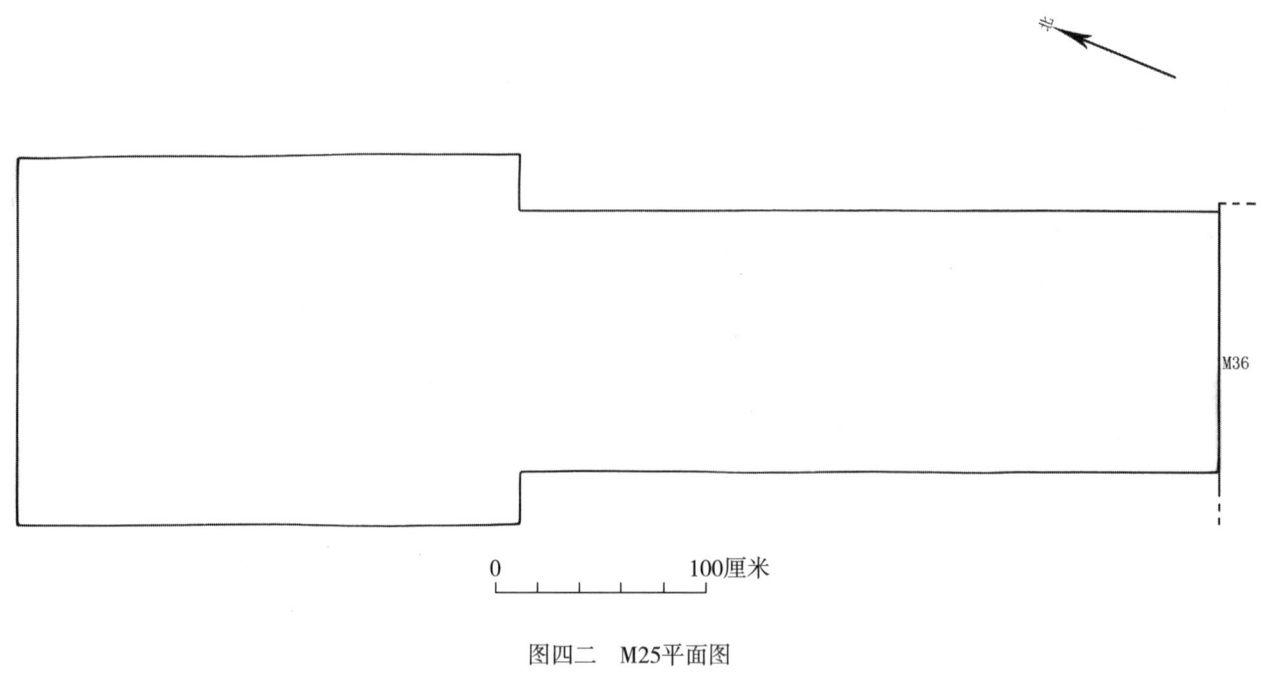

图四二　M25平面图

二二、M26

(一)层位关系

该墓的上部被施工破坏,依据附近断崖壁的层次推测该墓开口于第②层下。位于 M25 的西部。

(二)墓葬形制、葬式与葬具

近长方形竖穴砖室墓。方向 105°。墓口被破坏。墓室北壁用长 1.00 米、宽 0.36 米、厚 0.14 米的空心砖对缝竖砌，残存 2 块一层。墓底用 3 块大小不一的空心砖错缝平铺，大砖长 1.00 米、宽 0.36 米、厚 0.14 米，小砖长 0.94 米、宽 0.28 米、厚 0.12 米。内填土为五花土。底长 3.15 米，宽 1.10～1.25 米，距地表深 0.36 米（残存）。

人骨架无存。头向、面向、葬式、性别不明。葬具未知。未发现有随葬品。（图四三）

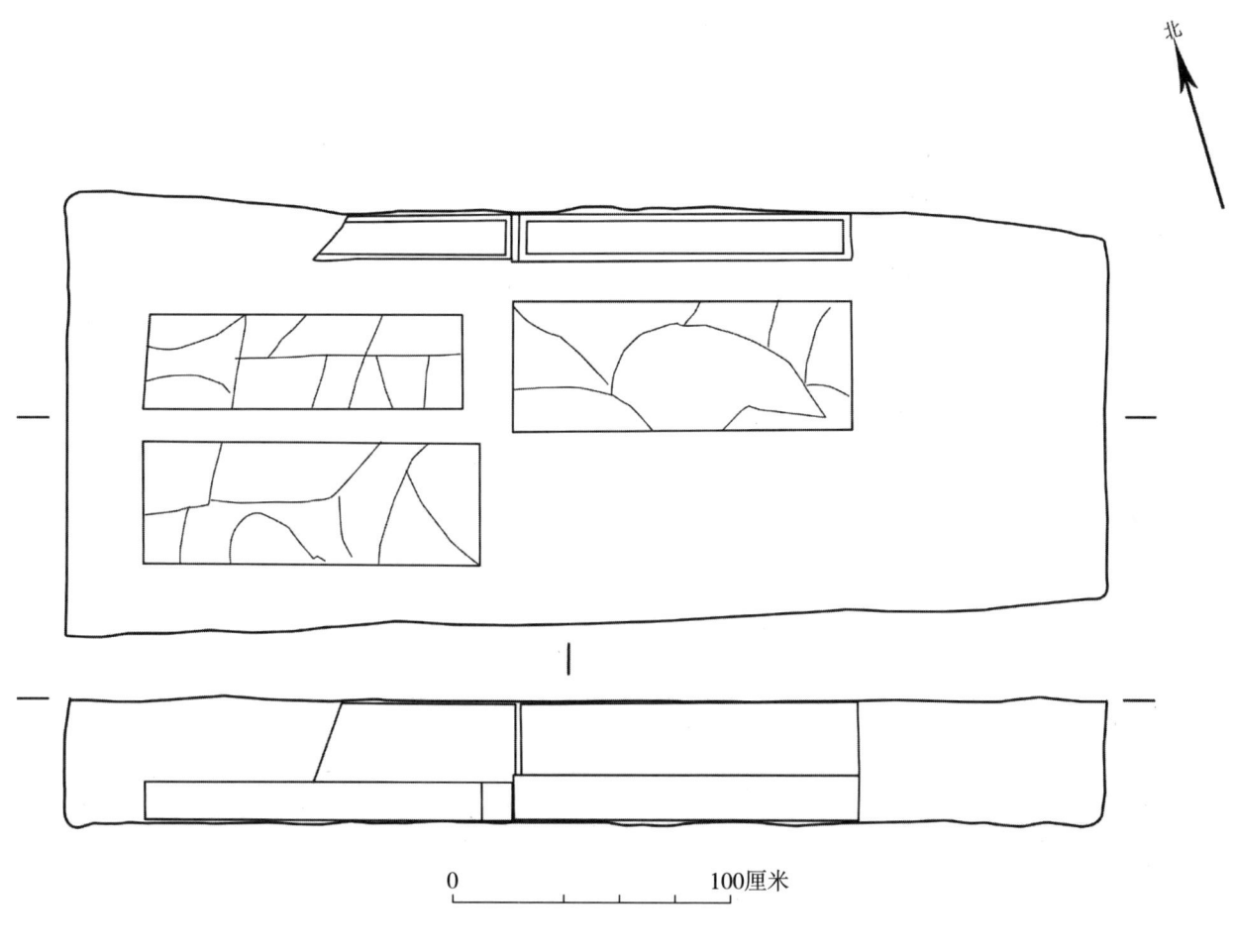

图四三　M26 平、剖面图

二三、M27

（一）层位关系

该墓的上部被施工破坏，依据附近断崖壁的层次推测该墓开口于第②层下。

（二）墓葬形制、葬式与葬具

长方形竖穴土坑墓。方向 12°。直壁，平底。底长 2.60 米，宽 1.28 米，距地表深未知。

人骨架无存。头向、面向、葬式、性别不明。葬具未知。未发现有随葬品。（图四四）

图四四 M27平面图

二四、M28

(一)层位关系

该墓的上部被施工破坏,依据附近断崖壁的层次推测该墓开口于第②层下。位于M16的西北部。

(二)墓葬形制、葬式与葬具

长方形竖穴砖室墓。方向200°。平面呈长方形。墓口被破坏,形制不详。该墓葬被破坏严重,仅在底部发现有1块子母青砖,由此可以判断出是一座砖室墓。内填土为五花土。底长4.10米,宽1.36米,距地表深0.50米(残存)。

人骨架无存。头向、面向、葬式、性别不明。葬具未知。未发现有随葬品。(图四五)

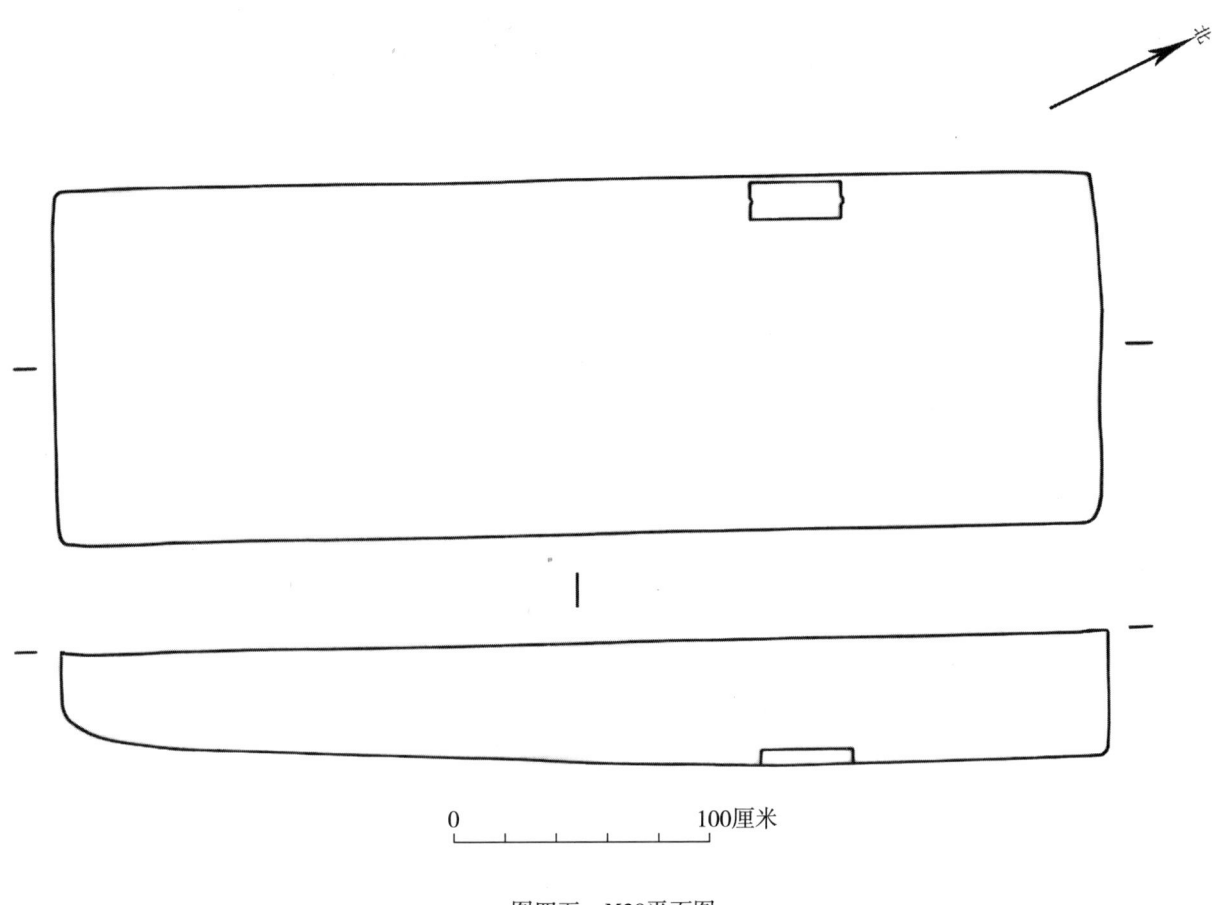

图四五　M28平面图

二五、M29

(一)层位关系

该墓的上部被施工破坏,依据附近断崖壁的层次推测该墓开口于第②层下。耳室打破 M30 墓室。

(二)墓葬形制、葬式与葬具

双室砖室墓。方向 194°。由墓道、墓室、耳室三部分组成,墓道和墓室宽度相同。

墓道　长方形竖井式。土坑。置于墓室之南。直壁,平底。底长 2.30 米,宽 1.30 米,距地表深约 4.00 米。

墓室　平面呈长方形。砖室。墓门两侧稍向外弧出。直壁,平底。西壁有耳室。无封门痕迹。室内填土为五花土。底长 3.80 米,宽 1.30 米,距地表深约 4.00 米。

耳室　平面呈长方形。土洞穴式。开口在墓室西壁近墓门处。室内填土为五花土。宽 0.80 米,高未知,进深 1.00 米。

人骨架无存。头向、面向、葬式、性别不明。葬具未知。未发现有随葬品。(图四六)

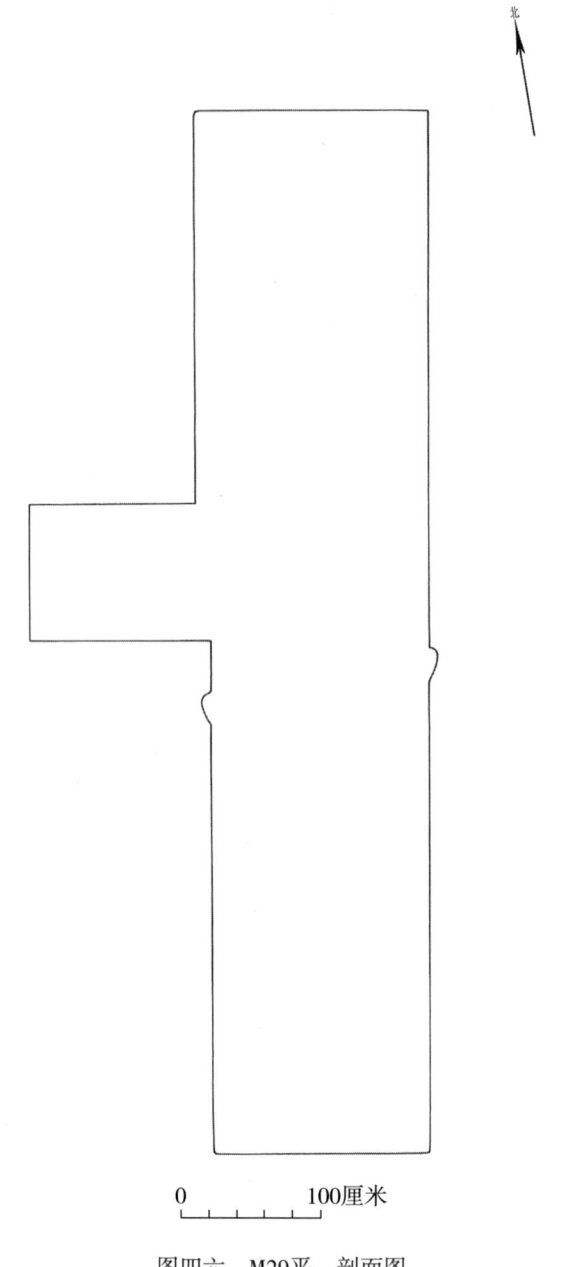

图四六 M29平、剖面图

二六、M30

(一)层位关系

该墓的上部被施工破坏,依据附近断崖壁的层次推测该墓开口于第②层下。墓室被 M29 打破。

(二)墓葬形制、葬式与葬具

双室砖室墓。方向 195°。由墓道、墓室和耳室组成。墓道宽于墓室。此墓被盗扰。

墓道 弧形竖井斜坡式。土坑。置于墓室之东南。口长 5.35 米,宽 1.62~2.02 米,距地表深 3.05 米。底长 5.46 米,宽 1.60 米,距地表深 0.10~1.17 米。

墓室　平面呈长方形。砖室。室顶坍塌，形制不详。墓室口部用4块长约1.10米、宽约0.29米、厚约0.13米的空心砖平铺，由于受挤压的原因均已残破。无封门痕迹。室内填土为五花土。口长4.10米，宽1.40米，距地表深3.05米。底长4.08米，宽1.37米，距地表深为4.20米。

耳室　平面呈近长方形。土洞穴式。开口在墓室西壁近口处。顶无存，形制不详。西壁两端呈弧形。室内填土为五花土。宽0.90米，高1.18米，进深0.60米。

人骨架无存。头向、面向、葬式、性别不明。在墓室底部发现有棺灰，由此可以判断葬具为木棺。未发现有随葬品。（图四七）

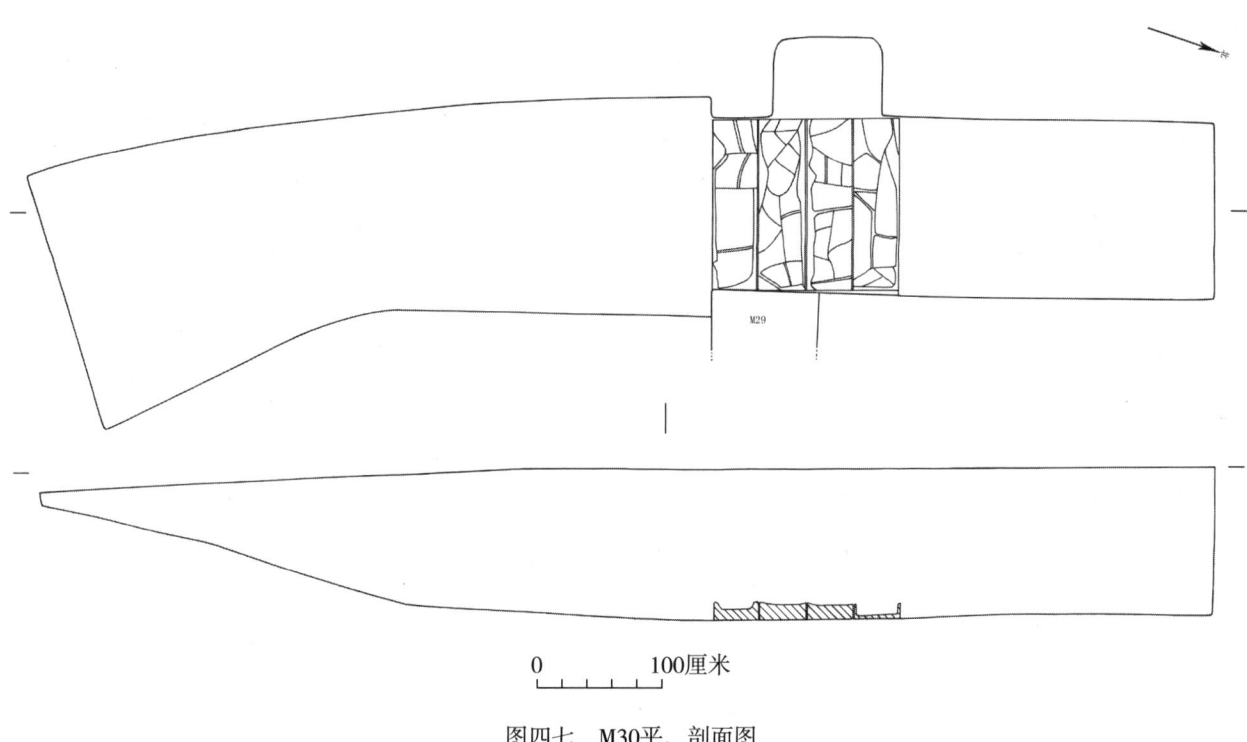

图四七　M30平、剖面图

二七、M31

（一）层位关系

该墓被施工破坏严重，依据附近断崖壁的层次推测该墓开口于第②层下。

（二）墓葬形制、葬式与葬具

单室土洞墓。方向189°。由墓道和墓室两部分组成。墓道窄于墓室，墓道东壁与墓室东壁在一条直线上，墓道与墓室构成平面呈刀形。

墓道　弧形竖井式。置于墓室南部。直壁，平底。底长3.00米，宽1.00米，距地表深约0.50米（残存）。

墓室　平面呈长方形。直壁，平底。无封门痕迹。室内填土为五花土。底长2.00米，宽1.32米，距地表深约0.50米（残存）。

人骨架无存。头向、面向、葬式、性别不明。葬具未知。未发现有随葬品。（图四八）

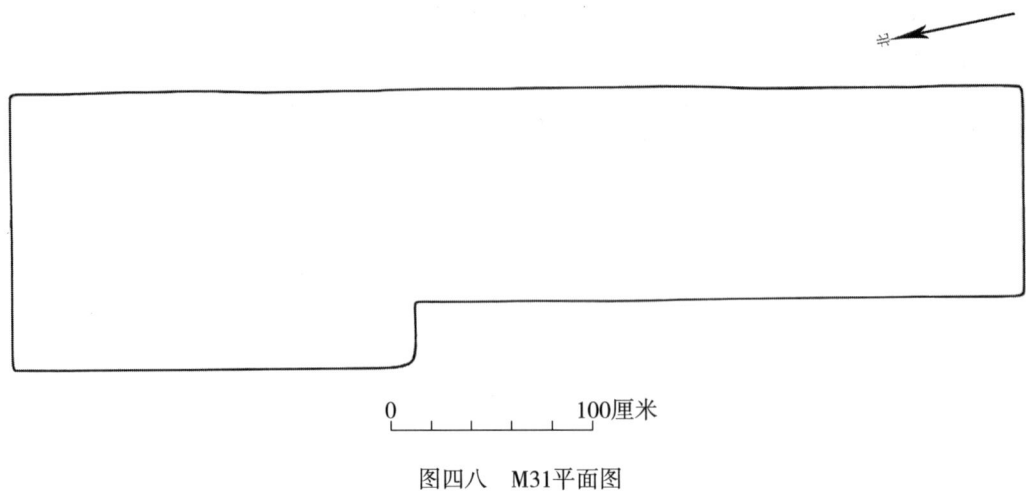

图四八　M31平面图

二八、M33

（一）层位关系

该墓的上部被施工破坏，依据附近断崖壁的层次推测该墓开口于第②层下。

（二）墓葬形制、葬式与葬具

近长方形竖穴土坑墓。方向190°。室顶被破坏，形制不详。墓口被破坏，形状不详。两壁北部略向外弧。内填土为五花土。底长4.06米，宽1.20~1.32米，距地表深0.86米（残存）。

人骨架无存。头向、面向、葬式、性别不明。葬具未知。有随葬品。（图四九）

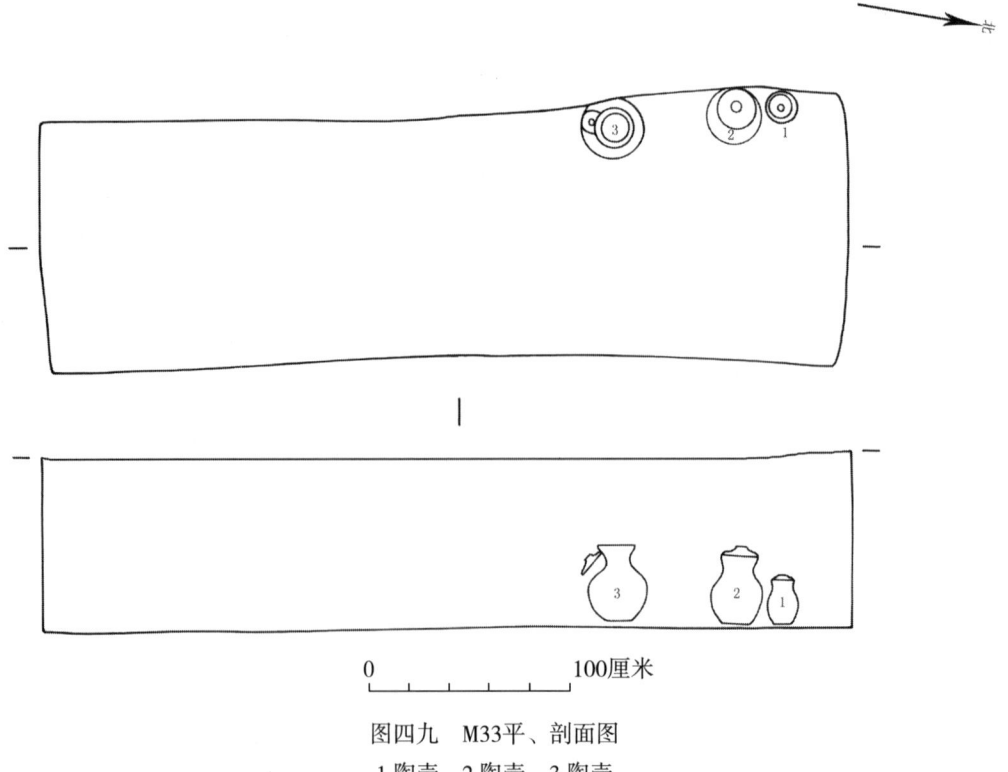

图四九　M33平、剖面图
1.陶壶　2.陶壶　3.陶壶

（三）出土遗物

出土遗物共计 3 件。均为陶壶。置放于墓室北部靠西壁处。

陶壶　3 件。均为泥质灰陶。轮制。其中 1 件，标本 M33:1，器体较小。子口承盖。盖，平顶微凹，盖面弧形隆起，中部有一周折棱，斜沿，沿下面有一周凹槽作母口，斜方唇。壶，盘口外撇，盘口下部有一周不明显折棱，束颈，溜肩，扁弧腹，空心斜直假圈足底微内凹，足与腹部无明显界线。肩与上腹交接处、腹中部、下腹部各饰一条宽带纹。盖，顶径 4.0 厘米，沿径 11.0 厘米，高 2.6 厘米；壶，口径 9.0 厘米，腹径 15.4 厘米，底径 8.4 厘米，高 17.6 厘米；通高 20.2 厘米。（图五〇，3；彩版八，3；图版一八，1）另 2 件（标本 M33:2、标本 M33:3），器体较大，形制相同。均子口承盖。盖，环形顶，盖面弧形隆起，斜沿，沿下面有一周凹槽作母口，方唇。壶，盘口外撇，盘口下部有一周不明显折棱，束颈较长，溜肩，弧腹，下腹内收成平底，下接折曲状圈足，圈足微外撇，足部折棱在足上部。肩与上腹交接处、腹中部、下腹中部各饰一周宽带纹，腹两侧对称各饰一兽面铺首衔环。通体施白衣，白衣多有脱落。标本 M33:2，盖，顶径 5.7 厘米，沿径 18.5 厘米，高 4.6 厘米；壶，口径 18.2 厘米，腹径 31.8 厘米，底径 15.4 厘米，高 40.0 厘米；通高 44.0 厘米。（图五〇，1；彩版八，1、2；图版一八，2）标本 M33:3，盖，顶径 5.4 厘米，沿径 18.7 厘

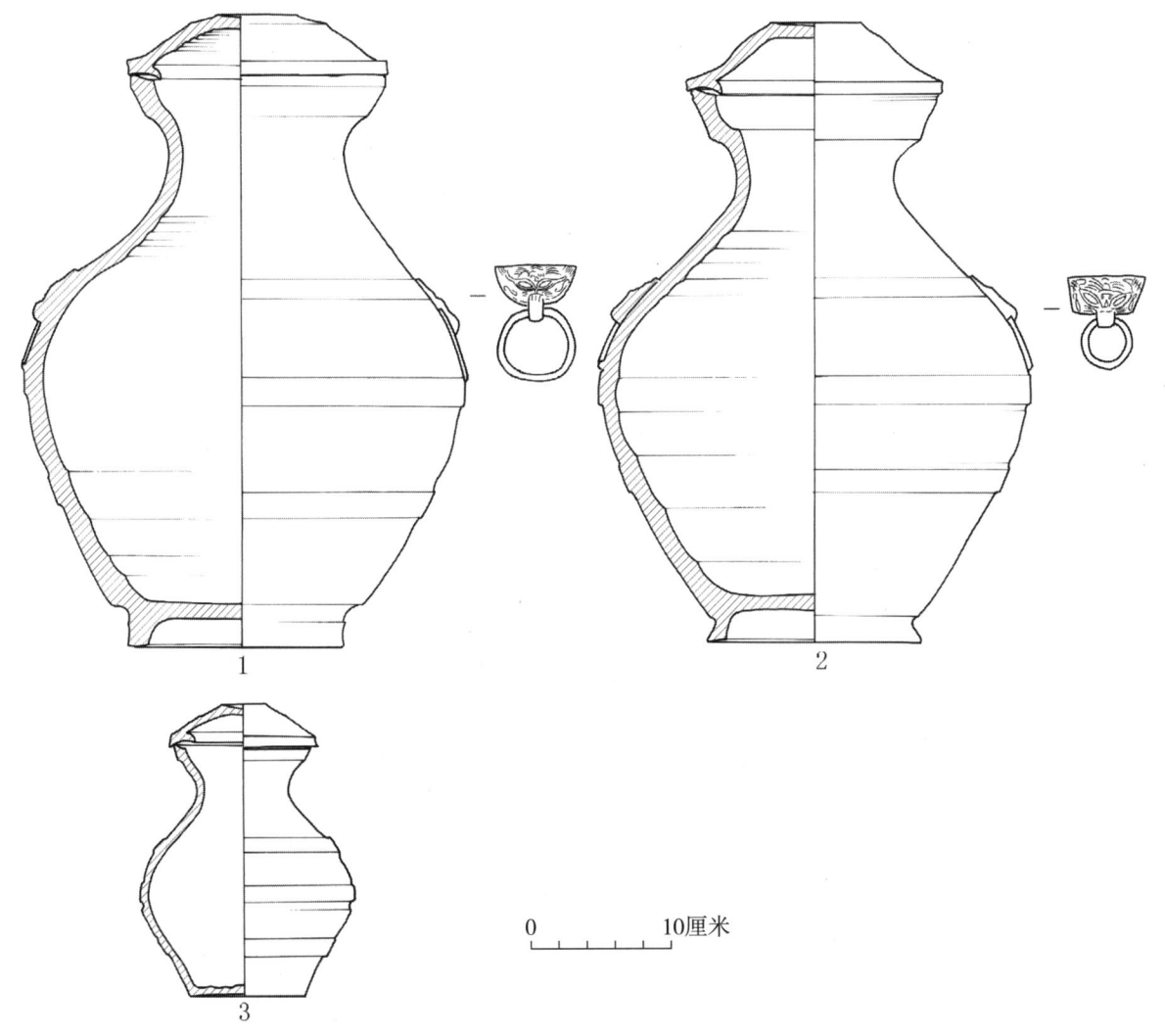

图五〇　M33 出土陶壶
1. M33:2　2. M33:3　3. M33:1

米，高 4.6 厘米；壶，口径 17.8 厘米，腹径 31.2 厘米，底径 15.4 厘米，高 38.0 厘米；通高 43.0 厘米。（图五〇，2；图版一八，3）

二九、M34

（一）层位关系

该墓的上部被施工破坏，依据附近断崖壁的层次推测该墓开口于第②层下。位于 M32 的东部。

（二）墓葬形制、葬式与葬具

单室砖室墓。方向 20°。由墓道、墓门、墓室三部分组成。墓道和墓室宽度基本相同。墓道与墓室构成平面呈近长方形。此墓被盗扰。

墓道　长方形竖井式。土坑。置于墓室之北。口大底小。口长 1.00 米，宽 0.80 米，距地表深 0.50 米（残存）。底长 0.88 米，宽 0.70 米。距地表深 0.86 米。

墓门　由于被破坏严重，仅残存底部，其形制未知。门前部用 4 块青砖平铺地，后部用 2 块大小不一的空心砖竖放作为封门。封门砖大的宽约 0.46 米，小的宽约 0.36 米，厚度均为 0.12 米，残高约 0.30 米。两侧用方体空心砖作门柱，砖宽约 0.16 米，残高约 0.30 米。墓门尺寸不详。

墓室　平面呈长方形。砖室。墓室顶部被破坏，形制不详。墓室东西两壁用长约 0.35 米、宽约 0.15 米、厚约 0.06 米的青砖错缝垒砌，残存七层，通高 0.42 米。墓室底用同样的青砖平铺一层，砖的两侧有菱形纹。室内填土为五花土。口长 3.60 米，宽 1.20 米，距地表深度不详。底长 3.50 米，宽 1.14 米，距地表深 0.50 米（残存）。

人骨架无存。头向、面向、葬式、性别不明。葬具未知。有随葬品。（图五一）

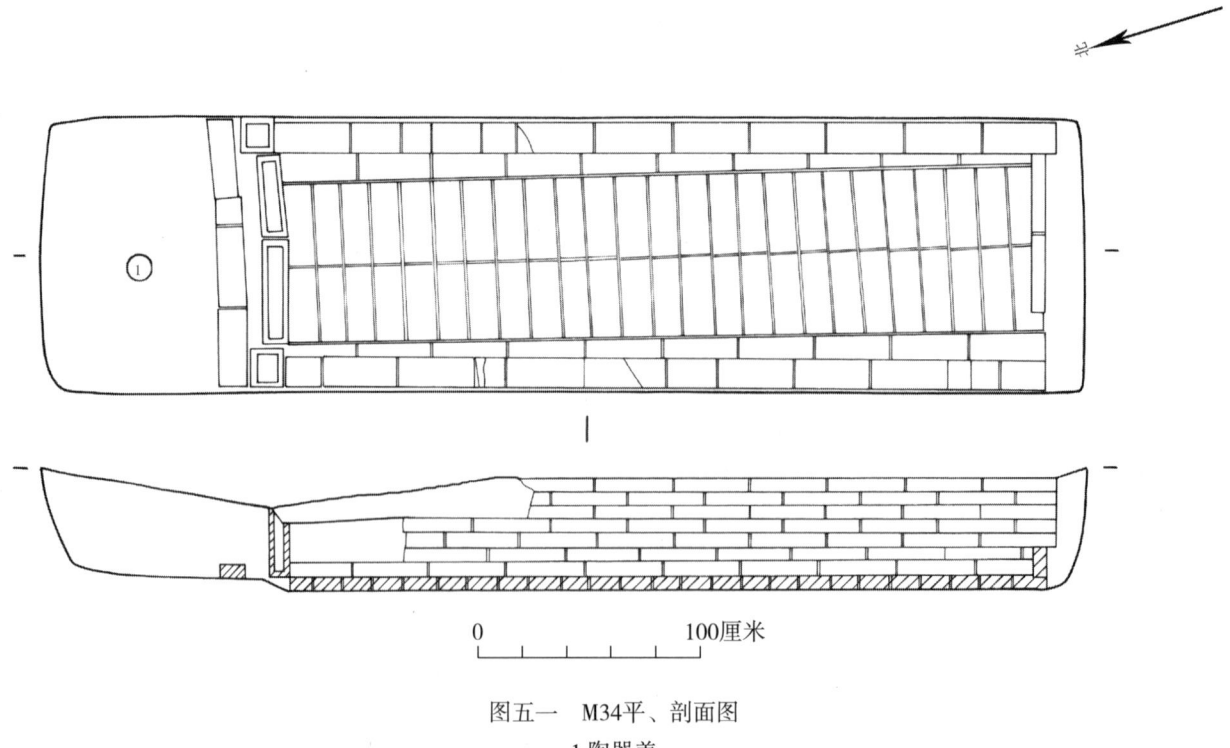

图五一　M34 平、剖面图
1.陶器盖

（三）出土遗物

出土遗物共计1件。为陶器盖。置放于墓室近口部的填土中。

陶器盖　1件。标本M34:1，泥质灰陶。轮制。平顶，盖面弧形隆起，上部有两周折棱，平沿，沿下面有一周凹槽作母口，斜方唇。顶径3.8厘米，沿径5.6厘米，高4.0厘米。（图五二）

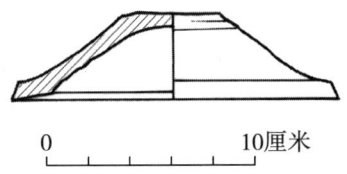

图五二　M34出土陶器盖（M34:1）

三〇、M35

（一）层位关系

该墓的上部被施工破坏，依据附近断崖壁的层次推测该墓开口于第②层下。

（二）墓葬形制、葬式与葬具

长方形竖穴砖室墓。方向0°。南部用大型砖平铺八排，两侧用空心砖垒砌。内填土为五花土。底长2.70米，宽1.00米，距地表深约0.80米（残存）。

人骨架无存。头向、面向、葬式、性别不明。葬具未知。未发现有随葬品。（图五三）

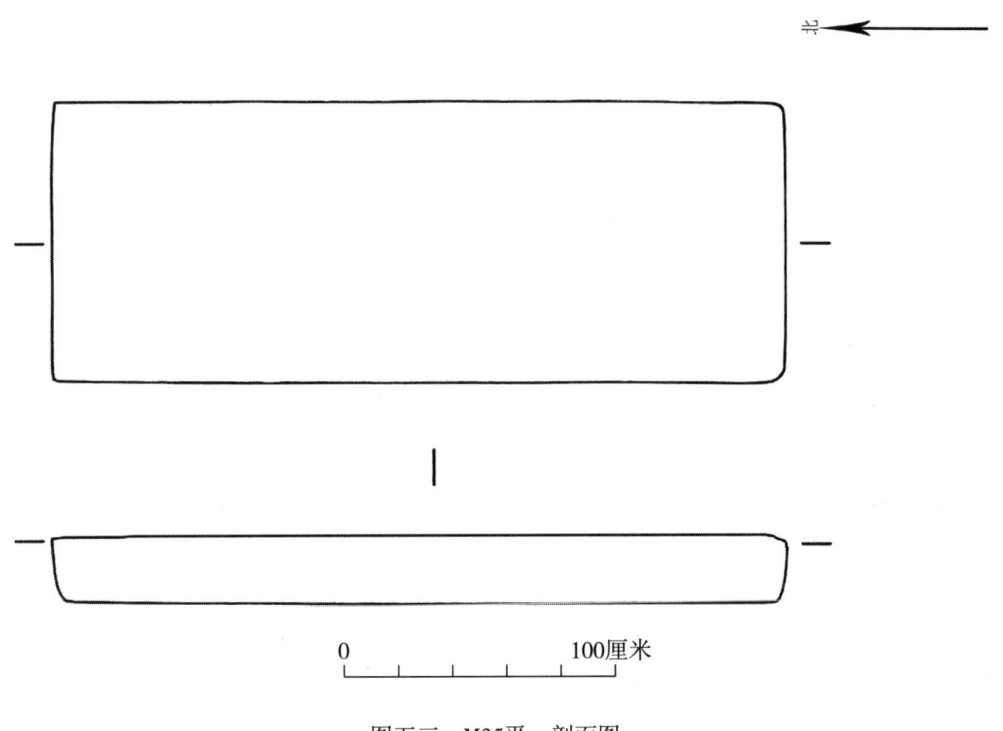

图五三　M35平、剖面图

三一、M36

（一）层位关系

该墓的上部被施工破坏严重，依据附近断崖壁的层次推测该墓开口于第②层下。打破 M25。

（二）墓葬形制、葬式与葬具

长方形竖穴砖室墓。方向281°。此墓被破坏严重，仅存局部空心砖的痕迹。内填土为五花土。底长 6.40 米，宽 1.40 米，距地表深约 0.40 米。

人骨架无存。头向、面向、葬式、性别不明。葬具未知。未发现有随葬品。（图五四）

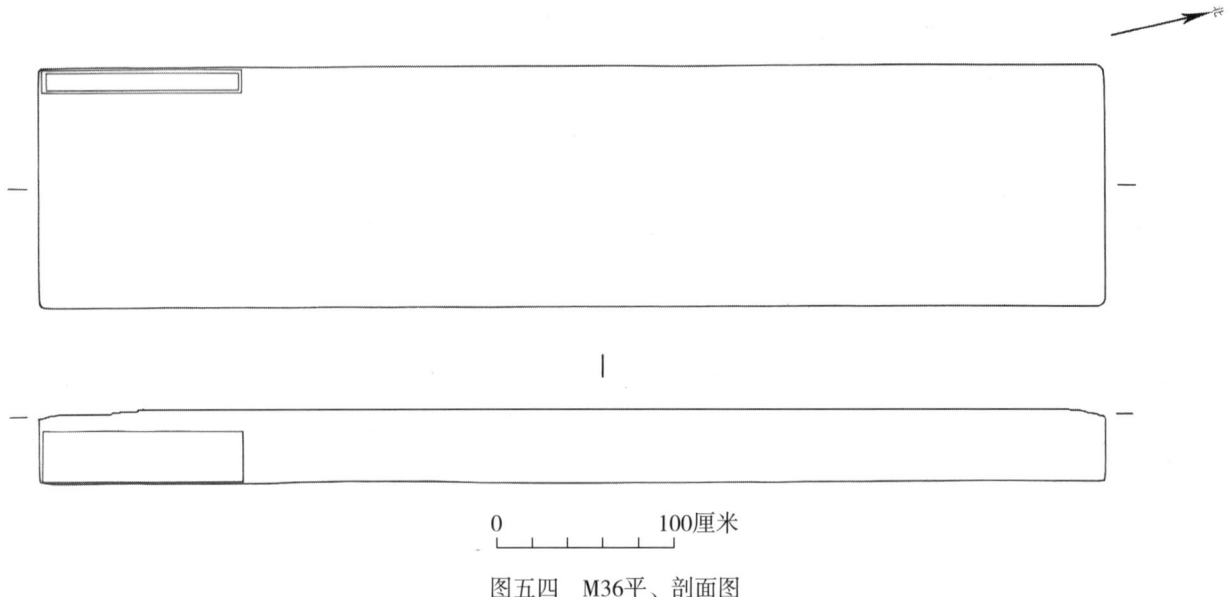

图五四　M36平、剖面图

三二、M37

（一）层位关系

该墓的上部被施工破坏，依据附近断崖壁的层次推测该墓开口于第②层下。

（二）墓葬形制、葬式与葬具

单室土洞墓。方向106°。由墓道和墓室两部分组成。墓道宽于墓室。

墓道　长方形竖井式。置于墓室之东。直壁，平底。口长 2.90 米，宽 1.34 米，距地表深 2.88 米。底长 2.90 米，宽 1.30 米，距地表深 3.32 米。

墓室　平面呈长方形。室顶不详。墓室南北两壁上残留有工具痕迹，呈横直线状。无封门痕迹。室内填土为五花土。口长 3.88 米，宽 1.32 米，距地表深 3.05 米。底长 3.86 米，宽 1.08 米，距地表深 4.33 米。

人骨架无存。头向、面向、葬式、性别不明。墓室内残存有棺木痕，据此推测葬具应为木棺，应为一般平民墓。有随葬品。（图五五）

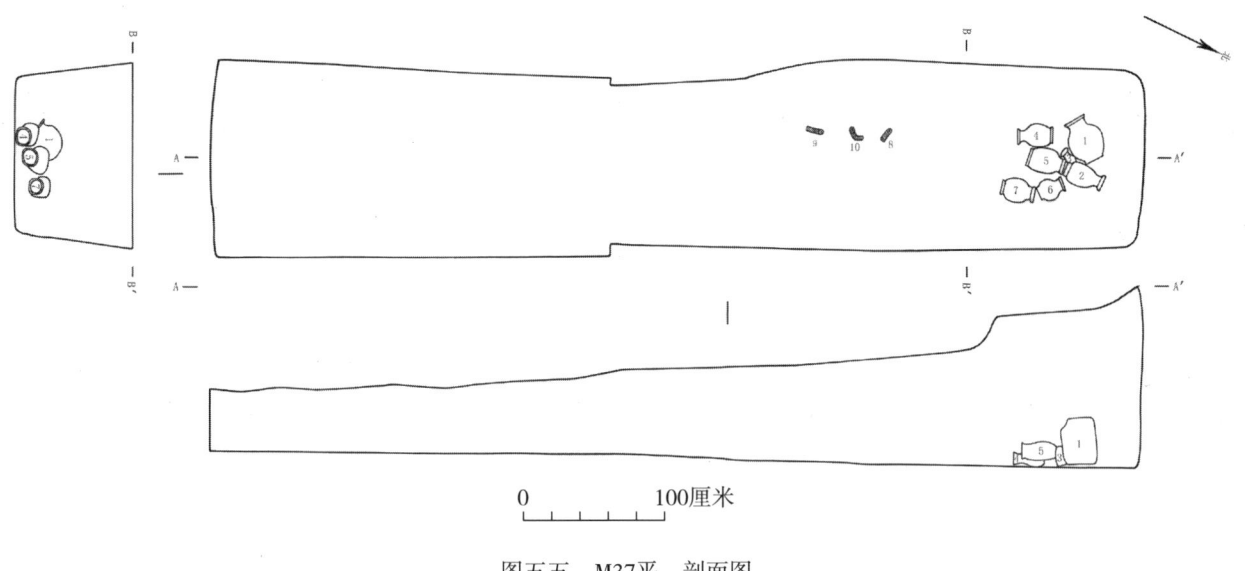

图五五　M37平、剖面图
1.陶罐　2.陶壶　3.陶壶　4.陶壶　5.陶壶　6.陶壶　7.陶壶　8.铜钱　9.铜钱　10.铜钱

（三）出土遗物

出土遗物共计 10 件。有陶壶 6、陶罐 1、铜钱 3 包。置放于墓室后部。

陶壶　6 件。均为泥质灰陶。轮制。通体施白衣，白衣脱落殆尽。其中 4 件（标本 M37:2、标本 M37:4、标本 M37:5、标本 M37:7），器体较大。两两形制相同，尺寸有异。标本 M37:2 和标本 M37:4，形制相同，均子口承盖。盖，弧形顶，盖面弧形隆起，平沿，沿下面有一周凹槽作母口，斜方唇。壶，浅盘口外撇，束颈，溜肩，圆鼓腹，下腹弧内收为平底，下接高折曲状圈足，圈足微外撇，足部折棱在足上部。盘口下部饰一周凹弦纹，盘口下折棱不明显，腹上部及中部各饰两周凹弦纹，下腹下部饰两周细浅凹弦纹，两组凹弦纹中间两侧对称饰兽面铺首衔环。标本 M37:2，盖，沿径 12.4 厘米，高 4.5 厘米；壶，口径 12.8 厘米，腹径 22.6 厘米，底径 13.8 厘米，高 30.2 厘米；通高 34.0 厘米。（图五六，3；图版一九，4）标本 M37:4，盖，沿径 12.0 厘米，高 3.8 厘米；壶，口径 12.4 厘米，腹径 13.0 厘米，底径 22.0 厘米，高 28.0 厘米；通高 32.0 厘米。（图五六，2；图版一九，1、2）标本 M37:5 和标本 M37:7，形制相同。标本 M37:5 无盖，标本 M37:7 有盖。壶，浅盘口外撇，束颈，溜肩，圆鼓腹，下腹内收成平底，下接折曲状矮圈足，圈足微外撇，足部折棱在足上部。标本 M37:5，盘口下方有明显折棱，腹上部、腹中部各有一组凹弦纹，腹上部凹弦纹为两周，腹中部凹弦纹为三周，两组凹弦纹中间两侧对称各饰一兽面铺首衔环。口径 12.8 厘米，腹径 23.4 厘米，底径 13.0 厘米，高 28.6 厘米。（图五六，1；彩版八，4、5；图版一八，4、5）标本 M37:7，子口承盖。盖，平顶微凹，盖面弧形隆起，中部有一周折棱，平沿，沿下面中部有一周凹槽作子口，方唇。盘口下部饰一周凹弦纹，盘口下折棱不明显，腹上部及中部各饰一组凹弦纹，均为两周，浅两组凹弦纹中间两侧对称饰兽面铺首衔环，下腹有数周轮转留下的刮痕。盖，顶径 4.6 厘米，沿径 13.8 厘米，高 4.2 厘米；壶，口径 13.2 厘米，腹径 23.2 厘米，底径 12.0 厘米，高 28.0 厘米；通高 31.6 厘米。（图五六，4；彩版九，1、2；图版一九，6）另 2 件（标本 M37:3、标本 M37:6），器体较小。形制相近，尺寸略异。标本 M37:3 无盖，标本 M37:6 有盖。壶，浅盘口外撇，盘口下部有一周不明显折棱，束颈，溜肩，鼓腹，空心状假圈足底微内凹，足与腹部无明显界线。标本 M37:3，腹部饰 9 周凹弦纹，其中上部两周凹弦纹较明显。口径 8.8 厘米，腹径 15.0 厘米，底径 8.2 厘米，高 16.8 厘米。（图五六，6；

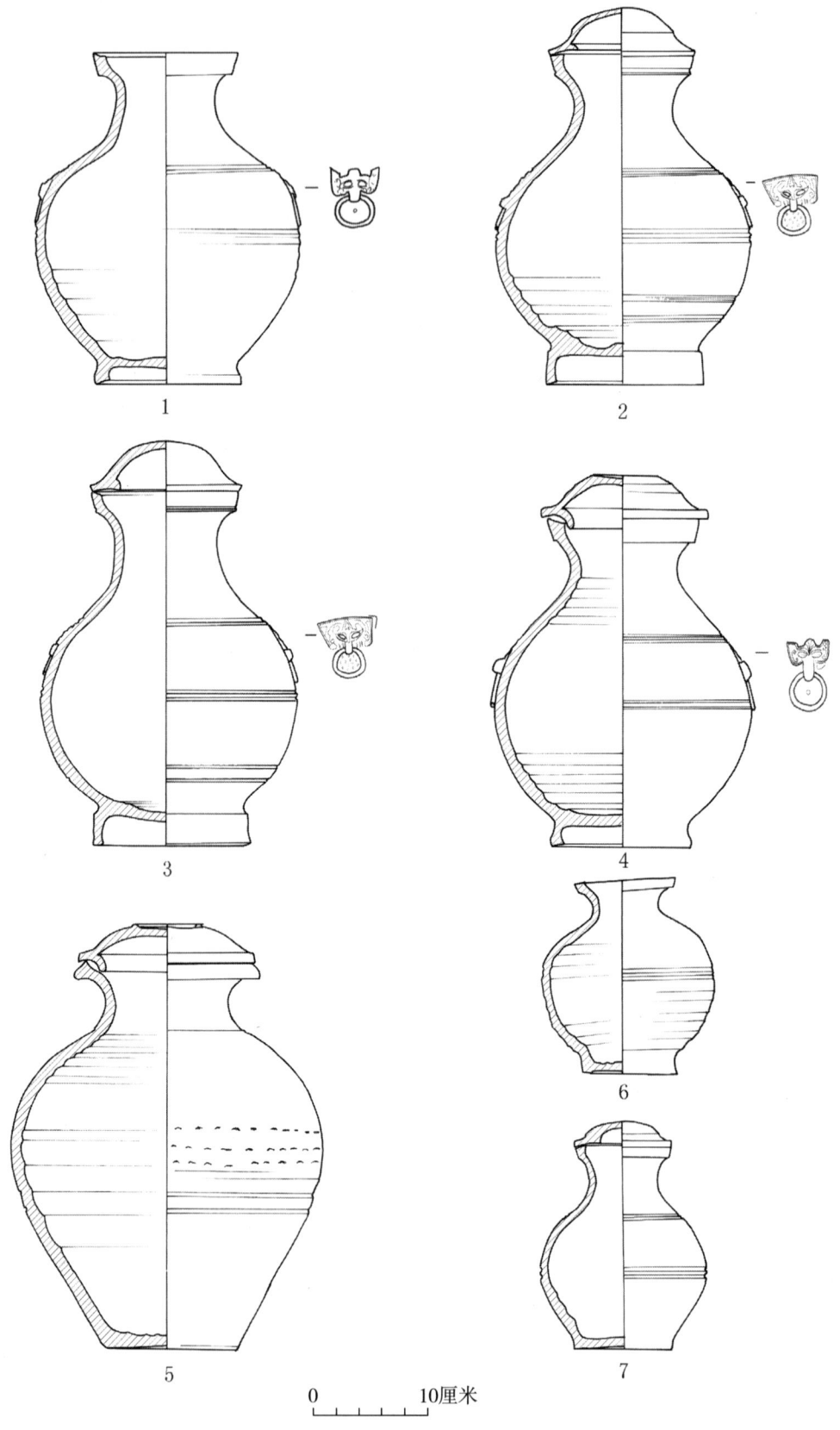

图五六　M37出土陶器

1.壶（M37:5）　2.壶（M37:4）　3.壶（M37:2）　4.壶（M37:7）　5.罐（M37:1）　6.壶（M37:3）　7.壶（M37:6）

图版一九，3）标本 M37:6，子口承盖。盖，弧形顶，盖面弧形隆起，下部有一周折棱，斜沿，沿下面有一周凹槽作母口，斜方唇。壶，肩与上腹交接处饰两周凹弦纹，腹中部饰三周凹弦纹。盖，沿径 8.1 厘米，高 1.9 厘米；壶，口径 12.4 厘米，腹径 13.0 厘米，底径 22.0 厘米，高 17.2 厘米；通高 19.4 厘米。（图五六，7；彩版九，3；图版一九，5）

陶罐　1 件。标本 M37:1，泥质灰陶。轮制。并盖。盖，环形顶，盖面弧形隆起，平沿，沿下面中部有一周凹槽作子口，方唇。罐，侈口，卷沿，尖唇，长颈微束，弧肩，弧腹，下腹部斜内收，平底微内凹。腹部有数周凹弦纹。盖，顶径 5.7 厘米，沿径 15.1 厘米，高 4.6 厘米；罐，口径 16.2 厘米，腹径 27.6 厘米，底径 11.6 厘米，高 32.8 厘米；通高 36.0 厘米。（图五六，5；彩版八，6；图版一八，6）

铜钱　3 包。标本 M37:8、标本 M37:9、标本 M37:10，各自粘成一串，外部似有包裹物，为不破坏其整体性，将不做分离。从钱形制可识别出为五铢。标本 M37:8，长 2.5 厘米，宽 0.9 厘米。标本 M37:9，长 2.5 厘米，宽 0.9 厘米。标本 M37:10，长 2.5 厘米，宽 0.9 厘米。（彩版九，4）

三三、M38

（一）层位关系

该墓被施工破坏严重，层位关系未知。南部被 M49 打破。

（二）墓葬形制、葬式与葬具

长方形竖穴砖室墓。方向 112°。墓口被破坏，形制不详。直壁，斜坡底，底部仅存几块实心青砖。内填土为五花土。底长 4.40 米，宽 1.50 米，距地表深 4.25 米。

人骨架无存。头向、面向、葬式、性别不明。葬具未知。未发现有随葬品。（图五七）

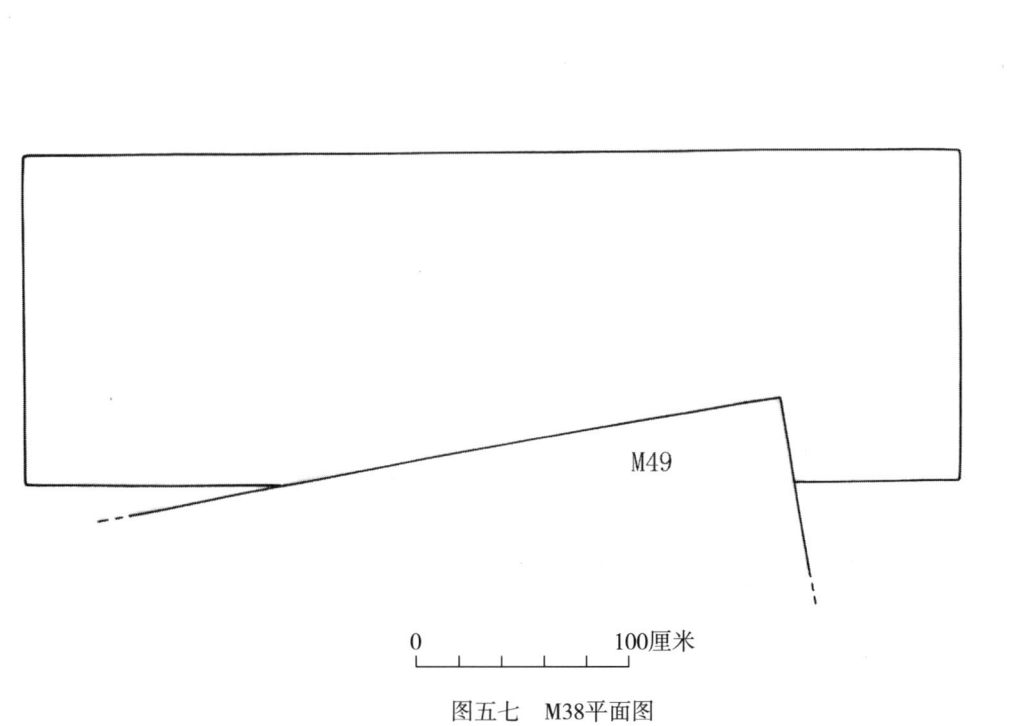

图五七　M38 平面图

三四、M39

（一）层位关系

该墓的上部被施工破坏，依据附近断崖壁的层次推测该墓开口于第②层下。

（二）墓葬形制、葬式与葬具

双室砖室墓。方向32°。由墓道、墓室和耳室三部分组成。墓道宽于墓室。

墓道　弧形竖井斜坡式。土坑。置于墓室之北。弧形壁，斜坡底。口长4.96米，宽1.50米，距地表深1.55米。底长4.90米，宽1.50米，距地表深1.72~2.16米（残存）。

墓室　平面呈长方形。砖室。室顶被破坏，形制不详。墓室底部用7块长约1.16米、宽约0.30米、厚约0.14米的空心砖对缝平铺。无封存门痕迹。室内填土为五花土。口长2.22米，宽1.20米，距地表深1.55米。底长2.15米，宽1.16米，距地表深2.13米（残存）。

耳室　平面呈近长方形。土洞穴式。置于墓室西壁近口处。顶部无存，形制不详。室内填土为五花土。宽0.98米，高0.52~0.60米（残存），进深0.34~0.60米。

人骨架无存。头向、面向、葬式、性别不明。葬具未知。有随葬品。（图五八）

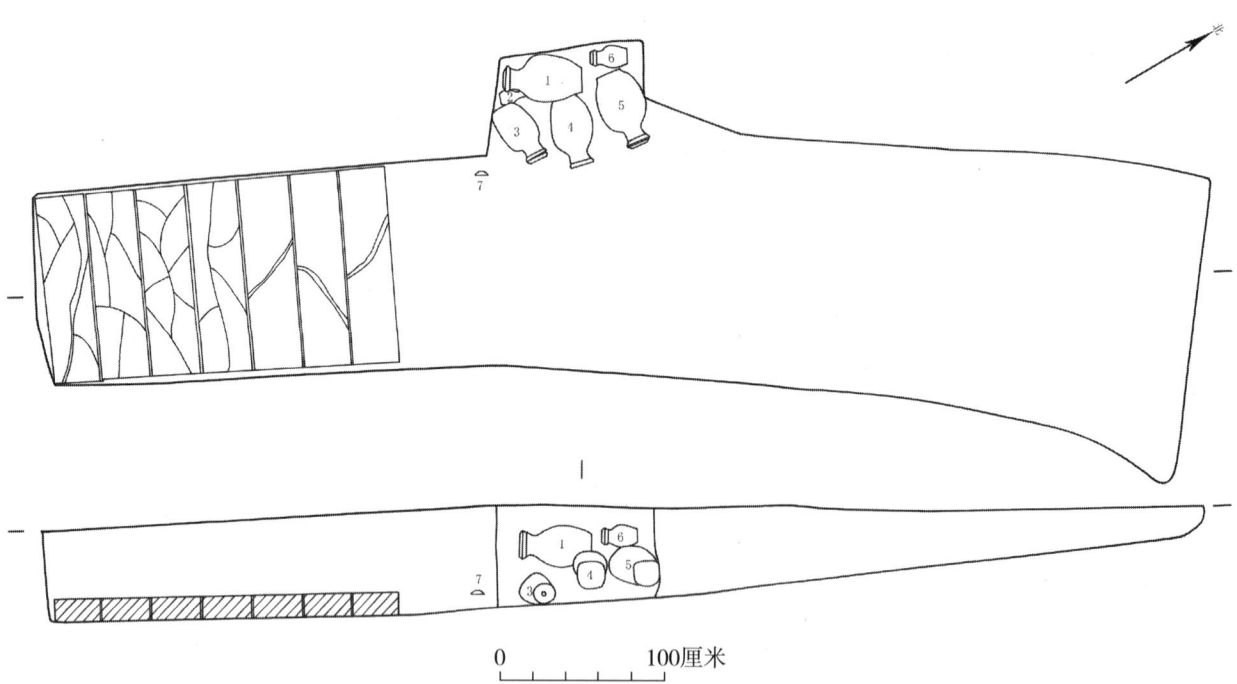

图五八　M39平、剖面图
1.陶壶　2.陶壶　3.陶壶　4.陶罐　5.陶壶　6.陶壶　7.陶器盖

(三)出土遗物

出土遗物共计7件。有陶壶5、陶罐1、陶器盖1。置放于耳室内。

陶壶 5件。均为泥质灰陶。轮制。其中3件（标本M39:1、标本M39:3、标本M39:5），器体较大。形制相同，尺寸略异。均子口承盖。盖，平顶微凹，盖面弧形隆起中部有一周折棱，平沿，沿下面有一周凹槽作母口，斜方唇。壶，盘口较直，盘口下方有明显折棱，折棱被平削一周，束颈，溜肩，鼓腹，平底微内凹。肩与上腹交接处、腹中部各饰两周凹弦纹，下腹近底处有数周轮转留下的细小划痕。壶腹两侧对称各饰一兽面铺首衔环。标本M39:1，盖，顶径6.5厘米，沿径16.5厘米，高4.1厘米；壶，口径16.2厘米，腹径29.4厘米，底径14.8厘米，高38.6厘米；通高42.6厘米。（图五九，1；彩版一〇，1、2；图版二〇，1）标本M39:3，壶，盘口外撇。盖，顶径4.5厘米，沿径16.5厘米，高4.1厘米；壶，口径16.0厘米，腹径29.6厘米，底径16.0厘米，高37.2厘米；通高41.0厘米。（图五九，2；图版二〇，3）标本M39:5，盖，顶径5.0厘米，沿径16.3厘米，高4.1厘米；壶，口径16.8厘米，腹径29.6厘米，底径16.0厘米，高40.2厘米；通高43.4厘米。（图五九，4；图版二〇，5）另2件（标本M39:2、标本M39:6），形制、尺寸各不相同。标本M39:2，器体较小。盘口外撇，盘口下方有明显折棱，细颈中束，溜肩，圆鼓腹，平底微内凹。肩与上腹交接处、腹中部各饰两周凹弦纹，下腹近底处有数周轮转留下的细小划痕。口径10.8厘米，腹径18.2厘米，底径8.2厘米，高22.2厘米。（图五九，5；彩版一〇，3；图版二〇，2）标本M39:6，器体较小。并盖，盖，斜平顶微内凹，盖面弧形隆起，中部有一周折棱，斜沿，沿底面中部有一周凹槽作母口，斜方唇。壶，盘口较直，盘口下折棱不明显，细颈上束，溜肩，扁鼓腹，平底微内凹。肩与上腹交接处、腹中部各饰两周凹弦纹，下腹近底处有数周浅凹弦纹。盖，顶径2.3厘米，沿径9.5厘米，高2.0厘米；壶，口径9.8厘米，腹径16.2厘米，底径8.4厘米，高20.0厘米；通高22.4厘米。（图五九，7；图版二〇，6）

陶罐 1件。标本M39:4，泥质灰陶。轮制。盘口，口部变形，长颈中束，溜肩，弧腹，下腹斜内收，平底微内凹。肩至上腹部满饰竖向弦断绳纹，腹中部和下腹中部各饰一周凹弦纹，两凹弦纹中间满饰斜向弦断绳纹，绳纹部分被磨平。口径18.2厘米，腹径29.4厘米，底径18.8厘米，高42.8厘米。（图五九，3；图版二〇，4）

陶器盖 1件。标本M39:7，平顶微内凹，盖面弧形隆起，中部有一周折棱，平沿，沿下面有一周凹槽作母口，方唇。顶径3.0厘米，沿径10.0厘米，高3.0厘米。（图五九，6）

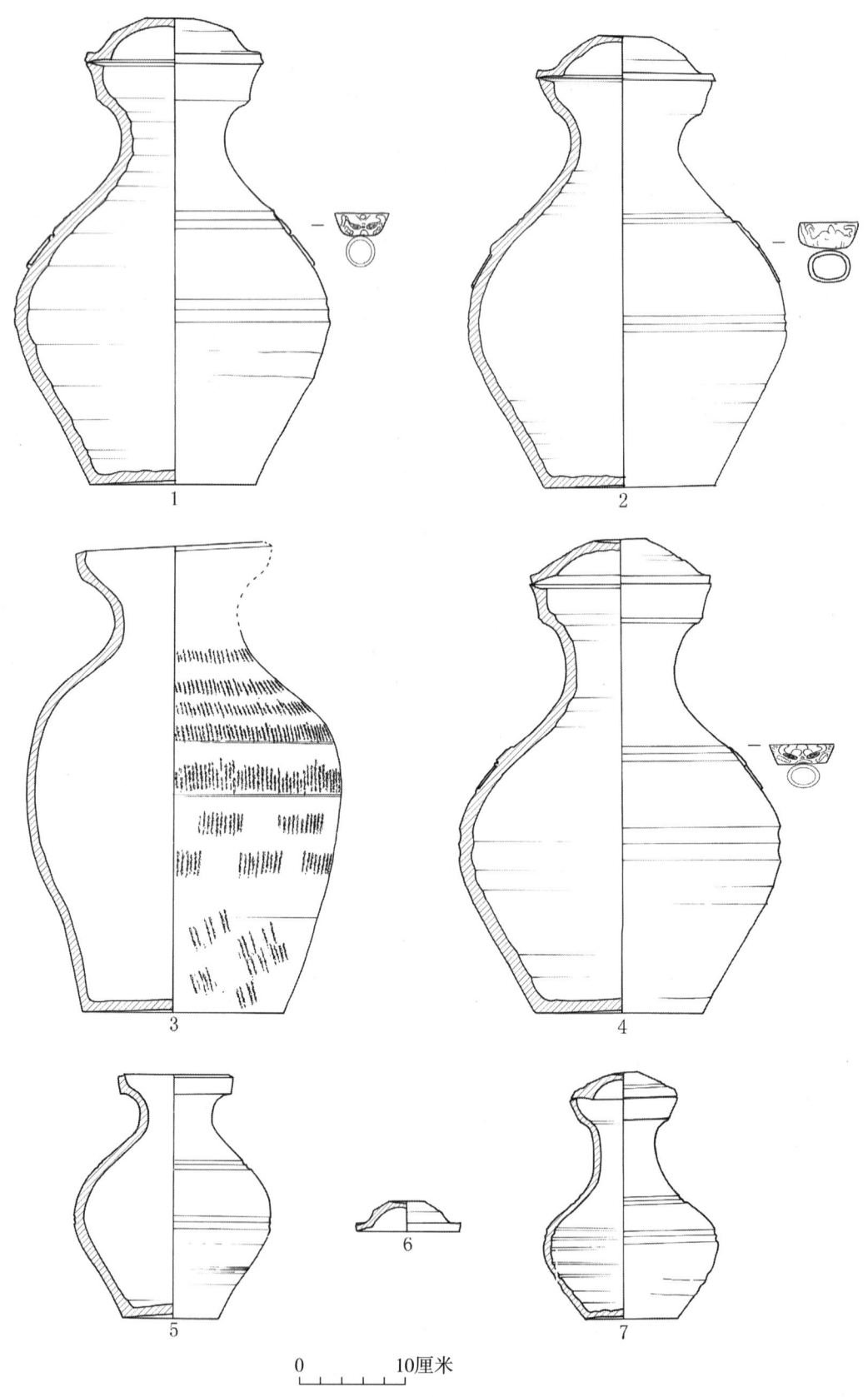

图五九　M39出土陶器

1.壶（M39:1）　2.壶（M39:3）　3.罐（M39:4）　4.壶（M39:5）　5.壶（M39:2）　6.器盖（M39:7）　7.壶（M39:6）

三五、M40

（一）层位关系

该墓的上部被施工破坏，依据附近断崖壁的层次推测该墓开口于第②层下。位于 M39 南部，与 M39 几乎并行排列。

（二）墓葬形制、葬式与葬具

双室砖室墓。方向 201°。由墓道、墓室和耳室三部分组成。墓道与墓室宽度几乎相同。

墓道　长方形竖井斜坡式。土坑。置于墓室之北。直壁，斜坡底。底长 3.40 米，宽 1.20 米，距地表深 1.70～2.20 米（残存）。

墓室　平面呈长方形。砖室。仅存底部空心砖的碎片，其余皆未知。无封门痕迹。室内填土为五花土。底长 3.50 米，宽 1.20 米，距地表深 2.20 米（残存）。

耳室　平面呈长方形。土洞穴式。置于墓室东壁近口处。顶部无存，形制不详。室内填土为五花土。宽 1.00 米，高 0.60 米（残存），进深 0.60 米。

人骨架无存。头向、面向、葬式、性别不明。葬具未知。未发现有随葬品。（图六〇）

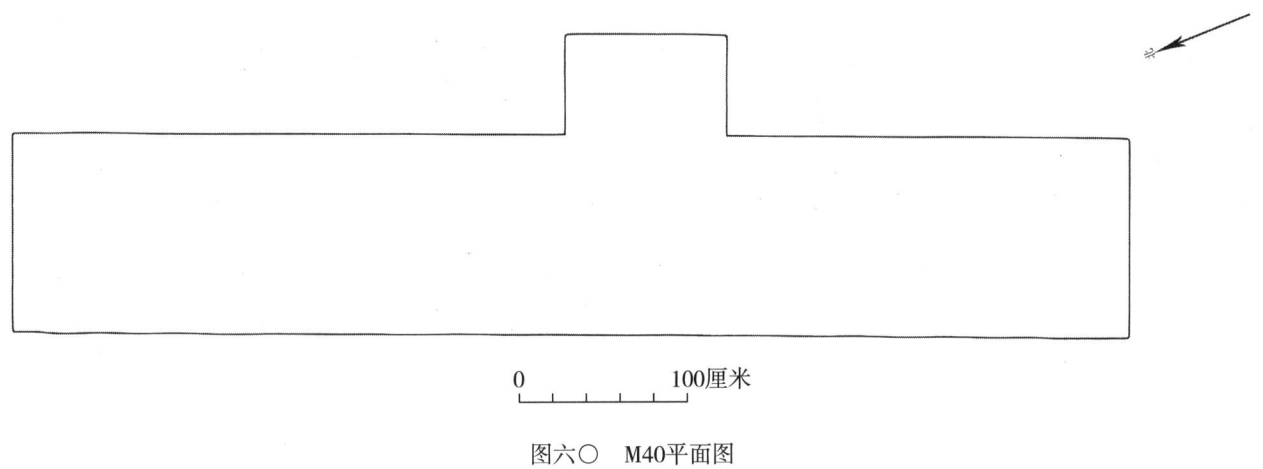

图六〇　M40 平面图

三六、M41

（一）层位关系

该墓的上部被施工破坏，依据附近断崖壁的层次推测该墓开口于第②层下。

（二）墓葬形制、葬式与葬具

单室砖室墓。方向 303°。由墓道和墓室两部分组成，墓道与墓室宽度相近。墓道与墓室构成平面呈长方形。

墓道　长方形竖井斜坡式。土坑。置于墓室之西北。直壁，斜坡底。口长 1.40 米，宽 1.24 米，距地表深 1.10 米。底长 1.39 米，宽 1.24 米，距地表深 1.27 米。

墓室　平面呈长方形。砖室。室顶被破坏，形制不详。墓室壁用长 0.33 米、宽 0.12 米、厚 0.06 米的青砖错缝垒砌，残存最高三层，高 0.19 米。墓底亦用同样的青砖平铺，但被破坏严重，残存较少。无封门痕迹。室内填土为五花土。口长 2.68 米，宽 1.25 米，距地表深 1.10 米。底长 2.65 米，宽 1.23 米，距地表深 1.29 米。

人骨架无存。头向、面向、葬式、性别不明。葬具未知。有随葬品。（图六一）

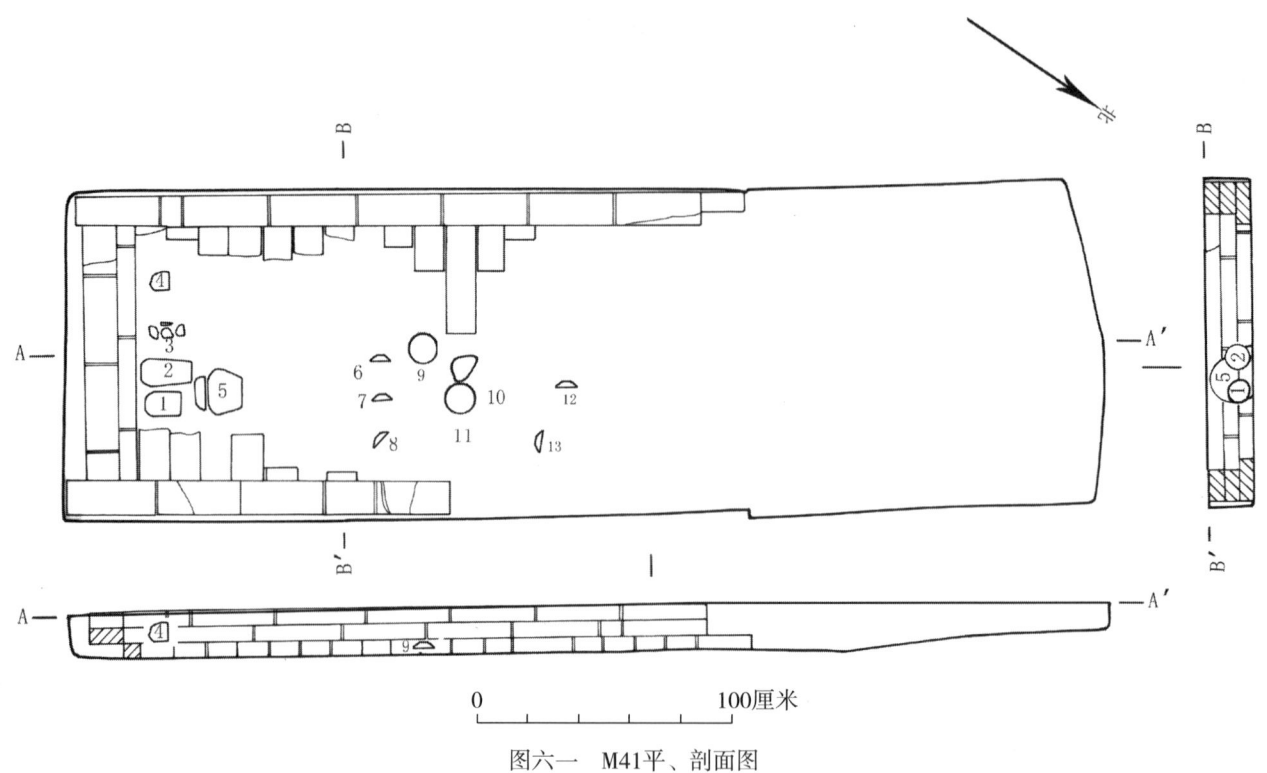

图六一　M41 平、剖面图
1.陶仓　2.陶仓　3.陶仓　4.陶仓　5.陶罐　6.陶器盖　7.陶器盖　8.陶器盖　9.陶器盖　10.陶器盖　11.陶器盖　12.陶器盖　13.陶器盖

（三）出土遗物

出土遗物共计 13 件。有陶罐 1、陶仓 4、陶器盖 8。置放于墓室南部。

陶罐　1 件。标本 M41:5，子口承盖。盖，覆钵形，平顶，盖面斜向上起，平顶上面有一圆形穿孔，直沿下折，方唇。罐，敞口，方唇，矮直颈下微束，圆肩，圆鼓腹，下腹部斜内收，平底微内凹。肩与上腹交接处有三周凹弦纹。盖，顶径 4.1 厘米，沿径 13.0 厘米，高 4.2 厘米；罐，口径 9.4 厘米，腹径 17.6 厘米，底径 11.0 厘米，高 12.9 厘米，通高 15.4 厘米。（图六二，4；彩版一〇，4；图版二一，3）

陶仓　4 件。均为泥质灰陶。轮制。均无盖。其中 2 件（标本 M41:1、标本 41:2），形制相同，尺寸有异。仓，小圆口，圆唇外卷，有领，圆肩，腹筒形上扩下内收，平底微内凹。腹部饰四周凹弦纹，将腹部分为四部分，上腹部有一周折棱。标本 M41:1，口径 5.6 厘米，最大腹径 9.8 厘米，底径 8.2 厘米，高 17.0 厘米。（图六二，1；彩版一〇，5；图版二一，1）标本 M41:2，口径 5.4 厘米，最大腹径 10.0 厘米，底径 8.6 厘米，高 18.0 厘米。（图六二，2；彩版一〇，6；图版二一，2）另 2 件（标本 M41:3、标本 M41:4），形制、尺寸各不相同。残失较甚。标本 M41:3，圆口，圆肩，平底微内凹。腹部有数周凹弦纹。口径 5.4 厘米，最大腹径 8.8 厘米，底径 4.4 厘米，残高 11.5 厘米。（图六二，3）标本 M41:4，仅存底部的二分之一。平底微内凹。底内部以中心为起点饰螺旋纹。最大腹径 8.8 厘米，底径 8.3 厘米，残高 7.7 厘米。

陶器盖 8件。均泥质灰陶。轮制。形制相同，尺寸有异。均为平顶微内凹，盖面弧形隆起，中部有一周折棱，平沿，沿下面有一周凹槽作母口，斜方唇。标本 M41:6，顶径3.2厘米，沿径10.0厘米，高2.4厘米。（图六二，9；图版二一，4）标本 M41:7，顶径2.9厘米，沿径10.0厘米，高2.6厘米。（图六二，10；图版二一，5）标本 M41:8，顶径3.4厘米，沿径17.0厘米，高4.8厘米。（图六二，5；图版二一，6）标本 M41:9，顶径2.7厘米，沿径9.3厘米，高2.8厘米。（图六二，8；图版二二，1）标本 M41:10，顶径4.5厘米，沿径16.2厘米，高4.6厘米。（图六二，6；图版二二，2）标本 M41:11，顶径1.8厘米，沿径16.6厘米，高4.8厘米。（图六二，7；图版二二，3）标本 M41:12，顶径2.8厘米，沿径9.7厘米，高2.2厘米。（图六二，11；图版二二，4）标本 M41:13，顶径3.3厘米，沿径10.0厘米，高2.6厘米。（图六二，12；图版二二，5）

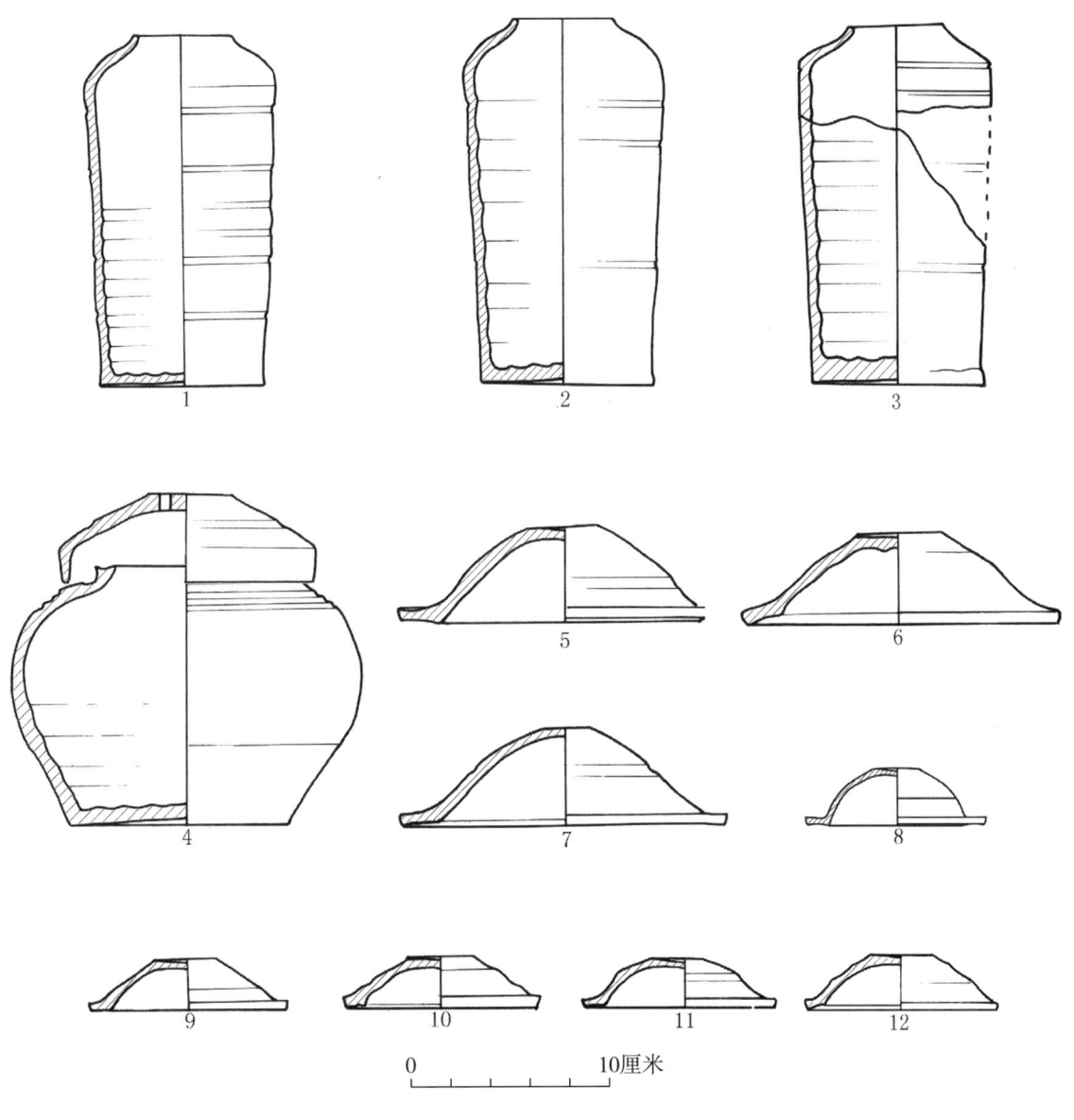

图六二　M41出土陶器

1.仓（M41:1）　2.仓（M41:2）　3.仓（M41:3）　4.罐（M41:5）
5、6、7、8、9、10、11、12.器盖（M41:8、M41:10、M41:11、M41:9、M41:6、M41:7、M41:12、M41:13）

三七、M44

（一）层位关系

该墓的上部被施工破坏，依据附近断崖壁的层次推测该墓开口于第②层下。位于 M45 的东北部。

（二）墓葬形制、葬式与葬具

双室土洞墓。方向 280°。由墓道、墓室和耳室三部分组成。墓道宽于墓室。

墓道　长方形竖井斜坡式。置于墓室之西。直壁，斜坡底。墓道上口被破坏，形制不详。底长 3.10 米，宽 1.60 米，距地表深 0.40~0.50 米（残存）。

墓室　平面呈长方形。室顶被破坏，形制不详。无封门痕迹。室内填土为五花土。底长 3.50 米，宽 1.40 米，距地表深 0.50 米（残存）。

耳室　平面呈长方形。洞穴式。置于墓室口部北侧，顶部被破坏，形制不详。室内填土为五花土。宽 1.00 米，高 0.56 米（残存），进深 1.58~1.68 米。

人骨架无存。头向、面向、葬式、性别不明。葬具未知。有随葬品。（图六三）

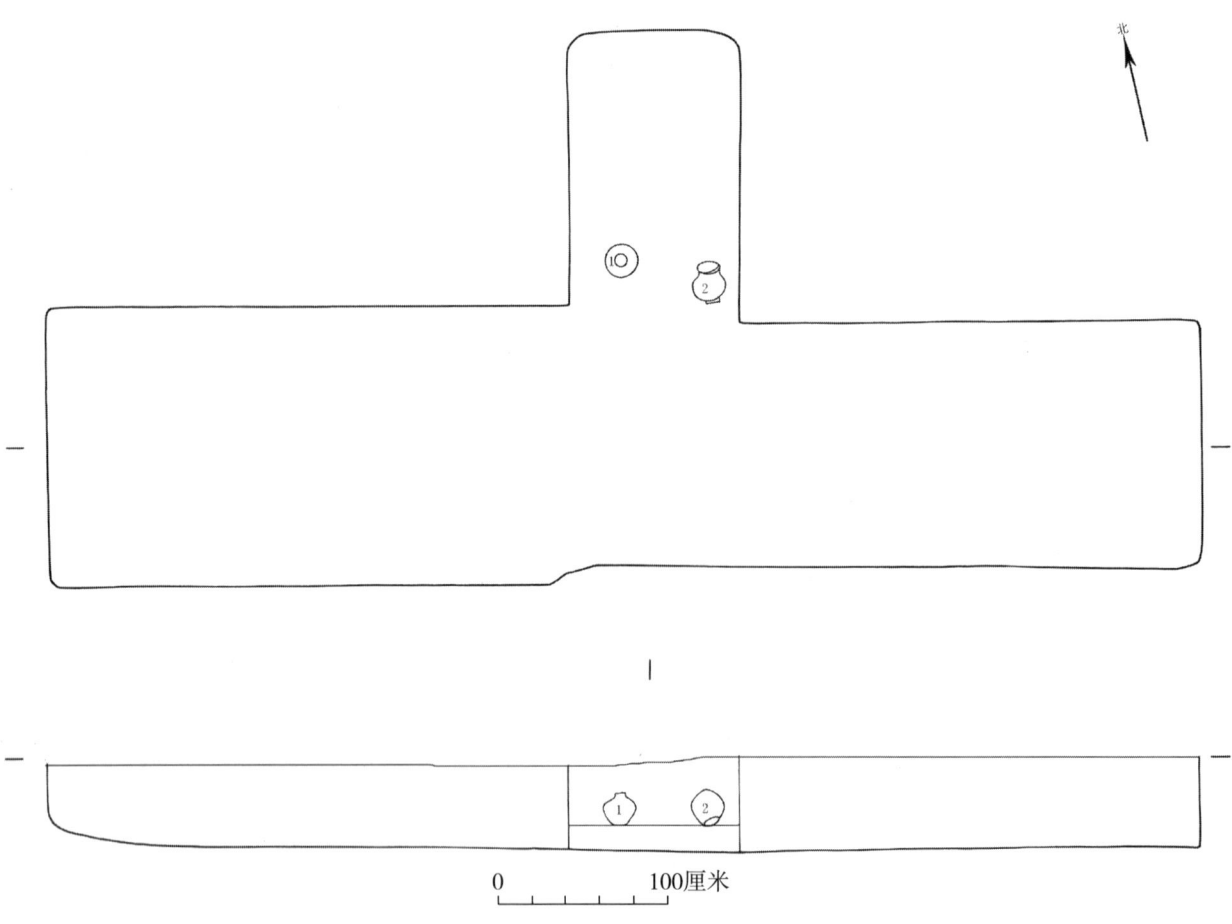

图六三　M44 平、剖面图
1.陶罐　2.陶罐

（三）出土遗物

出土遗物共计2件。均为陶罐。置放于耳室口部。

陶罐 2件。均泥质灰陶。轮制。形制相同，尺寸有异。侈口，卷沿，尖唇，长颈微束，弧肩，弧腹，下腹部斜内收，平底微内凹。腹部有数周轮转留下的刮痕。标本M44:1，口径11.8厘米，腹径16.8厘米，底径7.2厘米，高19.2厘米。（图六四，1；彩版一一，1；图版二三，1）标本M44:2，口径12.0厘米，腹径18.4厘米，底径8.4厘米，高20.0厘米。（图六四，2；图版二三，2）

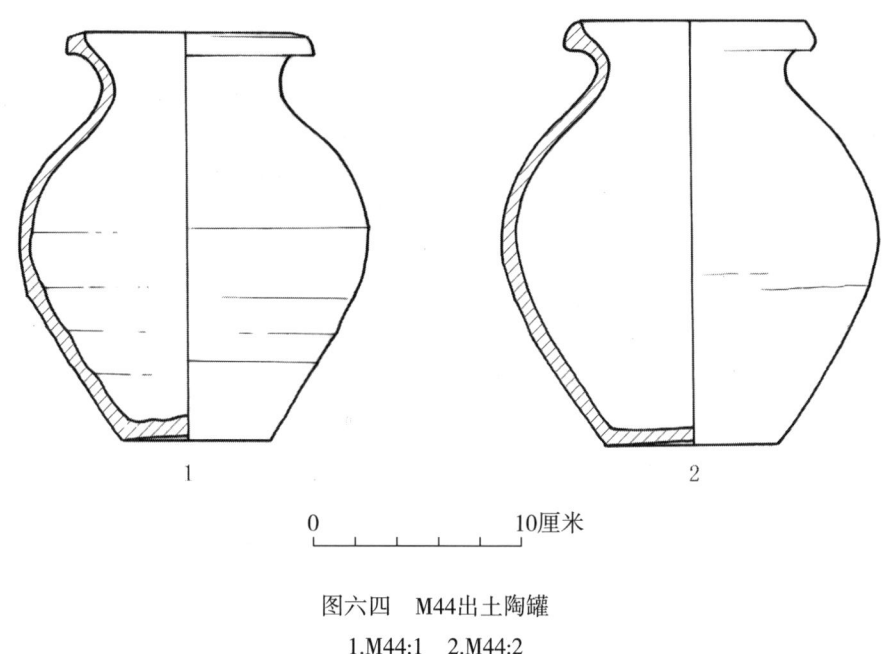

图六四 M44出土陶罐
1.M44:1 2.M44:2

三八、M45

（一）层位关系

该墓的上部被施工破坏，依据附近断崖壁的层次推测该墓开口于第②层下。位于M44的西南部。

（二）墓葬形制、葬式与葬具

多室砖室墓。方向12°。由墓道、墓门、前室、左后侧室、右后侧室和耳室六部分组成。

墓道 长方形竖井斜坡式。土坑。置于墓室之北。直壁，斜坡底。由于被破坏，未清理完整。清理底长2.60米，宽1.75米，距地表深2.16~2.62米。

墓门 平面呈竖长方形。门两侧用长0.34米、宽0.12米、厚0.06米的青砖错缝垒砌十层，通高0.64米；不见中间的封门砖。门宽1.78米，残高0.66米，距地表深1.99米。

前室 平面呈长方形。砖室。前室口大底稍小。室顶被破坏，顶部结构不详。北壁用长0.34米、宽0.13米、厚0.06米的青砖错缝垒砌十层，南壁南部底用1块长1.05米、宽0.29米、厚0.13米的空心砖平铺，南壁北部用长0.34米、宽0.13米、厚0.06米的青砖错缝垒砌九层。室底平，无砖。室内填土为五花土。口长4.84米，宽2.18米，距地表深1.47米。底长4.82米，宽2.16米，距地表深1.99~2.21米。

左、右后侧室　平面呈长方形。砖室。由于室顶被破坏，形制不详，故此将左、右后侧室一并介绍。左、右后侧室开口于前室南壁，并行排列。在左、右后侧室前部中间用同样的青砖竖放垒一高0.69米的正方形砖墩，砖墩共五层，每层5块砖，推测其作用是为支撑左右墓室顶。西、南和东壁均用长0.34米、宽0.13米、厚0.06米的青砖错缝垒砌，残存十层，高0.64米；室底亦用同样的青砖铺地。无封门痕迹。室内填土为五花土。左后侧室置放遗物较多。左、右后侧口长2.93米，总宽2.60米，距地表深1.47米。左、右后侧底长2.90米，总宽2.57米，距地表深1.99~2.21米。

耳室　平面呈长方形。砖室。置于前室东南部。底部用2块长1.05米、宽约0.29米、厚约0.13米的空心砖平铺。室内填土为五花土。耳室宽1.20米，高0.56米（残存），进深0.56米。

人骨架无存。头向、面向、葬式、性别不明。葬具未知。有随葬品。（图六五）

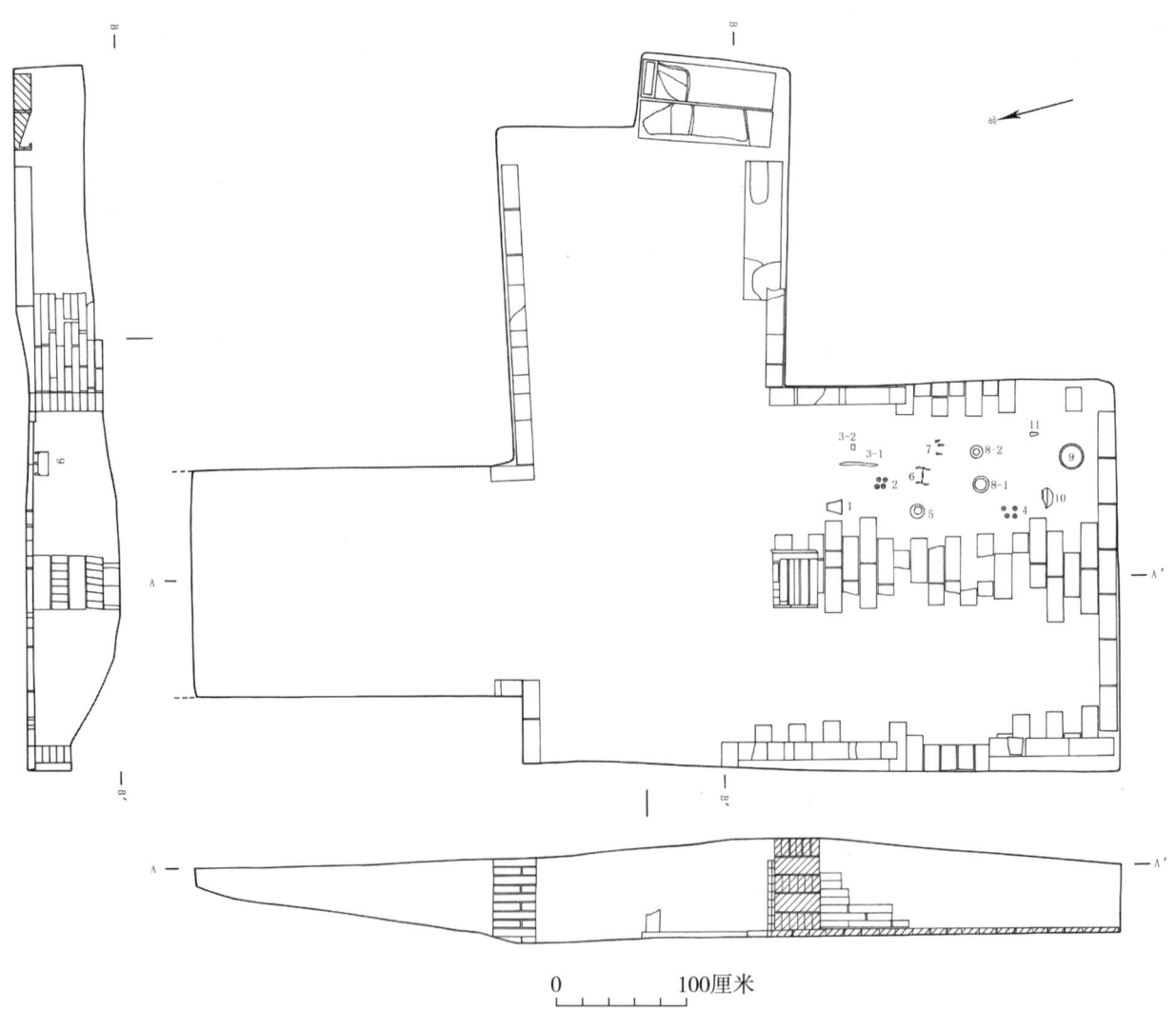

图六五　M45平、剖面图
1.铁镢　2.铜钱　3.铁剑　4.铜钱　5.陶器盖　6.铜衔镳　7.铜盖弓帽　8.陶器盖　9.陶三足樽　10.陶仓　11.铜当卢

（三）出土遗物

出土遗物共计21件。有陶三足樽1、陶仓1、陶器盖3、铁镢1、铁剑2、铜衔镳1、铜当卢1、铜盖弓帽3、铜钱8。置放于左后侧室内，比较散乱。

陶三足樽　1件。标本M45:9，泥质灰陶。轮制。残失较甚，从最大的两块可以看出，形状为圆筒形。直口，方唇，直腹，平底微圜，下附三蹄形足，一足残失。腹外壁上、中、下部各有数周细凹弦纹，三组凹弦纹中间各用细阴线刻画一周绵延连体"山"字形纹。器内外通体施红彩，红彩有脱落。口径19.1厘米，高12.8厘米。

陶仓　1件。标本M45:10，泥质灰陶。轮制。残失较甚，仅存仓口及腹部的一部分。小圆口，筒形腹。肩与上腹交接处有一周凹弦纹。残腹宽11.6厘米，残高7.3厘米。（图六六，9）

陶器盖　3件。均泥质灰陶。轮制。形制、尺寸有异。标本M45:5，平顶微内凹，盖面弧形隆起，上部有一周折棱，平沿，沿下面有一周凹槽作母口，方唇。顶径3.8厘米，沿径15.5厘米，高4.7厘米。（图六六，10）标本M45:8-1，平顶微内凹，盖面斜上隆起，上部有一周折棱，平沿，沿下面有一周凹槽作母口，斜方唇。顶径3.9厘米，沿径10.8厘米，高2.2厘米。（图六五，11）标本M45:8-2，平顶，面上部被削，凹凸不平，盖面弧形隆起，下部有一周折棱，平沿，沿下面有一周凹槽作母口，斜方唇。顶径1.9厘米，沿径8.6厘米，高2.3厘米。（图六六，12）

铁钁　1件。标本M45:1，平面呈近梯形状，上窄下宽。弧刃稍宽，两侧线条较直，有矩形銎口。长12.0厘米，厚3.1厘米。（图六六，2；彩版一一，2、3；图版二三，3、4）

铁剑　2件。标本M45:3-1，残。剑身修长，两面微起脊，两面刃，长方形茎，首残。残长29.1厘米，最宽2.6厘米，厚1.0厘米。（图六六，1；图版二三，5）标本M45:3-2，残缺甚重。仅存剑身一小段及铜首。剑身为扁长形，两面微起脊，两面刃，铜首截面呈"T"型。剑身残长4.0厘米，残宽3.8厘米；铜首长1.8厘米，宽2.7厘米。

铜衔镳　1副。标本M45:6，衔镳齐全。衔为三节链状，每节中间凸起一道箍，两端有圆环相连。衔两头各连一镳，其中一镳残，镳为上下反向回曲纹，边饰云纹。镳边缘有铸造留下的毛边，部分毛边相互粘连。衔长16.0厘米，宽3.8厘米；镳长10.2厘米。（图六六，5；彩版一一，4；图版二四，1）

铜盖弓帽　3件。标本M45:7，1件完整，2件稍残。圆筒形，中空成銎，口缘处略大，上端稍细小，顶作圆球形，器中部往上挑出一钩。标本M45:7-1，銎径1.2厘米，高2.5厘米。（图六六，8；彩版一一，5；图版二四，2）

铜当卢　1件。标本M45:11，残。扁片状，形似正视马头，中部镂空残失，背面有一个半环形钮。长5.8厘米，厚0.2厘米。（图六五，7；图版二四，3）

铜钱　8枚。均为五铢。正面内廓均被磨除。依据铜钱钱文书体、保存现状等分为以下四种情况进行报告：

1.标本M45:2-1，1枚。钱文字迹清晰。"五"字中间两交笔弯曲。"铢"字的"金"旁上部呈小三角形，下部四点稍短；"朱"旁上部方折，下部圆折，下竖较直，下部长于上部，上、下部之间的间距较大。钱径2.5厘米，穿径1.0厘米。（图六六，3）

2.标本M45:4-1，1枚。钱文字迹清晰。"五"字中间两交笔呈稍曲。"铢"字的"金"旁上部呈小三角形，下部四点稍短；"朱"旁上部方折，下部圆折，下竖较直，下部长于上部，上、下部之间的间距较大。钱径2.5厘米，穿径1.0厘米。（图六六，4）

3.标本M45:4-2，1枚。钱文字迹部分不清晰。"五"字中间两交笔呈稍曲。"铢"字的"金"旁不清晰。"朱"旁上部方折，下部圆折，下竖较直，下部长于上部，上、下部之间的间距较大。钱径2.5厘米，穿径1.0厘米。（图六六，6）

4. 标本 M45:2-2（3 枚）、标本 M45:4-3（2 枚），共计 5 枚。均残缺较甚。残存尺寸不一。标本 M45:2-2，3 枚。残缺较甚，钱文书体辨识不清。残存 8 块，最大一块残径 2.4 厘米，最小一块残径 0.5 厘米。标本 M45:4-3，2 枚。"五"字中间两交笔弯曲。"铢"字残缺。尺寸相同。钱径残存 2.2 厘米，穿径 1.0 厘米。

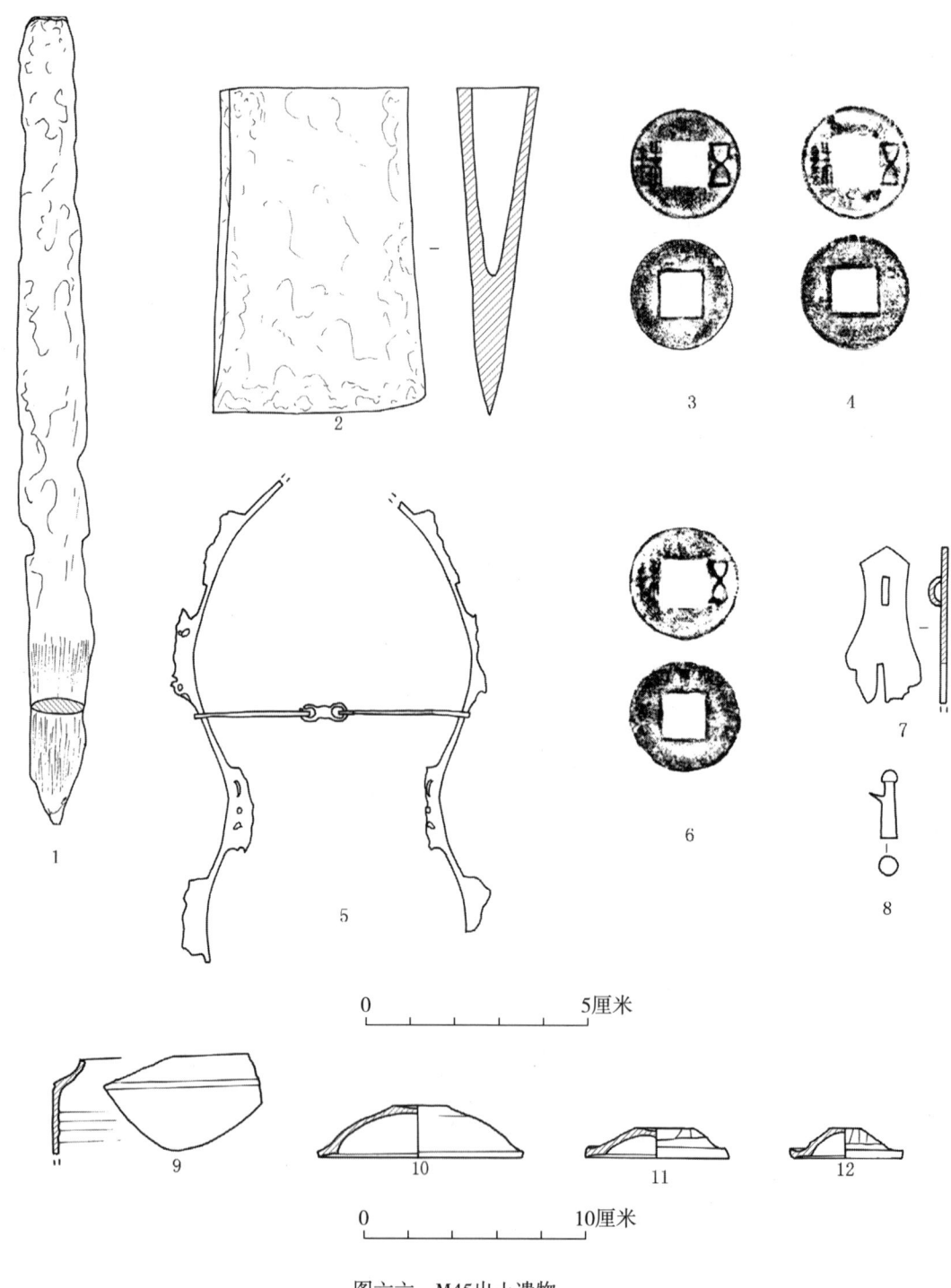

图六六　M45 出土遗物

1.铁剑（M45:3-1）　2.铁镢（M45:1）　3.铜钱（M45:2-1）　4.铜钱（M45:4-1）　5.铜衔镳（M45:6）
6.铜钱（M45:4-2）　7.铜当卢（M45:11）　8.铜盖弓帽（M45:7-1）　9.陶仓（M45:10）　10.陶器盖（M45:5）
11.陶器盖（M45:8-1）　12.陶器盖（M45:8-2）

三九、M46

（一）层位关系

该墓的上部被施工破坏，依据附近断崖壁的层次推测该墓开口于第②层下。位于 M45 的西部。

（二）墓葬形制、葬式与葬具

双室砖室墓。方向 8°。由墓道、墓门、前堂、左室和右室五部分组成。

墓门、前堂、左室和右室四部分的形制与建造方法均相同。形制：穹隆形顶，平面呈长方形。建造方法：顶用子母砖券成拱形，砖缝间用碎陶片填实，各自成为一体；壁用长 0.34 米、宽 0.14 米、厚 0.08 米的青砖错缝垒砌，用泥土填缝，各自成为一体；底用宽 0.34 米的方砖平铺，至整个墓底为一体。

墓道　长方形竖井斜坡式。土坑。置于墓室之北。直壁，斜坡底。由于被破坏，未清理完整。道口清理长 2.70 米，宽 1.84 米，距地表深 3.45 米。道底清理长 2.43 米，宽 1.82 米，距地表深 4.23～4.59 米。

墓门　平面呈竖长方形。开口在墓道南部，无封门砖。东壁用青砖错缝垒砌十二层，残高 1.22 米。东西宽 1.64 米，残高 1.14 米，南北进深 1.02 米，距地表深 4.19～4.59 米。

前堂　平面呈横置长方形。砖券。拱形顶。与墓门相通，构成平面呈"L"形。内填土为五花土。东西长 3.12 米，南北宽 0.96 米，距地表深 3.76～4.60 米。

左室　平面呈长方形。砖室。拱形顶。左室底部发现有大量的棺灰和红漆，可以判定其葬具为木棺。无封门痕迹。室内填土为五花土。口长 3.20 米，宽 1.08～1.26 米，距地表深 2.50～3.45 米。底长 3.20 米，宽 1.18 米，距地表深 3.88～4.83 米。（图版四）

右室　平面呈长方形。砖室。拱形顶。置于左室西侧，与左室平行排列方向一致，中间相隔宽约 0.75 米。无封门痕迹。室内因进水，有少量的淤积土，未发现有棺木痕迹和骨架，置放较多的遗物，据此推测右室可能为储物室。口长 4.30 米，宽 1.20 米，距地表深 2.50～3.45 米。底长 4.30 米，宽 1.20 米，距地表深 3.88～4.83 米。

比较左、右室的情况，推测左室应为主墓室。

人骨架无存。头向、面向、葬式、性别不明。在左室底部发现有大量的棺灰和红漆，据此推测葬具应为木棺。有随葬品。（图六七、六八）

（三）出土遗物

出土遗物共 83 件/组。有陶壶 7、陶鼎 2、陶耳杯 1、陶井（含陶汲水瓶 1）1 组、陶釜 1、陶灶（含釜、甑、勺各 1 件）1 组、陶博山薰炉 1、陶纺轮 1、铁剑 1、铁刀 1、铅饰件 1、铜釜 1、铜带钩 1、铜车舝 1、铜衔镳 2、铜盖弓帽 12、铜椹首饰 2、铜辕饰 2、铜軥饰 1、铜扣 2、铜兽面饰 2、铜轴饰 1、铜当卢 1、铜钱 37。在左墓室中部有一把铁剑、一把铁刀、一个铜带钩和一串铜钱，在左室进口处有一件陶博山薰炉盖随葬品。在右墓室内出土有大量的随葬品，有陶器、铁器和铜器等 20 余件，器形陶盆、陶壶、陶井、陶仓、陶灶、陶鼎、陶勺、陶罐、铜釜、铜钱和铜饰件等，因室内进水，摆放位置比较散乱。

陶壶　7 件。均为泥质灰陶。轮制。其中 3 件（标本 M46:11、标本 M46:12、标本 M46:13），形制相同，尺寸略异。器体较小，均子口承盖。盖，弧形顶，盖面弧形隆起，斜沿，沿下面有一周凹槽作母口，斜方唇。壶，盘口较直，盘口下有不明显折棱，束颈，溜肩，圆鼓腹，空心状假圈足底微内凹，足与腹

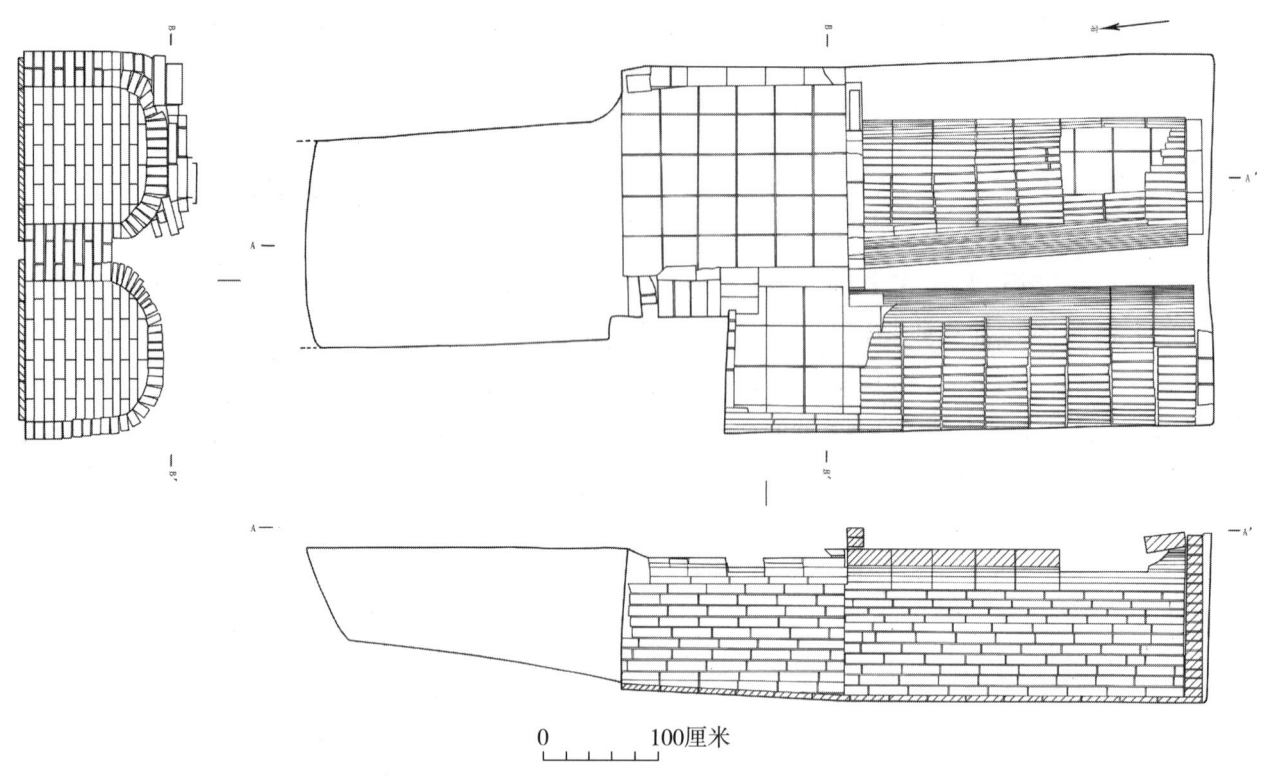

图六七　M46平、剖面图，南视图

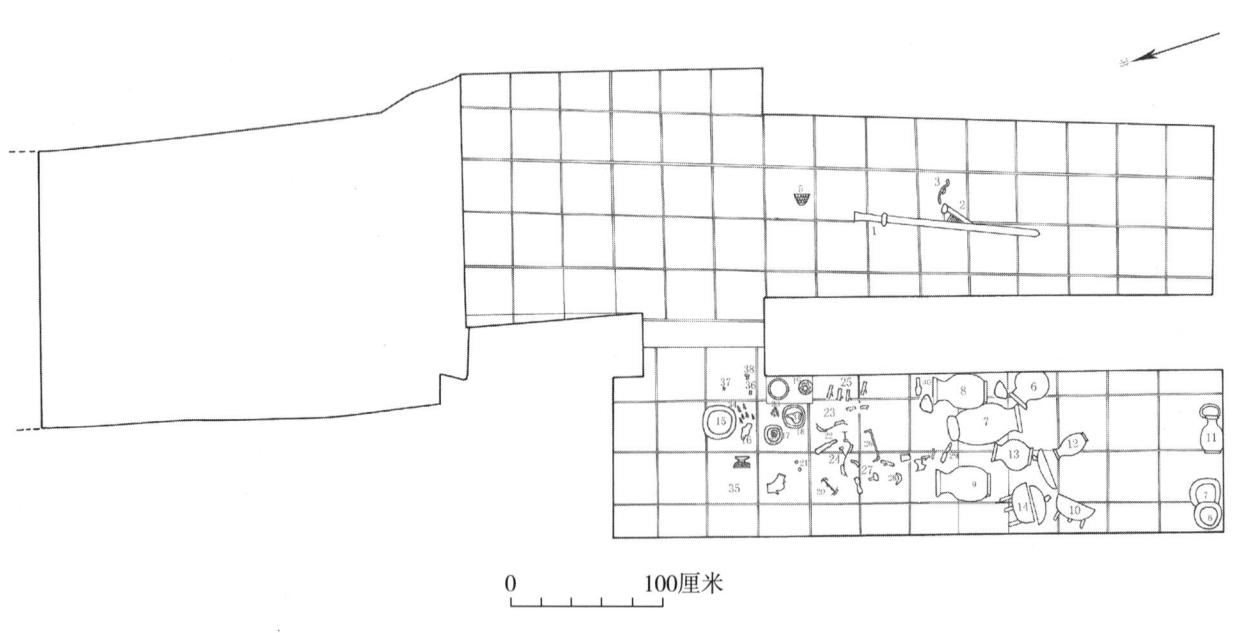

图六八　M46平面图（底）

1.铁剑　2.铁刀　3.铜带钩　4.铜钱　5.陶博山薰炉盖　6.陶壶　7.陶壶　8.陶壶　9.陶壶　10.陶鼎　11.陶壶　12.陶壶　13.陶壶　14.陶鼎　15.铜釜　16.陶耳杯　17.陶井　18.陶釜　19.陶灶　20.铜衔镳　21.铜扣　22.铜兽面饰　23.铜衔镳　24.铜衔镳　25.铜盖弓帽　26.铜輢饰　27.铜兽面饰　28.铜轙饰　29.铜轴饰　30.铜当卢　31.陶勺　32.陶汲水瓶　33.铅饰件　34.铜盖弓帽　35.陶博山薰炉　36.陶纺轮　37.铜车軎　38.铜棺首饰

部无明显界线。肩与上腹交接处、腹中部各饰两组凹弦纹，两组凹弦纹中间两侧对称各饰一兽面铺首衔环。标本 M46:11，盖，沿径 9.4 厘米，高 2.5 厘米；壶，口径 9.2 厘米，腹径 16.8 厘米，底径 10.0 厘米，高 22.0 厘米；通高 24.6 厘米。（图七〇，2；彩版一三，3、4；图版二五，1）标本 M46:12，盖，沿径 9.0 厘米，高 3.5 厘米；壶，口径 9.2 厘米，腹径 16.6 厘米，底径 9.6 厘米，高 21.4 厘米；通高 24.4 厘米。（图七〇，3；彩版一四，1、2；图版二五，2）标本 M46:13，盖，沿径 9.3 厘米，高 2.5 厘米；壶，口径 9.0 厘米，腹径 16.4 厘米，底径 9.2 厘米，高 21.5 厘米；通高 24.0 厘米。（图七〇，5；彩版一四，3、4；图版二五，3）另 4 件（标本 M46:6、标本 M46:7、标本 M46:8、标本 M46:9），形制相同，尺寸略异。器体较大。子口承盖。盖，弧形顶，盖面弧形隆起，斜沿，沿下面有一周凹槽作母口，斜方唇。壶，盘口稍外撇，盘口下部饰一周凹弦纹，盘口下方有明显折棱，束颈，溜肩，圆鼓腹，下腹内收成平底，下接折曲状高圈足，圈足微外撇，足部折棱在足上部。肩与上腹交接处、腹中部各饰一组凹弦纹，每组均为两周，两组凹旋纹中间两侧对称饰兽面铺首衔环，下腹部饰两周细浅凹弦纹。标本 M46:6，盖，沿径 17.1 厘米，高 5.8 厘米；壶，口径 18.0 厘米，腹径 34.4 厘米，底径 19.0 厘米，高 45.4 厘米；通高 51.4 厘米。（图六九，1；图版二四，5）标本 M46:7，盖，沿径 17.1 厘米，高 6.0 厘米；壶，口径 18.2 厘米，腹径 35.0 厘米，底径 19.0 厘米，高 46.0 厘米；通高 52.0 厘米。（图六九，2；彩版一二，1、2；图版二四，6）标本 M46:8，盖，沿径 17.4 厘米，高 6.0 厘米；壶，口径 18.2 厘米，腹径 34.5 厘米，底径 19.2 厘米，高 45.6 厘米；通高 50.6 厘米。（图六九，3；彩版一二，3、4；图版二四，7）标本 M46:9，盖，沿径 17.0 厘米，高 6.0 厘米；壶，口径 18.2 厘米，腹径 33.2 厘米，底径 19.0 厘米，高 44.6 厘米；通高 50.6 厘米。（图六九，4；彩版一三，1、2；图版二四，8）

陶井　1组。内有汲水瓶 1 件。均泥质灰陶。轮制。陶汲水瓶，标本 M46:32，泥质灰陶。轮制。器体甚小。敞口，圆卷唇，矮斜直领，弧肩，弧腹，下腹斜内收，平底微内凹。口径 2.9 厘米，腹径 9.6 厘米，底径 2.4 厘米，高 5.8 厘米。（彩版一四，7）井，标本 M46:17，圆筒形。口小底大。敞口，平沿，沿面两侧对称有一圆孔，厚斜方唇下折，斜直腹，平底微内凹。腹部饰五周新月形和圆涡形纹，新月纹和涡纹相间分布。口径 14.2 厘米，底径 14.2 厘米，高 8.4 厘米。（图七〇，6；彩版一四，6；图版二六，1）

陶釜　1 件。标本 M46:18，泥质灰陶。轮制。侈口，平沿斜上仰，斜方唇下折，斜深腹，平底。口沿内有一周凹槽，腹部饰九周浅凹弦纹。沿宽 1.3 厘米，口径 17.9 厘米，底径 8.2 厘米，高 9.2 厘米。（图七〇，8；彩版一五，3；图版二六，2）

陶灶　1组。置甑、釜、勺各 1 件。标本 M46:19，泥质灰陶。轮制。呈长方体。正面有拱形火门，灶面有一个较大的圆形火眼置一釜一甑一勺，灶面直平，后端侧附柱状蒜头形烟囱。灶面阴线刻饰 11 排新月形纹和涡纹，侧面阴线刻饰 17 排新月形纹和涡纹，火门两侧阳线勾勒长方形线条，线条中间阳线饰勾连回纹，线条上方阴线刻饰 2 排新月形纹和涡纹，线条两侧阴线刻饰 3 排新月形纹和涡纹。新月形纹和涡纹相间分布，象征太阳和月亮。后端素面。甑，侈口，平沿微斜上仰，斜方唇下折，斜深腹，平底。口沿内有一周凹槽，腹部饰十一周浅凹弦纹。底穿 7 孔，中心 1 孔，周围均匀分布 6 孔。釜，敛口，窄平沿，尖唇，折腹，球形折腹，腹中部窄沿折棱凸出，圜底近尖。勺，标本 M46:31，瓢形。直口，前端近平两角弧内曲，后端平直急收成细尖柄，弧腹，圜底。甑，口径 17.4 厘米，底径 6.8 厘米，高 6.7 厘米；釜，口径 8.4 厘米，最大腹径 14.2 厘米，高 9.1 厘米；勺，口长 7.8 厘米，口宽 5.3 厘米，高 2.4 厘米；灶，体长 30.0 厘米，宽 19.6 厘米，通高 26.7 厘米。（图七〇，1；彩版一五，4、5；图版二六，3、4）

陶博山薰炉　1 件。泥质灰陶。轮制。子口承盖。盖，标本 M46:5，博山式状。小平顶微斜，盖面

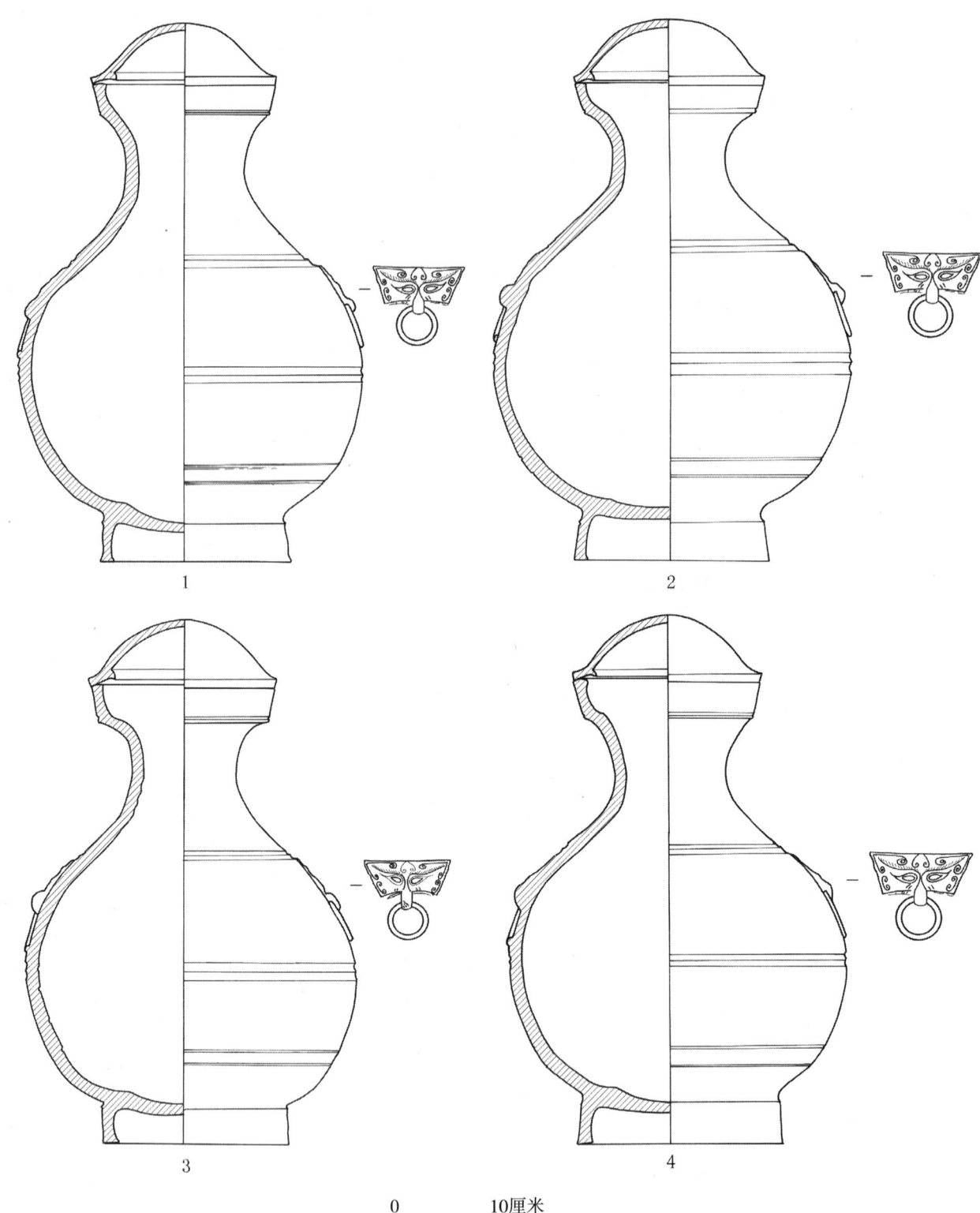

图六九　M46出土陶壶
1. M46:6　2. M46:7　3. M46:8　4. M46:9

斜上隆起，斜面呈七层阶梯状，斜沿，沿下面有一周凹槽作母口，窄方唇。平顶中部有一圆形小孔，盖面最上层和最下一层为素面；二至五层如山峰突起，镂雕四层山峦，每层雕刻九个山峰，上、下层间错排列，山峰纵向沟痕清晰，第二层山峰上阴线细刻仙草，三层至五层每座山上均刻饰有仙草、飞鸟禽兽、人骑兽等，能分辨出的鸟兽有凤鸟、大象、犀牛、马、龙、虎、狮子、猴、羊等，人物、仙草、动物刻饰得栩栩如生；第六层一周刻画椭圆形、逗点形或不规则形纹；盖面山峦间布满自外向内戳穿的近圆形小孔，圆孔共计62个。炉，标本M46:35，子口，浅腹，圜底，下有圆柱形柄接覆盘型底座。腹部饰回形纹，豆柄中部饰两周凹弦纹。盖，顶径1.4厘米，沿径12.1厘米，高8.0厘米；炉，口径10.0厘米，腹径12.6厘米，足径10.0厘米，高13.0厘米；通高21.7厘米。（图七〇，4；彩版一四，5；图版二四，4）

铜釜　1件。标本M46:15，敞口，斜沿上仰，尖唇，弧腹。底部残失。口径20.6厘米，腹径18.5厘米，高8.0厘米。（图七〇，7；彩版一七，1；图版二五，5）

陶鼎　2件。均泥质灰陶。轮制。形制相同，尺寸有异。子口承盖，盖、器扣合呈球形。盖，顶近圆形，盖面弧形隆起，对称饰三个扁龙头形钮，钮上下各饰一周细浅凹弦纹。鼎，敛口，沿内折作子口，口部两侧有长方形双附耳，附耳微外侈，球形腹，圜底近平，下附三兽面蹄形足。两耳外侧上部饰斜方格纹，两侧饰菱形纹。腹中部饰两周凹弦纹，附足处亦饰上下各两周细凹弦纹。通体施白衣，白衣多脱落。标本M46:10，盖，沿径26.3厘米，高10.7厘米；鼎，口直径22.0厘米，腹径31.6厘米，高23.2厘米；通高27.6厘米。（图七一，8；彩版一五，1；图版二四，9）标本M46:14，盖，沿径26.3厘米，高10.7厘米；鼎，口直径22.4厘米，腹径32.0厘米，高22.4厘米；通高26.8厘米。（图七一，7；彩版一五，2；图版二五，4）

陶耳杯　1件。标本M46:16，泥质灰陶。轮制。椭圆形，直口，口沿两侧对称饰新月形耳，两耳斜上翘，斜直腹上扩下斜直内收，假圈足底。口长径11.2厘米，口短径6.7厘米，底长径6.3厘米，底短径3.5厘米，高3.5～6.0厘米。（图七一，9；图版二五，6）

陶纺轮　1件。标本M46:36，泥质灰陶。轮制。束腰圆柱形，中部有一圆形穿孔，两端平。直径1.8厘米，通高1.7厘米。（图七二，10；彩版一九，3）

铁剑　1件。标本M46:1，剑身修长。锋尖锐，两面刃，中部微起脊，身截面呈扁菱形，身、茎间有素面玉格，格两面隆成脊，格截面呈椭圆形，扁窄条形茎。剑身残留有木鞘痕。身长102.1厘米，宽3.1厘米，厚1.2厘米，通长116.0厘米。（图七一，1；彩版一六，1、2；图版二六，5；二七，1）

铁刀　1件。标本M46:2，锈蚀严重。长条形。环手直背，单面直刃，刀尖部残。残存有木质刀鞘痕。残长26.0厘米，残宽2.3厘米，残厚1.3厘米。（图七一，2；彩版一六，3；图版二七，3）

铜带钩　1件。标本M46:3，完整。小型钩。钩首正面略呈鸭嘴形，钩体近鸭腹形，钩体最窄处位于钩颈，从钩颈处向下逐渐变宽，正视呈琵琶形，钩尾圆弧。钩钮位于钩身中部，粗短圆柱形钮柱。素面。宽0.4～1.0厘米，高1.0～1.3厘米，通长7.7厘米。（图七一，3；彩版一六，4；图版二七，2）

铜当卢　1件。标本M46:30，形制大小相同，扁片状，形似正视马头，中部镂空，背面有两个半环形钮。长10.1厘米，最窄1.4厘米，最宽3.0厘米，厚0.6厘米。（图七一，4；彩版一九，1、2）

铜衔镳　2件。形制相同，尺寸不同。衔镳齐全。衔为三节链状，每节中间凸起一道箍，每节两端为环，相互套连，其中间一节较短，衔两头各连一镳。镳呈"S"形，身上有两孔，两端镂雕为上下反向鸡冠状花。标本M46:20，衔长10.2厘米，镳长10.3厘米。（图七一，5；彩版一七，2）标本M46:23、标本M46:24，为1件。衔长10.3厘米，镳长11.0厘米。（图七一，6；彩版一八，3）

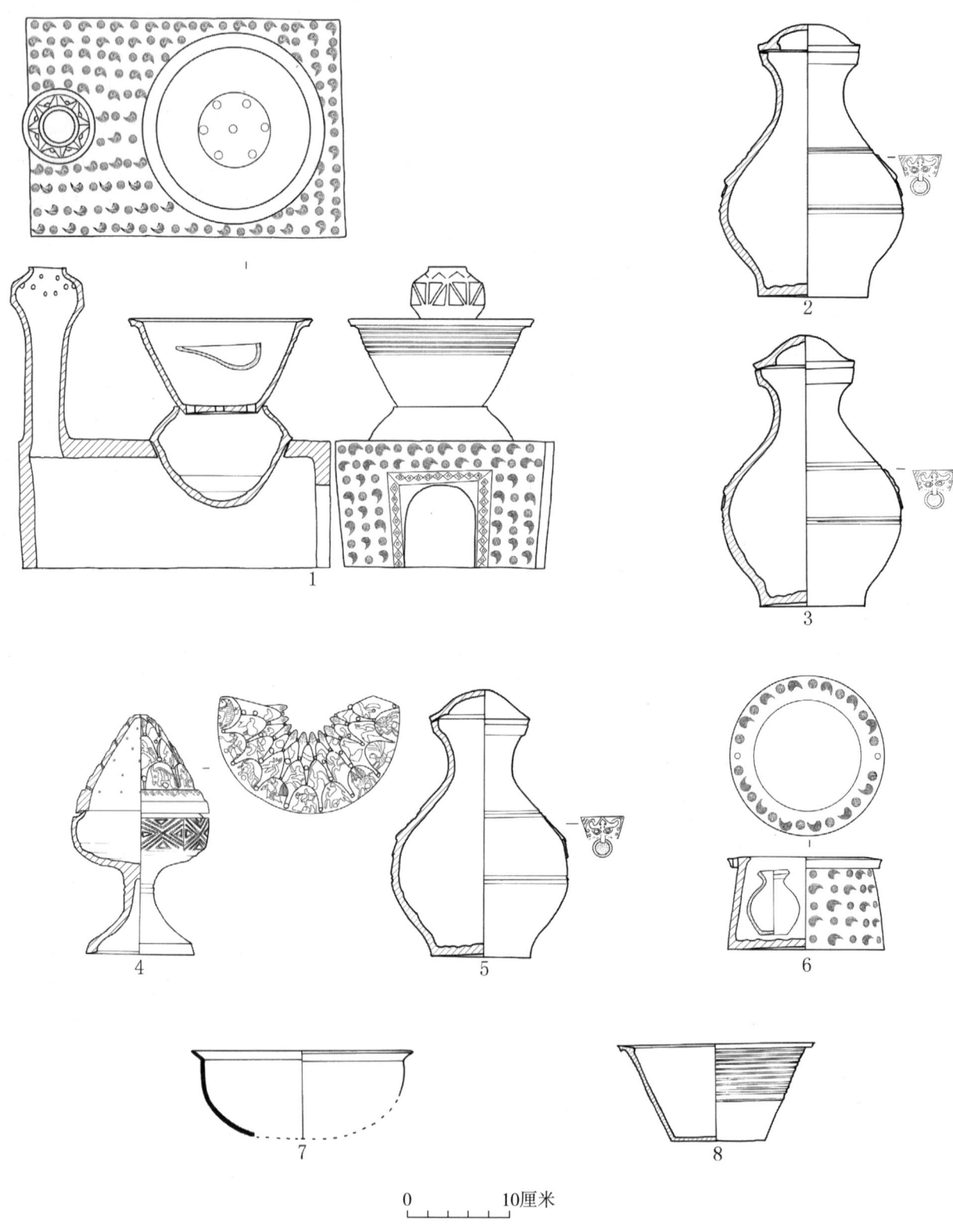

图七〇　M46出土遗物

1.陶灶（M46:19、31）　2.陶壶（M46:11）　3.陶壶（M46:12）　4.陶博山薰炉（M46:5、35）　5.陶壶（M46:13）
6.陶井（M46:17、32）　7.铜釜（M46:15）　8.陶甑（M46:18）

第二章 汉代墓葬　79

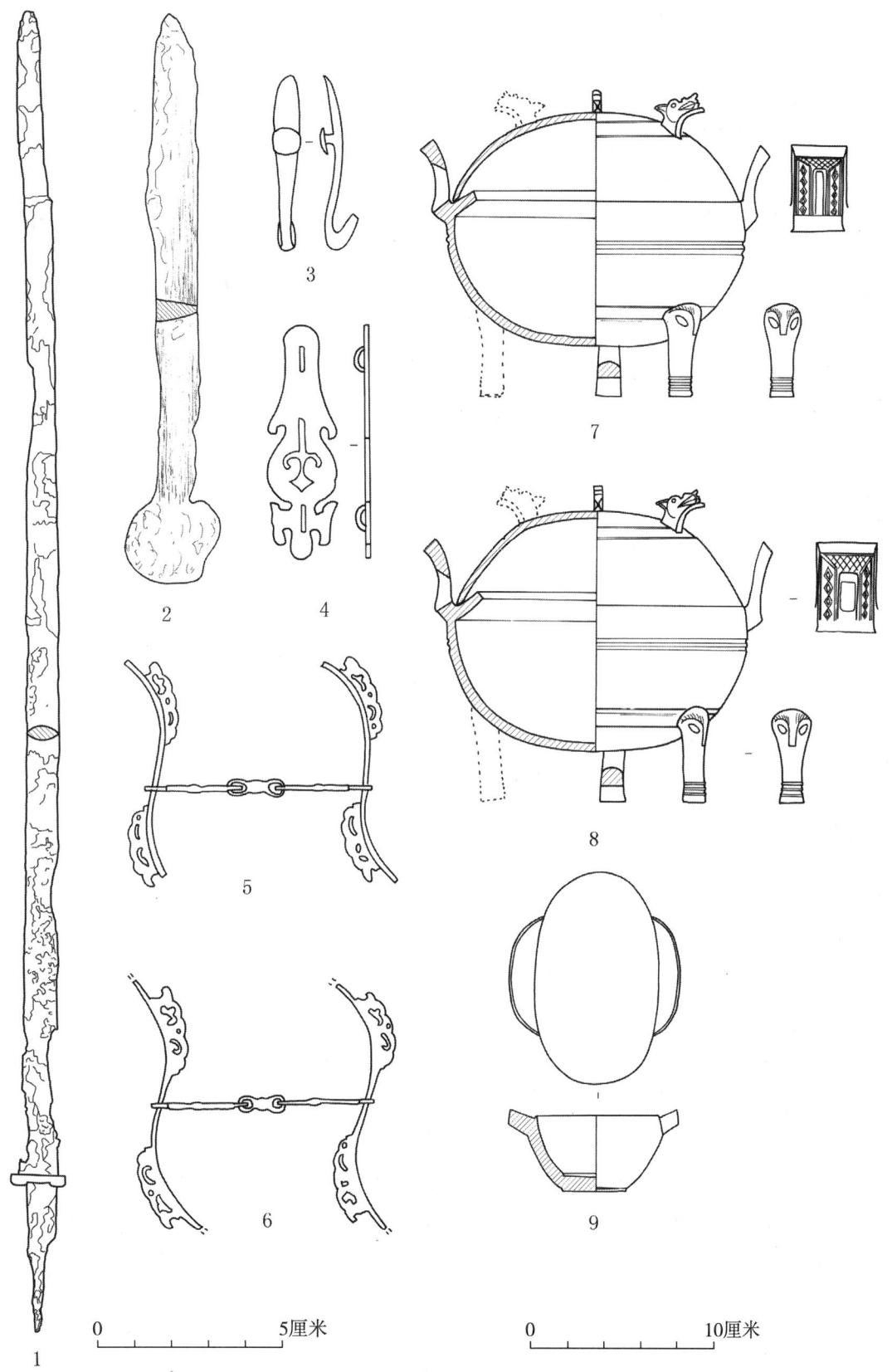

图七一　M46出土遗物
1.铁剑（M46:1）　2.铁刀（M46:2）　3.铜带钩（M46:3）　4.铜当卢（M46:30）　5.铜衔镳（M46:20）
6.铜衔镳（M46:23、24）　7.陶鼎（M46:14）　8.陶鼎（M46:10）　9.陶耳杯（M46:16）

铜车䡯　1件。标本M46:37，圆筒状。外端收分，身有凹棱两周。高3.0厘米，直径2.2厘米。（图七二，2；彩版一九，4）

铜盖弓帽　12件。形制相同，尺寸略异。圆筒形。顶作圆球形，中空成銎，口缘处略大，上端稍细小，器中部往上挑出一钩。标本M46:25（图七二，11；彩版一八，4上）和标本M46:34（图七二，12；彩版一八，4下）各6件。口径0.8厘米，高2.8厘米。

铜桄首饰　2件。标本M46:38，形制相同。圆筒形。末端有收分，中腰饰凸棱一周，内有朽木痕。直径1.1厘米，长1.2厘米。（图七二，9；彩版一九，5）

铜辕饰　2件。形制相同，尺寸略异。"U"形。由圆柱形铜条弯曲而成，两端平齐。（彩版一八，5）标本M46:28-1，长2.0厘米，宽2.4厘米，柱径0.3厘米。（图七二，6）标本M46:28-2，长2.0厘米，宽2.2厘米，柱径0.3厘米。（图七二，5）

铜輢饰　1件。扒钉状。断面为圆形，两端下部细尖。标本M46:26，长9.0厘米，宽1.8厘米。（图七二，4；彩版一八，1）

铜扣　2件。标本M46:21，2件形制相同，尺寸相同。顶部帽形，下有一半圆形钮。顶径1.2厘米，高1.0厘米。（图七二，8；彩版一七，3）

铜兽面饰　2件。形制相同，尺寸略异。凸字形扁片，宽端凸起，另一面下凹，凸起端饰兽面纹。标本M46:22，长3.1厘米，宽2.6厘米。（图七二，3；彩版一八，2左）标本M46:27，长3.2厘米，宽2.7厘米。（图七二，7；彩版一八，2右）

铜轴饰　1件。标本M46:29，圆筒形。中间有凸箍三道，一端凸棱一道，另一端残失。长5.8厘米，直径1.6厘米。（图七二，1；彩版一八，6）

铅饰件　1件。标本M46:33，残为一包碎片，无法辨别器形。重0.0256kg。

铜钱　37枚。均为五铢钱。正面内廓均被磨除。标本M46:4。（彩版一六，5）依据铜钱钱文书体、字迹、保存现状等分为以下七种情况进行报告：

1. 标本M46:4-1（3枚）、标本M46:4-2（2枚）、标本M46:4-3（2枚），共计7枚。钱文书体相同，尺寸不同。钱文字迹均较清晰，"五"字中间两交笔弯曲。"铢"字的"金"旁上部呈小三角形，下部四点稍短；"朱"旁上部方折，下部圆折，下竖较直，下部长于上部，上、下部之间的间距较大。标本M46:4-1，3枚。尺寸相同。钱径2.4厘米，穿径0.9厘米。（图七三，1）标本M46:4-2，2枚。尺寸相同。钱径2.5厘米，穿径0.9厘米。（图七三，2）标本M46:4-3，2枚。钱径2.3厘米，穿径0.9厘米。（图七三，3）

2. 标本M46:4-7（2枚）、标本M46:4-8（1枚），共计3枚。钱文书体相同，尺寸不同。钱文字迹均清晰。"五"字中间两交笔呈稍曲。"铢"字的"金"旁上部呈稍大三角形，下部四点稍短；"朱"旁上部方折，下部圆折，下竖较直，下部长于上部，上、下部之间的间距较大。标本M46:4-7，2枚。尺寸相同。钱径2.5厘米，穿径0.9厘米。（图七三，5）标本M46:4-8，1枚。钱径2.3厘米，穿径0.9厘米。（图七三，6）

3. 标本M46:4-4，1枚。钱文字迹清晰。"五"字中间两交笔弯曲。"铢"字的"金"旁上部呈小三角形，下部四点稍短；"朱"旁上部方折，下部方折，下竖较直，下部长于上部，上、下部之间的间距较大。钱径2.6厘米，穿径0.9厘米。（图七三，4）

4. 标本M46:4-9，1枚。钱文字迹清晰。"五"字中间两交笔呈稍曲。"铢"字的"金"旁上部呈小三角形，下部四点稍短；"朱"旁上部圆折，下部方折，下竖较直，下部长于上部，上、下部之间的间距较大。钱径2.5厘米，穿径0.9厘米。（图七三，7）

5. 标本 M46:4-5、标本 M46:4-6、标本 M46:4-10、标本 M46:4-11，各 1 枚。钱文字迹部分不清晰。尺寸均相同：钱径 2.4 厘米，穿径 0.9 厘米。标本 M46:4-5，"五"字中间两交笔弯曲。"铢"字不清晰；"朱"旁上部方折，下部圆折，下竖较直，下部长于上部，上、下部之间的间距较大。标本 M46:4-6，"五"字上部弯曲，下部不清。"铢"字上部不清，下部四点稍短；"朱"旁上部不清，下部圆折，下竖较直，下部长于上部，上、下部之间的间距较大。边缘残缺。标本 M46:4-10，"五"字中间两交笔呈稍曲。"铢"字的"金"旁不清晰；"朱"旁上部方折，下部方折，下竖较直，下部长于上部，上、下部之间的间距较大。边缘残缺。标本 M46:4-11，"五"字中间两交笔较直。"铢"字不清。

6. 标本 M46:4-12，2 枚。"五"字和"铢"字均不清晰，钱文书体不可辨识。尺寸相同。钱径 2.4 厘米，穿径 0.9 厘米。

7. 标本 M46:4-13（5 枚）、标本 M46:4-14（14 枚），共计 19 枚。残缺。标本 M46:4-13，5 枚。"五"字中间两交笔稍弯曲，"铢"字残缺。钱径 2.4 厘米，穿径 0.9 厘米。标本 M46:4-14，14 枚。均残缺较甚，钱文书体辨识不清。残存尺寸不一。共残碎为 42 小块，能拼对 14 枚，其中最大一枚残钱径 2.4 厘米，穿径 0.9 厘米。最小一枚钱径残存 2.3 厘米，穿径残存 0.8 厘米。

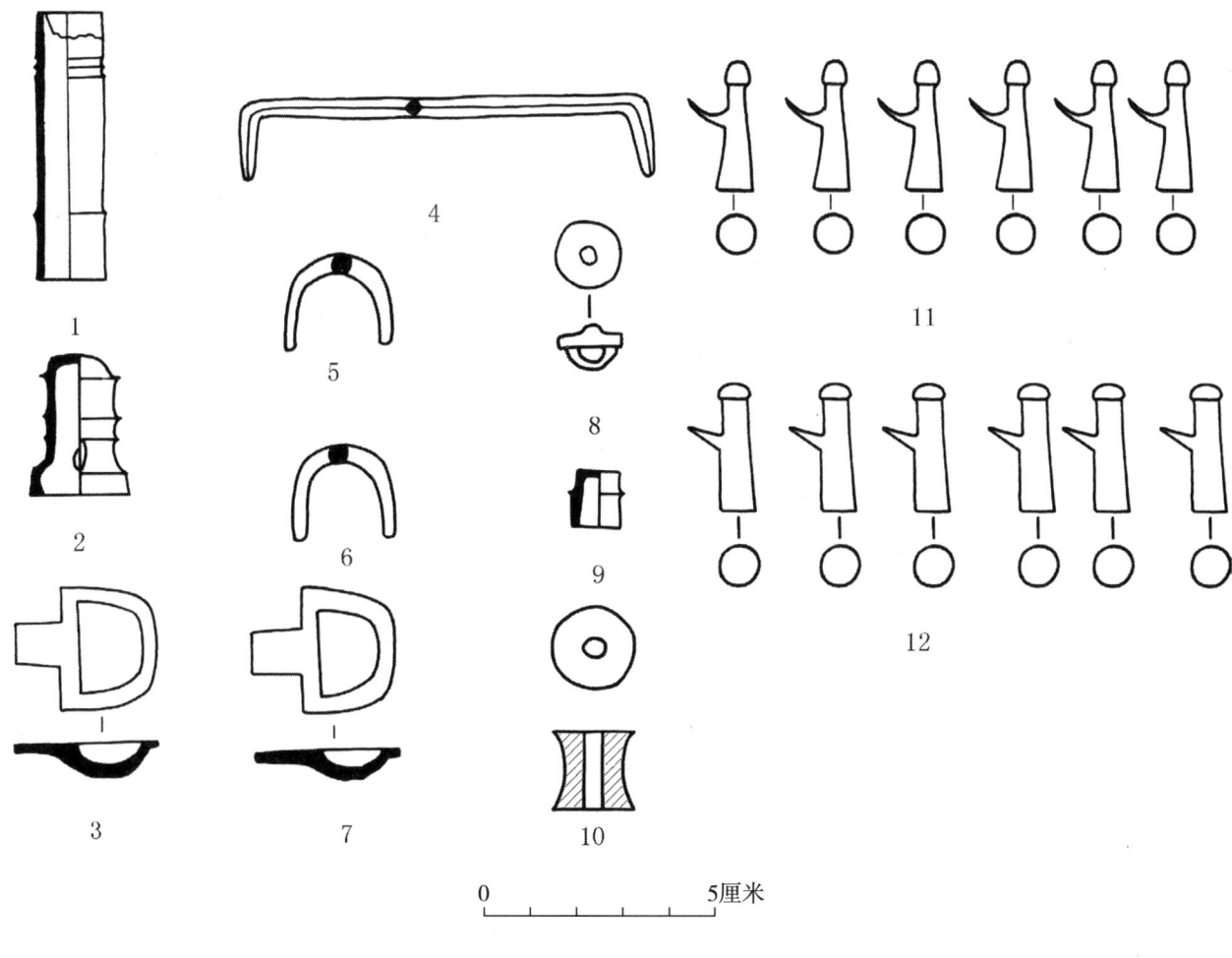

图七二　M46 出土遗物

1. 铜轴饰（M46:29）　2. 铜车軎（M46:37）　3. 铜兽面饰（M46:22）　4. 铜辀饰（M46:26）　5. 铜軜饰（M46:28-2）
6. 铜軜饰（M46:28-1）　7. 铜兽面饰（M46:27）　8. 铜扣（M46:21）　9. 铜桄首饰（M46:38）　10. 陶纺轮（M46:36）
11. 铜盖弓帽（M46:25）　12. 铜盖弓帽（M46:34）

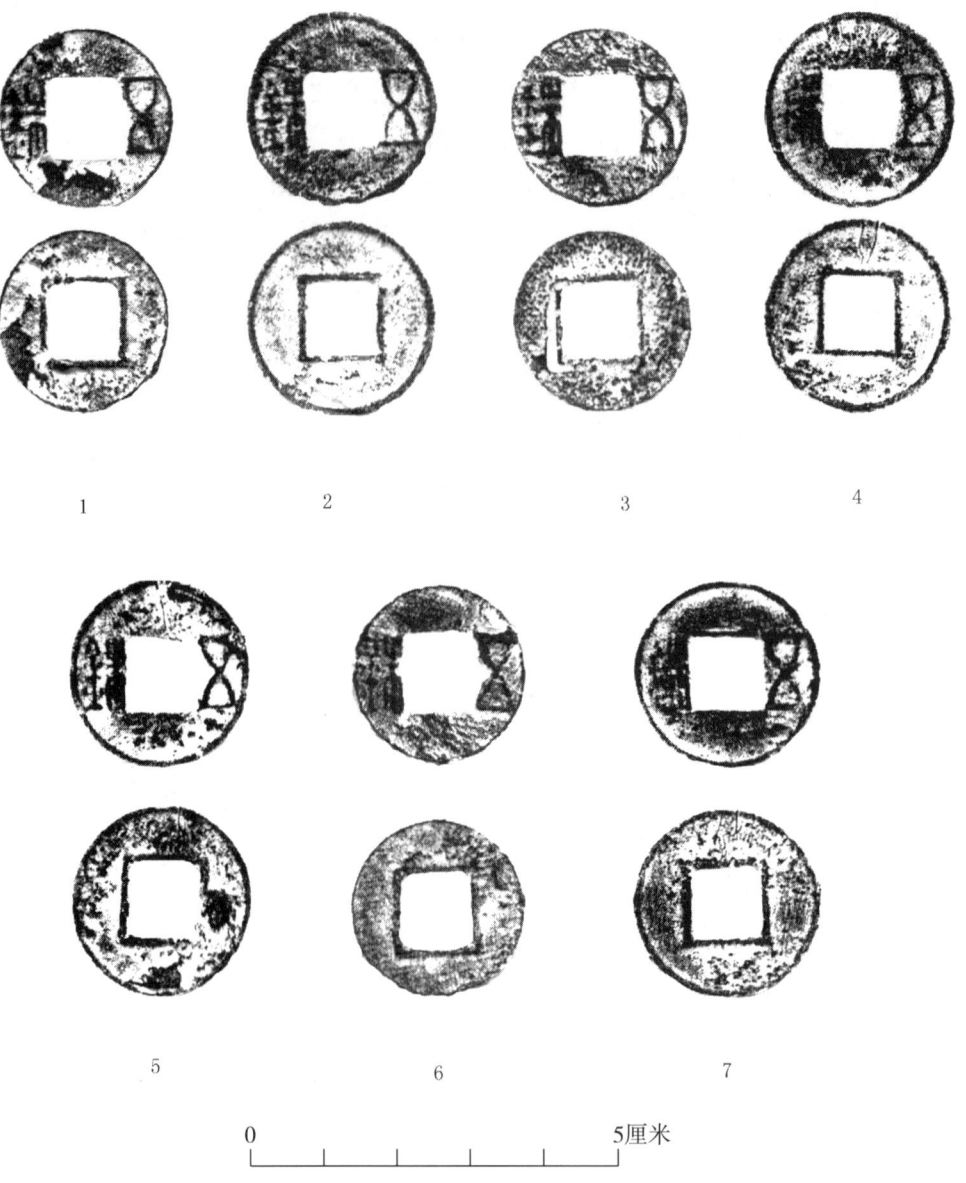

图七三　M46出土铜钱
1.M46:4-1　2.M46:4-2　3.M46:4-3　4.M46:4-4　5.M46:4-7　6.M46:4-8　7.M46:4-9

四〇、M52

（一）层位关系

该墓的上部被施工破坏，依据附近断崖壁的层次推测该墓开口于第②层下。位于M46的西部。

（二）墓葬形制、葬式与葬具

单室砖室墓。方向198°。由墓道和墓室两部分组成。墓道窄于墓室。墓道西壁与墓室西壁在一条直线上，墓道与墓室构成平面呈"刀"形。

墓道　长方形竖井斜坡式。土坑。置于墓室之西南方。直壁，斜坡底。口长 4.40 米，宽 1.34 米，距地表深 3.10 米。底长 4.40 米，宽 1.30 米，距地表深 3.15～3.80 米。

墓室　平面呈长方形。砖室。室顶被破坏，形制不详。墓室壁用长 0.35 米、宽 0.13 米、厚 0.06 米的青砖错缝垒砌，残存最高十一层，砖层通高 0.73 米。墓底亦用同样的青砖平铺，但被破坏严重，残存较少。无封门痕迹。室内填土为五花土。口长 3.75 米，宽 1.96 米，距地表深 3.10 米。底长 3.72 米，宽 1.94 米，距地表深 3.80 米。

人骨架无存。头向、面向、葬式、性别不明。葬具未知。有随葬品。（图七四）

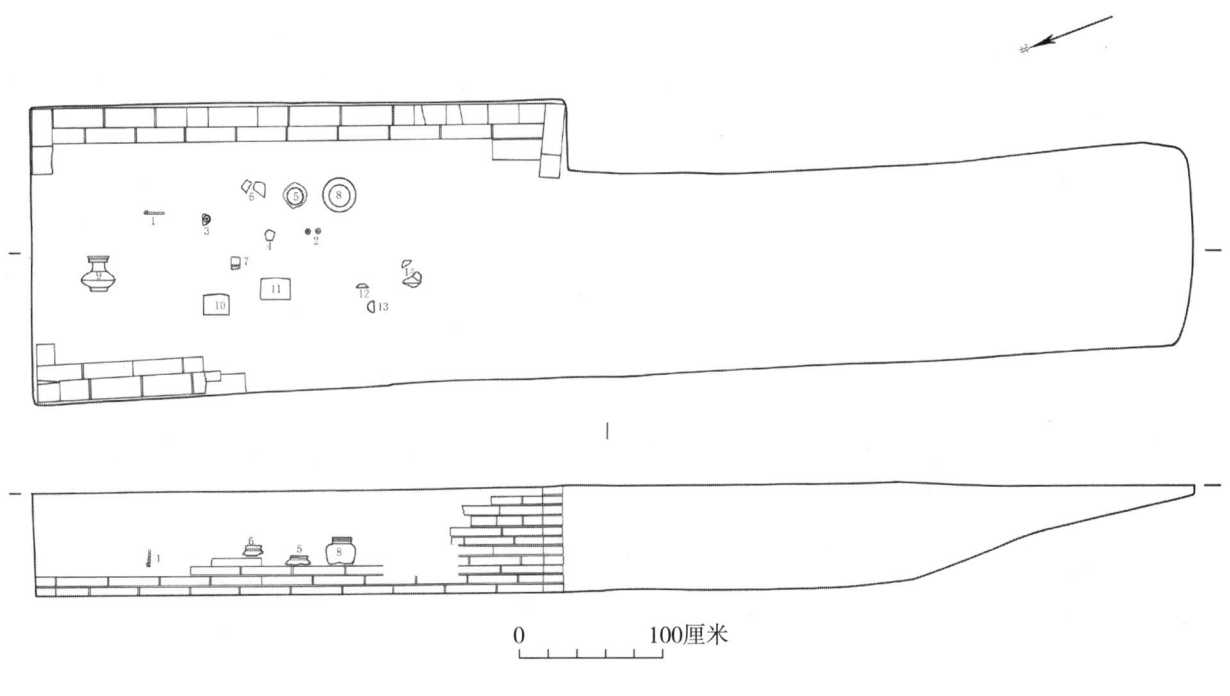

图七四　M52 平、剖面图
1.铁刀　2.铜钱　3.陶薰炉　4.陶器盖　5.陶罐　6.陶壶　7.陶仓　8.陶壶　9.陶壶　10.陶三足樽盖　11.陶三足樽盖　12.陶器盖　13.陶器盖　14.陶三足樽

（三）出土遗物

出土遗物共计 16 件。有陶壶 4、陶罐 1、陶仓 1、陶薰炉 1、陶三足樽 1、陶器盖 5、铁刀 1、铜钱 2。散置放于墓室内。

陶壶　4 件。均泥质灰陶。轮制。形制、尺寸均不同。标本 M52:6-1，残失较甚，仅存颈下部及肩部的 1 小片。可看出形制为束颈，溜肩。器内壁有两周凹弦纹。残宽 11.4 厘米，残高 8.1 厘米。标本 M52:6-2，残失较甚，仅存颈下部至上腹部的 1 小片。可看出形制为束颈，溜肩。肩、腹交接处有三周凹弦纹。残宽 13.3 厘米，残高 12.3 厘米。标本 M52:8，盘口，盘口下部饰一周凹弦纹，盘口下方有明显折棱，束颈，溜肩，鼓腹，腹中部以下残失。肩部有一周折棱，肩与上腹交接处有三周凹弦纹。腹两侧对称各饰一兽面铺首衔环。口径 14.7 厘米，残高 19.87 厘米。（图七五，4）标本 M52:9，器体较大。盘口下部饰一周凹弦纹，盘口下方有明显折棱，束颈，溜肩，鼓腹，空心状假圈足底。肩部有一周折棱，肩与上腹交接处有四周凹弦纹。腹两侧对称各饰一兽面铺首衔环。口径 15.5 厘米，腹径 25.5 厘米，底径 12.9

厘米，残高23.6厘米。（图七五，5）

陶罐　1件。标本M52:5，泥质灰陶。轮制。残失较甚，仅存口、肩部的二分之一。敞口，圆卷唇，矮斜直领，溜肩。口径12.7厘米，残高6.3厘米。

陶仓　1件。标本M52:7，泥质灰陶。轮制。残失较甚，仅存下腹部1片，可看出腹为直筒形。腹部饰一周凹弦纹。残宽7.3厘米，残高8.7厘米。

陶薰炉　1件。标本M52:3，泥质灰陶。轮制。残缺甚重，仅存炉底部的一小残片。可以看出，炉为圜底，下接圆柱形柄，柄中空。残宽4.8～6.3厘米，残高2.1厘米。

陶三足樽　1件。标本M52:14，泥质灰陶。轮制。残失较甚，仅存口部、腹部、底部残片三片。可以辨识其大致形制为：直口，圆卷唇，直筒腹，平底，下附三兽面蹄足。近口部饰四周凹弦纹，腹部饰八周凹弦纹，近底部饰五周凹弦纹，凹弦纹外各饰一周波浪纹。底部能看出两组由四周组成的凹弦纹，凹弦纹间隙饰两周波浪纹。器内满施红彩。底部残片宽12.7厘米，残高7.3厘米。（图七五，6）

陶器盖　5件。均泥质灰陶。轮制。其中2件为陶奁盖。形制相同，尺寸略异。圜顶，圆筒形直腹，圆唇。腹外壁上、中、下部饰四周波浪纹，波浪纹由三组凹弦纹隔开，每组凹弦纹由五周细凹弦纹组成。标本M52:10，纹饰不清。直径18.5厘米，高13.4厘米。（图七五，7；图版二八，1）标本M52:11，顶部自顶中心饰三组凹弦纹将顶部三等分，三组凹弦纹自内至外分别为三周、四周、五周，三组凹弦纹间隙饰两周涡纹和一周波浪纹，涡纹内周为5个，外周为9个。直径22.0厘米，高14.2厘米。（图七五，8；图版二八，2、3）另3件（标本M52:4、标本M52:12、标本M52:13）形制、尺寸均不同。标本M52:4，残失较甚，仅存盖面及盖沿的一小部分。可看出其形制为盖面弧形隆起，宽平沿，方唇，唇中部有一周凹槽。残宽7.9厘米，残高6.9厘米。标本M52:12，斜平顶，盖面弧形隆起，中部有一周折棱，平沿，沿下面有一周凹槽作母口，斜方唇。顶径3.0厘米，沿径9.6厘米，高2.4厘米。（图七五，9；图版二八，4）标本M52:13，弧形顶，盖面弧形隆起。平沿，沿下面有一周凹槽作母口，斜方唇。沿径16.0厘米，高4.6厘米。（图七五，10；图版二八，5）

铁刀　1件。标本M52:1，锈蚀严重。长条形。环手直背，单面直刃，背厚刃薄，刀尖残。残存有木质刀鞘痕。残长14.3厘米，均宽1.5厘米。（图七五，1；图版二八，6）

铜钱　2枚。均为五铢钱。钱文书体、尺寸均不同。钱文字迹均清晰。（彩版一九，6）标本M52:2-1，"五"字中间两交笔弯曲。"铢"字的"金"旁上部呈小三角形，下部四点稍短；"朱"旁上部方折，下部圆折，下竖较直，下部长于上部，上、下部之间的间距较大。正面内廓及外廓均被磨除。钱径2.3厘米，穿径0.9厘米。（图七五，2）标本M52:2-2，"五"字中间两交笔呈稍曲。"铢"字的"金"旁上部呈稍大三角形形，下部四点稍短；"朱"旁上部方折，下部圆折，下竖较直，下部长于上部，上、下部之间的间距较大。正面内廓被磨除。钱径2.4厘米，穿径1.0厘米。（图七五，3）

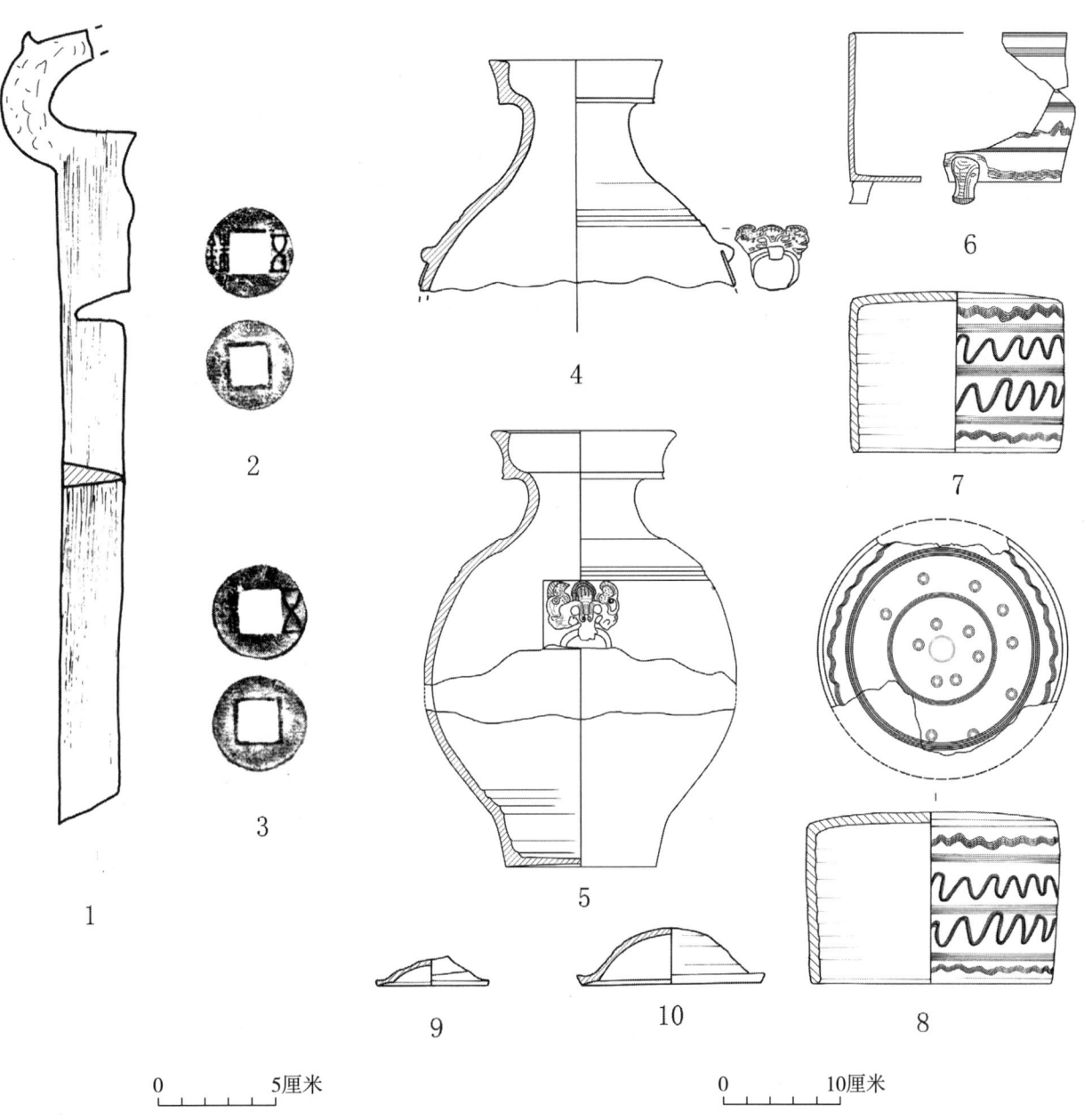

图七五　M52出土遗物

1.铁刀（M52:1）　2.铜钱（M52:2-1）　3.铜钱（M52:2-2）　4.陶壶（M52:8）　5.陶壶（M52:9）　6.陶三足樽（M52:14）
7.陶三足樽盖（M52:10）　8.陶三足樽盖（M52:11）　9.陶器盖（M52:12）　10.陶器盖（M52:13）

四一、M53

（一）层位关系

该墓的上部被施工破坏，依据附近断崖壁的层次推测该墓开口于第②层下。打破 M54。

（二）墓葬形制、葬式与葬具

单室砖室墓。方向7°。由墓道、墓门和墓室三部分组成。墓道宽于墓室，墓道与墓室构成平面呈铲形。

墓道　长方形竖井斜坡式。土坑。置于墓室南部。直壁，斜坡底。口长2.58米，宽1.27米，距地表深3.10米。底长2.58米，宽1.18米，距地表深4.30米。

墓门　呈竖长方形。置于墓道北壁的中部。墓门底部用2块长约1.08米、宽约0.34米、厚约0.12米的空心砖横放作为封门，封门砖通高0.70米。空心砖两侧距墓壁有0.04～0.10米的空隙用五花土填实。墓门宽1.26米，残高1.24米。

墓室　平面呈长方形。砖室。室顶被破坏，形制不详。墓室壁用长1.15米、宽0.29米、厚0.12米的空心砖横砌两层，每层2块，残存高0.70米；墓室左侧北部用2块长宽约为0.18米、残高0.30米的长方体空心砖竖放作挡；右侧北部用1块长宽约为0.18米、残高0.30米的长方体空心砖竖放作挡；墓底用9块长约1.06米、宽约0.28米、厚约0.10米的空心砖平铺。室内填土为五花土。口长3.02米，宽1.16米，距地表深3.10米。底长3.00米，宽1.14米，距地表深4.30米。

人骨架无存。头向、面向、葬式、性别不明。葬具未知。有随葬品。（图七六）

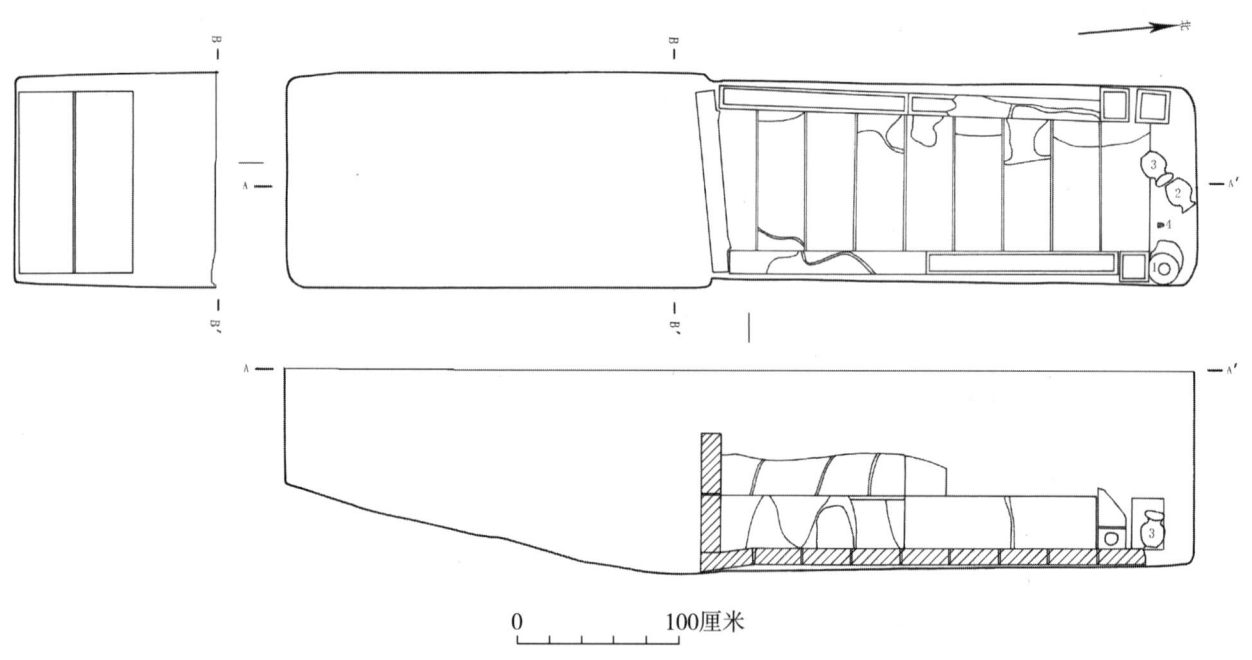

图七六　M53平、剖面图，墓门正视图
1.陶壶　2.陶壶　3.陶壶　4.象牙器

（三）出土遗物

出土遗物共计4件。有陶壶3、象牙器1。置放于墓室北部。

陶壶　3件。均为泥质灰陶。轮制。形制、尺寸均不同。标本M53:1，器体较大。子口承盖。盖，平顶微内凹，盖面弧形隆起，斜沿，沿下面有一周凹槽作母口，方唇。壶，盘口下有不明显折棱，束颈，溜肩，弧鼓腹，下腹内收成平底，下接斜直状圈足，圈足微外撇。肩与上腹交接处、腹中部各饰一周宽带纹，两周宽带纹中间两侧对称各饰一兽面铺首衔环。盖，顶径4.1厘米，沿径17.5厘米，高4.8厘米；壶，口径18.3厘米，腹径35.0厘米，底径17.0厘米，高43.0厘米；通高47.8厘米。（图七七，1；图版二九，1、2）标本M53:2，器体较小。子口承盖。盖，平顶微内凹，盖面弧形隆起，上部有一周折棱，斜沿，沿下面有一周凹槽作母口，斜方唇。壶，盘口外撇，盘口下有不明显折棱，束颈，溜肩，扁鼓腹，斜直空心假圈足底微内凹。肩与上腹交接处、腹中部各饰一周宽带纹，两周宽带纹中间两侧对称各饰一兽面铺首衔环。盖，顶径2.8厘米，沿径9.6厘米，高2.3厘米；壶，口径9.5厘米，腹径16.6厘米，底径9.0厘米，高19.0厘米；通高21.0厘米。（图七七，3；彩版二〇，1；图版二九，3）标本M53:3，器

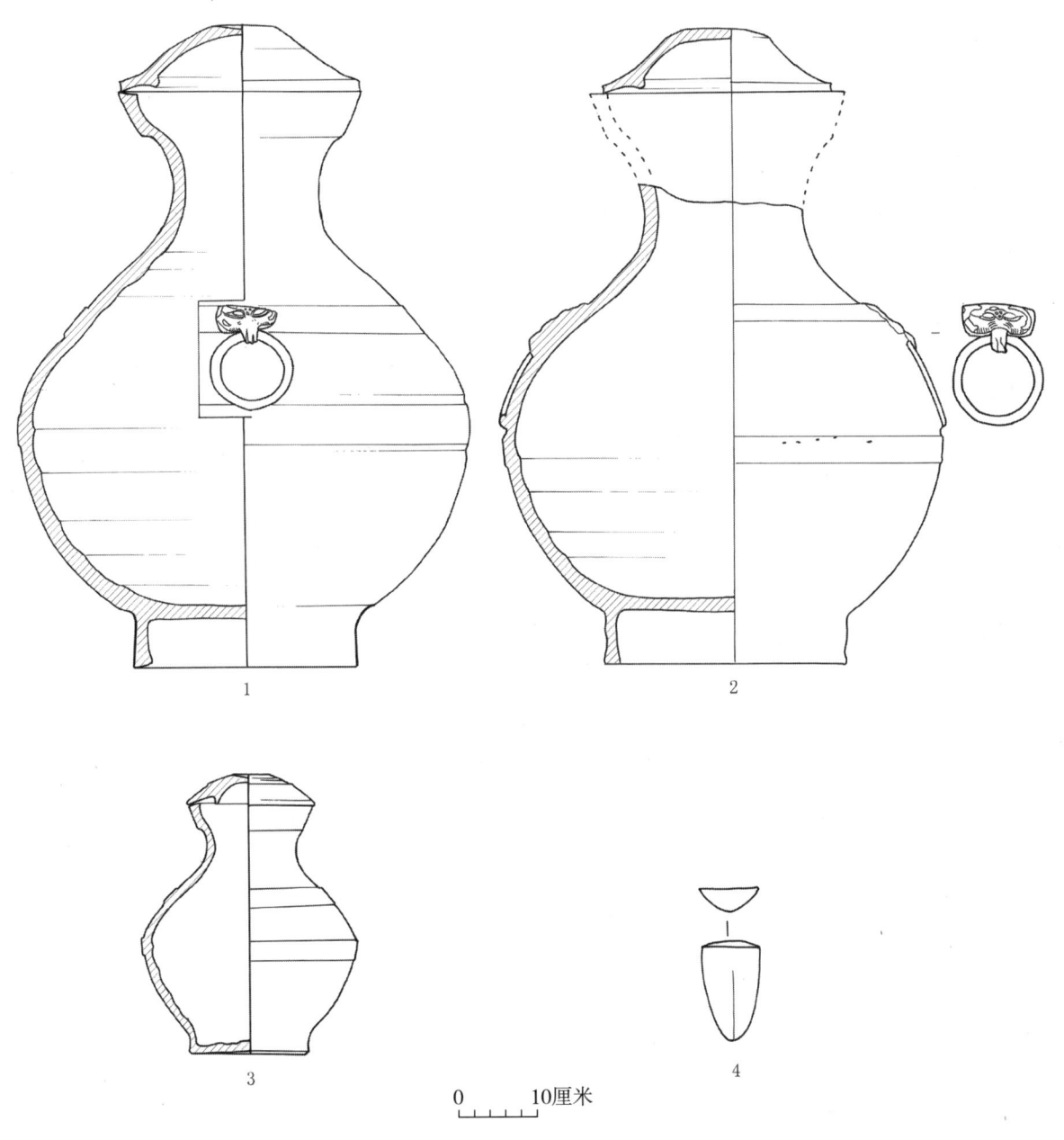

图七七　M53出土遗物
1.陶壶（M53:1）　2.陶壶（M53:3）　3.陶壶（M53:2）　4.象牙器（M53:4）

体较大。子口承盖。盖，平顶，盖面弧形隆起，斜沿，沿下面有一周凹槽作母口，方唇。壶，口、颈残失。溜肩，圆鼓腹，下腹内收成平底，下接圈足，圈足微外撇。肩与上腹交接处、腹中部各饰一周宽带纹，两周宽带纹中间两侧对称各饰一兽面铺首衔环。盖，顶径4.2厘米，沿径18.2厘米，高5.0厘米；壶，口径17.8厘米，腹径34.4厘米，底径18.8厘米，残高35.8厘米。（图七七，2）

象牙器　1件。标本M53:4，牙白色。圭形。正面中部起棱，两边斜削。背面平且光滑。最长3.7厘米，最宽2.1厘米。（图七七，4；彩版二〇，2；图版二九，4）

四二、M54

（一）层位关系

该墓的上部被施工破坏，依据附近断崖壁的层次推测该墓开口于第②层下，东部被M53打破。

（二）墓葬形制、葬式与葬具

双室砖室墓。方向17°。由墓道、墓门、前室和后室四部分组成。墓道宽于墓室，墓道与墓室构成平面呈铲形。

墓道　长方形竖井斜坡式。土坑。置于墓室之西南方。直壁，斜坡底。口长2.81米，宽1.13米，距地表深3.10米。底长2.76米，宽1.10米，距地表深3.70~3.96米。

墓门　平面呈竖长方形。置于前室的南部。墓门底部用2块长约1.04米、宽约0.38米、厚约0.12米的空心砖横放作为封门。封门砖通高0.88米。空心砖两侧距墓壁有0.04~0.06米的空隙用五花土填实。墓门宽1.12米，残高0.78米。

前室　平面呈长方形。砖室。室顶被破坏，形制不详。墓室壁用长约1.18米、宽约0.36米、厚约0.14米的空心砖横砌两层，每层2块，残存高0.72米；墓室北壁用2块长约1.00米、宽约0.50米、厚约0.16米的空心砖横砌和后室隔开，上部的空心砖残高0.12米，通高0.72米。墓底用9块长约1.06米、宽约0.28米、厚约0.12米的空心砖平铺，空心砖上有菱形纹、云纹和方形纹等。室内填土为五花土。口长2.50米，宽1.14米，距地表深3.10米。底长2.50米，宽1.14米，距地表深3.96米。

后室　平面呈长方形。土洞穴。直壁，平底。略宽于前室。室内填土为五花土。南北长1.55米，东西宽1.10~1.24米，距地表深3.96米。

人骨架无存。头向、面向、葬式、性别不明。葬具未知。有随葬品。（图七八）

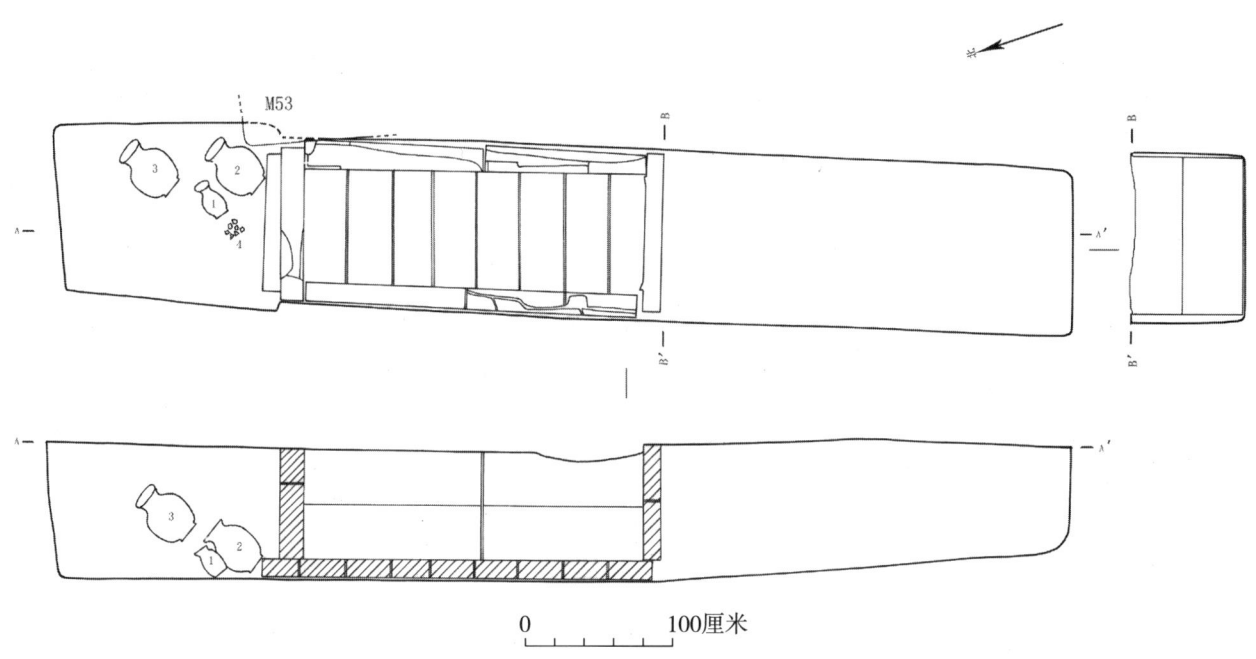

图七八 M54平、剖面图，墓门正视图
1.陶壶 2.陶壶 3.陶壶 4.铅饰件

（三）出土遗物

出土遗物共计4件。有陶壶3、铅饰件1。置放于后室前部近东南角处。

陶壶 3件。均为泥质灰陶。轮制。其中1件，标本M54:1，器体较小。子口承盖。盖，顶环形，盖面弧形隆起，斜沿，沿下面有一周凹槽作母口，斜方唇。壶，盘口外撇，束颈，溜肩，弧腹，下腹内收成平底，下接折曲状矮圈足，圈足微外撇，足部折棱在足上部。肩与上腹交接处、腹中部、下腹部各饰一周宽带纹，两周宽带纹中间两侧对称各饰一兽面铺首衔环。盖，顶径5.0厘米，沿径11.8厘米，高2.1厘米；壶，口径10.8厘米，腹径16.8厘米，底径10.2厘米，高19.8厘米；通高22.2厘米。（图七九，3；彩版二〇，3；图版二九，5、6）另外2件（标本M54:2、标本M54:3），器体较大。形制相同，尺寸略异。均子口承盖。盖，环形顶，盖面弧形隆起，斜沿，沿下面有一周凹槽作母口，斜方唇。壶，浅盘口，盘口下方有明显折棱，束颈，溜肩，扁圆腹，下腹内收成平底，下接折曲状矮圈足，圈足微外撇，足部折棱在足中部。肩与上腹交接处、腹中部、下腹部各饰一周宽带纹，上部两周宽带纹中间两侧对称各饰一兽面铺首衔环。标本M54:2，盖，顶径7.1厘米，沿径18.5厘米，高4.2厘米；壶，口径17.4厘米，腹径32.8厘米，底径17.8厘米，高38.6厘米；通高42.4厘米。（图七九，1；彩版二〇，4、5，图版三〇，2）标本M54:3，盖，顶径7.6厘米，沿径18.5厘米，高4.0厘米；壶，口径18.0厘米，腹径34.0厘米，底径17.0厘米，高37.0厘米；通高41.0厘米。（图七九，2；图版三〇，1）

铅饰件 1件。标本M54:4，破碎成一堆小残片，无法辨别其器形。重0.0276kg。

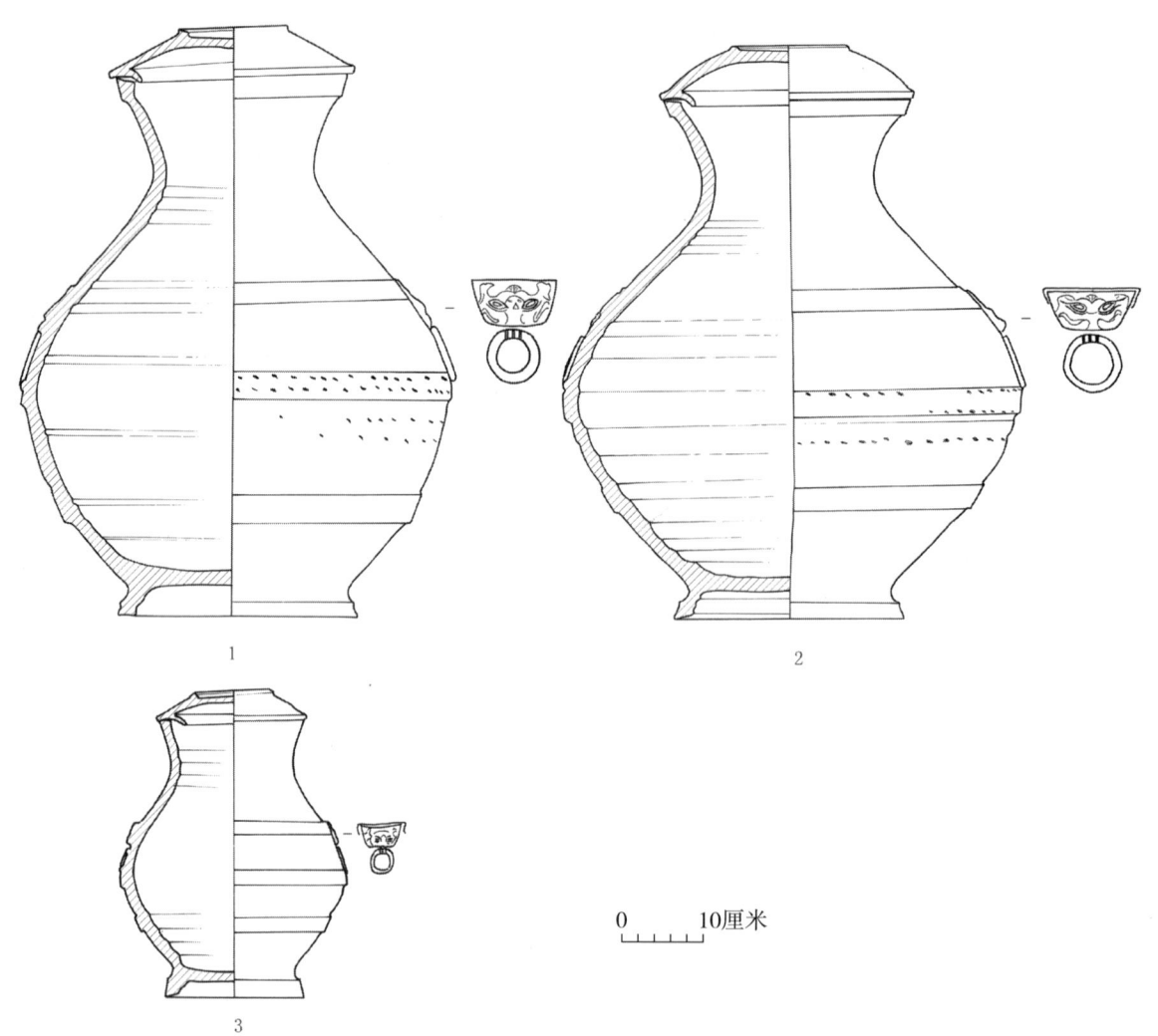

图七九　M54出土陶壶
1.M54:2　2.M54:3　3.M54:1

四三、M55

（一）层位关系

该墓的上部被施工破坏，依据附近断崖壁的层次推测该墓开口于第②层下。位于 M46 的南部。

（二）墓葬形制、葬式与葬具

双室砖室墓。方向 183°。由墓道、甬道、前室和后室四部分组成。

墓道　长方形竖井斜坡式。土坑。置于甬道之南。直壁，斜坡底。口长 5.27 米，宽 1.70 米，距地表深 1.30 米。底长 5.25 米，宽 1.65 米，距地表深 1.33～2.32 米。

甬道　平面呈竖长方形。土壁。开口在墓道北壁中部。被破坏严重，形制不明。甬道长 0.8 米，宽 1.24 米，残高 0.98 米（残存）。

前室　平面呈长方形。砖室。由于被破坏严重，仅在前室和后室西部残存有用长 0.35 米、宽 0.13 米、厚 0.07 米的青砖错缝垒砌的墙体七层，从最上边的两块砖推测其顶为拱顶。前室底部用长 0.33 米、宽 0.23 米、厚 0.06 米的青砖平铺，残存三排。无封门痕迹。室内填土为五花土。底长 3.50 米，宽 2.20～2.28 米，距地表深 1.02 米（残存）。

后室　平面呈长方形。砖室。被盗扰严重。在后室西壁残存有墙体十层，用长 0.35 米、宽 0.13 米、厚 0.07 米的青砖错缝垒砌，中部有残存的墙体三层，采用同样的青砖垒砌，后室右侧无砖。从残存的现状来看，后室极有可能分为左右墓室，应为合葬墓。无封门痕迹。室内填土为五花土。底长 2.60 米，宽 2.64 米，距地表深 2.38 米。

人骨架无存。头向、面向、葬式、性别不明。葬具未知。有随葬品。（图八〇）

（三）出土遗物

出土遗物共计 21 件。有陶壶 2、陶仓 1、陶器盖 4、铜饰件 1、铜帽钉 1、铜钱 12。置放于后室内，杂乱无章。

陶壶　2 件。均泥质红陶。轮制。形制、尺寸均不同。标本 M55:5，残失较甚，仅存壶口 1 片。盘口，盘口下部有不明显折棱。器表施红彩，红彩多脱落。残宽 15.4 厘米，残高 5.6 厘米。（图八一，4）标本 M55:6，残失较甚，仅存下腹及足部的 1 片。空心假圈足平底微内凹，下腹部有三周凹弦纹。器表施红彩，红彩多脱落。残宽 11.5 厘米，残高 15.5 厘米。（图八一，6）

陶仓　1 件。标本 M55:8，泥质灰陶。轮制。小圆口，圆唇外卷，有领，斜肩下折，筒形腹近直，上腹阔下腹稍稍内收，平底微内凹。腹部饰三周凹弦纹。口径 6.2 厘米，腹径 10.0 厘米，底径 9.8 厘米，高 21.0 厘米。（图八一，7；图版三一，4）

陶器盖　4 件。泥质灰陶。轮制。其中 3 件（标本 M55:7、标本 M55:9、标本 M55:10）形制相同，尺寸不同。弧形顶，盖面弧形隆起，平沿，沿下面有一周凹槽作母口，斜方唇。标本 M55:7，盖面弧形隆起，下部有一周折棱，沿径 16.0 厘米，高 4.7 厘米。（图八一，3；图版三一，3）标本 M55:9，盖面弧形隆起，中部有两周折棱，沿径 15.8 厘米，高 4.6 厘米。（图八一，5；图版三一，6）标本 M55:10，盖面弧形隆起，中部有两周折棱，沿径 16.4 厘米，高 4.4 厘米。（图八一，8；图版三一，5）另 1 件，标本 M55:11，覆钵型。平顶，盖面斜向上隆起，直沿下折，沿上方旋削一周，方唇。顶径 3.7 厘米，沿径 15.6 厘米，高 4.8 厘米。（图八一，9；图版三一，7）

鎏金铜捉手　1 件。标本 M55:1，应是木质器物的端部。銎口长方形，銎口内残存有木屑，銎上部镂空雕三只动物。下层镂雕两只相向的狮子，一狮子四肢着地站立，一侧两肢弯曲，另一侧两肢伸直向前蹬地，直背，翘尾，头扭向一侧；另一狮子两前肢跃起踏在站立狮子的背中部，曲颈张口咬住站立狮子的背前部，尾上翘并紧贴在其臀部上。上层镂雕一盘龙，龙首高高昂起，龙身扭曲盘成近椭圆形，龙尾缠绕在龙颈部，龙一爪抓在站立狮子翘起的尾部，一爪抓在跃立狮子的背部。通体鎏金。宽 5.7 厘米，高 8.6 厘米，厚 0.6 厘米。（图八一，1；彩版二一，1、2）

鎏金铜帽钉　1 件，标本 M55:3，帽呈尖圆顶状，四棱锥形钉，钉尖部残断。帽径 1.8 厘米，残高 1.2 厘米。（图八一，2；彩版二一，4；图版三一，1、2）

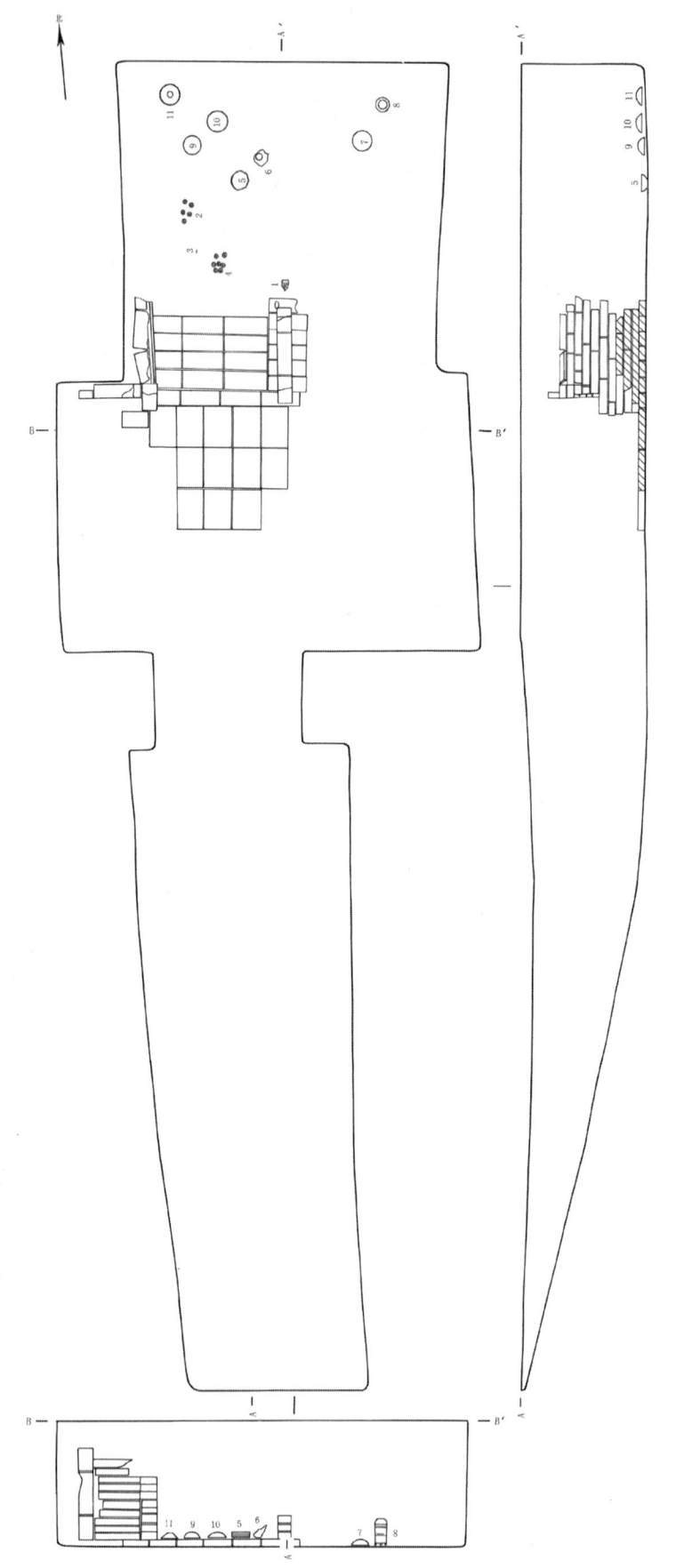

图八〇 M55平、剖面图

1.鎏金铜捉手 2.铜钱 3.鎏金铜帽钉 4.陶钱 5.陶壶 6.铜壶 7.陶器盖 8.陶仓 9.陶器盖 10.陶器盖 11.陶器盖

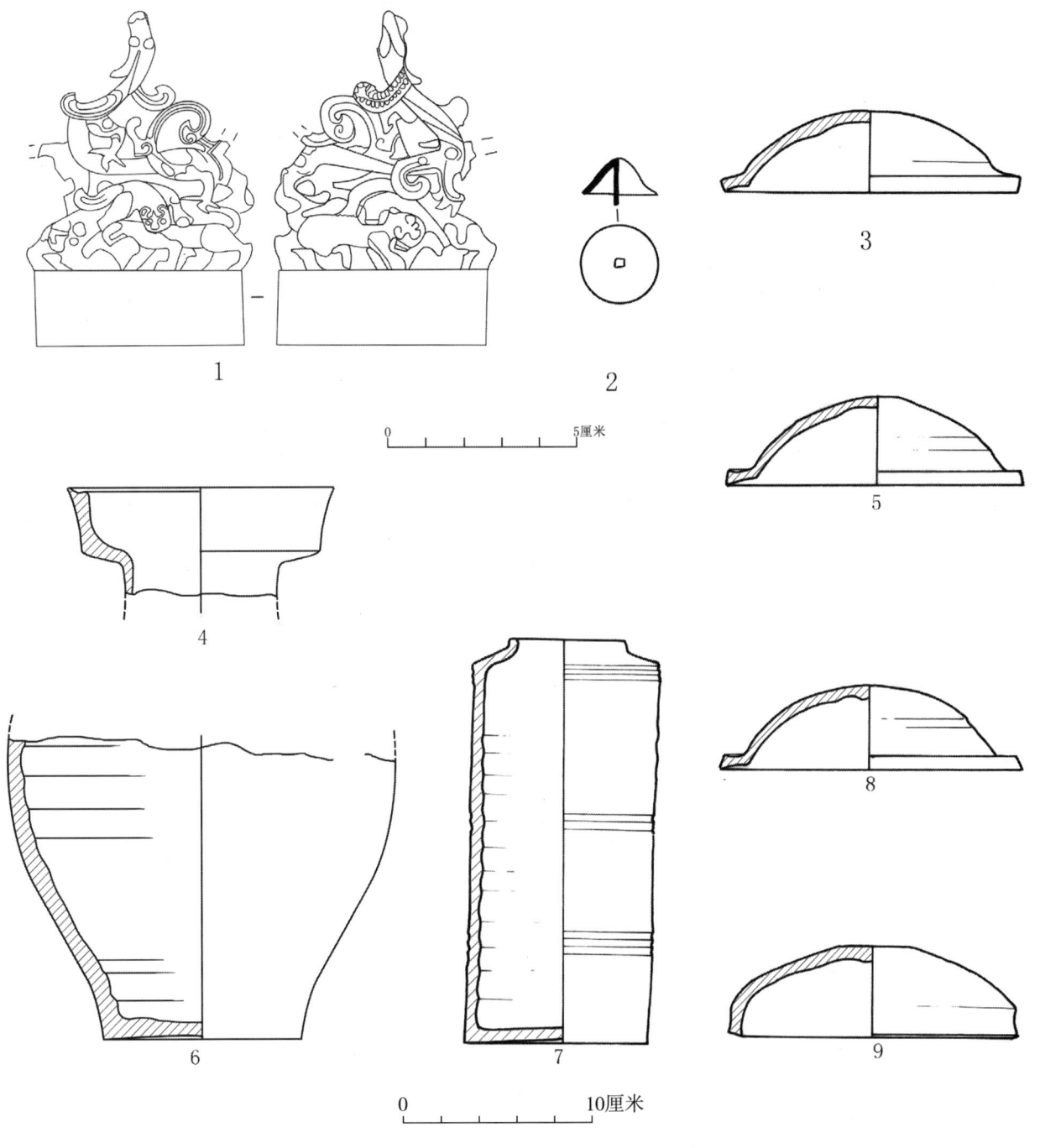

图八一　M55出土遗物
1.鎏金铜捉手（M55:1）　2.鎏金铜帽钉（M55:3）　3.陶器盖（M55:7）　4.陶壶（M55:5）　5.陶器盖（M55:9）
6.陶壶（M55:6）　7.陶仓（M55:8）　8.陶器盖（M55:10）　9.陶器盖（M55:11）

铜钱　12枚。其中7枚为五铢，另外5枚为大泉五十。（彩版二一，3）

大泉五十　5枚。钱文书体、尺寸均相同。内外均有廓，穿四周篆书四字。标本M55:2，钱径2.7，穿径0.9厘米。（图八二，1、2）

五铢　7枚。正面内廓均被磨除。依据铜钱钱文书体、保存现状等分为以下三种情况进行报告：

1.标本M55:4-1，3枚。钱文书体、尺寸均相同。钱文字迹均清晰。"五"字中间两交笔呈稍曲。"铢"

字的"金"旁上部呈小三角形，下部四点稍短；"朱"旁上部方折，下部圆折，下竖较直，下部长于上部，上、下部之间的间距较大。钱径2.5厘米，穿径0.9厘米。（图八二，3）

2. 标本M55:4-3、标本M55:4-4，各1枚。钱文书体相同，尺寸不同。钱文字迹清晰。"五"字中间两交笔弯曲。"铢"字的"金"旁上部呈小三角形，下部四点稍短；"朱"旁上部方折，下部圆折，下竖较直，下部长于上部，上、下部之间的间距较大。标本M55:4-3，1枚。钱径2.6厘米，穿径0.9厘米。（图八二，5）标本M55:4-4，1枚。钱径2.5厘米，穿径0.9厘米。（图八二，4）

3. 标本M55:4-2，2枚。钱文字迹部分不清晰。"五"字中间两交笔较直。"铢"字不清。尺寸相同。钱径2.5厘米，穿径0.9厘米。

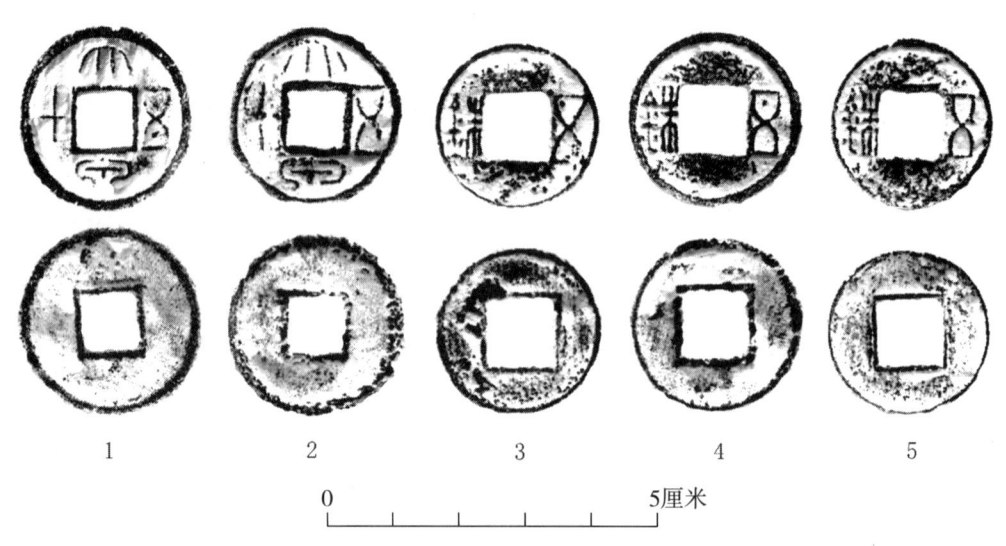

图八二　M55出土铜钱
1.M55:2-1　2.M55:2-2　3.M55:4-1　4.M55:4-4　5.M55:4-3

四四、M56

（一）层位关系
该墓的上部被施工破坏，依据附近断崖壁的层次推测该墓开口于第②层下，位于M114的南部。

（二）墓葬形制、葬式与葬具
双室砖室墓。方向16°。由墓道、墓室和耳室三部分组成。墓道和墓室宽度一致。此墓被盗扰。

墓道　长方形竖井式。砖砌。置于墓室之北。直壁，平底。墓道北部东西两侧各竖放1块长约1.05米、宽约0.25米的空心砖。底长为3.00米，宽1.40米，距地表深1.20米（残存）。

墓室　平面呈长方形。砖室。室顶被破坏，形状不明。在墓室南壁和东壁室口处遗留有几块青砖平铺，其他为生土。无封门痕迹。墓室内填土为五花土。底长2.40米，宽1.40米，距地表深1.20米（残存）。

耳室　平面呈长方形。砖室。开口在墓道西壁北部。耳室北壁用长0.34米、宽0.13米、厚0.06米的青砖错缝垒砌，残存四层，高0.26米。宽1.60米，高1.20米（残存），进深1.00米。

人骨架无存，头向、面向、葬式、性别不明。葬具未知。有随葬品。（图八三）

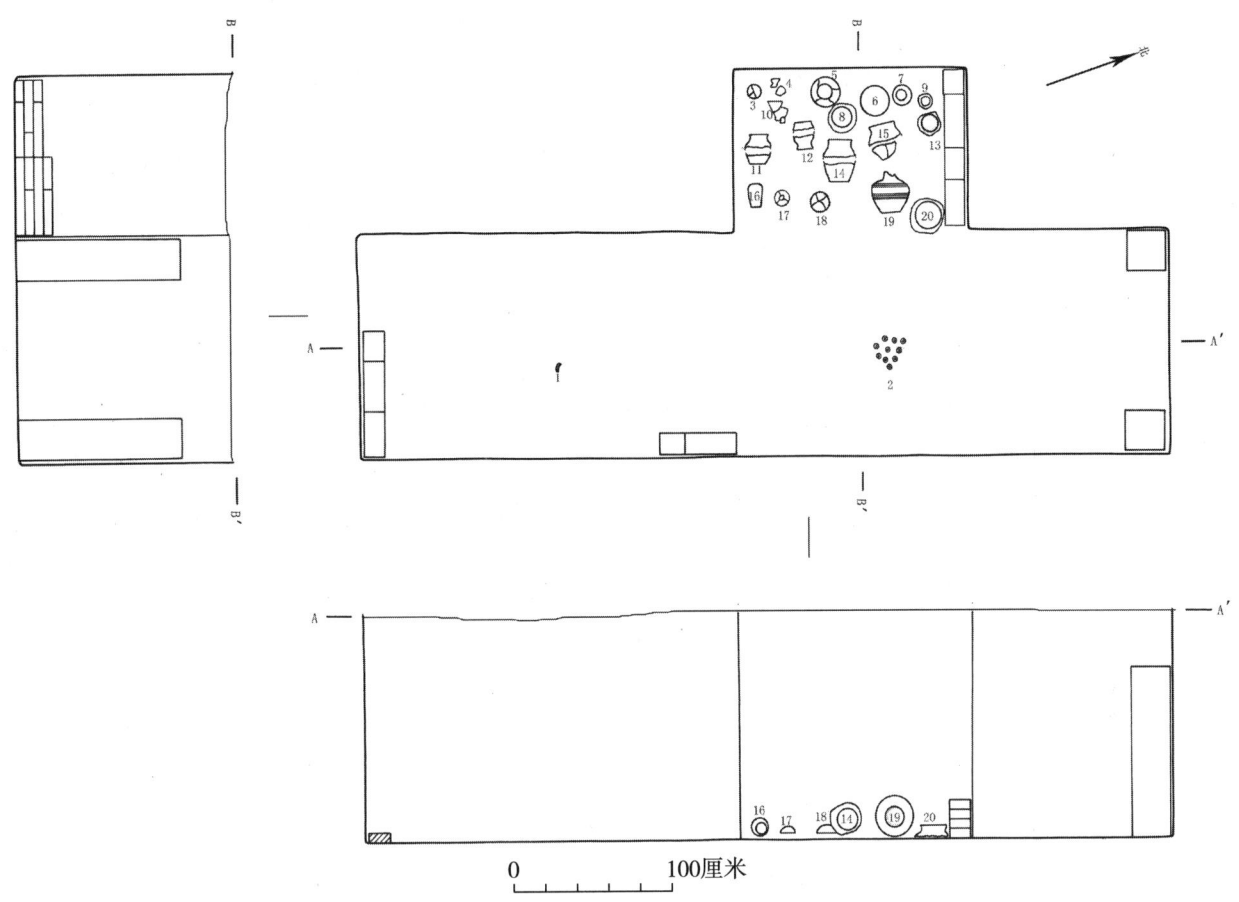

图八三　M56平、剖面图

1.铜钱　2.铜钱　3.陶器盖　4.陶罐　5.陶罐　6.陶三足樽　7.陶罐　8.陶罐　9.陶罐　10.陶三足樽　11.陶罐　12.陶罐　13.陶罐　14.陶壶　15.陶壶　16.陶仓　17.陶器盖　18.陶器盖　19.陶壶　20.陶壶

（三）出土遗物

出土遗物共计45件。有陶壶4、陶罐8、陶三足樽2、陶仓1、陶器盖3、铜钱27。置放于墓室和耳室内，比较散乱。

陶壶　4件。均为泥质灰陶。轮制。残失较甚。形制不同，尺寸不同。标本M56:14，仅存口部、下腹至底部两残块。可以看出壶为盘口，盘口下部有明显折棱，颈、肩残失，下腹内收，假圈足底微内凹。下腹部布满轮转留下的弦纹。口残宽15.3厘米，底径12.9厘米，腹底残高13.6厘米。标本M56:15，仅存口、腹部三块。可以看出盘口，盘口下部有明显折棱，鼓腹，底部残失。肩腹交接处、腹中部各饰三周凹弦纹，两组凹弦纹中间有对称兽面铺首衔环。口径17.5厘米。（图八五，3）标本M56:19，盘口，盘口下部饰一周凹弦纹，盘口下有折棱，束颈，溜肩，圆腹，假圈足底微内凹。上腹部与腹中部有三周凹弦纹，两组凹弦纹中间有对称兽面铺首衔环。下腹部满布轮转留下的弦纹。口径15.6厘米，腹径28.2厘米，底径15.2厘米，高35.4厘米。标本M56:20，仅存壶口的一部分。可以看出，盘口下部饰一周凹弦纹，盘口下有明显折棱。口径16.4厘米，残高6.9厘米。

陶罐　8件。均为泥质灰陶。轮制。残失较甚。形制、尺寸均不同。标本M56:4，仅存口、底两残片。可以看出罐为敞口，方唇，矮直领，溜肩，腹部残失，平底微内凹。肩腹交接处有两周凹弦纹。口径8.6

厘米，底径 12.2 厘米，残高 6.4 厘米。（图八四，1）标本 M56:5，仅存两块，可以看出罐为敞口，方唇，矮束颈，溜肩，鼓腹，平底微内凹。肩腹交接处有三周凹弦纹。口径 9.5 厘米，腹径 17.0 厘米，底径 9.5 厘米，残高 11.5 厘米。（图八四，4）标本 M56:7，腹部残失。可以看出罐为敞口，方唇，矮直颈，溜肩，鼓腹，下腹内收，平底微内凹。肩腹交接处有两周凹弦纹。口径 9.1 厘米，口至腹部残高 10.6 厘米，底径 9.2 厘米，下腹至底残高 10.7 厘米。（图八四，6）标本 M56:8，仅存肩腹至底部的一部分。可以看出溜肩，弧鼓腹，平底微内凹。肩腹交接处有三周浅凹弦纹，底外部满布轮转刮划留下的弧弦纹。腹径 17.1 厘米，底径 10.9 厘米，残高 12.5 厘米。（图八四，5）标本 M56:9，仅存下腹及底部。下腹弧内收，底为小平底微内凹。底径 4.1 厘米，残高 4.5 厘米。（图八五，5）标本 M56:11，残失甚重，仅存口肩部和下腹至底部各 1 片。可以看出罐为敞口，圆卷唇，束颈，溜肩，腹部残失，平底微内凹。残口径 11.9 厘米，底径 11.1 厘米，残高 8.1 厘米。（图八四，3）标本 M56:12，仅存口肩部、底部各 1 片。可以看出罐为敞口，方唇，束颈，溜肩，腹部残失，平底微内凹。肩腹交接处有三周凹弦纹。口径 11.3 厘米，底径 11.4 厘米，残高 9.8 厘米。（图八四，2）标本 M56:13，残失较甚，仅存下腹及底部的一部分。下腹内收，平底，底部削边一周。下腹内部有数周轮转留下的凹弦纹。底残宽 9.6 厘米，残高 7.2 厘米。

陶三足樽　2 件。皆残。均泥质灰陶。轮制。形制相同，尺寸不同。直口，圆唇，圆筒形腹，口小底大，平底，下附三兽面蹄足。近口部和近底部各用六条细阴线划饰一组凹弦纹，两组凹弦纹外各饰一周波浪纹，两组凹弦纹空隙间饰有六条细阴线划饰的横置大"S"纹，推测一周应有四个大"S"纹，每个大"S"纹的空隙处又用阴线划饰十组短波浪纹。器腹内部有六周凹弦纹。标本 M56:6，可以复原。口径 24.0 厘米，底径 26.0 厘米，高 16.4 厘米。（图八五，1）标本 M56:10，仅存少部分，口残宽 9.1 厘米，高 13.6 厘米。（图八五，2）

陶仓　1 件。泥质灰陶。轮制。标本 M56:16，小圆口，方唇，有领，斜肩下折，筒形腹上扩下内收，平底微内凹。腹中、下部各饰两周凹弦纹，底外部满布浅窄凹弦纹，弦纹以一侧为中心呈水波辐射状均匀分布；腹内有数周凹弦纹。口径 4.6 厘米，底径 7.2 厘米，高 13.8 厘米。（图八五，4）

陶器盖　3 件。泥质灰陶或泥质红陶。轮制。均为陶壶盖。形制、尺寸均不同。顶部、盖面上部均残失。标本 M56:3，泥质红陶。可以看出盖面弧形隆起，下部有一周折棱，平沿，沿下面有一周凹槽子母口，方唇。器体残留有黑色垢，此器应是实用器。沿径 15.4 厘米，残高 6.8 厘米。标本 M56:17，泥质灰陶。可以看出盖面弧形隆起，平沿，沿下面有一周凹槽子母口，斜方唇，唇中部有一周凹槽。残宽 10.9 厘米，残高 7.5 厘米。标本 M56:18，泥质灰陶。器体较薄。可以看出盖面弧形隆起，平沿，沿下面有一周凹槽子母口，方唇，唇下部有一周凹弦纹。残宽 13.0 厘米，残高 2.8 厘米。

铜钱　27 枚。小泉直一 17 枚，五铢 10 枚。（彩版二二，1）

小泉直一　17 枚。标本 M56:1，钱文书体、尺寸均相同。铸造稍粗糙。双面有廓。穿四周篆书四字"小泉直一"。钱径 1.5 厘米，穿径 0.4 厘米。（图八六，1、2、3）

五铢　10 枚。正面内廓均被磨除，部分外廓也被磨除。依据钱文书体、保存现状等分为以下三种情况进行报告：

1. 标本 M56:2-1（1 枚）、标本 M56:2-2（2 枚），共计 3 枚。钱文书体、尺寸均相同。钱文字迹清晰。"五"字中间两交笔呈稍曲。"铢"字的"金"旁上部呈小三角形，下部四点稍短；"朱"旁上部方折，下部圆折，下竖较直，下部长于上部，上、下部之间的间距较大。尺寸：钱径 2.3 厘米，穿径 0.9 厘米。标本 M56:2-1，1 枚。（图八六，4）标本 M56:2-2，2 枚。外廓也被磨除。（图八六，5）

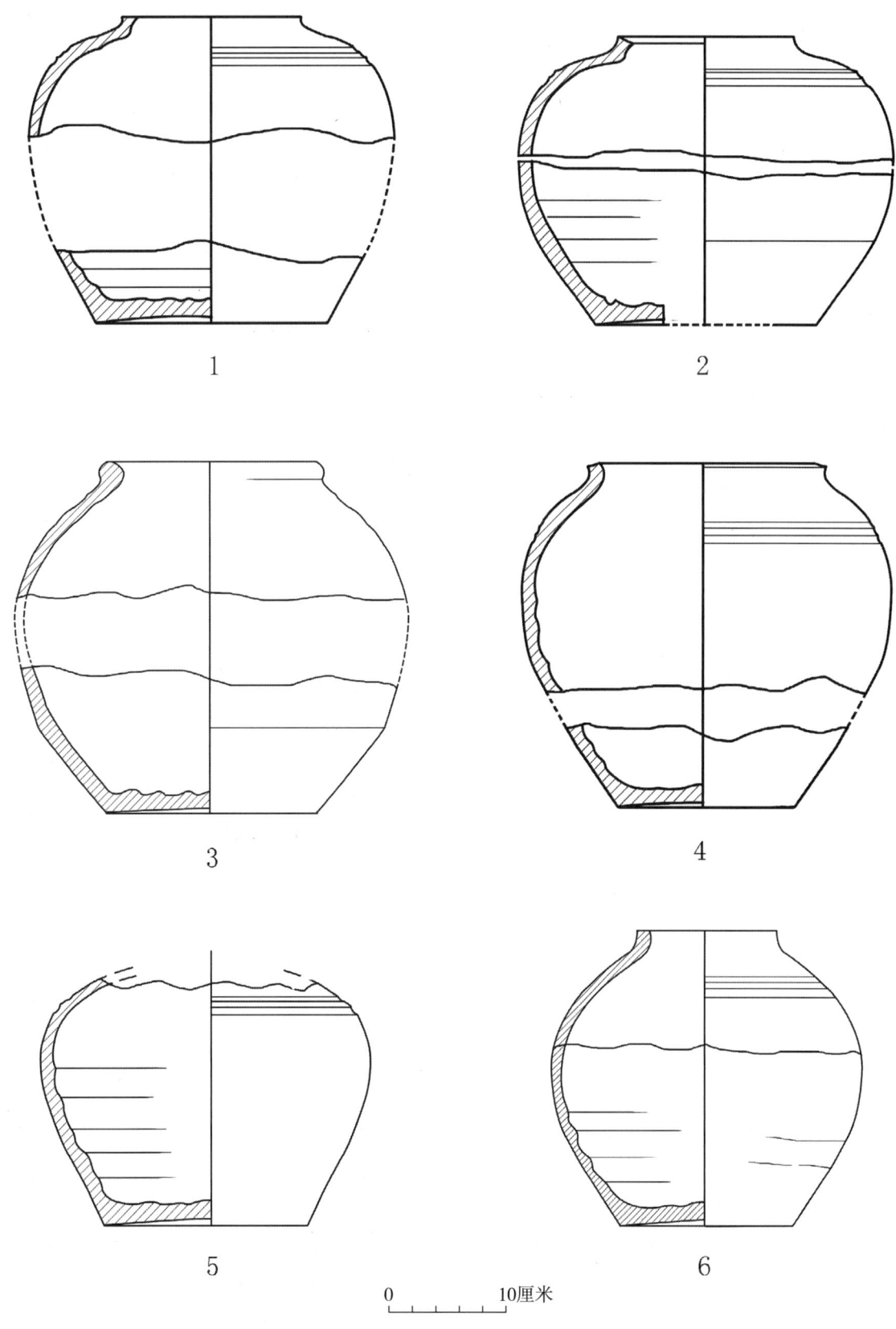

图八四　M56出土陶罐
1.M56:4　2.M56:12　3.M56:11　4.M56:5　5.M56:8　6.M56:7

图八五　M56出土陶器
1.三足樽（M56:6）　2.三足樽（M56:10）　3.壶（M56:15）　4.仓（M56:16）　5.罐（M56:9）

2. 标本 M56:2-3（3枚）、标本 M56:2-4（1枚）、标本 M56:2-5（1枚），共计5枚。钱文书体相同，尺寸不同。钱文字迹清晰。"五"字中间两交笔弯曲。"铢"字的"金"旁上部呈小三角形，下部四点稍短；"朱"旁上部方折，下部圆折，下竖较直，下部长于上部，上、下部之间的间距较大。标本 M56:2-3，3枚。钱径2.3厘米，穿径0.9厘米。（图八六，6）标本 M56:2-4，1枚。外廓也被磨除。钱径2.3厘米，穿径0.9厘米。（图八六，7）标本 M56:2-5，1枚。外廓也被磨除。钱径2.3厘米，穿径0.9厘米。（图八六，8）

3. 标本 M56:2-6、标本 M56:2-7，各1枚。"五"字和"铢"字均不清晰，尺寸不同。钱文书体不可辨识。标本 M56:2-6，1枚。外廓也被磨除。钱径1.9厘米，穿径1.0厘米。标本 M56:2-7，1枚。边缘残缺。钱径1.9厘米，穿径1.0厘米。

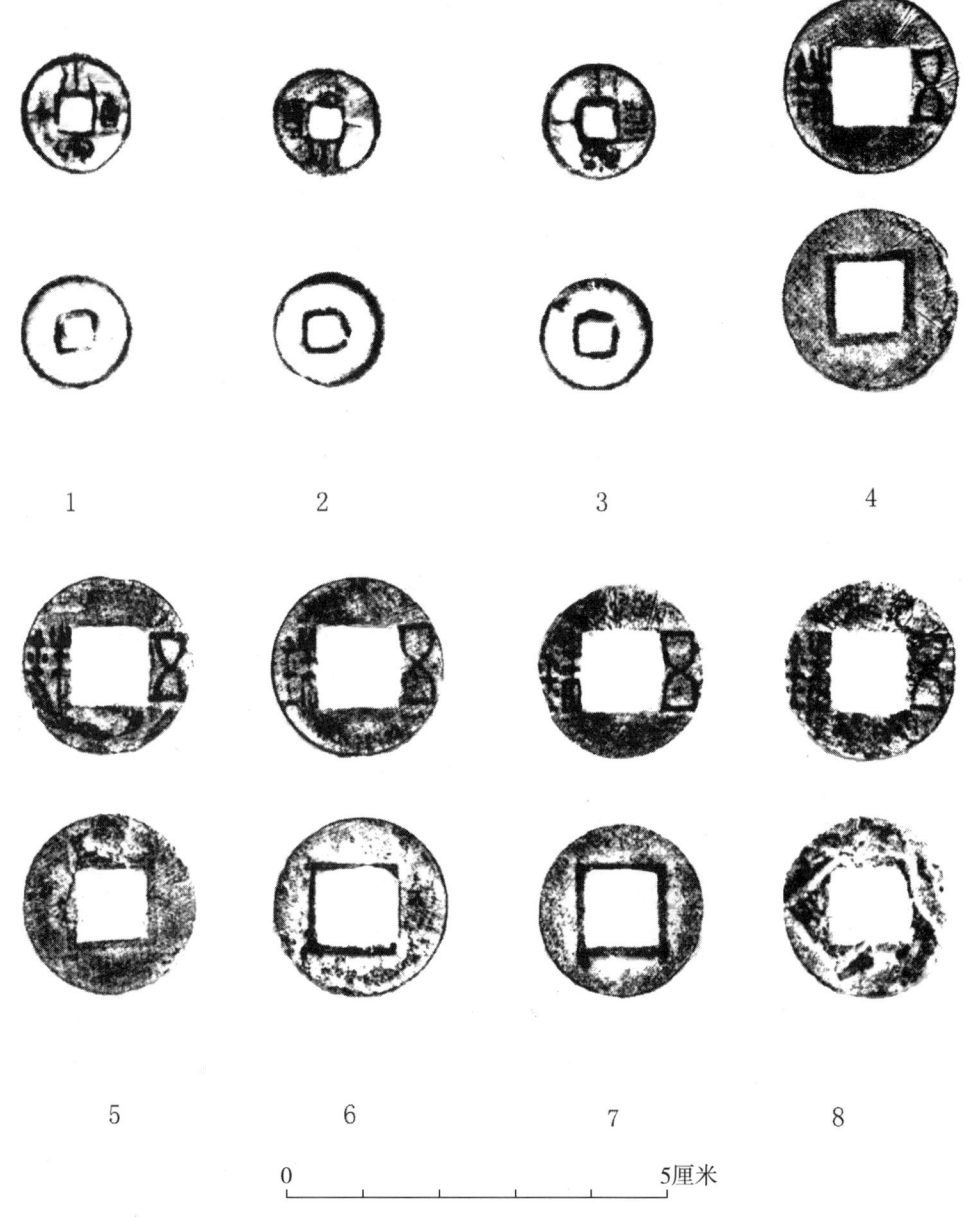

图八六　M56出土铜钱
1.M56:1-1　2.M56:1-2　3.M56:1-3　4.M56:2-1　5.M56:2-2　6.M56:2-3　7.M56:2-4　8.M56:2-5

四五、M57

（一）层位关系

该墓的上部被施工破坏，依据附近断崖壁的层次推测该墓开口于第②层下，位于M114的南部。

（二）墓葬形制、葬式与葬具

单室土洞墓。方向185°。平面呈"甲"字形，由墓道、墓门、甬道和墓室四部分组成。

墓道　长方形竖井斜坡式。置于甬道南部。直壁。内堆积填土为板筑夯土，东部高，西部低，呈斜坡状，夯筑一般，共七层，夯土层厚0.25～0.80米不等。填土较为纯净，不包含任何遗物。口长23.60米，宽3.80～4.85米，距地表深1.25米。底长23.30米，宽3.8～4.80米，距地表深1.45～4.17米。

墓门　平面呈长方形。置于墓道北部，甬道之前，较为简单。在距地表深约1.30米时向内挖洞与甬道、墓室连接，然后用大小不等的石块堆积作为封门。封门石块最长1.10米、宽0.70米、厚0.30米。西半部留有0.38米的土框，距底约0.38米高时与墓道相连接。墓门宽4.28米，西部高1.75米，东部高1.11米。

甬道　长方形。土洞。置于墓室南部。平顶。内堆积大量的石块。石块堆长4.28米，宽1.78米。甬道底宽4.53米，高1.58～1.68米，进深1.57～1.60米。

墓室　平面呈长方形。室顶被破坏，形状不明。在距墓顶深约2.80米时，墓框四周摆砌宽约0.60～1.00米不等的较为规整的大小石块，个别的镶于墓壁内（墓壁可以看出为含沙量较大的沙土），由此可以说明，摆砌石块应为有意放置，目的在于防止墓壁倒塌。在清理过程中石块下出土较多的铜器、铜饰件、陶器和铁器等，可以推测其应为墓主人下葬后再有意垒砌石块。室内填土为五花土。口长7.10米，宽7.05米，距地表深2.85米（残存）。底长7.20米，宽7.00米，距地表深6.28米。

人骨架无存。头向、面向、葬式不明。葬具为木棺。墓室中部放置一大一小两棺，局部棺板木痕清晰。东部棺木（东棺）：较小，长2.62米，宽1.12米；南北两挡板宽0.17米；棺木板宽0.15米，长2.30米；棺内放置大量的铜钱。西部棺木（西棺）：较大，长3.45米，宽150米；棺板痕呈东西向；棺板宽0.19～0.20米；棺内放置多为铁剑、铁刀等兵器和铜钱、铜器等。两棺间距0.39米。在东、西棺两侧放置有大量的釉陶器、陶器、铜釜等，由于上部石块挤压，破碎严重。虽然墓主人的骨架无存，但从棺木大小和随葬器来推测，东棺为女性，西棺为男性，为夫妻合葬墓。随葬品较为丰富。（图八七、八八、八九、九〇、九一）

（三）出土遗物

出土遗物共计1528件。有陶壶9、陶带流壶1、陶瓮7、陶博山薰炉2、陶三足樽1、陶器盖7（含釉陶器盖2）、釉陶壶12、釉陶鼎2、瓷壶2、石黛板1、铁戟4、铁剑3、铁钉1、铁矛2、铁刀3、铁器1、铜釜4、铜鼎1、铜鈁1、铜盂1、铜博山薰炉1、铜轴饰1、铜矛镦5、铜带钩2、铜衔镳3、铜盖弓帽31、铜当卢1、铜刷柄1、铜弩机2、铜扣4、铜辖饰2、铜兽面饰1、铜铺首衔环1、铜輢饰1、铜椅首饰1、铜泡钉1、铜椅末端饰2、铜四叶蒂形饰1、铜钱1402。置放于墓室东西两侧和棺内。

陶壶　9件。均为泥质灰陶。轮制。其中5件（标本M57:44、标本M57:46、标本M57:51、标本M57:52、标本M57:53），器体均较小。形制相同，尺寸不同。子口承盖。盖，弧形顶，盖面弧形隆起，斜沿，沿下面有一周凹槽作母口，斜方唇。壶，盘口外撇，盘口下方有明显折棱，束颈，溜肩，圆鼓腹，空心状假圈足底微内凹，足与腹部无明显界线。肩腹交接处、腹中部各饰两周凹弦纹，两周凹弦纹中间有对称兽面铺首衔环。标本M57:44，沿径8.9厘米，高2.2厘米；壶，口径9.6厘米，腹径17.8厘米，底径10.8厘米，高21.4厘米；通高23.6厘米。（图九二，2；图版三三，4、5）标本M57:46，沿径9.3厘米，高3.3厘米；壶，口径9.0厘米，腹径16.8厘米，底径10.2厘米，高20.3厘米；通高23.6厘米。（图九二，1；图版三三，7）标本M57:51，盖，沿径9.7厘米，高2.6厘米；壶，口径8.8厘米，腹径16.0厘米，底径9.6厘米，高19.7厘米；通高22.6厘米。（图九二，3；图版三三，9）标本M57:52，下腹中部饰一周凹弦纹。盖，沿径9.0厘米，高2.2厘米；壶，口径9.4厘米，腹径17.2厘米，底径10.0厘米，高20.3厘米；通高22.8厘米。（图九二，4；图版三四，1）标本M57:53，盖，沿径10.1厘米，高3.0厘米；

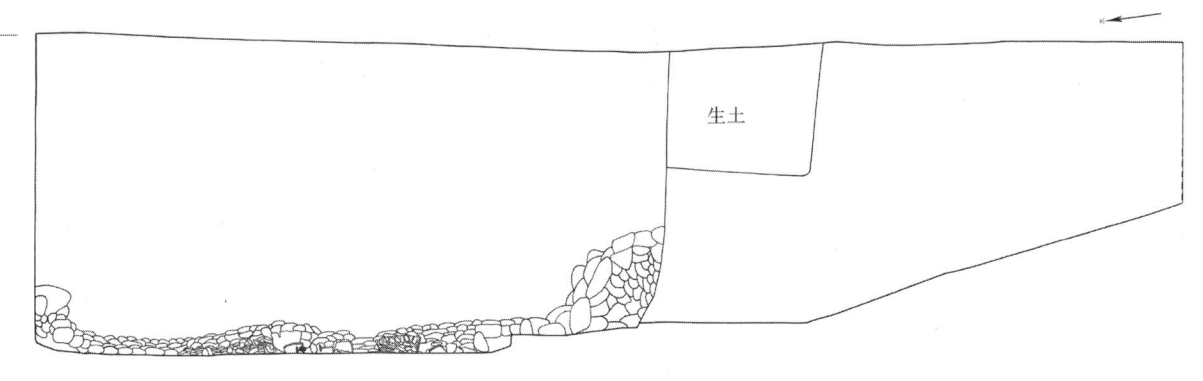

图八九　M57剖面图

壶，口径9.4厘米，腹径17.4厘米，底径10.4厘米，高21.0厘米；通高23.6厘米。（图九二，5；图版三四，2）另外4件（标本M57:14、标本M57:47、标本M57:50、标本M57:89），均残失较甚。仅存壶口、颈、肩部。从残存的部分看器形均较大，均为盘口，盘口下部饰一周凹弦纹，盘口下方有明显折棱，束颈，溜肩。标本M57:14，口径18.8厘米，残高15.3厘米。标本M57:47，仅存壶口的不足二分之一。口残宽17.1厘米，口残高4.1厘米。标本M57:50，残口宽14.9厘米，残高15.3厘米。标本M57:89，口径17.0厘米，残高13.4厘米。

陶带流壶　1件。标本M57:3，泥质灰陶。轮制。颈顶部平封，束颈，斜肩，鼓腹较扁，大平底微内凹。肩部两侧各有一圆柱形斜向上流。肩部饰两周凹弦纹。腹径25.2厘米，底径15.0厘米，高23.8厘米。（图九二，6；彩版二二，2；图版三二，2、3）

陶瓮　7件。均为泥质灰陶。轮制。其中2件（标本M57:41、标本M57:42），形制相同，尺寸不同。器体较大。子口承盖。盖，呈覆钵形。盖面弧形隆起，顶附一帽钉形钮，直沿下折，方唇。盖面饰三周浅凹弦纹。瓮，敞口，方唇，矮直领，折肩，鼓腹下内收，平底。肩部饰两周浅弦纹，浅弦纹中间饰一周波浪纹，肩腹交接处有一周折棱。标本M57:41，盖，口径26.4厘米，高10.8厘米；瓮，口径23.4厘米，腹径47.8厘米，底径20.8厘米，高41.8厘米；通高51.4厘米。（图九七，1；彩版二三，4；图版三三，2）标本M57:42，口径23.4厘米，腹径47.4厘米，底径22.0厘米，高51.0厘米。（图九七，2；彩版二三，5；图版三三，3）其中3件（标本M57:4、标本M57:95、标本M57:96），形制相似、尺寸各不相同。均残失甚重，仅存下腹及底部的一部分。可以看出，下腹部弧收成平底，下接圈足，且圈足被敲掉。标本M57:4，底径18.1厘米，残高6.8厘米。标本M57:95，底径18.0厘米，残高14.7厘米。标本M57:96，底径18.6厘米，残高7.5厘米。另2件（标本M57:43、标本M57:88）形制、尺寸各不相同。标本M57:43，侈口，方唇下折，束颈，鼓腹下内收，平底。肩、上腹部饰多周凹弦纹，腹中部饰两周斜篦点纹。口径23.2厘米，腹径38.4厘米，底径20.6厘米，高34.0厘米。（图九七，3；图版三三，6）标本M57:88，残失较甚，仅存口部、底部的部分。可看出瓮为敞口，方唇，束颈，腹部残失，下腹部弧收成平底，下接圈足，且圈足被敲掉。下腹下部饰两周细浅凹弦纹。残口宽19.5厘米，底径17.7厘米，腹底残高12.0厘米。

陶博山薰炉　2件。均为泥质灰陶。轮制。其中1件，仅存圆柱形柄一段。标本M57:83，柄径3.0厘米，残高4.2厘米。另1件，标本M57:86，完整。子口承盖。盖，博山式状。尖顶，盖面斜上隆起，盖

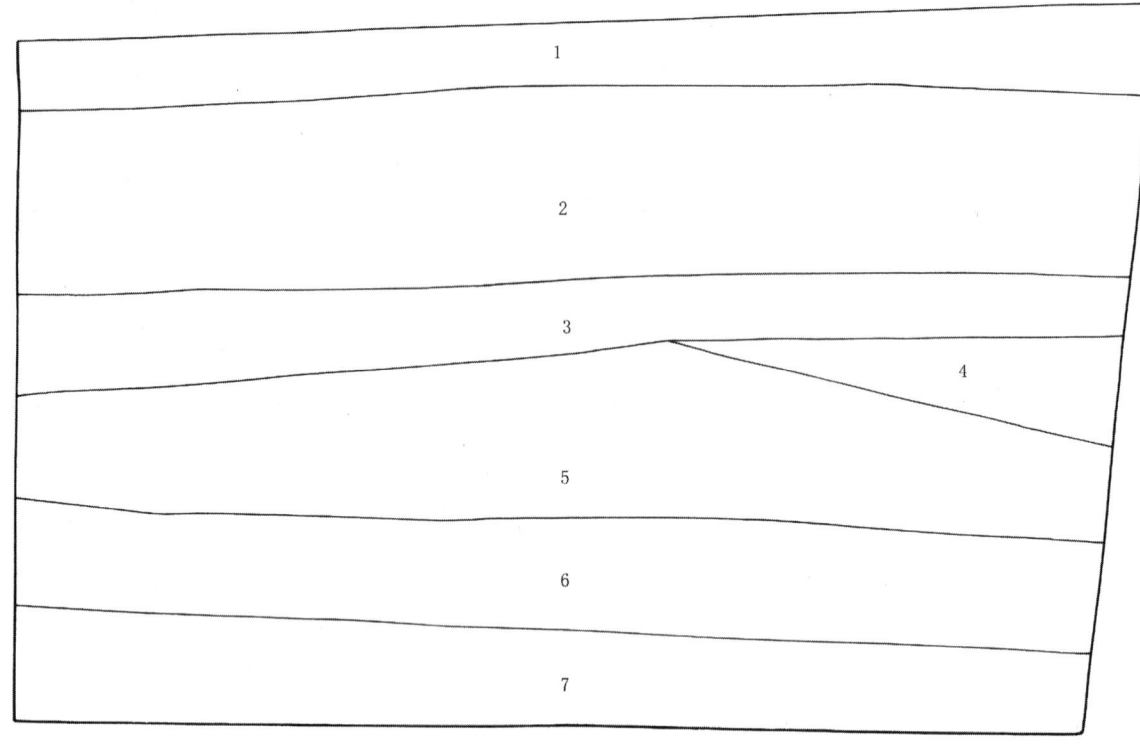

图九〇　M57墓道夯土堆积剖面图

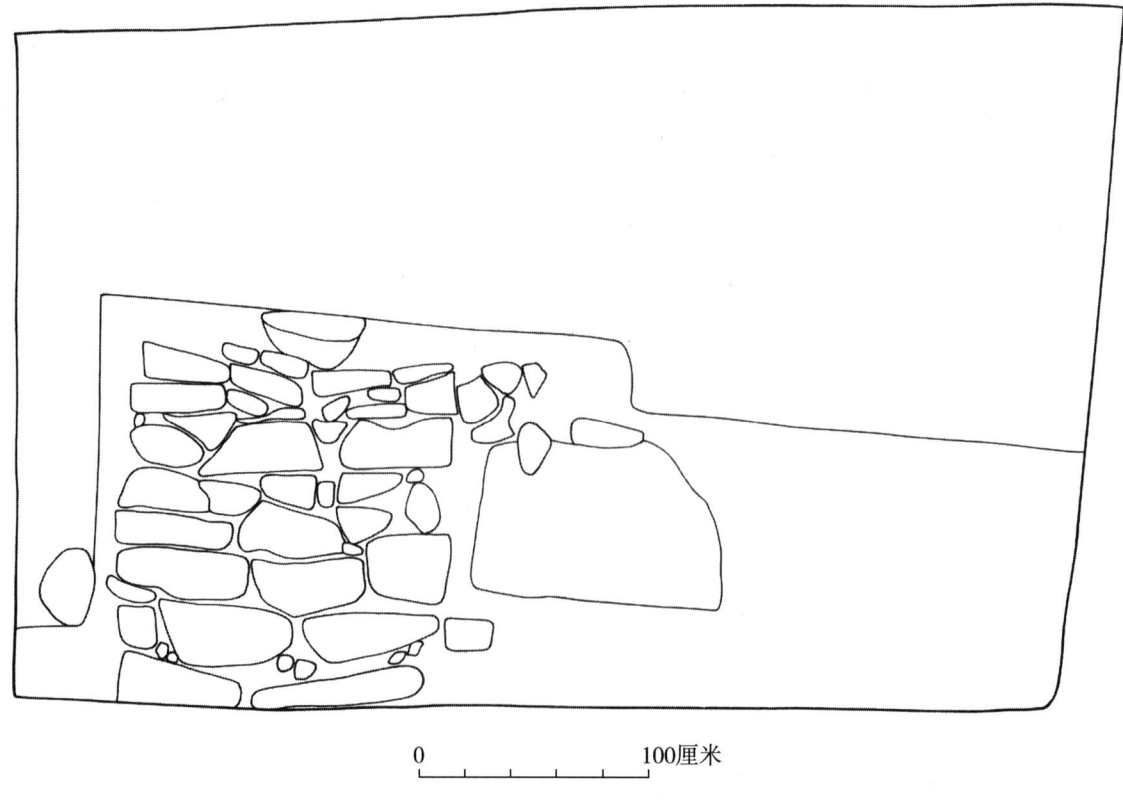

图九一　M57墓门正视图

面呈四层阶梯状山峰环绕，平沿，沿下面有一周凹槽作母口，尖唇。盖面山峰突起，镂雕四层，第一层为尖顶，雕刻一高耸山顶，中部插一不规则形气孔；第二层一周镂雕五座山峰；第三、四层一周镂雕六座山峰，上、下层山峰间错排列。每层每座山峰均用阴线勾勒出峰边线；最下两层峰边线内雕刻人物或动物，能辨识出的动物有猴子、大象。盖沿用连珠饰两周凹弦纹，两周凹弦纹间用连珠饰出菱形纹边，菱形纹内雕刻靠背的两锐角三角形。盖面山峦间布满自外而内戳穿的大小不一的不规则形气孔。炉，子口，浅腹，圜底近平，下有圆柱形柄接喇叭形底座。腹部饰与盖沿处相同的纹饰，柄下部饰两周凹弦纹，底座中部亦用连珠饰两周凹弦纹，两周凹弦纹间用连珠饰钝角三角形边，三角形内刻画出呈品字形分布的三个圆圈纹。盖，沿径16.0厘米，高12.5厘米；炉，口径11.8厘米，腹径15.8厘米，足径12.3厘米，柄径4.8厘米，高13.0厘米；通高24.9厘米。（图九三，5；彩版二四，4；图版三四，5）

陶三足樽　1件。标本M57:81，泥质灰陶。轮制。直口，方唇，圆筒形腹稍斜直，腹上扩下稍内收，平底微圜，下附三兽面蹄形足。腹上部和腹下部各饰两周凹弦纹。口径21.4厘米，底径20.6厘米，高17.2厘米。（图九三，8；彩版二四，3；图版三四，4）

陶器盖　7件。其中2件（标本M57:100、标本M57:105）为釉陶器盖。胎均为泥质红陶。轮制。形制相同，尺寸有异。器表施酱色釉。均为博山式。尖顶，盖面斜上隆起，盖面呈三层阶梯状山峰环绕，平沿，沿下面有一周凹槽作母口，方唇。盖面山峰突起，镂雕三层，第一层为尖顶，雕刻一高耸山顶；第二层一周镂雕六座山峰，第三层一周镂雕七座山峰，上、下层山峰间错排列；每层每座山峰均用斜线勾勒出峰边线，峰边线内雕刻人物或动物，能辨识出的动物有骆驼、大象、羚羊等。标本M57:100，沿径18.0厘米，沿宽1.0厘米，高11.4厘米。（图九三，6；图版三五，2）标本M57:105，残。沿径17.7厘米，沿宽10.5厘米，残高9.5厘米。（图九三，7）另5件（标本M57:90、标本M57:92、标本M57:97、标本M57:98、标本M57:99）均为泥质灰陶。轮制。其中4件（标本M57:92、标本M57:97、标本M57:98、标本M57:99），形制相似，尺寸不同。均为博山式。圆锥状，顶尖，盖面如山峰突起，斜沿，沿下面有一周凹槽作母口，尖圆唇。除山顶外，其下有三层山峰，每层一周五座山峰，每层山峰上、下间错排列，山峰纵向沟痕清晰，各层山峰用竖阴线刻画出峰边线，下两层峰边线下刻有8种动物。中层3种动物：振翅而立的凤凰、口衔灵芝草的凤鸟、昂首而立的豹子。下层5种动物：奔跑的鹿、野猪、羚羊及回首站立的狼、昂首前行的鸵鸟。标本M57:92，沿径18.8厘米，高10.0厘米。（图九三，1；彩版二四，5；图版三四，6）标本M57:97，沿径19.2厘米，高10.0厘米。（图九三，2；彩版二五，2；图版三四，8）标本M57:98，沿径19.1厘米，高10.5厘米。（图九三，3；彩版二五，4；图版三四，9）标本M57:99，沿径19.0厘米，高10.2厘米。（图九三，4；彩版二五，5；图版三五，1）另1件，标本M57:90，残。弧形顶，斜沿，沿下面有一周凹槽作母口，方唇。沿径10.0厘米，高3.0厘米。

釉陶壶　12件。均为泥质红陶。轮制。釉为酱釉泛黄或泛青色。均子口承盖。盖有博山式和弧形顶式两种。博山式盖：小尖顶，盖面斜上隆起，盖面呈三层阶梯状，平沿，沿下面有一周凹槽作母口，方唇。盖面如山峰突起，镂雕三层山峦，第一层为顶，雕刻一高耸山尖；第二层一周镂雕六座山峰，第三层一周镂雕七座山峰，上、下层山峰间错排列；二、三层每座山峰用斜线勾勒出峰线，峰线下雕刻人物或动物，能辨识出的动物有骆驼、大象、羚羊等。弧形顶式盖：弧形顶，盖面弧形起器，盖面中部有两周浅凹弦纹，浅凹弦纹处三等分饰三个乳钉钮，斜沿，圆唇。壶，均为盘口外撇，盘口下方有明显折棱，束颈，溜肩，圆鼓腹或弧鼓腹，圈足外撇、直圈足或平底。盖、器表及壶口内施酱泛黄或者泛青色釉。依据盖、壶腹、足及装饰的不同可以分为A、B、C、D四型。

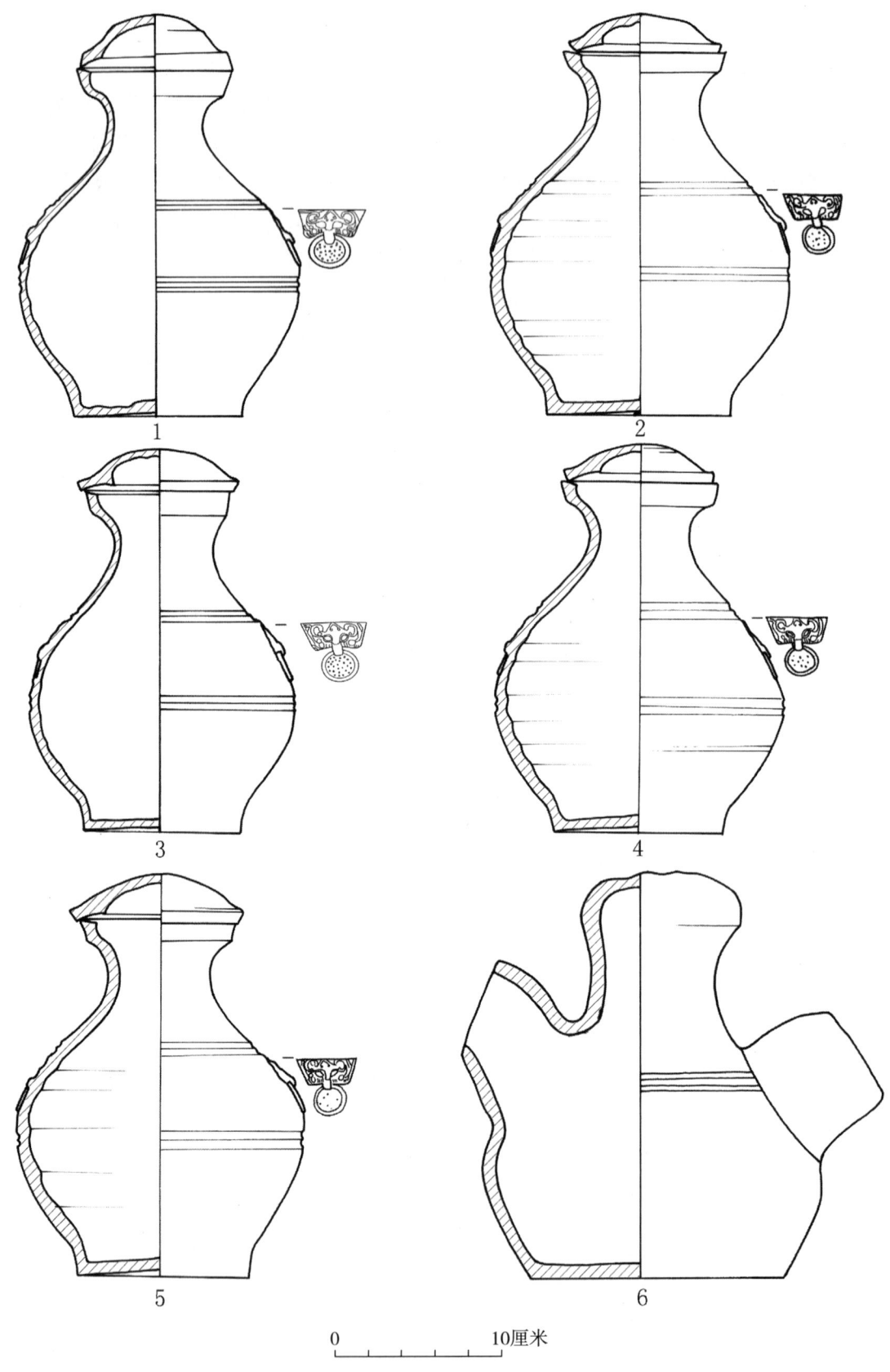

图九二　M57出土遗物

1.陶壶（M57:46）　2.陶壶（M57:44）　3.陶壶（M57:51）　4.陶壶（M57:52）　5.陶壶（M57:53）　6.陶带流壶（M57:3）

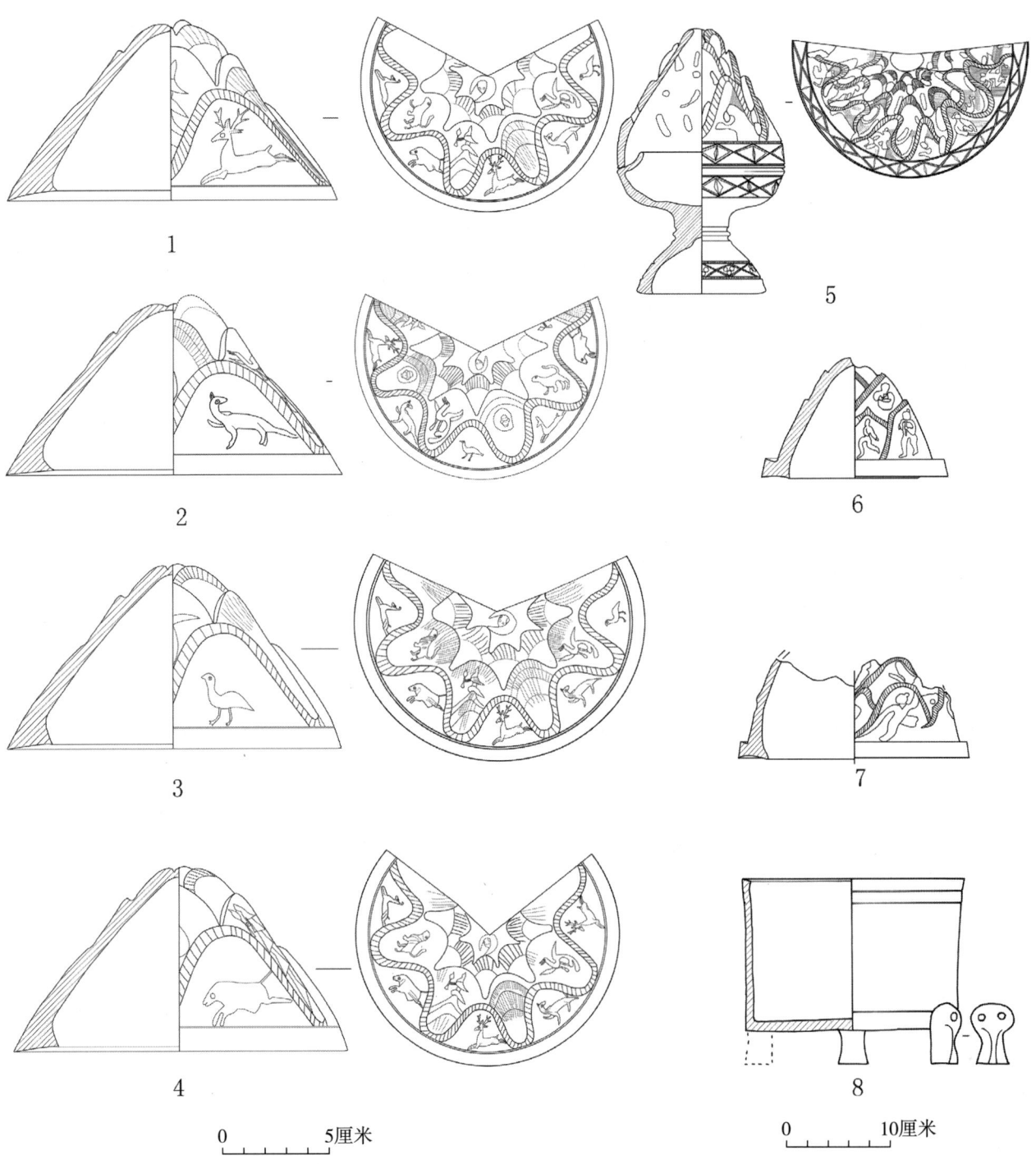

图九三　M57出土遗物

1.陶器盖（M57:92）　2.陶器盖（M57:97）　3.陶器盖（M57:98）　4.陶器盖（M57:99）　5.陶博山薰炉（M57:86）
6.釉陶器盖（M57:100）　7.釉陶器盖（M57:105）　8.陶三足樽（M57:81）

A 型　4 件（标本 M57:22、标本 M57:25、标本 M57:69、标本 M57:91）。器体较大。盖，弧形顶式；壶，圆鼓腹，下腹内收成平底，下接折曲状圈足，足部折棱在上部，足底稍外撇。壶，肩腹交接处、腹中部各饰一组凹弦纹，每组均为两周，两组凹弦纹中间两侧饰对称兽面铺首。施酱色泛黄釉或泛青釉。标本 M57:22，施酱色泛青釉，并盖。盖弧形顶。盖，沿径 18.8 厘米，高 4.3 厘米；壶，口径 18.2 厘米，腹径 32.6 厘米，底径 16.0 厘米，高 41.0 厘米；通高 44.6 厘米。（图九五，2；彩版二二，3；图版三二，4）标本 M57:25，施酱色泛青釉，无盖。壶，口径 10.2 厘米，腹径 18.0 厘米，底径 9.0 厘米，高 22.0 厘米。（图九四，4；彩版二三，2；图版三二，6）标本 M57:69，无盖。口残失，施酱色泛黄釉。壶，腹径 30.4 厘米，底径 15.8 厘米，残高 26.6 厘米。（图九五，3）标本 M57:91，施酱色泛黄釉。盖，沿径 19.9 厘米，高 5.2 厘米；壶，口径 19.1 厘米，腹径 31.6 厘米，底径 16.8 厘米，高 19.8 厘米；通高 29.3 厘米。（图九五，1；图版四二，3）

B 型　3 件（标本 M57:27、标本 M57:28、标本 M57:29）。器体较大。盖，为博山式；壶，圆鼓腹，下腹内收成平底，下接斜直状圈足，圈足外撇。壶，肩腹交接处、腹中部各饰一组凹弦纹，每组均为两周，两组凹弦纹中间两侧饰对称兽面铺首。施酱色泛黄釉。标本 M57:27，盖，沿径 17.7 厘米，残高 7.2 厘米；壶，口径 19.1 厘米，腹径 32.4 厘米，底径 20.4 厘米，高 44.0 厘米；残通高 48.4 厘米。（图九四，1；图版三二，7）标本 M57:28，盖，沿径 17.5 厘米，残高 6.5 厘米；壶，口径 18.0 厘米，腹径 37.0 厘米，底径 17.2 厘米，高 41.0 厘米；残通高 54.8 厘米。（图九四，2；图版三二，8）标本 M57:29，盖，沿径 18.7 厘米，高 10.0 厘米；壶，口径 20.4 厘米，腹径 34.6 厘米，底径 17.0 厘米，高 44.4 厘米；通高 48.0 厘米。（图九四，3；彩版二三，3；图版三二，9）

C 型　3 件（标本 M57:30、标本 M57:49、标本 M57:87）。器体较小。盖，博山式；壶，鼓腹，下腹内收成平底，下接斜直状圈足，圈足外撇。壶，肩腹交接处、腹中部各饰两周凹弦纹。施酱色泛黄或泛青釉，釉脱落殆尽。标本 M57:30，施酱色泛黄釉。无盖。口径 7.4 厘米，腹径 15.2 厘米，底径 10.0 厘米，高 20.6 厘米。（图九五，4；图版三三，1）标本 M57:49，施酱色泛青釉。并盖。盖，沿径 9.5 厘米，高 5.5 厘米；壶，口径 9.2 厘米，腹径 15.8 厘米，底径 9.2 厘米，高 19.8 厘米；通高 25.2 厘米。（图九六，4；图版三三，8）标本 M57:87，施酱色泛青釉。并盖。盖，沿径 10.0 厘米，残高 4.2 厘米；壶，口径 10.0 厘米，腹径 15.8 厘米，底径 9.4 厘米，高 19.8 厘米；残通高 24.0 厘米。（图九六，3；图版三四，3）

D 型　2 件（标本 M57:23、标本 M57:94）。器体较小。盖，博山式；壶，盘口微侈，圆鼓腹，平底微内凹。标本 M57:23，壶盘口下折棱不甚明显，肩腹交接处、腹中部各饰两周凹弦纹。施酱色釉。盖，沿径 9.5 厘米，高 5.2 厘米；（彩版二三，1）壶，口径 9.0 厘米，腹径 13.4 厘米，底径 6.4 厘米，高 16.4 厘米；通高 21.3 厘米。（图九六，1；彩版二二，4；图版三二，5）标本 M57:94，壶肩腹交接处饰两周凹弦纹，腹中部有数周凹弦纹。施酱色泛青釉。盖，沿径 9.4 厘米，高 5.0 厘米；壶，口径 9.6 厘米，腹径 13.2 厘米，底径 6.2 厘米，高 16.2 厘米；通高 21.0 厘米。（图九六，2；彩版二五，1；图版三四，7）

釉陶鼎　2 件（标本 M57:26-1、标本 M57:26-2）。均残失较甚。形制、尺寸不同。标本 M57:26-1，泥质红陶。轮制。器表施釉，釉为酱色泛黄釉。现存两耳、下腹及足。可以看出器为弧腹，圜底，下附三兽面蹄足，近长方形双耳，耳上沿外下弧折。耳宽 5.5～6.8 厘米，耳高 9.5 厘米；残高 15.6 厘米。标本 M57:26-2，泥质灰陶，近瓷化。轮制。器表施酱色泛青釉。仅存长方形双耳及三兽面蹄足。耳宽 5.5 厘米，耳高 8.9 厘米，足高 10.5 厘米。

瓷壶　2 件。标本 M57:45、标本 M57:48，形制基本相同，尺寸各稍有差异。装饰、尺寸有所不同。

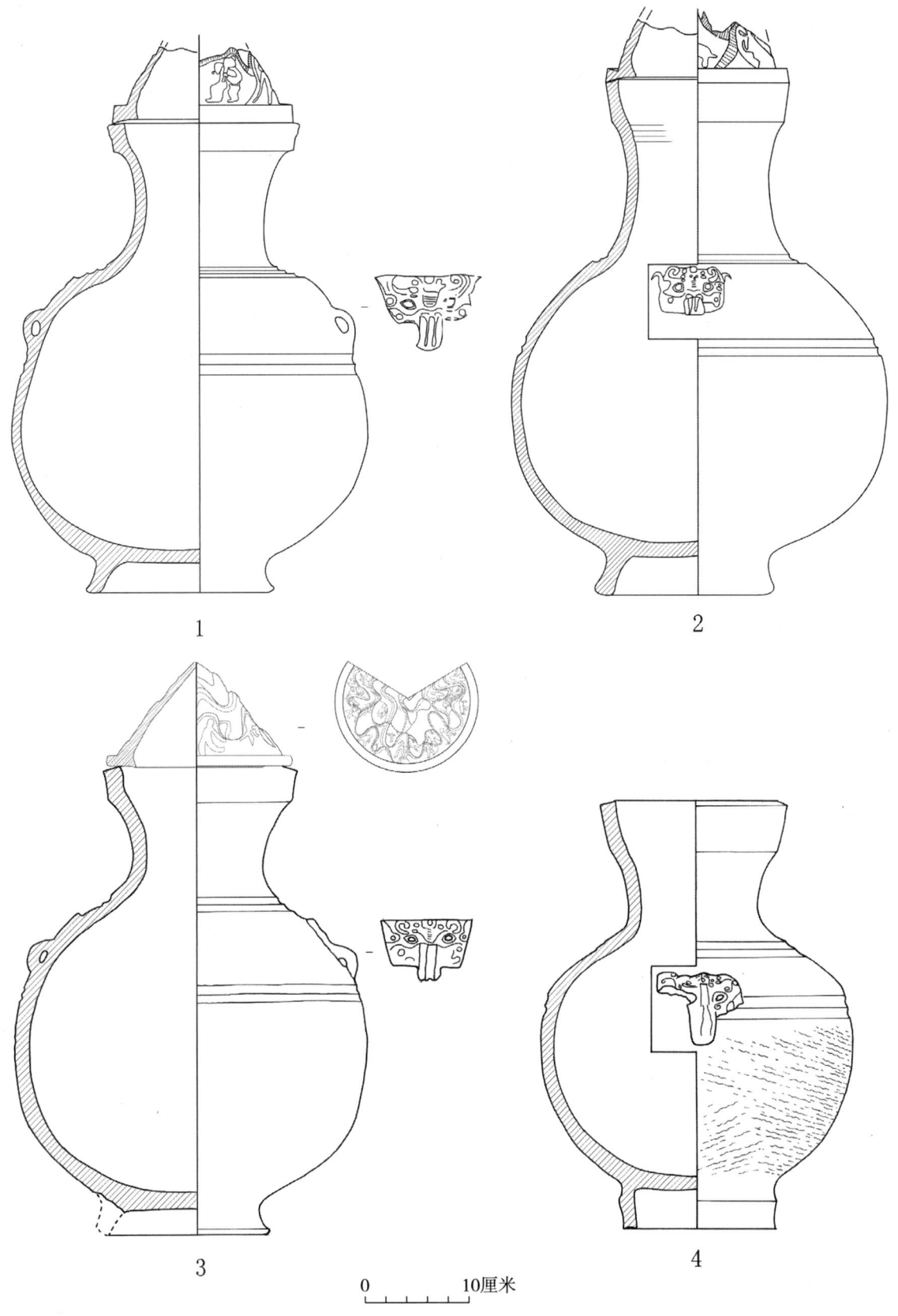

图九四　M57出土釉陶壶
1.M57:27　2.M57:28　3.M57:29　4.M57:25

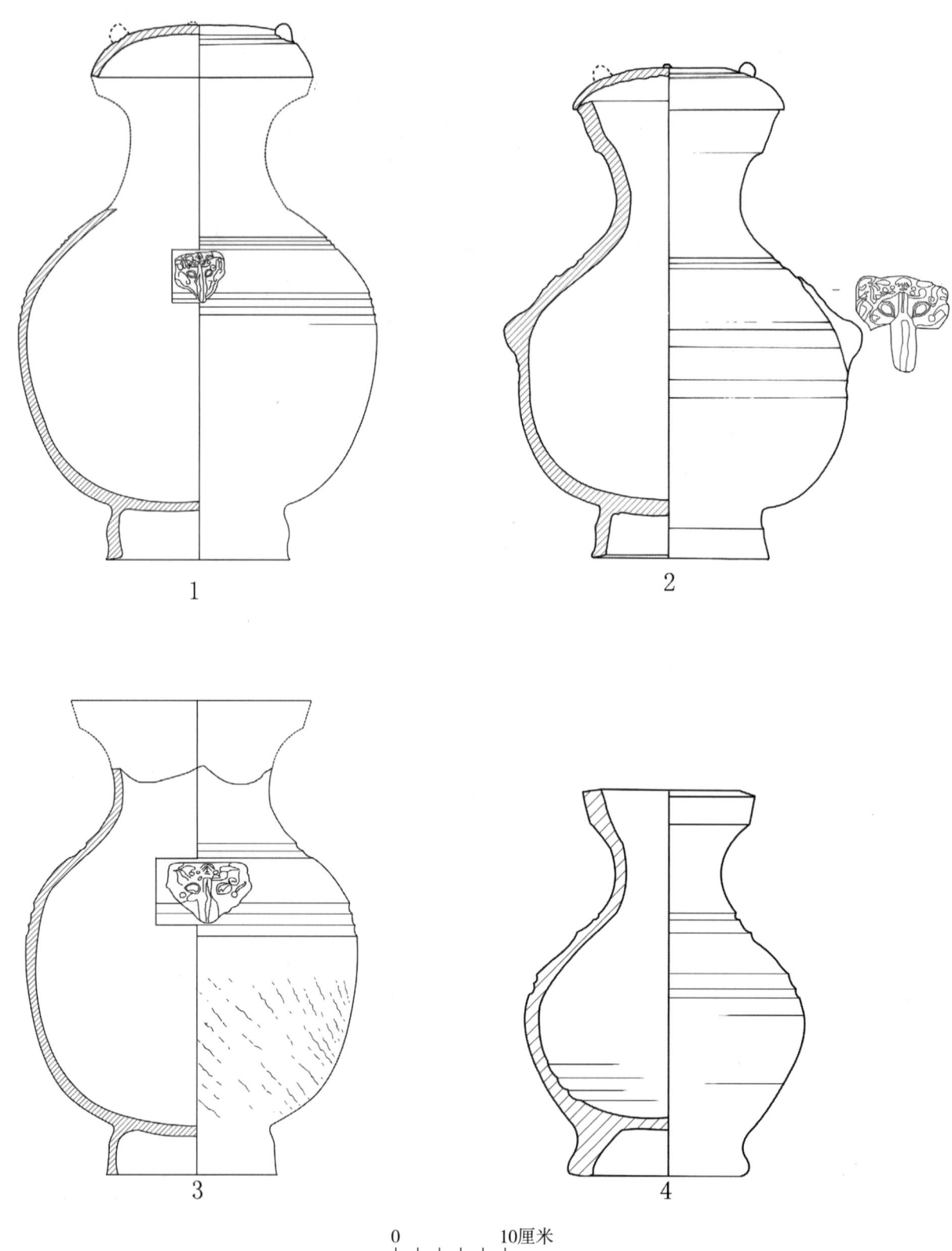

图九五　M57出土釉陶壶
1. 壶（M57:91）　2. 壶（M57:22）　3. 壶（M57:69）　4. 小壶（M57:30）

图九六　M57出土遗物

1.釉陶壶（M57:23）　2.釉陶壶（M57:94）　3.釉陶壶（M57:87）　4.釉陶壶（M57:49）　5.瓷壶（M57:48）
6.瓷壶（M57:45）

侈口，束颈，溜肩，鼓腹，环形底。胎灰色，施半身釉，釉色为豆青色，釉有流淌。标本 M57:45，侈口，圆卷唇，束颈，溜肩，鼓腹，环形底。唇下有一周宽带，宽带上阴线细刻画一周波浪纹，宽带下削薄一层，其中部和下部各饰一周凹弦纹，两周凹弦纹间隙阴线细刻画一周波浪纹；肩部亦饰一周凹弦纹，凹弦纹下两侧对称饰两桥形耳。耳表饰麦穗纹。口径 10.4 厘米，腹径 16.6 厘米，底径 9.8 厘米，高 21.0 厘米。（图九六，6；彩版二四，1；图版三五，4）标本 M57:48，侈口，尖唇，束颈，溜肩，圆鼓腹，环形底。颈中、下部各饰一周凹弦纹，凹弦纹间隙饰五周细波浪纹及四周短横线纹；肩部三周、腹中部饰一周凹弦纹，凹弦纹间两侧对称各饰一拱形耳，耳上方各贴一“∽”形盘扣装饰。口径 10.4 厘米，腹径 16.6 厘米，底径 9.8 厘米，高 21.0 厘米。（图九六，5；彩版二四，2；图版三五，5）

铁剑　3 件。形制、尺寸不同。均锈蚀较甚。器表残留有木鞘痕。原标本 M57:10 和标本 M57:19 实为 1 件，仅存剑身后段及柄部。剑为铁身、铜格、铁茎、铜首。可以看出，剑身扁，两面刃，中部微起脊，截面呈扁菱形，细扁条形茎插入喇叭形铜首内；格宽，两端弯向前作成钩状，中部双面起脊，脊下端两面各有一环形小钮。残长 21.3 厘米；格宽 9.0 厘米，格厚 1.8 厘米；首径 3.4 厘米，茎径 1.7 厘米，铜首高 3.0 厘米。（图九九，2；彩版二七，2；图版三六，3）标本 M57:54，剑身修长。锋部尖锐，两面刃，中部微起脊，身截面呈扁菱形，镡宽，扁窄条形茎，茎截面呈近长方形，首残。残长 85.7 厘米，残宽 2.8 厘米，厚 0.5 厘米。（图一〇一，1；彩版三〇，1；图版三九，1）标本 M57:55，剑身修长。锋残，两面刃，中部微起脊，身截面呈扁菱形，身、茎间有素面玉格，格两面隆成脊，格截面呈椭圆形，扁窄条形茎，首残。残身长 61.6 厘米，残宽 3.4 厘米，厚 0.5 厘米，残通长 66.3 厘米。（图一〇一，2；彩版三〇，2；图版三九，2）

铁钉　1 件。标本 M57:62，锈蚀严重，基本完整。上粗下细圆柱形钉。上有长方形钉帽，钉帽锈蚀稍残；下尖部细锐。残长 27.5 厘米。（图九九，1；彩版三一，3；图版四〇，2）

铁矛　2 件。形制相同。均锈蚀严重。矛鏁扁平，脊不明显，前端锋尖锐，后端缓收无锋，筩口圆形。器表残留有木鞘痕。标本 M57:9，鏁与筩之间成一段圆柱形，筩残。残长 34.0 厘米，后端径 1.7 厘米。（图九八，1；彩版二七，3 下；图版三六，2 下）标本 M57:13、16 合为 1 件，基本完整。鏁与筩之间成一段窄扁条形。通长 47.6 厘米，筩口外径 2.4 厘米、内径 2.0 厘米。（图一〇二，1；彩版二七，3 上；图版三六，2 上）

铁刀　3 件。锈蚀残失较甚。均近仅存刀身一段。可以看出，刀为长条形，直背，直刃。标本 M57:12，残长 12.2 厘米，残宽 1.2 厘米。（图九八，6；图版三六，4）标本 M57:15，通长 16.0 厘米，身宽 2.0 厘米。（图九八，7；彩版二八，1；图版三七，1）标本 M57:59，通长 11.7 厘米，身宽 2.7 厘米。（图九八，10；图版三九，5）

铁器　1 件。标本 M57:6，残。长扁边条，一边较薄一边较厚，一端较细另一端弧形弯曲。横截面为“△”形。通长 26.4 厘米，厚 0.1 ~ 0.8 厘米。（图九八，2；彩版二六，4）

铁戟　4 件。形制相同。均锈蚀严重。残失不全。为卜字形。刺胡与援交接处有一铜籥，籥为扁四棱柱形管状，一端封闭，横截面近菱形，中部有长方形銎口，冒于柲首。胡、援上有穿。刺、胡、穿外均附有木鞘残痕。标本 M57:1，铜籥长 7.8 厘米，厚 1.7 厘米。刺胡长 24.0 厘米，援残长 13.3 厘米。（图一〇二，2；彩版二六，3；图版三二，1 下）标本 57:2，铜籥长 7.7 米，厚 1.7 厘米。刺胡残长 8.0 厘米，援残长 5.0 厘米。（图九八，5；图版三二，1 上 2）标本 M57:56，铜籥长 7.9 厘米，厚 1.7 厘米。刺胡残长 21.6 厘米，援残长 5.0 厘米。（图九九，10；图版三二，1 上 3）标本 M57:60，铜籥长 7.1 厘米，厚 1.4

厘米。刺胡残长 9.1 长厘米，援残长 5.2 厘米。（图九九，3；图版三二，1上1）

铜钫　1件。标本 M57:24，口微侈，宽带沿，方唇，束颈，腹四壁外鼓，下腹微收成平底，下接圈足，圈足微外撇。两腹壁上部两侧饰对称兽面铺首。口径 12.0 厘米，腹径 21.6 厘米，底径 13.6 厘米，高 35.8 厘米。（图一〇一，3；彩版二六，1、2；图版三五，3）

铜釜　4件。器体较薄，铜质较差，锈蚀严重，残失不全。根据 4 件现存的残片，可以辨识其形制相同：口微敛，平折沿斜上仰，尖唇，弧腹，平底。标本 M57:5，存口、上腹、底部残片多片。由于残片较多较碎，无法复原，只能报告个别残片的尺寸。底径 11.2 厘米，最大一片残高 6.5 厘米。标本 M57:21，仅存口上腹部残片 1 片。残宽 9.2 厘米，残高 5.2 厘米。（图一〇一，4）标本 M57:40，仅存口上腹部残片一片，腹片变形。残宽 19.3 厘米，残高 8.0 厘米。（图九七，6）标本 M57:65，口、腹部残碎较甚，无法测量尺寸。

铜鼎　1件。标本 M57:67，器体较薄，铜质较差，锈蚀严重，残失不全。可以辨识其形制：口微敛，窄平折沿斜上仰，尖唇，弧腹，下附兽面蹄形足。腹部应是一周凸窄带纹。由于残片较多较碎，无法复原，只能报告个别残片的尺寸。口部最大一片残宽 12.2 厘米，残高 3.5 厘米；腹部最大一片残宽 13.2 厘米，连足残高 10.7 厘米。（图一〇一，5）

铜盉　1件。标本 M57:66，器体较薄，铜质较差，锈蚀严重，腹、底均残，存一足、一流。子口承盖。盖，弧圆顶，底部为两层阶梯状。上层正中有竖扁形钮，钮无孔，以钮为中心一周刻四个柿叶纹和四株花草纹，柿叶纹和花草纹相间分布，花草纹为两枝开叉与柿叶顶部相勾连，一簇花朵在两枝中心，外围刻两周凹弦纹；下层为素面，沿下折成微喇形口，薄方唇。口一侧铸有长方形横置扁片，扁片另端有孔，与器肩部的两竖扁片用细圆轴相连，可以开合。器，小口微敛，弧肩，鼓腹，腹部一侧有鸟头形流，啄部可以开合，圜底，下附长方柱形高空心足。器身素面。足部三面棱雕刻一龙头，两尖角缘足两侧棱向上竖立，柱足正面中部为微微凸起的龙额，额两侧雕出圆睁的两眼，龙嘴闭合向下，嘴唇用重环纹饰出，柱足下部饰一周凸弦纹。盖径 9.0 厘米，盖高 1.6 厘米；流最大径 4.0 厘米，流长 8.6 厘米；足高 10.3 厘米，足棱 2.2 厘米 ×2.0 厘米；器口径 7.7 厘米。（图九七，4）

铜博山薰炉　1件。标本 M57:36，铜质较差，锈蚀、残失甚重，碎片较多，无法复原。炉盖为山形母口，上应饰有山峰，因残失无法知道其详情，仅留有口沿、盖面局部和顶部残片。炉，子口内敛，扁球形腹，实心圆柱形把，把以下残失。腹中部饰两周凸弦纹，腹下部饰两周凹弦纹，把中部有圆形凸箍。盖口径 8.8 厘米；炉腹径 8.5 厘米，柄径 1.8 厘米，柄残高 2.7 厘米。（图九七，5）

铜轴饰　1件。标本 M57:77，圆筒形。中间有凸箍一道，近两端各有一圈宽带弦纹或折棱一道。长 10.0 厘米，直径 1.8 厘米。（图九九，4；彩版二八，2；图版四一，1）

铜矛镦　5件。（彩版二五，3；图版三六，1）其中 4 件（标本 M57:7、标本 M57:8、标本 M57:31、标本 M57:61），形制相同，尺寸不同。四棱柱形，截面为正方形，中部有箍，一端敞口，另端封口。标本 M57:7，长 9.5 厘米，厚 2.2 厘米（图九八，3；彩版二五，3前1）标本 M57:8，长 9.5 厘米，厚 2.5 厘米（图九八，4；彩版二五，3前2）标本 M57:31，长 9.0 厘米，厚 2.3 厘米（图九八，9；彩版二九，1；图版三七，4）标本 M57:61，长 9.7 厘米，厚 2.3 厘米（图九八，11；彩版三一，2；图版四〇，1）另 1 件（标本 M57:20），圆筒形。中部有箍，一端敞口，另端封口。长 9.0 厘米，直径 2.1 厘米。（图九八，8；彩版二七，1；图版三七，3）

铜带钩　2件。形制相同，尺寸不同。首、颈残失。钩尾呈半圆形扁平状，尾下有圆钉帽形钮。标本

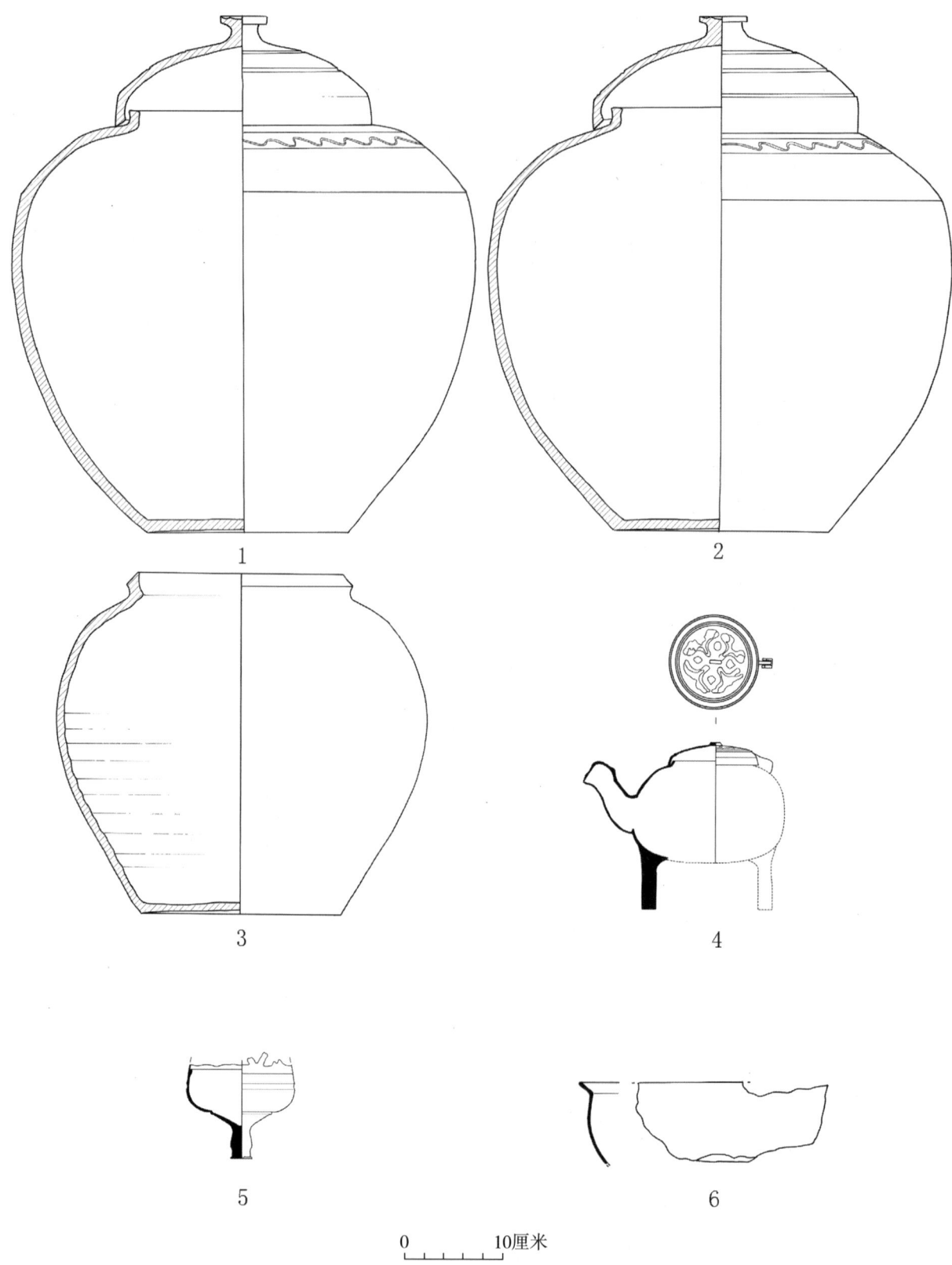

图九七　M57出土遗物

1.陶瓮（M57:41）　2.陶瓮（M57:42）　3.陶瓮（M57:43）　4.铜盉（M57:66）　5.铜博山薰炉（M57:36）
6.铜釜（M57:40）

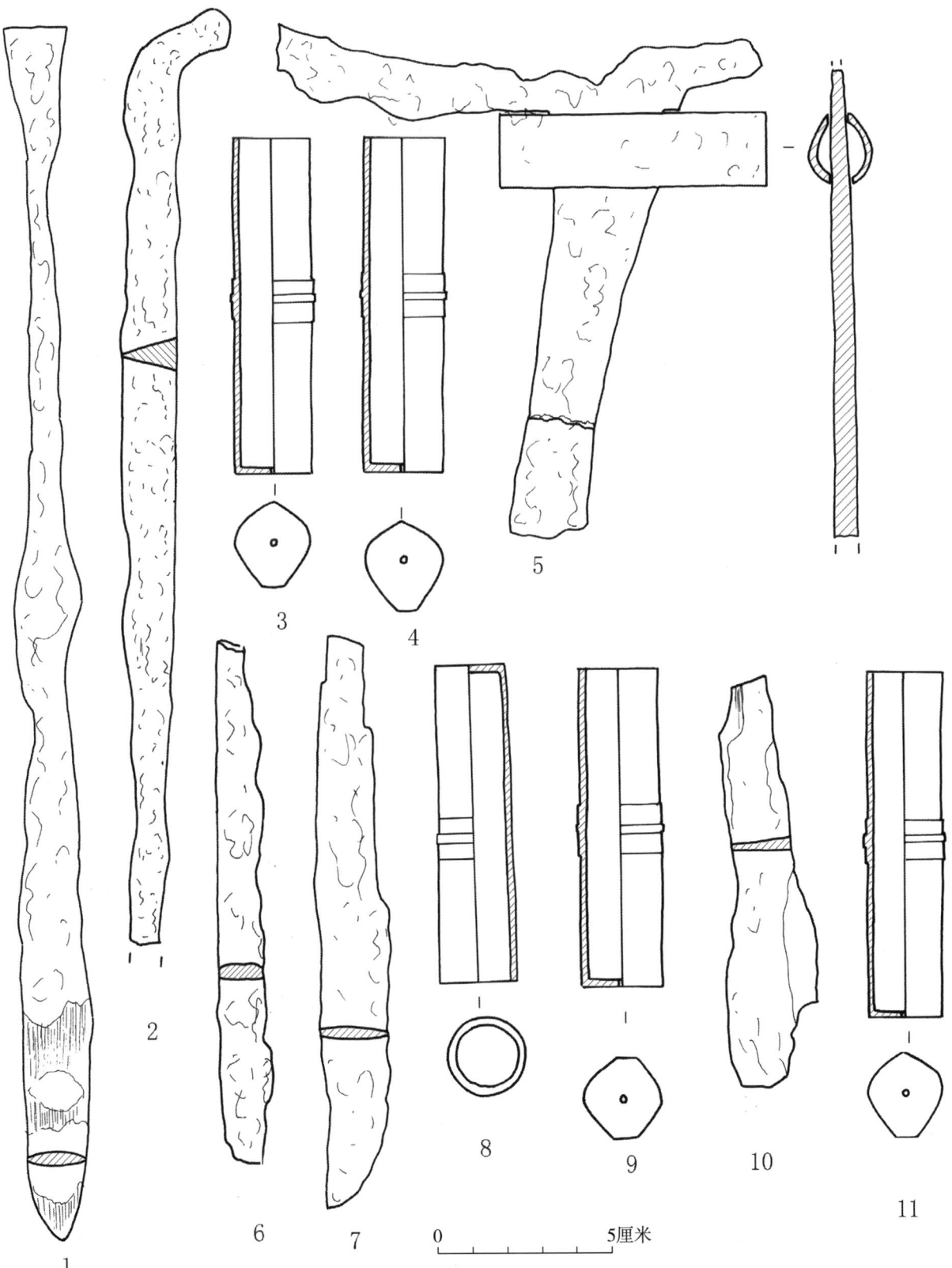

图九八　M57出土遗物

1.铁矛（M57:9）　2.铁器（M57:6）　3.铜矛镦（M57:7）　4.铜矛镦（M57:8）　5.铁戟（M57:2）　6.铁刀（M57:12）
7.铁刀（M57:15）　8.铜矛镦（M57:20）　9.铜矛镦（M57:31）　10.铁刀（M57:59）　11.铜矛镦（M57:61）

M57:18，残长1.6厘米，宽2.4厘米。(图九九，6)标本M57:93，残长1.3厘米，宽1.7厘米。(图一〇〇，8；图版三七，2)

铜衔镳　3件。(彩版二九，4；图版三八，1)其中2件(标本M57:32、标本M57:79)完整。形制相同，尺寸不同。衔镳齐全。衔为三节链状，每节中间凸起一道箍，每节两端为环，相互套连，其中间一节较短，衔两头各连一镳。镳呈"S"形，身有两小孔，两端镂雕上下反向鸡冠状花。标本M57:32，衔长8.9厘米，镳长12.1厘米。(图九九，9；图版三八，2)标本M57:79，衔长10.9厘米，镳长9.5厘米。(图一〇〇，9；彩版三二，4；图版四一，2)另1件(标本M57:70、标本M57:76)，残失不全。标本M57:70，为一镳。镳作"S"形，两端若桨叶，身有两小孔。标本M57:76，为铜衔残部。仅存两节链状，一节较长一节较短，每节中间凸起一道箍，每节两端均有圆环相连，节长的一端环为椭圆形。镳长11.7厘米，衔残长7.0厘米。(图一〇〇，13；彩版三一，4；图版四〇，4)

铜当卢　1件。标本M57:34，残。扁片状，形似正视马头，中部镂空，背面有两个半环形钮。残长7.7厘米，残最宽2.1厘米，厚0.1厘米，连钮高2.3厘米。(图九九，5)

铜弩机　2件。形制相同，尺寸不同。由廓、望山、牙、钩心、悬刀组成，廓前窄后宽，略成长方形，前部为箭槽，廓身前后各横贯一圆柱形枢钉，把几部分构件穿连成一个活动的整体。标本M57:57，器体较大。廓长11.1厘米，宽5.4厘米，高14.0厘米。(图一〇二，3；彩版三〇，3、4；图版三九，3)标本M57:73，器体较小。廓长4.8厘米，宽2.4厘米，高3.8厘米。(图九九，8；彩版三二，1、2；图版三九，4)

铜盖弓帽　31件。形制相同，尺寸不同。圆筒形。中空成銎，口缘处略大，上端稍细小，顶作圆球形，器中部往上挑出一钩。(图版三八，3)标本M57:33，2件。直径0.6厘米，高2.8厘米。(图九九，7；彩版二九，3上右)标本M57:35，5件。直径0.7厘米，高2.6厘米。(图一〇〇，6；彩版二九，3上左)标本M57:68，5件。直径0.6厘米，高2.6厘米。(图一〇〇，4；彩版二九，3中左)标本M57:72，11件。直径0.6厘米，高2.7厘米。(图一〇〇，2；彩版二九，3中)标本M57:74，3件。直径0.6厘米，高2.6厘米。(图一〇〇，5；彩版二九，3中右)标本M57:75，5件。直径0.7厘米，高2.8厘米。(图一〇〇，3；彩版二九，3下)

铜刷柄　1件。标本M57:84，形似细长烟斗，柄的断面呈圆形，前端下折，中空成銎，柄末端作鸭首形，双眼惯通成孔。通长13.0厘米，前高1.7厘米。(图一〇〇，1；彩版二八，3；图版四一，3)

铜桄首饰　1件。标本M57:101，圆形筒。末端有收分，中腰饰凸棱一周，内有朽木痕。长1.6厘米，直径1.2厘米。(图一〇〇，7；彩版三三，1；图版四二，1)

铜四叶蒂形饰　1件。标本M57:104，一蒂四叶，"十"字形交叉，中心有一小孔，上插入一泡钉。泡钉，圆形，半球面，底面中心有尖状钉。径3.8厘米。(图一〇〇，10；彩版三三，3；图版四二，4)

铜輢饰　2件。形制、尺寸相同。标本M57:71，"U"形。由圆柱形铜条弯曲而成，两端平齐。长0.3厘米，宽2.0厘米。(图一〇〇，14；彩版三一，5；图版四〇，5)

铜铺首衔环　1件。标本M57:80，上为兽面，兽面残缺不全。兽长鼻向内弯曲成钩状，鼻内侧中部有一扁形穿，下为圆形衔环。兽面残宽2.2厘米，通高4.3厘米。(图一〇〇，12；彩版三二，5)

铜輢饰　1件。标本M57:85，一端残。扒钉状，截面为圆形。长8.3厘米，宽2.3厘米。(图一〇〇，17；彩版二八，4；图版四一，4)

铜泡钉　1件。标本M57:102，残。圆形，半球面，底面中心有尖状钉。帽径1.7厘米，高2.6厘米。(图一〇〇，11)

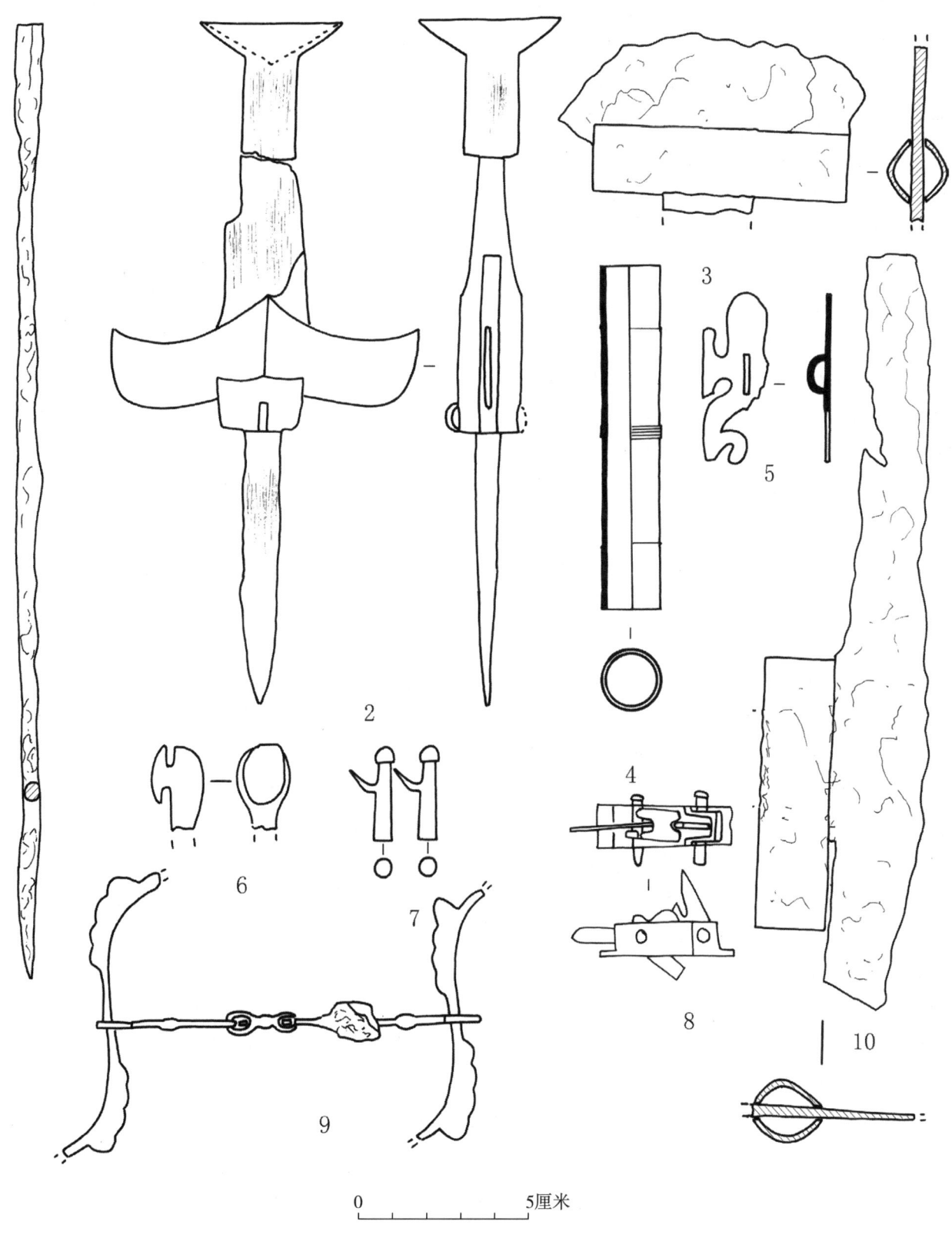

图九九　M57出土遗物

1.铁钉（M57:62）　2.铁剑（M57:10、19）　3.铁戟（M57:60）　4.铜轴饰（M57:77）　5.铜当卢（M57:34）
6.铜带钩（M57:18）　7.铜盖弓帽（M57:33）　8.铜弩机（M57:73）　9.铜衔镳（M57:32）　10.铁戟（M57:56）

铜栀未端饰　2件。标本 M57:103，为变形兽首状，弯曲似钩，中空，截面扁圆形。直径 1.4 厘米，长 2.5 厘米。（图一〇〇，15、16；彩版三三，2；图版四二，2）

铜兽面饰　1件。标本 M57:78，"凸"字形扁片，宽端凸起，窄端扁平。宽端饰兽面纹。宽端宽 2.4 厘米，通高 3.0 厘米。（图一〇二，4；彩版三二，3；图版四〇，6）

铜扣　4件。顶部帽形，下有一半圆形钮。标本 M57:64-1，帽径 1.4 厘米，高 1.1 厘米；标本 M57:64-2，帽径 1.0 厘米，高 0.9 厘米；标本 M57:64-3，帽径 1.0 厘米，高 1.0 厘米；标本 M57:64-4，帽径 1.3 厘米，高 1.0 厘米。（图一〇二，5；彩版三三，4；图版四〇，3）

石黛板　1件。标本 M57:58，灰色细砂岩。长方形，薄板，边缘不甚规整，有打制时留下的茬口，正面磨制光滑，背面稍粗糙。正面留有墨迹。长 15.2 厘米，宽 6.1 厘米，厚 0.3 厘米。（图一〇二，6；彩版三一，1）

铜钱　1402 枚。均为五铢。标本 M57:11 有 151 枚，标本 M57:17 有 290 枚，标本 M57:37 有 611 枚，M57:38 有 85 枚，标本 M57:39 有 85 枚，标本 M57:63 有 172 枚，标本 M57:82 有 8 枚。内廓正面均被磨除。依据铜钱钱文书体、字迹、保存现状等分为以下 18 种情况进行报告：

1. 标本 M57:11-1（33 枚）、标本 M57:17-1（17 枚）、标本 M57:37-1（8 枚）、标本 M57:37-2（39 枚）、标本 M57:37-3（47 枚）、标本 M57:37-4（46 枚）、标本 M57:37-5（6 枚）、标本 M57:37-6（9 枚）、标本 M57:37-21（2 枚）、标本 M57:37-27（16 枚）、标本 M57:37-28（1 枚）、标本 M57:38-1（7 枚）、标本 M57:39-1（7 枚）、标本 M57:63-1（13 枚），共计 251 枚。钱文书体相同，尺寸有异。钱文字迹清晰。"五"字中间两交笔弯曲。"铢"字的"金"旁上部呈小三角形，下部四点稍短；"朱"旁上部方折，下部圆折，下竖较直，下部长于上部，上、下部之间的间距较大。标本 M57:11-1，33 枚。钱径 2.5 厘米，穿径 1.0 厘米。（图一〇三，1～30）标本 M57:17-1，17 枚。钱径 2.5 厘米，穿径 1.0 厘米。（图一〇五，20～25）标本 M57:37-1，8 枚。钱径 2.5 厘米，穿径 1.0 厘米。（图一〇六，16～21）标本 M57:37-2，39 枚。钱径 2.5 厘米，穿径 1.0 厘米。（图一〇六，22～32；图一〇七，1～15）标本 M57:37-3，47 枚。钱径 2.5 厘米，穿径 1.0 厘米。（图一〇七，16～32；图一〇八，1～16）标本 M57:37-4，46 枚。钱径 2.5 厘米，穿径 1.0 厘米。（图一〇八，17～32；图一〇九，1～19）标本 M57:37-5，6 枚。钱径 2.5 厘米，穿径 1.0 厘米。（图一〇九，20～23）标本 M57:37-6，9 枚。钱径 2.5 厘米，穿径 1.0 厘米。（图一〇九，24～31）标本 M57:37-21，2 枚。边缘残缺。钱径 2.6 厘米，穿径 1.0 厘米。（图一一四，10、11）标本 M57:37-27，16 枚。钱径 2.6 厘米，穿径 1.0 厘米。（图一一四，16～24）标本 M57:37-28，1 枚。钱径 2.6 厘米，穿径 1.0 厘米。（图一一四，25）标本 M57:38-1，7 枚。钱径 2.5 厘米，穿径 1.0 厘米。（图一一五，13～17）标本 M57:39-1，7 枚。钱径 2.5 厘米，穿径 1.0 厘米。（图一一五，27～30）标本 M57:63-1，13 枚。钱径 2.6 厘米，穿径 1.0 厘米。（图一一六，6～11）

2. 标本 M57:11-2（29 枚）、标本 M57:11-4（4 枚）、标本 M57:11-11（5 枚）、标本 M57:17-3（2 枚）、标本 M57:37-7（42 枚）、标本 M57:37-8（10 枚）、标本 M57:37-9（12 枚）、标本 M57:37-10（90 枚）、标本 M57:37-22（7 枚）、标本 M57:37-29（11 枚）、标本 M57:38-3（2 枚）、标本 M57:63-2（35 枚），共计 249 枚。钱文书体相同，尺寸有异。钱文字迹清晰。"五"字中间两交笔呈稍曲。"铢"字的"金"旁上部呈小三角形，下部四点稍短；"朱"旁上部方折，下部圆折，下竖较直，下部长于上部，上、下部之间的间距较大。标本 M57:11-2，29 枚。钱径 2.5 厘米，穿径 1.0 厘米。（图一〇三，31、32；图一〇四，1～20）标本 M57:11-4，4 枚。钱径 2.5 厘米，穿径 1.0 厘米。（图一〇四，22、23）标本 M57:11-11，5 枚。边

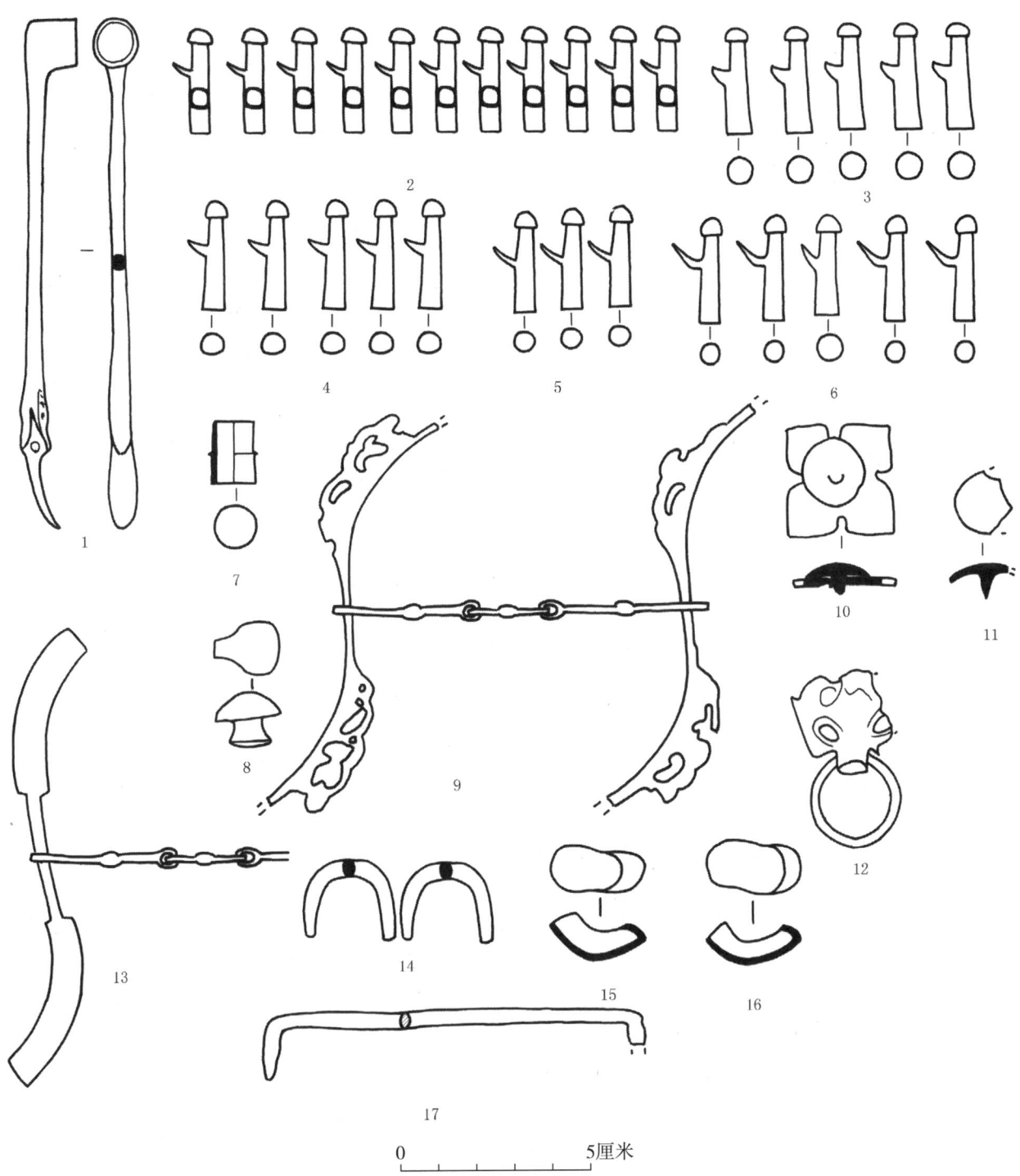

图一〇〇　M57出土遗物

1.铜刷柄（M57:84）　2.铜盖弓帽（M57:72）　3.铜盖弓帽（M57:75）　4.铜盖弓帽（M57:68）
5.铜盖弓帽（M57:74）　6.铜盖弓帽（M57:35）　7.铜桄首饰（M57:101）　8.铜带钩（M57:93）
9.铜衔镳（M57:79）　10.铜四叶蒂形饰（M57:104）　11.铜泡钉（M57:102）　12.铜铺首衔环（M57:80）
13.铜衔镳（M57:70、76）　14.铜軎饰（M57:71）　15.铜桄末端饰（M57:103-1）　16.铜桄末端饰（M57:103-2）
17.铜輢饰（M57:85）

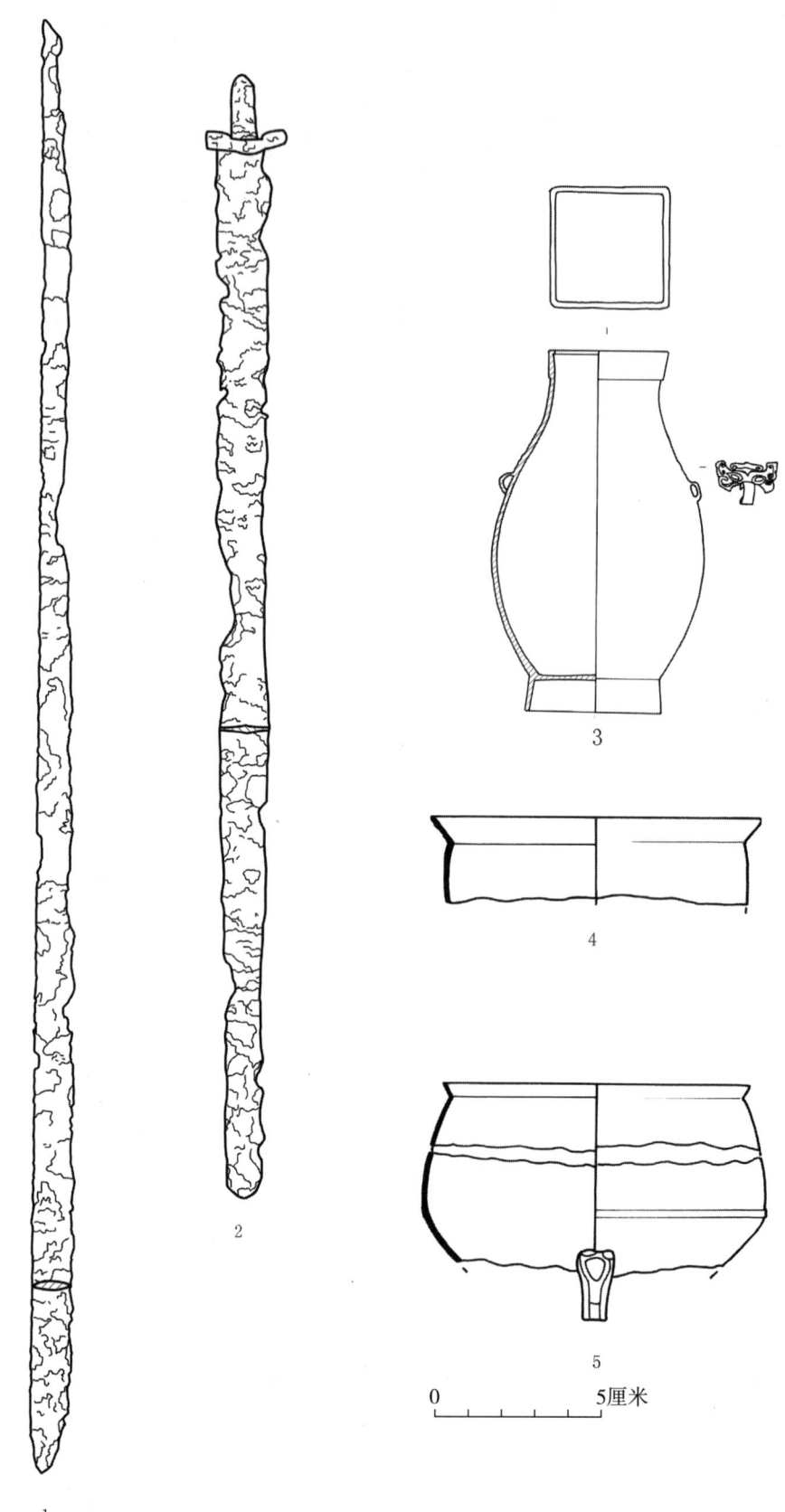

图一〇一　M57出土遗物
1.铁剑（M57:54）　2.铁剑（M57:55）　3.铜钫（M57:24）　4.铜釜（M57:21）　5.铜鼎（M57:67）

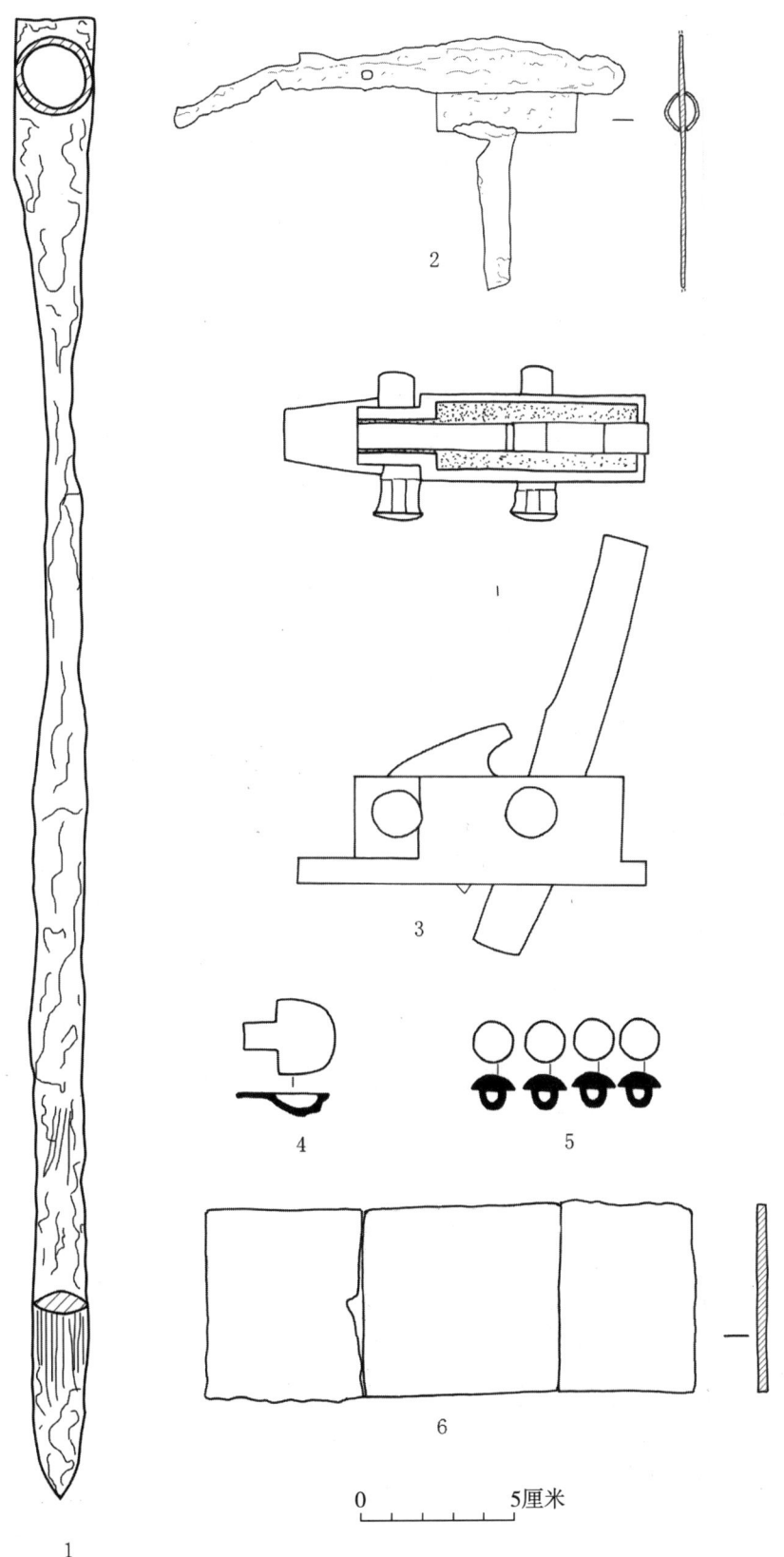

图一〇二　M57出土遗物

1.铁矛（M57:13、16）　2.铁戟（M57:1）　3.铜弩机（M57:57）　4.铜兽面饰（M57:78）　5.铜扣（M57:64）
6.石黛板（M57:58）

缘残缺。钱径2.5厘米，穿径1.0厘米。（图一〇五，16～19）标本M57:17-3，2枚。钱径2.5厘米，穿径1.0厘米。（图一〇五，32）标本M57:37-7，42枚。钱径2.5厘米，穿径1.0厘米。（图一〇九，32；图一一〇，1～13）标本M57:37-8，10枚。钱径2.5厘米，穿径1.0厘米。（图一一〇，14、15、16）标本M57:37-9，12枚。（图一一〇，17～22）标本M57:37-10，90枚。钱径2.5厘米，穿径1.0厘米。（图一一〇，23～32；图一一一，1～32；图一一二，1、2、3、4）标本M57:37-22，7枚。边缘残缺。钱径2.6厘米，穿径1.0厘米。（图一一四，12、13、14）标本M57:37-29，11枚。钱径2.6厘米，穿径1.0厘米。（图一一四，26、27、28）标本M57:38-3，2枚。钱径2.5厘米，穿径1.0厘米。（图一一五，19、20）标本M57:63-2，35枚。钱径2.6厘米，穿径1.0厘米。（图一一六，12～21）

3. 标本M57:11-3（1枚）、标本M57:37-23（2枚），共计3枚。钱文书体相同，尺寸不同。钱文字迹清晰。"五"字中间两交笔呈稍曲。"铢"字的"金"旁上部呈稍大三角形，下部四点稍长；"朱"旁上部方折，下部方折，下竖较直，下部长于上部，上、下部之间的间距较大。标本M57:11-3，1枚。钱径2.5厘米，穿径1.0厘米。（图一〇四，21）标本M57:37-23，2枚。边缘残缺。钱径2.6厘米，穿径1.0厘米。

4. 标本M57:11-5（27枚）、标本M57:37-12（70枚）、标本M57:37-13（5枚）、标本M57:37-24（3枚）、标本M57:39-3（10枚）、标本M57:82-1（1枚），共计116枚。钱文书体相同，尺寸有异。钱文字迹清晰。"五"字中间两交笔较直。"铢"字的"金"旁上部呈稍大三角形，下部四点稍长；"朱"旁上部方折，下部圆折，下竖较直，下部长于上部，上、下部之间的间距较大。标本M57:11-5，27枚。钱径2.5厘米，穿径1.0厘米。（图一〇四，24～32；图一〇五，1～15）标本M57:37-12，70枚。钱径2.5厘米，穿径1.0厘米。（图一一二，12～32；图一一三，1～29）标本M57:37-13，5枚。钱径2.5厘米，穿径1.0厘米。（图一一三，30、31）标本M57:37-24，3枚。边缘残缺。钱径2.6厘米，穿径1.0厘米。（图一一四，15）标本M57:39-3，10枚。钱径2.5厘米，穿径1.0厘米。（图一一六，3、4、5）标本M57:82-1，1枚。钱径2.5厘米，穿径1.0厘米。

5. 标本M57:17-2（28枚）、标本M57:38-4（4枚），共计32枚。钱文书体、尺寸均相同。钱文字迹清晰。"五"字中间两交笔呈稍曲。"铢"字的"金"旁上部呈稍大三角形，下部四点稍短；"朱"旁上部方折，下部圆折，下竖较直，下部长于上部，上、下部之间的间距较大。钱径2.5厘米，穿径1.0厘米。标本M57:17-2，28枚。（图一〇五，26～31、）标本M57:38-4，4枚。（图一一五，21）

6. 标本M57:17-4，3枚。钱文书体、尺寸均相同。钱文字迹清晰。"五"字中间两交笔呈稍曲。"铢"字的"金"旁上部呈小三角形，下部四点稍短；"朱"旁上部圆折，下部圆折，下竖较直，下部长于上部，上、下部之间的间距较大。内廓正面剪除。钱径2.5厘米，穿径1.0厘米。（图一〇六，1）

7. 标本M57:17-5（86枚）、标本M57:37-11（14枚）、M57:37-14（13枚）、标本M57:37-19（3枚）、标本M57:37-20（1枚）、标本M57:37-30（19枚）、标本M57:38-6（5枚）、标本M57:63-4（23枚），共计164枚。钱文书体相同，尺寸有异。钱文字迹清晰。"五"字中间两交笔较直。"铢"字的"金"旁上部呈小三角形，下部四点稍短；"朱"旁上部方折，下部圆折，下竖较直，下部长于上部，上、下部之间的间距较大。标本M57:17-5，86枚。钱径2.5厘米，穿径1.0厘米。（图一〇六，2～11）标本M57:37-11，14枚。钱径2.5厘米，穿径1.0厘米。（图一一二，5～11）M57:37-14，13枚。钱径2.5厘米，穿径1.0厘米。（图一一三，32；图一一四，1～6）标本M57:37-19，3枚。钱径2.4厘米，穿径1.0厘米。（图一一四，7、8、9）标本M57:37-20，1枚。钱径2.4厘米，穿径1.0厘米。标本M57:37-30，19枚。钱径2.6厘米，穿径1.0厘米。（图一一四，29～32；图一一五，1～10）标本M57:38-6，5枚。钱径2.5厘米，穿径1.0厘米。（图一一五，23～26）标本M57:63-4，23枚。钱径2.6厘米，穿径1.0厘米。

8. 标本M57:17-6，2枚。钱文书体、尺寸均相同。钱文字迹清晰。"五"字中间两交笔较直。"铢"字的"金"旁上部呈稍大三角形，下部四点稍长；"朱"旁上部圆折，下部方折，下竖较直，下部长于上部，上、下部之间的间距较大。内廓正面剪除。钱径2.5厘米，穿径1.0厘米。

9. 标本M57:17-7，11枚。钱文书体、尺寸均相同。钱文字迹清晰。"五"字中间两交笔较直。"铢"字的"金"旁上部呈小三角形，下部四点稍短；"朱"旁上部圆折，下部圆折，下竖较直，下部长于上部，上、下部之间的间距较大。内廓正面剪除。钱径2.5厘米，穿径1.0厘米。（图一〇六，12、13、14、15）

10. 标本M57:17-11（2枚）、标本M57:38-5（3枚）、标本M57:39-2（16枚），共计21枚。钱文书体、尺寸均相同。钱文字迹清晰。"五"字中间两交笔呈稍曲。"铢"字的"金"旁上部呈稍大三角形，下部四点稍长；"朱"旁上部方折，下部圆折，下竖较直，下部长于上部，上、下部之间的间距较大。钱径2.5厘米，穿径1.0厘米。标本M57:17-11，2枚。边缘残缺。标本M57:38-5，3枚。边缘残缺。（图一一五，22）标本M57:39-2，16枚。（图一一五，31、32；图一一六，1、2）

11. 标本M57:37-17，25枚。钱文书体、尺寸均相同。钱文字迹清晰。"五"字中间两交笔弯曲。"铢"字上部呈小三角形，下部四点稍短；"朱"旁上部方折，下部圆折，下竖较直，下部长于上部，上、下部之间的间距较大。内廓正面剪除。钱径2.5厘米，穿径1.0厘米。

12. 标本M57:37-31，4枚。钱文书体、尺寸均相同。钱文字迹清晰。"五"字中间两交笔较直。"铢"字的"金"旁上部呈稍大三角形，下部四点稍短；"朱"旁上部方折，下部圆折，下竖较直，下部长于上部，上、下部之间的间距较大。内廓正面剪除。钱径2.6厘米，穿径1.0厘米。（图一一五，11、12）

13. 标本M57:38-2，1枚。钱文书体、尺寸均相同。钱文字迹清晰。"五"字中间两交笔弯曲。"铢"字的"金"旁上部呈小三角形，下部四点稍短；"朱"旁上部圆折，下部圆折，下竖较直，下部长于上部，上、下部之间的间距较大。内廓正面剪除。钱径2.5厘米，穿径1.0厘米。（图一一五，18）

14. 标本M57:63-7，28枚。钱文书体、尺寸均相同。钱文字迹清晰。"五"字中间两交笔较直。"铢"字的"金"旁上部呈小三角形，下部四点稍短；"朱"旁上部方折，下部圆折，下竖较直，下部长于上部，上、下部之间的间距较大。内廓正面剪除。钱径2.6厘米，穿径1.0厘米。

15. 标本M57:82-3，1枚。钱文字迹清晰。"五"字中间两交笔弯曲。"铢"字的"金"旁上部呈稍大三角形，下部四点稍长；"朱"旁上部方折，下部圆折，下竖较直，下部长于上部，上、下部之间的间距较大。钱径2.3厘米，穿径1.0厘米。

16. 钱文部分不清晰。共计193枚。根据钱文不同分为6种情况分别进行报告如下：

①标本M57:11-6，2枚。钱文书体、尺寸均相同。"五"字中间两交笔较直。"铢"字的"金"旁不清晰；"朱"旁上部方折，下部方折，下竖较直，下部长于上部，上、下部之间的间距较大。钱径2.5厘米，穿径1.0厘米。

②标本M57:11-7（6枚）、标本M57:63-5（2枚），共计8枚。钱文书体相同，尺寸不同。"五"字中间两交笔较直。"铢"字的"金"旁不清晰；"朱"旁上部方折，下部圆折，下竖较直，下部长于上部，上、下部之间的间距较大。标本M57:11-7，6枚。尺寸相同。钱径2.5厘米，穿径1.0厘米。标本M57:63-5，2枚。尺寸相同。钱径2.6厘米，穿径1.0厘米。

③标本M57:63-3，3枚。钱文书体、尺寸均相同。"五"字中间两交笔呈稍曲。"铢"字的"金"旁不清晰；"朱"旁上部方折，下部圆折，下竖较直，下部长于上部，上、下部之间的间距较大。钱径2.6

厘米，穿径1.0厘米。

④标本M57:11-8（19枚）、标本M57:17-8（13枚）、标本M57:17-12（1枚）、标本M57:37-16（39枚）、标本M57:37-33（3枚）、M57:38-7（3枚）、标本M57:39-4（2枚）、标本M57:63-6（30枚），共计110枚。钱文书体相同，尺寸不同。钱文均为"五"字中间两交笔呈稍曲。"铢"字不清。标本M57:11-8，19枚。钱径2.5厘米，穿径1.0厘米。标本M57:17-8，13枚。钱径2.5厘米，穿径1.0厘米。标本M57:17-12，1枚。边缘残缺。钱径2.5厘米，穿径1.0厘米。标本M57:37-16，39枚。钱径2.5厘米，穿径1.0厘米。标本M57:37-33，3枚。钱径2.6厘米，穿径1.0厘米。标本M57:38-7，3枚。钱径2.5厘米，穿径1.0厘米。标本M57:39-4，2枚。钱径2.5厘米，穿径1.0厘米。标本M57:63-6，30枚。钱径2.6厘米，穿径1.0厘米。

⑤标本M57:11-9（5枚）、标本M57:17-9（31枚）、标本M57:17-13（1枚）、标本M57:37-15（25枚）、标本M57:38-8（1枚）、标本M57:39-5（5枚），共计68枚。钱文书体相同，尺寸不同。钱文均为"五"字中间两交笔较直。"铢"字不清。钱径2.5厘米，穿径1.0厘米。标本M57:11-9，5枚。标本M57:17-9，31枚。标本M57:17-13，1枚。标本M57:37-15，25枚。标本M57:38-8，1枚。标本M57:39-5，5枚。

⑥标本M57:37-32（2枚），共计2枚。钱文书体相同，尺寸不同。钱文均为"五"字中间两交笔弯曲。"铢"字不清。标本M57:37-17，25枚。钱径2.5厘米，穿径1.0厘米。标本M57:37-32，2枚。钱径2.6厘米，穿径1.0厘米。

17. 钱文"五"字和"铢"均不清晰。钱文书体不可辨识，模糊可判定为五铢钱。共计135枚。又分为以下两种情况：

①钱保存完整，共计105枚。标本M57:11-10，1枚。尺寸相同。钱径2.5厘米，穿径1.0厘米。标本M57:17-10，39枚。尺寸相同。钱径2.5厘米，穿径1.0厘米。标本M57:37-18，25枚。钱径2.5厘米，穿径1.0厘米。标本M57:37-34，3枚。尺寸相同。钱径2.6厘米，穿径1.0厘米。标本M57:39-6，8枚。钱径2.5厘米，穿径1.0厘米。标本M57:63-8，27枚。尺寸相同。钱径2.6厘米，穿径1.0厘米。标本M57:82-2，2枚。钱径2.5厘米，穿径1.0厘米。

②边缘残缺，共计30枚。标本M57:82-4，2枚。边缘残缺。尺寸相同。钱径2.2厘米，穿径1.0厘米。标本M57:11-12，6枚。边缘残缺。尺寸相同。钱径2.5厘米，穿径1.0厘米。标本M57:17-14，2枚。边缘残缺。尺寸相同。钱径2.5厘米，穿径1.0厘米。标本M57:37-25，2枚。边缘残缺。尺寸相同。钱径2.6厘米，穿径1.0厘米。标本M57:38-9，10枚。尺寸相同。边缘残缺。钱径2.5厘米，穿径1.0厘米。标本M57:63-10，8枚。尺寸相同。边缘残缺。钱径2.6厘米，穿径1.0厘米。

18. 钱文残缺甚重，共计163枚。又分为以下两种情况：

①残失一半。标本M57:11-14（2枚）、标本M57:17-15（5枚）、标本M57:38-13（4枚）、标本M57:63-9（3枚）、标本M57:38-11（4枚）、标本M57:38-12（4枚）、标本M57:82-5（2枚），共计24枚。其中"五"字中间两交笔弯曲，"铢"字残缺，共计10枚：标本M57:11-14（2枚）、标本M57:63-9（3枚），钱径2.5厘米，穿径1.0厘米；标本M57:17-15（5枚），钱径2.5厘米，穿径1.0厘米；标本M57:38-13（4枚），钱径2.6厘米，穿径1.0厘米；标本M57:63-9（3枚），钱径2.6厘米，穿径1.0厘米。另10枚，情况不一：标本M57:82-5（2枚），"五"字不清，"铢"字残缺，钱径2.5厘米，穿径1.0厘米；标本M57:38-11（4枚），"五"字残缺，"铢"字"金"旁上部呈小三角形，下部四点稍短，"朱"旁上部方折，下部圆折，下竖较直，下部长于上部，上、下部之间的间距较大，钱径2.5厘米，钱径1.0厘米；标本M57:38-12（4枚），"五"字中间两交笔较直，"铢"字残缺，钱径2.4厘米，穿径1.0厘米。

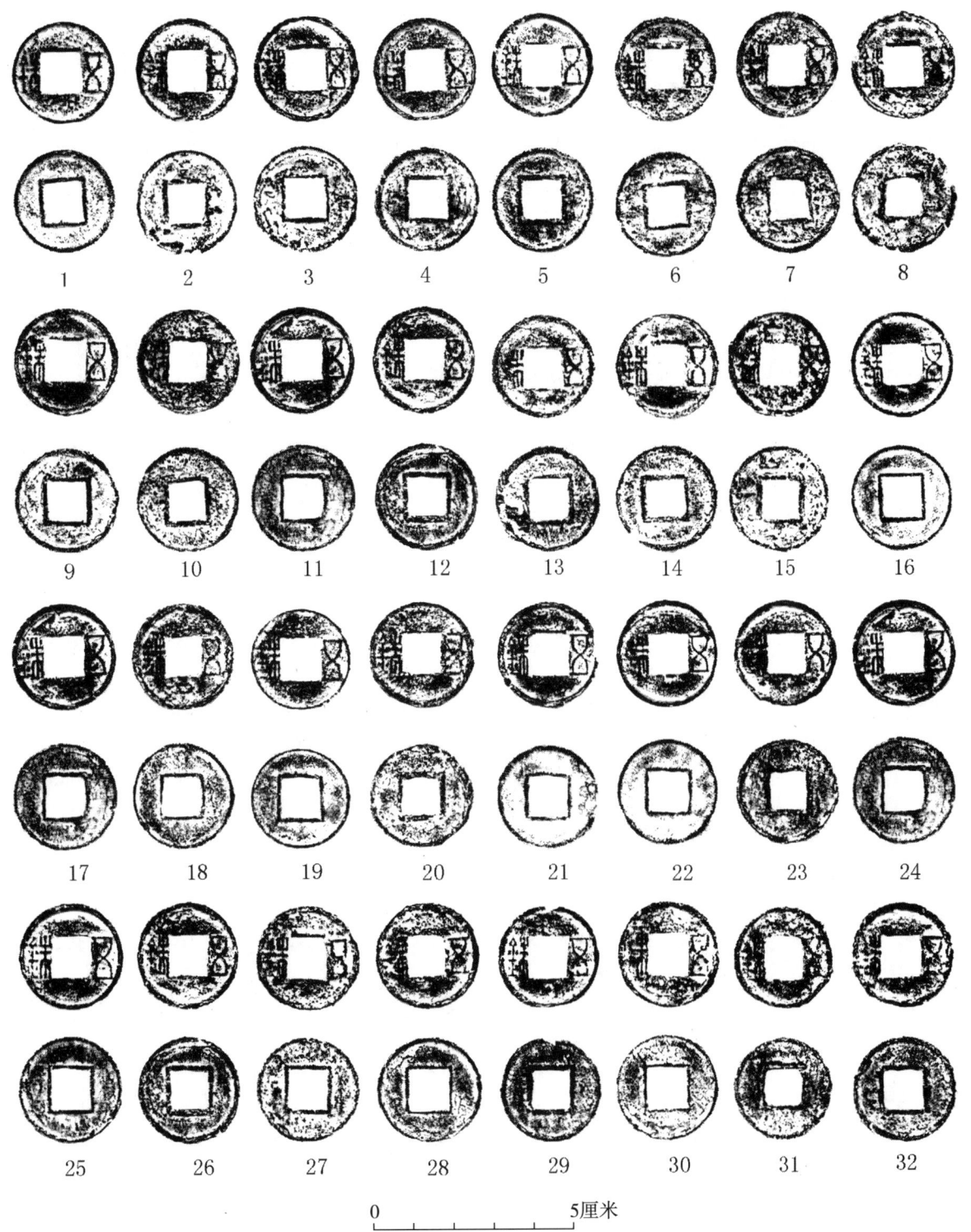

图一〇三　M57出土铜钱

1.M57:11-1-1　2.M57:11-1-2　3.M57:11-1-3　4.M57:11-1-4　5.M57:11-1-5　6.M57:11-1-6　7.M57:11-1-7　8.M57:11-1-8　9.M57:11-1-9　10.M57:11-1-10　11.M57:11-1-11　12.M57:11-1-12　13.M57:11-1-13　14.M57:11-1-14　15.M57:11-1-15　16.M57:11-1-16　17.M57:11-1-17　18.M57:11-1-18　19.M57:11-1-19　20.M57:11-1-20　21.M57:11-1-21　22.M57:11-1-22　23.M57:11-1-23　24.M57:11-1-24　25.M57:11-1-25　26.M57:11-1-26　27.M57:11-1-27　28.M57:11-1-28　29.M57:11-1-29　30.M57:11-1-30　31.M57:11-2-1　32.M57:11-2-2

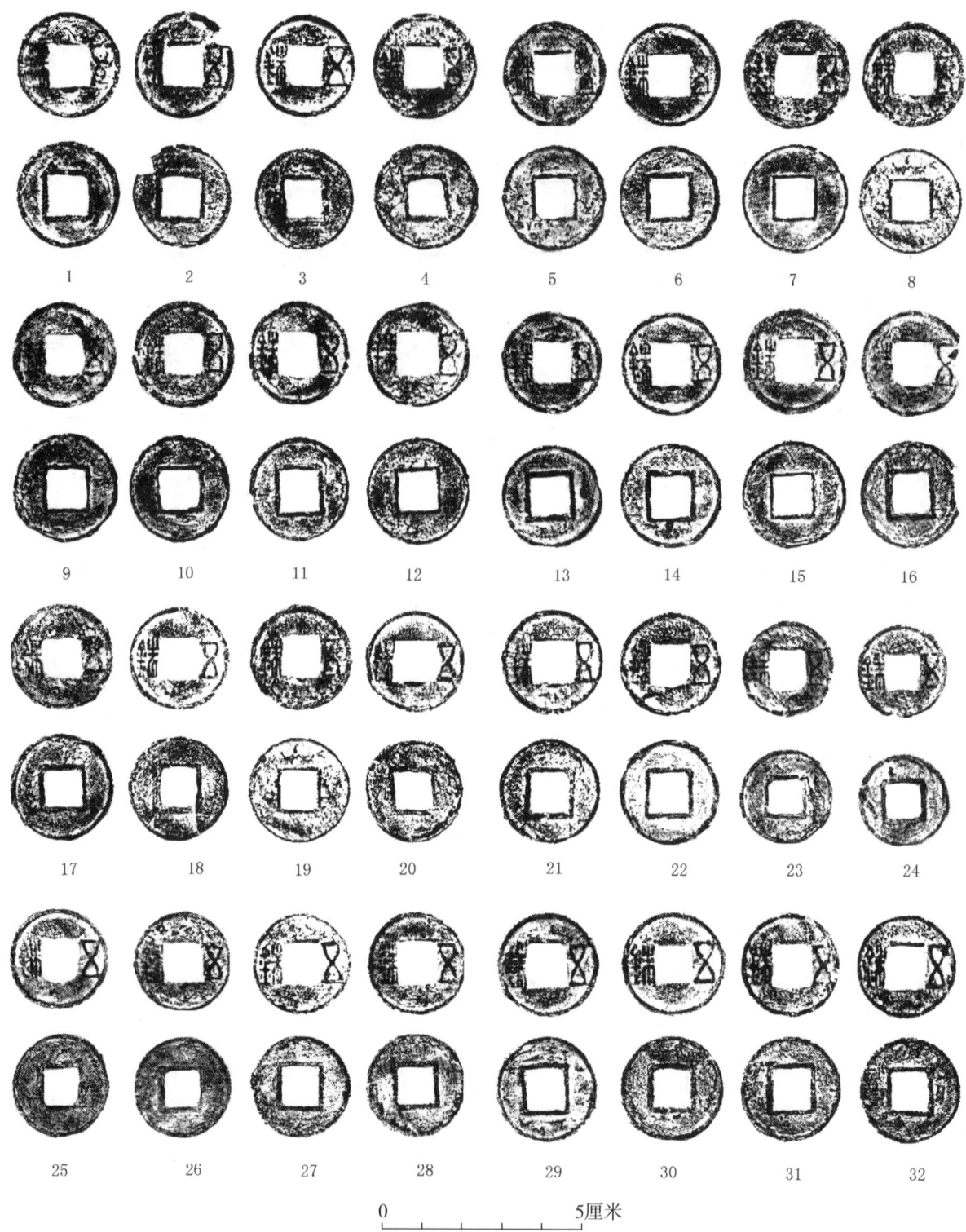

图一〇四　M57出土铜钱

1.M57:11-2-3　2.M57:11-2-4　3.M57:11-2-5　4.M57:11-2-6　5.M57:11-2-7　6.M57:11-2-8　7.M57:11-2-9　8.M57:11-2-10　9.M57:11-2-11　10.M57:11-2-12　11.M57:11-2-13　12.M57:11-2-14　13.M57:11-2-15　14.M57:11-2-16　15.M57:11-2-17　16.M57:11-2-18　17.M57:11-2-19　18.M57:11-2-20　19.M57:11-2-21　20.M57:11-2-22　21.M57:11-3　22.M57:11-4-1　23.M57:11-4-2　24.M57:11-5-1　25.M57:11-5-2　26.M57:11-5-3　27.M57:11-5-4　28.M57:11-5-5　29.M57:11-5-6　30.M57:11-5-7　31.M57:11-5-8　32.M57:11-5-9

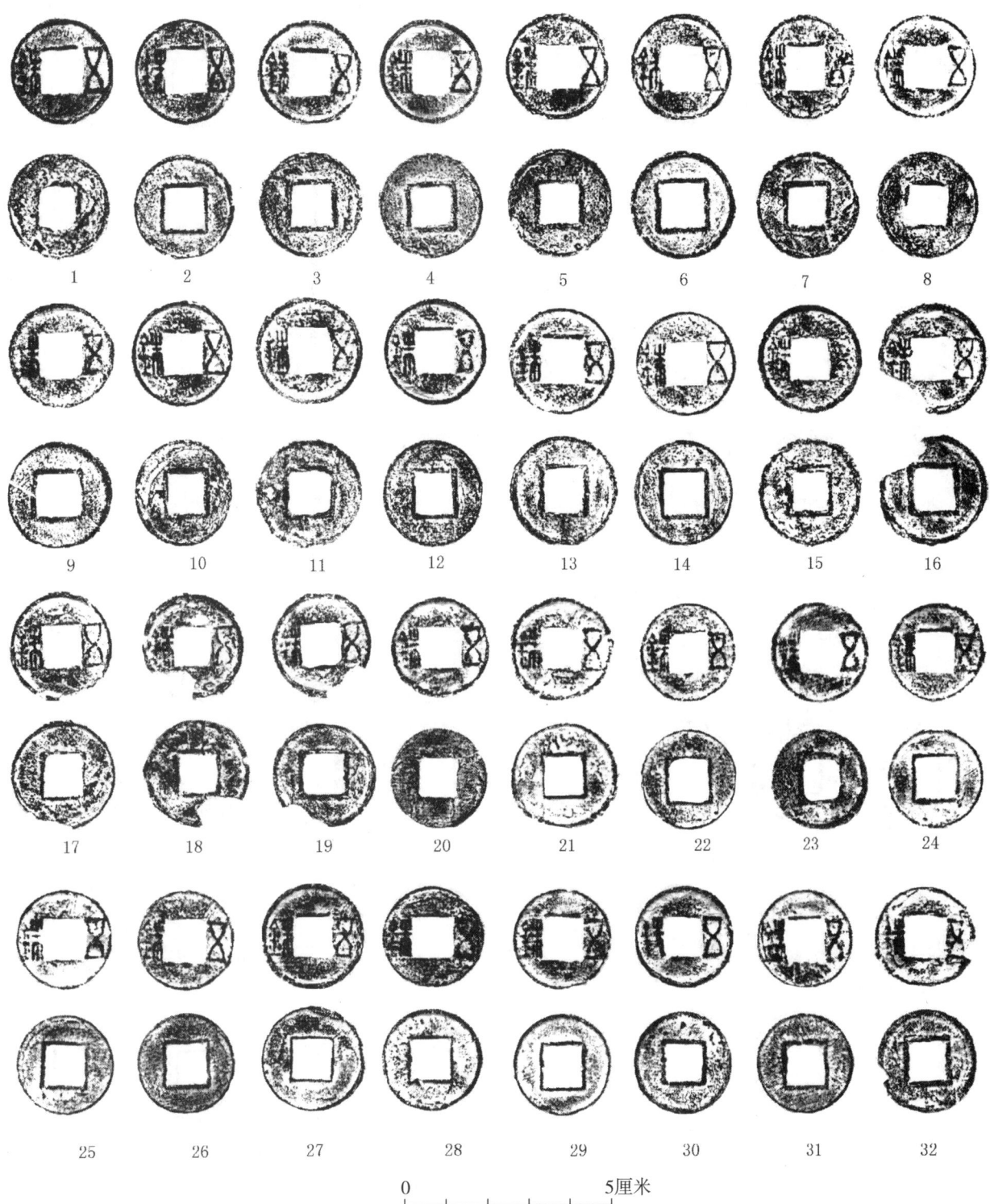

图一○五 M57出土铜钱

1.M57:11-5-10 2.M57:11-5-11 3.M57:11-5-12 4.M57:11-5-13 5.M57:11-5-14 6.M57:11-5-15 7.M57:11-5-16 8.M57:11-5-17 9.M57:11-5-18 10.M57:11-5-19 11.M57:11-5-20 12.M57:11-5-21 13.M57:11-5-22 14.M57:11-5-23 15.M57:11-5-24 16.M57:11-11-1 17.M57:11-11-2 18.M57:11-11-3 19.M57:11-11-4 20.M57:17-1-1 21.M57:17-1-2 22.M57:17-1-3 23.M57:17-1-4 24.M57:17-1-5 25.M57:17-1-6 26.M57:17-2-1 27.M57:17-2-2 28.M57:17-2-3 29.M57:17-2-4 30.M57:17-2-5 31.M57:17-2-6 32.M57:17-3

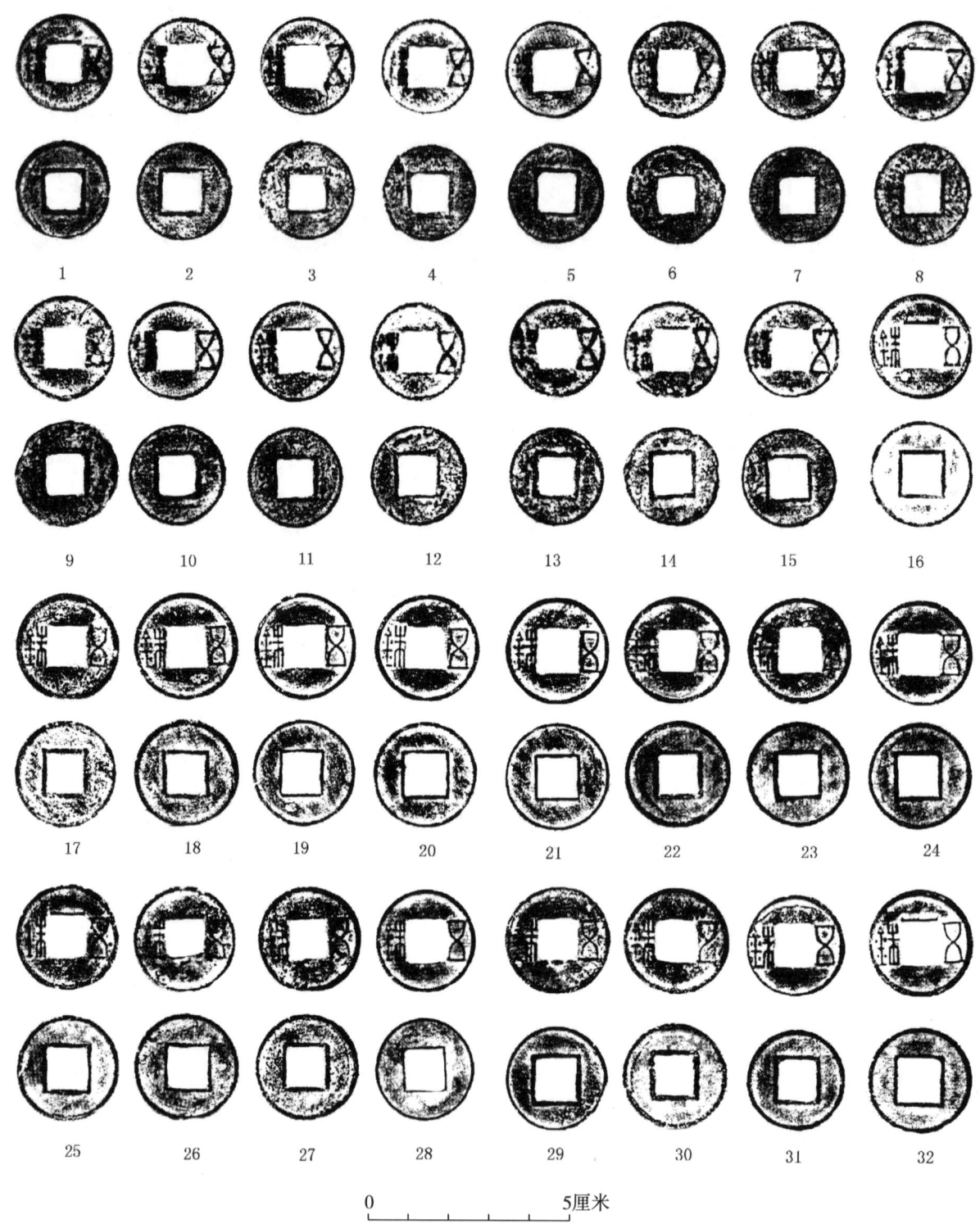

图一〇六 M57出土铜钱

1.M57:17-4 2.M57:17-5-1 3.M57:17-5-2 4.M57:17-5-3 5.M57:17-5-4 6.M57:17-5-5 7.M57:17-5-6 8.M57:17-5-7 9.M57:17-5-8 10.M57:17-5-9 11.M57:17-5-10 12.M57:17-7-1 13.M57:17-7-2 14.M57:17-7-3 15.M57:17-7-4 16.M57:37-1-1 17.M57:37-1-2 18.M57:37-1-3 19.M57:37-1-4 20.M57:37-1-5 21.M57:37-1-6 22.M57:37-2-1 23.M57:37-2-2 24.M57:37-2-3 25.M57:37-2-4 26.M57:37-2-5 27.M57:37-2-6 28.M57:37-2-7 29.M57:37-2-8 30.M57:37-2-9 31.M57:37-2-10 32.M57:37-2-11

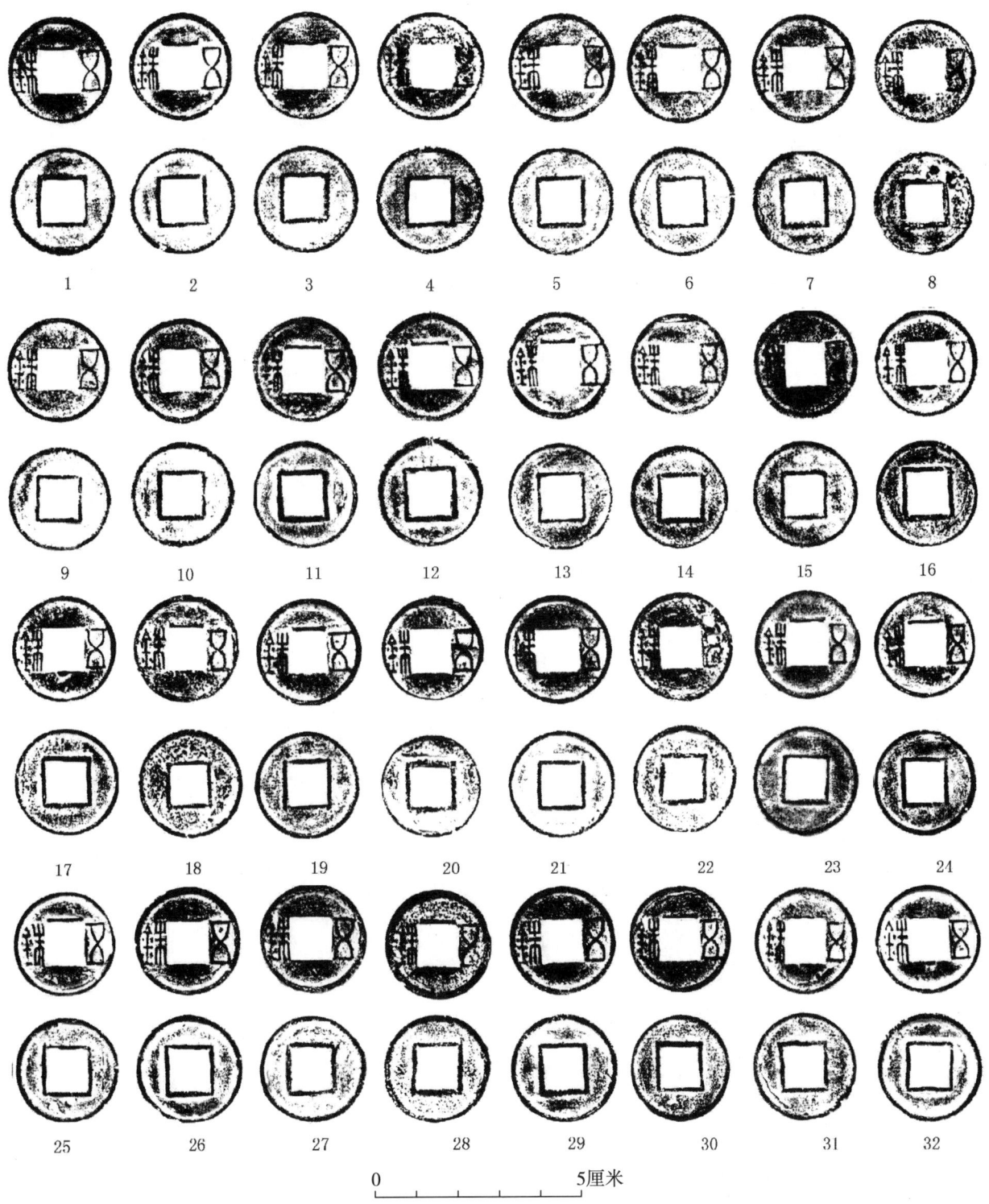

图一〇七　M57出土铜钱

1.M57:37-2-12　2.M57:37-2-13　3.M57:37-2-14　4.M57:37-2-15　5.M57:37-2-16　6.M57:37-2-17　7.M57:37-2-18　8.M57:37-2-19　9.M57:37-2-20　10.M57:37-2-21　11.M57:37-2-22　12.M57:37-2-23　13.M57:37-2-24　14.M57:37-2-25　15.M57:37-2-26　16.M57:37-3-1　17.M57:37-3-2　18.M57:37-3-3　19.M57:37-3-4　20.M57:37-3-5　21.M57:37-3-6　22.M57:37-3-7　23.M57:37-3-8　24.M57:37-3-9　25.M57:37-3-10　26.M57:37-3-11　27.M57:37-3-12　28.M57:37-3-13　29.M57:37-3-14　30.M57:37-3-15　31.M57:37-3-16　32.M57:37-3-17

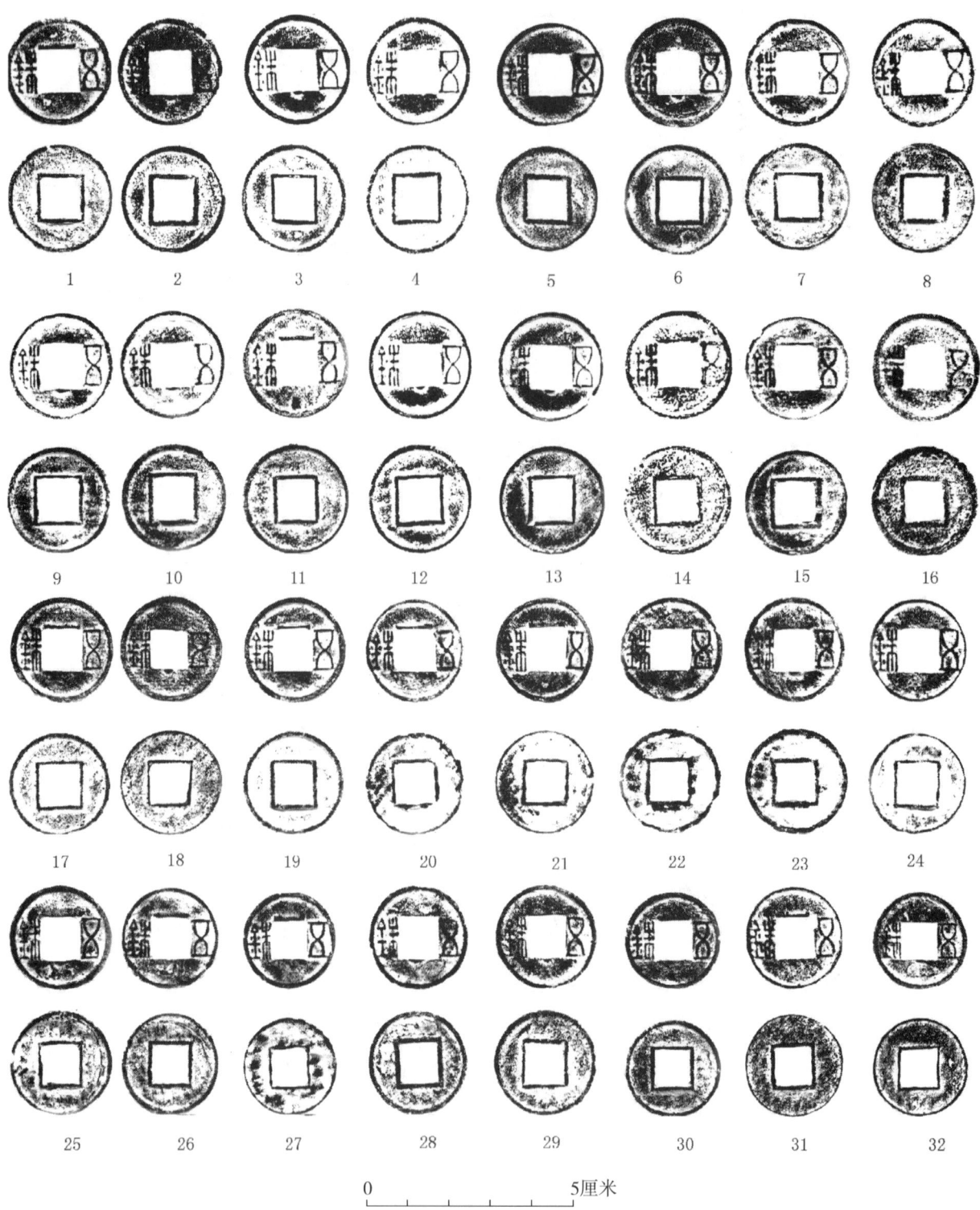

图一〇八　M57出土铜钱

1.M57:37-3-18　2.M57:37-3-19　3.M57:37-3-20　4.M57:37-3-21　5.M57:37-3-22　6.M57:37-3-23　7.M57:37-3-24　8.M57:37-3-25　9.M57:37-3-26　10.M57:37-3-27　11.M57:37-3-28　12.M57:37-3-29　13.M57:37-3-30　14.M57:37-3-31　15.M57:37-3-32　16.M57:37-3-33　17.M57:37-4-1　18.M57:37-4-2　19.M57:37-4-3　20.M57:37-4-4　21.M57:37-4-5　22.M57:37-4-6　23.M57:37-4-7　24.M57:37-4-8　25.M57:37-4-9　26.M57:37-4-10　27.M57:37-4-11　28.M57:37-4-12　29.M57:37-4-13　30.M57:37-4-14　31.M57:37-4-15　32.M57:37-4-16

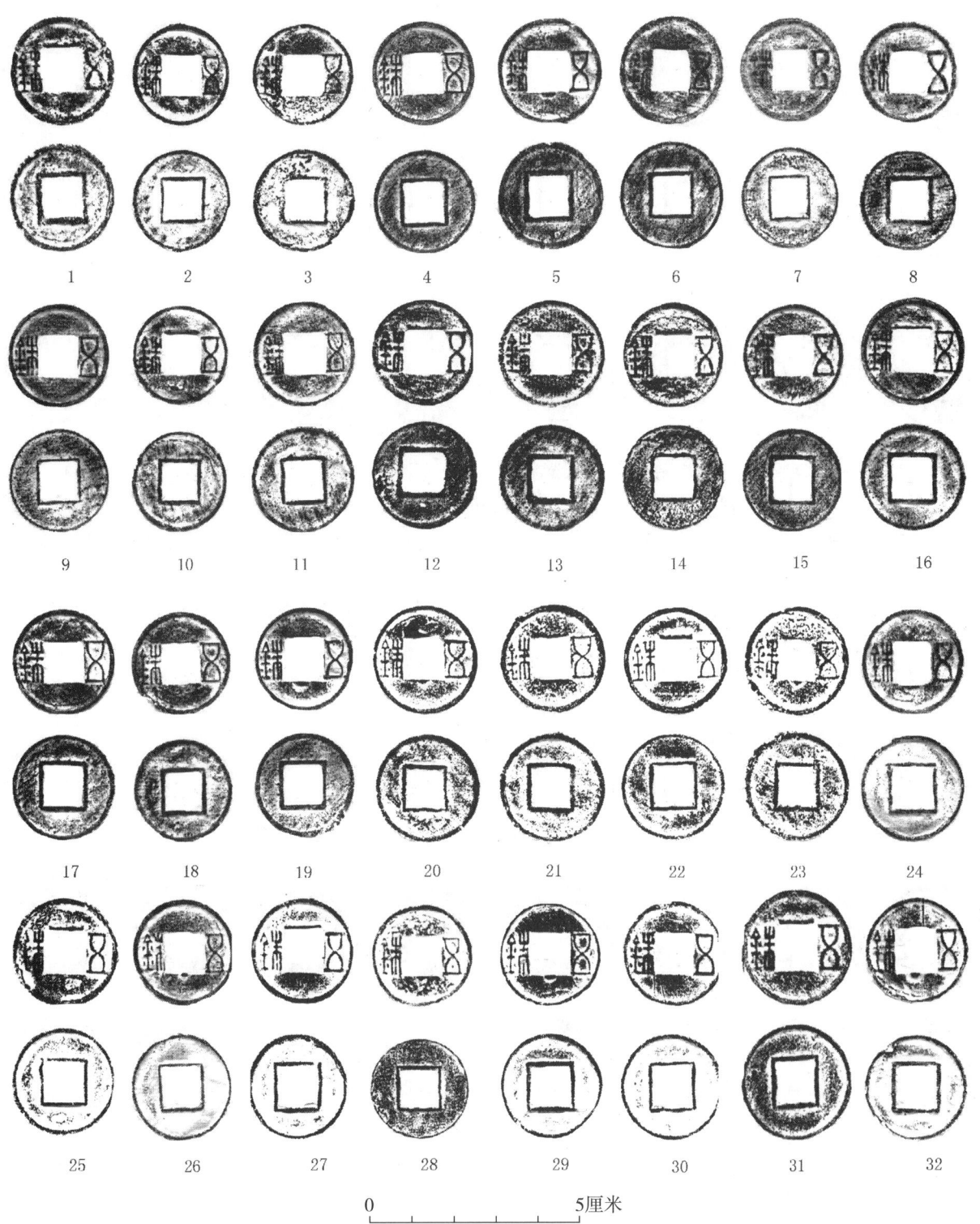

图一〇九 M57出土铜钱

1.M57:37-4-17　2.M57:37-4-18　3.M57:37-4-19　4.M57:37-4-20　5.M57:37-4-21　6.M57:37-4-22　7.M57:37-4-23　8.M57:37-4-24　9.M57:37-4-25　10.M57:37-4-26　11.M57:37-4-27　12.M57:37-4-28　13.M57:37-4-29　14.M57:37-4-30　15.M57:37-4-31　16.M57:37-4-32　17.M57:37-4-33　18.M57:37-4-34　19.M57:37-4-35　20.M57:37-5-1　21.M57:37-5-2　22.M57:37-5-3　23.M57:37-5-4　24.M57:37-6-1　25.M57:37-6-2　26.M57:37-6-3　27.M57:37-6-4　28.M57:37-6-5　29.M57:37-6-6　30.M57:37-6-7　31.M57:37-6-8　32.M57:37-7-1

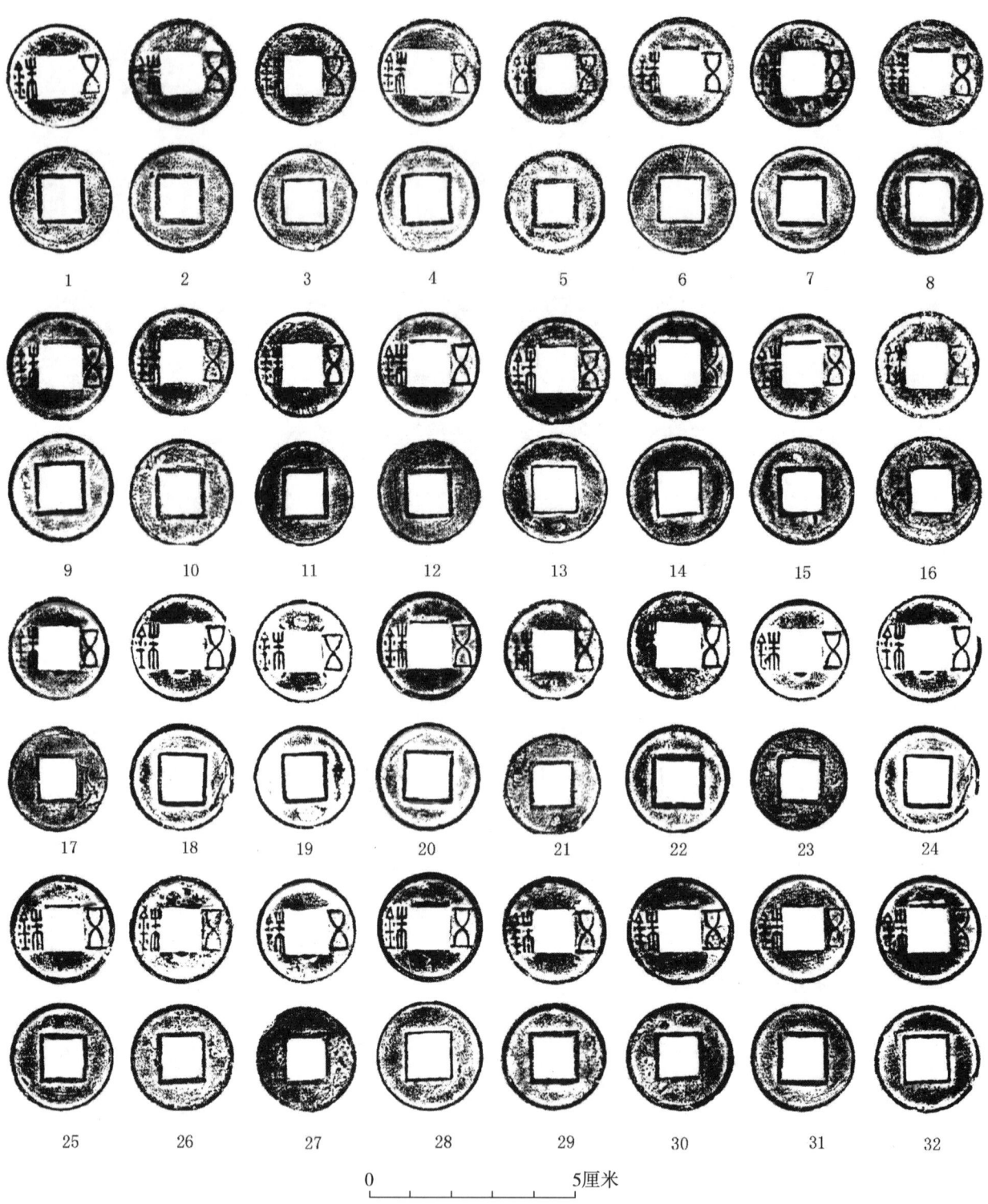

图一一〇 M57出土铜钱

1.M57:37-7-2 2.M57:37-7-3 3.M57:37-7-4 4.M57:37-7-5 5.M57:37-7-6 6.M57:37-7-7 7.M57:37-7-8 8.M57:37-7-9 9.M57:37-4-10 10.M57:37-7-11 11.M57:37-7-12 12.M57:37-7-13 13.M57:37-7-14 14.M57:37-8-1 15.M57:37-8-2 16.M57:37-8-3 17.M57:37-9-1 18.M57:37-9-2 19.M57:37-9-3 20.M57:37-9-4 21.M57:37-9-5 22.M57:37-9-6 23.M57:37-10-1 24.M57:37-10-2 25.M57:37-10-3 26.M57:37-10-4 27.M57:37-10-5 28.M57:37-10-6 29.M57:37-10-7 30.M57:37-10-8 31.M57:37-10-9 32.M57:37-10-10

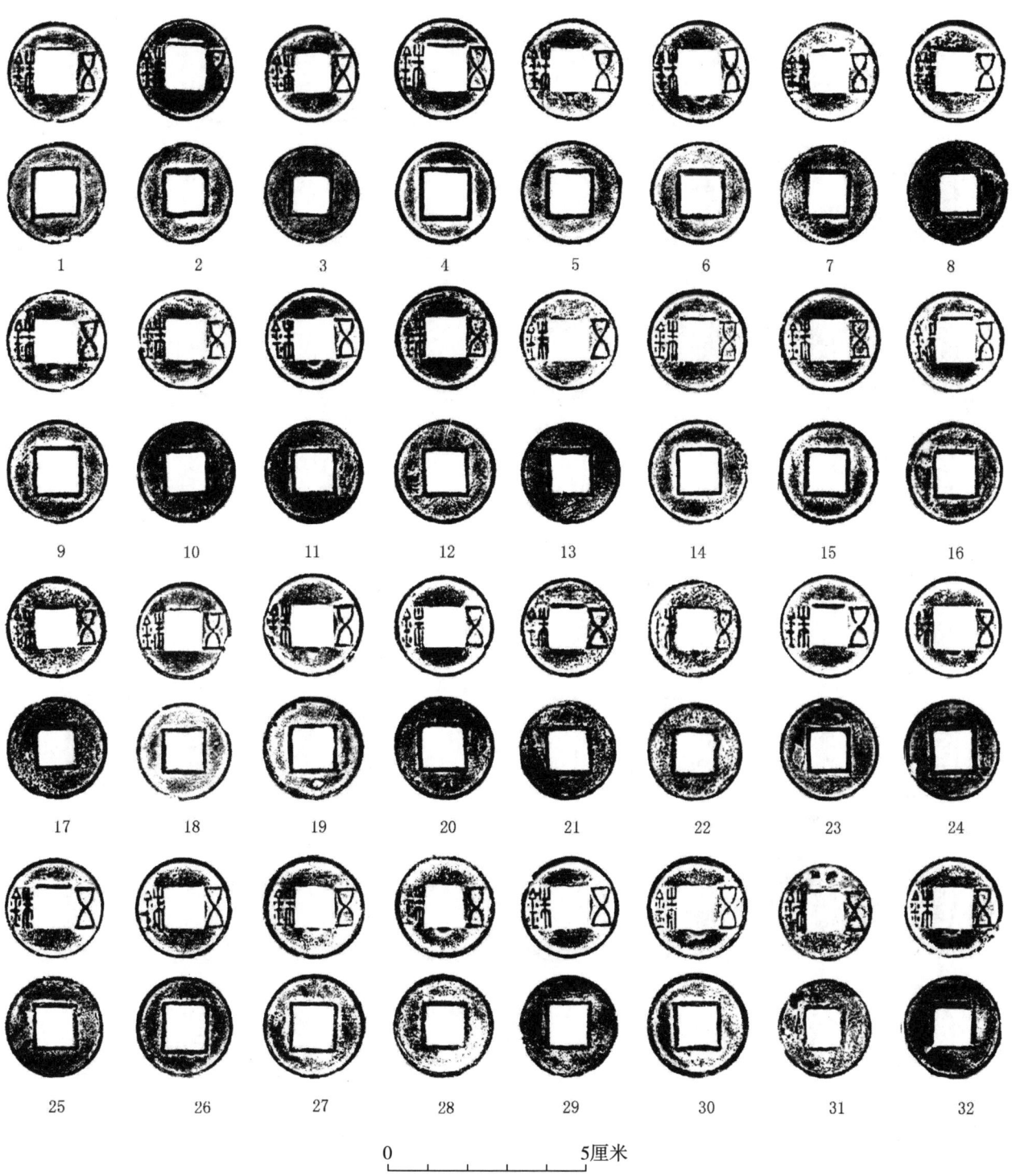

图一一一　M57出土铜钱

1. M57:37-10-11　2. M57:37-10-12　3. M57:37-10-13　4. M57:37-10-14　5. M57:37-10-15　6. M57:37-10-16
7. M57:37-10-17　8. M57:37-10-18　9. M57:37-10-19　10. M57:37-10-20　11. M57:37-10-21　12. M57:37-10-22
13. M57:37-10-23　14. M57:37-10-24　15. M57:37-10-25　16. M57:37-10-26　17. M57:37-10-27　18. M57:37-10-28
19. M57:37-10-29　20. M57:37-10-30　21. M57:37-10-31　22. M57:37-10-32　23. M57:37-10-33　24. M57:37-10-34
25. M57:37-10-35　26. M57:37-10-36　27. M57:37-10-37　28. M57:37-10-38　29. M57:37-10-39　30. M57:37-10-40
31. M57:37-10-41　32. M57:37-10-42

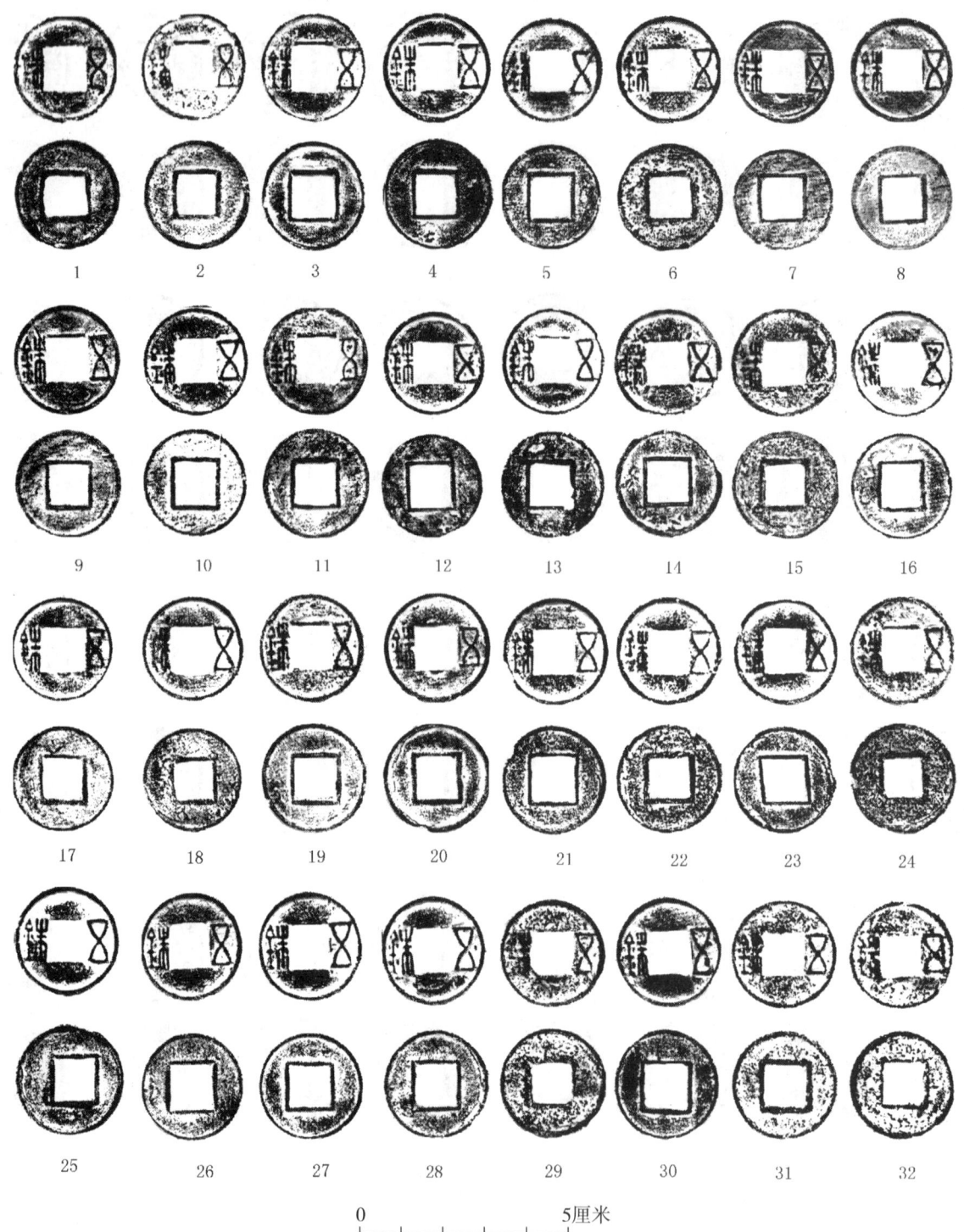

图一一二 M57出土铜钱

1.M57:37-10-43　2.M57:37-10-44　3.M57:37-10-45　4.M57:37-10-46　5.M57:37-11-1　6.M57:37-11-2　7.M57:37-11-3　8.M57:37-11-4　9.M57:37-11-5　10.M57:37-11-6　11.M57:37-11-7　12.M57:37-12-1　13.M57:37-12-2　14.M57:37-12-3　15.M57:37-12-4　16.M57:37-12-5　17.M57:37-12-6　18.M57:37-12-7　19.M57:37-12-8　20.M57:37-12-9　21.M57:37-12-10　22.M57:37-12-11　23.M57:37-12-12　24.M57:37-12-13　25.M57:37-12-14　26.M57:37-12-15　27.M57:37-12-16　28.M57:37-12-17　29.M57:37-12-18　30.M57:37-12-19　31.M57:37-12-20　32.M57:37-12-21

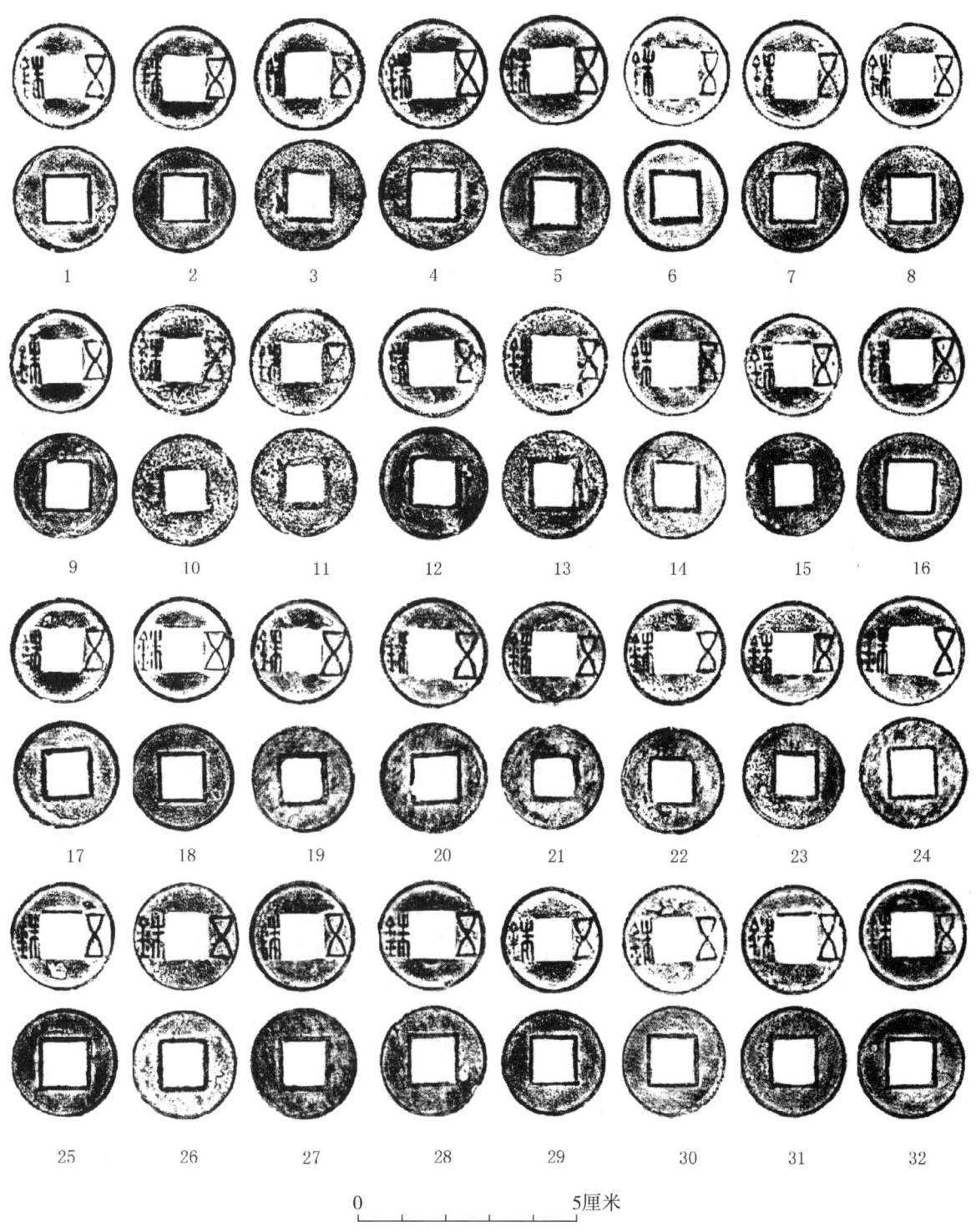

图一一三 M57出土铜钱

1.M57:37-12-22 2.M57:37-12-23 3.M57:37-12-24 4.M57:37-12-25 5.M57:37-12-26 6.M57:37-12-27 7.M57:37-12-28 8.M57:37-12-29 9.M57:37-12-30 10.M57:37-12-31 11.M57:37-12-32 12.M57:37-12-33 13.M57:37-12-34 14.M57:37-12-35 15.M57:37-12-36 16.M57:37-12-37 17.M57:37-12-38 18.M57:37-12-39 19.M57:37-12-40 20.M57:37-12-41 21.M57:37-12-42 22.M57:37-12-43 23.M57:37-12-44 24.M57:37-12-45 25.M57:37-12-46 26.M57:37-12-47 27.M57:37-12-48 28.M57:37-12-49 29.M57:37-12-50 30.M57:37-13-1 31.M57:37-13-2 32.M57:37-14-1

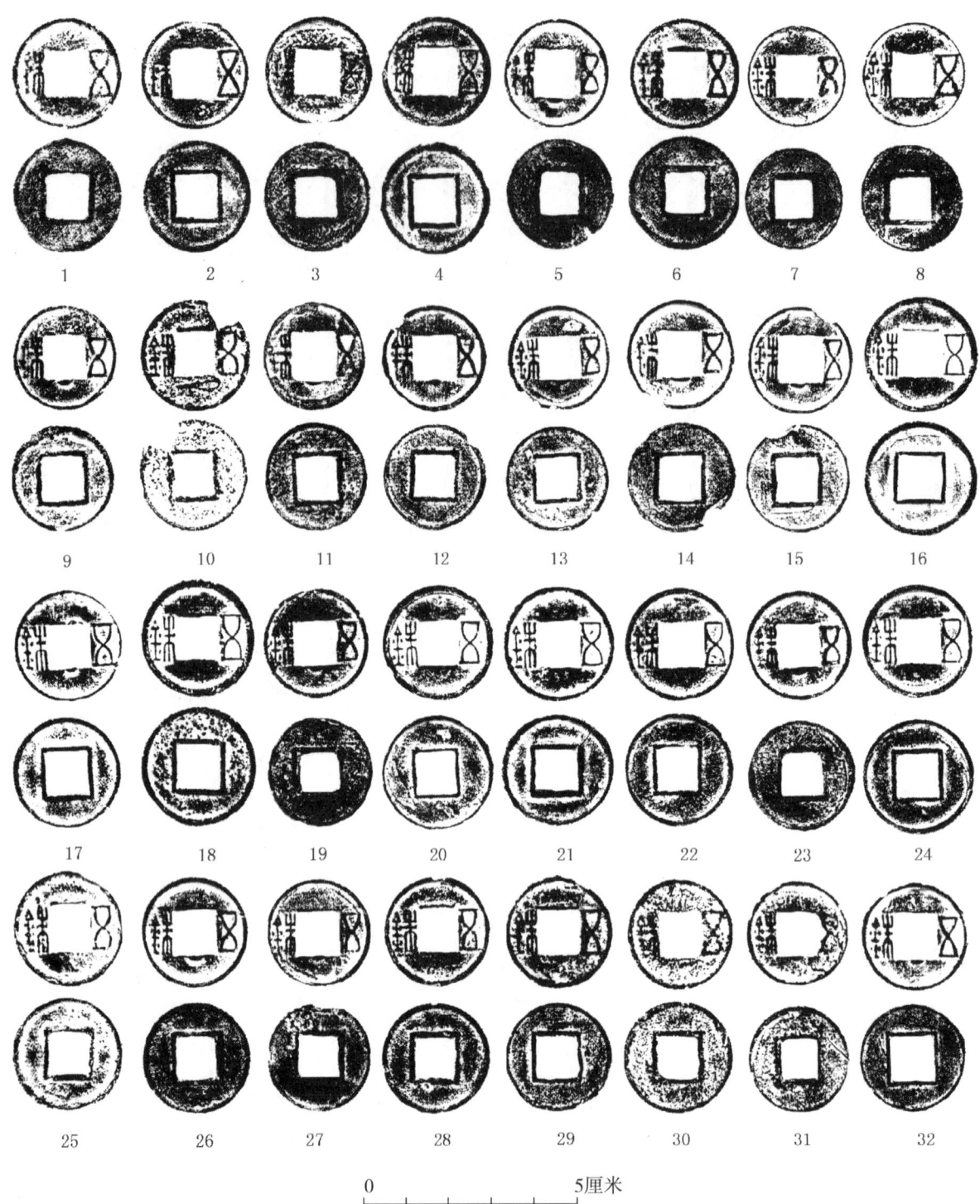

图一一四　M57出土铜钱

1. M57:37-14-2　2. M57:37-14-3　3. M57:37-14-4　4. M57:37-14-5　5. M57:37-14-6　6. M57:37-14-7　7. M57:37-19-1　8. M57:37-19-2　9. M57:37-19-3　10. M57:37-21-1　11. M57:37-21-2　12. M57:37-22-1　13. M57:37-22-2　14. M57:37-22-3　15. M57:37-24　16. M57:37-27-1　17. M57:37-27-2　18. M57:37-27-3　19. M57:37-27-4　20. M57:37-27-5　21. M57:37-27-6　22. M57:37-27-7　23. M57:37-27-8　24. M57:37-27-9　25. M57:37-28　26. M57:37-29-1　27. M57:37-29-2　28. M57:37-29-3　29. M57:37-30-1　30. M57:37-30-2　31. M57:37-30-3　32. M57:37-30-4

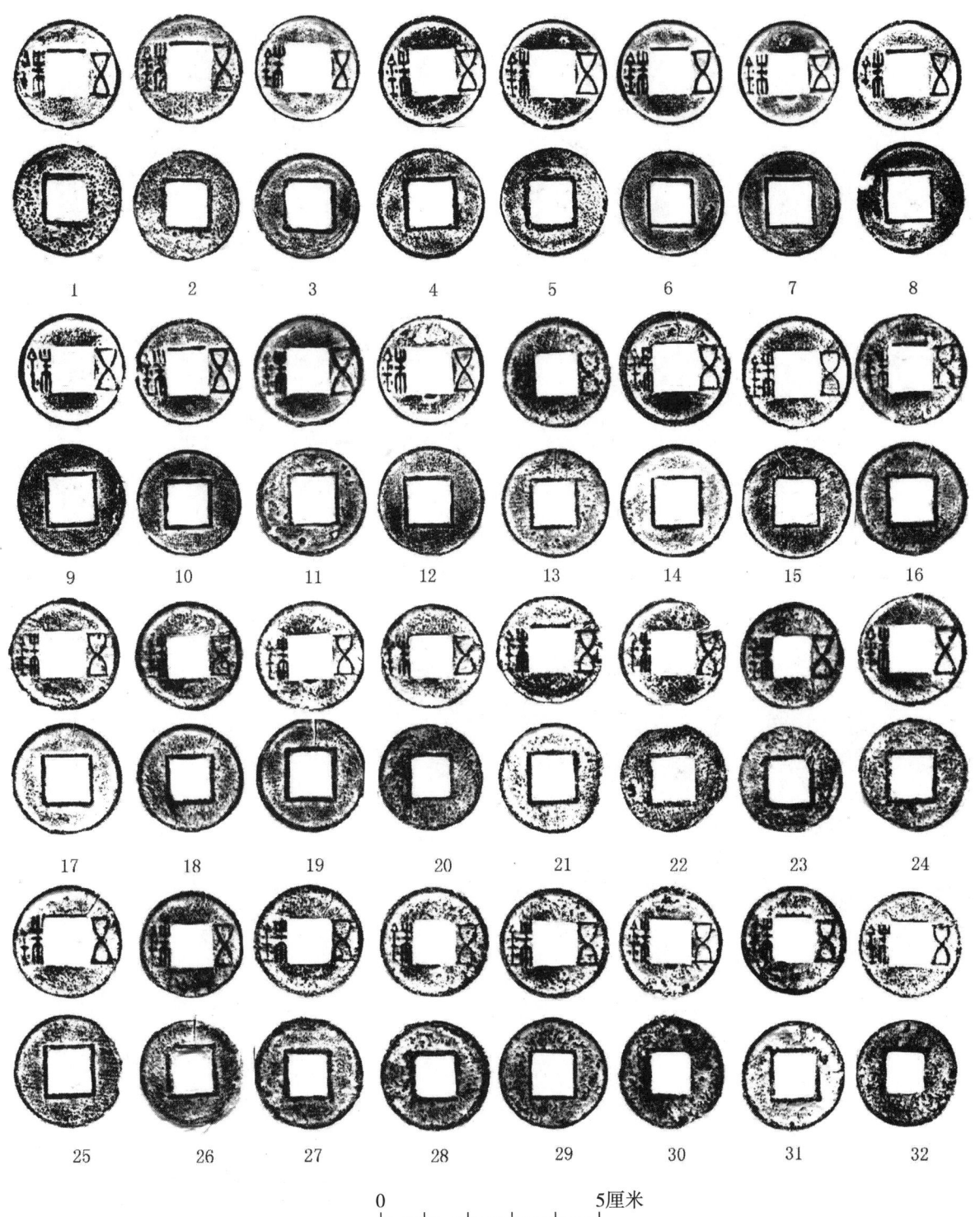

图一一五　M57出土铜钱

1.M57:37-30-5　2.M57:37-30-6　3.M57:37-30-7　4.M57:37-30-8　5.M57:37-30-9　6.M57:37-30-10　7.M57:37-30-11　8.M57:37-30-12　9.M57:37-30-13　10.M57:37-30-14　11.M57:37-31-1　12.M57:37-31-2　13.M57:38-1-1　14.M57:38-1-2　15.M57:38-1-3　16.M57:38-1-4　17.M57:38-1-5　18.M57:38-2　19.M57:38-3-1　20.M57:38-3-2　21.M57:38-4　22.M57:38-5　23.M57:38-6-1　24.M57:38-6-2　25.M57:38-6-3　26.M57:38-6-4　27.M57:39-1-1　28.M57:39-1-2　29.M57:39-1-3　30.M57:39-1-4　31.M57:39-2-1　32.M57:39-2-2

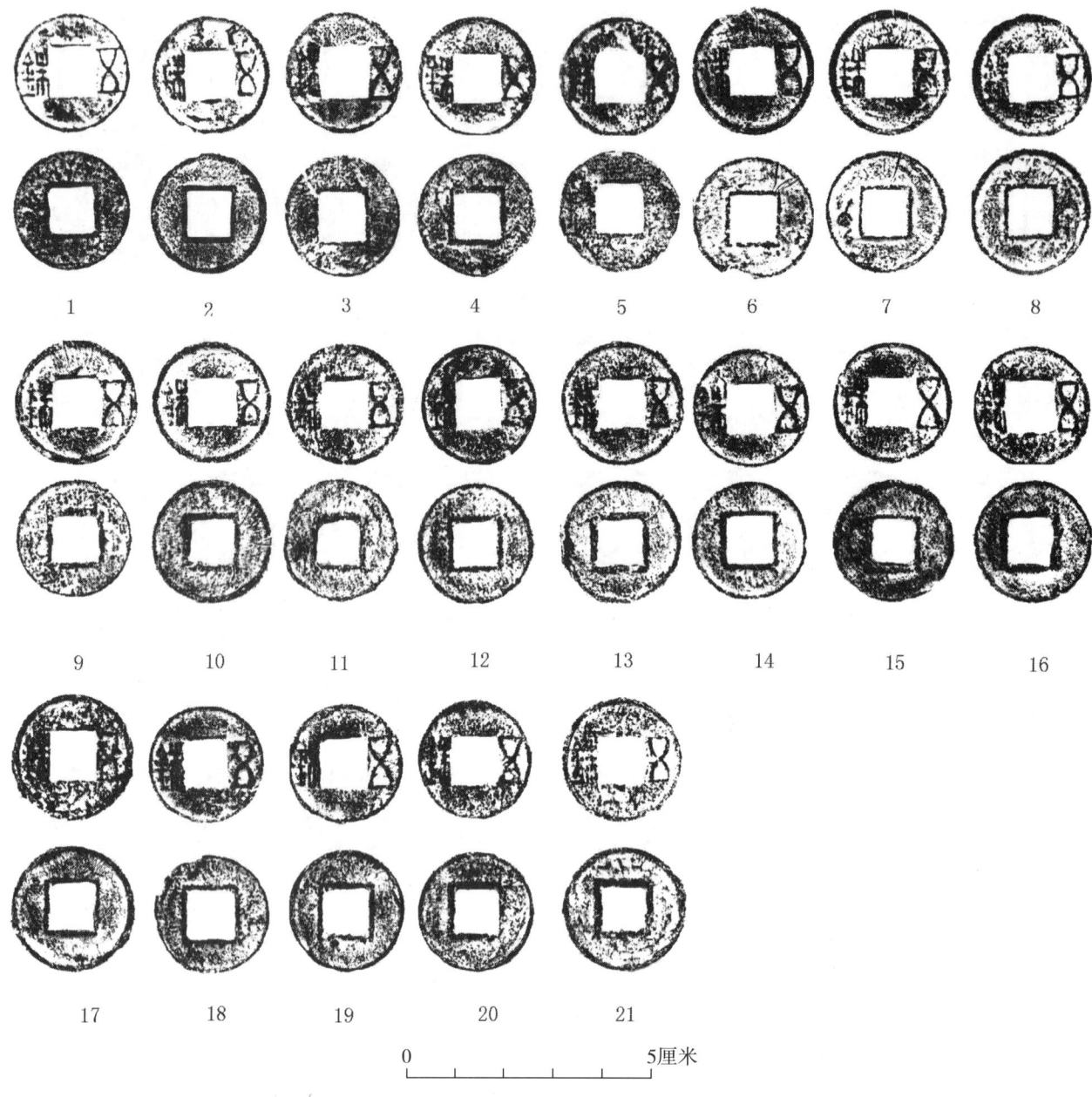

图一一六 M57出土铜钱

1.M57:39-2-3 2.M57:39-2-4 3.M57:39-3-1 4.M57:39-3-2 5.M57:39-3-3 6.M57:63-1-1 7.M57:63-1-2
8.M57:63-1-3 9.M57:63-1-4 10.M57:63-1-5 11.M57:63-1-6 12.M57:63-2-1 13.M57:63-2-2 14.M57:63-2-3
15.M57:63-2-4 16.M57:63-2-5 17.M57:63-2-6 18.M57:63-2-7 19.M57:63-2-8 20.M57:63-2-9 21.M57:63-2-10

②残缺较甚。共计139枚。标本M57:11-13，11枚。残存35块，最大一块钱径2.5厘米，穿径0.9厘米。最小一块钱径残存0.5厘米，穿径残存0.3厘米。标本M57:17-16，47枚。最大一块钱径2.5厘米，穿径1.0厘米。最小一块钱径残存0.8厘米，穿径残存0.6厘米。标本M57:37-26，7枚。残存16块，最大一块钱径2.6厘米，穿径1.0厘米。最小一块钱径残存0.8厘米，穿径残存0.5厘米。标本M57:38-10，37枚。最大一块钱径2.5厘米，穿径1.0厘米。最小一块钱径残存0.6厘米，穿径残存0.2厘米。标本M57:39-7，37枚。最大一块钱径2.5厘米，穿径1.0厘米。最小一块钱径残存0.4厘米，穿径残存0.2厘米。

四六、M58

（一）层位关系

该墓的上部被施工破坏，依据附近断崖壁的层次推测该墓开口于第②层下。墓道南部被M63的墓道打破。

（二）墓葬形制、葬式与葬具

多室砖室墓。方向196°。平面呈"甲"字形。由墓道、甬道、墓门、前堂、墓室五大部分组成。墓室又分为主室、左侧室和右侧室三部分。

墓道 长方形竖井斜坡式。土坑。置于甬道之南。直壁，斜坡底。墓道南部被M63的墓道打破，未进行清理。口残长8.00米，宽1.80米，距地表深度未知。底残长8.30米，宽1.80米，距地表深2.40米（残存）。

甬道 平面呈长方形。土洞。置于墓道和墓门之间。宽1.50米，高1.50~1.56米，进深1.10米。

墓门 平面呈长方形。置于甬道之北。穹隆形顶。西部和甬道壁垂直，东部留有0.26米的土框。墓门分为内、外两层。外层为墓门的封门，用长约0.46~0.47米、宽约0.15~0.17米、厚约0.08~0.11米的实心子母砖错缝垒砌十一层，砖层通高1.20米，东部底部竖放1块子母砖。内层用同样的实心子母砖对缝平铺13层，每层3块砖，通高1.50米。用长方形红石作为墓门，门楣为一长方体红条石，门楣长1.68米，宽0.38米，厚0.37米；两侧用宽0.22米、高1.04米的红条石竖放作为门柱；用2块红石制成左、右门扇，左扇门宽0.62米，右扇门宽0.54米，均高1.04米，左扇门上有一铁制门环。墓门通宽1.54米，通高1.50米。

前堂 平面呈横置长方形。砖砌。东西向。置于墓室南部。南壁和西壁用长0.44米、宽0.16米、厚0.10米的实心子母砖错缝垒砌，最高残存七层，高0.76米。东壁和底部为生土。室内填土为五花土，被盗扰严重。前堂长5.34米，宽1.90米，距地表深2.50米（残存）。

墓室 平面均呈长方形。均为砖室。由主室、左侧室、右侧室三部分组成，三个墓室平行排列，主室居中，南北向。修建方法相同：底部整体一层方砖铺底，然后在铺地砖上砌墙，券顶。墓室顶被破坏，从残存迹象看，应为穹隆形顶，各室自成一体，主室最大且券顶最高。室壁为子母砖垒砌。墓室券砌所用子母砖均一面有画像，画像一面朝墓室内，砖长0.44米、宽0.16米、厚0.10米；铺地方砖残失不全，砖长0.32米、厚0.06米，饰菱形纹，共10排，每排16块。无封门痕迹。室内填土均为五花土。主室较大，长3.08米，宽2.18米，残高0.78米；左侧室和右侧室分别长3.08米，宽1.20米，残高0.40米。墓室口通长5.20米，通宽5.40米。墓室底通长4.70米，通宽4.70米，距地表深2.50米（残存）。

人骨架无存。头向、面向、葬式不明。在后室的主室和右侧室内发现有木棺痕，不甚清晰，据此推测葬具应为木棺。有随葬品。（图一一七、一一八、一一九、一二〇）

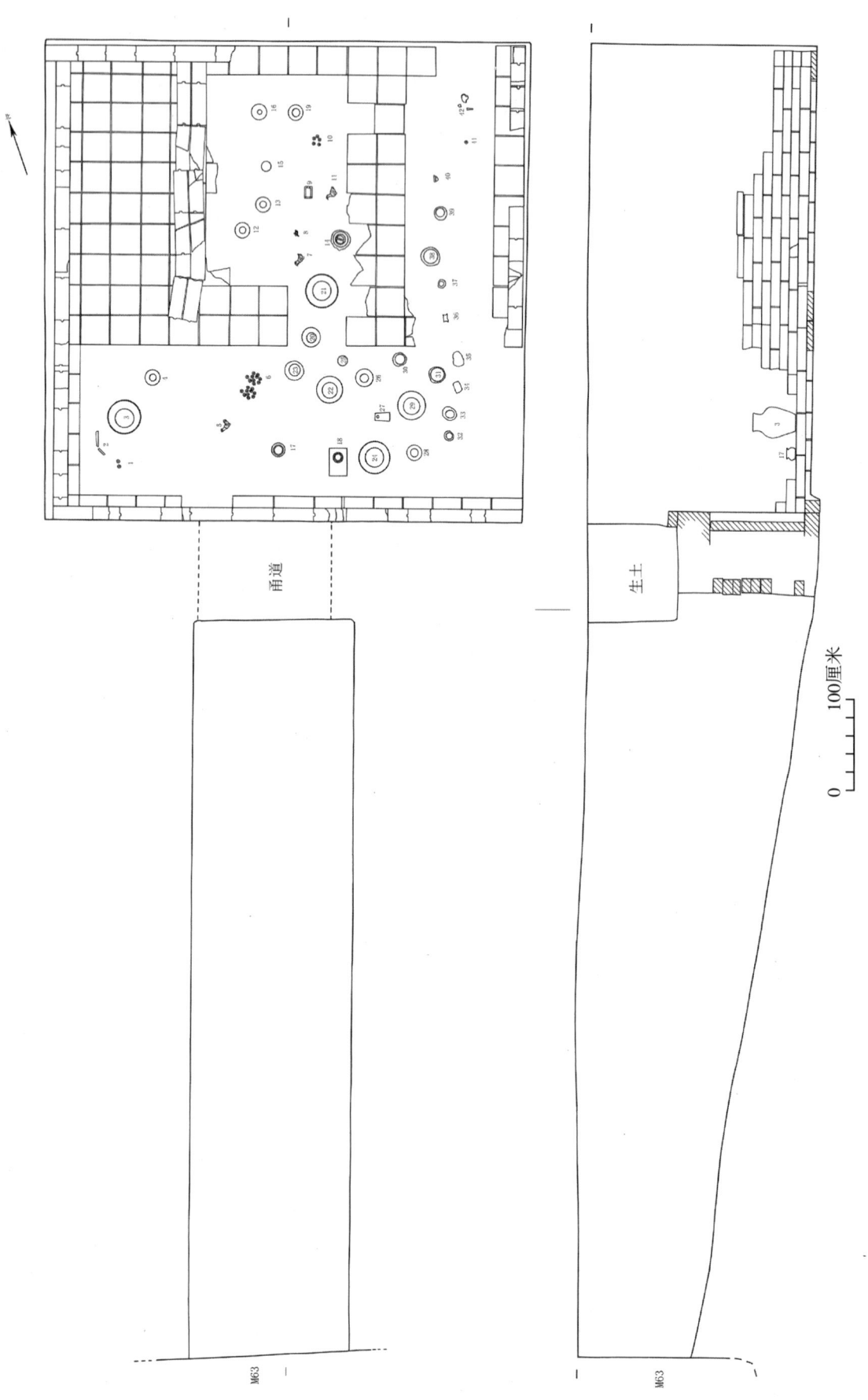

图一一七 M58平、剖面图

1.铜钱 2.铁犁铧 3.陶壶 4.陶器盖 5.陶鸡 6.铜钱 7.陶鸡 8.铜弩机 9.陶猪圈 10.铜钱 11.陶鸭 12.陶仓 13.陶仓 14.陶磨 15.陶器盖 16.陶器盖 17.陶井 18.陶灶 19.陶仓 20.陶罐 21.陶罐 22.陶壶 23.陶仓 24.陶壶 25.陶器盖 26.陶罐 27.陶杵 28.陶罐 29.陶壶 30.陶壶 31.陶仓 32.陶壶 33.陶壶 34.陶壶 39.陶仓 40.陶罐 41.陶纺轮 42.陶马

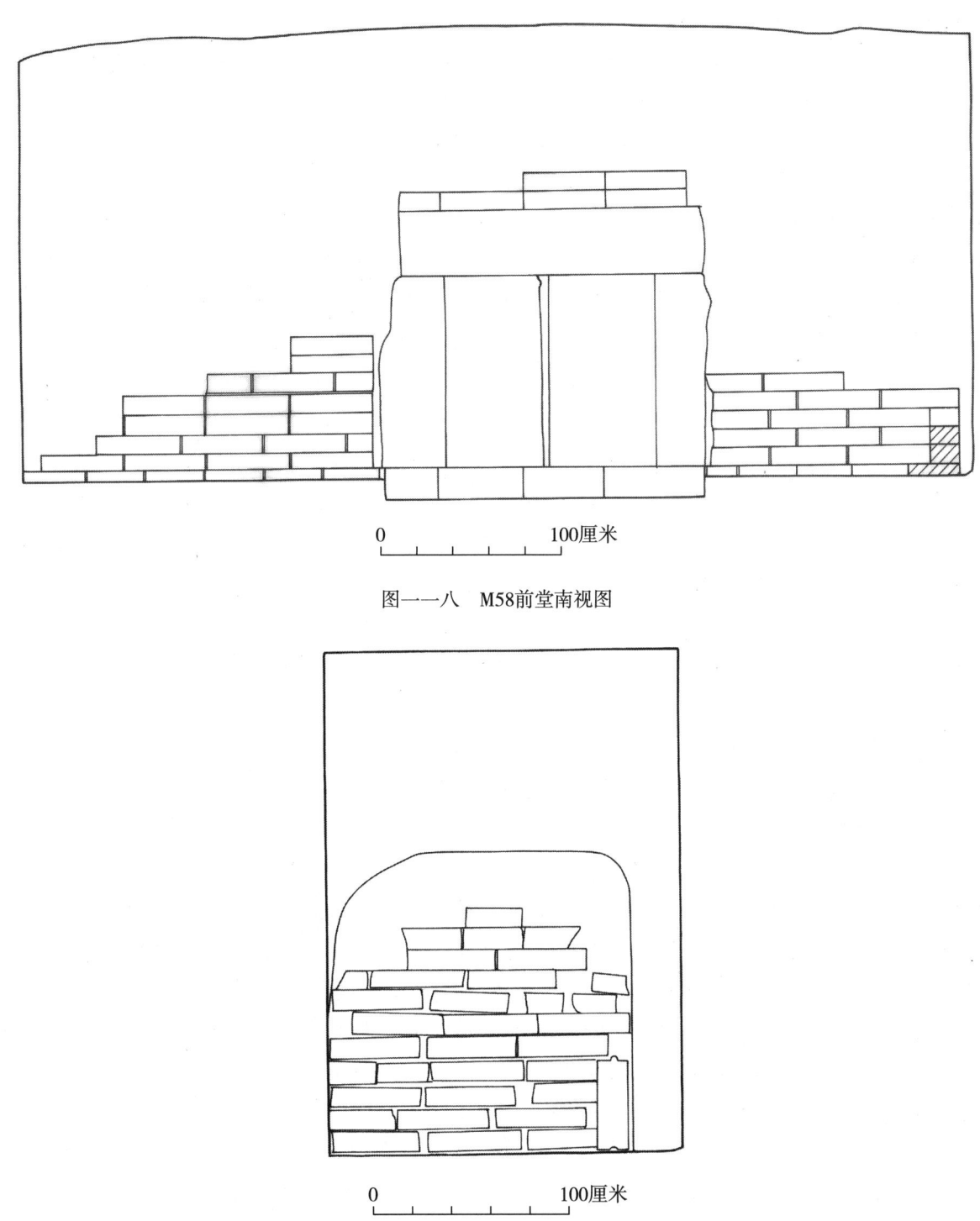

图一一八　M58前堂南视图

图一一九　M58墓门正视图

（三）出土遗物

出土遗物共计77件。有陶壶12、陶罐3、陶仓7、陶磨1、陶井1、陶灶1、陶猪圈1、陶杵1、陶鸡2、陶鸭1、陶马1、陶纺轮1、陶器盖5、陶画像子母砖11、铁犁铧1、铜弩机1、铜钱27。陶画像子母砖为封门砖，其余遗物散乱置放于前堂和墓室内。

陶壶　12件。均为泥质灰陶。轮制。其中7件（标本M58:30、标本M58:32、标本M58:33、标本

M58:34、标本 M58:35、标本 M58:36、标本 M58:38），残失较甚，仅存少部分残片，整体形制不明。标本 M58:30，为壶口的一部分。从残存部分看，器体较小。盘口下方有明显折棱，束颈。壶口内施红彩。口径 10.0 厘米，残高 6.0 厘米。标本 M58:32，壶底残部。底为假圈足底微内凹。残宽 6.0 厘米，残高 3.5 厘米。标本 M58:33，壶口至肩部的一部分。从残存部分看，器体较小。盘口下方有明显折棱，束颈，溜肩。壶口内施红彩。口径 10.7 厘米，残高 7.8 厘米。标本 M58:34，下腹至底部的一小部分。下腹弧收，底为假圈足底微内凹。残宽 12.8 厘米，残高 7.0 厘米。标本 M58:35，肩上腹的一残片。溜肩，鼓腹。残宽 16.7 厘米，残高 1.02 厘米。标本 M58:36，壶口部一残片。从残存部分看，器体较大。盘口下方有明显折棱，束颈。壶口内施红彩。残宽 7.1 厘米，残高 5.8 厘米。标本 M58:38，壶口部一残片。从残存部分看，器体较大。盘口下有明显折棱。壶口内施红彩。口径 16.0 厘米，残高 4.6 厘米。其中 1 件（标本 M58:21），器体较大。底部残失。盘口外撇，盘口下方有明显折棱，颈上扩下束，溜肩，圆鼓腹。盘口下部饰一周凹弦纹，颈肩交接处有一周折棱，肩腹交接处、腹中部各饰一组凹弦纹，肩腹交接处饰三周凹弦纹，腹中部饰两周凹弦纹，两组凹弦纹中间两侧对称饰兽面铺首衔环，口径 20.0 厘米，腹径 35.6 厘米，残高 40.0 厘米。（图一二一，1）另外 4 件（标本 M58:3、标本 M58:22、标本 M58:24、标本 M58:29），器体均较大。均子口承盖。盖形制相同：平顶，盖面弧形隆起，平沿，沿下面有一周凹槽作母口，斜方唇。壶，两两形制相同。标本 M58:3 和标本 M58:29，形制相同，尺寸略异。盘口外撇且出沿，盘口下方有明显折棱，颈上扩下束，溜肩，圆鼓腹，下腹斜内收，下接直筒型空心高假圈足，足与腹部无明显界线。肩腹交接处、腹中部各饰一组凹弦纹，两组凹弦纹中间两侧对称饰兽面铺首衔环。标本 M58:3，盘口较深，外撇。假圈足较高，足与腹部无明显界线。颈肩交接处有一周折棱。盘口下部饰一周凹弦纹，肩腹交接处饰三周凹弦纹，腹中部饰两周凹弦纹。盖，沿径 18.8 厘米，顶径 4.4 厘米，高 3.1 厘米；壶，口径 19.4 厘米，腹径 34.8 厘米，底径 19.0 厘米，高 44.2 厘米；通高 50.0 厘米。（图一二〇，1；图版四三，1）标本 M58:24，盘口较深，外撇且出沿，假圈足较高，足与腹部无明显界线。颈肩交接处有一周折棱。盘口下部饰一周凹弦纹，肩腹交接处饰三周凹弦纹，腹中部饰两周凹弦纹。盖，顶径 4.5 厘米，沿径 18.2 厘米，高 6.0 厘米；壶，口径 19.8 厘米，腹径 34.0 厘米，底径 20.0 厘米，高 44.2 厘米；通高 49.8 厘米。（图一二〇，2；图版四五，3）标本 M58:22 和标本 M58:29，形制相同，尺寸略异。盘口近直，稍外撇且不出沿，盘口下方有明显折棱，颈上扩下束，溜肩，圆鼓腹，下腹斜内收，下接斜直空心稍矮假圈足，足与腹部有明显界线。肩腹交接处、腹中部各饰一组凹弦纹，两组凹弦纹中间两侧对称饰兽面铺首衔环。标本 M58:22，颈肩交接处有一周折棱。肩腹交接处饰两周凹弦纹，腹中部饰一周凹弦纹。壶口内施红彩。盖，顶径 4.9 厘米，沿径 15.8 厘米，高 3.1 厘米；壶，口径 16.6 厘米，腹径 28.6 厘米，底径 15.0 厘米，高 36.0 厘米；通高 39.0 厘米。（图一二〇，3；图版四五，2）标本 M58:29，肩腹交接处饰三周凹弦纹，腹中部饰两周凹弦纹。壶口内施红彩。盖，顶径 3.9 厘米，沿径 18.2 厘米，高 5.4 厘米；壶，口径 17.2 厘米，腹径 28.6 厘米，底径 14.4 厘米，高 34.2 厘米；通高 41.0 厘米。（图一二〇，4；图版四五，7）

陶罐 3 件。均泥质灰陶。轮制。其中 1 件，标本 M58:40，残失较甚，仅存罐口 1 片。可看出罐为敞口，尖唇，窄平沿，矮颈连肩，溜肩下折。残口宽 6.5 厘米，残高 5.0 厘米。另 2 件（标本 M58:20、标本 M58:26），形制、尺寸均不相同。标本 M58:20，敛口，卷沿，尖唇，矮颈下微束，弧肩，鼓腹下部斜内收，平底微内凹。腹部有数周轮转留下的刮痕。口径 10.8 厘米，腹径 20.4 厘米，底径 11.8 厘米，高 16.4 厘米。（图一二一，8；彩版三五，1；图版四五，1）标本 M58:26，敞口，卷沿，圆唇，矮颈下微束，弧肩，鼓腹下部斜内收，平底微内凹。腹部有数周轮转留下的刮痕。口径8.6厘米，腹径18.4厘米，底径10.8厘米，高15.0厘米。（图一二一，9；彩版三五，2；图版四五，5）

陶仓　7件。均泥质灰陶。轮制。其中3件（标本M58:13、标本M58:19、标本M58:28），形制相同，尺寸不同。小圆口，矮领，尖唇，弧肩下折，圆筒形腹较直，平底微内凹。体态高胖。肩腹交接处有一周折棱，腹部上下饰四周凹弦纹，将腹部分为四部分。标本M58:13，口径6.8厘米，腹径12.9厘米，底径12.0厘米，高23.0厘米。（图一二一，4；图版四四，2）标本M58:19，口径7.4厘米，腹径13.2厘米、底径13.0厘米，高23.6厘米。（图一二一，5；图版四四，5）标本M58:28，口径7.0厘米，腹径13.3厘米，底径12.8厘米，高23.6厘米。（图一二一，6；图版四五，6）另1件，标本M58:12，小圆口，无领，

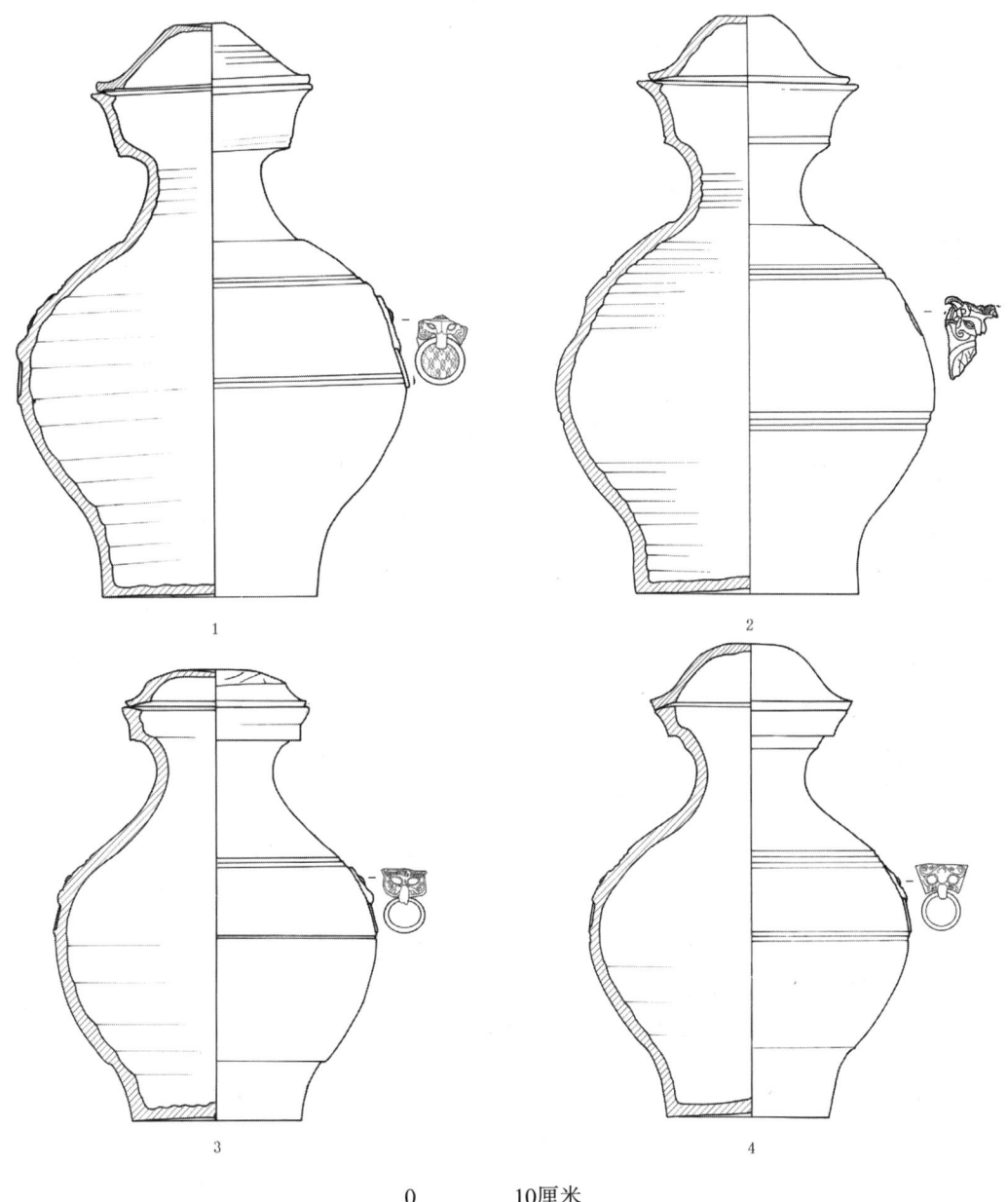

图一二〇　M58出土陶壶
1.M58:3　2.M58:24　3.M58:22　4.M58:29

弧肩下折，圆筒形腹较直，平底微内凹。体态高胖。肩腹交接处有一周折棱，腹部上下饰四周凹弦纹，将腹部分为四部分。口径7.0厘米，腹径12.6厘米，底径12.6厘米，高径23.6厘米。（图一二一，3；图版四四，1）余3件（标本M58:23、标本M58:31、标本M58:39），局部残失。标本M58:23，口、肩残失。平底微内凹。腹部饰三周凹弦纹。底径12.0厘米，残高17.2厘米。（图一二一，7）标本M58:31与标本M58:39残失较甚，仅存下腹及底部的一部分。平底微内凹。底外部满布浅窄凹弦纹，弦纹以一侧为中心呈水波辐射状均匀分布。标本M58:31，底残宽12.1厘米，残高8.0厘米。标本M58:39，底径9.7厘米，残高4.9厘米。

陶磨　1件。标本M58:14，泥质灰陶。轮制。磨台呈圆形，边缘残失。上扇磨下部呈圆拱形凹窝与下扇套合，刻出两周与下扇相同的磨齿，上扇顶部较高，圆拱形凹窝中部有一横直隔梁将其分成两个半圆，隔梁下部留有漏孔，为下粮而设。下扇磨置于磨台中心并与磨台连体，下扇磨呈圆拱形状，中心有一圆孔磨眼，以磨眼为圆心饰两周凹弦纹，凹弦纹外阴线凿刻出三周磨齿，磨齿由中心向四周呈放射状。磨台残直径15.6厘米，磨扇直径10.6厘米，上扇高3.7厘米，下扇高6.0厘米，通高8.2厘米。（图一二一，10；彩版三四，1；图版四四，3）

陶井　1件。标本M58:17，泥质灰陶。轮制。口圆形，敞口，平沿，薄斜方唇下折，束颈，鼓腹，腹部自口沿以下外鼓明显，平底微内凹。腹部至底饰12周凹弦纹。口径12.4厘米，沿宽1.9厘米，腹径14.0厘米，底径13.2厘米，高10.4厘米。（图一二一，12；彩版三四，2；图版四四，4）

陶灶　1件。标本M58:18，泥质灰陶。轮制。体呈长方形，正面有拱形火门。灶面有一个较大的圆形火眼。灶面直平，后端中部附烟囱，烟囱残失。灶面及四侧面用饰"Ⅲ·≠·"纹的平行直线介出边框，火眼四周及侧面前端的直线为两两一组，后端直线为一条，两两一组的平行线内满饰半月纹。体长30.0厘米，宽20.0厘米，通高8.8厘米。（图一二一，2；彩版三六，1；图版四四，6、7）

陶猪圈　1件。标本M58:9，泥质灰陶。猪圈平面为长方形。前端留有门，门上有横栏，横栏残失，仅存放置横栏的栏槽；另三边有矮直壁围栏，两长边上有平沿，后端两角各有一细圆柱形立柱，其上残。圈长13.3厘米，宽8.7厘米，残高6.8厘米。（图一二一，11；彩版三五，4；图版四三，5、6）

陶杵　1件。标本M58:27，泥质灰陶。轮制。仅存底板。底板平面呈梯形，前端窄后端宽，前端面上有一臼窝。一边长18.9厘米，另一边长19.4厘米，前宽7.5厘米，后宽8.3厘米，厚0.9厘米。（图一二二，1；彩版三四，4、5）

陶鸡　2件。泥质灰陶近瓷化。模制。形制相同，尺寸不同。（彩版三六，2；图版四三，3）直颈，昂首，啄尖微向前下，睁目前视，高冠，肉髯较发达而下垂，两翼搭于体两侧，翘尾，尾下部穿一圆孔为肛门，直立，两肢及足残失。周身羽毛清晰，颈羽、飞羽、尾羽较明显。腹腔内空。标本M58:5，啄残。残长10.7厘米，宽3.3厘米，残高9.5厘米。（图一二二，2）标本M58:7，长11.7厘米，宽3.3厘米，残高10.5厘米。（图一二二，3）

陶鸭　1件。标本M58:11，泥质灰陶近瓷化。模制。直颈，昂首，啄扁微向前下，睁目前视，低冠，两翼搭于体两侧，短直尾，尾下部穿一长方孔为肛门，直立，两肢及足残失。周身羽毛清晰，颈羽、飞羽、尾羽较明显。腹腔内空。长12.7厘米，宽4.8厘米，残高8.2厘米。（图一二二，4；彩版三六，3；图版四三，4）

陶马　1件。标本M58:42，泥质灰陶。残失较甚，仅存头残部、腹颈残部、一后肢。可看出直颈，昂首，耳直竖前倾，嘴含马爵，睁目前视，后肢稍弯站立。头残长4.2厘米，宽1.9厘米；体残长11.0厘

第二章 汉代墓葬 147

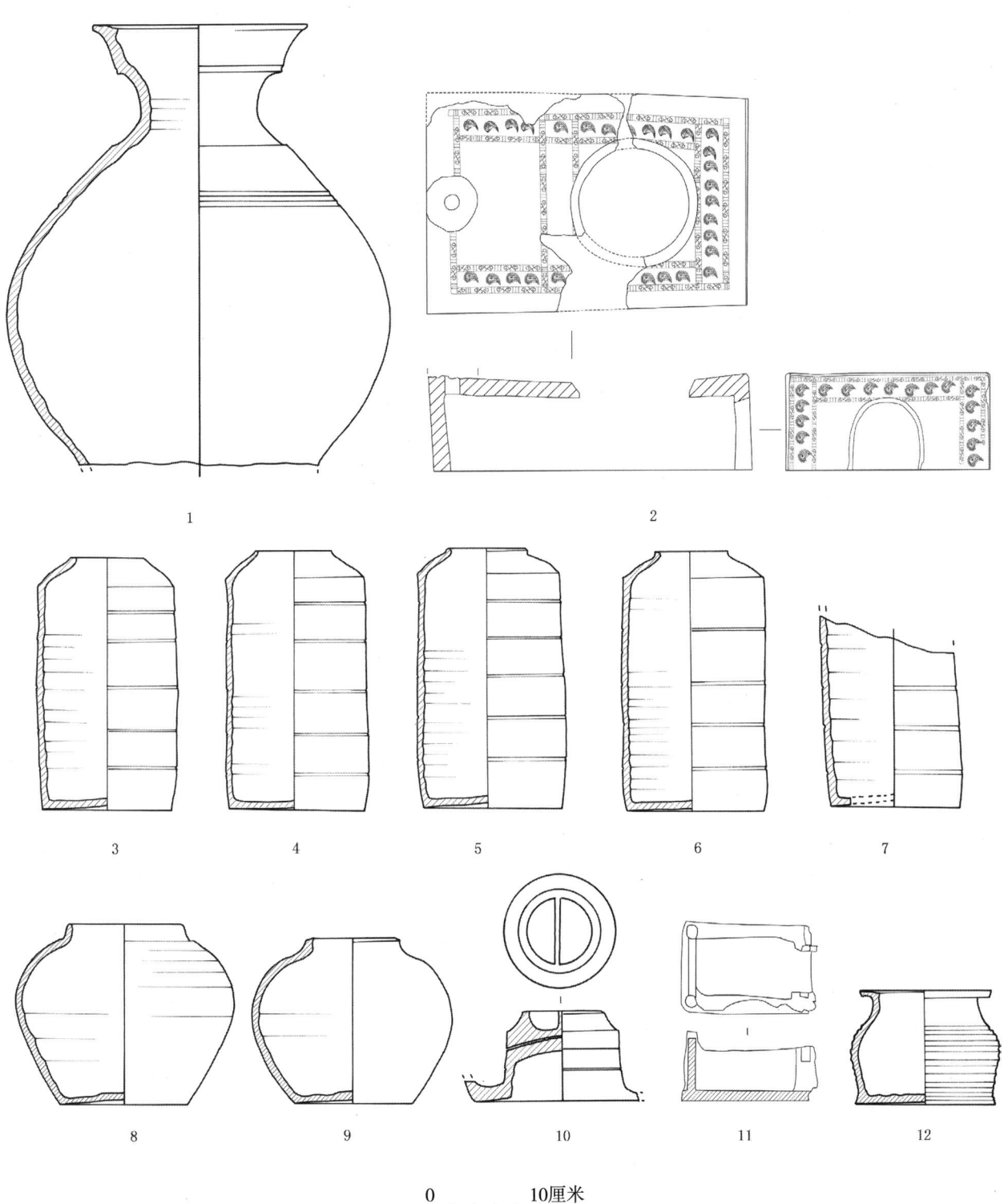

图一二一　M58出土陶器
1.壶（M58:21）　2.灶（M58:18）　3.仓（M58:12）　4.仓（M58:13）　5.仓（M58:19）　6.仓（M58:28）
7.仓（M58:23）　8.罐（M58:20）　9.罐（M58:26）　10.磨（M58:14）　11.猪圈（M58:9）　12.井（M58:17）

米，残高7.2厘米；后肢高7.9厘米。

陶器盖 5件。均为泥质灰陶。轮制。其中2件（标本M58:15、标本M58:25）形制相同，尺寸略异。均为弧形顶，盖面弧形隆起，盖面中部有一周折棱，斜沿下折，沿下面有一周凹槽作母口，斜方唇。标本M58:15，沿径10.0厘米，高3.4厘米。（图一二二，7）标本M58:25，沿径9.8厘米，高2.6厘米。（图一二二，8；图版四五，4）另三件形制、尺寸均不相同。标本M58:4，覆钵型。平顶微内凹，盖面斜向上隆起，直沿下折，方唇。顶径6.2厘米，沿径16.2厘米，高5.6厘米。（图一二二，5；彩版三四，3；图版四三，2）标本M58:16，平顶，盖面弧形隆起下部有一周折棱，平沿，沿下面有一周凹槽作母口，斜方唇。顶径4.2厘米，沿径16.8厘米，高4.2厘米。（图一二二，6）标本M58:37，仅存顶部残片。平顶，盖面弧形隆起，盖面两折棱。顶径4.8厘米，残高3.5厘米。

陶纺轮 1件。标本M58:41，泥质灰陶。轮制。圆饼形。两面平，束腰，中心有一圆形穿孔。直径3.3厘米，厚1.1厘米。（图一二三，3；彩版三五，3）

铁犁铧 1件。标本M58:2，锈蚀甚重。呈"V"字形。背面拱起。"V"字形銎，两翼开刃，刃部略弧，前锋残损。銎槽内有木质残留。长17.2厘米，厚0.2厘米。（图一二三，1；彩版三七，1；图版四六，1）

铜弩机 1件。标本M58:8，由廓、望山、牙、钩心、悬刀组成，廓前窄后宽，略成长方形，前部为箭槽，廓身前后各横贯一圆柱形枢钉，把几部分构件穿连成一个活动的整体。廓长4.5厘米，宽2.2厘米，高3.5厘米。（图一二三，2；彩版三七，2；图版四五，8）

陶画像子母砖 11件。均泥质灰陶。形制相同，尺寸相近。长方形四棱柱实心体，一端为子头，另一端为母口。纹饰图案采用印模压印而成，仅一侧面有图案，另三面均为素面。根据纹饰图案分为以下五种情况进行报告：

1. 标本M58:01和标本M58:09，2件。纹饰图案相同，尺寸有异。图案均为同模压印出四方图案，将砖分为四等分，四方图案分为上下两排，每排两方布局，上下两排间用一竖行直粗绳纹隔开。每方图案均为：首尾均为一骑手策马，首骑手坐骑引颈昂首，张开大口前奔，尾骑手坐骑勾颈低首，张开大口被紧急拽停；中间为一躬身颔首的持盾力士在拦驾一辆二马拉的敞篷轺车，车上乘坐二人，一驭夫策马，一尊者背靠车厢稳坐，二马均受到惊吓，昂首引颈嘶鸣。图中人物均戴帽着袍。标本M58:01，长46.8厘米，宽15.7厘米，厚10.0厘米。（图一二四，1）标本M58:09，残断。长46.8厘米，宽16.8厘米，厚10.3厘米。（图一二七，2）

2. 标本M58:02，1件。同模压印出四方图案，将砖分为四等分，四方图案分为上下两排，每排两方布局，上下两排间用一行粗绳纹界隔开。每方图案从左至右为力士、野猪、熊、凤鸟，其间饰山峦、树木。力士单膝跪地，双手持武器面向野猪作投掷状；野猪瞠目逃窜，半身被山峰遮挡只露颈首；熊两后肢和右前肢着地蹲踞，左前肢弯举扶头；凤鸟振翅展尾，停站在山峦一侧。长46.4厘米，宽16.3厘米，厚10.0厘米。（图一二四，2）

3. 标本M58:03，1件。图案为同模压印出上、中、下三排图案，上排为同模压印两方半动物图案，中排和下排各为同模压印两方半曲枝仙草图案，上、中、下排之间分别压印两条、三条、两条凸直条线棱界隔开。上排两方图案均为三只踏云凤鸟与一曲身卷尾飞龙相向，半方图案只压印出飞龙；中排和下排两方图案均为曲体连枝仙草，自前而后间饰半个圆形乳钉纹、一个麟趾纹、一联组菱形纹、一个方形乳钉纹，半方图案为一段间饰半个圆形乳钉纹的曲体连枝仙草。长46.5厘米，宽15.8厘米，厚10.0厘米。（图一二五，1）

图一二二　M58出土陶器

1.杵（M58:27）　2.鸡（M58:5）　3.鸡（M58:7）　4.鸭（M58:11）　5.器盖（M58:4）　6.器盖（M58:16）　7.器盖（M58:15）　8.器盖（M58:25）

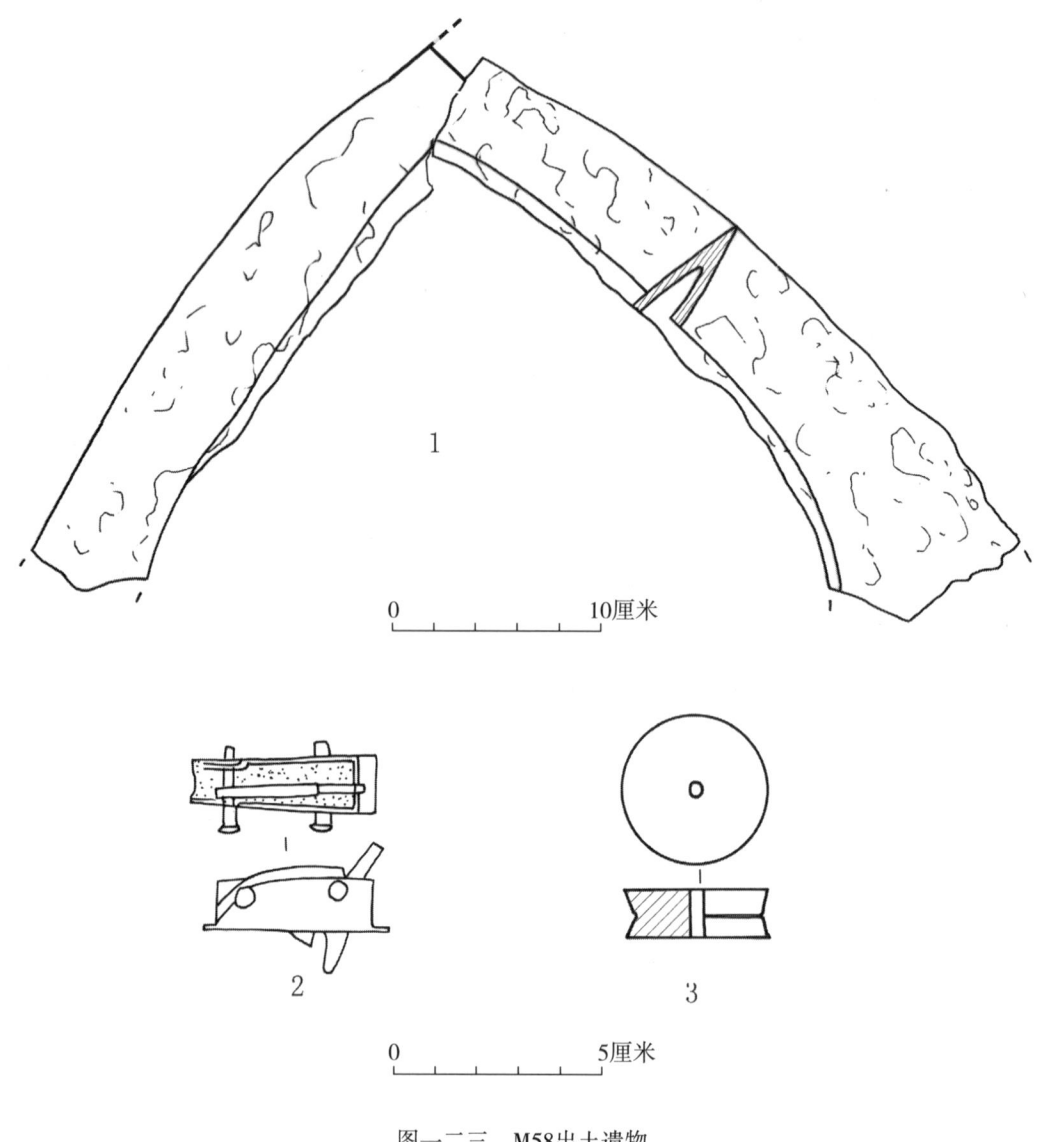

图一二三　M58出土遗物
1.铁犁铧（M58:2）　2.铜弩机（M58:8）　3.陶纺轮（M58:41）

4. 标本 M58:04、标本 M58:07 和标本 M58:011，3 件。纹饰图案相同，图案间的界隔框有差异，尺寸相近。图案均为同模压印出四方图案，将砖分为四等分，四方图案分为上下两排，每排两方布局。标本 M58:04 和标本 M58:011 上下两排间用一竖行粗绳纹界隔开，标本 M58:07 上下两排间用凸直条线棱界隔开。每方图案均饰出四座山峰。山峰之间中部为两方图案：后方图案为一圆睁双目呲牙立耳的猛虎，虎尽露凶相，其前为一惊恐蹲坐山前的羊或狗；最前方图案为一转头回首奔逃的鹿，最后方图案为一瞪目背向逃窜的野猪，野猪半身被山峰遮挡只露颈首。标本 M58:04，长 46.8 厘米，宽 16.3 厘米，厚 10.3 厘米。（图一二五，2）标本 M58:07，长 46.8 厘米，宽 16.3 厘米，厚 9.0 厘米。（图一二六，3）标本 M58:011，一端角残。长 46.8 厘米，宽 16.0 厘米，厚 10.3 厘米。（图一二八，2）

5. 标本 M58:05 和标本 M58:08，2 件。纹饰图案相同，尺寸有异。图案均为同模压印出四方图案，将砖分为四等分，四方图案分为上下两排，每排两方布局。每方图案均为：两端饰山峰，中部饰二龙交尾，二龙回首相向，四爪张开。标本 M58:05，由于砖较窄，下排的图案仅压印出一半。长 47.4 厘米，宽 15.1

厘米，厚8.2厘米。（图一二六，1）标本M58:08，长46.8厘米，宽16.5厘米，厚10.4厘米。（图一二七，1）

6. 标本M58:06和标本M58:010，2件。纹饰图案相同，尺寸有异。图案均为同模压印的九方图案，砖一端竖印半方图案，其余部分横印上、中、下三排各两方图案。九方图案均为曲体连枝仙草，自前而后间饰半个圆形乳钉纹、一个麟趾纹、一联组菱形纹、一个方形乳钉纹；另半方图案为一段间饰一个方形乳钉纹的曲体连枝仙草。标本M58:06，长46.3厘米，宽16.1厘米，厚10.1厘米。（图一二六，2）标本M58:010，长46.8厘米，宽16.0厘米，厚10.5厘米。（图一二八，1）

铜钱 27枚。均为五铢。正面内廓均被磨除。标本M58:1，2枚；标本M58:6，20枚；标本M58:10，5枚。依据钱文书体、保存现状等分为以下11种情况进行报告：

1. 标本M58:1-1，1枚。钱文字迹清晰。"五"字中间两交笔呈稍曲。"铢"字的"金"旁上部呈小三角形，下部四点稍短；"朱"旁上部方折，下部圆折，下竖较直，下部长于上部，上、下部之间的间距较大。钱径2.5厘米，穿径0.9厘米。（图一二九，1）

2. 标本M58:1-2，1枚。钱文字迹清晰。"五"字中间两交笔呈稍曲。"铢"字的"金"旁上部呈稍大三角形，下部四点稍长；"朱"旁上部方折，下部圆折，下竖较直，下部长于上部，上、下部之间的间距较大。边缘残缺。钱径2.5厘米，穿径0.9厘米。（图一二九，2）

3. 标本M58:6-1（1枚）和标本M58:6-2（2枚），共计3枚。钱文书体相同，尺寸不同。钱文字迹均清晰。"五"字中间两交笔弯曲。"铢"字的"金"旁上部呈稍大三角形，下部四点稍长；"朱"旁上部方折，下部圆折，下竖较直，下部长于上部，上、下部之间的间距较大。标本M58:6-1，1枚。钱径2.5厘米，穿径0.9厘米。标本M58:6-2，2枚。尺寸相同。钱径2.3厘米，穿径0.9厘米。（图一二九，3）

4. 标本M58:6-6（3枚）、标本M58:10（5枚），共计8枚。钱文书体、尺寸均相同。钱文字迹均清晰。"五"字中间两交笔弯曲。"铢"字的"金"旁上部呈小三角形，下部四点稍短；"朱"旁上部方折，下部圆折，下竖较直，下部长于上部，上、下部之间的间距较大。钱径2.5厘米，穿径0.9厘米。标本M58:6-6，3枚。（图一二九，4）标本M58:10，5枚。

5. 标本M58:6-7，1枚。钱文书体、尺寸均相同。钱文均较清晰。"五"字中间两交笔弯曲。"铢"字的"金"旁上部呈稍大三角形，下部四点稍长；"朱"旁上部方折，下部方折，下竖较直，下部长于上部，上、下部之间的间距较大。标本M58:6-7，钱径2.5厘米，穿径0.9厘米。（图一二九，5）

6. 标本M58:6-8，标本M58:6-9，各1枚。钱文书体相同，尺寸不同。钱文字迹清晰。"五"字中间两交笔较直。"铢"字的"金"旁上部呈稍大三角形，下部四点稍长；"朱"旁上部方折，下部圆折，下竖较直，下部长于上部，上、下部之间的间距较大。标本M58:6-8，1枚。钱径2.5厘米，穿径0.9厘米。（图一二九，6）标本M58:6-9，1枚。边缘残缺。钱径2.6厘米，穿径0.9厘米。（图一二九，7）

8. 标本M58:6-3（1枚）、标本M58:6-4（2枚）、标本M58:6-5（2枚），共计5枚。钱文"铢"字不清，"五"字稍有差别，尺寸不同。标本M58:6-3（1枚）和标本M58:6-4（2枚），钱文"五"字中间两交笔弯曲。标本M58:6-3，1枚。钱径2.7厘米，穿径1.0厘米。标本M58:6-4，2枚。边缘残缺。尺寸相同。钱径2.4厘米，穿径1.0厘米。标本M58:6-5，2枚。"五"字中间两交笔呈稍曲。尺寸相同。钱径2.5厘米，穿径0.9厘米。

9. 标本M58:6-10，1枚。钱文部分不清晰。"五"字中间两交笔呈稍曲。"铢"字的"金"旁不清晰；"朱"旁上部方折，下部圆折，下竖较直，下部长于上部，上、下部之间的间距较大。钱径2.5厘米，穿径0.9厘米。（图一二九，8）

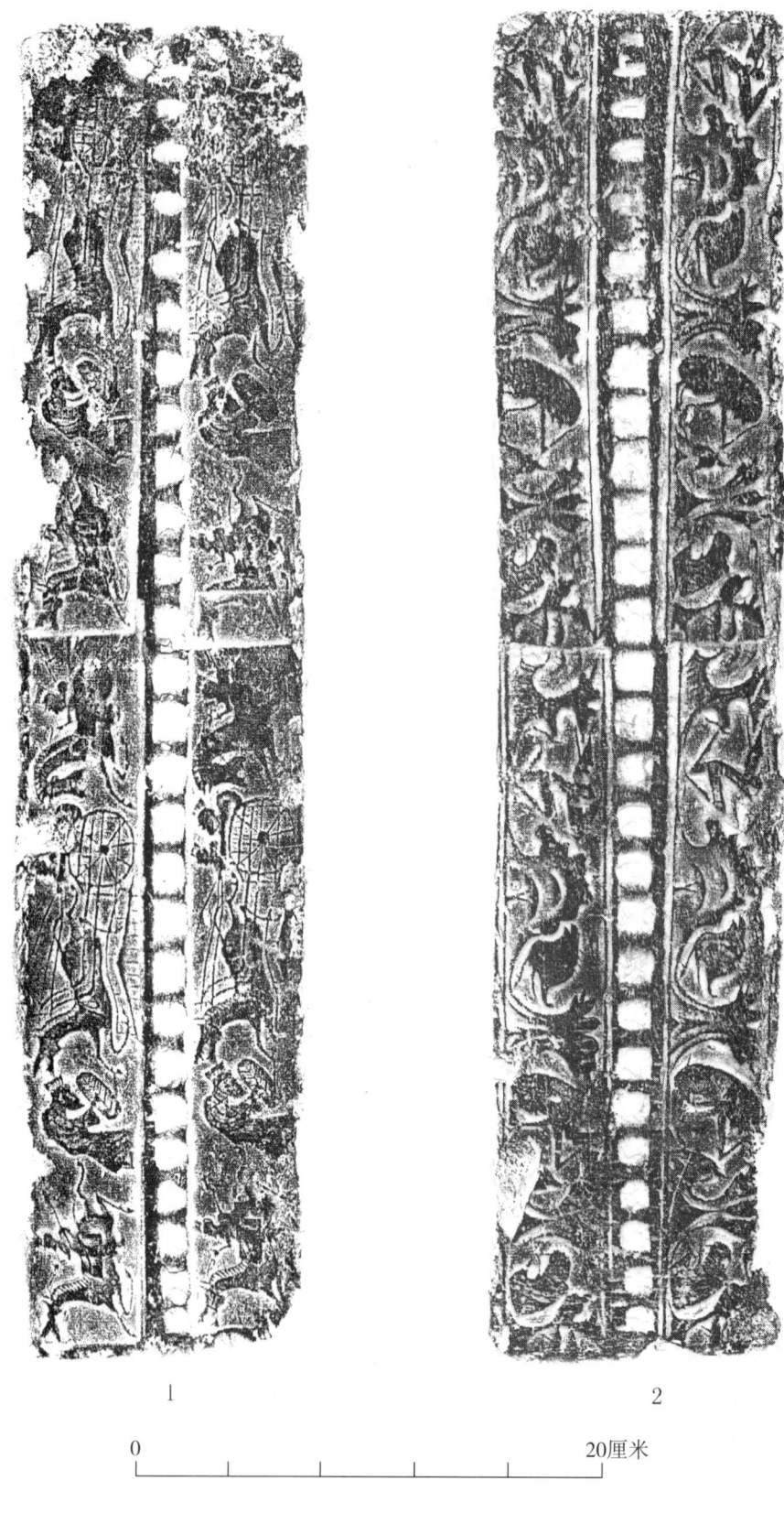

图一二四　M58出土陶画像砖
1. M58:01　2. M58:02

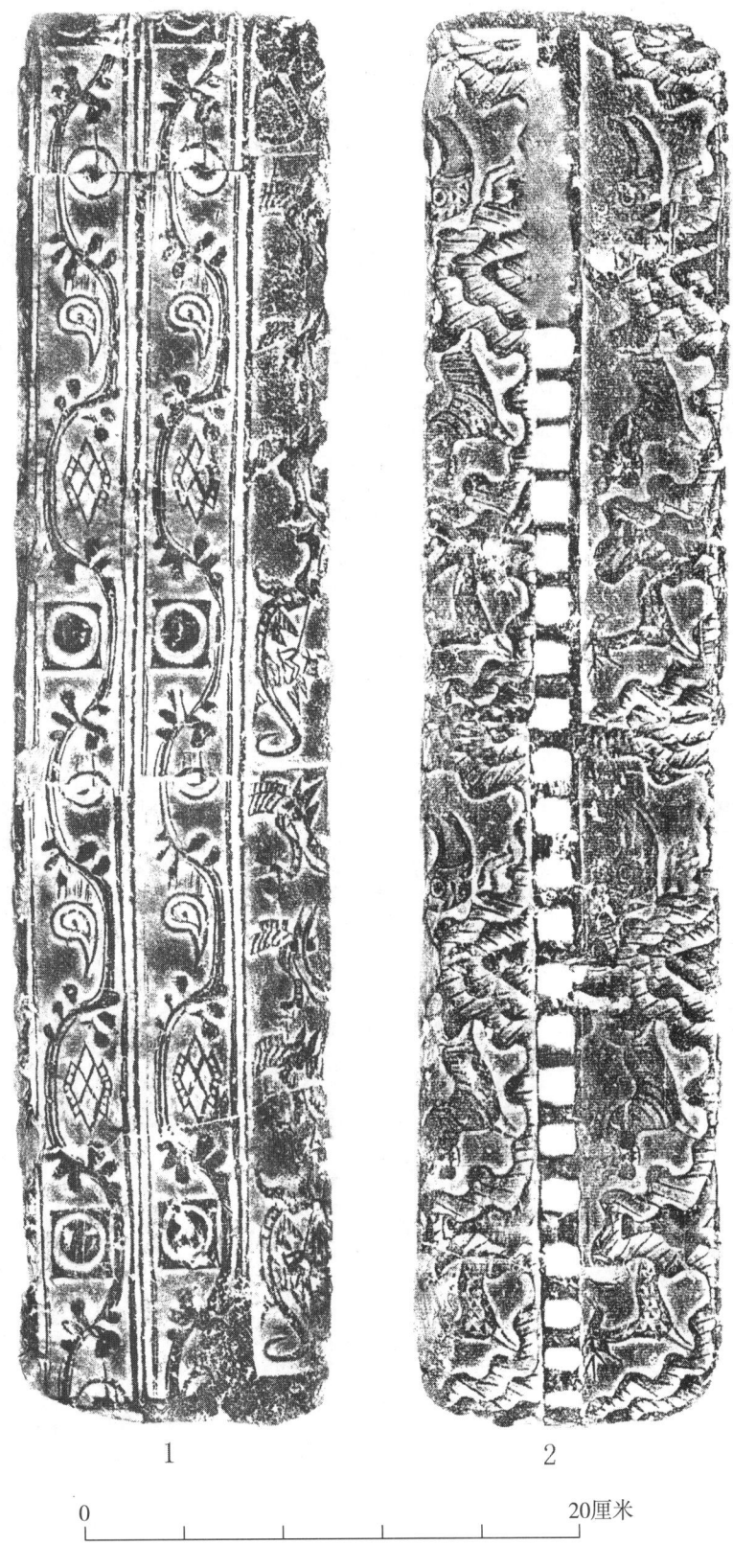

图一二五　M58出土陶画像砖
1. M58:03　2. M58:04

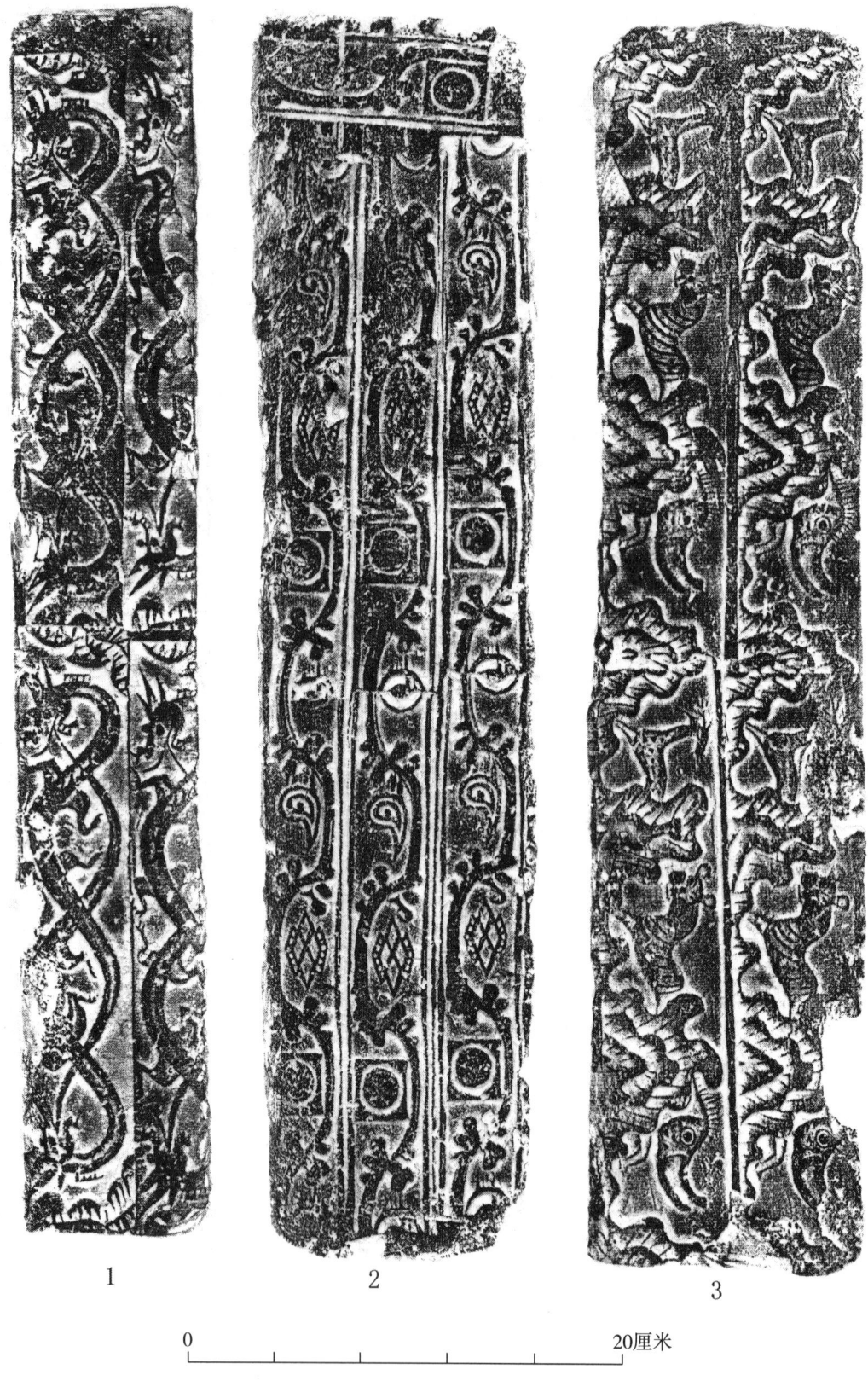

图一二六　M58出土陶画像砖
1. M58:05　2. M58:06　3. M58:07

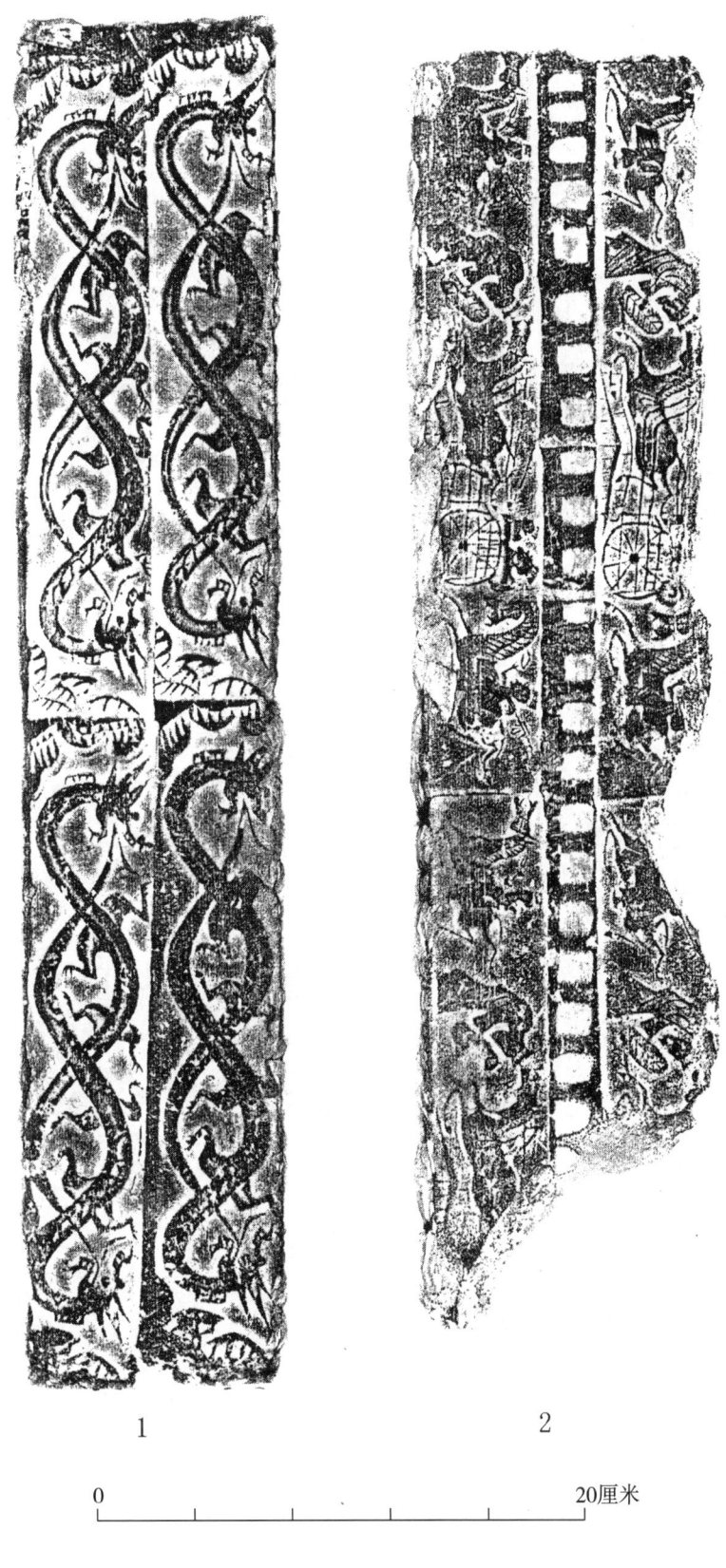

图一二七　M58出土陶画像砖
1.M58:08　2.M58:09

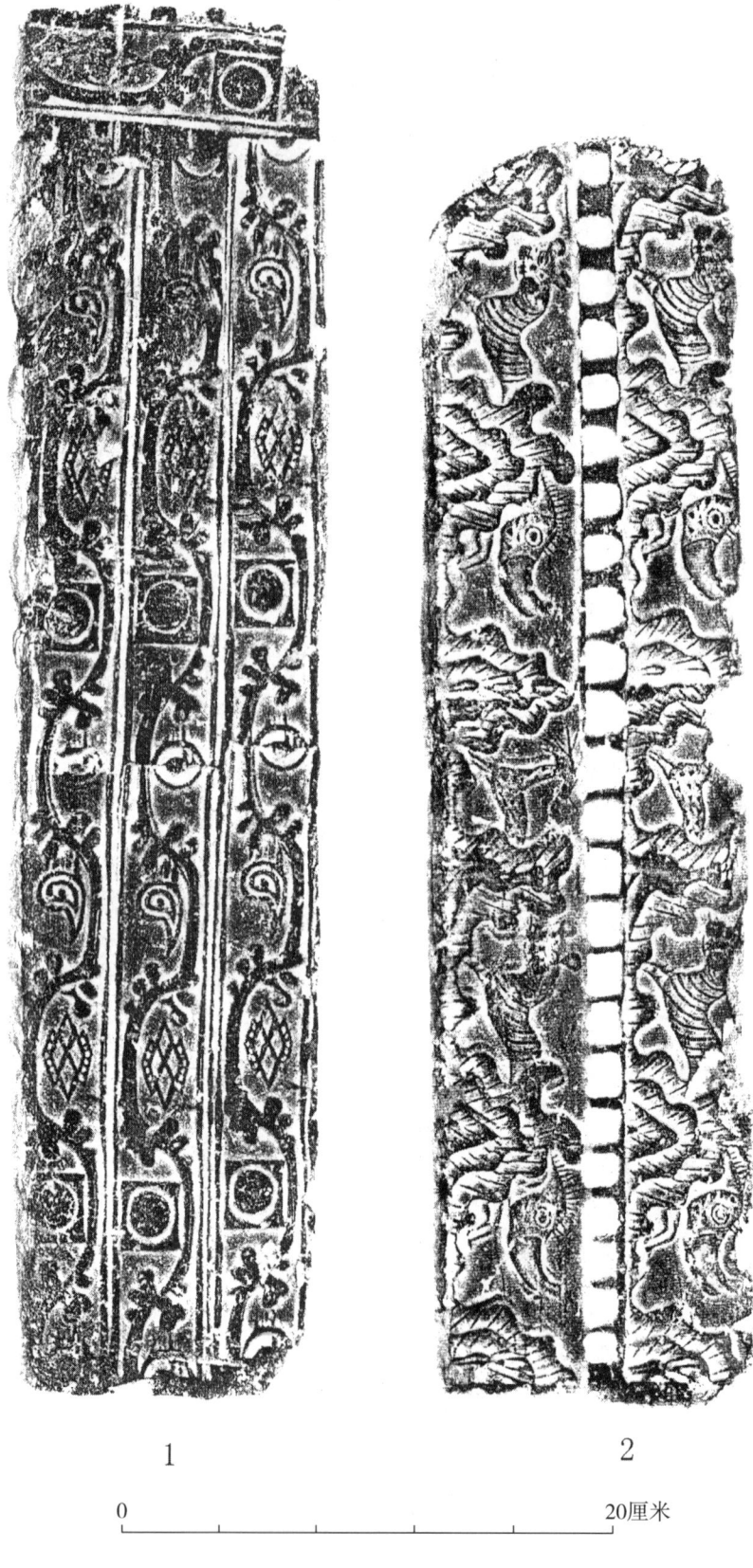

图一二八　M58出土陶画像砖
1.M58:010　2.M58:011

10. 标本M58:6-11（1枚）、标本M58:6-12（1枚），共计2枚。钱文"五"字和"铢"字均不清晰，钱文书体不可辨识，模糊可辨为五铢铜钱。尺寸不同。标本M58:6-11，钱径2.6厘米，穿径0.9厘米。标本M58:6-12，钱径2.2厘米，穿径0.9厘米。

11. 标本M58:6-13，3枚。均"五"字不清，"铢"字残缺。尺寸不一。残存最大一枚的残钱径2.4厘米，穿径存1.0厘米。最小一枚钱径残存1.0厘米，穿径残存0.6厘米。

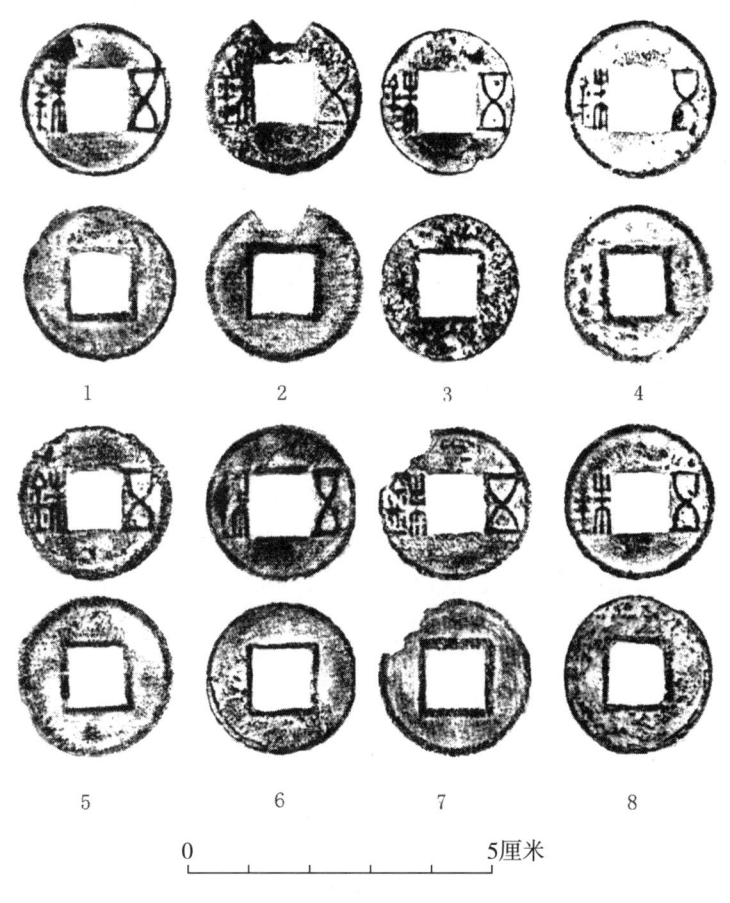

图一二九　M58出土铜钱
1.M58:1-1　2.M58:1-2　3.M58:6-2　4.M58:6-6　5.M58:6-7　6.M58:6-8　7.M58:6-9　8.M58:6-10

四七、M61

（一）层位关系

该墓的上部被施工破坏，依据附近断崖壁的层次推测该墓开口于第②层下。

（二）墓葬形制、葬式与葬具

多室砖室墓。方向15°。平面呈"甲"字形。由墓道、墓门、甬道、前堂和墓室五大部分组成。墓室又分为主室、左侧室和右侧室三部分。

墓道　长方形竖井斜坡式。土坑。置于墓门北部。直壁，斜坡底。室内填土为五花土。口长7.02米，宽1.40米，距地表深1.35米。底长8.40米，宽2.00米，距地表深3.95米。

墓门　平面呈梯形。开口于墓道南部。斜拱顶。上口窄，下口宽。墓门分为内、外两层。外层：用5块长1.20～1.30米、宽约0.30米、厚0.17米的石块竖放，在石块周围用土填实当作封门。内层：采用红石制成封门，门楣为长条红石横置制成。石条长1.85米，宽0.17米，厚0.45米。石条中部雕刻羊头，周边满刻斜线纹；两侧门柱分别为一长条红石竖立，石条长1.00米，宽0.26米，厚0.06米；左、右门扇用长方形红石块制成，左门扇窄于右门扇，左门扇宽0.60米，右门扇宽0.55米，均厚约0.17米，均高1.00米；两门扇中间竖放一宽0.20米、高1.00米、厚约0.17米的红石作间隔。墓门通宽1.40～1.98米，通高1.48～1.86米，距地表深2.60米。

甬道　平面呈横置长方形。砖砌洞穴式。置于墓门南部。北高南低斜坡状。子母砖券穹隆形顶，子母砖长0.47米、宽0.18米、厚0.07米。与墓门相接处上部横砌1块石头，下部竖砌3块石块。底部亦用与顶部相同的的子母砖错缝平铺。甬道宽1.40米，高1.24米，进深0.94米。

前堂和墓室　均为砖室。前堂东西向横置。西部一端用子母砖垒砌，东部一端用3块空心砖垒砌，局部用青砖错缝平砌与左墓室相连接。空心砖长1.17米，宽0.25米，厚0.17米。前堂内出土有较多遗物，但是大部分已残破。宽1.90米，高2.18米，进深5.10米。墓室又由主室、左侧室和右侧室三部分组成，三个墓室平行排列，主室居中。各室平面均呈长方形，砖室，穹隆形顶，直壁，平底。墓室整体建造方法是：先掏挖一土洞，用子母砖对接平铺作底，墓壁用子母砖或青砖或空心砖垒砌，再用子母砖对缝砌成穹隆形顶。局部以洞穴式向内掏洞，然后砌砖；左侧室为直接掏洞，然后用空心砖对缝垒砌。子母砖与甬道使用的子母砖尺寸相同。内填土为五花土。各墓室情况分别报告如下：

主室　南北向。开口在前堂南壁中部。穹隆形顶，局部被破坏。后壁用青砖错缝垒砌。人骨架无存。室底残存有黑土，应为木棺痕。清理出有随葬器物，放置无规律，比较散乱。底长2.35米，宽1.05米，顶高1.10米，距地表深3.73米。

左侧室　开口在前堂南壁西部。距主墓室1.20米，洞穴式。外部采用青砖垒砌，内部用空心砖垒砌，顶部和底部也采用空心砖平铺，由于该室向内进较深，出于安全考虑只清理局部，在口部清理出陶器盖1件。底长未知，宽0.75米，残高1.42米，距地表深3.73米。

右侧室　开口在前堂南壁东部。保存较为完整，穹隆形顶。与主墓室一墙之隔，隔墙宽0.37米，高0.72米。后部用长0.35米、宽0.13米、厚0.07米的青砖错缝垒砌。仅清理出少量的陶器，没有发现人骨架。室底残存有黑土，似是木棺痕。底长2.35米，宽1.13米，顶高1.22米，距地表深3.73米。

人骨架无存，头向、面向、葬式、性别不明。但从主室、左侧室残存的棺木痕迹来看，葬具应为木棺。随葬品较丰富。（图一三〇、一三一、一三二、一三三、一三四）

（三）出土遗物

出土遗物共计91件/组。有陶壶6、陶罐9、陶鼎1、陶提梁盉1、陶三足盘1、陶井（含陶汲水瓶1件）1组、陶圆盘6、陶耳杯13、陶盆1、陶磨1、陶仓1、陶案2、陶瓮1、陶灶（含陶甑、陶釜、陶勺各1件）1组、陶釜1、石膏器1、陶盒14、陶建筑构件2、陶三足樽2、陶作坊1组、陶器盖7、铜钱18。置放于前堂、墓室内，比较拥挤散乱。

陶罐　9件。均为泥质灰陶。轮制。其中3件（标本M61:50、标本M61:59、标本M61:70），残失较甚。标本M61:50，仅存口颈部一残片。口微侈，平沿，沿中部有一凹槽，方唇，束颈。残宽11.3厘米，残高5.5厘米。标本M61:59，仅存口至上腹残部1片。可以辨识出：器为敞口，窄平沿，尖唇，矮颈微束连弧肩。肩腹交接部饰三周凹弦纹。残宽10.9厘米，残高6.5厘米。标本M61:70，为罐口至上腹、底部的

第二章 汉代墓葬

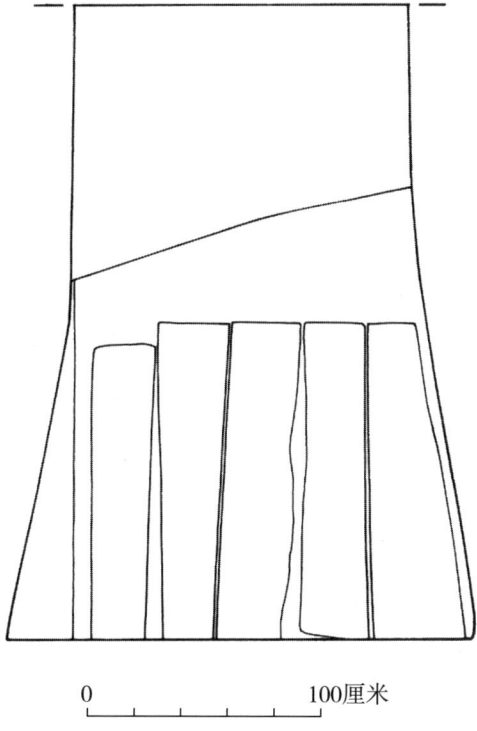

图一三二　M61墓门正视图

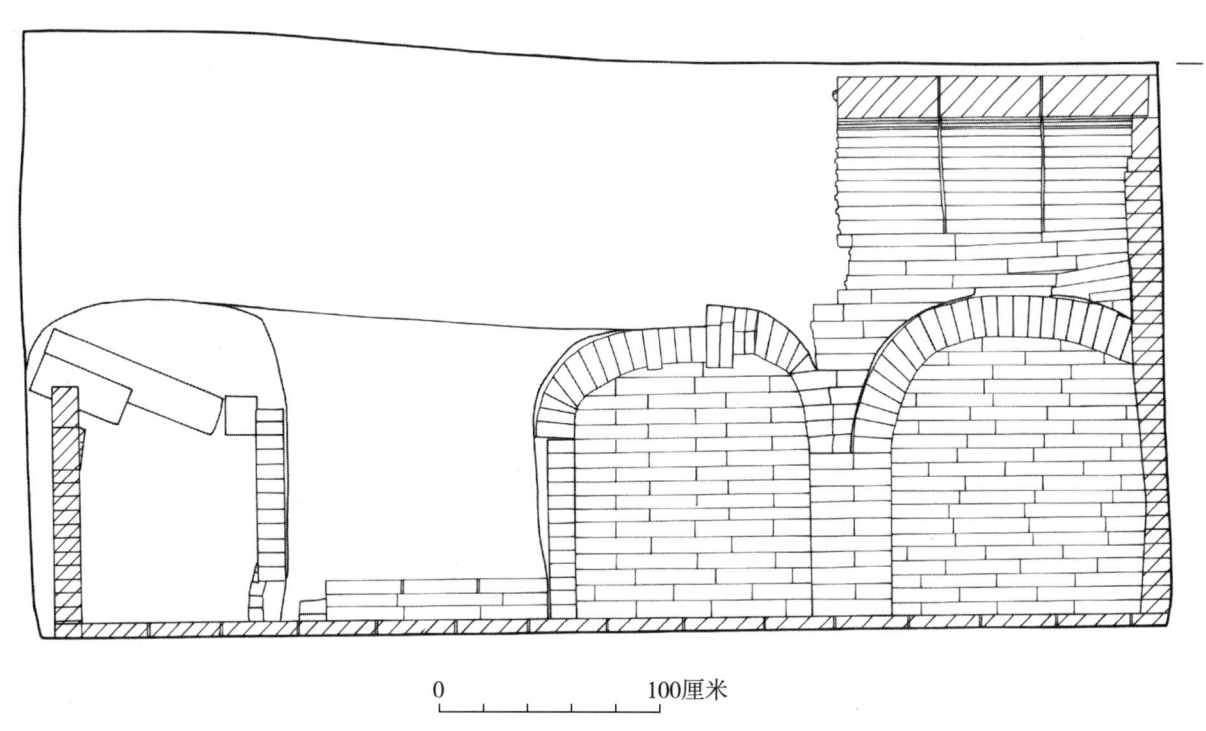

图一三三　M61南视图

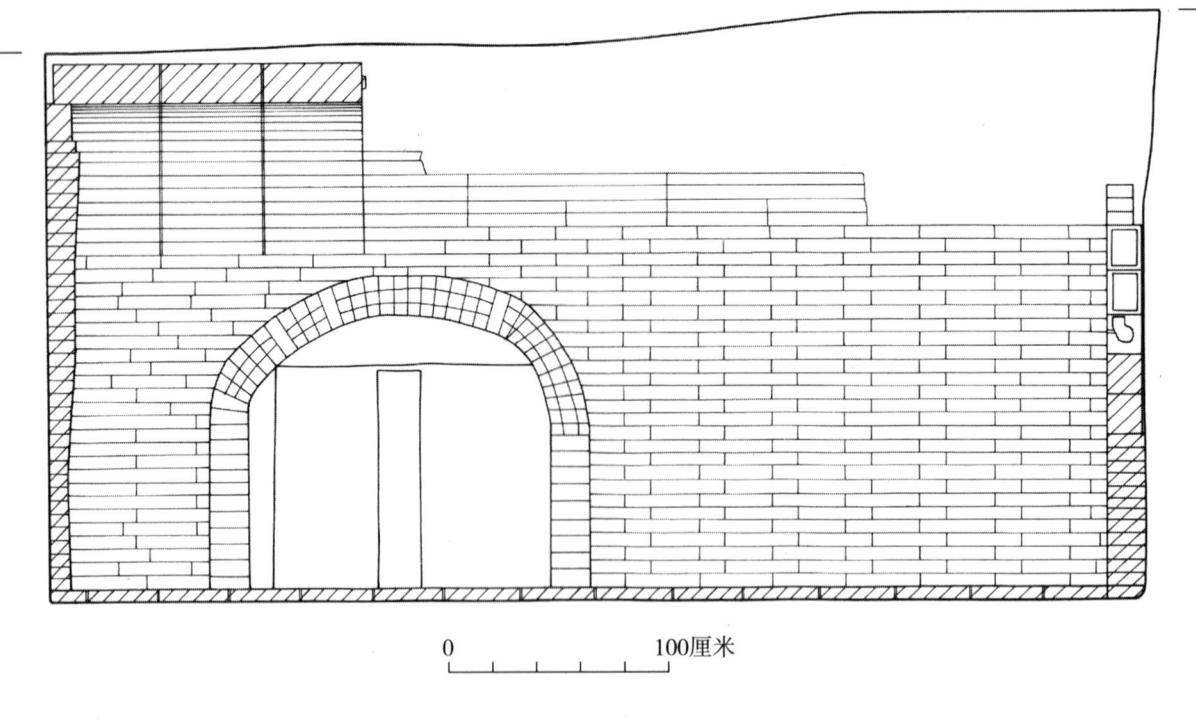

图一三四　M61北视图

多个残片，残失较多，无法复原。从残片可以辨识出：器体较小。敞口，方唇，窄平沿，尖唇，矮颈微束连弧肩，下腹内收，平底微内凹。残口宽4.4厘米，残口高4.0厘米，底径3.7厘米，底下腹片残高1.9厘米。余6件（标本M61:8、标本M61:18、标本M61:36、标本M61:38、标本M61:39、标本M61:40），形制相同，尺寸不同。敞口，平沿，矮斜直颈下微束，弧肩，弧腹，下腹部斜直内收，平底微内凹。标本M61:8，肩腹交接部饰三周凹弦纹。口径14.0厘米，腹径26.0厘米，底径14.2厘米，高25.2厘米。（图一三五，1；图版四八，1）标本M61:18，肩腹交接部饰三周凹弦纹。口径14.6厘米，腹径26.6厘米，底径13.0厘米，高24.3厘米。（图一三五，2）标本M61:36，肩腹交接部饰三周凹弦纹。腹中部饰两周凹弦纹。口径14.4厘米，腹径25.2厘米，底径13.4厘米，高23.0厘米。（图一三五，3）标本M61:38，肩腹交接部饰四周凹弦纹。口径14.0厘米，腹径26厘米，底径13.0厘米，高23.0厘米。（图一三五，4）标本M61:39，肩腹交接部饰三周凹弦纹。口径13.6厘米，腹径24.8厘米，底径14.4厘米，高23.2厘米。（图一三五，5）标本M61:40，肩腹交接部饰三周凹弦纹。口径13.8厘米，腹径25.2厘米，底径13.6厘米，高23.2厘米。（图一三五，6）

陶圆盘　6件。均泥质灰陶。轮制。圆形口。其中4件（标本M61:16、标本M61:17、标本M61:19、标本M61:67），形制相同，尺寸不同。圆盘较深。侈口，窄平沿斜上仰，斜方唇，折腹，上腹斜下收，近底处内折成假圈足，矮假圈足底微内凹。器内腹下部及底部均饰一周凹弦纹。最大径在口部。器内外满施红彩，红彩有脱落。标本M61:16，器体较大。口径26.6厘米，折腹径21.2厘米，足径14.0厘米，高5.0厘米。（图一三六，7；彩版三九，2；图版四九，4）标本M61:17，器体较小。口径14.8厘米，折腹径11.2厘米，足径7.5厘米，高2.8厘米。（图一三六，3；彩版四一，2；图版四九，5）标本M61:19，器体较大。口径27.2厘米，腹径20.8厘米，底径12.6厘米，高4.8厘米。（图一三六，6；彩版四一，1；图版四九，6）标本M61:67，器体较小。口径14.8厘米，折腹径11.5厘米，足径7.2厘米，高3.2厘米。

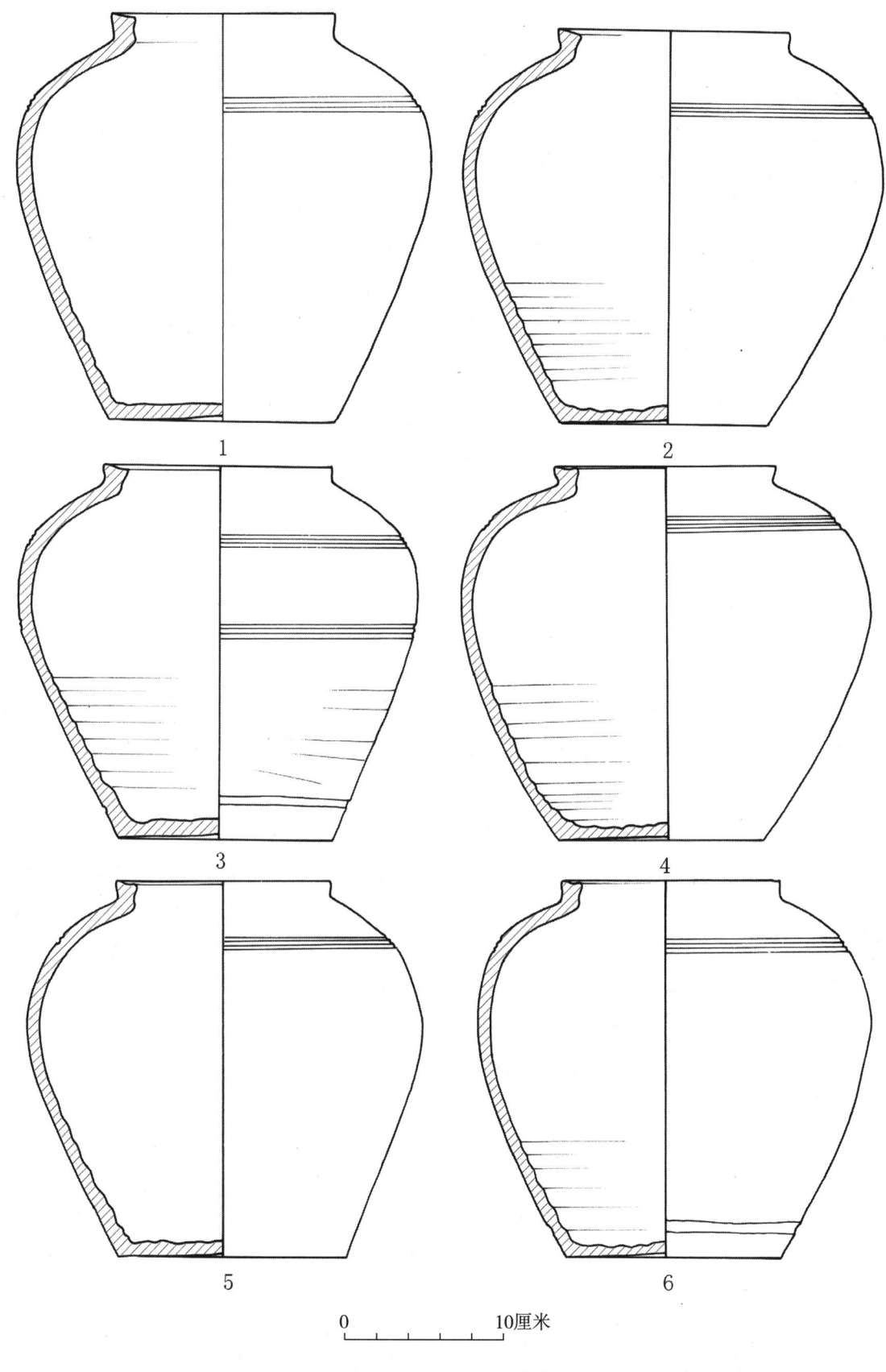

图一三五 M61出土陶罐
1.M61:8 2.M61:18 3.M61:36 4.M61:38 5.M61:39 6.M61:40

（图一三六，4；彩版四二，3；图版五一，2）余2件（标本M61:4、标本M61:71），形制、尺寸各不相同。标本M61:4，器体较大。圆盘较深。口微敛，窄平沿斜上仰，斜方唇，折腹较深，腹中部有一明显折棱，下腹斜收，矮假圈足底微内凹，器内腹中部及底部均饰一周凹弦纹。最大径在折腹处。外口径22.8厘米，内口径20.1厘米，折腹径20.4厘米，底径12.2厘米，高6.4厘米。（图一三六，5；彩版三八，2；图版四七，1、2）标本M61:71，仅存盘边缘1片。可以辨识盘为圆形浅盘。盘面较平，周围起棱，方唇，平底。素面。残宽13.0厘米，盘深2.2厘米。

陶案　2件。均为泥质灰陶。轮制。形制相同，尺寸不同。案面为长方形，四周有矮边栏，边栏面圆弧并且略外凹，方唇，浅盘，平底，案四角有圆形隼孔，隼孔内铆接四扁方形蹄足。足上部正面压印凸棱纹，上、下各三条横纹，中部为一竖直纹。器身满饰红彩，红彩部分脱落。标本M61:7，长45.4厘米，宽31.6厘米，足高10.0厘米，通高11.0厘米。（图一三六，1；彩版三九，3；图版四九，1）标本M61:13，长50.3厘米，宽38.0厘米，足高10.0厘米，通高11.2厘米。（图一三六，2；彩版三九，1；图版四九，2）

陶长方盒　14件。均为泥质灰陶。模制。均甚残，后拼对修粘。盒盖、盒形制分别相同，尺寸不同。盒盖、盒均为立体长方形，直口，方唇，直腹，各部分分别模制后粘合而成。盒盖，为四阿式顶，斜坡，中部为长方形，盖面微弧，四角各置一乳钉。器表施红彩，红彩有脱落。盒，平底。仅有3件（标本M61:77、标本M61:78、标本M61:79和81）由盖及盒两部分组成完整组，盖比盒大，盒套入盖中；（彩版四〇，4上1、2、3）余单存盒盖或盒，所有的盒与盖都应可以组成一组，由于多数残失甚重无法复原，只能按单件报告。标本M61:77，盒子口承盖。盖，长31.5厘米，宽16.8厘米，高15.0厘米；盒，长28.2厘米，宽13.2厘米，高14.2厘米；通高15.0厘米。（图一三七，1；图版五一，4、5）标本M61:78，盒子口承盖。盖，长31.0厘米，宽15.8厘米，高14.4厘米；盒，长28.0厘米，宽13.4厘米，高10.0厘米；通高14.4厘米。（图一三七，2；图版五一，6、7）标本M61:79和81，盒子口承盖。标本M61:79，为盒盖，长30.8厘米，宽16.6厘米，高14.4厘米；标本M61:81，为盒，长28.0厘米，宽14.0厘米，高10.4厘米；通高14.4厘米。（图一三七，3；图版五二，1、2）另8件（标本M61:33、标本M61:34、标本M61:42、标本M61:43、标本M61:44、标本M61:48、标本M61:57、标本M61:80）为盒盖。标本M61:33，残宽32.02厘米，残高16.2厘米。标本M61:34，残失较甚。残宽13.6厘米，残高9.7厘米。标本M61:42，残。残宽33.4厘米，残高8.5厘米。标本M61:43，残失较甚。残宽17.1厘米，残高10.8厘米。标本M61:44，残失较甚。残宽6.7厘米，残高10.0厘米。标本M61:48，残失较甚。残宽15.0厘米，残高11.0厘米。标本M61:57，残。残宽20.5厘米，残高8.3厘米。标本M61:80，修复完整。长31.0厘米，宽16.2厘米，高14.2厘米。（图一三七，4；彩版四〇，3、4下；图版五二，3）余3件（标本M61:45、标本M61:46、标本M61:47）为盒。标本M61:45，残。残宽18.5厘米，残高10.0厘米。标本M61:46，残失较甚。残宽12.8厘米，残高10.3厘米。标本M61:47，残失较甚。残宽13.6厘米，残高6.9厘米。

陶三足樽　2件。均泥质灰陶。轮制。形制相同，尺寸不同。子口承盖。盖，弧形圆盖。顶部为一桥形钮，以钮为中心其外饰五或六周凸弦纹，斜沿，沿下有子口，窄方唇。盖面中部凸弦纹间对称饰三龙头形钮。器，圆筒形。直口，方唇，筒形斜直腹，腹壁斜向上微收，平底微圜，下附三蹄形足。腹上部和腹下部各饰一周宽带纹，两周凸带纹间隙腹两侧对称阴线刻画兽面衔环。衔环内刻画一条鱼。兽面，两眼圆睁，两眉斜上翘，阔鼻，两耳外展，头上饰三角，三角分叉竖立。器内外满施红彩，红彩有脱落。标本M61:37，盖，沿径19.5厘米，子口径17.4厘米，高5.8厘米；器，口径19.1厘米，底径20.0厘米，

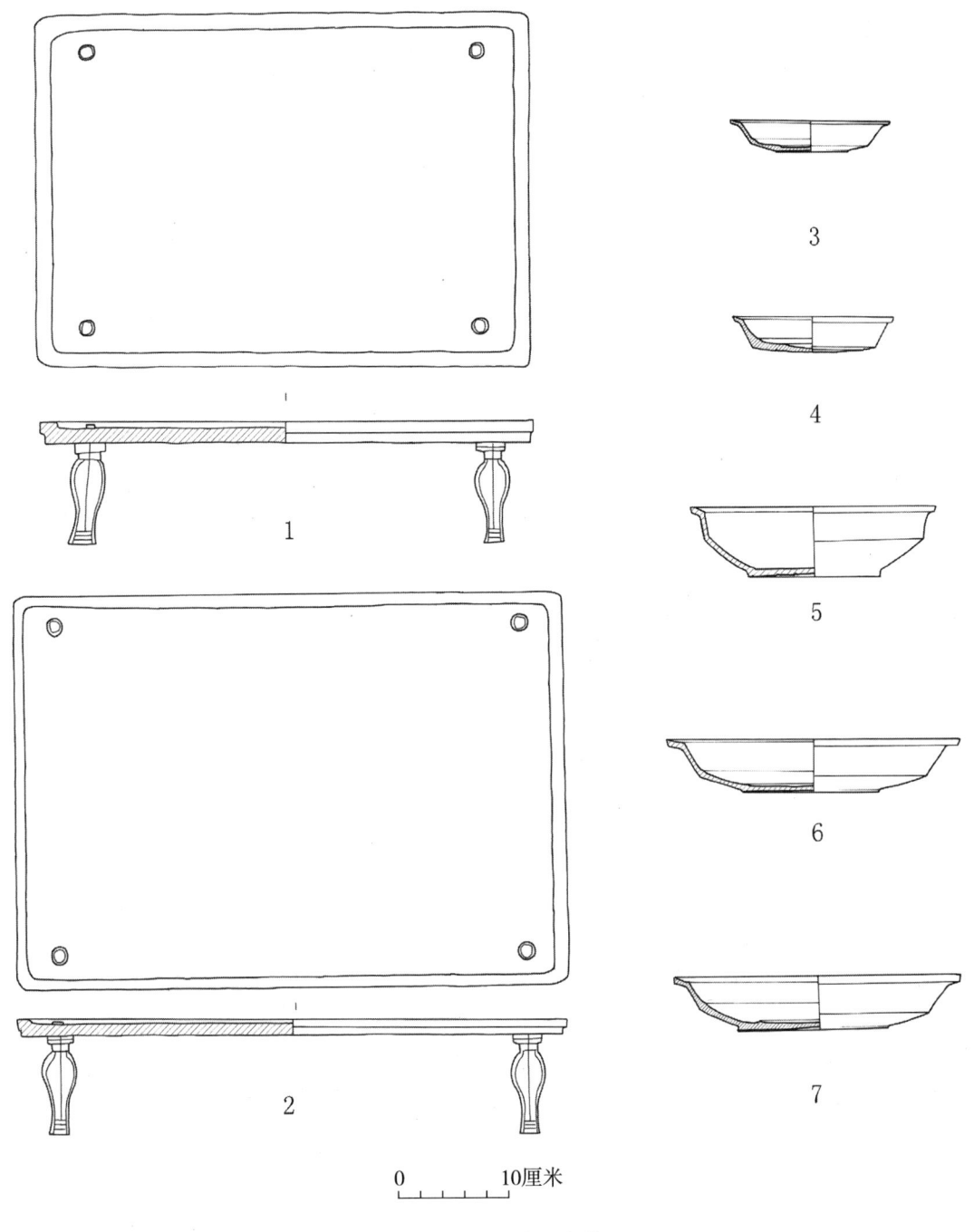

图一三六　M61出土陶器

1.案（M61:7）　2.案（M61:13）　3.圆盘（M61:17）　4.圆盘（M61:67）　5.圆盘（M61:4）　6.圆盘（M61:19）
7.圆盘（M61:16）

高 15.2 厘米；通高 20.5 厘米。（图一三七，5；彩版四一，3；图版五〇，1、2）标本 M61:41，钮失，只留有根部残痕。盖，沿径 19.4 厘米，子口径 17.3 厘米，高 3.8 厘米；器，口径 19.3~19.5 厘米，底径 20.0 厘米，高 15.4 厘米；通高 19.2 厘米。（图一三七，6；彩版四二，1；图版五〇，3、4）

陶鼎　1 件。标本 M61:55，泥质灰陶。轮制。残失较甚，无法复原。从残片可以辨识：鼎为敛口，沿内折作子口，球形腹，腹上部两侧有长方形双附耳，附耳微外侈，腹中部有凸折棱，圜底近平，下附三素面蹄形足。两耳外侧上部压印有花纹图案，已无法辨识清楚。口最大片残宽 12.3 厘米，残高 6.2 厘

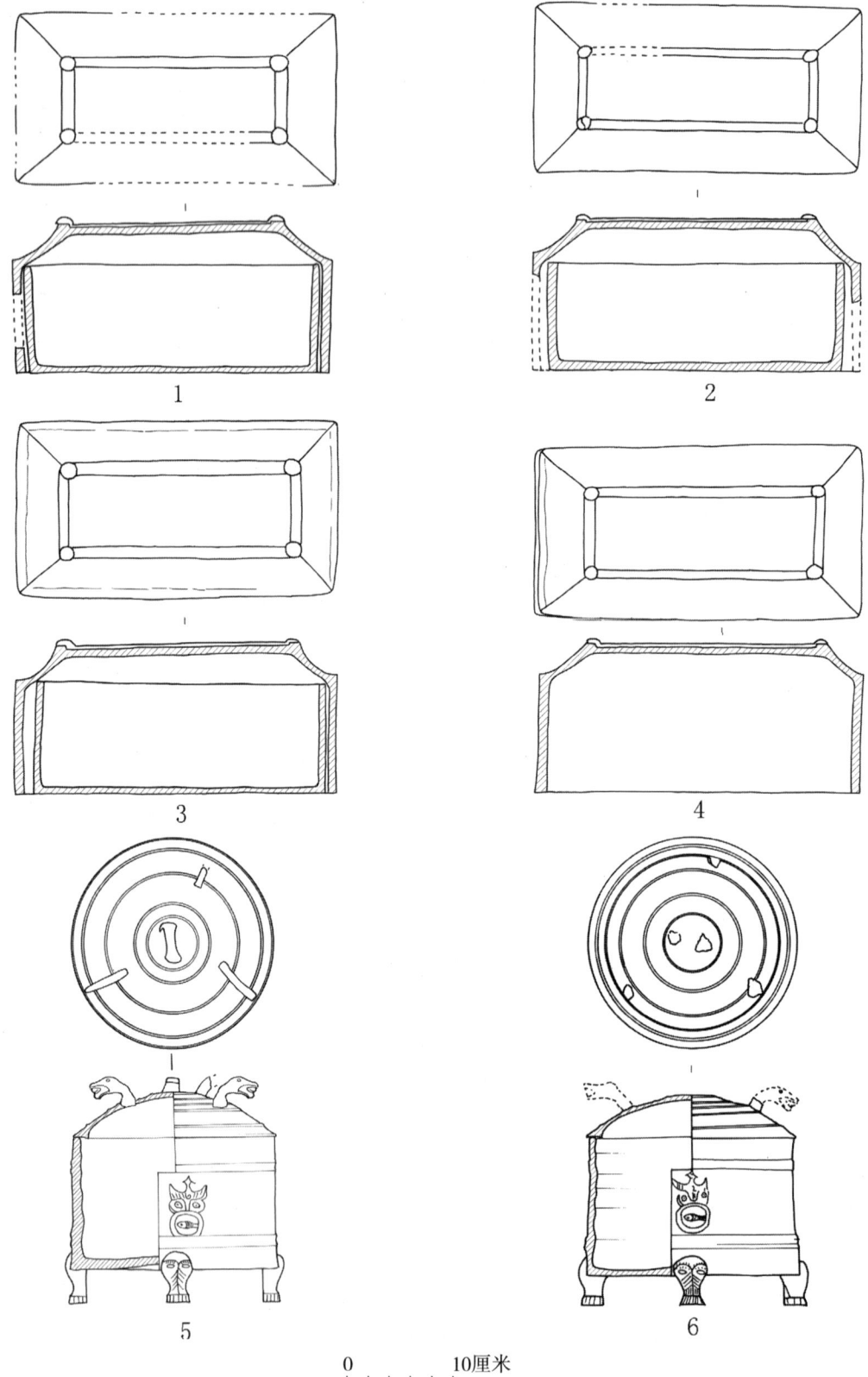

图一三七　M61出土陶器
1.长方盒（M61:77）　2.长方盒（M61:78）　3.长方盒（M61:79、81）
4.长方盒（M61:80）　5.三足樽（M61:37）　6.三足樽（M61:41）

米；耳宽 3.7 厘米，高 5.4 厘米；底片残径 16.7 厘米，连足残高 6.0 厘米。

陶提梁盉　1 件。标本 M61:1，残修。泥质灰陶。轮制。子口承盖。盖，圆形。平顶内凹，平沿下折成母口，薄方唇。顶部饰两周折棱，呈环形。器，小口微敛，弧肩，肩部一侧饰两长方形竖扁片，扁片中上部各穿一圆形孔，扁圆腹，腹中部另一侧有兽头形流，流后部开有小口，口两唇各穿一圆形小孔，肩部扁片的孔与腹部流部的孔应是为安装提梁所设，提梁残失，圜底近平，下附三蹄形足。腹中部饰一周宽带纹，底部饰一周凹弦纹。盖，口径 9.0 厘米，高 2.4 厘米；流，最大径 7.3 厘米，长 8.0 厘米；器，口径 7.2 厘米，腹径 19.2 厘米，高 15.9 厘米；足高 6.2 厘米；通高 17.4 厘米。（图一三九，5；彩版三八，1；图版四六，2）

陶釜　1 件。标本 M61:25，泥质灰陶。轮制。侈口，平沿微斜上仰，斜方唇下折，斜深腹，平底。腹部饰八周浅凹弦纹。口径 14.2 厘米，底径 4.0 厘米，高 6.8 厘米。（图一三九，7；图版五〇，5）

陶井　1 组。内有汲水瓶 1 件。均为泥质灰陶。轮制。井，标本 M61:3，残修。圆筒形。口小底大。敛口，平沿微斜上仰，沿两侧对称有长方形孔，尖唇下折，弧腹，平底微内凹，底两侧对称各有一长方形井架底座，底座中部有方形浅槽以装井架，井架残失。腹中部饰一周凹弦纹。陶汲水瓶，标本 M61:21，器体甚小。侈口，斜方唇，束颈，溜肩，弧腹，平底微内凹。下腹部被刮削不平。（彩版三八，3；图版四六，5）井，口径 16.4 厘米，底径 17.2 厘米，底通宽 23.2 厘米，高 9.8 厘米；汲水瓶，口径 3.6 厘米，腹径 4.8 厘米，底径 2.0 厘米，高 6.3 厘米。（图一四〇，3；彩版三八，4；图版四六，4）

陶磨　1 件。标本 M61:65，泥质灰陶。轮制。磨台呈圆形，边缘及磨下扇上部残失。下扇磨呈圆拱形状，置于磨台中心并与磨台连体。上扇磨亦圆形，下部呈圆拱形凹窝与下扇套合，上扇顶部较高，圆形凹窝中部有一横直隔梁将其分成两个半圆，隔梁下部留有漏孔，为下粮而设。磨台残直径 14.0 厘米，磨扇直径 11.6 厘米，下扇高 6.7 厘米，上扇高 4.6 厘米，通高 11.0 厘米。（图一四〇，4；彩版四二，2；图版五一，1）

陶灶　1 组。泥质灰陶。轮制。由 1 甑 1 釜 1 勺 1 灶台组成。灶台，标本 M61:14，为长方体，直壁。前端开有一拱形火门，火门下方矮封，灶面中部有两个一大一小圆形火口，火口上分别置一甑一釜，勺在釜中，后端有一个小的正方形孔，应是为装烟囱而设。灶台面压印有直背刀 1、长柄双刃刀 1、短柄双刃刀 1、伞形饰 3、长柄链环钩 1、两足案 1、圆环 1。釜，标本 M61:20，器体较小。侈口，方唇，斜腹较深，小平底。甑，标本 M61:26，侈口，平沿微斜上仰，斜方唇下折，斜深腹，平底。腹部饰八周浅凹弦纹。底穿小孔，由于底残，孔数未知。勺，标本 M61:32，泥质灰陶。手制。前端残。瓢形。从残部看，直口，前端近圆形，后端平直急收成细尖柄，弧腹，圜底。勺，残口宽 4.0 厘米，残长 4.2 厘米，残深 2.0 厘米；釜，口径 6.0 厘米，底径 1.4 厘米，高 3.4 厘米；甑，口径 14.4 厘米，底径 3.6 厘米，高 7.1 厘米；灶，长 30.3 厘米，宽 15.9 厘米，高 10.6 厘米；通高 16.1 厘米。（图一四〇，2；彩版四〇，1；图版四九，3）

陶作坊　1 组。泥质灰陶。轮制。由院落和杵组成。院落，标本 M61:24，平面呈纵正方形，四周起墙，从中间一分为二，一面有把手，另一面有两层楼梯，旁边有个水槽。作坊，标本 M61:30，平面呈长方形，部分构件残失，后部有两个把手，前面有一个圆形的臼窝，上置长条形杵杆。院落：长 24.4 厘米，宽 22.8 厘米，通高 9.2 厘米。作坊：长 54.6 厘米，宽 14 厘米，高 13.4 厘米。（图一四〇，1；彩版四一，4；图版四九，9）

陶耳杯　13 件。均为泥质灰陶。轮制。其中 2 件（标本 M61:68、标本 M61:69），残失较甚。标本 M61:68，腹底部一残片。椭圆形。弧腹，平底。残宽 5.8 厘米，高 5.7 厘米。标本 M61:69，残宽 5.9 厘米，残高7.5厘米。余11件（标本M61:5、标本M61:6、标本M61:9、标本M61:10、标本M61:11、标本M61:12、标本M61:15、标本M61:27、标本M61:28、标本M61:29、标本M61:83），形制相同，尺寸不同。椭圆形。口两侧置对称新月形耳，耳斜上仰，弧腹，腹下部微折内收接假圈足底。器内外满施红彩，红彩有脱落。（彩版三七，3）标本M61:5，口短径7.3厘米，口长径11.0厘米，连耳宽9.2厘米，底短径4.1厘米，底长径7.1厘米，高3.0厘米。（图一三八，1；图版四七，3）标本M61:6，口短径7.2厘米，口长径11.2厘米，连耳宽9.9厘米，底短径4.1厘米，底长径7.2厘米，高3.3厘米。（图一三八，2；图版四七，4）标本M61:9，口短径7.2厘米，口长径11.6厘米，连耳宽9.0厘米，底短径3.8厘米，底长径7.3厘米，高3.1厘米。（图一三八，5；图版四七，5）标本M61:10，口短径7.3厘米，口长径11.3厘米，连耳宽9.3厘米，底短径4.2厘米，底长径4.8厘米，高3.2厘米。（图一三八，4；图版四七，6）标本M61:11，口短径7.4厘米，口长径10.8厘米，连耳宽9.1厘米，底短径4.6厘米，底长径7.0厘米，高3.2厘米。（图一三八，6；图版四七，7）标本M61:12，口短径7.4厘米，口长径10.8厘米，连耳宽9.5厘米，底短径3.8厘米，底长径7.0厘米，高3.1厘米。（图一三八，7；图版四七，8）标本M61:15，口短径9.8厘米，口长径13.5厘米，连耳宽12.6厘米，底短径4.8厘米，底长径9.3厘米，高4.1厘米。（图一三八，9；图版四八，2）标本M61:27，口短径7.0厘米，口长径10.8厘米，连耳宽8.6厘米，底短径3.8厘米，底长径6.6厘米，高3.6厘米。（图一三八，3；图版四八，4）标本M61:28，口短径7.3厘米，口长径11.0厘米，连耳宽8.9厘米，底短径4.3厘米，底长径7.6厘米，高3.5厘米。（图一三八，8；图版四八，3）标本M61:29，口短径7.2厘米，口长径11.3厘米，连耳宽9.4厘米，底短径5.0厘米，底长径8.2厘米，高3.2厘米。（图一三八，11；图版四八，5）标本M61:83，口短径9.4厘米，口长径14.3厘米，连耳宽12.2厘米，底短径4.6厘米，底长径9.3厘米，高4.6厘米。（图一三八，10；图版四八，6）

陶壶　6件。均为泥质灰陶。轮制。其中4件（标本M61:51、标本M61:52、标本M61:54、标本M61:73），残失较甚。标本M61:51，仅存口部1片。盘口，斜沿，尖唇，盘口下部饰一周凹弦纹。残宽7.8厘米，残高8.3厘米。标本M61:52，颈部1片。口残失，束颈。残宽9.8厘米，残高3.4厘米。标本M61:54，口部一残片。盘口。残宽9.4厘米，残高3.4厘米。标本M61:73，口、颈部残失。溜肩，弧腹，平底微内凹。肩腹交接处、腹中部各饰三周凹弦纹，下腹部有一周折棱。腹径17.0厘米，底径8.7厘米，残高19.0厘米。（图一三九，3）余2件（标本M61:22、标本M61:23），器体较小。形制相同，尺寸略异。斜盘口，盘口下部饰一周凹弦纹，盘口下有明显折棱，束颈，溜肩，近圆球形腹，空心状假圈足底微内凹，足高且与腹部有明显界线。肩腹交接处、腹中部各饰两周凹弦纹。标本M61:22，口径11.2厘米，腹径16.0厘米，底径8.4厘米，高22.6厘米。（图一三九，2；图版四九，7）标本M61:23，口径11.4厘米，腹径17.0厘米，底径8.5厘米，高23.6厘米。（图一三九，1；图版四九，8）

陶三足盘　1件。标本M61:2，泥质灰陶。轮制。盘圆形，口大底小。侈口，窄平沿下折，方唇，浅腹，平底微内凹，下附三蹄形足。腹部有数周细小的弦纹，底边处自上而下穿一个圆形孔。口径23.0厘米，底径19.4厘米，高7.5厘米。（图一三九，4；彩版三七，4；图版四六，3）

陶仓　1件。标本M61:31，泥质灰陶。轮制。口残。小圆口，圆唇外卷，有领，圆肩，筒形腹上扩下内收，平底微内凹。体态较瘦。腹部饰五周凹弦纹。底外部满布轮转刮划留下的弧旋纹，旋纹以一侧为中心呈水波辐射状均匀分布。上腹径10.7径厘米，底径9.3厘米，高20.0厘米。（图一三九，6）

陶器盖　7件。均为泥质灰陶。轮制。其中6件（标本M61:53、标本M61:66、标本M61:74、标本M61:75、标本M61:76、标本M61:82），形制相同，尺寸不同。器体分大、小两类。平顶或斜平顶微内凹，

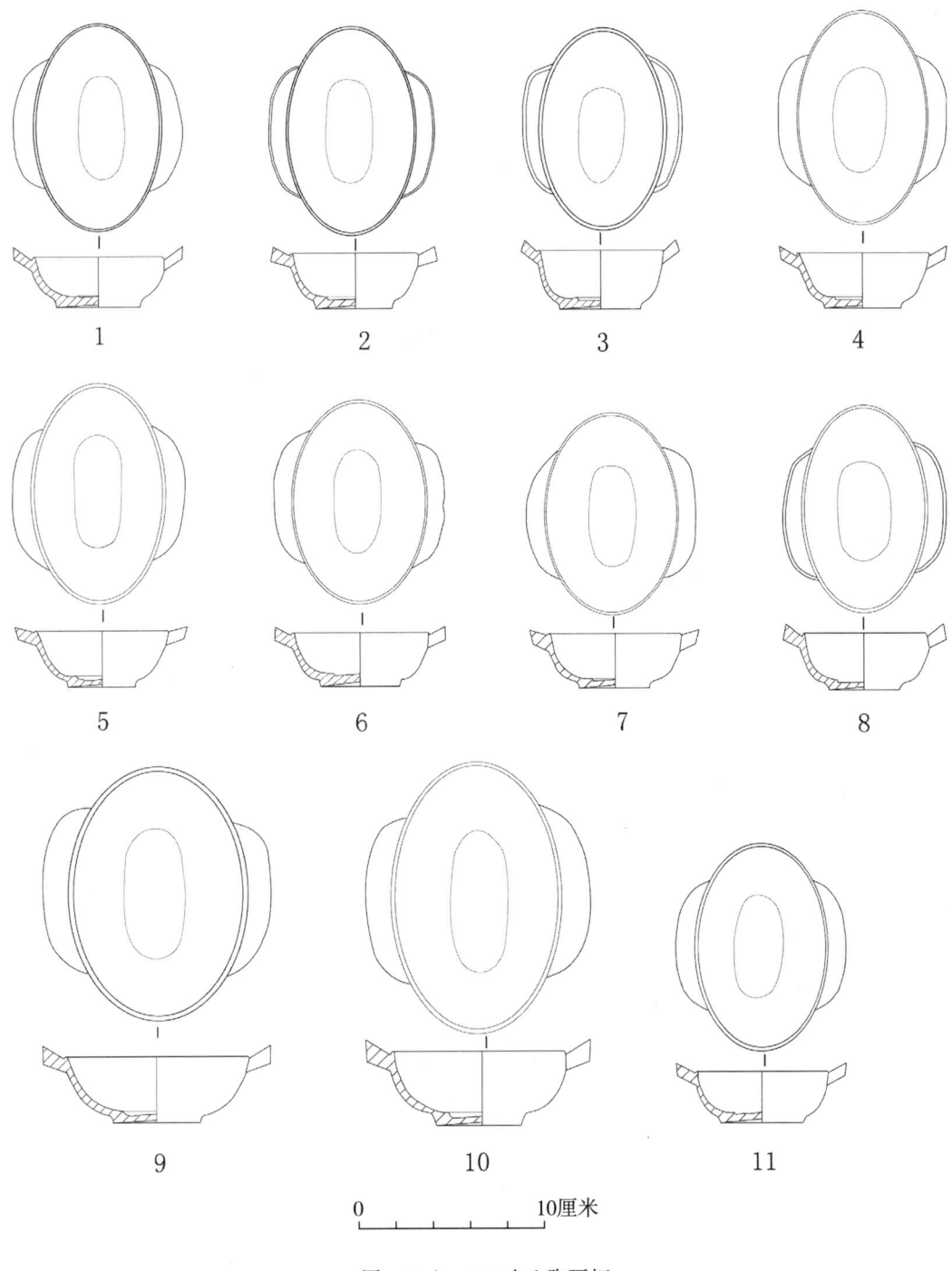

图一三八　M61出土陶耳杯

1.M61:5　2.M61:6　3.M61:27　4.M61:10　5.M61:9　6.M61:11　7.M61:12　8.M61:28　9.M61:15　10.M61:83　11.M61:29

顶不甚规整，盖面弧形隆起，沿下面有一周凹槽作母口，平沿或斜平沿，斜方唇。标本M61:53、标本M61:66、M61:82，器体较小。标本M61:74、标本M61:75、标本M61:76，器体较大。标本M61:53，平顶，平沿。沿径10.8厘米，顶径5.2厘米，高2.6厘米。（图一四〇，9；图版五〇，6）标本M61:66，平顶，平沿。沿径10.4厘米，顶径4.9厘米，高2.4厘米。（图一四〇，10）标本M61:74，斜平顶，平沿。沿径23.0厘米，顶径8.6厘米，高5.6厘米。（图一四〇，6）标本M61:75，平顶，斜平沿，盖面有三周凹弦纹。沿径23.2厘米，顶径8.2厘米，高5.0厘米。（图一四〇，7）标本M61:76，斜平顶，斜平沿，盖面有两

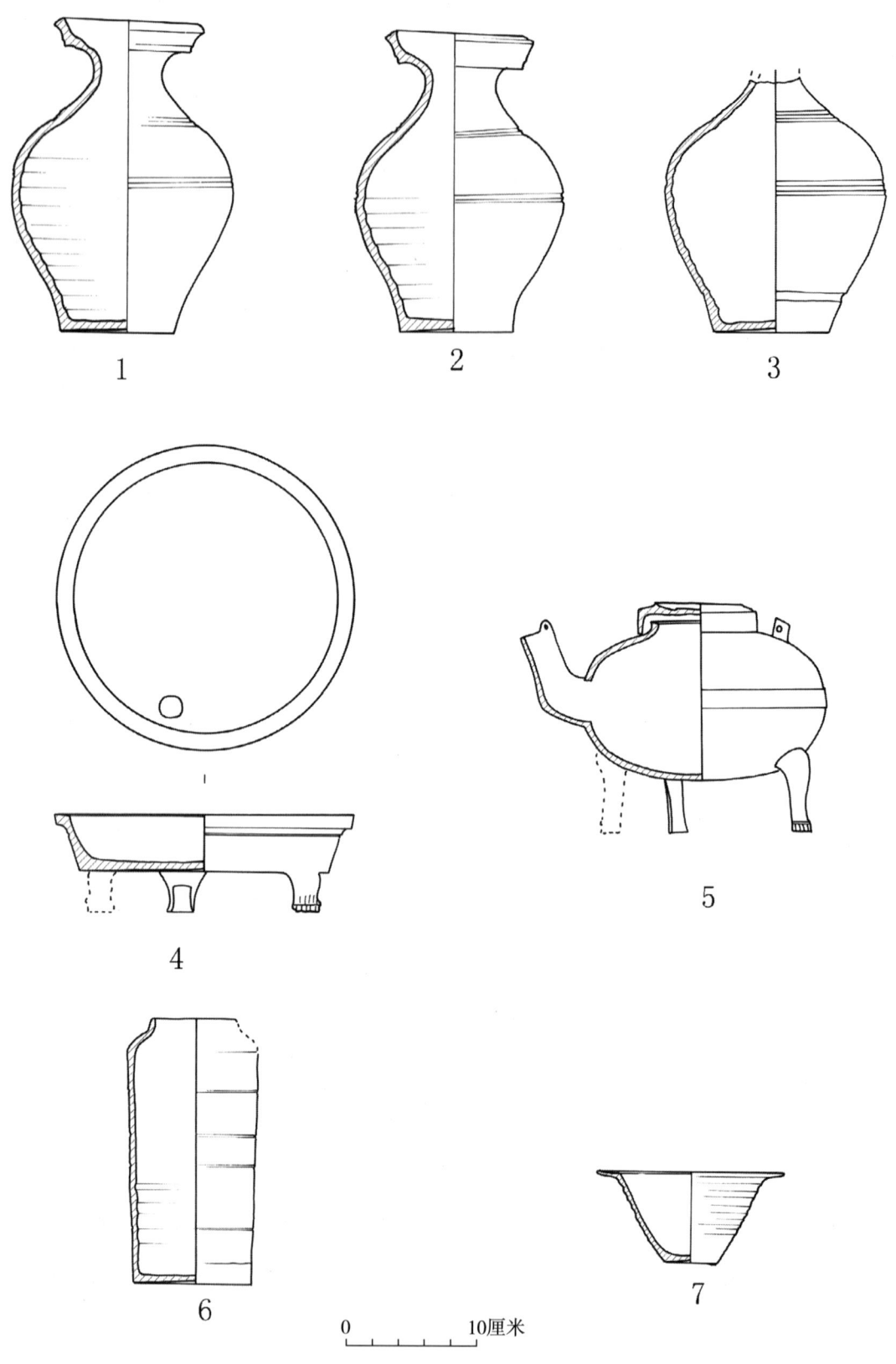

图一三九　M61出土陶器

1.壶（M61:23）　2.壶（M61:22）　3.壶（M61:73）　4.三足盘（M61:2）　5.提梁盉（M61:1）　6.仓（M61:31）
7.釜（M61:25）

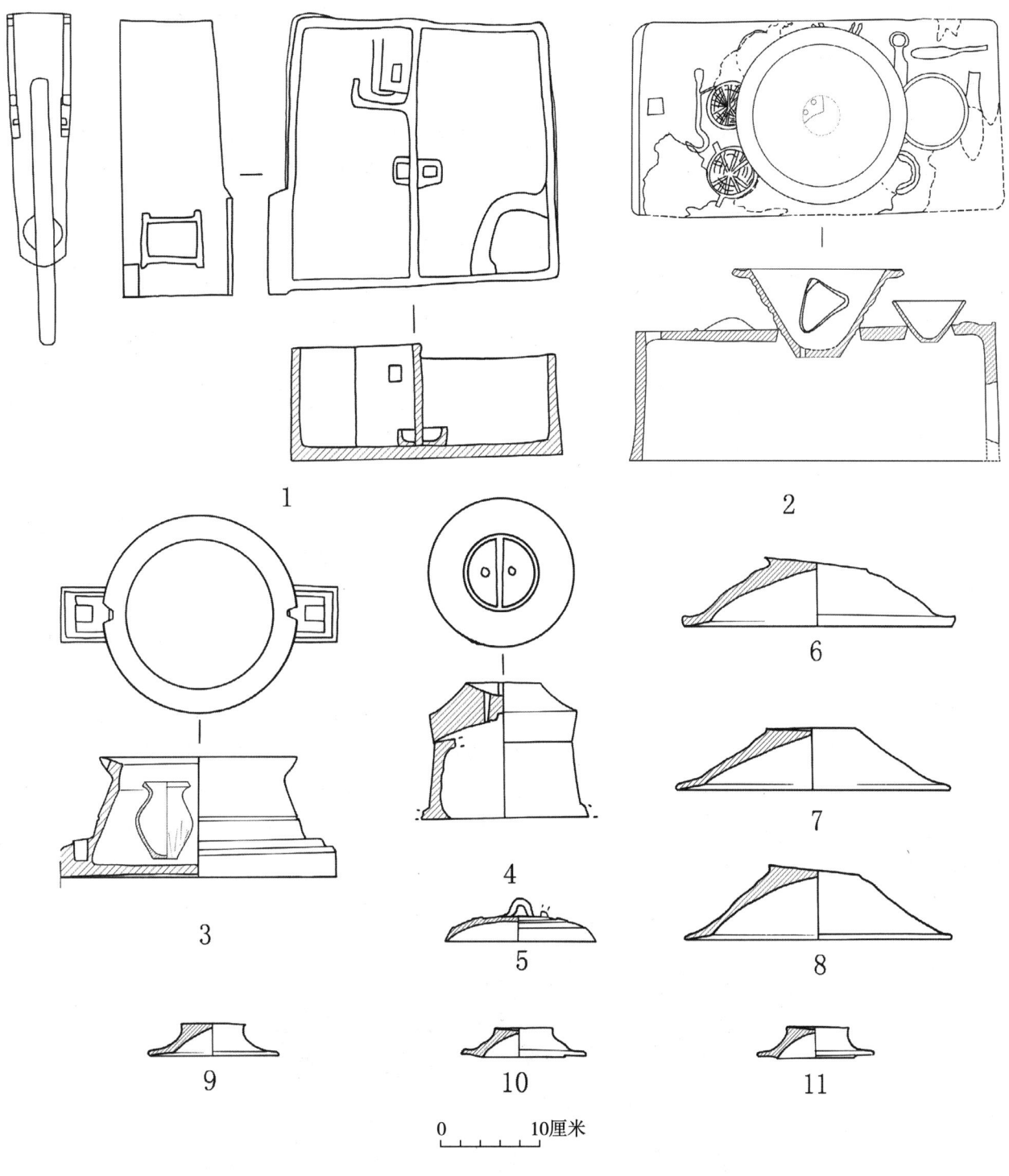

图一四〇　M61出土陶器
1.作坊（M61:24、30）　2.灶（M61:20、26、32）　3.井（M61:3、21）　4.磨（M61:65）　5.器盖（M61:72）
6.器盖（M61:74）　7.器盖（M61:75）　8.器盖（M61:76）　9.器盖（M61:53）　10.器盖（M61:66）　11.器盖（M61:82）

周凹弦纹。沿径22.4厘米，顶径7.8厘米，高6.0厘米。（图一四〇，8）标本M61:82，平顶，平沿。沿径10.0厘米，顶径5.0厘米，高2.6厘米。（图一四〇，11）另1件，标本M61:72，弧形圆盖。顶部为一桥形钮，以钮为中心画圆，其外等分饰两周宽带纹，斜沿，尖唇。上周宽带纹对称饰三钮，钮失，只留

有根部残痕。沿径12.4厘米，高3.6厘米。（图一四〇，5；彩版四〇，2；图版五一，3）

陶盆　1件。标本M61:49，泥质灰陶。轮制。残失较甚，仅存口部1片。敞口，宽沿中部微隆起，方唇，方唇中有一凹弦纹。盆口残宽11.6厘米，残高4.2厘米。

陶瓮　1件。标本M61:56，泥质灰陶。轮制。残失甚重，仅存口、肩及上腹部残片。可以辨识出为瓮，器体较大。敞口，方唇，矮领，弧肩，弧腹。肩部阴线细刻麦辫纹两周。残片最大一片残口宽13.2厘米，残肩宽17.5厘米，残高10.6厘米。

陶建筑构件　2包。均为泥质灰陶。轮制。残失较甚，均为房脊残片。瓦楞明显。整体形制无法辨识。标本M61:35，为板瓦的残片。残存两小片，一片为口沿，一片为瓦脊部。可以看出瓦为尖圆唇，弧形。器表饰有绳纹。口沿一片残宽10.0厘米，残高5.5厘米，厚1.6厘米。标本M61:64，破碎为数片。最大一片长13.8厘米，宽7.9厘米，厚1.6厘米。

石膏器　1包。标本M61:58，白色。破碎为多个不能拼合的残片，形制不详。似石膏质。最大一片残长2.5厘米，残宽2.0厘米，厚0.6厘米。

铜钱　18枚。"大泉五十"7枚，"小泉直一"7枚，五铢4枚。（彩版四三，1）

大泉五十　7枚。铸造稍粗糙。内外均有廓。穿四周篆书四字。标本M61:60-1，2枚。钱径2.3厘米，穿径1.1厘米。（图一四一，1）标本M61:60-2，1枚。钱径2.7厘米，穿径1.1厘米。标本M61:62，4枚。钱径2.6厘米，穿径0.9厘米。（图一四一，2）

小泉直一　7枚。标本M61:61，铸造稍粗糙。内外均有廓。穿四周篆书四字。钱径1.5厘米，穿径0.6厘米。（图一四一，3、4）

五铢　4枚。钱文书体、尺寸均不同。正面内廓均被磨除。标本M61:63-1，1枚。钱文字迹部分不清晰。"五"字中间两交笔呈稍曲。"铢"字不清。钱径2.6厘米，穿径0.9厘米。标本M61:63-2，1枚。钱文字迹部分不清晰。"五"字中间两交笔呈稍曲。"铢"字不清。边缘残缺较甚。钱径2.6厘米，穿径0.9厘米。标本M61:63-3，2枚。"五"字和"铢"字均不清晰。钱文书体不可辨识。尺寸相同。钱径2.6厘米，穿径0.9厘米。

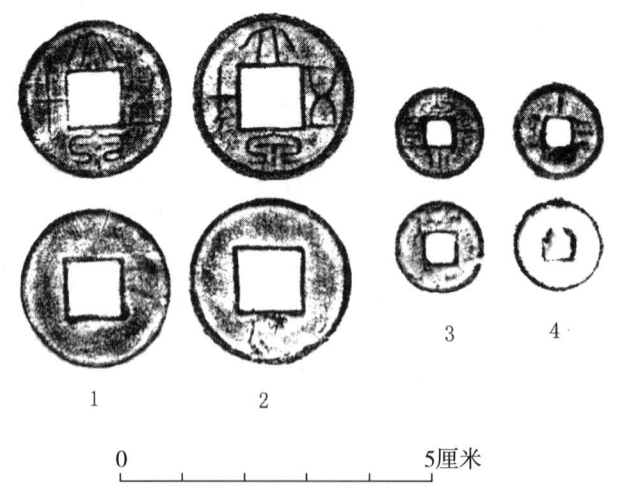

图一四一　M61出土铜钱
1.M61:60-1　2.M61:62　3.M61:61-1　4.M61:61-2

四八、M64

（一）层位关系

该墓的上部被施工破坏，依据附近断崖壁的层次推测该墓开口于第②层下。

（二）墓葬形制、葬式与葬具

多室砖室墓。方向290°。由墓道、墓门、前堂、南室和东室（又分为左墓室、右墓室）五部分组成。该墓被盗扰。

墓道 弧形竖井斜坡式。土坑。置于墓门西部。墓道内填土为五花土，包含有较多的小河卵石，出土有极少的碎陶片。口长10.30米，宽1.60米，距地表深0.20米（残存）。底长8.40米（清理长度），宽1.60米，距地表深2.50米（残存）。

墓门 平面呈长方形。开口在墓道东部。顶部被破坏，形制不明。在墓门南部用长0.35米、宽0.13米、厚0.10米的青砖错缝垒砌作门柱，残存13层，高1.36米。北部用5块大小不一的空心砖竖放封门，残高0.26～0.62米不等。墓门宽1.70米，进深0.40～0.42米，距地表深2.46米（残存）。

前堂 平面呈横置长方形。砖室。近南北向。室顶被破坏，形制不明。南壁和东壁都采用长0.35米、宽0.14米、厚0.10米的实心子母砖错缝垒砌而成，西壁则用长约1.20米、宽约0.46米、厚约0.28米的空心砖垒砌，残留有五层，高1.58米。室底用长约0.42米、约宽0.36米、厚约0.06米的长方砖对缝平铺6排，每排8块。放置遗物较多。室内填土为五花土。底长3.24米，宽2.1米，距地表深2.52米（残存）。

南室 平面均呈长方形。砖室。开口于前堂的南壁，单室。由于被现代路打破，无法清理。室壁用空心砖垒砌，上部被破坏，从残存情况看其顶部可能为拱形顶。室内填土为五花土。长未知，宽1.20米，高1.12米，距地表深2.60米（残存）。

东室 分为左、右两室。均砖室。平面均呈长方形。开口于前堂东壁，左、右室并行排列。由于其被现代路打破，清理难度大，考虑安全因素，未清理。但从断层来看，应为洞穴式，拱顶，室壁用青砖垒砌，两室中间隔墙宽0.46米，残高0.82米。室内填土为五花土。左室长未知，宽1.20米，高1.20米，距地表深2.52米（残存）。右室长未知，宽1.14米，高1.10米，距地表深2.52米（残存）。

人骨架无存，头向、面向、葬式、性别不明。葬具未知。有随葬品。（图一四二、一四三、一四四、一四五、一四六）

（三）出土遗物

出土遗物共计59件/组。有陶壶11、陶罐6、陶仓5、陶鼎1、陶博山薰炉2、陶长方盒2、陶三足樽2、陶釜1、陶灶1组、陶井（含汲水瓶1件）1组、陶鸡2、陶鸭2、陶鹅2、陶狗1、陶器底板1、陶器盖1、陶画像砖1、铁刀1、铁剑1、铅饰件1、铜釜1、铜镜1、鎏金铜当卢1、鎏金铜泡钉3、鎏金铜辖饰1、鎏金铜刷柄1、鎏金铜輢饰1、铜钱5。陶画像砖为封门砖，其余出土遗物均置放于前堂。

陶壶 11件。均为泥质灰陶。轮制。其中3件（标本M64:54、标本M64:55、标本M64:59）残失较甚，不可复原。标本M64:59，器体较小。口、颈残失。溜肩，弧鼓腹，空心状高假圈足底微内凹。肩部饰两周凹弦纹，腹中部饰一周凹弦纹，下腹部被旋刮一周，足上部有一周凸棱，足中部饰一周凹弦纹。腹径

11.8 厘米，底径 7.7 厘米，残高 15.8 厘米。（图一四八，5）标本 M64:54 和标本 M64:55，残失甚重，仅存口颈部残片。标本 M64:54，盘口下部饰一周凹弦纹，盘口下有明显折棱，束颈，溜肩，腹、底残失。口径 15.0 厘米，残高 11.3 厘米。标本 M64:55，盘口下有明显折棱，束颈，肩、腹、底残失。残宽 10.4 厘米，残高 12.5 厘米。另有 4 件（标本 M64:11、标本 M64:14、标本 M64:45、标本 M64:46），器体较小。形制相同，尺寸略异。均子口承盖。盖，平顶微内凹，盖面斜向上隆起，盖面中偏下部有一周折棱，沿下

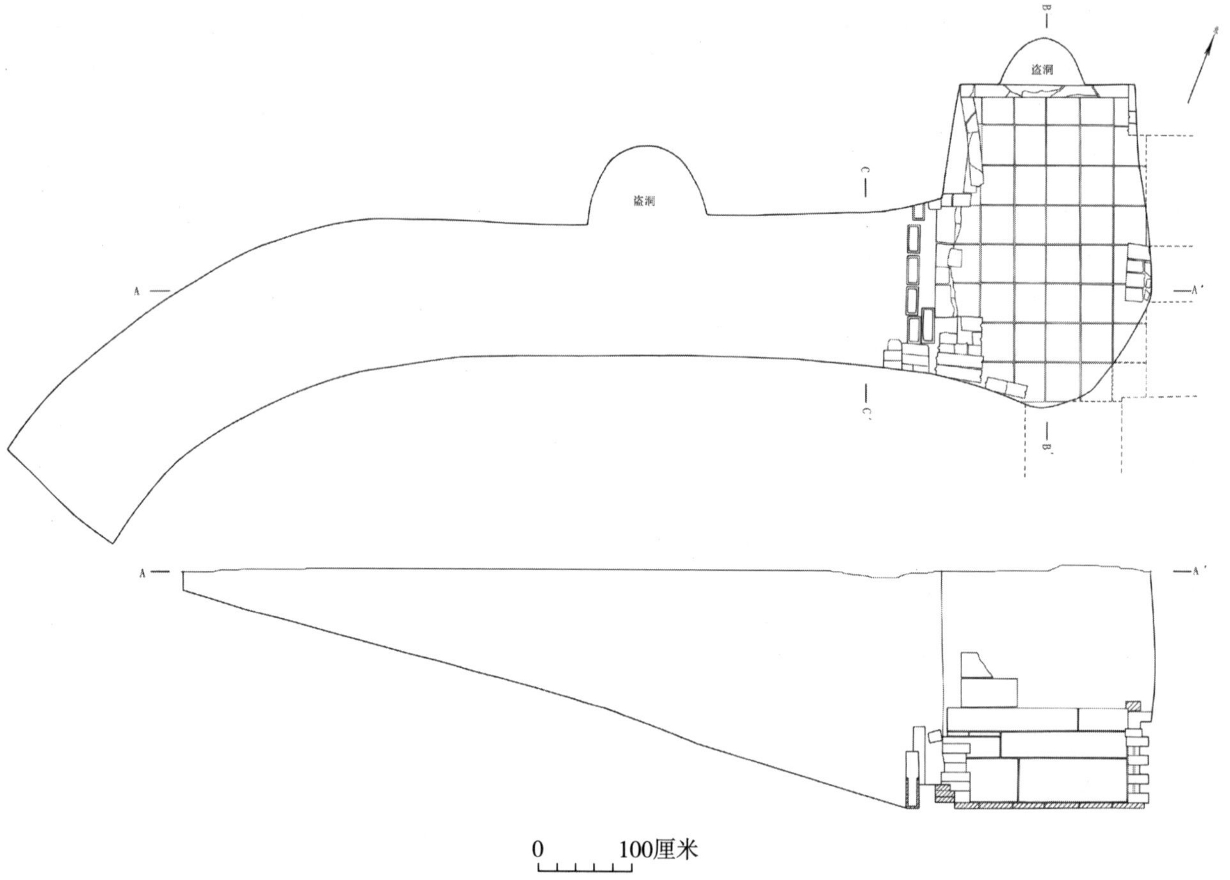

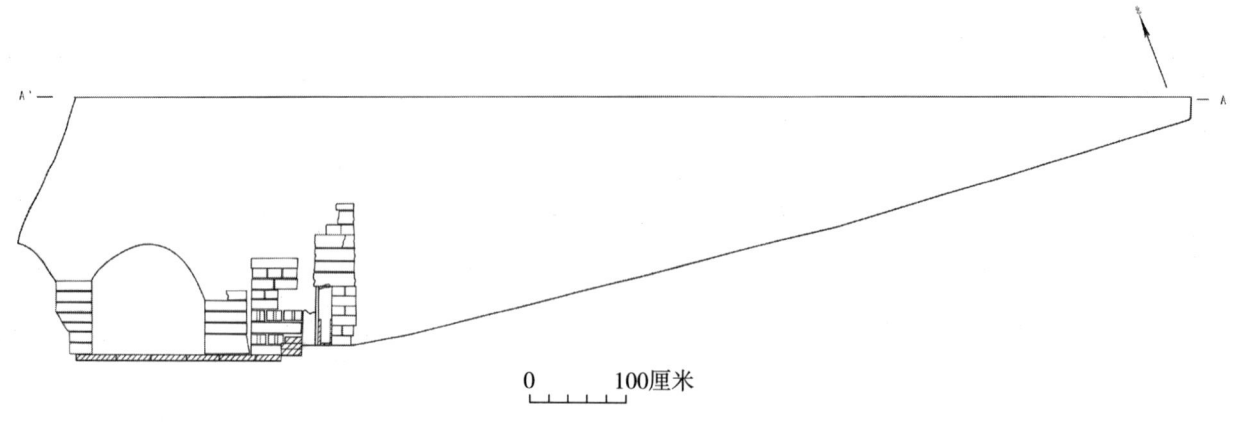

图一四二　M64平、剖面图

图一四三　M64南视图

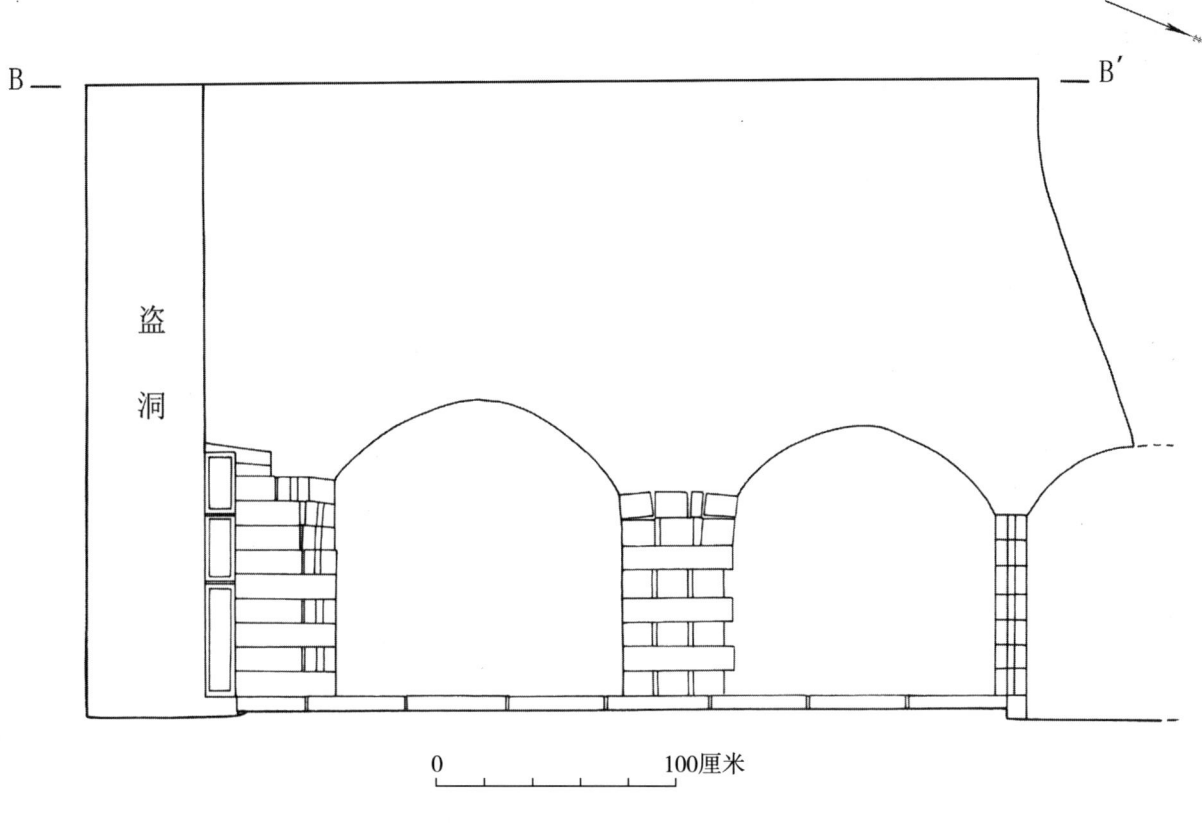

图一四四　M64东视图

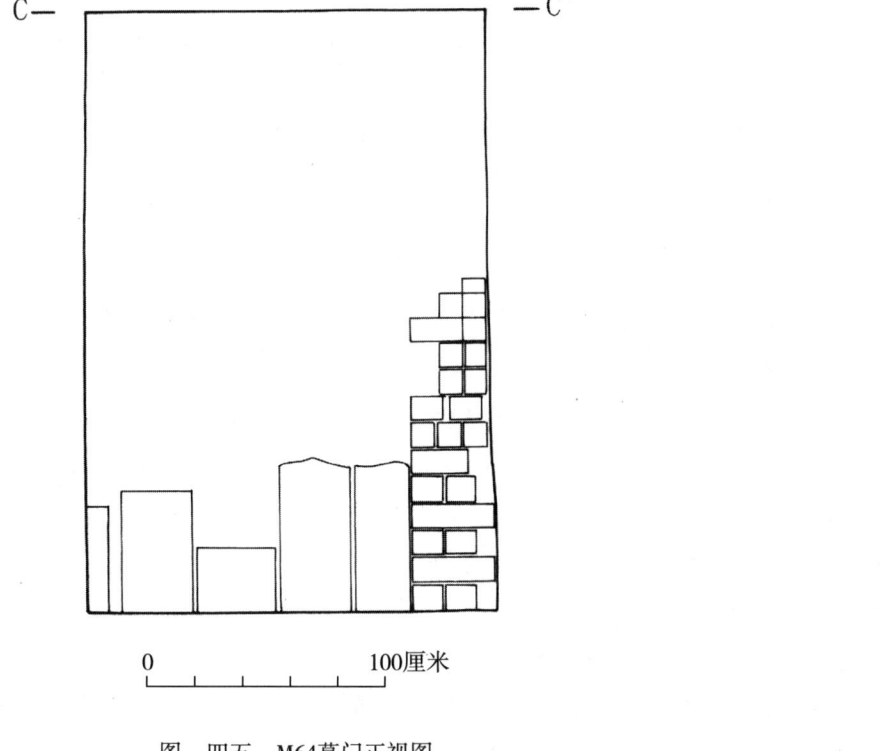

图一四五　M64墓门正视图

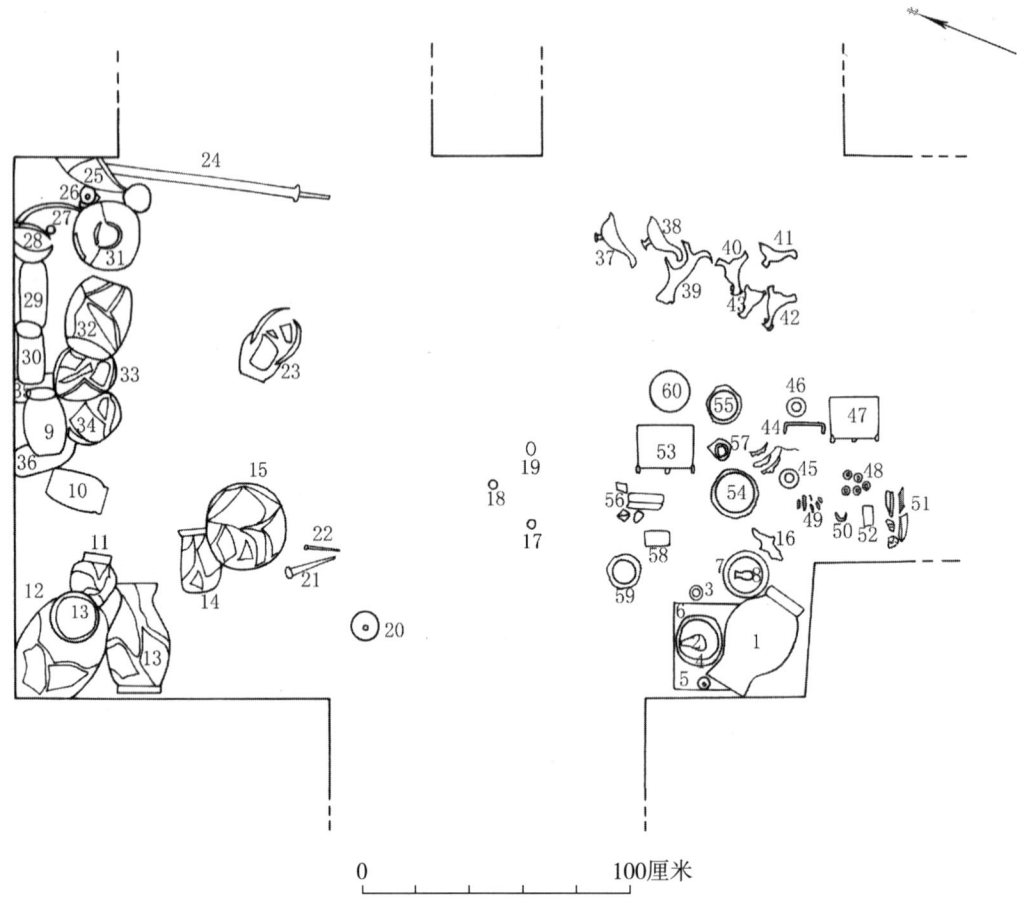

图一四六　M64前堂内出土遗物图

1.陶壶　2.陶勺　3.陶釜　4.陶甑　5.陶釜　6.陶灶　7.陶井　8.陶汲水瓶　9.陶罐　10.陶仓　11.陶壶　12.陶壶　13.陶壶　14.陶壶　15.陶壶　16.鎏金铜当卢　17.鎏金铜泡钉　18.鎏金铜泡钉　19.鎏金铜泡钉　20.铜镜　21.铁刀　22.鎏金铜刷柄　23.陶罐　24.铁剑　25.铜釜　26.陶博山薰炉盖　27.陶博山薰炉　28.陶罐　29.陶仓　30.陶仓　31.陶鼎　32.陶罐　33.陶罐　34.陶罐　35.陶仓　36.陶仓　37.陶鹅　38.陶鹅　39.陶狗　40.陶鸡　41.陶鸭　42.陶鸡　43.陶鸭　44.铜辖饰　45.陶壶　46.陶壶　47.陶三足樽　48.铜钱　49.铅饰件　50.鎏金铜軎饰　51.陶画像砖　52.陶器底板　53.陶三足樽　54.陶壶　55.陶壶　56.陶长方盒　57.陶博山薰炉　58.陶长方盒　59.陶壶　60.陶器盖

面有一周凹槽作母口，平沿，方唇。壶，盘口较直，盘口下有明显折棱，束颈，溜肩，圆鼓腹，空心状矮假圈足底微内凹。肩腹交接处、腹中部各饰三周凹弦纹。标本 M64:11，盖，顶径 2.0 厘米，沿径 9.4 厘米，高 2.7 厘米；壶，口径 9.0 厘米，腹径 16.0 厘米，底径 10.1 厘米，高 19.7 厘米；通高 22.0 厘米。（图一四八，1；图版五三，2）标本 M64:14，盖，顶径 2.3 厘米，沿径 9.9 厘米，高 2.8 厘米；壶，口径 11.2 厘米，腹径 16.8 厘米，底径 8.3 厘米，高 19.6 厘米；通高 22.5 厘米。（图一四八，2；彩版四四，6；图版五四，1）标本 M64:45，盖，顶径 2.4 厘米，沿径 9.4 厘米，高 2.8 厘米；壶，口径 9.6 厘米，腹径 16.2 厘米，底径 7.4 厘米，高 18.9 厘米；通高 21.4 厘米。（图一四八，3；彩版四七，1；图版五六，1）标本 M64:46，盖，顶径 2.3 厘米，沿径 9.4 厘米，高 2.8 厘米；壶，口径 9.2 厘米，腹径 16.0 厘米，底径 7.9 厘米，高 19.1 厘米；通高 22.0 厘米。（图一四八，4；彩版四七，2；图版五六，2）其余 4 件（标本 M64:1、标本 M64:12、标本 M64:13、标本 M64:15），器体较大。标本 M64:13 与另 3 件形制不同，尺寸均各不相同。标本 M64:13，子口承盖。盖，弧形顶，盖沿下有一周凹槽作母口，斜沿，斜方唇。壶，盘口外撇，盘口上、下部各饰一周凹弦纹，盘口下有明显折棱，束颈，溜肩，弧鼓腹，下腹内收成平底，下接折曲状高圈足，圈足微外撇，足部折棱在足上部。肩中部饰一周宽凹弦纹带，肩腹交接处、腹中部各饰一组凹弦，每组凹弦纹由三周组成，两组凹弦纹间对称饰兽面铺首衔环；下腹中部饰两周浅细凹弦纹，两周凹弦纹中间画一周波浪纹。盖，沿径18.3厘米，高4.7厘米；壶，口径18.0厘米，腹径34.6厘米，底径17.8厘米，高44.4厘米；通高49.8厘米。（图一四七，3）标本M64:1、标本M64:12和标本M64:15，形制相同。壶，盘口外撇，盘口下有明显折棱，束颈，溜肩，圆鼓腹，空心状高假圈足底微内凹，足与腹部有明显界线。标本M64:1，子口承盖。盖，平顶微内凹，盖面弧形隆起，盖面中部有一周凸折棱，斜沿稍平，沿下面有一周凹槽作母口，斜方唇。壶，肩腹交接处、腹中部各饰一组凹弦纹，每组凹弦纹由三周组成，两组凹弦纹间对称饰兽面铺首衔环。盖，顶径3.1厘米，沿径17.0厘米，高6.6厘米；壶，口径17.6厘米，腹径33.0厘米，底径17.2厘米，高41.8厘米；通高47.0厘米。（图一四七，1）标本M64:12，无盖。盘口下部饰一周凹弦纹，颈部薄削一层，下有明显凸棱；肩中部有明显凸棱，肩腹交接处、腹中部各饰一组凹弦纹，每组凹弦纹由三周组成，两组凹弦纹间对称饰兽面铺首衔环。口径17.4厘米，腹径31.2厘米，底径14.6厘米，高41.0厘米。（图一四七，4）标本M64:15，子口承盖。盖，平顶微内凹，盖面弧形隆起，中部饰一周细凹弦纹，平沿，沿下面有一周凹槽作母口，斜方唇。壶，盘口下部饰一周凹弦纹，肩腹交接处、腹中部各饰一组凹弦，每组凹弦纹由三周组成，两组凹弦纹间对称饰兽面铺首衔环。盖，顶径3.4厘米，沿径16.0厘米，高5.5厘米；壶，口径16.0厘米，腹径31.2厘米，底径16.0厘米，高40.0厘米；通高45.0厘米。（图一四七，2）

陶釜　1件。　标本M64:3，泥质灰陶。轮制。侈口，平沿微斜上仰，斜方唇下折，斜深腹，平底。腹上部饰四周浅凹弦纹。口径16.0厘米，底径4.6厘米，高7.2厘米。（图一四八，6；彩版四四，3；图版五二，6）

陶罐　6件。均为泥质灰陶。轮制。形制相同，尺寸不同。其中4件子口承盖。盖，覆钵形，平顶微内凹，盖面斜上隆起，直沿下折，方唇。罐，敛口，平沿，尖唇，矮颈较直，弧肩，弧腹，下腹部斜内收，平底微内凹。肩腹交接处饰两周浅凹弦纹，两周凹弦纹中间画饰一周波浪纹。标本M64:9，盖残失。口径9.6厘米，腹径19.4厘米，底径10厘米，高18.4厘米。（图一四九，5；彩版四四，5；图版五三，3）标本M64:23，盖，顶径4.0厘米，沿径11.8厘米，高3.8厘米；罐，口径10.0厘米，腹径20.8厘米，底径10.4厘米，高19.2厘米；通高21.8厘米。（图一四九，2；彩版四四，7；图版五四，6）标本M64:28，盖、罐腹及底部残失。口径10.2厘米，残高12.1厘米。标本M64:32，盖，顶径4.4厘米，沿径13.4厘米，高4.4厘米；罐，口径11.0厘米，腹径21.0厘米，底径10.0厘米，高18.0厘米；通高21.4厘米。（图一四九，1；彩版四五，5；图版五五，5）标本M64:33，盖，顶径4.0厘米，沿径13.6厘米，高4.2厘米；罐，口径10.6厘米，腹径20.8厘米，底径10.0厘米，高18.5厘米；通高22.0厘米。（图一四九，3；彩版四六，1；图版五五，6）标本M64:34，盖，顶径4.2厘米，沿径13.6厘米，高4.4厘米；罐，口径11.0厘米，腹径20.8厘米，底径10.0厘米，高18.8厘米；通高21.4厘米。（图一四九，4；彩版四六，2；图版五五，7）

陶井　1组。含汲水瓶1件。均泥质灰陶。轮制。井，标本M64:7，1件。圆筒形。口小底大。口微敛，平沿微斜上仰，厚方唇下折，弧腹，平底微内凹，底两侧对称各有一长方形井架底座，底座中部有圆形孔以装井架，井架残失。腹中部饰一周凸弦纹。汲水瓶，1件。标本M64:8，器体甚小。敛口，卷沿下折，尖唇，束颈，溜肩，弧腹，平底。汲水瓶，口径3.4厘米，腹径4.8厘米，底径7.4厘米，高5.8

厘米；井，内口径11.5厘米，口沿径16.7厘米，底径15.8厘米，底通宽22.8厘米，高10.6厘米。（图一四九，6；彩版四四，1、2；图版五三，4、5）

陶鼎　1件。标本M64:31，泥质灰陶。轮制。子口承盖，盖、器扣合呈球形。盖，顶近圆形，盖面弧形隆起，对称饰三个扁龙头形钮。顶中心为圆心饰一周细凹弦纹，凹弦纹内阴线刻画三组卷云纹，凹弦纹外饰一周波浪纹；附钮处饰两周细浅凹弦纹，凹弦纹内阴线刻画上、下两周波浪纹；近沿处饰一周凹弦纹，凹弦纹下饰一周波浪纹。鼎，敛口，沿内折作子口，口部两侧有长方形双附耳，附耳微外侈，球形腹，圜底近平，下附三兽面蹄形足。鼎腹折棱下饰两周凹弦纹。鼎耳两面用细阴线刻画出两边的边

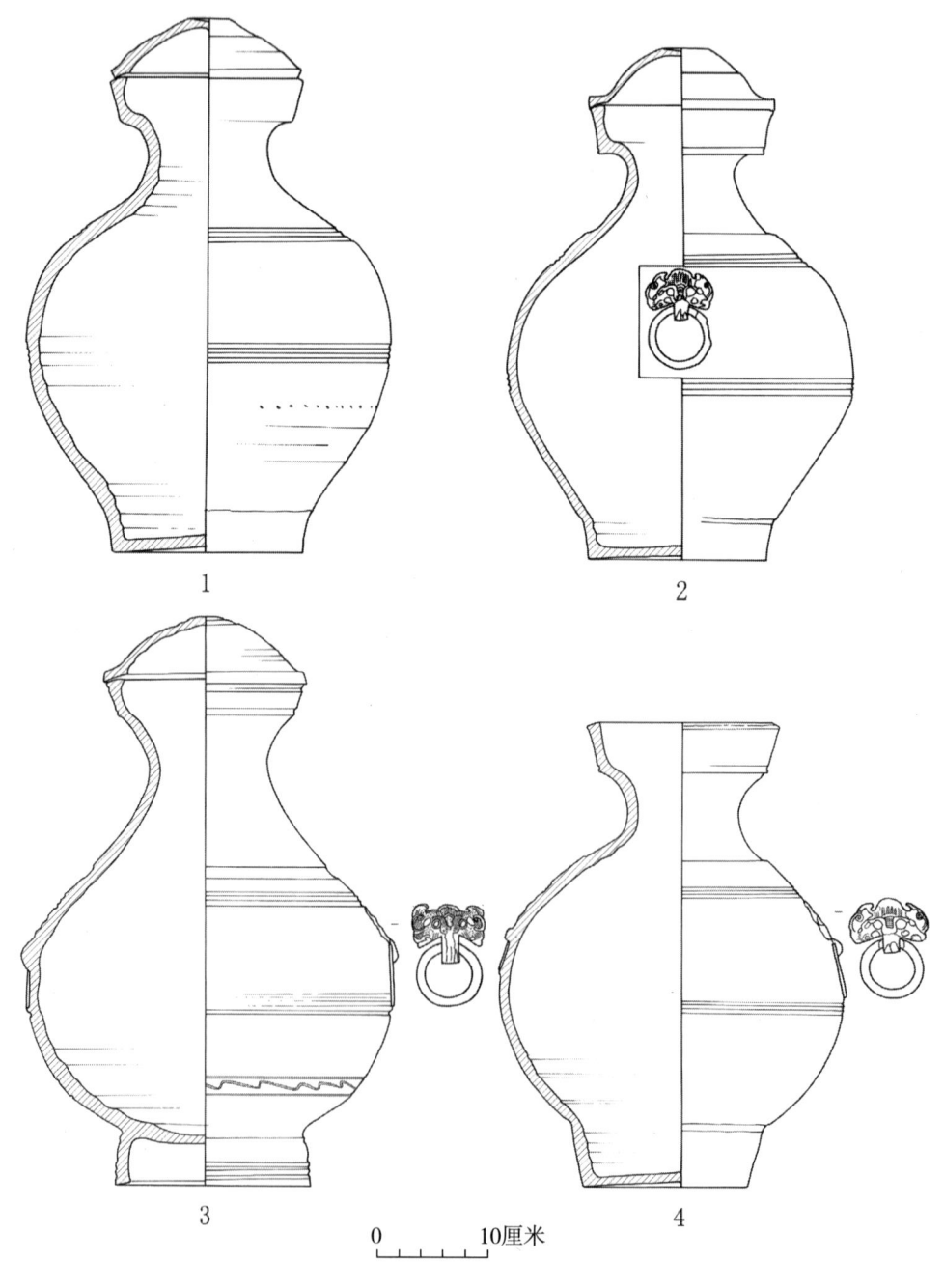

图一四七　M64出土陶壶
1.M64:1　2.M64:15　3.M64:13　4.M64:12

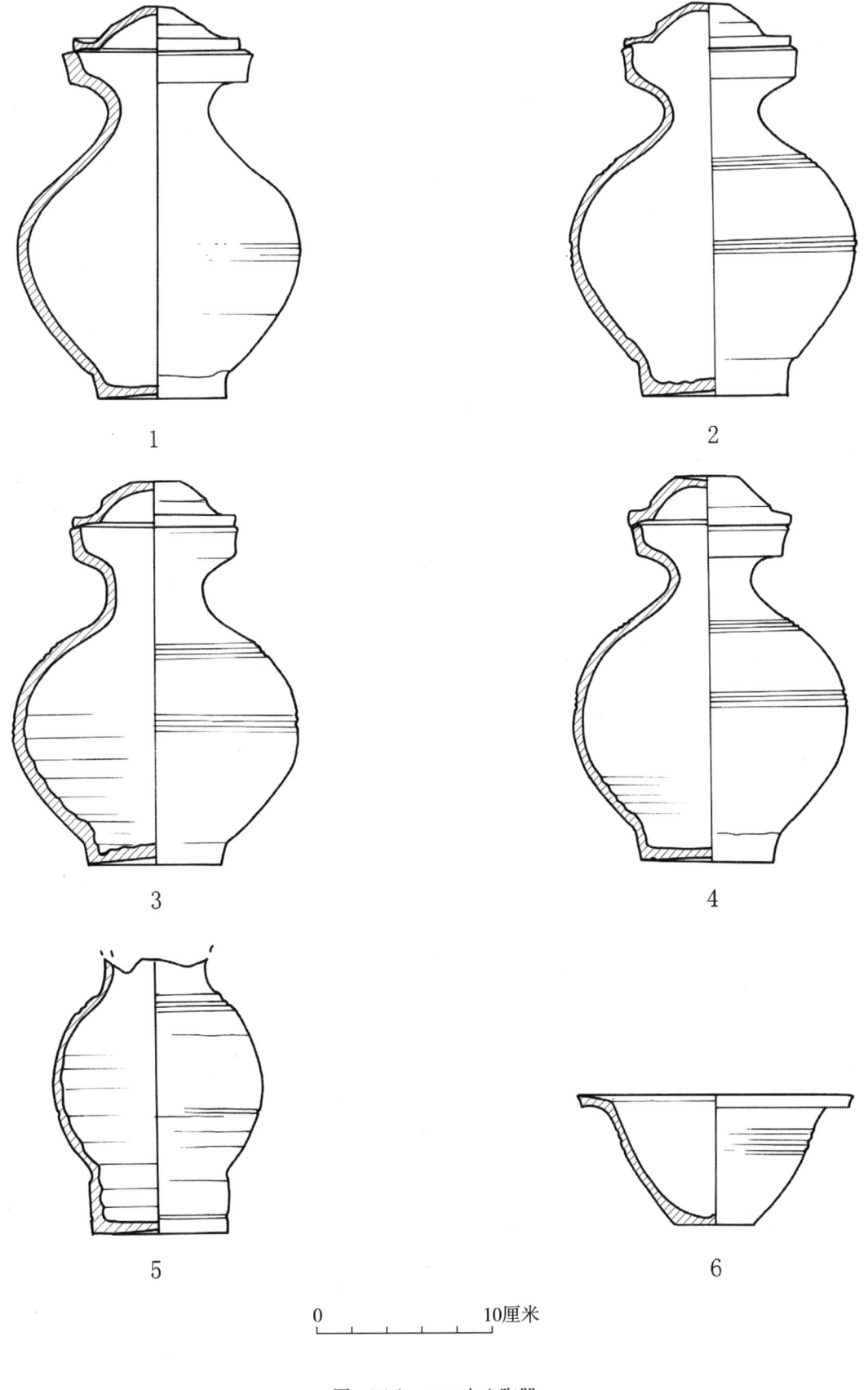

图一四八　M64出土陶器

1.壶（M64:11）　2.壶（M64:14）　3.壶（M64:45）　4.壶（M64:46）　5.壶（M64:59）　6.釜（M64:3）

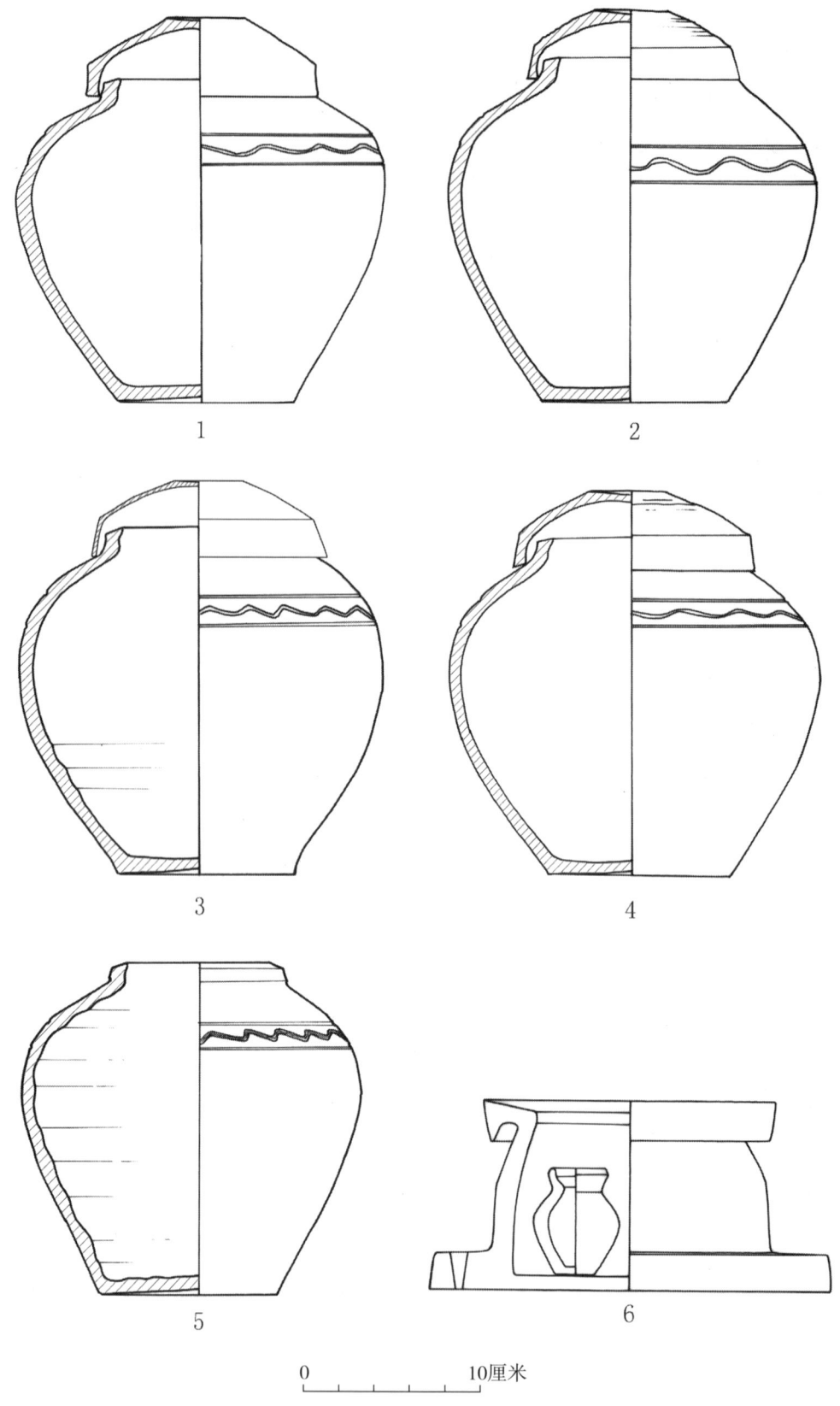

图一四九　M64出土陶器
1.罐（M64:32）　2.罐（M64:23）　3.罐（M64:33）　4.罐（M64:34）　5.罐（M64:9）　6.井（M64:7、8）

框，外面边框内刻画卷云纹、斜线纹，由于磨损，纹饰图案较模糊；内面边框内上方刻画一组涡纹，两侧刻画似卷云纹。盖，口径18.6厘米，高6.0厘米；鼎，口径13.1厘米，折腹径27.0厘米，高18.8厘米；通高23.4厘米。(图一五一，3；彩版四五，4；图版五五，4)

陶博山薰炉　2件。均为泥质灰陶。轮制。其中1件，标本M64:57，残失甚重。仅存炉底及柄残部。可以看出，炉为圜底，圜底下接圆柱形柄，柄中空。炉残宽6.6厘米，残高2.9厘米。另1件（盖标本M64:26，器标本M64:27），子口承盖。盖，如山峰突起，顶弧形中心有一圆形的出气孔，盖面镂刻三层山峦，每层有上、下间错排列的五个山峰，山峰纵向沟痕清晰，平沿，方唇。器，子口，浅腹，圜底近平，下有圆柱形柄接圆盘形底座。圆盘底座，直口，窄平沿微下倾，斜方唇，折腹，假圈足。柄与底座中空，并上下串通。柄中、下部各有一周明显折棱，其下为平窄沿台座。盖，沿径14.6厘米，沿宽0.8厘米，高8.6厘米；器，子口径11.3厘米，外口径14.6厘米，底座口径22.4厘米，底座底径12.5厘米，高17.8厘米；通高25.6厘米。(图一五一，2；彩版四五，1；图版五五，1)

陶仓　5件。均为泥质灰陶。轮制。其中4件（标本M64:10、标本M64:29、标本M64:30、标本M64:36）形制相同，尺寸不同。均子口承盖。盖，覆钵形，平顶微内凹，盖面弧形隆起，直沿下折，方唇。仓，小口，矮领，弧肩下折，筒形腹上扩下稍收，平底微内凹。体形高胖。腹部近等分饰五周凹弦纹。标本M64:10，盖，顶径4.0厘米，沿径9.2厘米，高3.0厘米；仓，口径6.8厘米，腹径12.3厘米，底径11.5厘米，高23.6厘米；通高25.8厘米。(图一五〇，1；彩版四四，4；图版五三，1)标本M64:29，圆筒形腹中部稍扩略呈棒槌形。盖，顶径4.2厘米，沿径10.0厘米，高3.1厘米；仓，口径7.4厘米，上腹径12.8厘米，腹最大径13.4厘米，底径12.0厘米，高23.8厘米；通高26.0厘米。(图一五〇，2；彩版四五，2；图版五五，2)标本M64:30，盖，顶径3.8厘米，沿径9.8厘米，高3.6厘米；仓，口径7.0厘米，腹径12.2厘米，底径11.4厘米，高23.2厘米；通高25.6厘米。(图一五〇，3；彩版四五，3；图版五五，3)标本M64:36，盖，顶径3.8厘米，沿径9.3厘米，高2.8厘米；仓，口径7.0厘米，腹径12.2厘米，底径11.4厘米，高23.2厘米；通高25.2厘米。(图一五〇，5；彩版四六，4；图版五五，9)另1件，标本M64:35，子口承盖。盖，覆钵形，平顶微内凹，盖面弧形隆起，直沿下折，方唇。仓，小口，无领，弧肩下折，筒形腹上扩下稍收，平底微内凹。体形高胖。腹部近等分饰五周凹弦纹。盖，顶径4.0厘米，沿径9.7厘米，高3.1厘米；仓，口径7.0厘米，腹径12.0厘米，底径11.3厘米，高23.1厘米；通高25.8厘米。(图一五〇，4；彩版四六，3；图版五五，8)

陶长方盒　2件。泥质灰陶。模制。均残失较甚。从残片可以辨识2件形制应是相同。立体长方形。直口，方唇，直腹，平底。各部分分别模制后粘合而成。素面。标本M64:56，仅存底、腹壁残片4片。最大片为底部残片，残长14.8厘米，残宽4.9厘米，残高5.0厘米，厚0.8厘米。标本M64:58，仅存盒底1片。残长4.2厘米，残宽10.0厘米，厚0.6厘米。

陶三足樽　2件。均为泥质灰陶。轮制。形制相同，尺寸不同。直口，方唇，圆筒形直腹，平底微圜，下附三兽面蹄形足。标本M64:47，腹上部和腹下部各饰一周凹弦纹。口部和近底部各用红色画出一组红线带纹，每组各三周，两组红线带纹之间描绘黑色似菊瓣或者卷云图案，图案漫漶不清，图案用红彩描边，红彩脱落殆尽。口、底径19.0厘米，高16.5厘米。(图一五一，6；彩版四七，3；图版五六，3)标本M64:53，上腹部、下腹部各饰两周浅凹弦纹，口、底径22.8厘米，高17.7厘米。(图一五一，7；图版五六，4)

陶灶　1组。泥质灰陶。轮制。由1甑、1釜、1勺、1灶组成。灶，标本M64:5，呈长方体。正面有

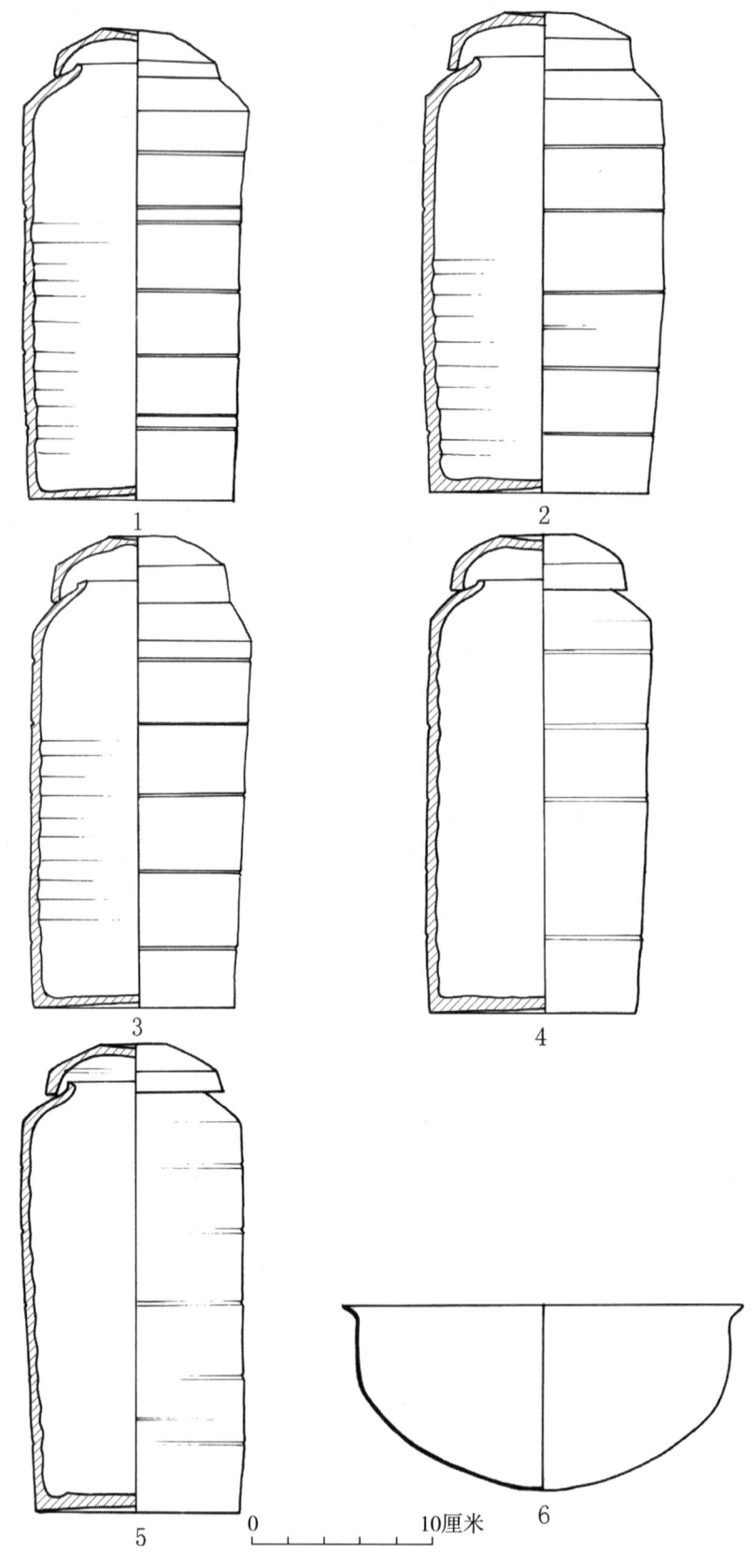

图一五〇　M64出土遗物

1.陶仓（M64:10）　2.陶仓（M64:29）　3.陶仓（M64:30）　4.陶仓（M64:35）　5.陶仓（M64:36）　6.铜釜（M64:25）

拱形火门，火门下方矮封，灶面一个较大的圆形火眼置一釜一甑，勺在甑内，灶面直平，后端中部附圆柱状蒜头形烟囱。灶面压印四组横向直线带纹将灶面分为三部分，灶眼处较宽，两端较窄，每组直线带均由两条直线饰边框，两直线内印有菱形纹，菱形纹内印两两相对的心形纹，菱形纹外印三角纹；灶面两长边各压印两组直线带纹，带纹内纹饰与横向直线带内纹饰相同。勺，标本 M64:2，呈半个葫芦形。直口，前端为横椭圆形，后端平直急收成窄柄，柄后端有尖细尾，弧腹，圜底。（彩版四三，3；图版五二，5）甑，标本 M64:4，侈口，平沿微斜上仰，斜方唇下折，斜深腹，平底。腹上部饰六周凹弦纹。底部穿 5 个小圆孔，中心 1 个，周围 4 个。釜，标本 M64:6，敛口，窄平沿，尖唇，折腹，上腹弧，下腹斜直内收，腹中部窄沿折棱凸出，平底微内凹。甑，口径 16.6 厘米，底径 5.0 厘米，高 7.8 厘米；釜，口径 7.4 厘米，腹径 11.8 厘米，底径 4.0 厘米，高 8.0 厘米；勺，口宽 5.3 厘米，柄宽 0.9 厘米，口长 6.8 厘米，通长 7.0 厘米，高 2.7 厘米；灶，长 32.0 厘米，宽 20.1 厘米，灶面高 9.7 厘米；通高 20.7 厘米。（图一五一，1；彩版四三，2；图版五二，4）

陶器盖　1 件。标本 M64:60，泥质灰陶。轮制。弧形顶，盖面弧形隆起，平沿，沿下面有一周凹槽作母口，方唇。沿径 16.0 厘米，高 4.5 厘米。（图一五一，5；图版五六，5）

陶器底板　1 件。标本 M64:52，泥质灰陶。轮制。呈长方形。一端残失，素面。板上面有原器残痕。长 17.1 厘米，宽 7.5 厘米，厚 1.9 厘米。（图一五一，4）

陶鸡　2 件。均为泥质灰陶近瓷化。模制。形制相同，尺寸不同。直颈，昂首，尖啄微向前下，睁目前视，高冠，肉髯较发达而下垂，两翼搭于体两侧，翘尾，尾部呈"Λ"，两肢平行直立。周身羽毛清晰，颈羽、飞羽、尾羽、脚趾较明显。腹腔内空。器表施红彩，红彩脱落殆尽。通体光亮。（彩版四九，3）标本 M64:40，体长 11.4 厘米，体宽 3.4 厘米，高 12.6 厘米。（图一五二，3；彩版四九，2）标本 M64:42，体长 12.5 厘米，体宽 3.4 厘米，高 12.4 厘米。（图一五二，5；彩版四九，1）

陶鹅　2 件。均为泥质灰陶近瓷化。模制。形制相同，尺寸不同。直长颈，昂首，宽扁啄微向前下，睁目前视，两翼搭于体两侧，直短尾，尾下有一小圆孔形肛门，宽扁足平行直立。周身羽毛清晰，颈羽、飞羽、尾羽、脚蹼较明显，膘肥体胖，肌肉发达。腹腔内空。器表施红彩，红彩脱落殆尽。通体光亮。标本 M64:37，残。体长 12.4 厘米，体宽 5.0 厘米，高 12.9 厘米。（图一五二，1；彩版四八，1 左）标本 M64:38，体长 11.9 厘米，体宽 4.6 厘米，高 12.6 厘米。（图一五二，2；彩版四八，1 右、2）

陶鸭　2 件。均为泥质灰陶近瓷化。模制。形制相同，尺寸不同。直颈，昂首，宽扁啄微向前下，睁目前视，两翼搭于体两侧，直短尾，尾下有一小圆孔形肛门，宽扁足平行直立。周身羽毛清晰，颈羽、飞羽、尾羽、脚蹼较明显。腹腔内空。器表施红彩，红彩脱落殆尽。通体光亮。标本 M64:41，体长 10.7 厘米，体宽 3.7 厘米，高 9.4 厘米。（图一五二，4；彩版四八，3 右）标本 M64:43，体长 9.9 厘米，体宽 3.6 厘米，高 9.0 厘米。（图一五二，6；彩版四八，3 左、4）

陶狗　1 件。标本 M64:39，泥质灰陶近瓷化。模制。耳、尾残。直颈，昂首，直视前方，四肢站立，两前肢直立，两后肢微弯。颈部饰项圈。体态较修长。残长 13.0 厘米，宽 3.3 厘米，高 8.6 厘米。（图一五二，7；彩版四九，4）

陶画像砖　1 件。标本 M64:51，泥质灰陶。残缺甚重，无法复原。从残块判断其形制应是长方形四棱柱体，空心，由四片粘合而成，纹饰图案采用印模压印。四面均有装饰，正、背面图案相同，为主题图案；两侧面图案相同，为辅饰图案。砖的正面仅存 1 小块，侧面残存 3 小块。1 块正面图案：中部同模压印两戴帽着袍的持戟小吏，其左侧图案为两支振翅翘尾的凤鸟，其下部残存图案不全，能辨识出有

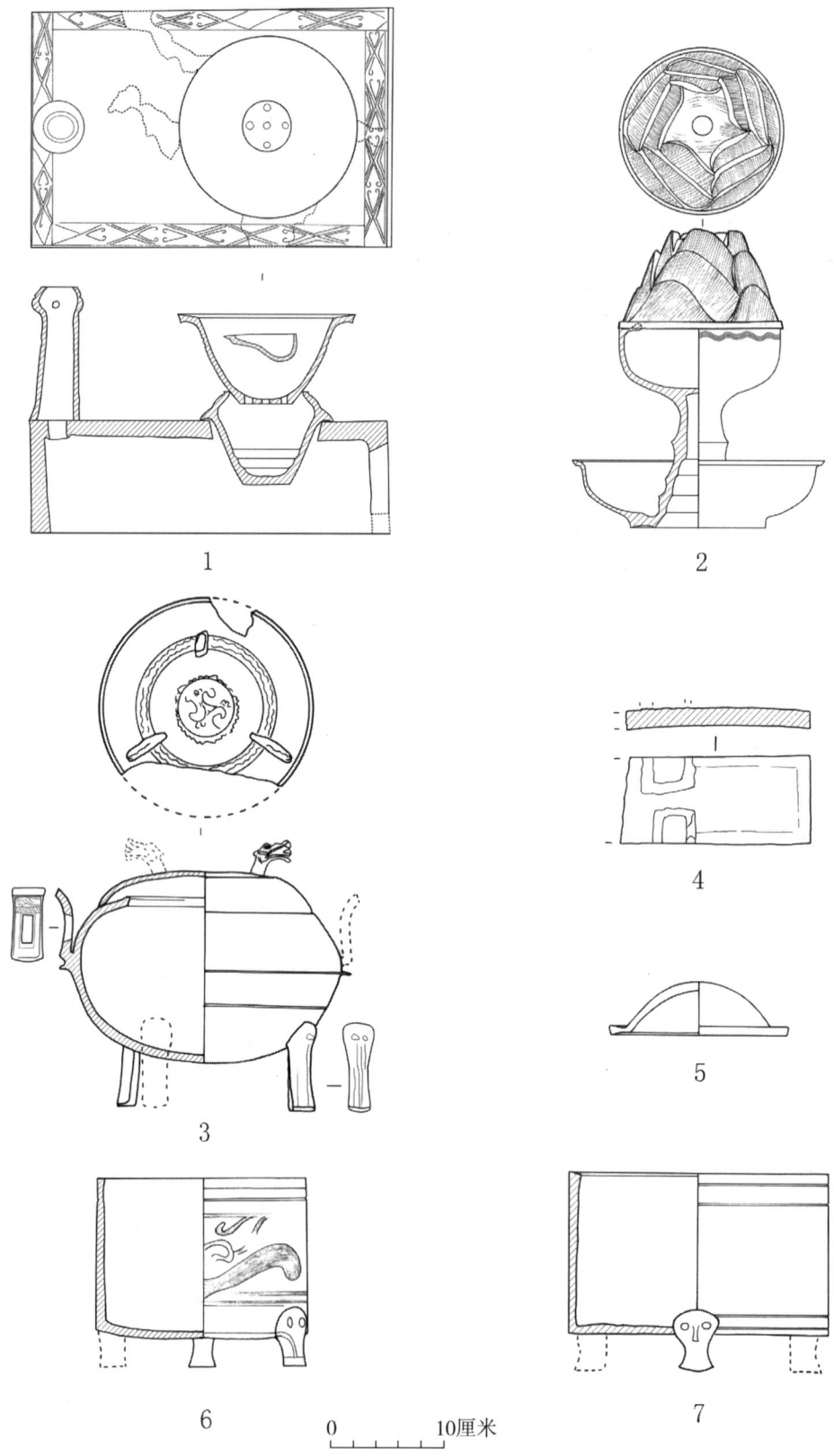

图一五一　M64出土陶器
1.灶（M64:2、4、5、6）　2.博山薰炉（M64:26、27）　3.鼎（M64:31）　4.器底板（M64:52）　5.器盖（M64:60）
6.三足樽（M64:47）　7.三足樽（M64:53）

凤鸟和常青树，其右侧为竖直粗绳纹，绳纹外侧为连绵水波纹。另3块侧面砖残块残留有部分正面图案，可以辨识出有牛、虎及菱形纹。3块侧面砖图案及布局均相同，中部为3列方形乳钉纹，其外两侧均印二龙交尾图案，二龙回首相向，其间饰小乳钉。1块正面砖残长26.0厘米，残宽24.0厘米，厚12.1厘米。3块侧面砖厚均为12.1厘米；1块残长34.0厘米，残宽10.1厘米；1块残长34.5厘米，残宽9.5厘米；1块残长36.5厘米，残宽10.0厘米。

铁刀　1件。标本M64:21，锈蚀甚重。长条形。环手直背，单面直刃，刀尖部残。残长13.3厘米，残宽1.7厘米，厚0.3厘米。（图一五三，2；图版五七，1）

铁剑　1件。标本M64:24，剑身修长。锋尖锐，两面刃，中部微起脊，身截面呈扁菱形，身、茎间有素面铜格，格两面隆成脊，格截面呈椭圆形，扁窄条形颈。剑身残留有木鞘痕。身长82.6厘米，宽3.9厘米，厚0.5厘米，通长94.8厘米。（图一五三，1；彩版五〇，2、3；图版五七，3）

铅饰件　1件。标本M64:49，残断为19段，窄长扁条形。截面为长方形。最长一段长6.8厘米，厚0.3厘米。（图一五三，5；彩版五二，4）

铜釜　1件，标本M64:25，敞口，沿斜上仰，尖唇，弧腹，圜底近尖。口径22.0厘米，腹径20.4厘米，高10.0厘米。（图一五〇，6；图版五八，1）

铜镜　1件。标本M64:20，圆形。圆钮，圆钮座。座外一周凸弦纹及一周内向八连弧纹蒂，其外为两周短斜线纹，斜线纹之间有阳刻铭文，铭文部分残失，余均模糊不清，不能释读。素宽缘。直径10.0厘米，厚0.7厘米，连钮高2.2厘米。（图一五二，10；图版五四，5）

铜当卢　1件。标本M64:16，残。扁片状，形似正视马头，中部镂空，背面有两个半环形钮。长11.1厘米，残最宽2.8厘米，厚0.2厘米，连钮高0.6厘米。（图一五三，4；彩版五一，1、2；图版五四，2、3）

鎏金铜泡钉　3件。均通体鎏金。形制相同，尺寸不同。圆形，半球面，底面中心有尖状钉。（彩版五〇，1；图版五四，4）标本M64:17，帽径3.4厘米，高2.1厘米。（图一五二，11）标本M64:18，帽径3.2厘米，高1.5厘米。（图一五二，12）标本M64:19，帽径3.4厘米，高2.0厘米。（图一五二，13）

鎏金铜轙饰　1件。标本M64:50，"U"形。由圆柱形铜条弯曲而成，两端平齐。器表通体鎏金，鎏金多脱落。长1.9厘米，宽2.4厘米。（图一五二，9；彩版五二，3；图版五八，2）

鎏金铜刷柄　1件。标本M64:22，形似细长烟斗，柄的断面呈圆形，前端下折，中空成銎，柄末端作鸭首形，双眼惯通成孔。器表通体鎏金，鎏金多脱落。通长12.2厘米，高1.4厘米。（图一五三，3；彩版五一，3；图版五七，2）

鎏金铜辀饰　1件。标本M64:44，扒钉状，断面为圆形。器表通体鎏金，鎏金多脱落。长8.9厘米，宽2.0厘米。（图一五二，8；彩版五二，1；图版五七，4）

铜钱　5枚。均为五铢。钱文书体、尺寸均不相同。内廓正面均被磨除。标本M64:48-1，3枚。钱文书体、尺寸均相同。钱文字迹清晰。"五"字中间两交笔弯曲。"铢"字的"金"旁上部呈小三角形，下部四点稍短；"朱"旁上部方折，下部圆折，下竖较直，下部长于上部，上、下部之间的间距较大。钱径2.6厘米，穿径0.9厘米。标本M64:48-2，2枚。钱文书体、尺寸均相同。钱文字迹清晰。"五"字中间两交笔弯曲。"铢"字的"金"旁上部呈小三角形，下部四点稍短；"朱"旁上部方折，下部方折，下竖较直，下部长于上部，上、下部之间的间距较大。外廓也被磨除。钱径2.2厘米，穿径0.9厘米。

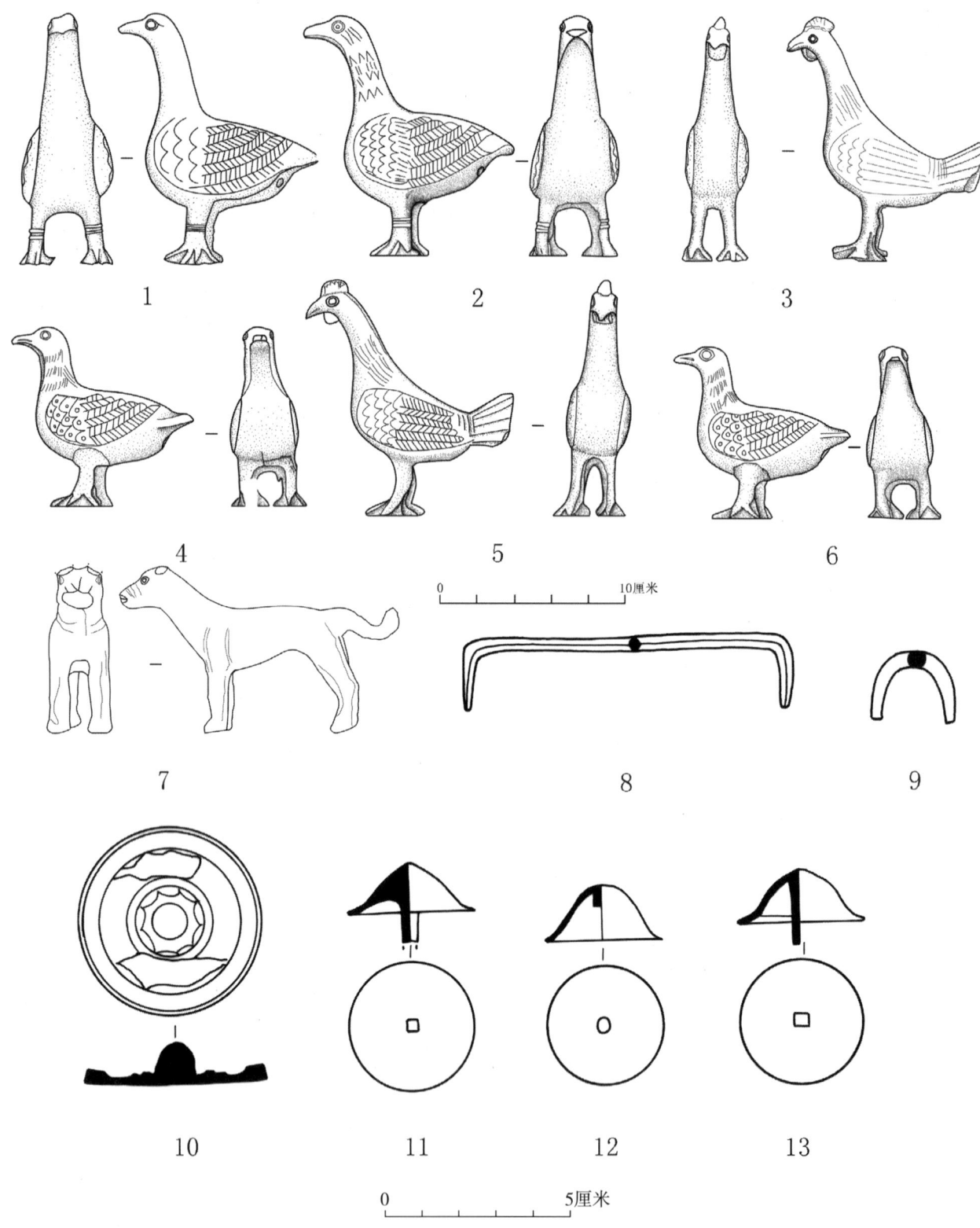

图一五二　M64出土遗物

1.陶鹅（M64:37）　2.陶鹅（M64:38）　3.陶鸡（M64:40）　4.陶鸭（M64:41）　5.陶鸡（M64:42）
6.陶鸭（M64:43）　7.陶狗（M64:39）　8.铜軎饰（M64:44）　9.鎏金铜轙饰（M64:50）　10.铜镜（M64:20）
11.鎏金铜泡钉（M64:17）　12.鎏金铜泡钉（M64:18）　13.鎏金铜泡钉（M64:19）

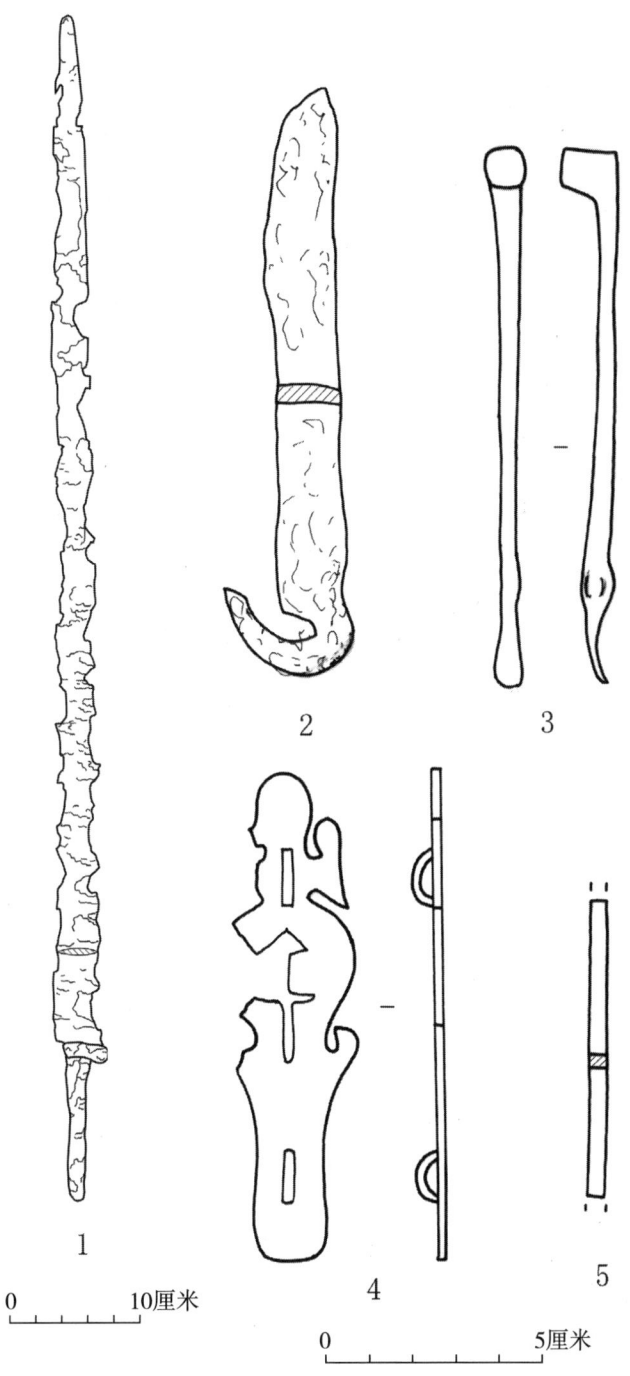

图一五三　M64出土遗物

1.铁剑（M64:24）　2.铁刀（M64:21）　3.鎏金铜刷柄（M64:22）　4.鎏金铜当卢（M64:16）　5.铅饰件（M64:49）

四九、M65

（一）层位关系

该墓的上部被施工破坏，依据附近断崖壁的层次推测该墓开口于第②层下，位于M64的西部。

（二）墓葬形制、葬式与葬具

长方形竖穴砖室墓。方向223°。墓口被破坏，形制不明。墓壁用残砖块垒砌，最高残留有七层，高0.37米。内填五花土。口长2.34米，宽0.76米，距地表深1.10米（残存）。底长2.32米，宽0.75米，距地表深1.46米（残存）。

人骨架2具。下肢骨保存较好，上肢骨仅存一人。头向西南。面向下。葬式为俯身直肢葬。性别为一男一女，年龄在45~60岁之间。推测此墓可能是迁葬墓。葬具为木棺。有随葬品。（图一五四）

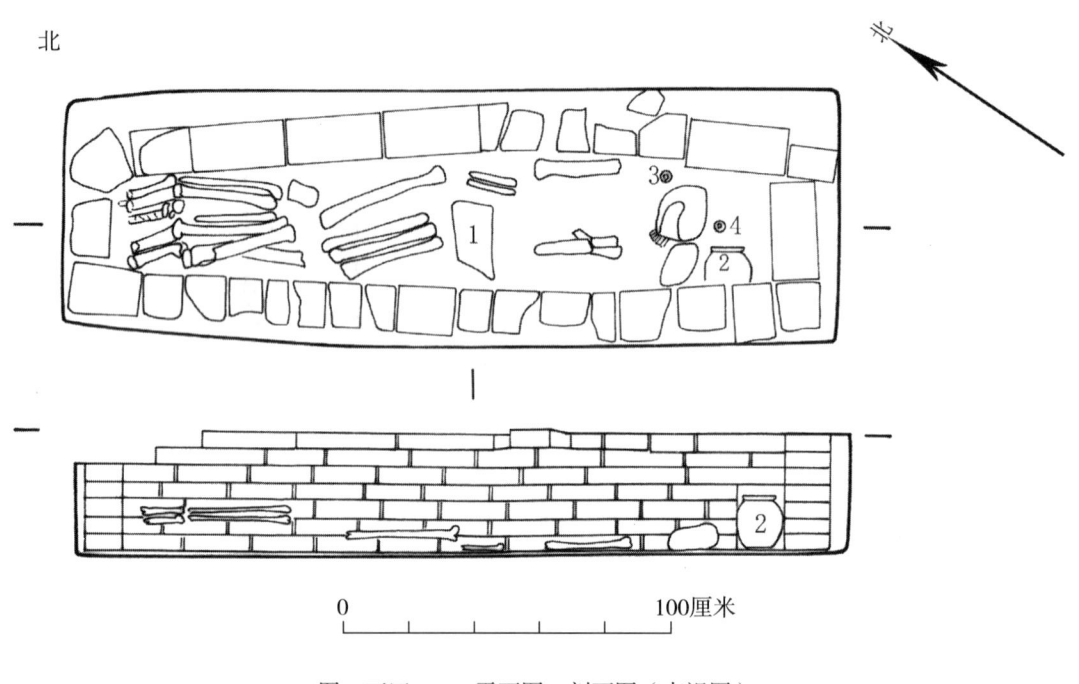

图一五四　M65平面图、剖面图（南视图）
1.铁器　2.陶双耳罐　3.铜钱　4.铜钱

（三）出土遗物

出土遗物共计4件。有陶双耳罐1、铁器1、铜钱2。铁器置放于人骨架的盆骨处，陶双耳罐、铜钱在头部。

陶双耳罐　1件。标本M65:2，泥质灰陶。轮制。敞口，圆唇，矮颈中束，溜肩，鼓腹下腹弧内收，平底微内凹。肩部两个对称双耳。双耳宽扁，两边起棱。下腹近底处饰两周细浅凹弦纹。器表通体施白衣，白衣多脱落。口径8.8厘米，腹径15.6厘米，底径7.0厘米，高14.6厘米。（图一五五，4；彩版五二，2；图版五八，3）

铁器　1件。标本M65:1，因残失较甚，残存形制不详，只可看出形状似梯形，面中部有一拱形钮，周边起棱。残长18.0厘米，残高21.9厘米。（图一五五，1；图版五八，4）

铜钱　2枚。均为五铢。钱文书体不同、尺寸相同。钱体较小。标本M65:3，1枚。钱文字迹清晰。"五"字中间两交笔较直。"铢"字的"金"旁上部呈小三角形，下部四点稍长；"朱"旁上部方折，下部方折，下竖较直，下部长于上部，上、下部之间的间距较小。内廓正面被磨除。边缘残缺。钱径2.3厘米，穿径0.9厘米。（图一五五，2）标本M65:4，1枚。钱文字迹部分不清晰。"五"字中间两交笔较直，"铢"字不清晰。钱径2.3厘米，穿径0.9厘米。（图一五五，3）

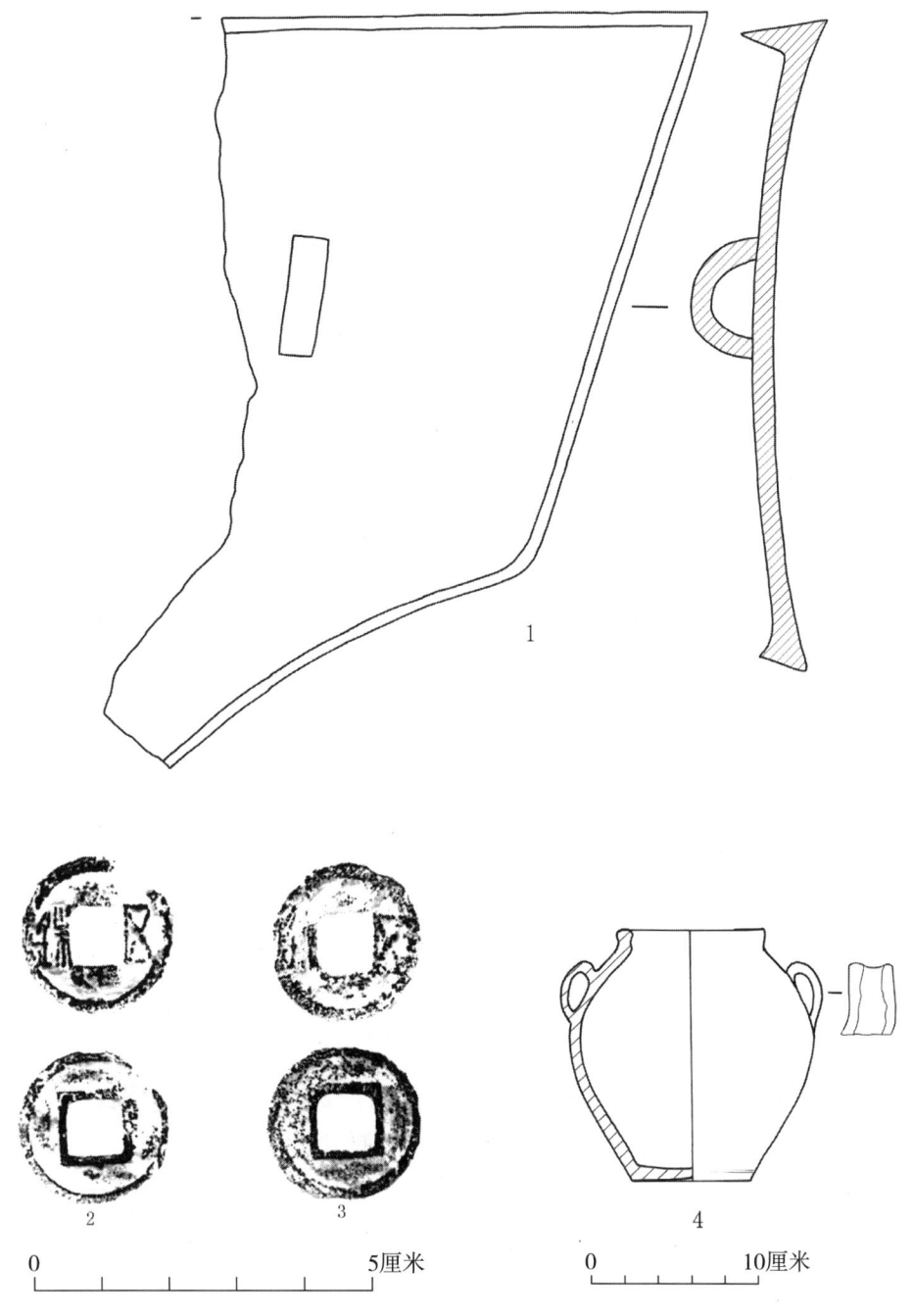

图一五五　M65出土遗物
1.铁器（M65:1）　2.铜钱（M65:3）　3.铜钱（M65:4）　4.陶双耳罐（M65:2）

五〇、M68

（一）层位关系

该墓的上部被施工破坏，依据附近断崖壁的层次推测该墓开口于第②层下。位于M55的东部，墓室东北部被 M69 打破。该墓被盗扰。

（二）墓葬形制、葬式与葬具

双室砖室墓。方向 199°。由墓道、墓门、前堂、左墓室和右墓室五部分组成。残件残缺甚重，无法复原，大小不一，尺寸不予报告。

墓道　长方形竖井斜坡式。土坑。置于墓门的南部。直壁，斜坡底。内填土为五花土。口长 2.50 米（残存），宽 1.60 米；底长 3.00 米，宽 1.60 米，距地表深 1.40 米（残存）。

墓门　平面呈长方形。洞穴式。顶部被破坏，形制不详。墓门前窄后宽，被破坏严重，封门无存，仅在底部发现有 2 残石块。门宽 1.20~1.60 米，残高 1.48 米，进深 1.00 米。

前堂　平面呈横置长方形。砖室。东西向。顶部不详。壁用长 0.46 米、宽 0.14 米、厚 0.06 米的青砖错缝垒砌，仅残留底部一层。底用长 0.44 米、宽 0.30 米、厚 0.06 米的青砖平铺，仅残留东部少许。内填土为五花土。口长 4.10 米，宽 2.20 米，距地表深未知。底长 4.10 米，宽 2.20 米，距地表深 1.50 米（残存）。

左墓室　平面呈长方形。砖室。南北向。置于前堂西北部。建造方法同前堂相同。未见有棺木痕和骨架。左、右后室中部用长 0.32 米、宽 0.12 米、厚 0.06 米的青砖垒砌成隔墙，墙南北长 2.33 米，残存 10 层，高 0.60 米。室内填土为五花土。底长 2.64 米，宽 1.38 米，距地表深 1.50 米（残存）。

右墓室　平面呈长方形。砖室。南北向。置于前堂东北部。东北部被 M69 打破。建造方法同左墓室相同。未见有棺木痕和骨架。室内填土为五花土。底长 2.64 米，宽 1.40 米，距地表深 1.50 米（残存）。

左墓室内置放较多的遗物，右墓室内遗物不见，据此推测右墓室可能为主墓室，左墓室可能为储物室。人骨架无存。头向、面向、葬式、性别不明。葬具未知。有随葬品。（图一五六）

（三）出土遗物

出土遗物共计 29 件。有陶长方盒 1、陶建筑构件 1、铁镢 1、铁斧 1、铜盖弓帽 12、铜輢饰 2、铜轙饰 1 件、铜桄首饰 3、铜当卢 2、铜车軎 1、铜扣 1、铜衔镳 1、铜柅未端饰 1、铜弩机 1。置放于左墓室内，比较散乱。

陶长方盒　1 件。标本 M68:9，残缺较甚，不可复原。泥质灰陶。轮制。为陶盒的盒盖。平面呈长方形。四阿式顶，直腹，直口，方唇。器内施红彩。残长 30.0 厘米，残宽 13.0 厘米，残高 13.1 厘米。

陶建筑构件　1 件。标本 M68:10，泥质灰陶。因残失较甚，整体形制不详，只可看出有房顶、栏杆等多个残件。残件残缺甚重，无法复原，大小不一，尺寸不予报告。

铁镢　1 件。锈蚀严重。空首。平面近梯形，上窄下宽。标本 M68:1，两刃角残失。两侧有脊。长 7.5 厘米，厚 3.0 厘米。（图一五七，2；彩版五三，1；图版五八，5）

铁斧　1 件。标本 M68:2，基本完整。刃部两角略外翘，顶部平直略残，有纵向长方形銎，銎内残留木柄。长 11.5 厘米，厚 2.3 厘米。（图一五七，1；彩版五三，2；图版五八，6）

铜盖弓帽　12 件。标本 M68:3，形制大小相同，圆筒形。中空成銎，口沿处略大，上端稍细小，有一圆钮，器中部往下挑起一钩。直径 0.8 厘米，高 2.5 厘米。（图一五七，3；彩版五三，3；图版五九，1）

铜輢饰　2 件。标本 M68:7，形制、尺寸相同。扒钉状，断面为长方形。长 2.0 厘米，高 8.6 厘米。（图一五七，5、6；彩版五四，3；图版五九，5）

铜轙饰　1 件。标本 M68:8-1，由圆柱形铜条弯曲而成 U 形，一端稍残。最长 1.9 厘米，宽 2.3 厘米，柱径 0.3 厘米。（图一五七，9；彩版五四，4；图版五九，6）

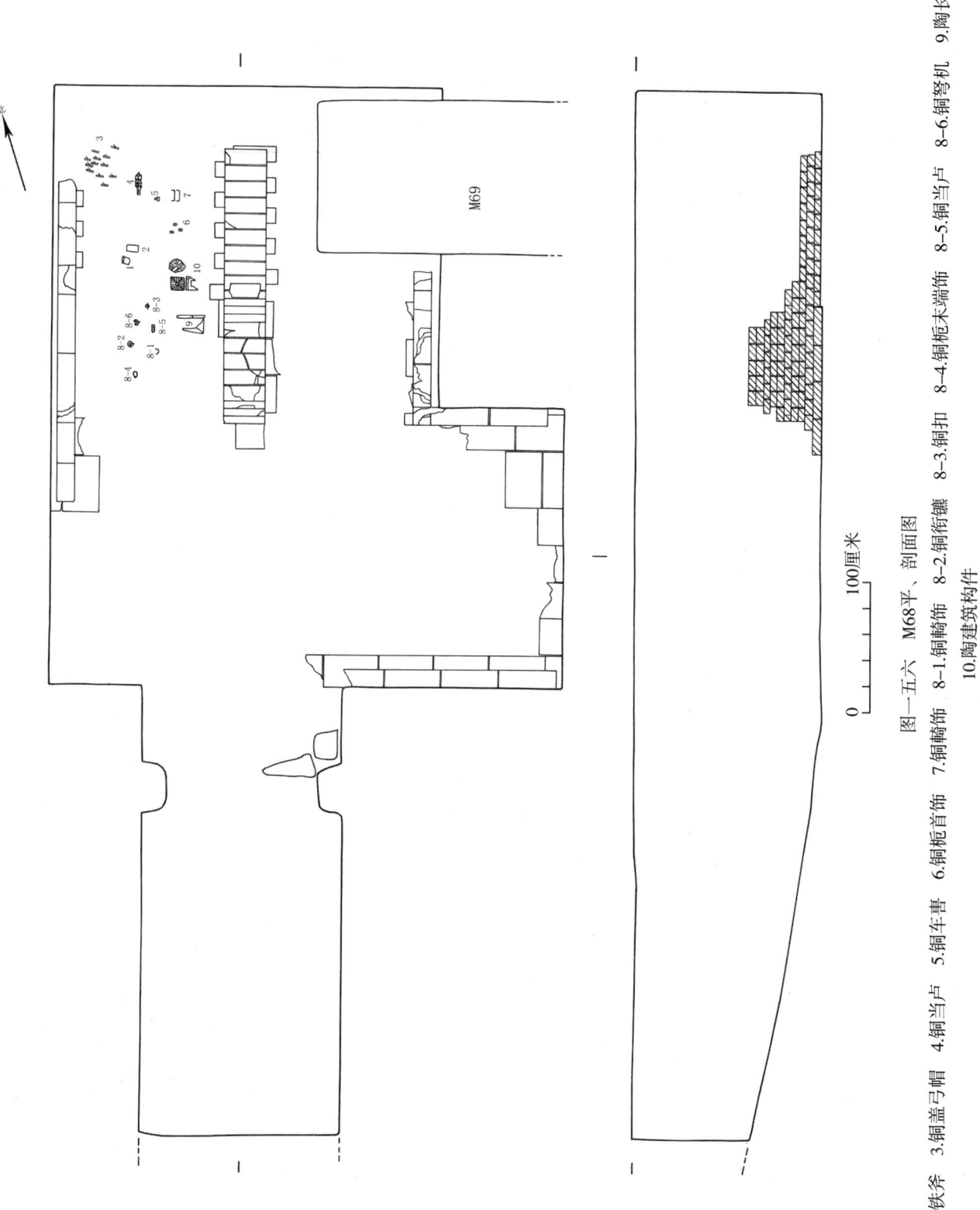

图一五六 M68平、剖面图

1.铁镢 2.铁斧 3.铜盖弓帽 4.铜当卢 5.铜车軎 6.铜柩首饰 7.铜軏饰 8-1.铜軎饰 8-2.铜衔镳 8-3.铜扣 8-4.铜柩末端饰 8-5.铜当卢 8-6.铜弩机 9.陶长方盒 10.陶建筑构件

铜椁首饰　3件。标本M68:6，形制大小相同，圆筒形。末端有收分，中腰饰凸棱一周。直径1.1厘米，高1.5厘米。（图一五七，7；彩版五四，2；图版五九，4）

铜当卢　2件。标本M68:4，片状饰件，形似正视马头，中部镂空，背面有两个半环形钮。长10.1厘米，厚0.2厘米。（图一五七，4；彩版五三，4、5；图版五九，2）标本M68:8-5，平面近长方形，中部镂空。长3.5厘米，厚0.3厘米。（图一五七，13）

铜车軎　1件。标本M68:5，圆筒形。外端收分，身有折棱两周，有长条形辖。高2.9厘米，直径2.4厘米。（图一五七，8；彩版五四，1；图版五九，3）

铜扣　1件。标本M68:8-3，顶部帽形，下有一半圆形钮。顶径1.2厘米，高1.0厘米。（图一五七，11；彩版五四，5；图版六〇，1）

铜衔镳　1件。标本M68:8-2，残缺甚重，仅存铜衔镳的一个环。椭圆形。宽1.0~1.2厘米，残高1.2厘米。（图一五七，10）

铜柲末端饰　1件。标本M68:8-4，残部。弯曲似钩，中空，截面扁圆形。残长2.2厘米，直径1.1厘米。（图一五七，12；彩版五四，6；图版六〇，2）

铜弩机　1件。标本M68:8-6，残件。整体形制不可辨识，只可看出上下两层。残长1.9厘米，残宽1.5厘米，厚0.5厘米。（图一五七，14）

五一、M69

（一）层位关系

该墓的上部被施工破坏，依据附近断崖壁的层次推测该墓开口于第②层下，位于M68的北部，打破M68。

（二）墓葬形制、葬式与葬具

双室砖室墓。方向288°。由墓道、前室和后室三部分组成。墓道与墓室宽度相当。

墓道　长方形竖井式。土坑。置于墓室西部。直壁，平底。墓道口部被破坏，形制和尺寸不详。底长2.20米，宽1.20米，距地表深0.80米（残存）。

前室　平面呈长方形。砖室。室顶被破坏，形制不明。室壁各用2块长约1.14米、宽约0.35米、厚约0.12米的空心砖竖放垒砌，残存两层，残高0.60米。室底用4块长约1.04米、宽约0.30米、厚约0.10米的空心砖平铺，南北两块间距有0.08米。墓室前部用1块长1.14米、宽0.36米、厚0.12米的空心砖竖放作为封门。未见有棺木和骨架。室内填土为五花土。底长2.46米，宽1.20米，距地表深0.70米（残存）。

后室　平面呈长方形。土洞穴式。置于墓室东部。南北向。直壁，平底。室内填土为五花土。南北长1.40米，东西宽0.54米，距地表深0.70米（残存）。

人骨架无存。头向、面向、葬式、性别不明。葬具未知。有随葬品。（图一五八）

（三）出土遗物

出土遗物共计10件。有陶壶4、陶耳杯1、陶盒2、陶罐1、陶三足樽1、陶器足1。置放于后室。

陶壶　4件。均为泥质灰陶。轮制。其中2件（标本M69:1、标本M69:2）器形均较大。形制相同，尺寸略异。盘口外撇，盘口下折棱不甚明显，束颈，溜肩，扁鼓腹，下腹内收成平底，下接圈足，圈足

第二章 汉代墓葬

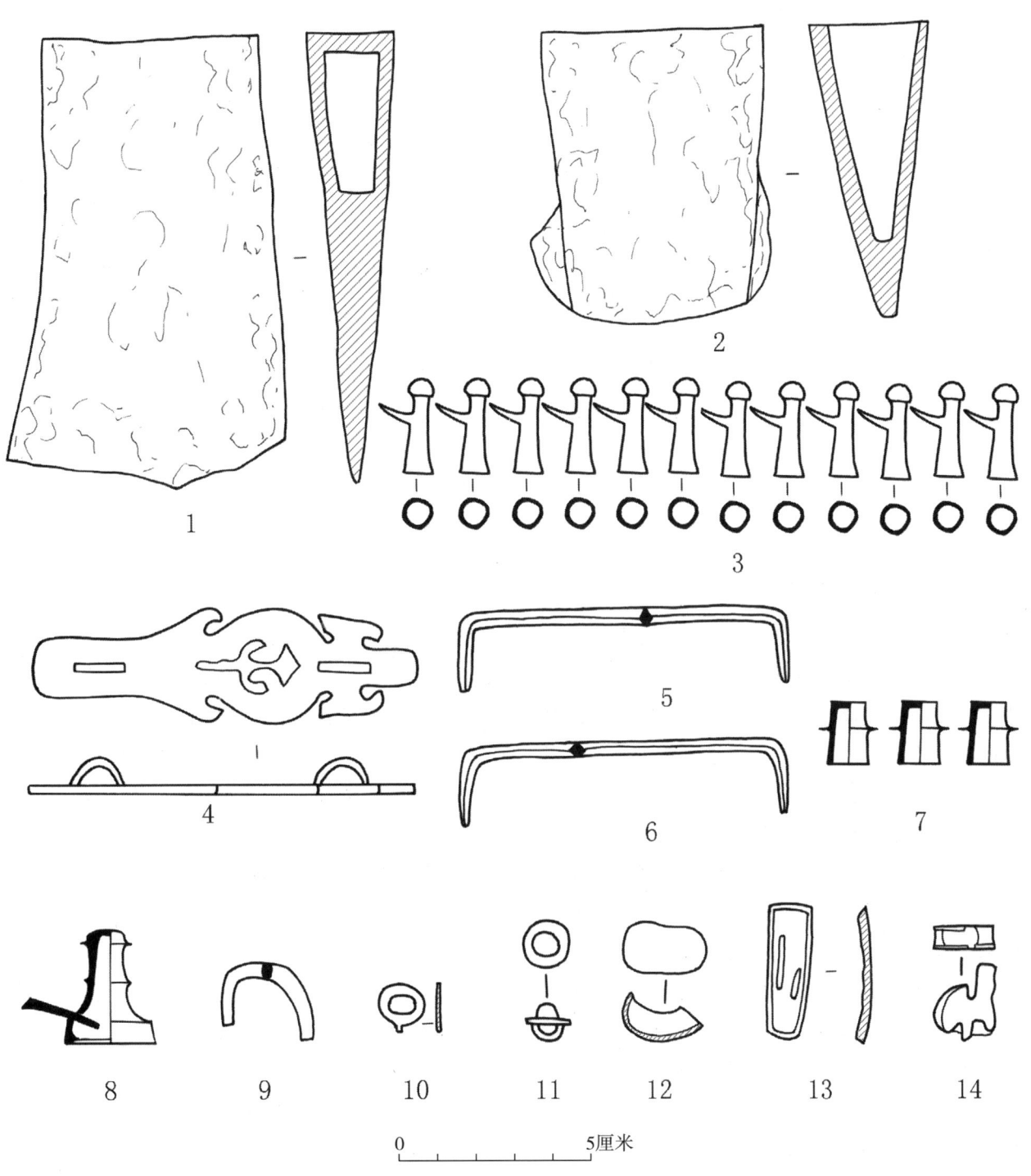

图一五七　M68出土遗物

1.铁斧（M68:2）　2.铁䦆（M68:1）　3.铜盖弓帽（M68:3）　4.铜当卢（M68:4）　5.铜軎饰（M68:7-1）
6.铜軎饰（M68:7-2）　7.铜棺首饰（M68:6）　8.铜车軎（M68:5）　9.铜辕饰（M68:8-1）　10.铜衔镳（M68:8-2）
11.铜扣（M68:8-3）　12.铜棺末端饰（M68:8-4）　13.铜当卢（M68:8-5）　14.铜弩机（M68:8-6）

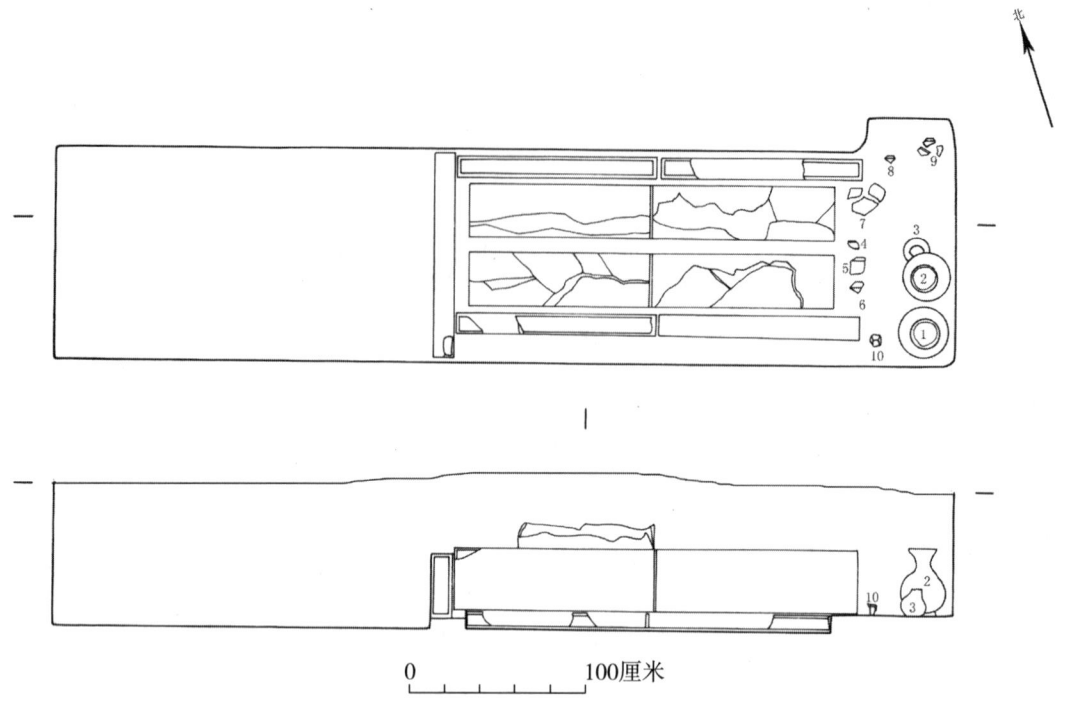

图一五八 M69平面图、剖面图（南视图）
1.陶壶 2.陶壶 3.陶壶 4.陶耳杯 5.陶长方盒 6.陶罐 7.陶壶 8.陶三足樽 9.陶长方盒 10.陶器足

外撇。肩、腹部各饰一周宽带纹，腹两侧对称各饰一兽面铺首衔环。标本 M69:1，口径 17.2 厘米，腹径 32.0 厘米，底径 17.0 厘米，高 37.0 厘米。（图一五九，1；图版六〇，3）标本 M69:2，子口承盖。盖，平顶，盖面斜向隆起，盖面下部有一周折棱，斜沿，沿下面有一周凹槽，尖圆唇。盖，沿径 16.6 厘米，高 4.4 厘米；壶，口径 16.4 厘米，腹径 31.4 厘米，底径 16.8 厘米，高 37.2 厘米；通高 41.0 厘米。（图一五九，2；图版六〇，4）另 1 件（标本 M69:3），器体较小。盘口外撇，盘口下折棱不甚明显，束颈，溜肩，扁鼓腹，斜直空心假圈足底微内凹。肩、腹部各饰一周宽带纹。口径 9.6 厘米，腹径 15.4 厘米，底径 8.0 厘米，高 18.6 厘米。（图一五九，3；图版六〇，5）第 4 件（标本 M69:7），残失较甚，仅存 3 片腹部残片，只可看出壶为鼓腹。腹部饰三周凹弦纹。器表施红彩，红彩有脱落。其中最大一片残宽 17.5 厘米，残高 9.5 厘米。

陶耳杯 1 件。标本 M69:4，泥质灰陶。轮制。残存三分之一。可以辨识器为椭圆形。口两侧应有新月形耳，弧腹，假圈足底。残口长 2.2 厘米，残底长 4.5 厘米，残底宽 5.1 厘米；高 4.4 厘米。（图一五九，4）

陶长方盒盖 2 件。均为泥质灰陶。轮制。标本 M69:5，为陶长方盒的盒盖。残失较甚，平面呈长方形。四阿式顶，直腹，直口，方唇。器内施红彩。残长 10.7 厘米，残宽 15.2 厘米，残高 2.5 厘米。标本 M69:9，为陶盒的腹壁残块。直腹，方唇。残长 10.9 厘米，残宽 15.8 厘米，残高 4.3 厘米。

陶罐 1 件。标本 M69:6，泥质灰陶。轮制。存陶罐口及肩部的一小残片。只可看出罐为敞口，方唇，溜肩。肩部有三周凹弦纹。残宽 12.5 厘米，残高 7.5 厘米。

陶三足樽 1 件。标本 M69:8，泥质灰陶。轮制。存口部一小残片。上下各饰 7 周一组的细凹弦纹，两组凹弦纹之间饰连绵波浪纹。残宽 5.7 厘米，残高 3.7 厘米。

陶器足 1 件。标本 M69:10，均泥质灰陶。应是陶案的一足，下部残。扁长方体，上粗下细。残高 7.4 厘米。（图一五九，5）

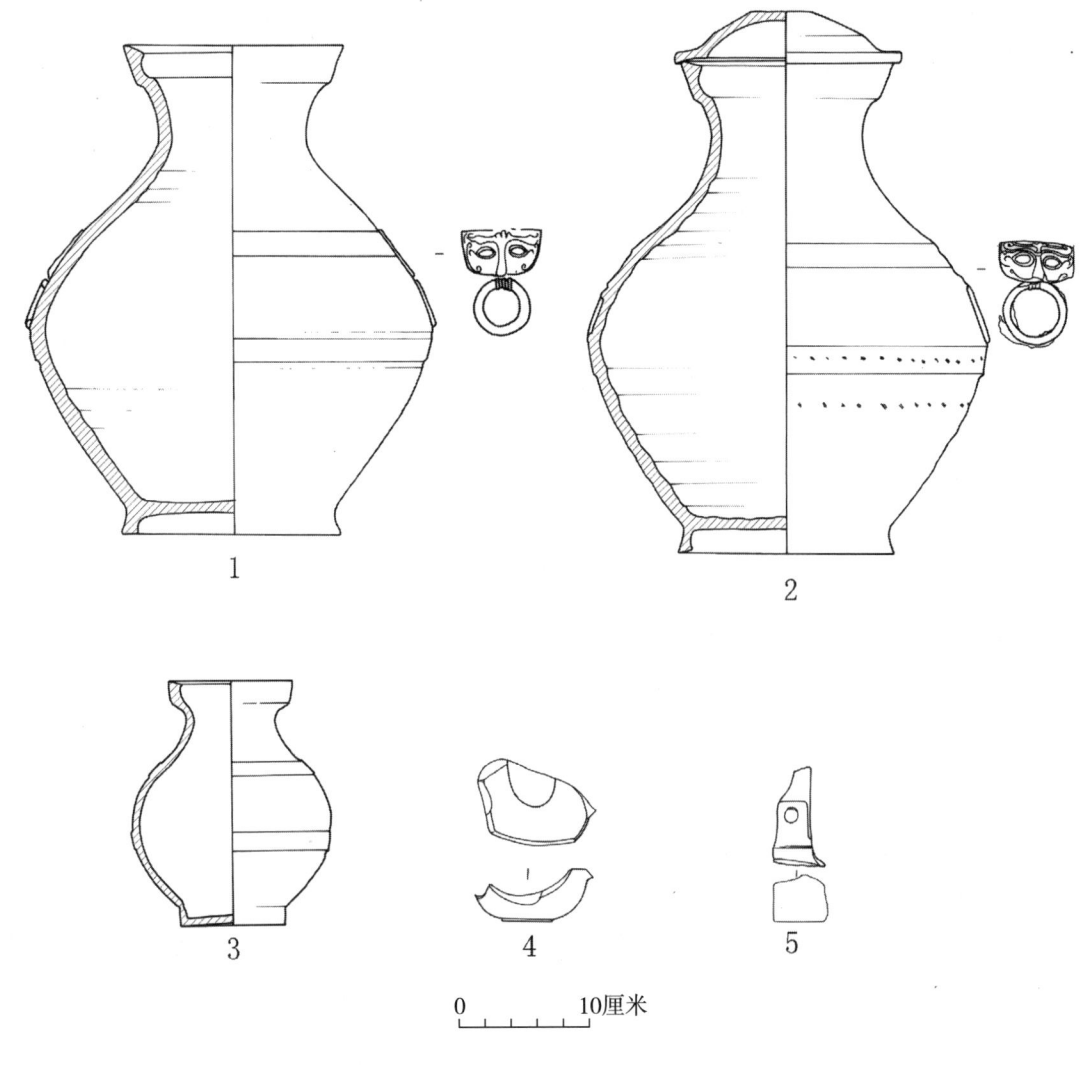

图一五九 M69出土陶器
1.壶（M69:1） 2.壶（M69:2） 3.壶（M69:3） 4.耳杯（M69:4） 5.器足（M69:10）

五二、M70

（一）层位关系

该墓的上部被施工破坏，依据附近断崖壁的层次推测该墓开口于第②层下，位于M62的西部。

（二）墓葬形制、葬式与葬具

单室砖室墓。方向196°。由墓道、墓室两部分组成。墓道窄于墓室。墓道东壁与墓室东壁几乎在一条直线上，墓道与墓室构成平面呈"刀"形。该墓被盗扰严重。

墓道 长方形竖井斜坡式。土坑。置于墓室西部。直壁，斜坡底。墓道口部被破坏，形制不详。底长4.00米，宽1.32米，距地表深0.50米（残存）。

墓室 平面呈长方形。砖室。室顶无存，形制不明。墓室壁用长0.43米、宽0.12米、厚0.06米的青砖错缝垒砌，残存七层，高0.42米。室底用同样的青砖交叉平铺一层，中北部大部分已不存在，露生土。

未发现有棺木和骨架。室内填土为五花土，土质松散。口长 6.40 米（残存），宽 2.10 米，距地表深未知。底长 3.94 米，宽 2.00 米，距地表深 0.50 米（残存）。

人骨架无存。头向、面向、葬式、性别不明。葬具未知。有随葬品。（图一六〇）

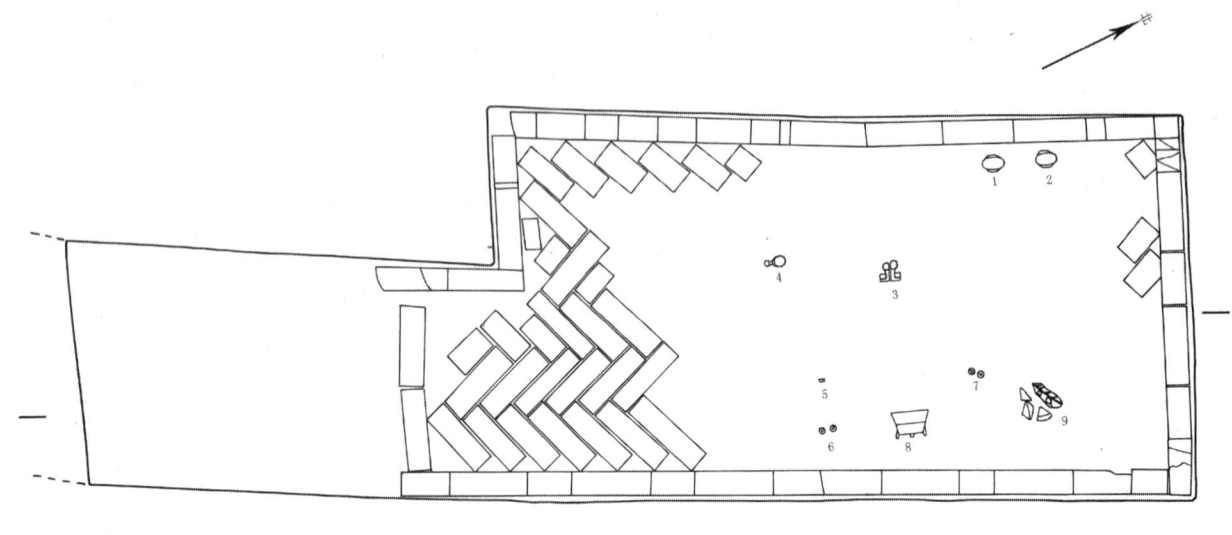

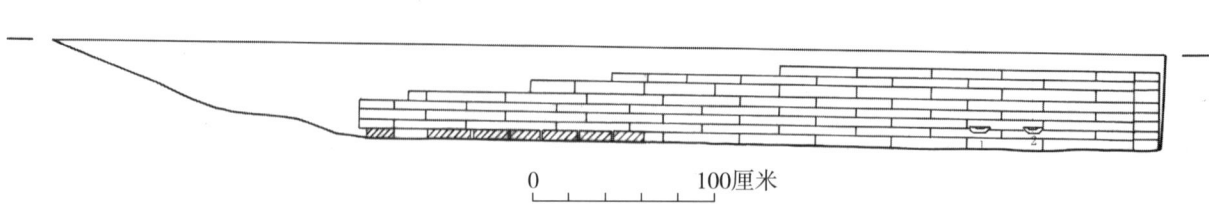

图一六〇　M70 平、剖面图
1.陶耳杯　2.陶耳杯　3.陶器足　4.陶勺　5.骨管　6.铜钱　7.铜钱　8.陶三足樽　9.陶建筑构件

（三）出土遗物

出土遗物共计 12 件。有陶耳杯 2、陶三足樽 1、陶勺 1、陶器足 2、陶建筑构件 1、骨器 1、铜钱 4。置放于墓室内，比较散乱。

陶耳杯　2 件。均为泥质灰陶。轮制。形制相同。椭圆形。腹微弧，假圈足底。口两侧置对称新月形耳，两耳平直外展。标本 M70:1，口短径 7.2 厘米，口长径 12.6 厘米，底短径 3.6 厘米，底长径 6.6 厘米，高 3.4 厘米。（图一六一，3；彩版五五，1 左；图版六〇，7）标本 M70:2，口短径 7.0 厘米，口长径 12.2 厘米，底短径 3.6 厘米，底长径 6.4 厘米，高 3.2 厘米。（图一六一，4；彩版五五，1 右；图版六一，1）

陶三足樽　1 件。标本 M70:8，泥质灰陶。轮制。圆筒形。直口，方唇，筒形斜直腹上扩下内收，平底下接三蹄形足，足为猴子蹲踞状。腹中削薄一周，腹上、中、下部各饰一周席纹。口径 21.9 厘米，底径 20.8 厘米，通高 21.1 厘米。（图一六一，1；彩版五五，4；图版六一，4）

陶勺　1 件。标本 M70:4，泥质灰陶。手制。勺口呈椭圆形，前宽后窄，口微侈，尖唇，弧腹，圜底较尖，柄直上扬，柄端部削平。口短径 4.3 厘米，口长径 8.0 厘米，勺深 4.0 厘米，柄长 4.0 厘米，通长

12.0 厘米，通高 6.2 厘米。（图一六一，5；彩版五五，3；图版六一，3）

陶器足　2 件。均为泥质灰陶。形制、大小相同。标本 M70:3，上为一个等腰梯形的平台，下为蹄足。台长 5.0 厘米，台宽 4.0 厘米，足上宽 3.8 厘米，足下宽 2.5 厘米，通高 9.8 厘米。（图一六一，2；彩版五五，2；图版六一，2）

陶建筑构件　1 件。标本 M70:9，泥质灰陶。为陶楼的房顶部残件。仅可看出：顶为四阿式，重檐均向外出檐，其上压印瓦垄，瓦槽及瓦清晰可见。因残件残碎较甚，无法复原，残片大小不一，尺寸无法统一，不予报告。

骨管　1 件。标本 M70:5，圆筒形。中空。残存一半。颜色泛黄，表面打磨光滑。器表阴线雕刻两足纹饰。一组为上、下各饰三周凹弦纹，中间饰绳索纹。另一组上饰三周凹弦纹，中部饰一周绳索纹，下饰一周凹弦纹。残长 3.0 厘米，残宽 1.7 厘米。（图一六一，6）

铜钱　4 枚。均为五铢。正面内廓均被磨除。依据铜钱钱文书体、保存现状等分为以下三种情况进行报告：

1. 标本 M70:6-1，1 枚。钱文字迹清晰。"五"字中间两交笔较直。"铢"字的"金"旁上部呈稍大三角形，下部四点稍长；"朱"旁上部方折，下部圆折，下竖较直，下部长于上部，上、下部之间的间距较大。钱径 2.6 厘米，穿径 0.9 厘米。（图一六一，7）

2. 标本 M70:6-2、标本 M70:7-1，各 1 枚。钱文字迹部分不清。尺寸相同：钱径 2.6 厘米，穿径 0.9 厘米。钱文书体、保存状况均有异。标本 M70:6-2，1 枚。"五"字中间两交笔呈稍曲。"铢"字的"金"旁不清；"朱"旁上部方折，下部圆折，下竖较直，下部长于上部，上、下部之间的间距较大。（图一六一，8）标本 M70:7-1，1 枚。"五"字中间两交笔呈稍曲。"铢"字不清。边缘残缺。

3. 标本 M70:7-2，1 枚。残缺，钱文书体不可辨识。残为 4 块。钱径残存 2.1 厘米，穿径 1.0 厘米。

五三、M72

（一）层位关系

该墓的上部被施工破坏，依据附近断崖壁的层次推测该墓开口于第②层下，位于 M73 的东北部，墓道被断崖打破。

（二）墓葬形制、葬式与葬具

单室砖室墓。方向 35°。平面呈"刀"形。由墓道、墓室两部分组成。墓道窄于墓室。该墓被盗扰严重。

墓道　土坑。置于墓室东北部，被断崖打破，未清理，形状结构不详。

墓室　平面呈长方形。砖室。室顶无存，形制不明。从残存的壁砖来看，墓室壁应是用长 0.42 米、宽 0.14 米、厚 0.06 米的青砖错缝垒砌，但由于被破坏严重，仅西壁近墓室口处和南壁中部残留有墙体，最高残存 3 层，高 0.20 米，其余皆露生土。室内填土为五花土，土质松散。底长 3.54 米，宽 2.36 米，距地表深 3.40 米。

人骨架无存，头向、面向、葬式、性别不明。葬具未知。有随葬品。（图一六二）

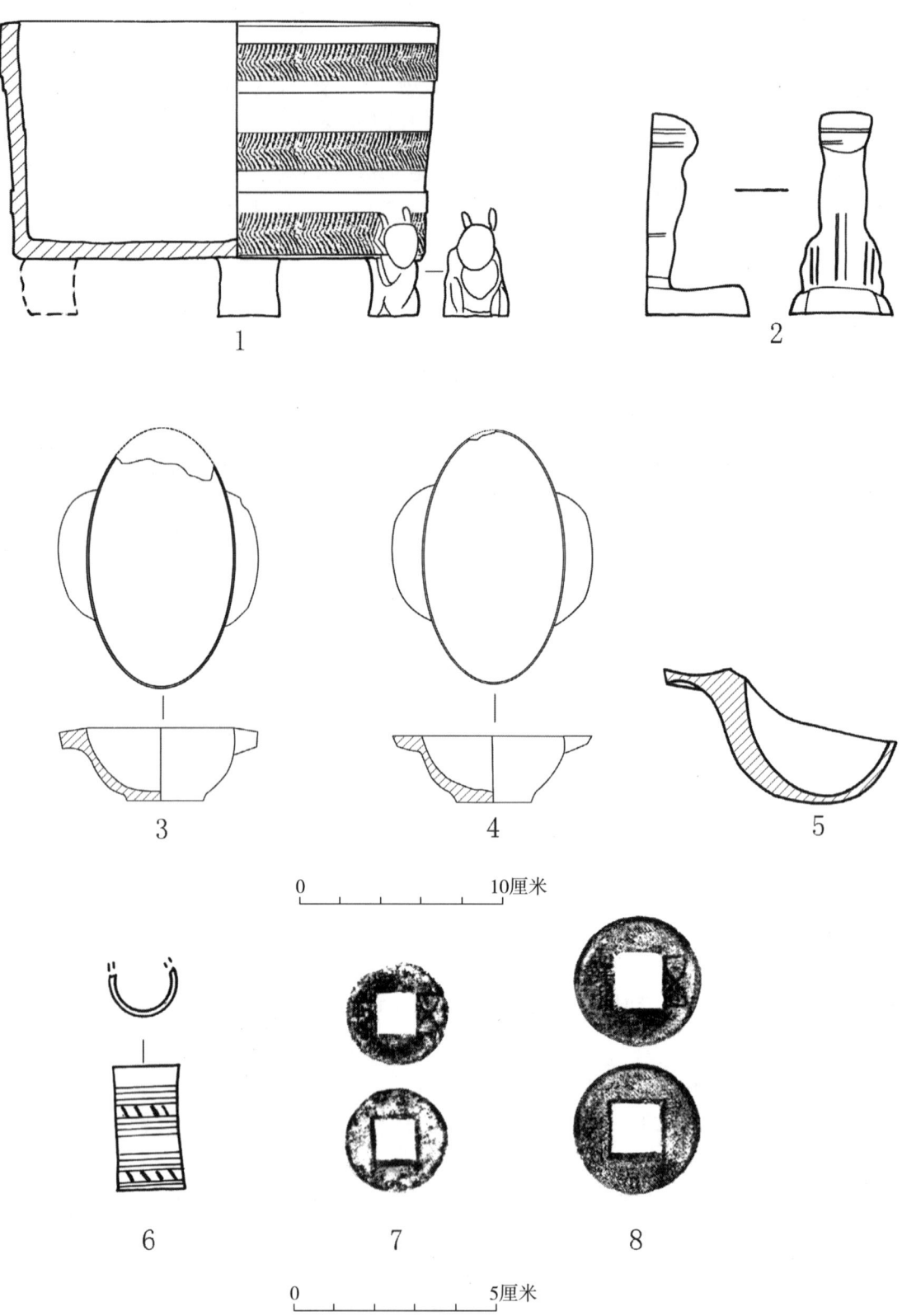

图一六一 M70出土遗物

1.陶三足樽（M70:8） 2.陶器足（M70:3） 3.陶耳杯（M70:1） 4.陶耳杯（M70:2） 5.陶勺（M70:4）
6.骨管（M70:5） 7.铜钱（M70:6-1） 8.铜钱（M70:6-2）

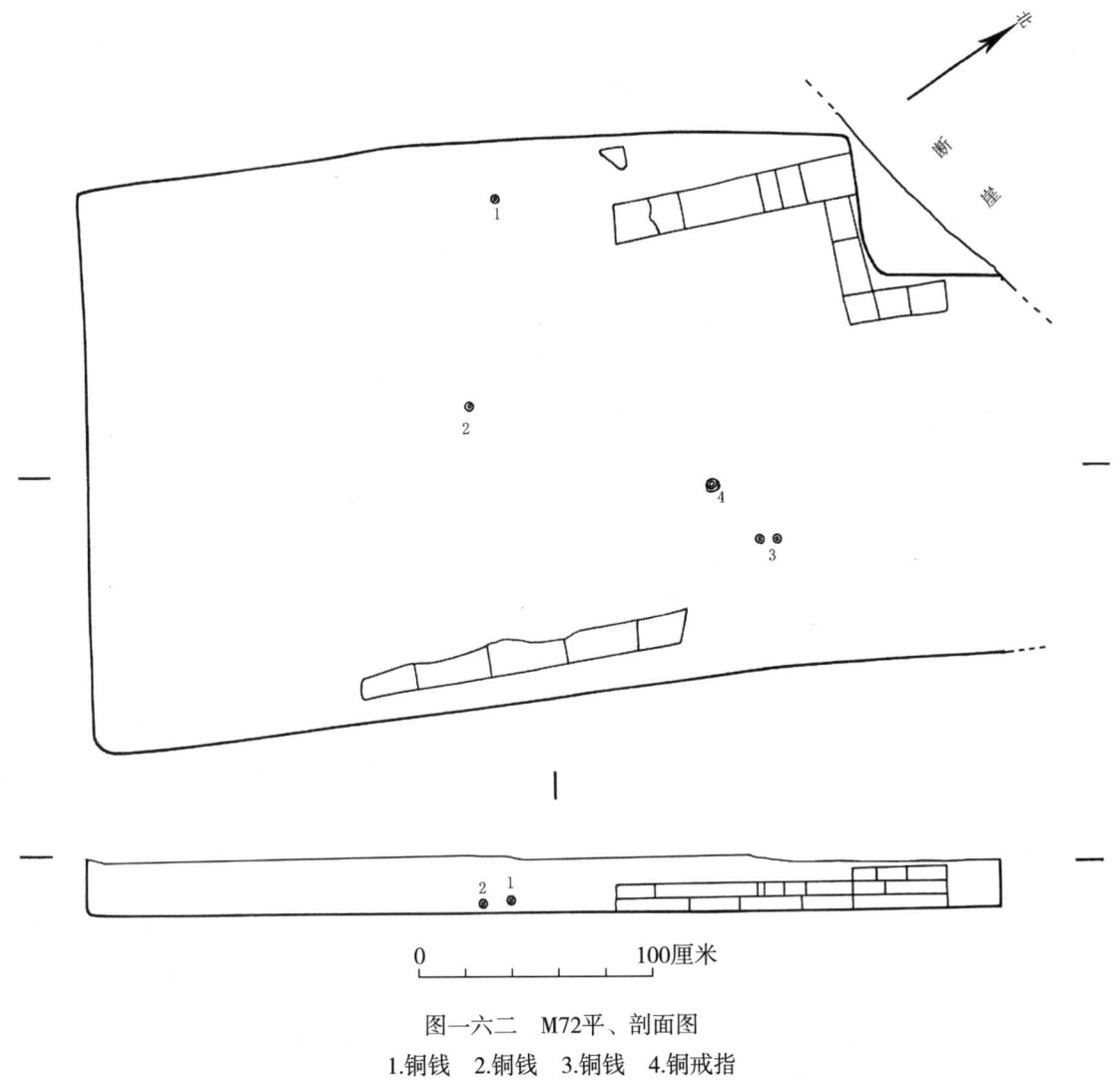

图一六二　M72平、剖面图
1.铜钱　2.铜钱　3.铜钱　4.铜戒指

(三) 出土遗物

出土遗物共计5件。有铜戒指1、铜钱4。置放于墓室内。

铜戒指　1件。标本M72:4。圆环形。素面，镶嵌物已脱落。直径2.0厘米，厚0.8厘米。（图一六三，2；彩版五五，6）

铜钱　4枚。均为大泉五十。形制不同，尺寸不同。（彩版五五，5）标本M72:1，1枚。残。肉薄，字迹极浅不甚清晰，"五"字中间两交笔弯曲；"十""泉"二字模糊不清，"大"字被磨平，周边有一周凸起的外廓，正方形穿口。钱径2.4厘米，穿径0.8厘米。（图一六三，1）标本M72:2，1枚。"十"字破损一块，周边有一周凸起的外廓，正方形穿口，字迹极浅不甚清晰，"五"字中间两交笔弧曲。钱径2.8厘米，穿径1.1厘米。标本M72:3-1，1枚。周边有一周凸起的外廓，正方形穿口，字迹极浅不甚清晰，"五"字中间两交笔较直。钱径2.6厘米，穿径0.8厘米。标本M72:3-2，1枚。周边有一周凸起的外廓，正方形穿口，字迹清晰，"五"字中间两交笔弯曲。钱径2.4厘米，穿径0.8厘米。

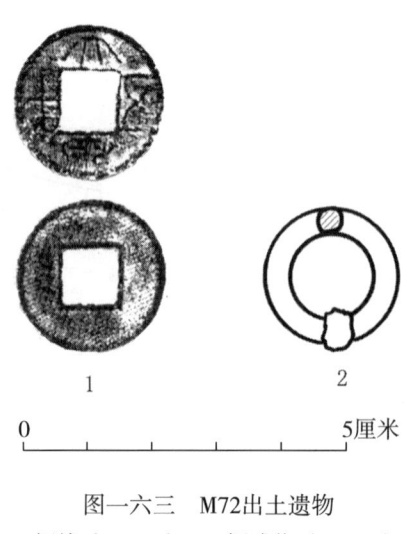

图一六三　M72出土遗物
1.铜钱（M72:1）　2.铜戒指（M72:4）

五四、M74

（一）层位关系

该墓的上部被施工破坏，依据附近断崖壁的层次推测该墓开口于第②层下。同时打破M75、M76、M77。

（二）墓葬形制、葬式与葬具

双室砖室墓。方向205°。由墓道、左墓室、右墓室三部分组成。墓道与墓室宽度几乎相当。该墓被盗扰严重。

墓道　弧形竖井斜坡式。土坑。置于墓室西南部。直壁，斜坡底。上部被破坏。口长4.60米，宽2.46米，距地表深3.10米。底长4.60米，宽2.24～2.52米，距地表深3.66～3.72米。

墓室　总体平面呈长方形。砖室。分为左墓室和右墓室。因破坏比较严重，左右两室详细情况不明。仅见：左墓室西壁用长0.33米、宽0.11米、厚0.06米的青砖错缝垒砌共九层，残高0.54米；右墓室东壁残存三层，残高0.18米；两室中部用两排砖垒砌隔墙，残存六层，残高0.36米；室底无砖。无封门痕迹。室内填土为五花土。左墓室长2.90米（复原长），宽0.92米。右墓室长2.90米（复原长），宽0.94米。口总长3.30米，宽2.34米，距地表深3.10米。底总长2.90米，总宽2.32～2.34米，距地表深3.66米。

人骨架无存。头向、面向、葬式、性别不明。葬具未知。有随葬品。（图一六四）

（三）出土遗物

出土遗物共计9件。有陶壶1、陶魁1、陶耳杯2、陶案1、陶仓1、陶圆盘3。陶魁置放于右墓室东部，其余均出自填土内。

陶壶　1件。标本M74:5，为壶腹部一小残片。泥质灰陶。轮制。整体形制不详，只能看出壶腹为素面，壶内壁有多周凹弦纹。残宽7.8厘米，残高7.5厘米。

陶魁　1件。标本M74:1，口圆形。侈口，圆唇，弧腹，腹上部微内收，假圈足，足底内圈低平形成环状。腹外壁上部一侧附一把柄，把柄上翘呈拱形；腹内壁近底处下折，有明显折棱。口径20.9厘米，

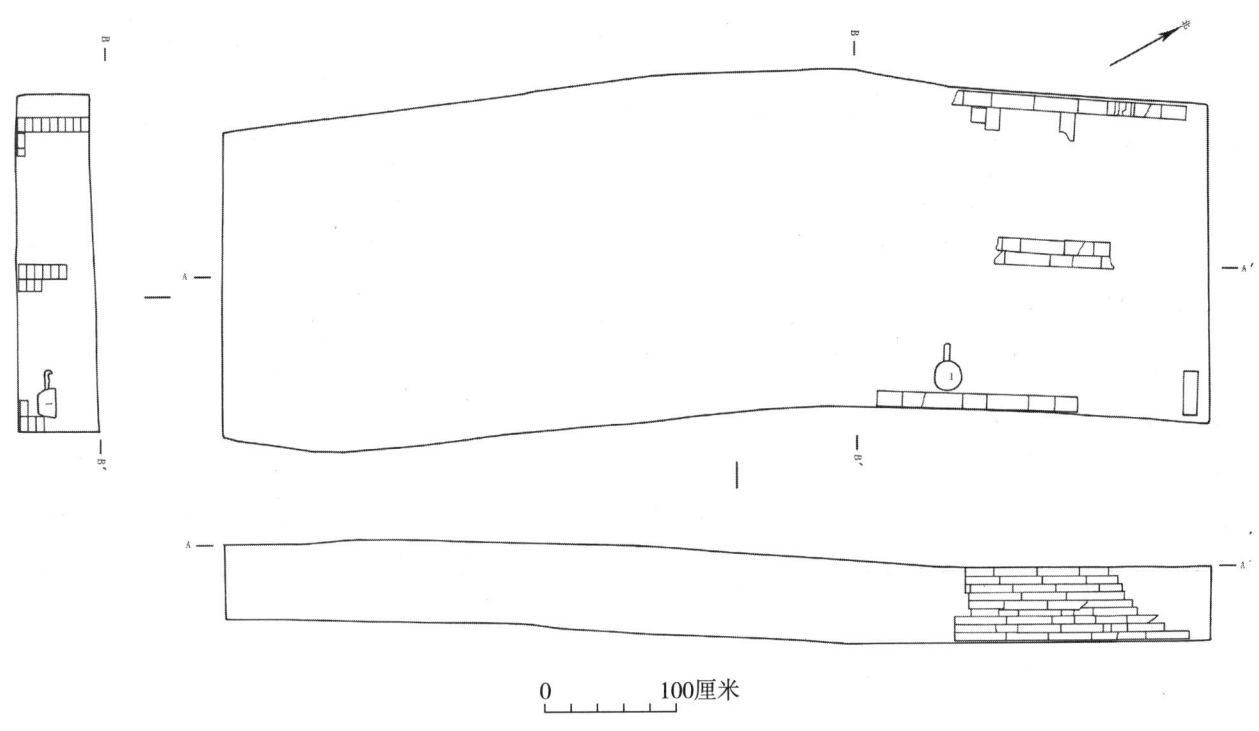

图一六四 M74平、剖面图
1.陶魁 2.陶案 3.陶耳杯 4.陶耳杯 5.陶壶 6.陶仓 7.陶盘 8.陶盘 9.陶盘

底径11.1厘米，柄长11.8厘米，通高11.8厘米。（图一六五，1；彩版五六，1；图版六一，5）

陶耳杯 2件。均为泥质灰陶。轮制。形制相同，尺寸有异。椭圆形。侈口，尖唇，口两侧对称各饰一新月形耳，耳斜上仰，弧腹，假圈足底。标本M74:3，残失一半。通体光亮。残口长径13.0厘米，连耳残宽6.4厘米，耳宽1.6厘米，通高4.8厘米。（图一六五，6）标本M74:4，残存三分之一，烧制火候不足，器体颜色微泛黄。残口长径8.2厘米，连耳残宽5.5厘米，耳宽1.0厘米，通高3.6厘米。

陶案 1件。标本M74:2，泥质灰陶。轮制。残存3块案面。案面为长方形浅盘。四周起边棱，方唇，斜壁，平底。近角处有一圆形孔，以便安装案足。残片最大一片长21.5厘米，宽25.4厘米，盘深1.0厘米，盘高1.4厘米。

陶仓 1件。标本M74:6，泥质灰陶。轮制。口、上腹部残失。可以辨识其为筒形斜直腹，腹上扩下内收，平底。腹外壁上部饰一周凹弦纹，内壁有多周凹弦纹；底外部满布浅窄凹弦纹，弦纹以一侧为中心呈水波辐射状均匀分布。残腹径7.8厘米，底径7.7厘米，残高16.0厘米。（图一六五，5）

陶圆盘 3件。均为泥质灰陶。轮制。形制相同。尺寸有异。圆形。侈口，斜沿上仰下折，尖唇，斜腹，近底处内折收为平底，底微内凹。器内腹下部及底部均饰一周凹弦纹。标本M74:7，器体较小。口径12.2厘米，底径6.4厘米，高2.6厘米。（图一六五，2；图版六一，6）标本M74:8，器体较小。口径12.6厘米，底径6.4厘米，高2.6厘米。（图一六五，3；图版六二，1）标本M74:9，1件，器体较大。口径23.6厘米，底径12.8厘米，高4.8厘米。（图一六五，4；图版六二，2）

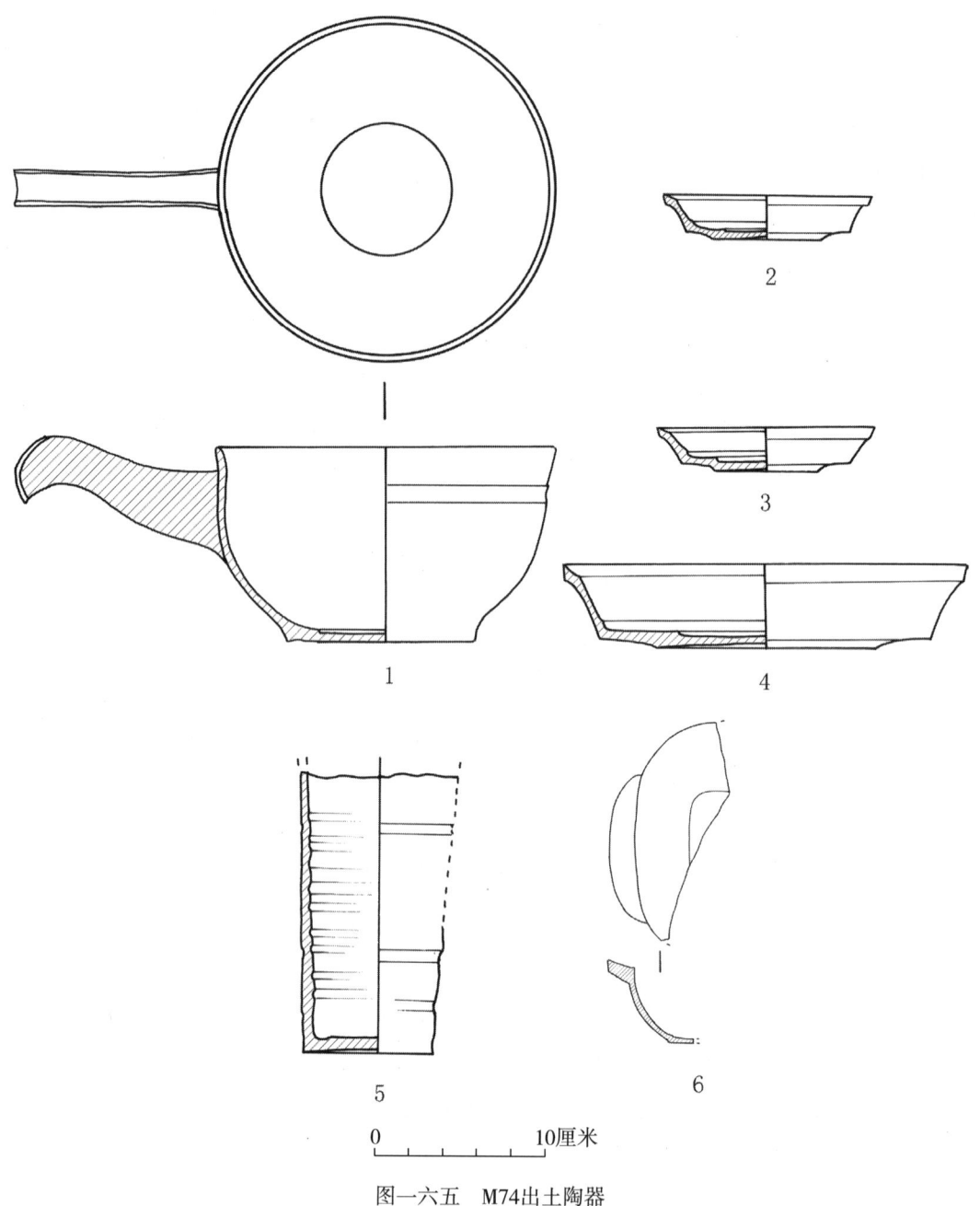

图一六五 M74出土陶器

1.魁（M74:1） 2.盘（M74:7） 3.盘（M74:8） 4.盘（M74:9） 5.仓（M74:6） 6.耳杯（M74:3）

五五、M75

（一）层位关系

该墓的上部被施工破坏，依据附近断崖壁的层次推测该墓开口于第②层下。墓道东部被 M74 打破。

（二）墓葬形制、葬式与葬具

双室砖室墓。方向 114°。由墓道、墓门、墓室和耳室四部分组成。

墓道　长方形竖井式。土坑。置于墓室东北部。直壁，平底。东部被 M74 打破。墓道底深于墓室约

0.32 米。口残长 1.14 米，宽 1.44 米，距地表深 2.78 米。底残长 1.05 米，宽 1.42 米，距地表深 3.42 米。

墓门　平面呈长方形。置于墓道西部。墓门上部被破坏严重，形制不详。用竖放空心砖作为封门。西部 1 块空心砖宽 0.28 米、厚 0.12 米、残高 0.28 米，东部 5 块空心砖长宽约为 0.16 米、残高 0.22～0.36 米。墓门宽 1.24 米，残高 0.64 米，距地表深 3.10 米。

墓室　平面呈长方形。砖室。顶部被破坏，形制不详。墓室后部被断崖打破。墓室壁用长 0.35 米、宽 0.13 米、厚 0.06 米的青砖错缝垒砌，仅东壁残留有局部两层。墓底亦用同样的青砖平铺一层，仅在墓室口部有残留。室内填土为五花土，土质较硬。口长 2.00 米，宽 1.22 米，距地表深 1.20 米。底长 1.98 米，宽 1.20 米，距地表深 1.50～3.10 米（残存）。

耳室　平面呈长方形。砖室。开口于墓室北壁近口处。耳室壁用长 0.35 米、宽 0.13 米、厚 0.06 米的青砖错缝垒砌，最高残存 5 层，高 0.30 米。室内填土为五花土。宽 1.22 米，进深 0.80 米，高 0.48 米（残存）。

人骨架无存。头向、面向、葬式、性别不明。葬具未知。有随葬品。（图一六六）

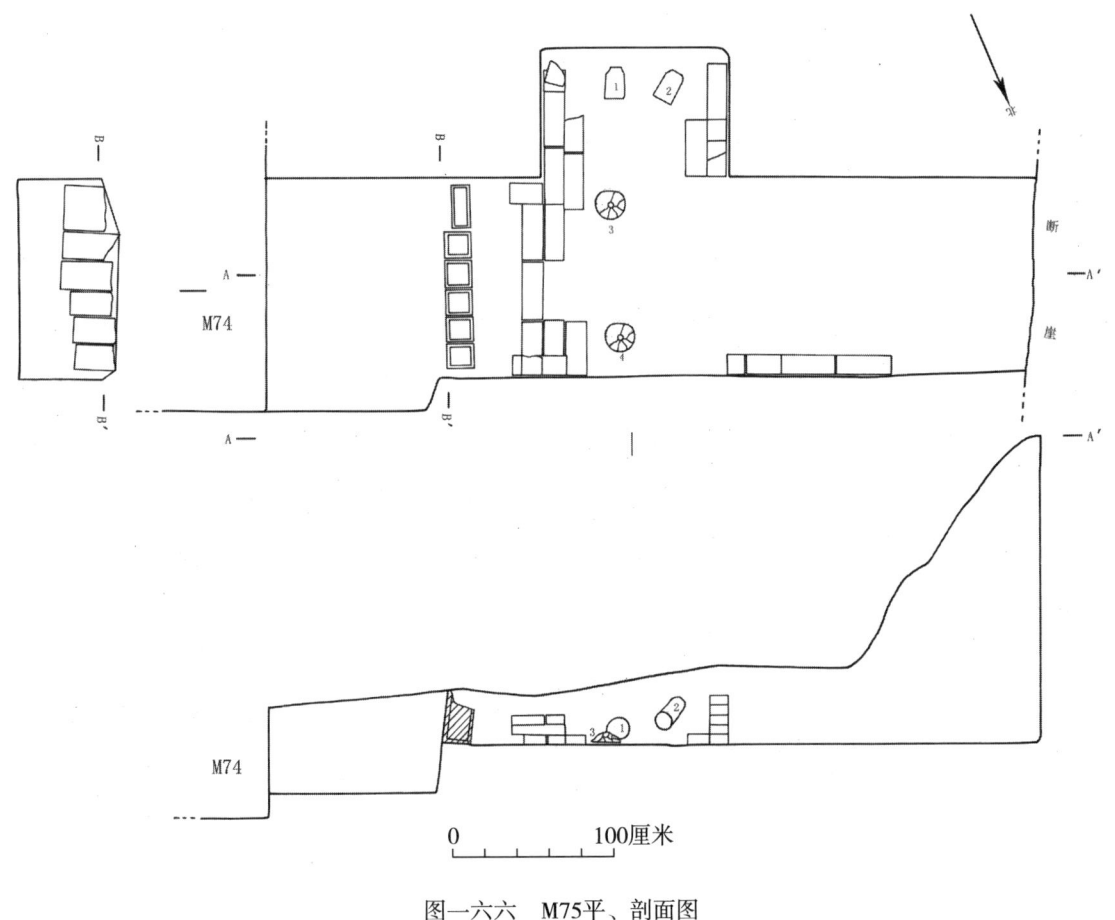

图一六六　M75 平、剖面图
1.陶仓　2.陶仓　3.陶器盖　4.陶器盖

（三）出土遗物

出土遗物共计 4 件。有陶仓 2、陶器盖 2。2 件陶仓置放于耳室内，2 件陶器盖置放于墓室前部。

陶仓　2 件。均为泥质灰陶。轮制。形制基本相同。小圆口，无领，斜肩下折，筒形斜直腹，腹上扩下稍收，平底微内凹。体形矮胖。底外部满布浅窄凹弦纹，弦纹以一侧为中心呈水波辐射状均匀分布。标本 M75:1，素面。腹部稍有不平。口径 6.2 厘米，腹径 11.6 厘米，底径 10.8 厘米，高 19.8 厘米。（图一六七，1；彩版五六，4；图版六二，3）标本 M75:2，腹部上、中、下各饰一周凹弦纹。底外部满布轮转刮划留下的弧弦纹。口径 6.8 厘米，腹径 12.4 厘米，底径 10.8 厘米，高 19.6 厘米。（图一六七，2；彩版五六，5；图版六二，4）

陶器盖　2件。均为泥质灰陶。轮制。形制各异。标本 M75:3，平顶，盖面弧形隆起，宽沿近平，沿下面有一周凹槽作母口，方唇。顶部有数周细弦纹。顶径 1.7 厘米，沿径 10.0 厘米，沿宽 1.7 厘米，高 3.0 厘米。（图一六七，3；图版六二，5）标本 M75:4，弧形顶，顶部刮削不平，盖面弧形隆起，中部有一周折棱，宽沿近平，沿下面有一周凹槽作母口，方唇。沿径 16.8 厘米，沿宽 1.7 厘米，高 3.6 厘米。（图一六七，4）

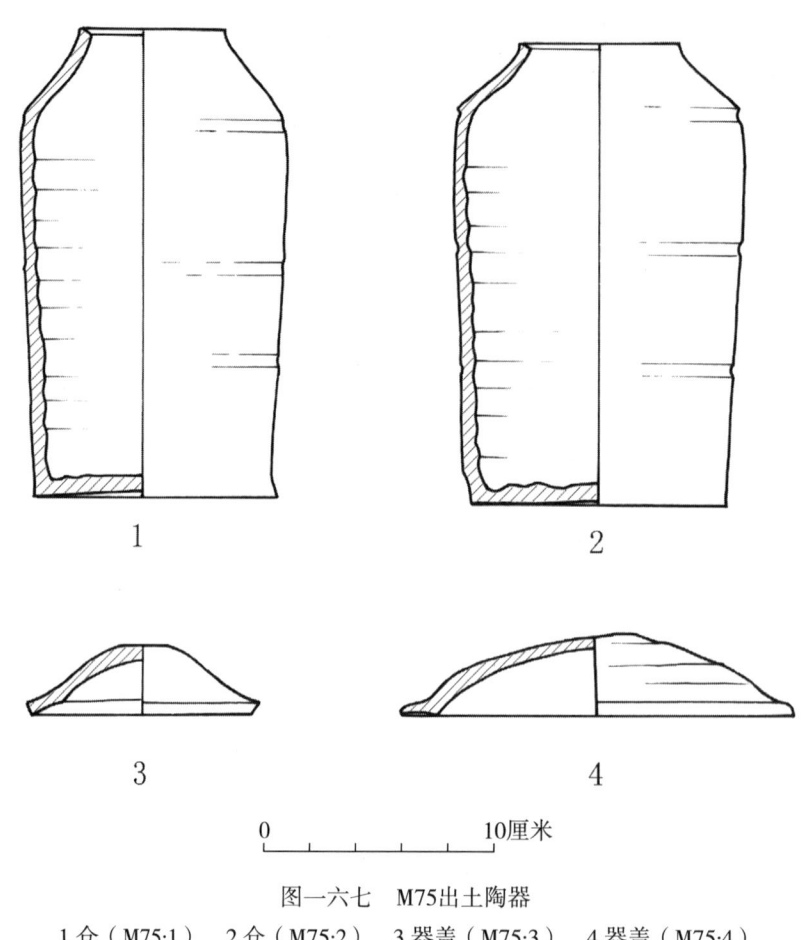

图一六七　M75出土陶器
1.仓（M75:1）　2.仓（M75:2）　3.器盖（M75:3）　4.器盖（M75:4）

五六、M76

（一）层位关系

该墓的上部被施工破坏，依据附近断崖壁的层次推测该墓开口于第②层下，位于 M75 的南部。该墓被 M74 打破，又打破 M78。

（二）墓葬形制、葬式与葬具

单室砖室墓。方向 115°。由墓道、墓室两部分组成。墓道宽于墓室。墓道与墓室构成平面呈铲形。

墓道　长方形竖井斜坡式。土坑。置于墓室东部。直壁，斜坡底。被M74打破。口长4.40米，宽1.60米，距地表深3.11米。底长4.32米，宽1.58米，距地表深4.45米。

墓室　平面呈长方形。砖室。从西部残留的室顶来看，应为平顶，用长1.10米的方形空心砖平铺作顶，由于受挤压的原因，顶砖已断裂。两侧墓壁用长约1.15米、宽约0.30米、厚约0.11米的空心砖垒砌，共两层。墓室北壁中部竖放2块空心砖，应为M78的封门砖，其中1块为画像砖。室底部亦用同样的空心砖平铺11块。室内填土为五花土。底长3.70米，宽1.15米，距地表深4.45米。

人骨架无存。头向、面向、葬式、性别不明。葬具未知。有随葬品。（图一六八）

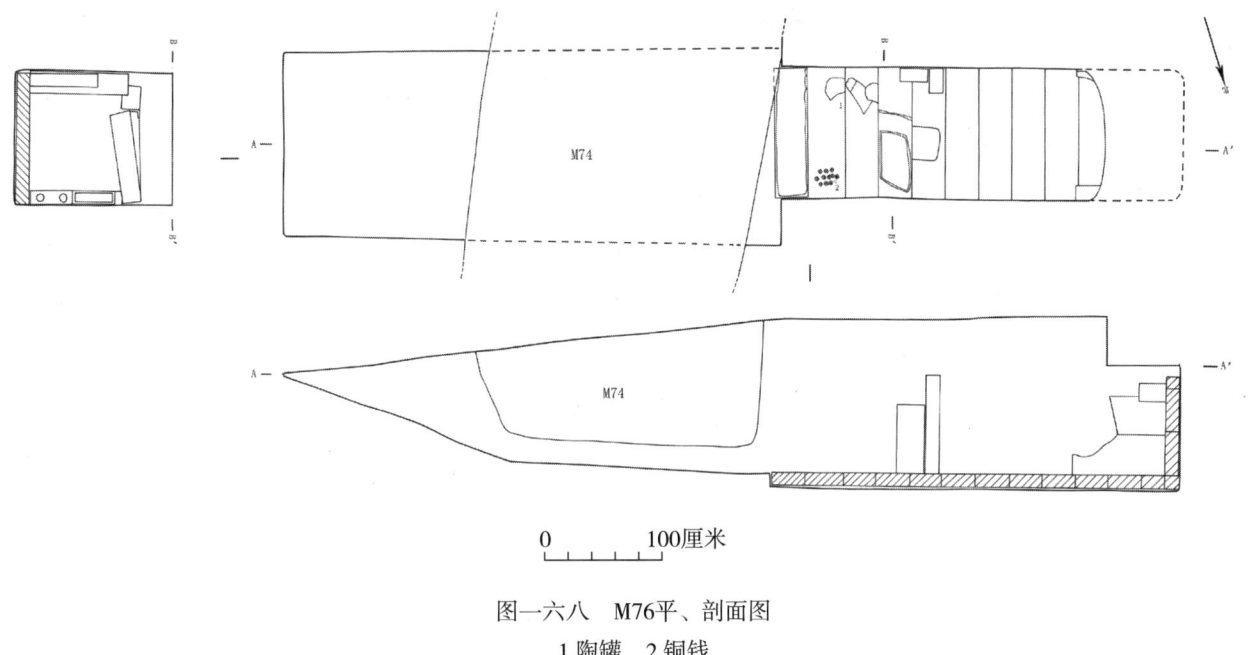

图一六八　M76平、剖面图
1.陶罐　2.铜钱

（三）出土遗物

出土遗物共计12件。有陶罐1、铜钱11。遗物置放于墓室内。

陶罐　1件。标本M76:1，泥质灰陶，轮制。子口承盖。盖，为覆钵形，平顶微内凹，盖面斜向隆起，沿下折成母口，方唇。罐，敞口，窄平沿微斜上仰，尖唇，矮直领，弧肩，弧腹，下腹斜直内收，平底微内凹。底部有两周细凹弦纹。盖，顶径5.0厘米，沿径12.9厘米，高3.0厘米；罐，口径11.4厘米，腹径22.4厘米，底径11.6厘米，高20.0厘米；通高22.0厘米。（图一六九，1；图版六二，6）

铜钱　11枚。均为大泉五十。其中7枚（标本M76:2-3、标本M76:2-4、标本M76:2-5、标本M76:2-6、标本M76:2-7、标本M76:2-8、标本M76:2-9），均保存完整，字体书写相同，尺寸不同：内外均有廓，穿四周篆书四字。标本M76:2-3，1枚。钱径2.7厘米，穿径0.9厘米。（图一六九，2）标本M76:2-4，1枚。钱径2.5厘米，穿径0.9厘米。标本M76:2-5，1枚。钱径2.5厘米，穿径0.9厘米。（图一六九，4）标本M76:2-6，1枚。钱径2.6厘米，穿径0.9厘米。（图一六九，3）标本M76:2-7，1枚。钱径2.6厘米，穿径0.9厘米。标本M76:2-8，1枚。钱径2.5厘米，穿径0.9厘米。标本M76:2-9，1枚。钱径2.5厘米，穿径0.9厘米。（图一六九，5）另外4枚（标本M76:2-1、标本M76:2-2、标本M76:2-10、标本M76:2-11），保存现状不同，尺寸不同：标本M76:2-1，1枚。锈蚀甚重，破损为两半，外缘残缺，肉薄，模糊看出"大"字、"十"字，外廓凸起。钱径2.6厘米，穿径0.9厘米。标本M76:2-2，1枚。锈蚀甚重，破损两半，外缘残缺三分之一，"泉"字和"十"字残缺，内廓也有部分残缺，肉薄，外廓凸起。钱径2.7厘米，穿径0.9厘米。标本M76:2-10，1枚。锈蚀甚重，内外均有廓，"五"字下方肉部残缺一块，穿四周篆书四字，"五"字较大紧靠内廓。钱径2.7厘米，穿径0.9厘米。标本M76:2-11，1枚。锈蚀甚重，外缘残缺一块，"五"字下方肉部和"泉"字各残缺一块，内外均有廓，穿四周篆书四字，"五"字较大紧靠内廓，"十"字中间有两道横线。钱径2.7厘米，穿径0.9厘米。

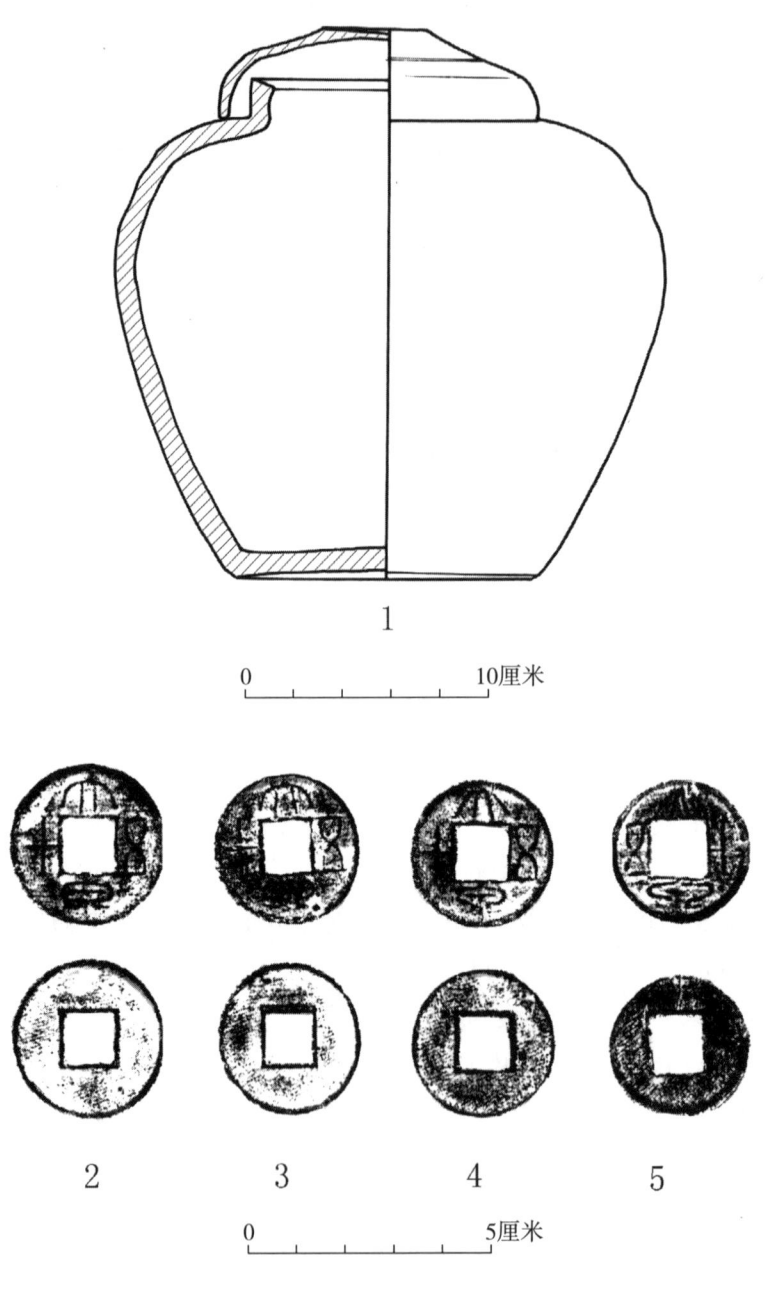

图一六九　M76出土遗物

1.陶罐（M76:1）　2.铜钱（M76:2-3）　3.铜钱（M76:2-6）　4.铜钱（M76:2-5）　5.铜钱（M76:2-9）

五七、M77

(一) 层位关系

该墓的上部被施工破坏，依据附近断崖壁的层次推测该墓开口于第②层下，位于 M76 的南部。墓道东部被 M74 打破，西部被 M78 打破。

(二) 墓葬形制、葬式与葬具

单室砖室墓。方向 115°。由墓道、墓室两部分组成。墓道略宽于墓室。墓道北壁与墓室北壁几乎在一条直线上，墓道与墓室构成平面呈刀形。墓道底低于墓室约 0.30 米。

墓道　长方形竖井斜坡式。土坑。置于墓室东部。直壁，斜坡底。东部被 M74 打破，西部被 M78 打破。口长 6.30 米，宽 1.60 米，距地表深 3.11 米。底长 8.50 米，宽 1.58 米，距地表深 4.91 米。

墓室　平面呈长方形。砖室。直壁，平底。室壁用长 0.33 米、宽 0.15 米、厚 0.08 米的青砖错缝垒砌，底部用长和宽均为 0.33 米方砖平铺，由于被破坏严重，仅在墓室口部残存少部分。墓室内填土为五花土。口长 4.40 米，宽 1.45 米，距地表深 3.11 米。底长 3.17 米，宽 1.43 米，距地表深 4.61 米。

人骨架无存。头向、面向、葬式、性别不明。葬具未知。有随葬品。（图一七〇）

(三) 出土遗物

出土遗物共计 8 件。有陶壶 2、陶罐 3、陶器盖 3。遗物置放于墓室西南角。

陶壶　2 件。均为泥质灰陶。轮制。残失较甚，从残部可以辨识其形制相同。并盖，盖，平顶，盖面斜上隆起，平沿，沿下面有一周凹槽作母口，方唇。壶，盘口，盘口下部饰一周凹弦纹，盘口下有明显折棱，束颈，溜肩，鼓腹，高假圈足。颈部削薄，颈肩交接处有明显折棱，肩腹交接处饰三周凹弦纹，凹弦纹下方腹两侧对称各饰一兽面衔环。标本 M77:2，盖，存二分之一。壶，仅存口颈部、下腹及底残部。盖，沿径 16.3 厘米，高 6.2 厘米；壶，口径 16.1 厘米，口颈部片残高 12.1 厘米，底径 13.8 厘米，下腹及底部片残高 10.0 厘米。（图一七一，1）标本 M77:4，盖，仅存盖面下部及沿部一片。壶，仅存盘口残失，存颈肩及上腹部、底及下腹残部。盖，残宽 12.2 厘米，残高 6.8 厘米；壶颈肩及上腹部片残宽 22.5 厘米，残高 15.4 厘米；壶底径 14.7 厘米，底及下腹片残高 15.0 厘米。（图一七一，2）

陶罐　3 件。均为泥质灰陶，轮制。陶质较差，残失较多。从残片可以辨识出 3 件形制相同。敞口，窄平沿微斜上仰，尖唇，矮直领，弧肩，弧鼓腹，下腹斜直内收，平底微内凹。标本 M77:1，可以复原。并盖。盖为覆钵形。平顶微内凹，盖面斜向隆起，沿折成母口，方唇。罐，腹中部饰一周凹弦纹。盖，顶径 5.2 厘米，沿径 14.4 厘米，高 4.6 厘米；罐口径小于盖沿径，腹径 20.0 厘米，底径 16.6 厘米，高 17.8 厘米；通高 19.4 厘米。（图一七一，3）标本 M77:3，残缺甚重。仅存下腹下部及底部残片一片。下腹斜内收，平底微内凹。底径 5.5 厘米，残高 4.0 厘米。标本 M77:8，口腹部残片。最大碎片残宽 12.7 厘米，残高 14.6 厘米。（图一七一，4）

陶器盖　3 件。均为泥质灰陶。轮制。均为圆形。素面。残失甚重，仅存盖面及沿部各一片。从残片可以辨识出 3 件形制相同。盖面弧形隆起，平沿，沿下面有一周凹槽作母口，方唇。标本 M77:5，残宽 10.8 厘米，残高 5.0 厘米。（图一七一，5）标本 M77:6，残宽 11.6 厘米，残高 2.6 厘米。标本 M77:7，残宽 6.0 厘米，残高 2.8 厘米。

210　　郏县董庄墓地

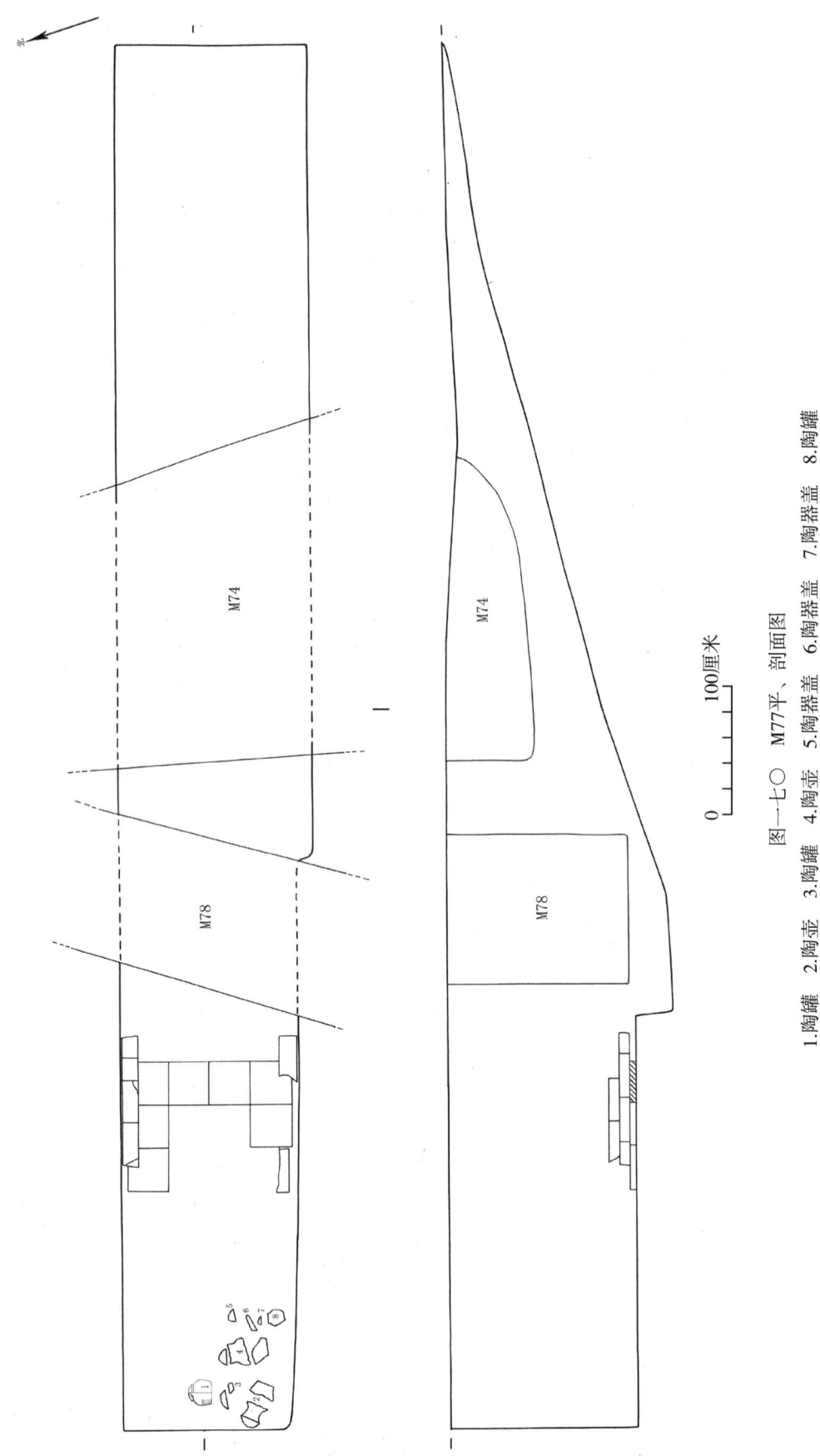

图一七〇　M77平、剖面图
1.陶罐　2.陶壶　3.陶罐　4.陶壶　5.陶器盖　6.陶器盖　7.陶器盖　8.陶罐

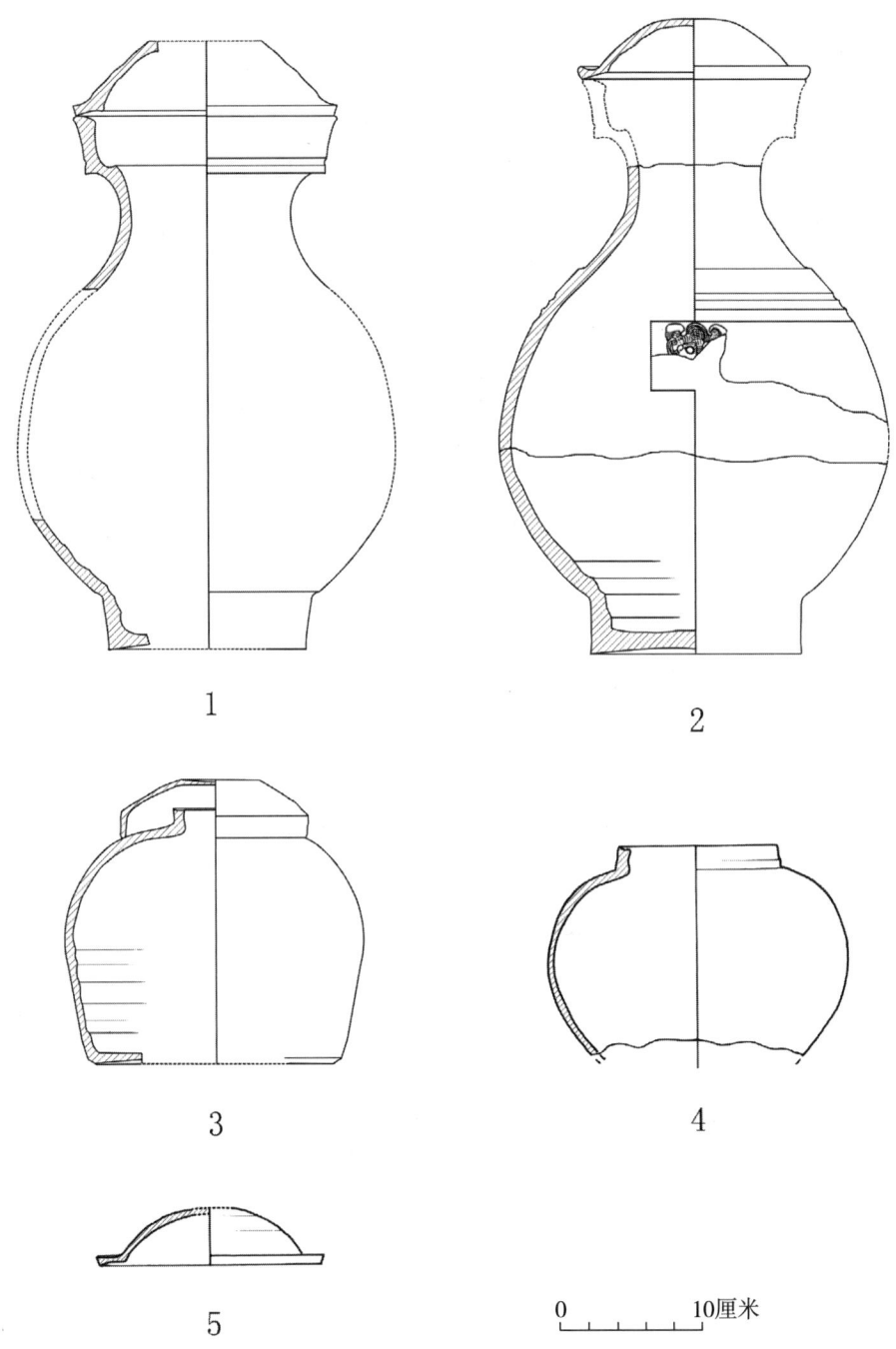

图一七一　M77出土陶器

1.壶（M77:2）　2.壶（M77:4）　3.罐（M77:1）　4.罐（M77:8）　5.器盖（M77:5）

五八、M78

（一）层位关系

该墓的上部被施工破坏，依据附近断崖壁的层次推测该墓开口于第②层下，位于M76的西南部。北部被 M76 全打破，其又打破 M77。

（二）墓葬形制、葬式与葬具

单室土洞墓。方向 25°。由墓道、墓门和墓室三部分组成。

墓道　置于墓室北部。被 M76 全部打破，未清理，其形状和结构不详。

墓门　平面呈长方形。置于墓道南部。顶部被破坏，形制不详。前部用长约 0.58 米、宽约 0.25 米、厚约 0.13 米的空心画像砖封门，两侧各用 2 块长约 0.59 米、宽约 0.25 米、厚约 0.13 米的空心砖对缝竖砌，底部用 2 块长约 0.78 米、宽约 0.25 米、厚约 0.13 米的空心砖铺底。门宽 1.10 米，残高 1.44 米，进深 0.75 米。

墓室　平面呈长方形。竖井式土坑。室顶被破坏，形制未知。直壁，平底。室内填土为五花土，土质较松散。口长 5.10 米，宽 1.14 米，距地表深 3.11 米。底长 5.10 米，宽 1.13 米，距地表深 4.54 米。

人骨架无存。头向、面向、葬式、性别不明。葬具未知。有随葬品。（图一七二）

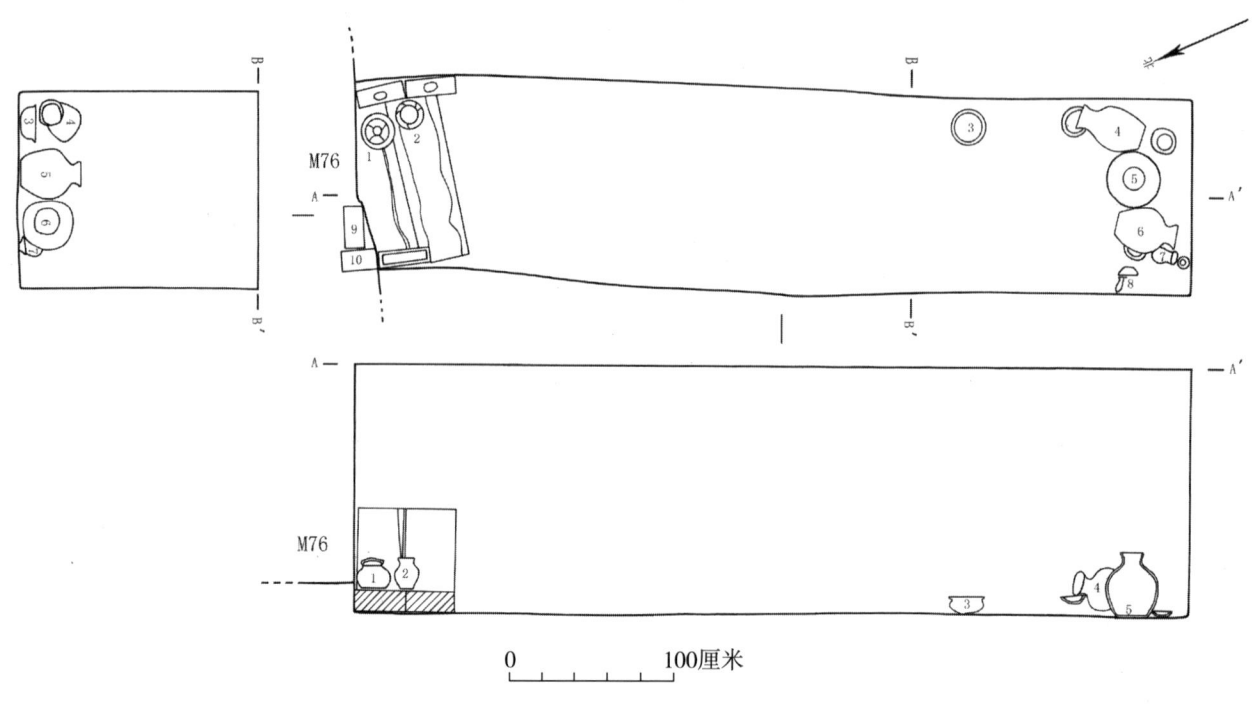

图一七二　M78平、剖面图

1.陶罐　2.陶壶　3.铜釜　4.陶壶　5.陶壶　6.陶壶　7.陶壶　8.陶罐　9.陶画像砖　10.陶画像砖

（三）出土遗物

出土遗物共计 10 件。有陶壶 5、陶罐 2、陶画像砖 2、铜釜 1。陶画像砖为封门砖，1 件陶罐和 1 件陶壶放置在墓门的东北角，其余遗物置放于墓室后端。

陶壶　5 件。均为泥质灰陶。轮制。其中 3 件（标本 M78:4、标本 M78:5、标本 M78:6），器体较大，形制相同，尺寸不同。子口承盖。盖，平顶微内凹，盖面斜上隆起，斜沿，沿下面有一周凹槽作母口，斜方唇，唇中间有一周凹弦纹。壶，盘口下有不明显折棱，束颈，溜肩，弧鼓腹，平底微内凹。肩腹交接处、腹中部各饰两周凹弦纹，两组凹弦纹间两侧对称各饰一兽面铺首衔环。标本 M78:4，盖，顶径 4.0 厘米，沿径 14.5 厘米，高 4.7 厘米；壶，口径 15.2 厘米，腹径 28.0 厘米，底径 14.2 厘米，高

36.0 厘米；通高 40.0 厘米。（图一七三，1；图版六三，3）标本 M78:5，盖，顶径 3.8 厘米，沿径 14.5 厘米，高 5.5 厘米；壶，口径 15.0 厘米，腹径 27.8 厘米，底径 13.8 厘米，高 36.0 厘米；通高 41.0 厘米。（图一七三，2；彩版五七，1；图版六三，5）标本 M78:6，盖，顶径 4.2 厘米，沿径 14.5 厘米，高 5.1 厘米；壶，口径 15.2 厘米，腹径 27.8 厘米，底径 13.8 厘米，高 36.6 厘米；通高 41.4 厘米。（图一七三，3；彩版五七，2；图版六三，6）另 2 件（标本 M78:2、标本 M78:7），器体较小，形制、尺寸不同。标本 M78:2，子口承盖。盖，平顶微内凹，盖面斜向上隆起，盖面中部有一周凸折棱，平沿，沿下面有一周凹槽作母口，斜方唇。壶，盘口外撇，盘口下部有不明显折棱，束颈，溜肩，弧鼓腹，空心状斜直假圈足底微内凹，足与腹部无明显界线。肩腹交接处、腹中部各饰两周凹弦纹，下腹部有数周轮转留下的刮痕。盖，顶径 3.1 厘米，沿径 10.0 厘米，高 3.3 厘米；壶，口径 9.6 厘米，腹径 15.2 厘米，底径 7.6 厘米，高 19.4 厘米；通高 21.8 厘米。（图一七三，4；图版六三，2）标本 M78:7，子口承盖。盖，平顶微内凹，盖面斜向上隆起，沿下面有一周凹槽作母口，斜沿，斜方唇。壶，盘口下部有不明显折棱，矮细颈中束，溜肩，鼓腹，平底微内凹。肩腹交接处、腹中部各饰两周凹弦纹，腹部有数周轮转留下的刮痕。盖，顶径 2.9 厘米，沿径 8.7 厘米，高 2.7 厘米；壶，口径 8.4 厘米，腹径 14.0 厘米，底径 6.4 厘米，高 17.2 厘米；通高 19.8 厘米。（图一七三，5；彩版五七，3；图版六三，7）

陶罐　2 件。均为泥质灰陶。轮制。形制相同，尺寸不同。均子口承盖。盖，覆钵形，平顶微内凹，盖面斜向隆起，沿下折成母口，方唇。罐，敞口，窄平沿微斜上仰，尖唇，矮直领，弧肩，弧腹，下腹斜直内收，平底微内凹。标本 M78:1，腹中部有一周浅凹弦纹，下腹部有数周轮转留下的刮痕。盖，顶径 3.9 厘米，沿径 12.6 厘米，高 4.4 厘米；罐，口径 10.0 厘米，腹径 20.0 厘米，底径 11.0 厘米，高 17.2 厘米；通高 20.0 厘米。（图一七三，6；彩版五六，3；图版六三，1）标本 M78:8，残失较甚，仅存盖及罐口肩部一片。素面。盖，顶径 4.4 厘米，沿径 12.7 厘米，高 4.6 厘米；（图一七三，7）罐片：残宽 9.1 厘米，残高 2.5 厘米。

铜釜　1 件。标本 M78:3，敞口，沿斜上仰，尖唇，弧腹，圜底近平。口径 20.2 厘米，高 9.6 厘米。（图一七三，8；彩版五六，2；图版六三，4）

陶画像砖　2 件。均为泥质灰陶。形制相同，纹饰、尺寸不同。均为长方形四棱宽扁柱体，空心。由四片粘合而成，纹饰图案采用印模压印而成。四面均压印有图案装饰，正、背面图案，为主题图案；两侧面图案，为辅饰图案。标本 M78:9，封门砖。正背面图案相同、布局稍异，两侧面图案、布局均相同。正面模印图案分为中部和外围两部分：中部自上而下模印四方图案，自上而下图案为四只振翅且凤尾高高翘起双爪抓一鱼直立的凤鸟、四个着袍戴冠躬身站立双手持戟的门吏、两只竖耳翘尾并排前行的老虎、三株一字并列的常青树；四方图案间及外侧均压印有直线绳纹界隔开；外围左右两侧和上端压印连绵水波纹。背面模印图案与正面相同，只是中部图案的布局稍有差异，背面中部图案将 4 个着袍戴冠躬身侧立双手持戟的门吏和 2 只竖耳翘尾并排前行的老虎互换了位置，其余均与正面相同。两侧面均模印三方图案，分上、中、下布局，上部印两株一字并列的常青树，中部印两只凤尾高高翘起、双爪抓一鱼振翅直立的凤鸟，下部印 3 个着袍戴冠躬身侧立双手持戟的门吏。长 58.6 厘米，宽 25.0 厘米，厚 12.8 厘米。（图一七四，1、2、3）标本 M78:10，铺地砖。正背面图案不同，两侧面图案、布局均相同。正面图案分为中部和外围两部分：①中部图案的两端为两个着袍戴冠躬身侧立双手拥慧的门吏和两株常青树，两端图案布局稍有差异，左端为两拥慧门吏外侧印两株间饰麟趾纹的常青树，右端为两株常青树间压印两持戟小吏；中部图案的中心为五方横置图案，分上、中、下三排布局，上、下两排均为同模压印的各两方间

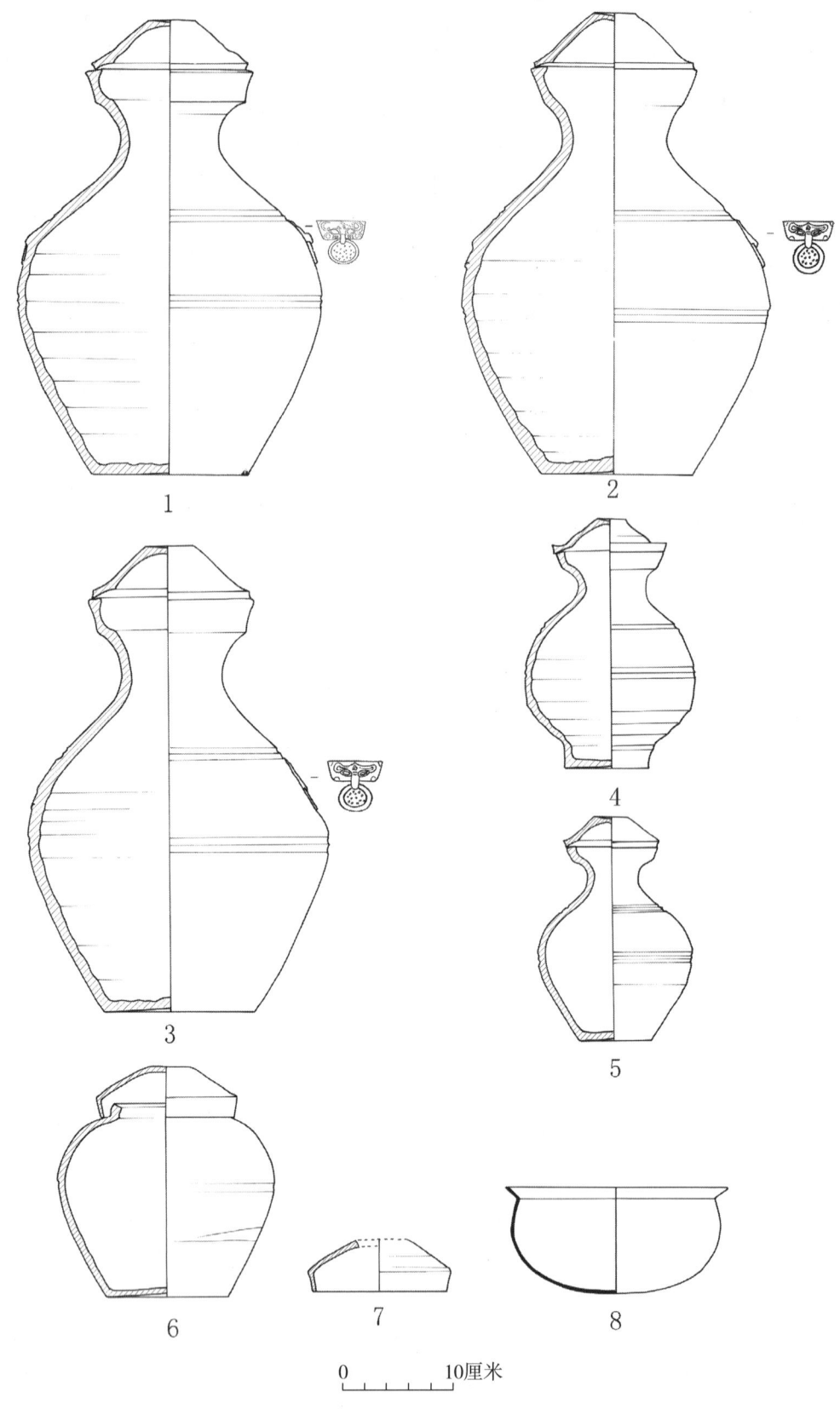

图一七三　M78出土遗物

1.陶壶（M78:4）　2.陶壶（M78:5）　3.陶壶（M78:6）　4.陶壶（M78:2）　5.陶壶（M78:7）　6.陶罐（M78:1）
7.陶罐的盖（M78:8）　8.铜釜（M78:3）

饰卷云纹的虎、龟图案，中排图案为六个菱形乳钉纹，上中下排之间用直线绳纹界开。②外围图案是在中部图案的两侧同模横置压印各三方二龙交尾图案，二龙回首相向，口含珍珠，身侧饰龟、圆圈纹、珍珠纹。背面图案为12组同模横印的变形百乳柿蒂纹，每组五个。侧面图案：中部同模压印一列13个方形乳钉纹，外部同模压印三方半二龙交尾图案，二龙回首相向，口含珍珠，身侧饰龟、圆圈纹、珍珠纹。长78.0厘米，宽24.9厘米，厚12.9厘米。（图一七五，1、2、3）

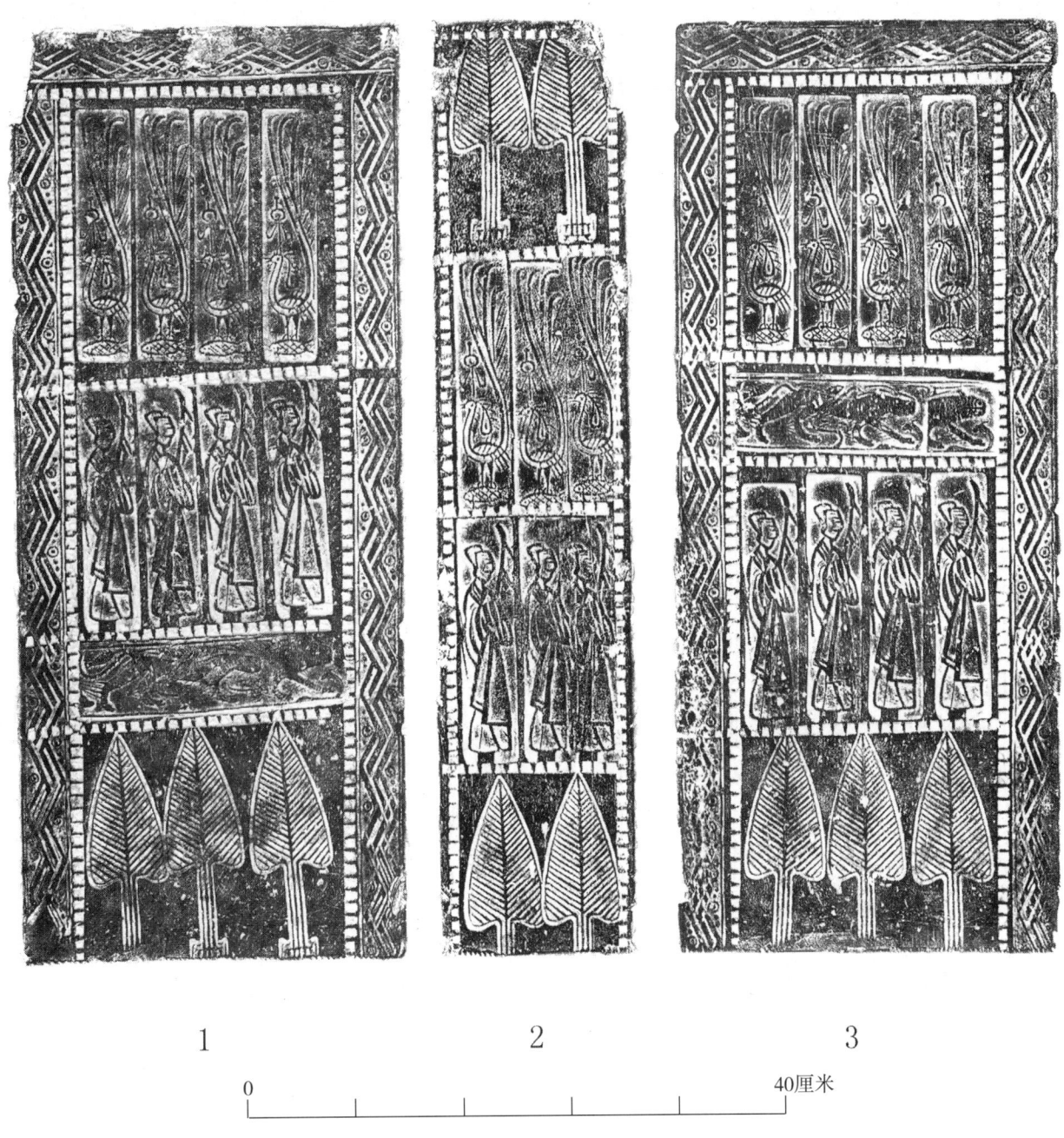

图一七四　M78出土陶画像砖
1.M78:9正面　2.M78:9侧面　3.M78:9背面

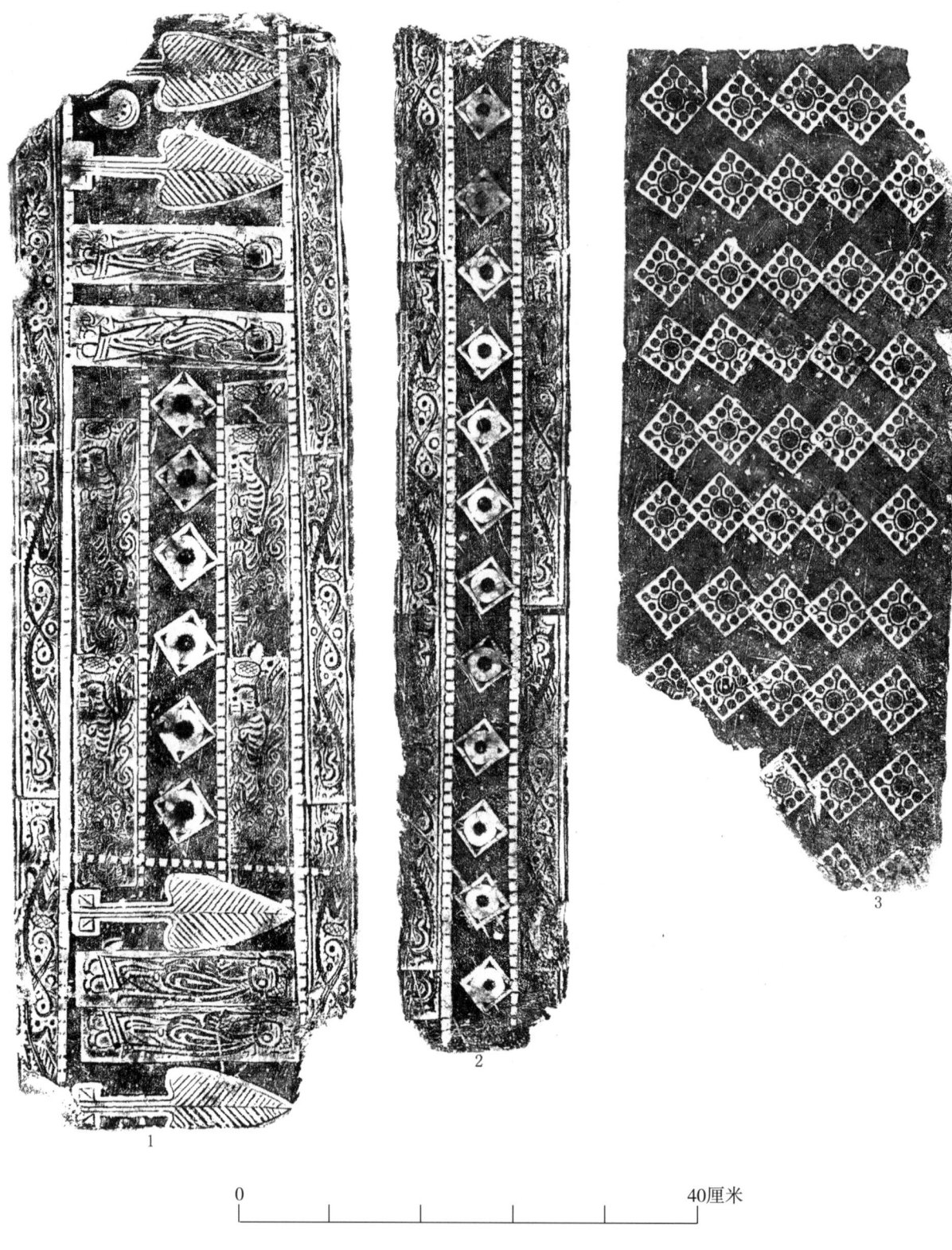

图一七五　M78出土陶画像砖
1. M78:10正面　2. M78:10侧面　3. M78:10背面

五九、M79

（一）层位关系

该墓的上部被施工破坏，依据附近断崖壁的层次推测该墓开口于第②层下，位于 M2 的西部。

（二）墓葬形制、葬式与葬具

双室砖室墓。方向 200°。由墓道、墓门、前室和后室四部分组成。墓道与墓室宽度相当。

墓道　长方形竖井式。土坑。置于墓室的南部。直壁，平底。上部被破坏，形状不详。内部填土为五花土。底长 2.75 米，宽 1.20 米，距地表深 3.85 米。

墓门　平面呈长方形。顶部被破坏，形制不详。两侧用长约 0.78 米、宽约 0.18 米、厚约 0.15 米的空心砖竖放作门柱。用 2 块长约 1.06 米、宽约 0.36 米、厚约 0.13 米的空心砖横置上下叠放作为封门。门宽 1.15 米，残高 0.90 米，进深 0.32 米，距地表深 3.85 米。

前室　平面呈长方形。砖室。墓顶无存，形制不详。室壁用长约 1.15 米、宽约 0.40 米、厚约 0.16 米的空心砖错缝垒砌两层，因挤压的原因已倒塌，残高 0.78 米。室底用大小不一的空心砖平铺共 9 块。室内填土为五花土，土质较硬。底长 2.75 米，宽 1.25 米，距地表深 4.03 米。

后室　平面呈近长方形。土洞穴式。置于墓室后部。直壁，底部北高南低。直接建在生土之上，不甚规整。室内填土为五花土。底长 0.74~0.90 米，宽 0.76~1.02 米，距地表深 3.75 米。

人骨架无存。头向、面向、葬式、性别不明。葬具未知。有随葬品。（图一七六）

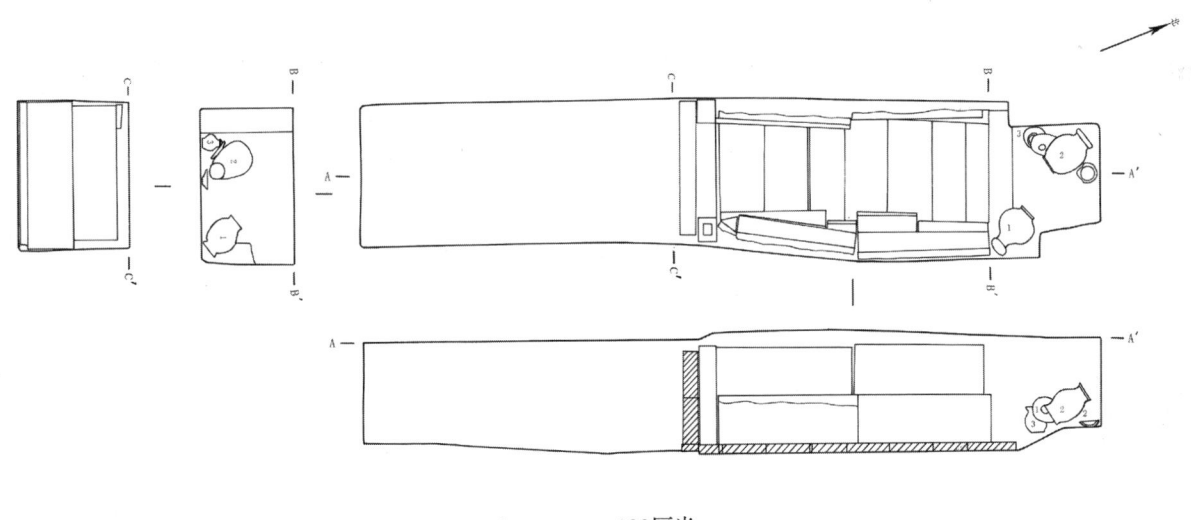

图一七六　M79 平、剖面图，墓门正视图
1.陶壶　2.陶壶　3.陶壶

（三）出土遗物

出土遗物共计 3 件。均为陶壶。置放于后室内。

陶壶　3 件。均为泥质灰陶。轮制。其中 2 件（标本 M79:1、标本 M79:2），器体较大。形制相同，尺寸不同。均子口承盖。盖，平顶微内凹，盖面弧形隆起，盖面中部有一周或两周折棱，平沿，沿下面有一周凹槽作母口，方唇。壶，盘口外撇，呈喇叭形，盘口下有不甚明显折棱，短颈束，溜肩，颈肩分界不明显，扁圆腹，下腹内收成平底，下接折曲状矮圈足，圈足外撇，足部折棱在足中部。肩与上腹交接处、腹中部各饰一周宽带纹，宽带纹间两侧饰对称一兽面铺首衔环。标本 M79:1，盖，顶径 4.8 厘米，沿径 18.1 厘米，高 4.4 厘米；壶，口径 16.8 厘米，腹径 32.4 厘米，底径 15.2 厘米，高 37.0 厘米；通高 41.3 厘米。（图一七七，1；彩版五八，1、2；图版六四，3）标本 M79:2，盖面中部有一周凸折棱。盖，顶径 4.1 厘米，沿径 17.5 厘米，高 3.7 厘米；壶，口径 16.4 厘米，腹径 32.0 厘米，底径 14.8 厘米，高 35.6 厘米；通高 39.4 厘米。（图一七七，2；图版六四，1、2）另 1 件，标本 M79:3，器体较小。并盖。盖，平顶微内凹，盖面斜上隆起，盖面中部有两周折棱，平沿，沿下面有一周凹槽作母口，斜方唇。壶，盘口外撇，窄平沿，薄方唇下折，束颈，颈上部有一周不明显凸棱，溜肩，扁鼓腹，稍斜直空心假圈足底微内凹。肩与上腹交接处、腹中部各饰一周宽带纹。盖，顶径 2.8 厘米，沿径 10.7 厘米，高 3.0 厘米；壶，口径 11.6 厘米，腹径 17.6 厘米，底径 9.8 厘米，高 19.6 厘米；通高 21.8 厘米。（图一七七，3；彩版五七，4；图版六四，4）

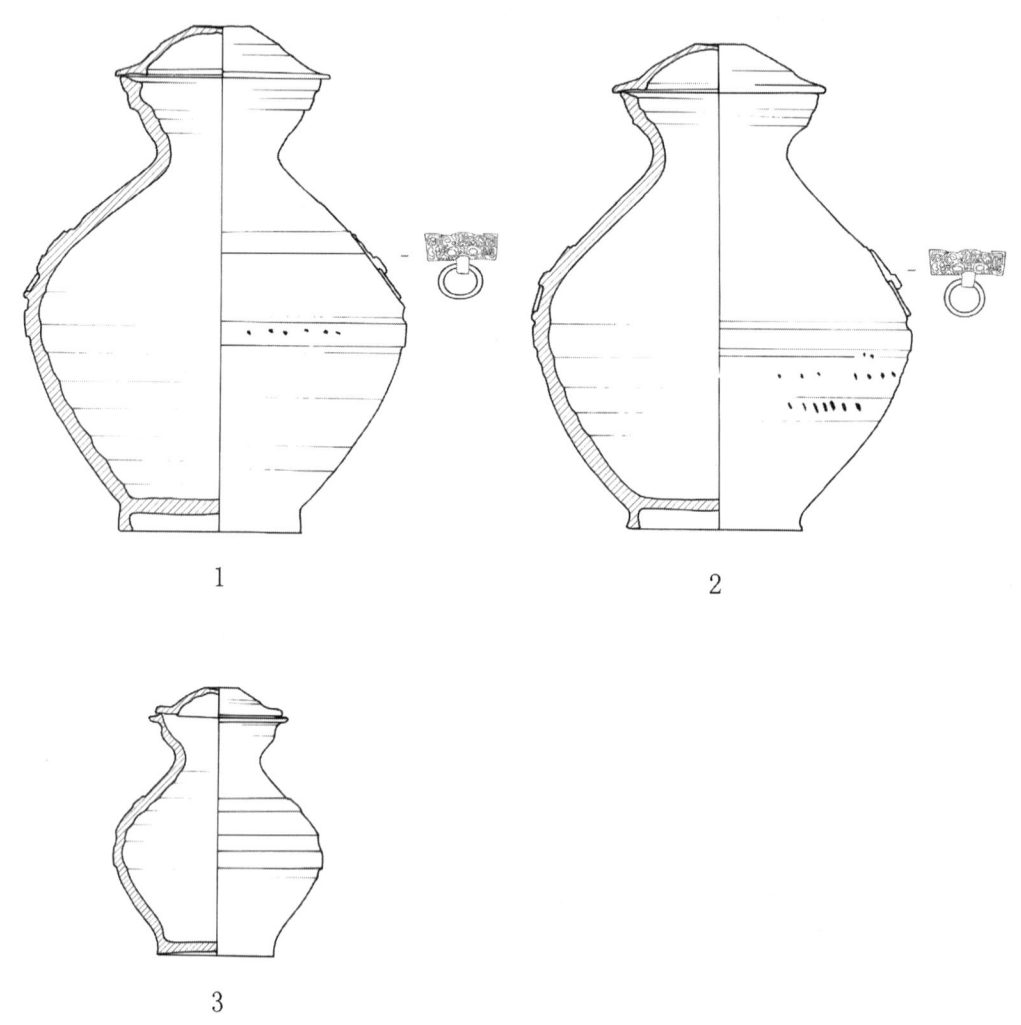

图一七七　M79出土陶壶
1.M79:1　2.M79:2　3.M79:3

六〇、M80

（一）层位关系

该墓的上部被施工破坏，依据附近断崖壁的层次推测该墓开口于第②层下，位于 M79 的西部。

（二）墓葬形制、葬式与葬具

双室砖室墓。方向 205°。由墓道、前室和后室三部分组成。墓道和墓室的宽度基本一致。

墓道　长方形竖井式。土坑。置于墓室的南部。直壁，平底。上口部被破坏。口长 3.00 米，宽 1.10 米，距地表深度未知。底长 3.00 米，宽 1.10 米，距地表深 0.50 米（残存）。

前室　平面呈长方形。砖室。室顶被破坏，形制不详。室底部两侧各用 2 块长 1.10 米和长 1.20 米、宽 0.36 米、厚 0.16 米的空心砖竖向平铺，中部未见有砖，由于挤压残破严重。墓室壁亦用同样的空心砖垒砌，由于被破坏，仅存其痕迹。无封门痕迹。室内填土为五花土。底长 2.40 米，宽 1.15 米，距地表深 0.50 米（残存）。

后室　平面呈不规则长方形。土洞穴式。置于墓室后部。直壁，斜底。室内填土为五花土。底长 1.18 米，宽 0.56 米，距地表深 0.62 米（残存）。

人骨架无存。头向、面向、葬式、性别不明。前室底发现有棺灰，可以推测出葬具为木棺。有随葬品。（图一七八）

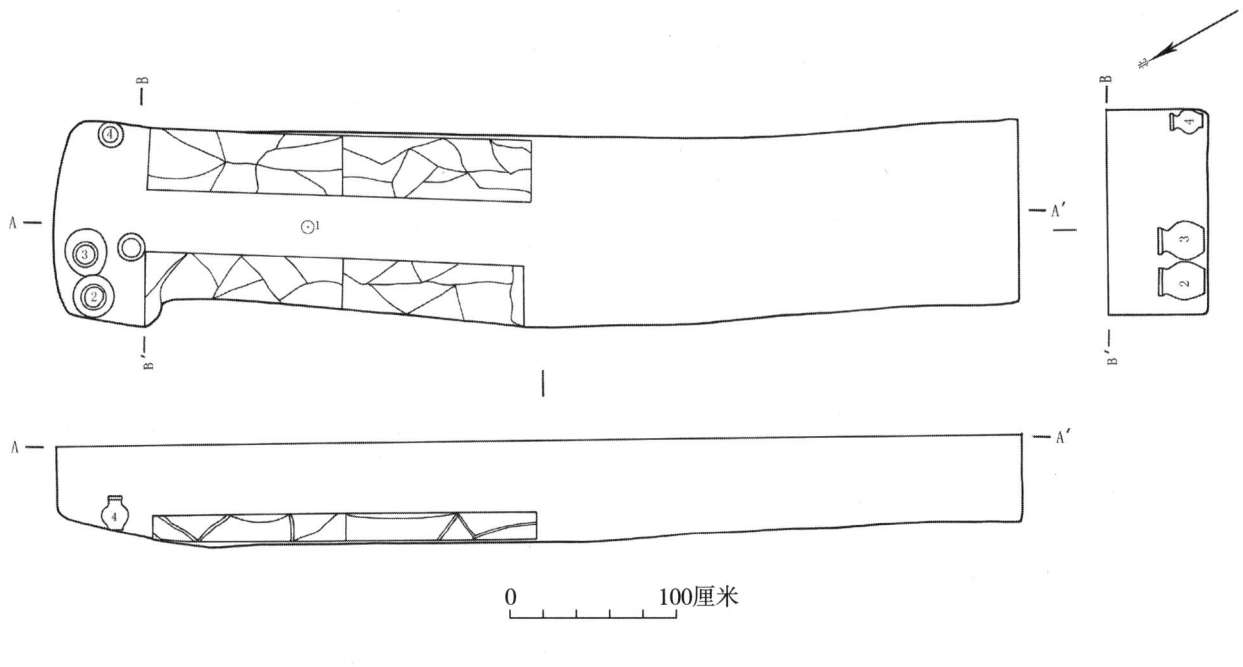

图一七八　M80 平、剖面图
1.铜镜　2.陶壶　3.陶壶　4.陶壶

（三）出土遗物

出土遗物共计4件。有陶壶3，铜镜1。3件陶壶置放于后室内，1件铜镜置放于前室中北部。

铜镜　1件。标本M80:1，镜面微凸，圆形，圆钮，圆钮座。座外有一周凸弦纹及一周内向八连弧纹带，其外为两周短斜线纹，斜线纹之间有铭文："见日之光，天下大明。"铭文文字之间以"の""田"等符号相间隔，窄素缘。直径7.2厘米，厚0.4厘米，连钮高0.8厘米。（图一七九，4；彩版五九，2；图版六四，9）

陶壶　3件。泥质灰陶。轮制。其中2件（标本M80:2、标本M80:3），器体较大。形制相同，尺寸不同。子口承盖。盖，平顶微内凹，盖面弧形隆起，盖面中部有一周凸折棱，平沿，沿下面有一周凹槽作

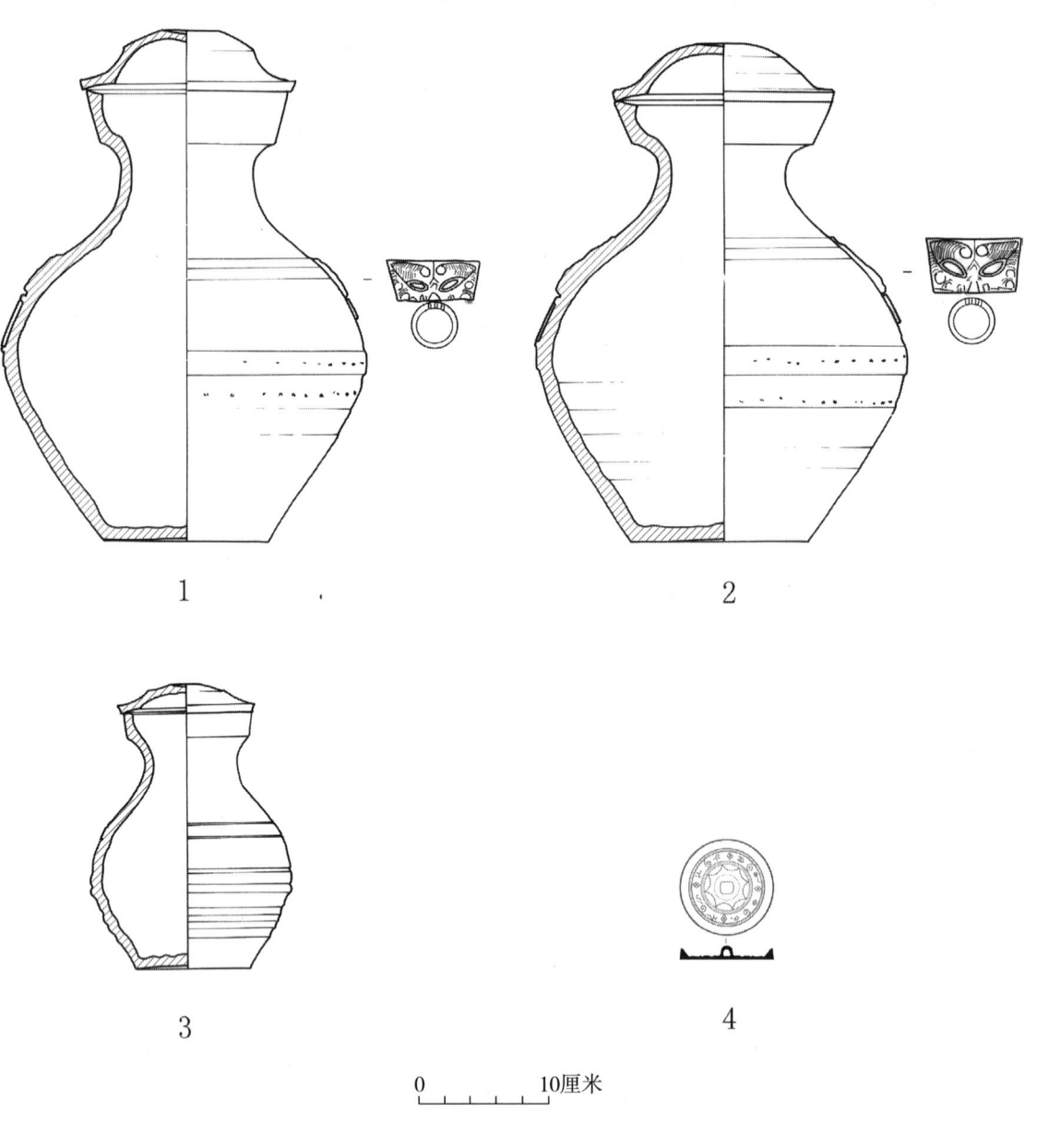

图一七九　M80出土遗物
1.陶壶（M80:2）　2.陶壶（M80:3）　3.陶壶（M80:4）　4.铜镜（M80:1）

母口，斜方唇。壶，盘口外撇，盘口下有明显折棱，束颈，溜肩，扁鼓腹，平底微内凹。肩与上腹交接处有两周弦纹，腹中部有一周宽带纹，下部有数周轮转留下的刮痕，肩腹交接处两侧对称各饰一兽面铺首衔环。标本 M80:2，盖，顶径 4.2 厘米，沿径 16.7 厘米，高 4.4 厘米；壶，口径 15.6 厘米，腹径 28.4 厘米，底径 13.0 厘米，高 34.0 厘米；通高 38.4 厘米。（图一七九，1；图版六四，5、6）标本 M80:3，盖，顶径 4.0 厘米，沿径 16.8 厘米，高 4.0 厘米；壶，口径 16.6 厘米，腹径 28.4 厘米，底径 13.4 厘米，高 33.2 厘米；通高 37.6 厘米。（图一七九，2；彩版五八，3、4；图版六四，7）另 1 件，标本 M80:4，器体较小。并盖。盖，平顶微内凹，盖面弧形隆起，盖面中部有一周凸折棱，平沿，沿下面有一周凹槽作母口，斜方唇。壶，盘口外撇，盘口下有明显折棱，束颈，溜肩，扁弧腹，空心斜直假圈足底微内凹，足与腹部无明显界线。肩与上腹交接处、腹中部各饰两周浅凹弦纹，腹下部有数周轮转留下的刮痕。盖，顶径 3.0 厘米，沿径 10.3 厘米，高 2.5 厘米；壶，口径 9.6 厘米，腹径 15.4 厘米，底径 8.8 厘米，高 19.1 厘米；通高 21.4 厘米。（图一七九，3；彩版五九，1；图版六四，8）

六一、M81

（一）层位关系

该墓的上部被施工破坏，依据附近断崖壁的层次推测该墓开口于第②层下，位于 M80 的西北部。

（二）墓葬形制、葬式与葬具

双室砖室墓。方向 350°。由墓道、前室和后室三部分组成。

由于该墓大部分被断崖打破，清理难度大，考虑安全因素，仅清量暴露部分。从现暴露的情况来看，该墓为双室砖室墓。

墓道　土坑。被断崖打破，无法清理，其形制、尺寸不详。

前室　平面呈长方形。砖室。顶部及上部被破坏，形制不明。室底用 5 块长约 0.92 米、宽约 0.32 米、厚约 0.12 米的空心砖横向平铺。无封门痕迹。室内填土为五花土。底残长 2.40 米，宽 1.22 米，距地表深 3.60 米。

后室　平面呈不规则长方形。土洞穴式。置于前室后部。斜顶，不甚规整。在后室口部两侧竖放 2 块长约 0.48 米、宽约 0.24 米、厚约 0.16 米的空心砖作门柱。室内填土为五花土。宽 0.96 米，高 0.95 米，进深 0.40 米，距地表深 3.60 米。

人骨架无存。头向、面向、葬式、性别不明。葬具未知。有随葬品。（图一八〇）

（三）出土遗物

出土遗物共计 3 件。均为陶壶。置放于后室内。

陶壶　3 件。泥质灰陶。轮制。其中 2 件（标本 M81:1、标本 M81:2），器体较大。形制相同，尺寸不同。均子口承盖。盖，平顶微内凹，盖面弧形隆起，盖面中部有两周凸折棱，斜沿，沿下面有一周凹槽作母口，斜方唇。壶，盘口外撇，盘口下有不明显折棱，短束颈，溜肩，颈肩分界不明显，扁圆腹，下腹内收成平底，下接折曲状矮圈足，圈足外撇，足部折棱在足中部。肩与上腹交接处、腹中部各饰一周宽带纹，两周宽带纹中间两侧对称各饰一兽面铺首衔环。标本 M81:1，腹中部饰弦断粗绳纹。盖，顶径 4.9 厘米，沿径 17.7 厘米，高 4.2 厘米；壶，口径 17.0 厘米，腹径 31.8 厘米，底径 16.6 厘米，高 33.2 厘

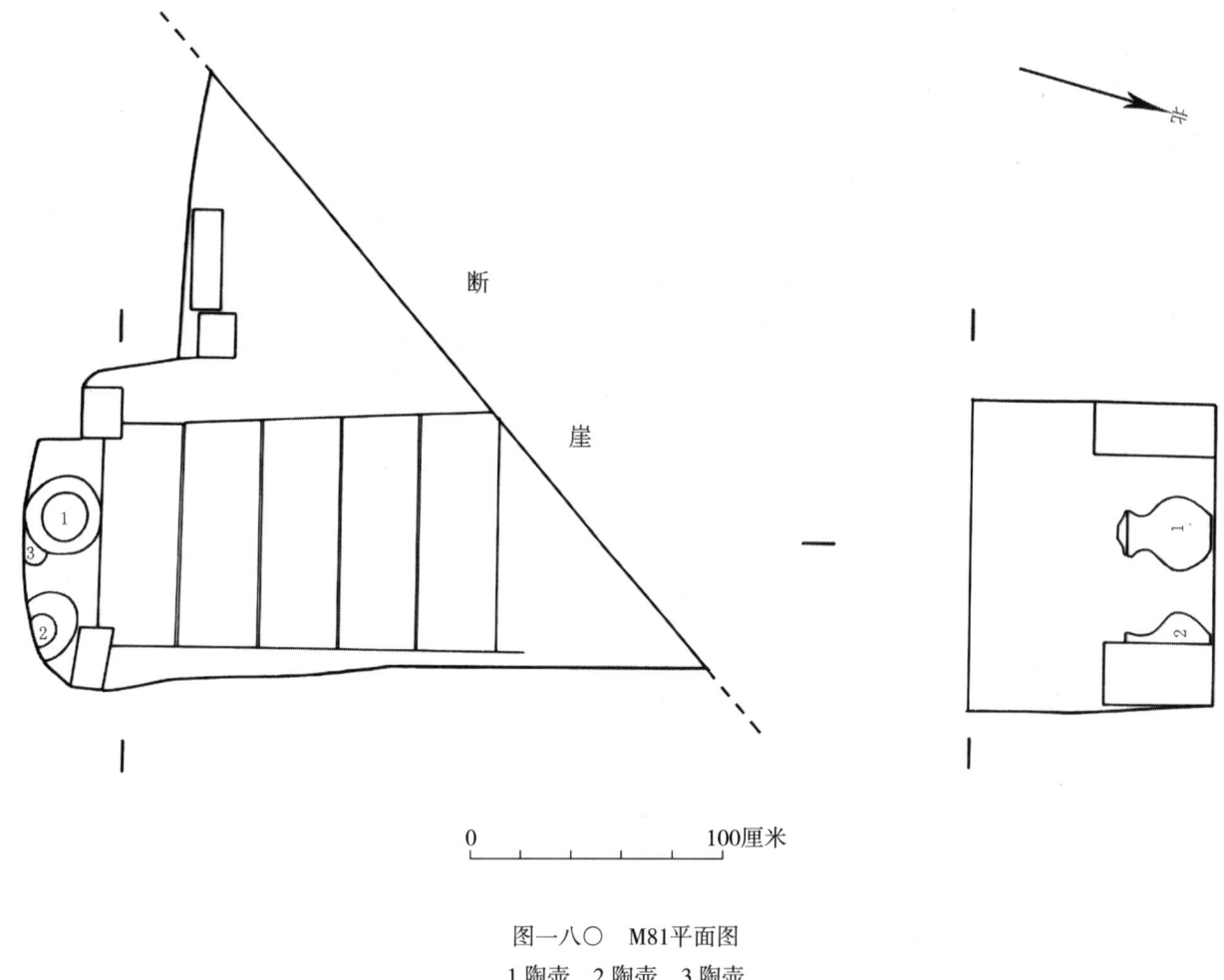

图一八〇　M81平面图
1.陶壶　2.陶壶　3.陶壶

米；通高37.6厘米。（图一八一，1；彩版五九，3、4；图版六五，1）标本M81:2，腹中部饰弦断粗绳纹，铺首下饰细绳纹。盖，顶径5.5厘米，沿径16.6厘米，高5.3厘米；壶，口径16.8厘米，腹径32.0厘米，底径16.6厘米，高32.6厘米；通高37.2厘米。（图一八一，2；图版六五，2）另1件，标本M81:3，器体较小。子口承盖。盖，平顶微内凹，盖面弧形隆起，盖面中部有两周凸折棱，斜沿，沿下面有一周凹槽作母口，斜方唇。壶，侈口，平沿方唇下折，束颈，溜肩，弧腹，平底微内凹。肩与上腹交接处、腹中部各饰一周宽带纹。盖，顶径3.5厘米，沿径10.3厘米，高2.9厘米；壶，口径10.2厘米，腹径15.6厘米，底径9.4厘米，高17.7厘米；通高20.2厘米。（图一八一，3；彩版五九，5；图版六五，3）

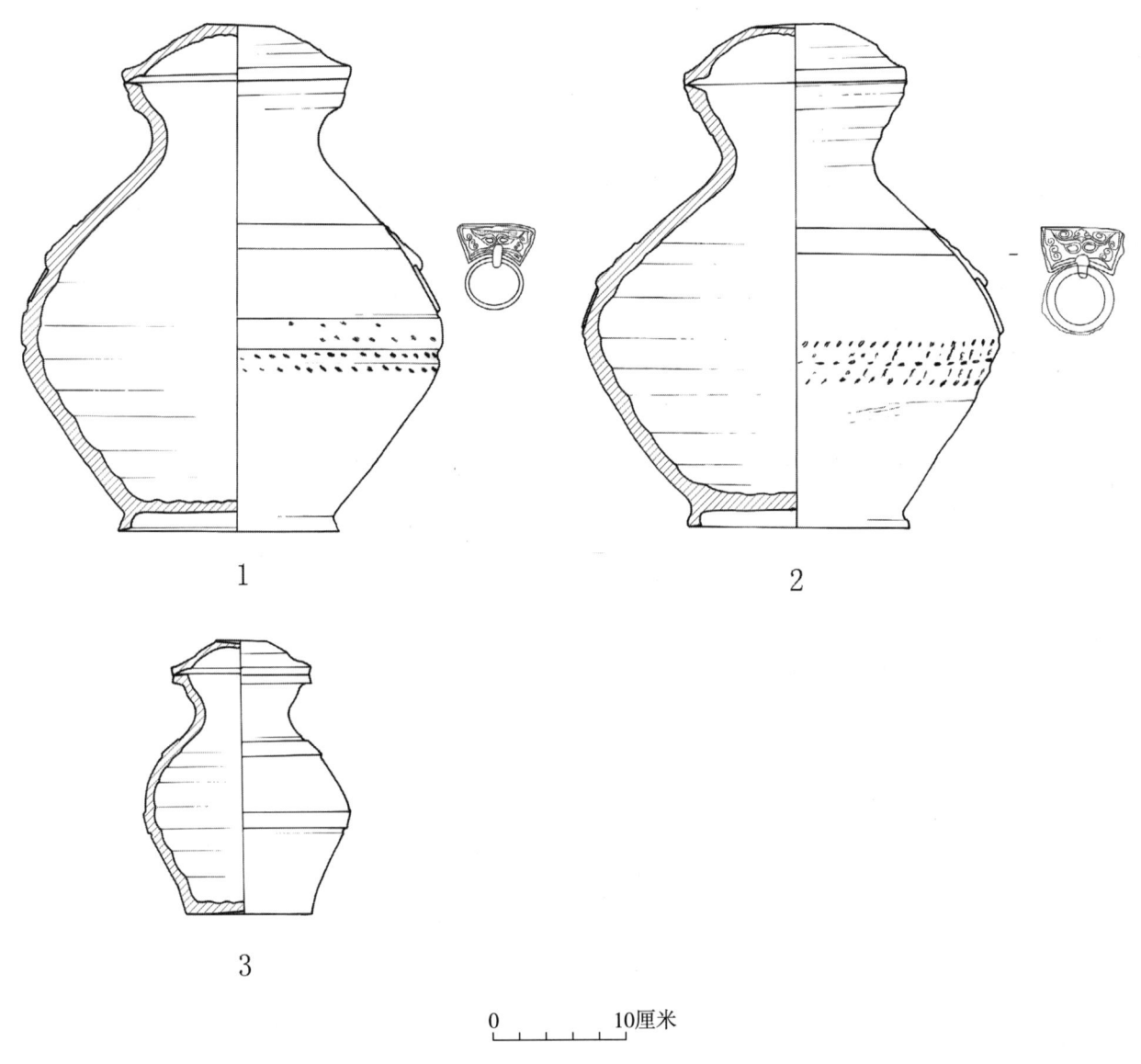

图一八一　M81出土陶壶
1.M81:1　2.M81:2　3.M81:3

六二、M82

（一）层位关系

该墓的上部被施工破坏，依据附近断崖壁的层次推测该墓开口于第②层下，位于 M81 的南部。

（二）墓葬形制、葬式与葬具

双室砖室墓。方向 12°。由墓道、墓门、前室和后室四部分组成。墓道略宽于墓室。

墓道　长方形竖井斜坡式。土坑。置于墓室的北部。直壁，斜坡底。口部被破坏，形状不详。室内填土为五花土。底长 2.60 米，宽 1.10 米，距地表深 0.54～0.78 米（残存）。

墓门　平面呈长方形。洞穴式。置于墓道南部。顶部被破坏，形制不详。墓门用 2 块长 1.08 米、宽约 0.30 米、厚约 0.14 米的空心砖横放封门；底部座落在厚 0.08 米的五花土上。墓门宽 1.12 米，残高 0.78 米（残存）。

前室　平面呈近长方形。砖室。室顶无存，形制不详。室底北部用 4 块大小不一的空心砖横放平铺，最大的砖长 1.12 米、宽 0.38 米、厚 0.12 米，最小的砖长 1.02 米、宽 0.26 米、厚 0.12 米。室底南部用 3 块大小不一的空心砖竖放平铺，由于受挤压的原因，皆残破。室内填土为五花土，土质较松。底长 2.70 米，宽 1.10 ~ 1.25 米，距地表深 0.78 米（残存）。

后室　平面呈长方形。土洞穴式。直壁，平底。顶部不详。后室略宽于前室，室内填土为五花土，土质较松。底长 1.52 米，宽 1.18 米，距地表深 0.78 米（残存）。

人骨架无存。头向、面向、葬式、性别不明。在墓室底部发现有木棺灰，由此可以推测葬具为木棺。有随葬品。（图一八二）

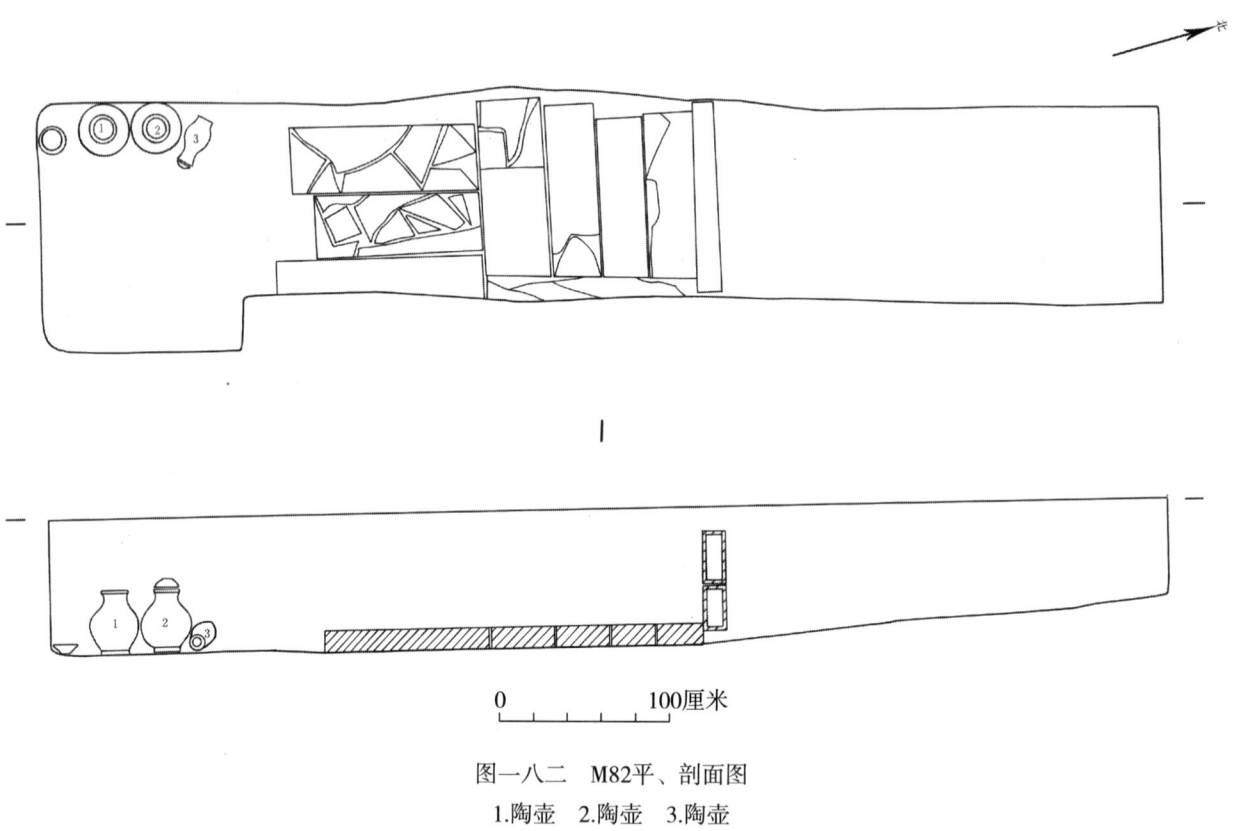

图一八二　M82 平、剖面图
1. 陶壶　2. 陶壶　3. 陶壶

（三）出土遗物

出土遗物共计 3 件。均为陶壶。置放于后室西壁。

陶壶　3 件。泥质灰陶，轮制。其中 2 件（标本 M82:1、标本 M82:2），器体较大。形制相同，尺寸不同。均子口承盖。盖，平顶，盖面弧形隆起，中部有一周凸折棱，并有数周轮转留下的刮痕，平沿少倾，沿下面有一周凹槽作母口，方唇。壶，盘口较浅，盘口下有明显折棱，束颈，溜肩，弧腹，折曲状空心矮假圈足底微内凹，足部折棱在足中部。足边外凸。肩与上腹交接处、腹中部各有一周宽带纹，两周宽带纹间两侧对称各饰一兽面铺首衔环。标本 M82:1，盖，顶径 4.5 厘米，沿径 15.9 厘米，高 4.5 厘米；壶，口径 16.0 厘米，腹径 31.0 厘米，底径 16.2 厘米，高 37.0 厘米；通高 40.4 厘米。（图一八三，1；图版六五，4）标本 M82:2，盖，顶径4.6厘米，沿径15.7厘米，高3.3厘米；壶，口径15.8厘米，腹径31.0厘米，底径15.2厘米，高37.0厘米；通高40.6厘米。（图一八三，2；彩版六〇，1；图版六五，5）另1件，标本 M82:3，器体较小。子口承盖。盖面弧形隆起，中部有一周凸折棱，平沿少倾，沿下面有一周凹槽作母口，方唇。壶，盘口，盘口下有不明显折棱，束颈，溜肩，弧腹，折曲状空心矮假圈足底微凹，足部折棱在足中部。肩与上腹交接处有两周细凹弦纹，下腹部有三周凹弦纹。盖，顶径3.2厘米，沿径9.8厘米，高1.6厘米；壶，口径10.0厘米，腹径15.4厘米，底径8.2厘米，高17.8厘米；通高19.4厘米。（图一八三，3；彩版六〇，3；图版六五，6）

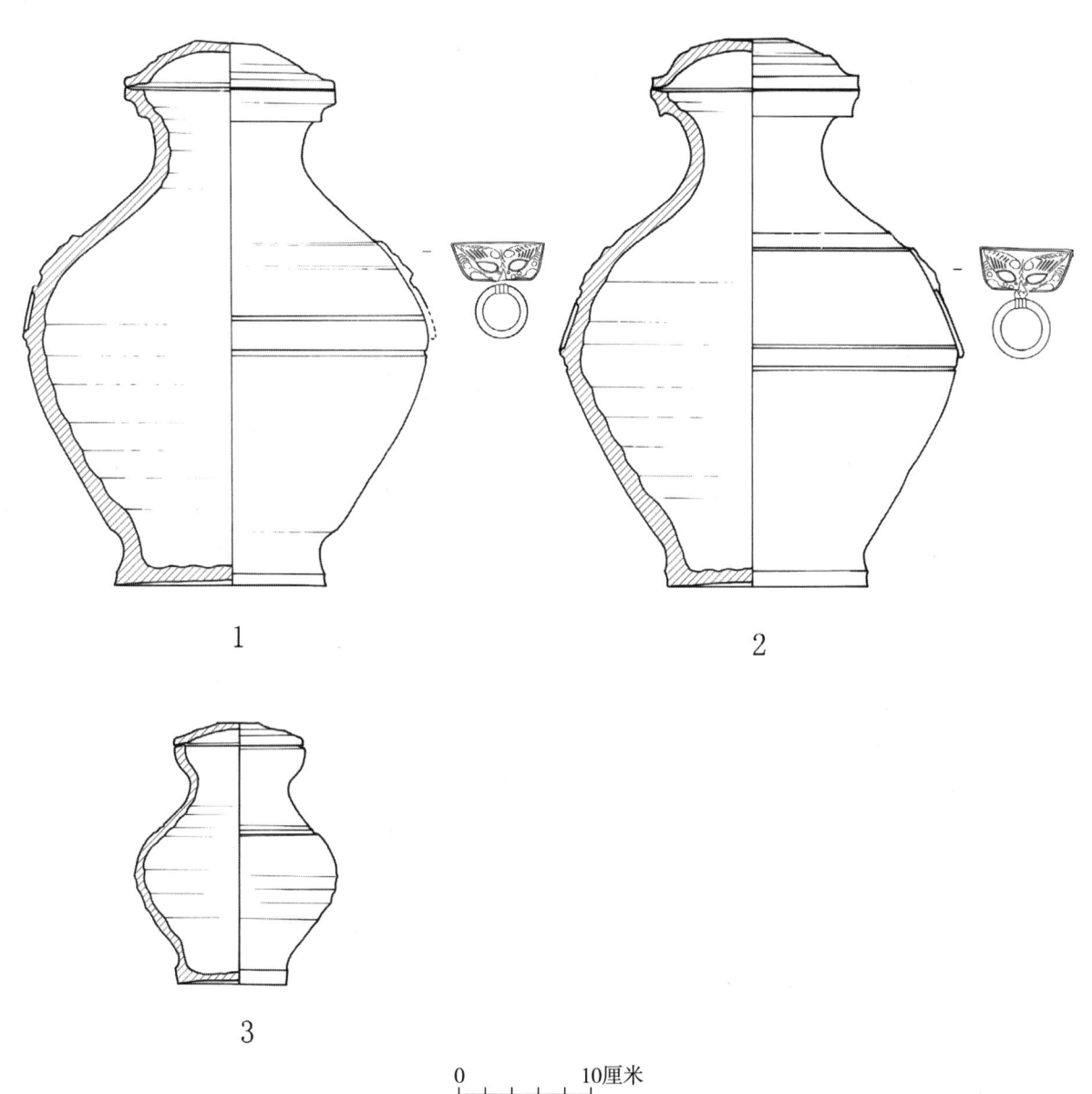

图一八三　M82出土陶壶
1.M82:1　2.M82:2　3.M82:3

六三、M84

（一）层位关系

该墓的上部被施工破坏，依据附近断崖壁的层次推测该墓开口于第②层下，位于 M82 的东部。

（二）墓葬形制、葬式与葬具

长方形竖穴土坑墓。方向 12°。直壁，平底。室顶被破坏，形制不明。内填五花土，土质较松散。底长 3.00 米，宽 0.86 米，距地表深 0.50 米（残存）。

人骨架无存。头向、面向、葬式、性别不明。葬具为木棺。有随葬品。（图一八四，图版六）

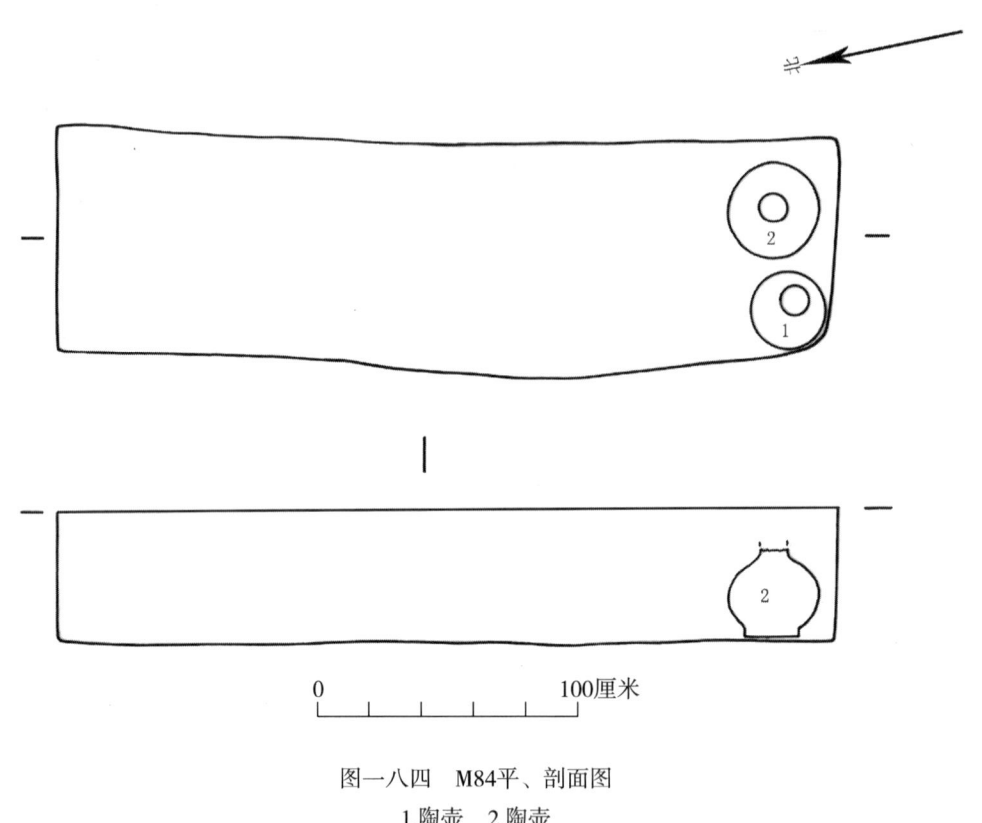

图一八四　M84 平、剖面图
1.陶壶　2.陶壶

（三）出土遗物

出土遗物 2 件，均为陶壶。置放于墓室南端。

陶壶　2 件。均为泥质灰陶。轮制。形制相同，尺寸不同。器体均较大。盘口外撇，盘口下有不明显折棱，束颈，溜肩，鼓腹稍扁，空心状斜直假圈足底微内凹。肩腹交接处与腹中部各饰一周宽带纹，宽带纹间两侧对称各饰一兽面铺首衔环。标本 M84:1，子口承盖。盖，平顶微内凹，盖面弧形隆起，下部有一周折棱，平沿，沿下面有一周凹槽作母口，方唇。标本 M84:1，盖，顶径 4.8 厘米，沿径 17.0 厘米，高 4.2 厘米；壶，口径 16.2 厘米，腹径 30.6 厘米，底径 16.8 厘米，高 37.0 厘米；通高 41.2 厘米。（图一八五,1;图版六六,1、2)标本 M84:2,口部残失。残颈上口径 10.1 厘米,腹径 30.2 厘米,底径 17.8 厘米,残高 32.0 厘米。(图一八五,2)

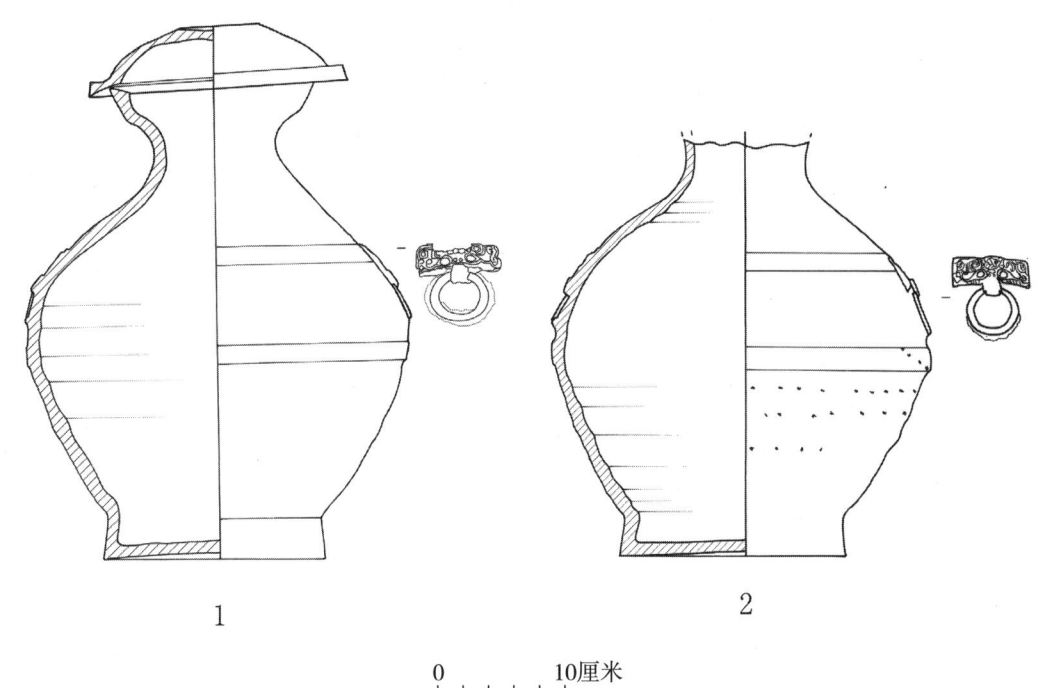

图一八五 M84出土陶壶
1.M84:1 2.M84:2

六四、M86

(一)层位关系

该墓的上部被施工破坏,依据附近断崖壁的层次推测该墓开口于第②层下,位于 M82 的西南部。

(二)墓葬形制、葬式与葬具

双室砖室墓。方向 28°。由墓道、墓室、耳室三部分组成。

墓道 土坑。被破坏,形制、尺寸不详。

墓室 平面呈长方形。砖室。室顶被破坏,形制不详。墓室底部用长 0.35 米、宽 0.12 米、厚 0.06 米的青砖平铺,仅残存东西两侧局部,最高保存两层,高 0.12 米。无封门痕迹。室内填土为五花土,土质较疏松。底长 4.40 米,宽 1.32 米,距地表深 0.20 米(残存)。

耳室 平面呈长方形。砖室。置于墓室的东部,底部用长 0.35 米、宽 0.12 米、厚 0.06 米的青砖平铺。室内填土为五花土。底长 1.52 米,宽 0.84 米,距地表深 0.20 米(残存)。

人骨架无存。头向、面向、葬式、性别不明。葬具未知。有随葬品。(图一八六)

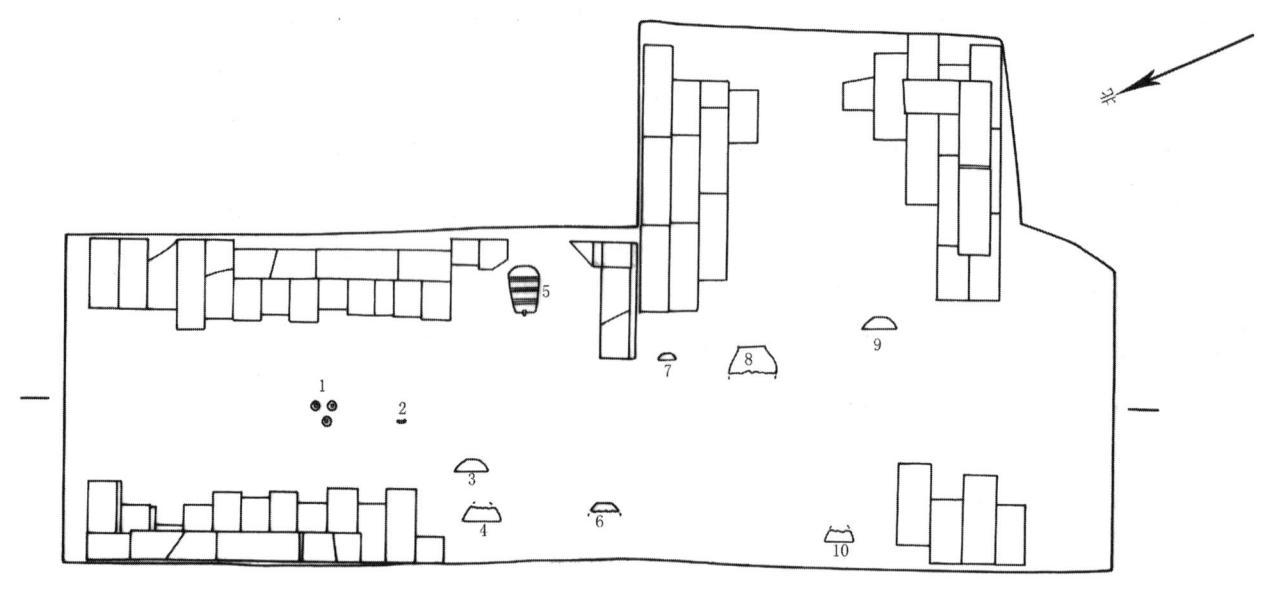

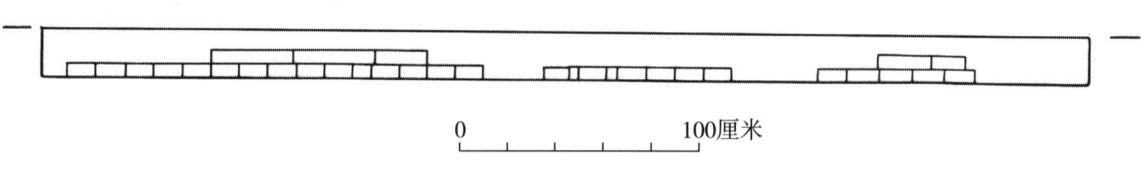

图一八六　M86平、剖面图
1.铜钱　2.玉器　3.陶器盖　4.陶器盖　5.陶仓　6.陶仓　7.陶器盖　8.陶罐　9.陶器盖　10.陶器盖

（三）出土遗物

出土遗物共计12件。有陶罐1、陶仓2、陶器盖5、玉器1、铜钱3。置放于墓室内，比较散乱。

陶罐　1件。标本M86:8，泥质灰陶。轮制。残失较甚，仅存口至腹中部，腹下部及底残失。敞口，窄平沿微斜上仰，尖唇，矮直领，弧肩，弧腹。肩及上腹上部各饰两周凹弦纹。口径9.9厘米，腹径20.3厘米，残高11.6厘米。（图一八七，2）

陶仓　2件。均泥质灰陶。轮制。标本M86:5，小圆口，矮领，尖唇，斜肩下折，筒形腹上扩下内收，平底微内凹。体形高瘦。腹上、中、下部各饰一组凹弦纹将腹部三等分，每组凹弦纹由两周组成。底外部满布轮转刮划留下的弧弦纹，弦纹以一侧为中心呈水波辐射状均匀分布。口径10.2厘米，腹径10.9厘米，底径8.2厘米，高21.2厘米。（图一八七，1；图版六六，3）标本M86:6，仅存口、肩及上腹的少部分。形制与标本M86:5上部相同。上腹部饰两周凹弦纹。口径5.3厘米，残宽11.0厘米，残高3.8厘米。

陶器盖　5件。均为泥质灰陶。轮制。其中2件（标本M86:4、标本M86:10），顶部残失。形制相似，尺寸不同。盖面弧形隆起，平沿稍下倾，沿下面有一周凹槽作母口，方唇。标本M86:4，盖面下部有一周折棱。沿径16.6厘米，残高7.2厘米。标本M86:10，沿径13.1厘米，高5.6厘米。另3件（标本M86:3、标本M86:7、标本M86:9），完整。形制、尺寸各不相同。标本M86:3，小平顶，盖面弧形隆起，中部有两周折棱，平沿，沿下面有一周凹槽作母口，斜方唇。顶径4.0厘米，沿径17.4厘米，高5.0厘米。（图一八七，3；图版六六，5）标本M86:7，平顶微内凹，盖面斜上隆起，斜沿，沿下面有一周凹槽作母口，斜方唇。顶径3.8厘米，沿径9.0厘米，高2.2厘米。（图一八七，4）标本M86:9，弧形顶，顶部被削凹凸不平，盖面弧形隆起，中部有一周刮削边棱，斜沿，沿下面有一周凹槽作母口，斜方唇。沿径16.4厘米，高3.0厘米。（图一八七，5）

玉器 1件。标本M86:2，青白色。月牙形。周边、器面打磨光滑，边棱不甚规整。宽3.0厘米，最高1.0厘米，厚1.0厘米。（图一八七，8；图版六六，4）

铜钱 3枚。均为五铢。内廓正面均被磨除。钱文书体、尺寸均不相同。标本M86:1-1，1枚。钱文字迹清晰。"五"字中间两交笔较弯曲。"铢"字的"金"旁上部呈小三角形，下部四点稍长；"朱"旁上部方折，下部方折，下竖较直，下部长于上部，上、下部之间的间距较大。钱径2.6厘米，穿径0.9厘米。（图一八七，6）标本M86:1-2，1枚。钱文字迹清晰。"五"字中间两交笔较弯曲。"铢"字的"金"旁上部呈小三角形，下部四点稍长；"朱"旁上部方折，下部圆折，下竖较直，下部长于上部，上、下部之间的间距较大。钱径2.5厘米，穿径0.9厘米。（图一八七，7）标本M86:1-3，1枚。钱文字迹部分不清晰。"五"字中间两交笔呈稍曲。"铢"字不清。钱径2.5厘米，穿径1.0厘米。

六五、M87

（一）层位关系

该墓的上部被施工破坏，依据附近断崖壁的层次推测该墓开口于第②层下，位于M86的西南部。打破M20。

（二）墓葬形制、葬式与葬具

竖穴双室砖室墓。方向23°。由前室和后室两部分组成。

前室 平面呈长方形。砖室。室顶无存，形制不详。直壁，平底。墓室南壁用2块相同长1.05米、宽约0.35米、厚约0.10米的空心砖横置垒砌。底部用与墓室相同的空心砖横置平铺，在南部残留2块，北部残留1块，中部缺失无存。无封门痕迹。室内填土为五花土，土质稍硬。底长2.60米，宽1.40米，距地表深4.60米。

后室 平面呈长方形。砖室。前窄后宽，略窄于前室。室顶无存，形制不详。直壁，平底。底用与前室尺寸相同的空心砖横置平铺一层。后室后部向西突出一部分，突出部分未有铺地砖。室内填土为五花土，土质稍硬。底长1.60米，前宽1.20米，后宽1.60米，距地表深4.60米。

人骨架无存。头向、面向、葬式、性别不明。葬具未知。有随葬品。（图一八八；图版七，左）

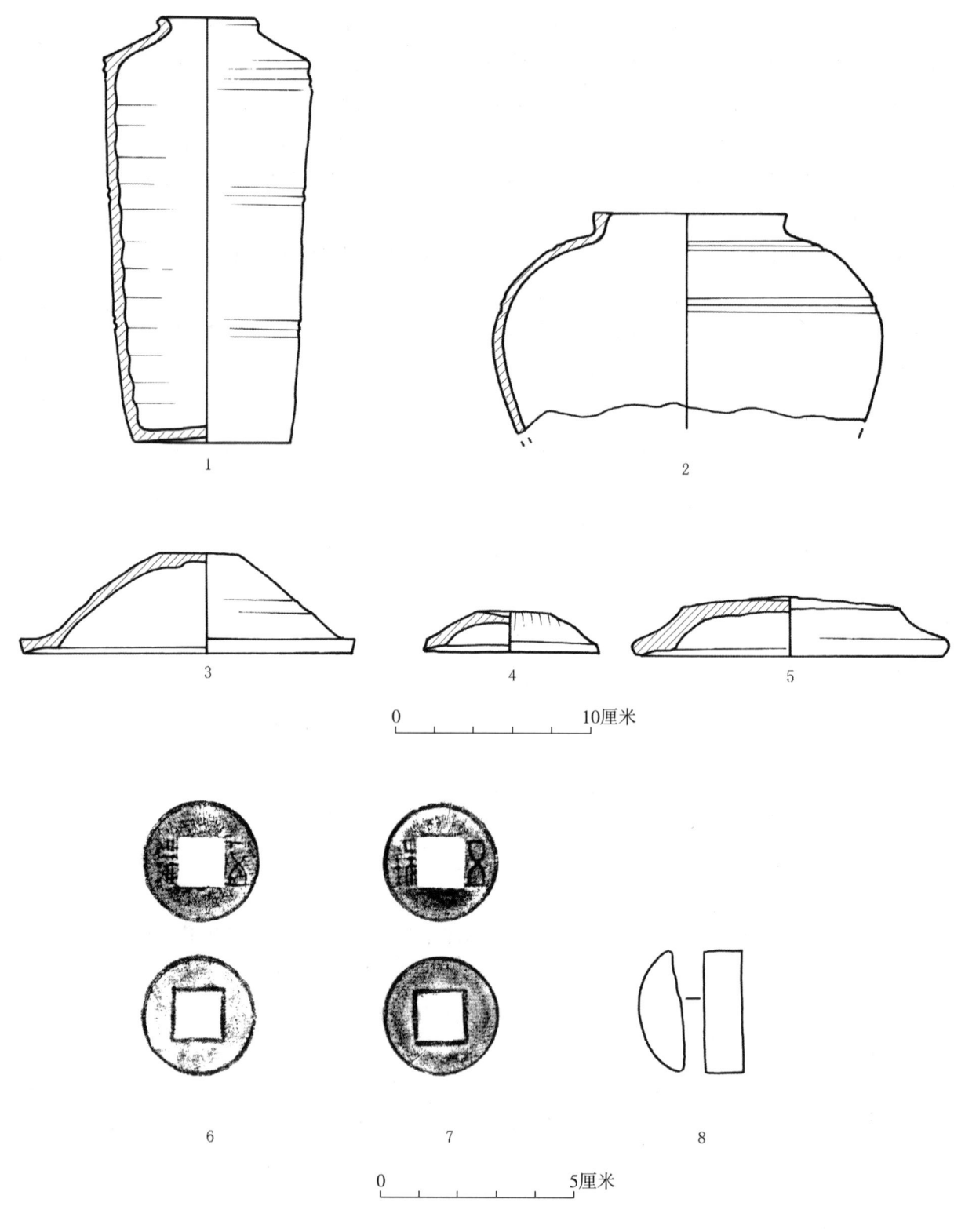

图一八七　M86出土遗物
1.陶仓（M86:5）　2.陶罐(86:8)　3.陶器盖（M86:3）　4.陶器盖（M86:7）　5.陶器盖（M86:9）　6.铜钱（M86:1-1）
7.铜钱（M86:1-2）　8.玉器（M86:2）

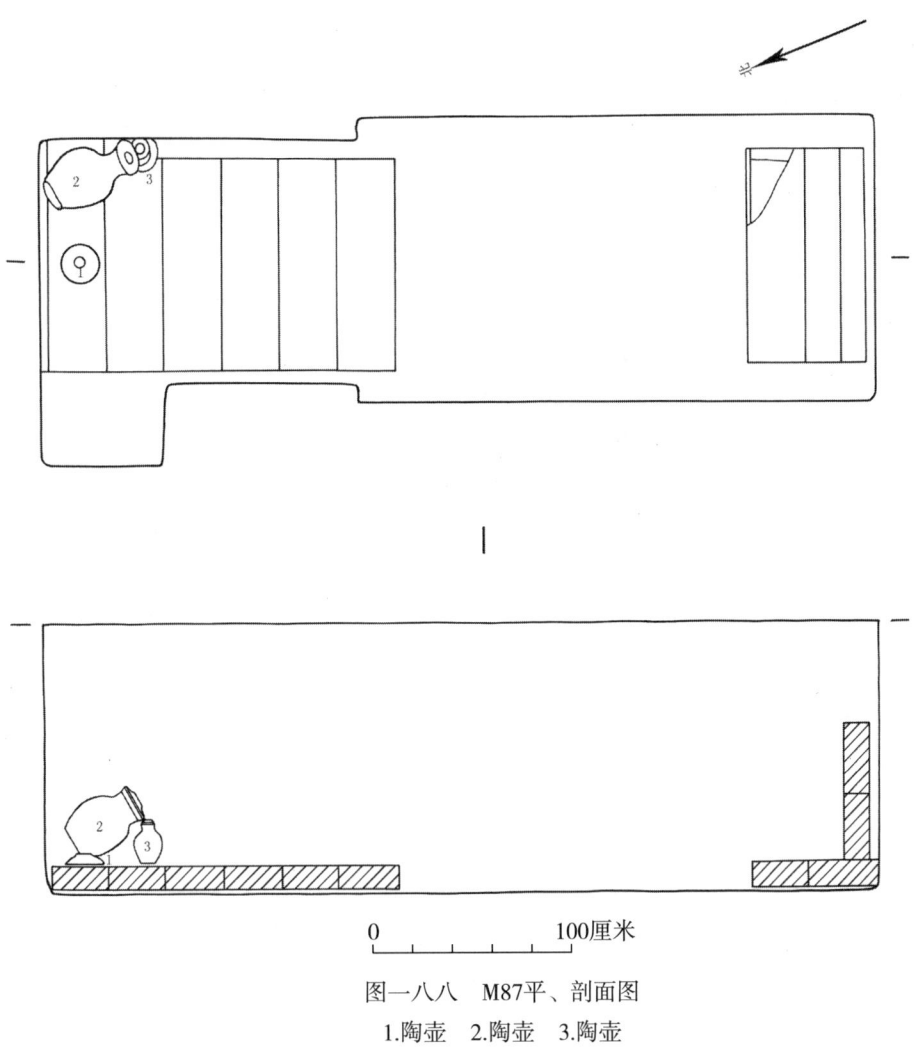

图一八八　M87平、剖面图
1.陶壶　2.陶壶　3.陶壶

（三）出土遗物

出土遗物共计3件。均为陶壶。置放于后室东北角处。

陶壶　3件。均为泥质灰陶。轮制。其中2件（标本M87:1、标本M87:2），器体较大。形制相同，尺寸不同。均子口承盖。盖，环形顶，盖面弧形隆起，中部有一周凸折棱，斜沿近平，沿下面有子口，斜方唇。壶，浅盘口外撇，盘口下有明显折棱，束颈，溜肩，扁鼓腹，下腹内收成平底，下接折曲状矮圈足，圈足外撇，足部折棱在中部。肩腹交接处、腹中部、下腹中部各饰一周宽带纹，肩、腹中部宽带纹中间两侧对称各饰一兽面铺首衔环。标本M87:1，盖，顶径6.3厘米，沿径17.8厘米，高4.5厘米；壶，口径18.4厘米，腹径34.8厘米，底径19.0厘米，高38.0厘米；通高42.2厘米。（图一八九，1；彩版六一，1、2；图版六六，6）标本M87:2，盖，顶径7.3厘米，沿径18.5厘米，高4.5厘米；壶，口径18.4厘米，腹径35.0厘米，底径19.4厘米，高38.6厘米；通高43.1厘米。（图一八九，2；图版六六，7）另1件，标本M87:3，形体较小。子口承盖。盖，环形顶，盖面弧形隆起，下部有一周折棱，斜沿，沿下面中部有一周凹槽，子口，斜方唇。壶，浅盘口外撇，盘口下有一周不甚明显的折棱，束颈，鼓腹，腹部最大径在腹上部，平底微内凹。盖，顶径4.8厘米，沿径10.9厘米，高2.2厘米；壶，口径10.0厘米，腹径15.6厘米，底径8.6厘米，高19.6厘米；通高21.8厘米。（图一八九，3；彩版六〇，4；图版六七，1）

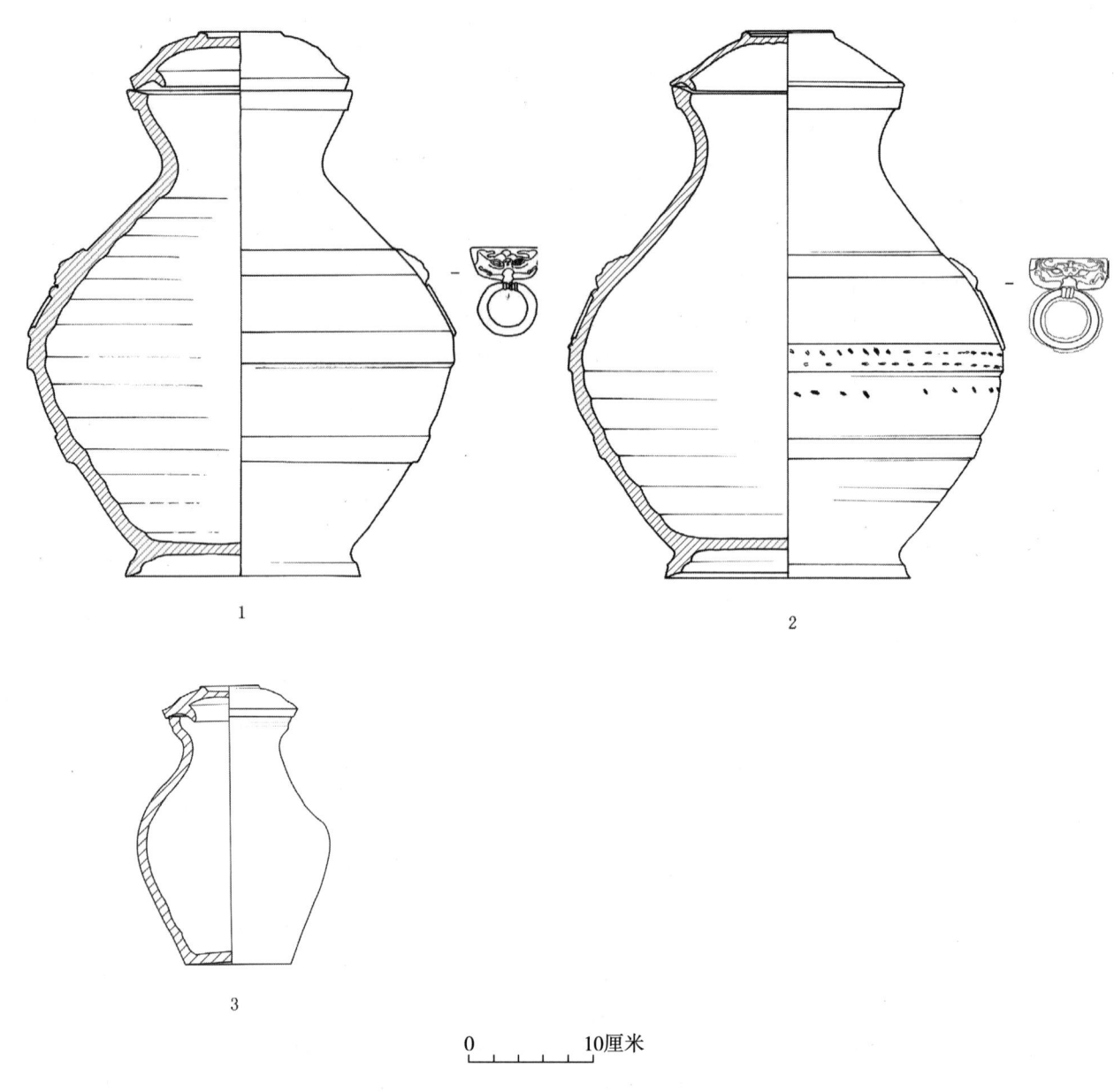

图一八九　M87出土陶壶
1. M87:1　2. M87:2　3. M87:3

六六、M88

(一) 层位关系

该墓的上部被施工破坏，依据附近断崖壁的层次推测该墓开口于第②层下，位于 M87 的西部。被 M92 打破。

(二) 墓葬形制、葬式与葬具

双室砖室墓。方向 16°。由墓道、墓门、墓室和耳室四部分组成。墓道宽于墓室。

墓道　长方形竖井式。土坑。置于墓室北部。直壁，平底。墓道北部被 M92 打破。内填土为五花土，土质较硬。口长 2.80 米，宽 1.64 米，距地表深 3.30 米。底长 2.84 米，宽 1.62 米，距地表深 4.48 米。

墓门　平面呈长方形。洞穴式。平形顶。用 3 块长约 1.22 米、宽约 0.38 米、厚约 0.15 米的空心砖竖砌封门，封门砖外侧东部竖立 1 块长 1.18 米、宽 0.22 米、厚 0.15 米的空心砖。墓门顶部用长 1.20 米、宽 0.26 米、厚 0.16 米的空心砖横放作门楣，两侧分别用长约 0.94 米、宽约 0.23 米、厚约 0.15 米的空心砖竖放作门柱，中部用 2 块长约 0.94 米、宽约 0.37 米、厚约 0.15 米的空心砖竖放作门扇。底部用长约 1.26 米、宽约 0.38 米、厚约 0.15 米的空心砖平铺。通宽 1.34 米，通高 1.46 米，距地表深 4.76 米。

墓室　平面呈近长方形。砖室。穹隆形顶。墓室东、西和南壁分别用长约 1.10 米、宽约 0.37 米、厚约 0.15 的空心砖错缝垒砌。墓室底用长约 1.26 米、宽约 0.25 米、厚约 0.15 米的空心砖平铺一层，共 14 块。在墓室北部清理出随葬器物。室内填土为五花土。口长 3.44 米，宽 1.06 米，距地表深 3.30 米。底长 3.64 米，宽 1.30 米，距地表深 4.86 米。

耳室　平面呈长方形。砖室。洞穴式。置于墓室西壁靠墓门处。平顶。南、北两壁用长约 1.22 米、宽约 0.36 米、厚约 0.13 米的空心砖错缝垒砌两层，室顶用长约 1.05 米，宽、厚约 0.15 米的空心砖平铺一层，室底亦用相同的空心砖平铺一层，后壁未用砖垒砌，直接挖在生土之上。室内进水，后部积有淤泥。宽 1.16 米，高 1.46 米，进深 2.64 米，距地表深 4.86 米。

人骨架无存。头向、面向、葬式、性别不明。葬具未知。有随葬品。（图一九〇、一九一；图版七，右）

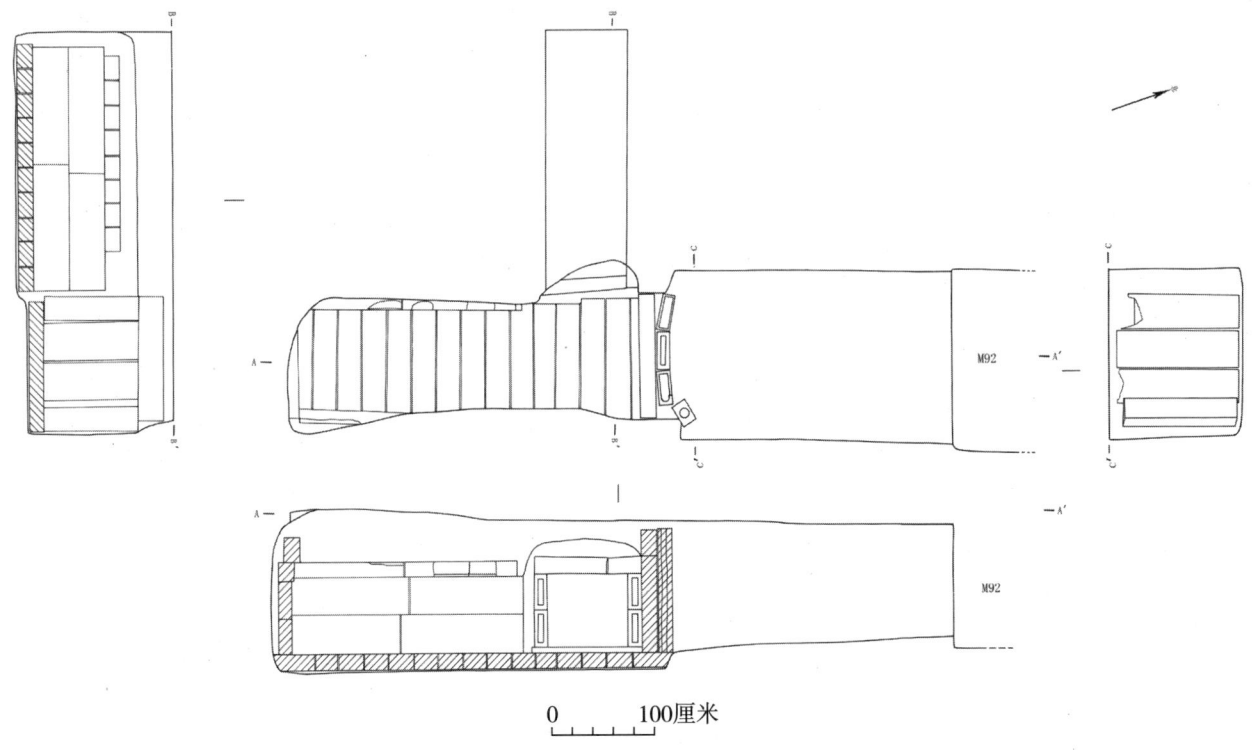

图一九〇　M88 平、剖面图

图一九一　M88出土遗物图
1.陶壶　2.铜钱　3.陶壶　4.釉陶壶　5.釉陶壶　6.釉陶壶　7.釉陶壶　8.釉陶壶　9.铜釜　10.铁锸　11.陶器盖　12.陶器盖

（三）出土遗物

出土遗物共计35件。有陶壶2、釉陶壶5、陶器盖2、铜釜1、铁器1、铜钱24。1件陶壶置放于墓室北部，其他遗物均放于耳室中部靠前的位置。

陶壶　2件。均为泥质灰陶。轮制。形制相同，尺寸不同。器体较大。均子口承盖。盖，弧形顶，盖面弧形隆起，平沿稍下倾，沿下面有一周凹槽作母口，斜方唇。壶，浅盘口外撇，盘口下有一周不明显折棱，颈近直微束，圆球形腹，空心状斜直假圈足底微内凹，圈足上扩下内收。肩、腹中部各饰两周凹弦纹，凹弦纹间两侧饰对称一铺首衔环，下腹部有数周轮转留下的刮痕。标本M88:1，沿径15.4厘米，高4.2厘米；壶，口径15.0厘米，腹径24.0厘米，底径13.8厘米，高29.8厘米；通高34.2厘米。（图一九二，1；图版六六，8）标本M88:3，盖，沿径14.8厘米，高4.3厘米；壶，口径14.0厘米，腹径24.0厘米，底径14.4厘米，高29.6厘米；通高33.2厘米。（图一九二，2；彩版六二，1、2；图版六七，2）

釉陶壶　5件。泥质红陶。轮制。其中3件（标本M88:4、标本M88:7、标本M88:8），器体较大。形制相同，尺寸略异。子口承盖。盖，弧形顶，盖面弧形隆起，平沿，沿下面有一周凹槽作母口，斜方唇，方唇中间有一周凹弦纹。壶，盘口外撇，盘口下部饰一周凹弦纹，盘口下有明显折棱，束颈，圆鼓腹，空心状假圈足底微内凹。肩腹交接处、腹中部各饰两周凹弦纹，两周凹弦纹间两侧饰对称一兽面铺首衔环。器表及盘口颈内施黄色釉，釉有脱落。标本M88:4，盖缺失。口径14.6厘米，腹径26.6厘米，底径15.2厘米，高37.4厘米。（图一九二，5；彩版六二，3、4；图版六七，3）M88:7，子口承盖。盖，沿径15.0厘米，高4.0厘米；壶，口径15.4厘米，腹径26.8厘米，底径15.8厘米，高34.8厘米；通高38.6厘米。

（图一九二，3；彩版六三，3、4；图版六七，6）M88:8，子口承盖。盖，沿径15.0厘米，高4.0厘米；壶，口径14.8厘米，腹径26.4厘米，底径15.0厘米，高32.8厘米；通高36.6厘米。（图一九二，4；彩版六四，1、2；图版六八，1）另外2件（标本M88:5、标本M88:6），器体较小。形制相同，尺寸不同。均无盖。盘口外撇，盘口下有明显折棱，束颈，圆鼓腹，空心状假圈足底微内凹。肩腹交接处、腹中部各饰两周凹弦纹。标本M88:5，器表施黑色釉，釉有脱落。口径8.8厘米，腹径14.2厘米，底径8.0厘米，高19.6厘米。（图一九二，6；彩版六三，1；图版六七，4）标本M88:6，器表及盘口颈内施黄色釉，釉有脱落。口径9.0厘米，腹径14.6厘米，底径8.8厘米，高21.4厘米。（图一九二，7；彩版六三，2；图版六七，5）

铜釜　1件。标本M88:9，敞口，沿斜上仰，尖唇，弧腹，圜底近平。口径20.4厘米，高10.2厘米。（图一九三，1；彩版六四，3；图版六八，2）

铁锸　1件。标本M88:10，残。平面呈"凹"字形，正面弧形稍稍拱起，背面扁平。圆弧刃，刃部稍宽，銎部两边及下方均有凹槽。长8.6厘米，刃宽7.9厘米。（图一九三，2；彩版六四，4；图版六七，3）

陶器盖　2件。均为泥质灰陶。轮制。形制相同，尺寸不同。小平顶内凹，盖面弧形隆起，平沿，沿下面有一周凹槽作母口，斜方唇。标本M88:11，顶径1.6厘米，沿径9.5厘米，高2.1厘米。（图一九三，3；图版六八，4）M88:12，顶径1.7厘米，沿径15.5厘米，高4.4厘米。（图一九三，4；图版六八，5）

铜钱　24枚。均为五铢。内廓正面均被磨除。标本M88:2。依据钱文书体、尺寸、保存现状等分为以下七种情况进行报告：

1. 标本M88:2-1，8枚。钱文书体、尺寸均相同。钱文字迹清晰。"五"字中间两交笔弯曲。"铢"字的"金"旁上部呈小三角形，下部四点稍短；"朱"旁上部方折，下部圆折，下竖较直，下部长于上部，上、下部之间的间距较大。钱径2.6厘米，穿径1.0厘米。（图一九三，5、6、7）

2. 标本M88:2-2，2枚。钱文书体、尺寸均相同。钱文字迹清晰。"五"字中间两交笔弯曲。"铢"字的"金"旁上部呈稍大三角形，下部四点稍短；"朱"旁上部方折，下部圆折，下竖较直，下部长于上部，上、下部之间的间距较大。钱径2.6厘米，穿径1.2厘米。（图一九三，8）

3. 标本M88:2-6，2枚。钱文书体、尺寸均相同。钱文字迹清晰。"五"字中间两交笔较直。"铢"字的"金"旁上部呈小三角形，下部四点稍短；"朱"旁上部方折，下部圆折，下竖较直，下部长于上部，上、下部之间的间距较大。钱径2.6厘米，穿径1.0厘米。（图一九三，10）

4. 标本M88:2-7，1枚。钱文字迹清晰。"五"字中间两交笔呈稍曲。"铢"字的"金"旁上部呈稍大三角形，下部四点稍长；"朱"旁上部方折，下部圆折，下竖较直，下部长于上部，上、下部之间的间距较大。边缘残缺。钱径2.6厘米，穿径0.9厘米。（图一九三，11）

5. 标本M88:2-3（2枚）、标本M88:2-4（1枚）、标本M88:2-5（2枚），共计5枚。钱文字迹部分不清晰。尺寸有异。标本M88:2-3，2枚。"五"字中间两交笔弯曲。"铢"字的"金"旁不清晰；"朱"旁上部方折，下部方折，下竖较直，下部长于上部，上、下部之间的间距较大。尺寸相同。钱径2.6厘米，穿径1.2厘米。（图一九三，9）标本M88:2-4，1枚。"五"字中间两交笔呈稍曲。"铢"字不清晰。钱径2.6厘米，穿径1.0厘米。标本M88:2-5，2枚。"五"字中间两交笔弯曲。"铢"字不清晰。尺寸相同。钱径2.6厘米，穿径1.0厘米。

6. 标本M88:2-8，5枚。"五"字和"铢"字均不清晰，钱文书体不可辨识。尺寸相同。钱径2.6厘米，穿径1.0厘米。

7. 标本M88:2-9，1枚。残。"五"字中间两交笔稍弯曲。"铢"字残缺。钱径2.4厘米，穿径0.9厘米。

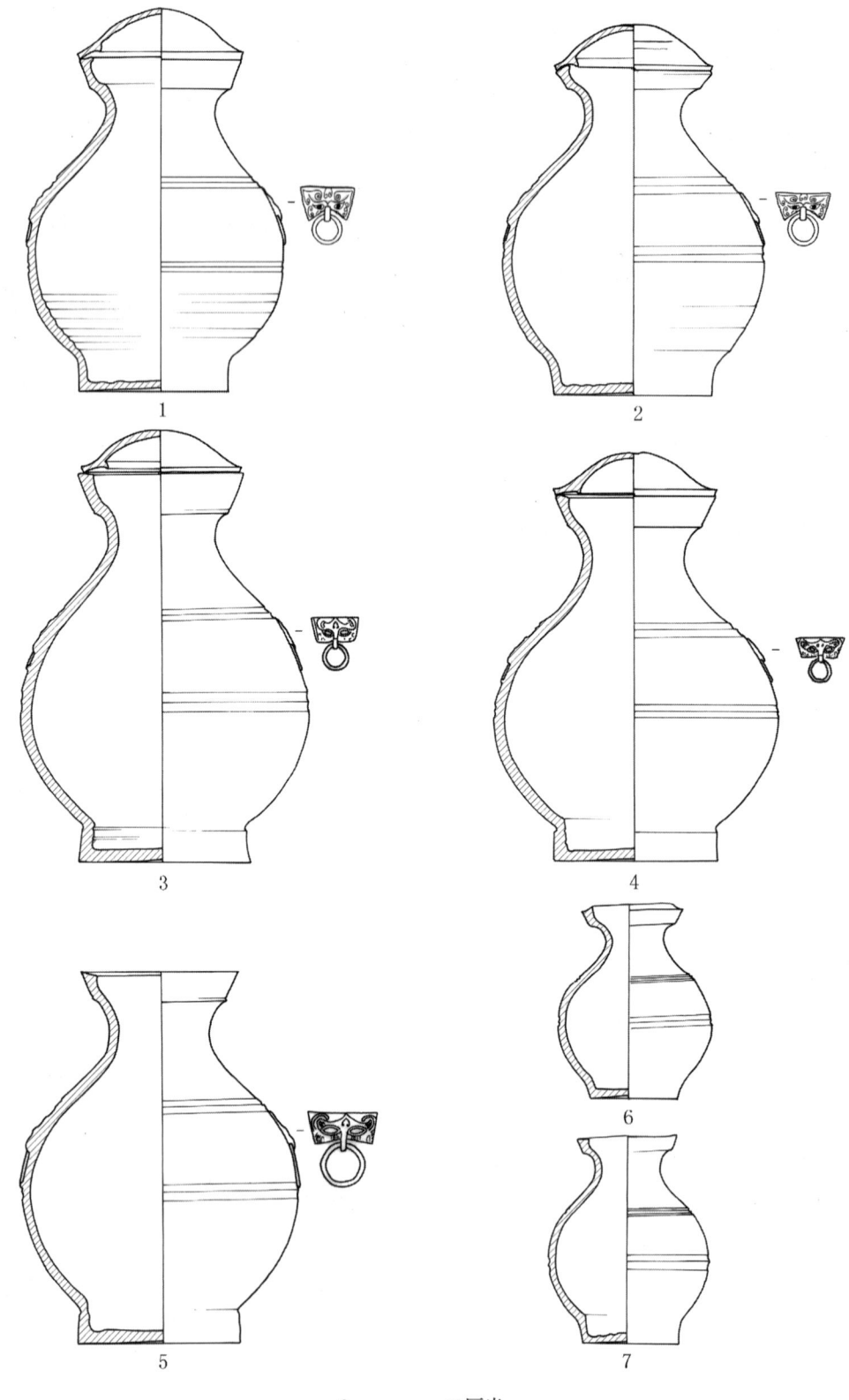

图一九二 M88出土陶器

1. 壶（M88:1） 2. 壶（M88:3） 3. 釉壶（M88:7） 4. 釉壶（M88:8） 5. 釉壶（M88:4） 6. 釉壶（M88:5）
7. 釉壶（M88:6）

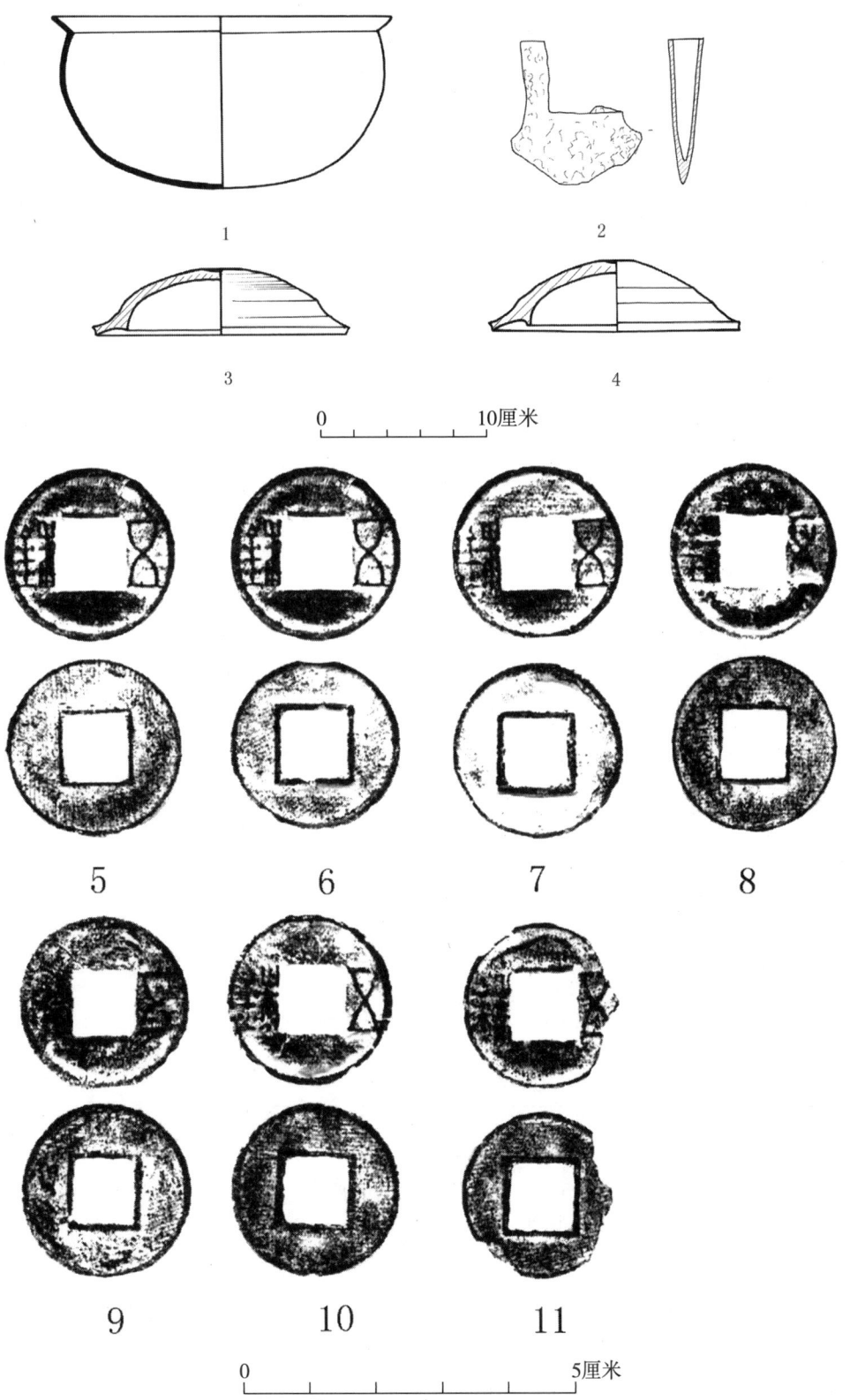

图一九三　M88出土遗物

1.铜釜(M88:9)　2.铁锸(M88:10)　3.陶器盖（M88:11）　4.陶器盖（M88:12）　5.铜钱（M88:2-1-1）　6.铜钱（M88:2-1-2）
7.铜钱（M88:2-1-3）　8.铜钱（M88:2-2）　9.铜钱（M88:2-3）　10.铜钱（M88:2-6）　11.铜钱（M88:2-7）

六七、M90

（一）层位关系

该墓的上部被施工破坏，依据附近断崖壁的层次推测该墓开口于第②层下，位于 M89 的西南部。

（二）墓葬形制、葬式与葬具

长方形竖穴土坑墓。方向 105°。顶部被破坏，形制不详。直壁，平底。墓室西壁有壁龛。壁龛穹隆形顶，土洞。龛宽 0.72 米，高 0.58 米，进深 0.75 米。墓穴内填土为五花土，土质较松散。口长 3.24 米，宽 0.84 米，距地表深 2.90 米（残存）。底长 3.20 米，宽 0.80 米，距地表深 4.74 米（残存）。

人骨架无存。头向、面向、葬式、性别不明。葬具未知。有随葬品。（图一九四，图版八）

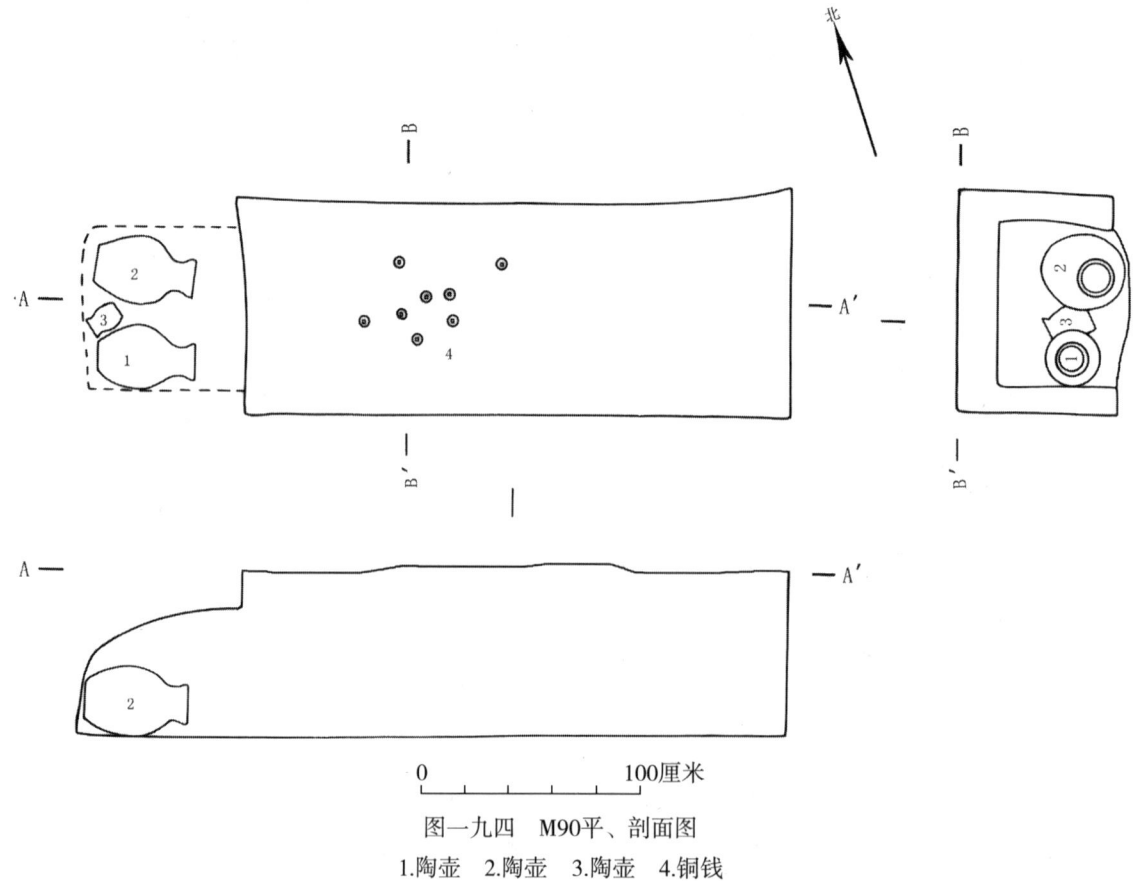

图一九四　M90平、剖面图
1.陶壶　2.陶壶　3.陶壶　4.铜钱

（三）出土遗物

出土遗物共计 11 件。有陶壶 3、铜钱 8。铜钱散乱散布在墓室内，陶壶置放于壁龛内。

陶壶　3 件。均为泥质灰陶。轮制。形制、尺寸均不同。标本 M90:1，器体较大。子口承盖。盖，平顶微内凹，盖面弧形隆起，斜沿，沿下面有一周凹槽作母口，斜方唇，唇中部有一周凹弦纹。壶，浅盘口，盘口下有一周不甚明显的折棱，束颈短粗，溜肩，弧腹近圆，平底微内凹。肩腹交接处、腹中部各饰两周凹弦纹，两周凹弦纹间两侧饰对称一兽面铺首衔环。腹中部凹弦纹中间饰三周篦点纹。盖，顶径 4.0 厘米，沿径 15.6 厘米，高 4.7 厘米；壶，口径 16.2～16.8 厘米，腹径 28.4 厘米，底径 14.4 厘米，高

30.8厘米；通高36.4厘米。（图一九五，2；图版六八，6、7）标本M90:2，器体较大。子口承盖。盖，弧形顶，盖面弧形隆起，盖面有四周凹弦纹，平沿，沿下面有一周凹槽作母口，圆唇。壶，浅盘口，盘口下有明显折棱，束颈，弧鼓腹，平底微内凹，肩腹交接处、腹中部各饰两周凹弦纹，两周凹弦纹中间饰对称兽面铺首衔环。盖，沿径17.3厘米，高4.9厘米；壶，口径16.6厘米，腹径28.6厘米，底径13.6厘米，高34.4厘米；通高38.4厘米。（图一九五，1；彩版六五，1、2；图版六八，8）标本M90:3，器体较小。子口承盖。盖，平顶微内凹，盖面弧形隆起，盖面下部有一周折棱，平沿，沿下面有一周凹槽作母口，方唇，方唇中间有一周凹弦纹。壶，盘口下有一周不明显折棱，束颈，鼓腹，近直筒型空心假圈足底微内凹，足与腹部有明显界限。肩腹交接处、腹中部各饰两周凹弦纹，下腹部和底部交接处有一周凸棱。盖，顶径3.8厘米，沿径10.0厘米，高2.6厘米；壶，口径10.0厘米，腹径15.4厘米，底径9.6厘米，高19.5厘米；通高22.2厘米。（图一九五，3；彩版六五，3；图版六九，1）

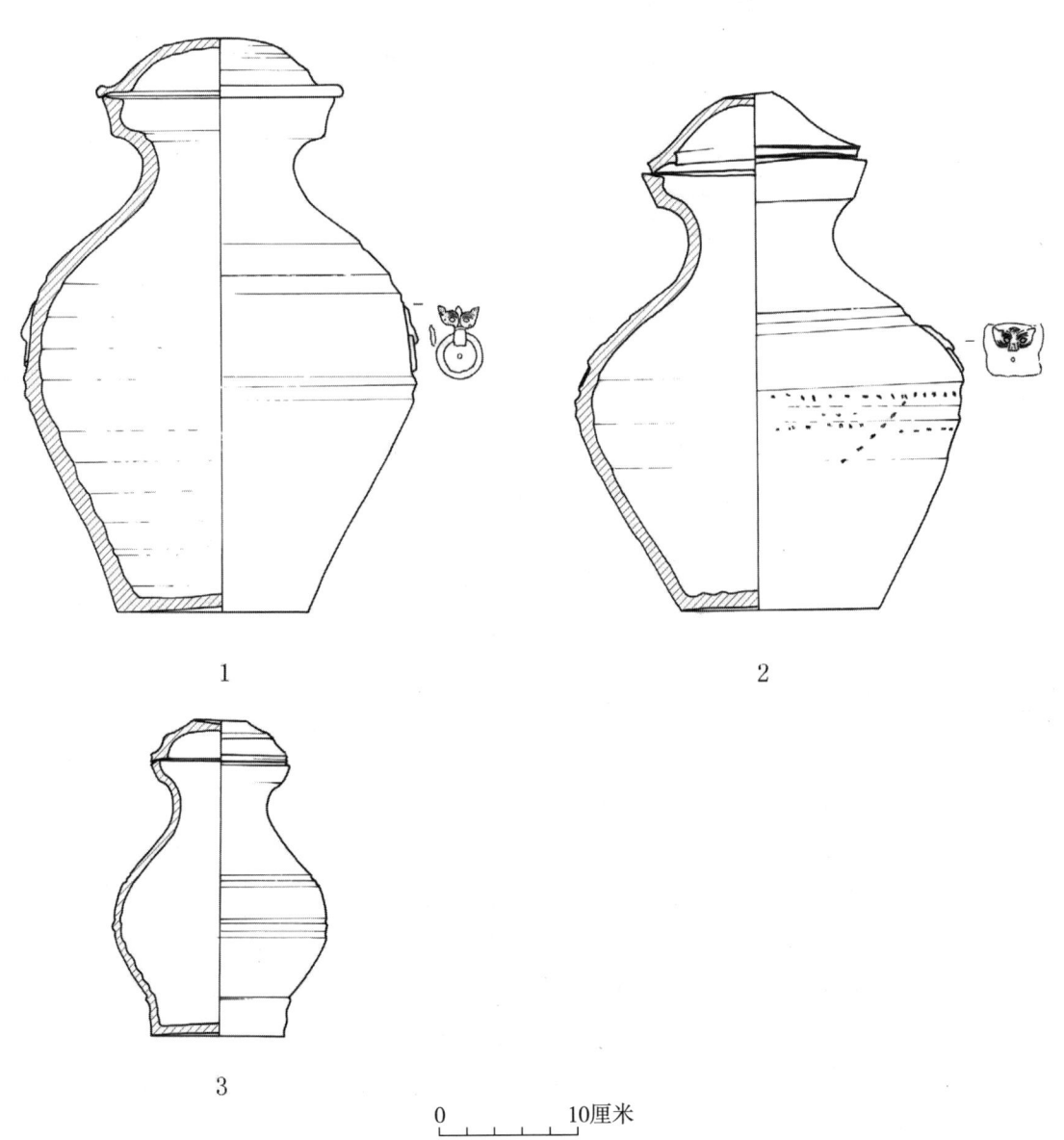

图一九五　M90出土陶壶
1.M90:2　2.M90:1　3.M90:3

铜钱 8枚。均为五铢。钱文字迹均清晰。内廓正面均被磨除。尺寸相同：钱径2.6厘米，穿径1.0厘米。依据钱文书体不同分为以下两种情况进行报告：

1. 标本M90:4-1，5枚。"五"字中间两交笔弯曲。"铢"字的"金"旁上部呈小三角形，下部四点稍短；"朱"旁上部方折，下部圆折，下竖较直，下部长于上部，上、下部之间的间距较大。（图一九六，1、2）

2. 标本M90:4-2，3枚。"五"字中间两交笔呈稍曲。"铢"字的"金"旁上部呈稍大三角形，下部四点稍短；"朱"旁上部方折，下部圆折，下竖较直，下部长于上部，上、下部之间的间距较大。（图一九六，3）

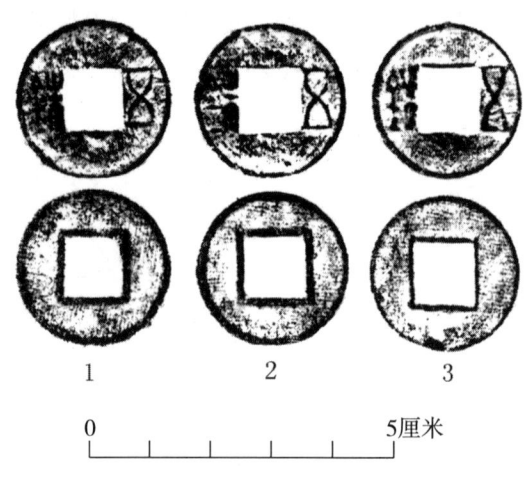

图一九六 M90出土铜钱
1.M90:4-1-1 2.M90:4-1-2 3.M90:4-2

六八、M91

（一）层位关系

该墓的上部被施工破坏，依据附近断崖壁的层次推测该墓开口于第②层下，位于M90的南部。

（二）墓葬形制、葬式与葬具

双室砖室墓。方向290°。由墓道、墓室和耳室组成。墓道略宽于墓室。此墓被盗扰严重。

墓道 长方形竖井式。土坑。置于墓室西部。直壁，平底。口长2.24米，宽1.20米，距地表深未知。底长2.24米，宽1.20米，距地表深0.60米（残存）。

墓室 平面呈长方形。砖室。直壁，平底。在墓室口部北壁处发现2块残空心砖。室内填土为五花土，土质较松。底长2.70米，宽1.10米，距地表深0.50米（残存）。

耳室 平面呈长方形。土洞穴式。置于墓室南壁近口处。顶部已不存在，形制不详。室内填土为五花土。耳室宽0.90米，进深0.60~0.68米。

人骨架无存。头向、面向、葬式、性别不明。在室底部发现有棺灰，推测其葬具应为木棺。有随葬品。（图一九七）

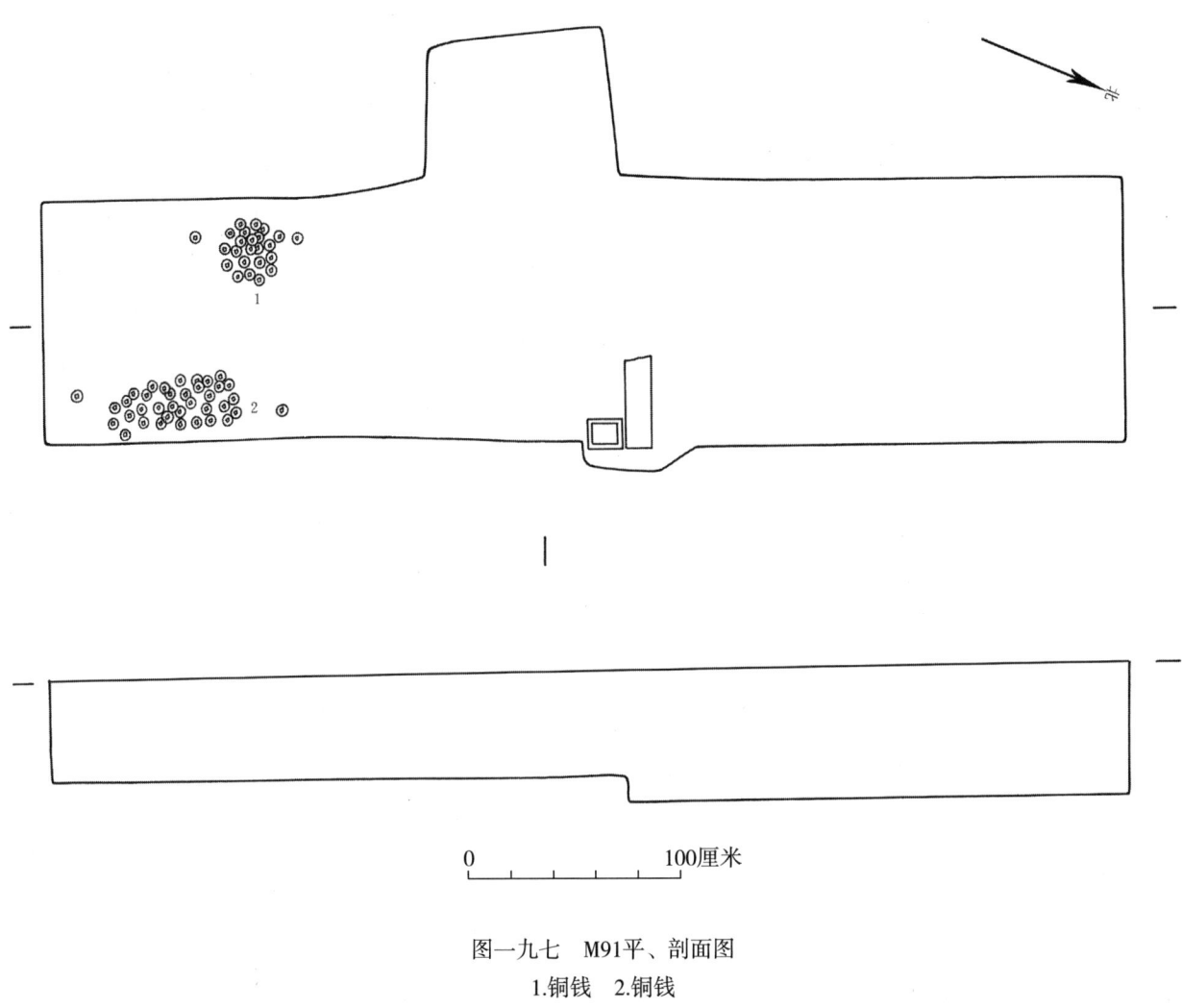

图一九七　M91平、剖面图
1.铜钱　2.铜钱

（三）出土遗物

出土遗物共计61件。均为铜钱。置放于墓室内。

铜钱　61枚。均为五铢。内廓正面均被磨除，部分外廓也被磨除。（彩版六五，4）标本M91:1，21枚。标本M91:2，40枚。依据钱文书体、保存现状等不同分为以下七种情况进行报告：

1. 标本M91:1-1（9枚）、标本M91:1-4（1枚）、标本M91:1-5（2枚）、标本M91:1-8（1枚）、标本M91:2-1（9枚）、标本M91:2-2（5枚）、标本M91:2-7（4枚）、标本M91:2-9（3枚），共计34枚。钱文书体相同，尺寸有异。钱文字迹均清晰。"五"字中间两交笔弯曲。"铢"字的"金"旁上部呈小三角形，下部四点稍短；"朱"旁上部方折，下部圆折，下竖较直，下部长于上部，上、下部之间的间距较大。标本M91:1-1，9枚。尺寸相同。钱径2.6厘米，穿径1.0厘米。（图一九八，1、2、3）标本M91:1-4，1枚。钱径2.3厘米，穿径1.0厘米。（图一九八，5）标本M91:1-5，2枚。尺寸相同。外廓被磨除。钱径2.3厘米，穿径1.0厘米。（图一九八，6）标本M91:1-8，1枚。外廓被磨除。钱径2.1厘米，穿径1.0厘米。（图一九八，8）标本M91:2-1，9枚。尺寸相同。钱径2.4厘米，穿径1.0厘米。（图一九八，9、10、11、12）标本M91:2-7，4枚。尺寸相同。外廓被磨除。钱径2.3厘米，穿径1.0厘米。（图一九八，18）标本

M91:2-2，5枚。钱径2.4厘米，穿径1.0厘米。（图一九八，13）标本M91:2-9，3枚。外廓被磨除。钱径2.3厘米，穿径1.0厘米。（图一九八，20）

2. 标本M91:1-2（5枚）、标本M91:2-4（7枚）、标本M91:2-11（1枚）、M91:2-5（1枚），共计14枚。钱文书体相同，尺寸不同。钱文字迹均清晰。"五"字中间两交笔呈稍曲。"铢"字的"金"旁上部呈小三角形，下部四点稍短；"朱"旁上部方折，下部圆折，下竖较直，下部长于上部，上、下部之间的间距较大。标本M91:1-2，5枚。尺寸相同。钱径2.6厘米，穿径1.0厘米。（图一九八，4）标本M91:2-4，7枚。尺寸相同。钱径2.4厘米，穿径1.0厘米。（图一九八，14、15、16）标本M91:2-11，1枚。外廓被磨除。钱径2.3厘米，穿径1.0厘米。（图一九八，22）标本M91:2-5，1枚。钱文字迹清晰。"五"字中间两交笔呈稍曲。"铢"字的"金"旁上部呈小三角形，下部四点稍短；"朱"旁上部方折，下部方折，下竖较直，下部长于上部，上、下部之间的间距较大。钱径2.3厘米，穿径1.0厘米。（图一九八，17）

3. 标本M91:1-6，1枚。钱文字迹清晰。"五"字中间两交笔较直。"铢"字的"金"旁上部呈小三角形，下部四点稍短；"朱"旁上部方折，下部圆折，下竖较直，下部长于上部，上、下部之间的间距较大。外廓被磨除。钱径2.3厘米，穿径1.0厘米。（图版一九八，7）

4. 标本M91:2-8，1枚。钱文字迹清晰。"五"字中间两交笔弯曲。"铢"字的"金"旁上部呈稍大三角形，下部四点稍短；"朱"旁上部方折，下部圆折，下竖较直，下部长于上部，上、下部之间的间距较大。钱径2.3厘米，穿径1.0厘米。（图一九八，19）

5. 标本M91:2-10，2枚。钱文书体、尺寸均相同。钱文字迹均清晰。"五"字中间两交笔呈稍曲。"铢"字的"金"旁上部呈稍大三角形，下部四点稍长；"朱"旁上部方折，下部圆折，下竖较直，下部长于上部，上、下部之间的间距较大。钱径2.3厘米，穿径1.0厘米。（图一九八，21）

6. 标本M91:1-7（1枚）、标本M91:2-3（1枚）、标本M91:2-6（3枚），共计5枚。钱文字迹部分不清晰。钱文书体不同，尺寸有异。标本M91:1-7，1枚。"五"字中间两交笔呈稍曲。"铢"字不清。钱径2.3厘米，穿径1.0厘米。标本M91:2-3，1枚。"五"字中间两交笔弯曲。"铢"字不清。钱径2.4厘米，穿径1.0厘米。标本M91:2-6，3枚。"五"字中间两交笔呈稍曲。"铢"字不清。钱径2.4厘米，穿径1.0厘米。

7. 标本M91:1-3（1枚）、标本M91:2-12（1枚）、标本M91:2-13（2枚），共计4枚。钱文字迹均不清晰，钱文书体不可辨识。尺寸不同。标本M91:1-3，1枚。钱径2.6厘米，穿径1.0厘米。标本M91:2-12，1枚。钱径2.3厘米，穿径1.0厘米。标本M91:2-13，2枚。尺寸相同。钱径2.4厘米，穿径1.0厘米。

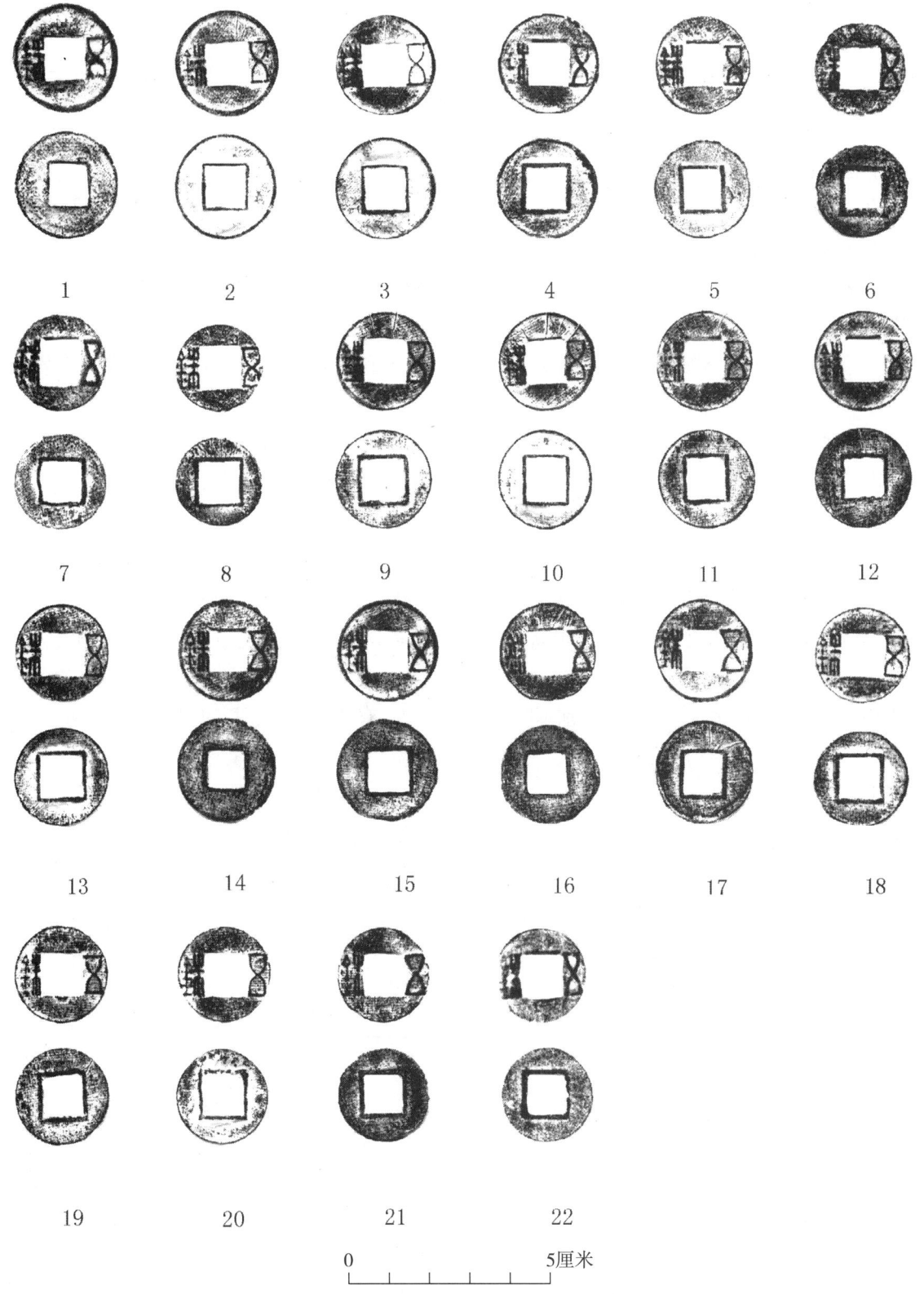

图一九八　M91出土铜钱

1.M91:1-1-1　2.M91:1-1-2　3.M91:1-1-3　4.M91:1-2-1　5.M91:1-4　6.M91:1-5　7.M91:1-6　8.M91:1-8　9.M91:2-1-1　10.M91:2-1-2　11.91:2-1-3　12.M91:2-1-4　13.M91:2-2　14.M91:2-4-1　15.M91:2-4-2　16.M91:2-4-3　17.M91:2-5　18.M91:2-7　19.M91:2-8　20.M91:2-9　21.M91:2-10　22.M91:2-11

六九、M94

（一）层位关系

该墓的上部被施工破坏，依据附近断崖壁的层次推测该墓开口于第②层下，位于 M93 的西部。

（二）墓葬形制、葬式与葬具

双室土洞墓。方向 10°。由墓道、墓门、前墓室和后室四部分组成，"铲"形。墓道宽于墓室。此墓被盗扰严重。

墓道　长方形竖井式。置于墓室的北部。直壁，平底。底长 2.50 米，宽 1.20 米，距地表深 0.60 米（残存）。

墓门　平面呈长方形。置于墓道南部。顶部被破坏，形制不详。用一块长 1.14 米、宽 0.40 米、厚 0.12 米的空心砖横置作为封门，门两侧用长 0.40 米、宽和厚约 0.15 米的空心砖竖放作为门柱。墓门宽 1.20 米，残高 0.60 米。

前墓室　平面呈长方形。室顶无存，形制不明。直壁，平底。墓室内填土为五花土，土质较松。口长 2.96 米，宽 1.00 米，距地表深未知。底长 2.26 米，宽 1.00 米，距地表深 0.60 米（残存）。

后室　平面呈长方形。顶部被破坏，形状不详。室内填土为五花土。宽 0.62 米，高未知，进深 0.40 米。

人骨架无存。头向、面向、葬式、性别不明。葬具未知。有随葬品。（图一九九）

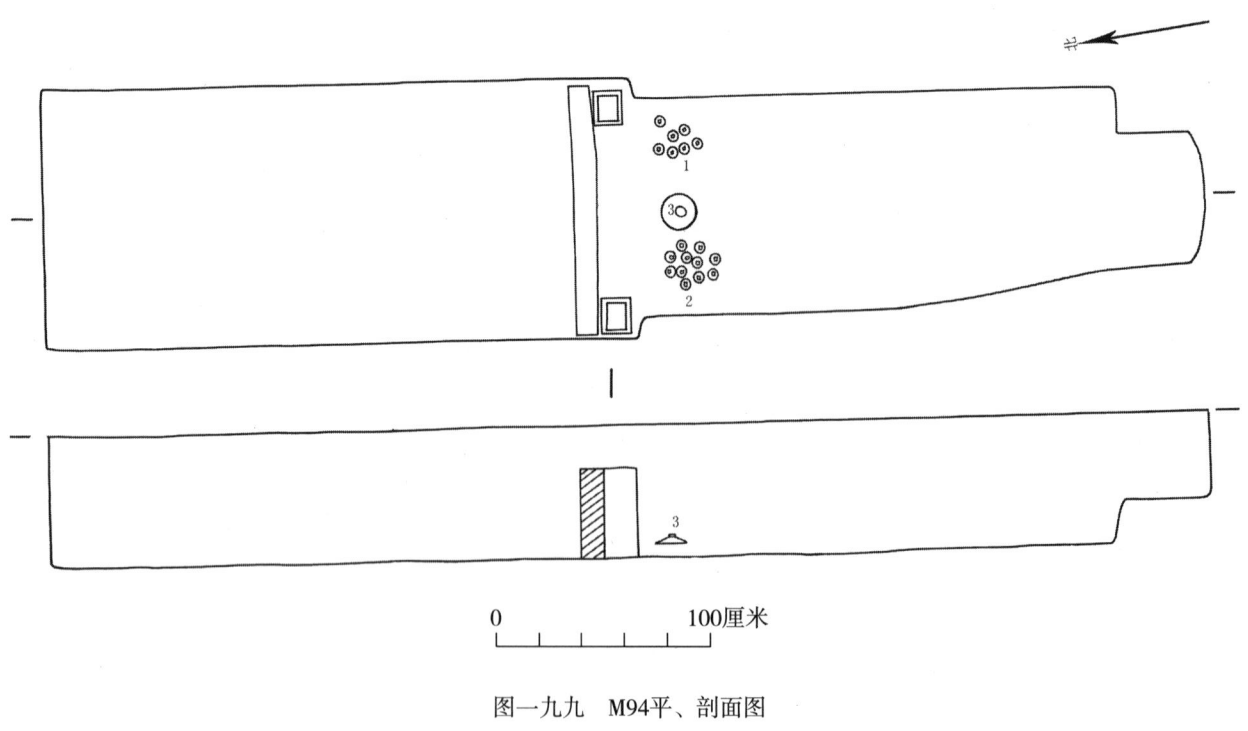

图一九九　M94 平、剖面图
1.铜钱　2.铜钱　3.陶器盖

（三）出土遗物

出土遗物共计 19 件。有陶器盖 1、铜钱 18。置放于前墓室内。

陶器盖　1 件。标本 M94:3，泥质灰陶。轮制。斜平顶，盖面弧形隆起，盖面上部被刮屑一周凸凹不平，盖面下部有一周折棱，斜沿，沿下面有一周凹槽作母口，斜方唇。顶径 3.3 厘米，沿径 15.8 厘米，高 4.0 厘米。（图二〇〇，1；图版六九，2）

铜钱　18 枚。均为五铢钱。内廓正面均被磨除。标本 M94:1 有 7 枚，标本 M94:2 有 11 枚。依据钱文书体、保存现状等不同分为以下八种情况进行报告：

1. 标本 M94:1-1，1 枚。钱文字迹清晰。"五"字中间两交笔弯曲。"铢"字的"金"旁上部呈小三角形，下部四点稍长；"朱"旁上部方折，下部圆折，下竖较直，下部长于上部，上、下部之间的间距较大。钱径 2.6 厘米，穿径 1.0 厘米。（图二〇〇，2）

2. 标本 M94:1-2，1 枚。钱文字迹清晰。"五"字中间两交笔弯曲。"铢"字的"金"旁上部呈小三角形，下部四点稍短；"朱"旁上部方折，下部圆折，下竖较直，下部长于上部，上、下部之间的间距较大。内廓正面被剪除。钱径 2.5 厘米，穿径 1.0 厘米。（图二〇〇，3）

3. 标本 M94:1-3，4 枚。钱文书体、尺寸均相同。钱文字迹均清晰。"五"字中间两交笔呈稍曲。"铢"字的"金"旁上部呈稍大三角形，下部四点稍长；"朱"旁上部方折，下部圆折，下竖较直，下部长于上部，上、下部之间的间距较大。内廓正面被剪除。钱径 2.4 厘米，穿径 1.0 厘米。（图二〇〇，4）

4. 标本 M94:1-4，1 枚。钱文字迹清晰。"五"字中间两交笔弯曲。"铢"字的"金"旁上部呈小三角形，下部四点稍短；"朱"旁上部方折，下部方折，下竖较直，下部与上部相同，上、下部之间的间距较大。内廓正面被剪除。钱径 2.5 厘米，穿径 1.0 厘米。（图二〇〇，5）

5. 标本 M94:2-1，5 枚。钱文书体、尺寸均相同。钱文字迹均清晰。"五"字中间两交笔呈稍曲。"铢"字的"金"旁上部呈小三角形，下部四点稍长；"朱"旁上部方折，下部圆折，下竖较直，下部长于上部，上、下部之间的间距较大。内廓正面被剪除。钱径 2.5 厘米，穿径 1.0 厘米。（图二〇〇，6）

6. 标本 M94:2-2，2 枚。钱文书体、尺寸均相同。钱文字迹均清晰。"五"字中间两交笔呈稍曲。"铢"字的"金"旁上部呈小三角形，下部四点稍短；"朱"旁上部圆折，下部圆折，下竖较直，下部长于上部，上、下部之间的间距较大。内廓正面被剪除。钱径 2.5 厘米，穿径 1.0 厘米。（图二〇〇，7）

7. 标本 M94:2-4、标本 M94:2-5，各 1 枚，共计 2 枚。尺寸相同：钱径 2.5 厘米，穿径 1.0 厘米。钱文字迹部分不清。M94:2-4，1 枚。"五"字不清。"铢"字的"金"旁上部呈小三角形，下部四点稍短；"朱"旁上部圆折，下部圆折，下竖较直，下部长于上部，上、下部之间的间距较大。标本 M94:2-5，1 枚。"五"字中间两交笔呈稍曲。"铢"字不清。钱径 2.5 厘米，穿径 1.0 厘米。

8. 标本 M94:2-3，2 枚。"五"字和"铢"字均不清晰，钱文书体不可辨识。尺寸相同。钱径 2.5 厘米，穿径 1.0 厘米。

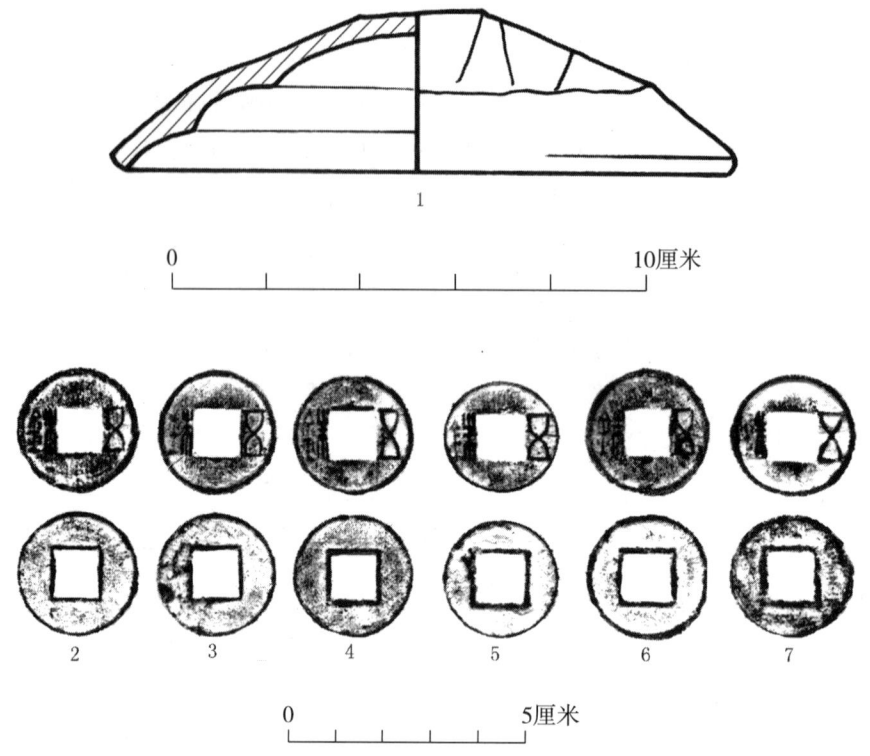

图二〇〇 M94出土遗物

1.陶器盖（M94:3） 2.铜钱（M94:1-1） 3.铜钱（M94:1-2） 4.铜钱（M94:1-3） 5.铜钱（M94:1-4）
6.铜钱（M94:2-1） 7.铜钱（M94:2-2）

七〇、M95

（一）层位关系

该墓的上部被施工破坏，依据附近断崖壁的层次推测该墓开口于第②层下，位于M94的西部。

（二）墓葬形制、葬式与葬具

双室土洞墓。方向13°。由墓道、墓门、墓室和耳室四部分组成。

墓道　置于墓室的北部。被断崖打破，形状和尺寸不详。

墓门　平面呈长方形。从保存现状来看，应为洞穴式，顶部被破坏，形制不详。墓门外部用长约0.34米、宽约0.12米、厚约0.06米的青砖错缝垒砌作为封门，封门砖共十九层，高1.20米。门两侧用长约0.96米、宽约0.21米、厚约0.18米的空心砖竖放作为门柱，用2块长约0.94米、宽约0.40米、厚约0.14米的空心砖竖放当作门扇。门楣被破坏，形制不详。墓门宽1.36米，残高1.20米，距地表深3.20米。

墓室　平面呈长方形。顶部无存，形制不详。直壁，平底。室内填土为五花土，土质较松。口长2.52米，宽1.80米，距地表深未知。底长2.52米，宽1.80米，距地表深3.20米。

耳室　平面呈近长方形。在墓室进门的西侧。穹隆形顶。室内填土为五花土。宽0.85米，高1.30米，进深 0.65 米。

人骨架 2 具。置于墓室内。腐朽严重，从遗留的残迹分析是头向南，面向未知，葬式为仰身直肢。年龄、性别无法判断。葬具应为木棺。有随葬品。（图二〇一）

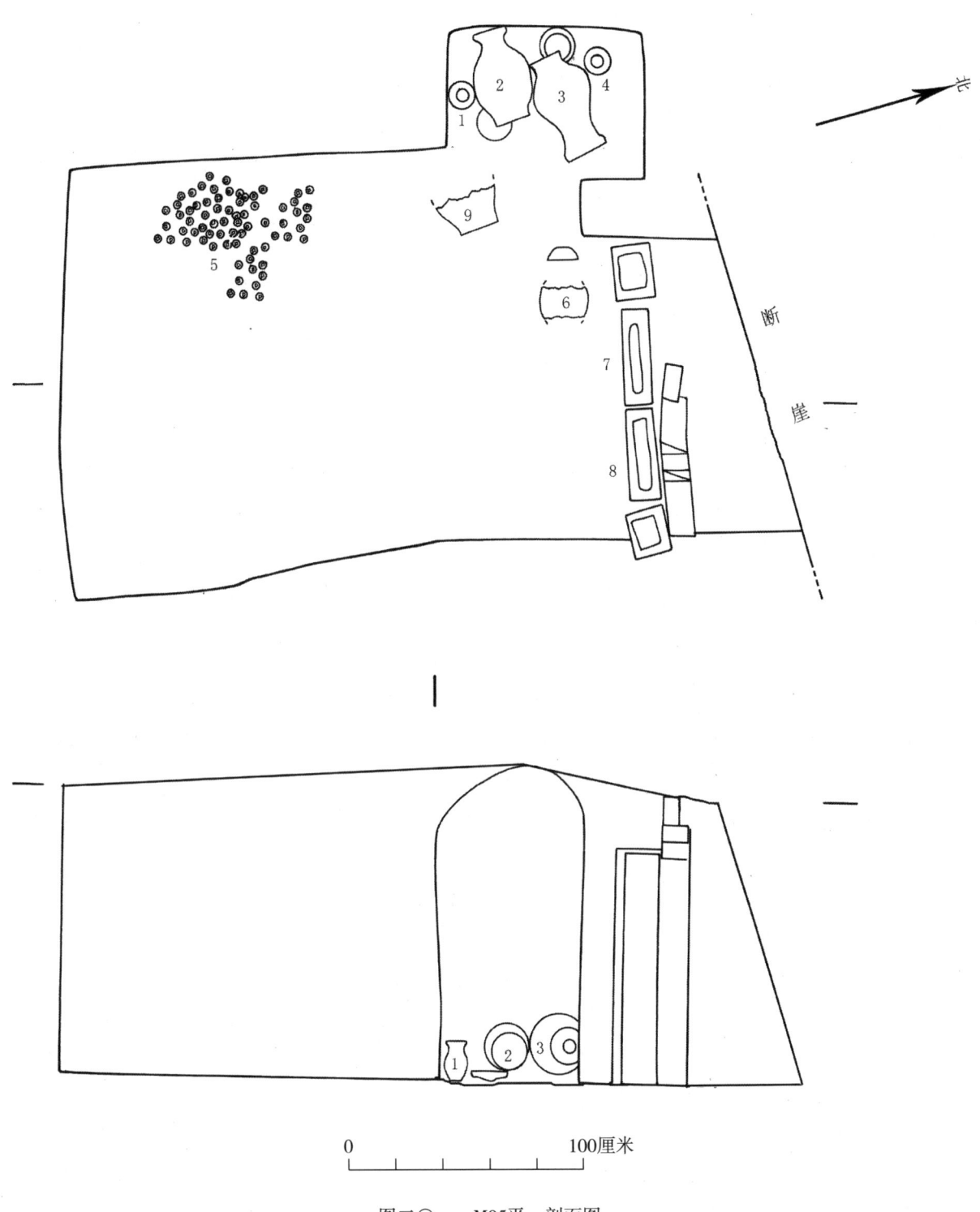

图二〇一　M95平、剖面图

1.陶壶　2.陶壶　3.陶壶　4.陶壶　5.铜钱　6.陶壶　7.陶画像砖　8.陶画像砖　9.陶壶

(三）出土遗物

出土遗物共计53件。有陶壶6、陶画像砖2、铜钱45。45枚铜钱置放于墓室内，6件陶壶及盖置放于耳室内，2件陶画像砖为封门砖。

陶壶　6件。均为泥质灰陶。轮制。其中2件（标本M95:6、标本M95:9），残失较甚。从残部可以看出壶器体较大。标本M95:6，子口承盖。盖，弧形顶，盖面弧形隆起，平沿，沿下面有一周凹槽作母口，方唇。壶，口、颈、底均残失。腹部为弧鼓腹。盖，沿径14.7厘米，高4.5厘米；壶，腹径21.4厘米，残高13.3厘米。标本M95:9，仅存下腹及底部。弧腹，高假圈足。圈足下部饰两周凹弦纹，底部近边饰一周凹弦纹。残高13.6厘米，底径16.2厘米。另4件（标本M95:1、标本M95:2、标本M95:3、标本M95:4），完整或复原完整。两两形制相同，尺寸略异。标本M95:1和标本M95:4，形制相同。器体较小。盘口外撇，束颈，溜肩，弧腹，直筒型空心假圈足底内凹。腹至足部自上而下饰九周宽窄相当的凹弦纹。标本M95:1，口径9.0厘米，腹径11.8厘米，底径7.6厘米，高17.4厘米。（图二〇二，3；彩版六六，3；图版六九，3）标本M95:4，底部有数周细小的弦纹。口径9.0厘米，腹径11.8厘米，底径7.4厘米，高16.8厘米。（图二〇二，4；彩版六六，6；图版六九，6）标本M95:2和标本M95:3，形制相同。器体较大。均并盖，盖形制稍有不同。壶，盘口外撇，盘口下有明显折棱，束颈，弧鼓腹，下腹斜内收，下接直筒型空心高假圈足，足与腹部有明显界线。肩腹交接处、腹中部各饰两周凹弦纹，腹中部两侧凹弦纹上饰对称一兽面铺首衔环。标本M95:2，盖，弧形顶，顶部背刮削凹凸不平，盖面弧形隆起，斜沿近平，沿下面有一周凹槽作母口，方唇。盖，沿径15.7厘米，高4.0厘米；壶，口径15.8厘米，腹径26.4厘米，底径15厘米，高35.8厘米；通高40.2厘米。（图二〇二，2；彩版六六，1、2；图版六九，4）标本M95:3，盖。平顶，盖面弧形隆起，盖面背刮削凹凸不平，平沿稍倾，沿下面有一周凹槽作母口，方唇。盖，顶径3.0厘米，沿径14.7厘米，高4.5厘米；壶，口径15.6厘米，腹径27.2厘米，底径14.6厘米，高37.2厘米；通高40.2厘米。（图二〇二，1；彩版六六，4、5；图版六九，5）

陶画像砖　2件。墓门门扇。均为泥质灰陶。空心。形制相同，纹饰、尺寸不同。均为长方形四棱柱体，由四片粘合而成，纹饰图案采用印模压印而成。正、背面均装饰主题图案，侧面部分没有装饰图案。标本M95:7，墓门门柱。三面有图案，一侧面素面无纹。正背面图案相同，自内而外布局五列图案。中心一列上、中、下共印三方图案：上下部图案均为同模印压四个菱形乳钉纹，乳钉纹间横置饰两个一组的圆形百乳纹；中部图案印一个戴帽着袍侧身扭头双手拥慧的侍吏。中心一列外的左右两列图案相同：同模横置印压各四方二龙交尾图案，二龙回首相向。中心一列与其外侧两列间饰直线粗绳纹界隔开。最外侧两列为短直绳纹饰边框，绳纹呈叶脉状均匀地斜向外辐射延展。一侧面图案：中部同模印一列12个菱形乳钉纹，乳钉纹边部饰三角形百乳纹；其外两侧印短直绳纹饰边框，绳纹呈叶脉状均匀地斜向外辐射延展；中部与外部图案间印直线绳纹界隔开。长95.5厘米，宽21.6厘米，厚17.6厘米。（图二〇三，1、2）标本M95:8，墓门门扇。正背面有纹饰图案，两侧面素面无纹。正背面纹饰图案相同，自内而外布局四部分图案，中心为一部分，自中心向外分三部分。中心图案又分为上、中、下三方图案，上方图案为三列各四个圆形百乳纹间两列各三个菱形乳钉纹，中方图案为四周围绕回纹一铺首衔环，下方为三列各五个圆形百乳纹间两列各五个菱形乳钉纹，上、中、下三方图案外围均印直线绳纹界隔开。自中心向外仅左、右及上方三侧有图案，图案自内而外依次为回纹、二龙交尾纹、短直斜向绳纹，二龙交尾纹左右两侧各同模压印三方半，上部压印一方半，二龙回首相向。长94.0厘米，宽39.7厘米，厚13.7厘米。（图二〇四，1、2）

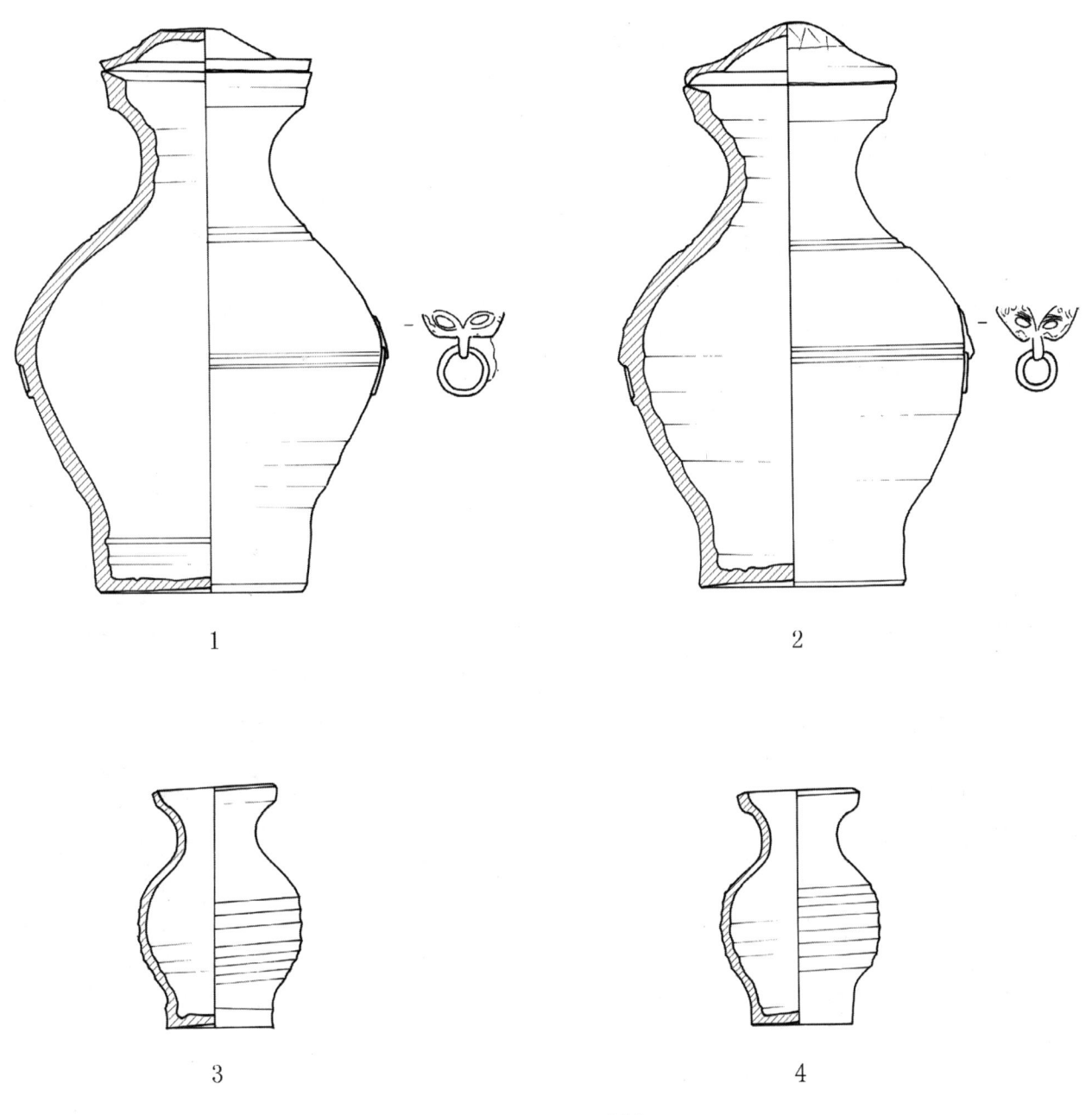

图二〇二　M95出土陶壶
1. M95:3　2. M95:2　3. M95:1　4. M95:4

图二〇三　M95出土陶画像砖
1. M95:7正面　2. M95:7背面

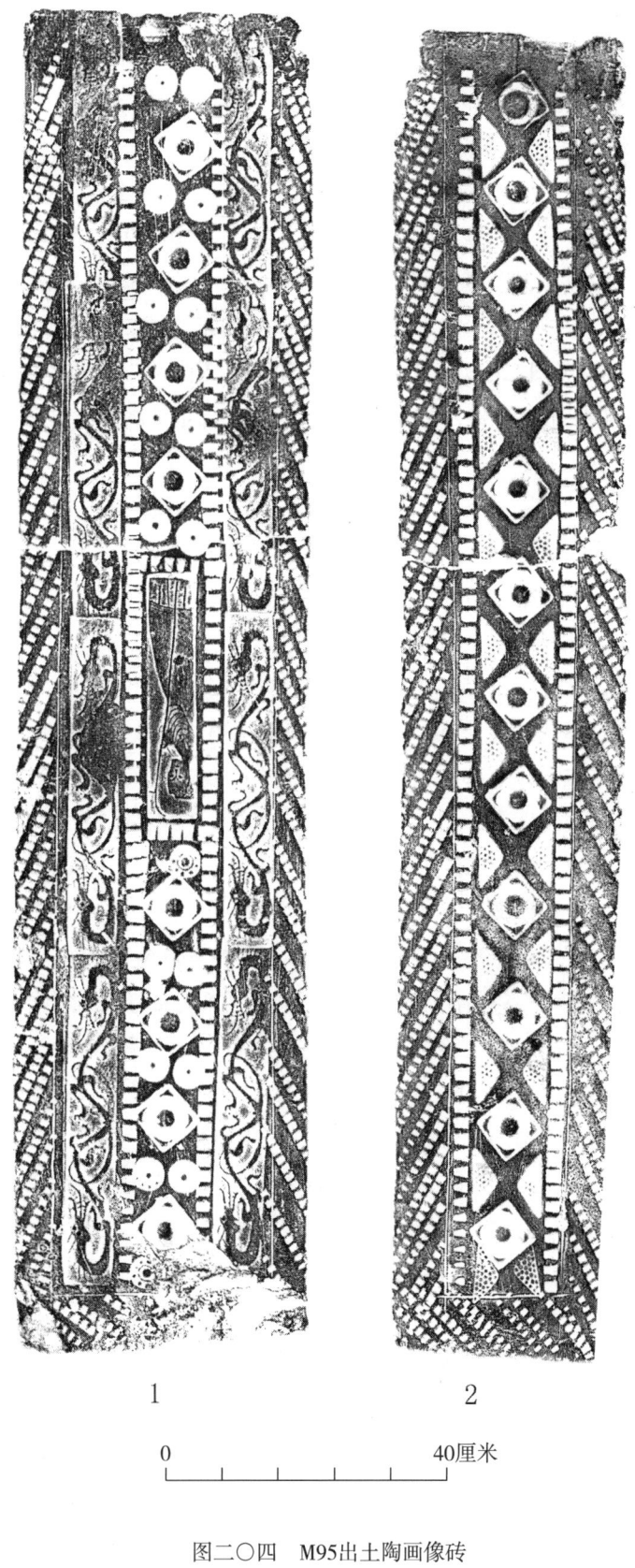

图二〇四　M95出土陶画像砖
1. M95:8正面　2. M95:8背面

铜钱　45枚。均为五铢。内廓正面均被磨除，部分外廓也被磨除。依据钱文书体、尺寸、保存现状等分为以下七种情况进行报告：

1. 标本M95:5-1，1枚。钱文字迹清晰。"五"字中间两交笔弯曲。"铢"字的"金"旁上部呈小三角形，下部四点稍短；"朱"旁上部圆折，下部圆折，下竖较直，下部长于上部，上、下部之间的间距较大。钱径2.4厘米，穿径1.0厘米。（图二〇五，1）

2. 标本M95:5-2（6枚）、标本M95:5-3（11枚）、标本M95:5-4（2枚）、标本M95:5-13（4枚），共计23枚。钱文书体相同，尺寸有异。钱文字迹均清晰。"五"字中间两交笔弯曲。"铢"字的"金"旁上部呈小三角形，下部四点稍短；"朱"旁上部方折，下部圆折，下竖较直，下部长于上部，上、下部之间的间距较大。标本M95:5-2，6枚。钱径2.4厘米，穿径1.0厘米。（图二〇五，2）标本M95:5-3，11枚。钱径2.4厘米，穿径1.0厘米。（图二〇五，3）标本M95:5-4，2枚。外廓也被磨除。钱径2.4厘米，穿径1.0厘米。（图二〇五，5）标本M95:5-13，4枚。钱体较小。外廓也被磨除。钱径2.0厘米，穿径1.0厘米。（图二〇五，9）

3. 标本M95:5-5、标本M95:5-6，各1枚。钱文书体、尺寸均相同。钱文字迹均清晰。"五"字中间两交笔较直。"铢"字的"金"旁上部呈小三角形，下部四点稍短；"朱"旁上部方折，下部圆折，下竖较直，下部长于上部，上、下部之间的间距较大。钱径2.4厘米，穿径1.0厘米。标本M95:5-5，1枚。（图二〇五，6）标本M95:5-6，1枚。（图二〇五，4）

4. 标本M95:5-11（1枚）、标本M95:5-12（2枚），共计3枚。钱文书体、尺寸均相同。钱文字迹均清晰。内廓正面剪除，外廓也被磨除。"五"字中间两交笔呈稍曲。"铢"字的"金"旁上部呈小三角形，下部四点稍短；"朱"旁上部方折，下部圆折，下竖较直，下部长于上部，上、下部之间的间距较大。钱径2.4厘米，穿径1.0厘米。标本M95:5-11，1枚。（图二〇五，7）标本M95:5-12，2枚。（图二〇五，8）

5. 标本M95:5-7（1枚）、标本M95:5-9（3枚）、标本M95:5-10（1枚）、标本M95:5-14（1枚）、标本M95:5-15（2枚），共计8枚。钱文字迹部分不清。尺寸不同。标本M95:5-7，1枚。"五"字中间两交笔呈稍曲。"铢"字不清。钱径2.4厘米，穿径1.0厘米。标本M95:5-9，3枚。钱文书体、尺寸均相同。"五"字中间两交笔呈稍曲。"铢"字不清。外廓也被磨除。内廓正面剪除。钱径2.2厘米，穿径1.0厘米。标本M95:5-10，1枚。"五"字中间两交笔呈稍曲。"铢"字的"金"旁不清。"朱"旁上部方折，下部圆折，下竖较直，下部长于上部，上、下部之间的间距较大。外廓也被磨除。钱径2.2厘米，穿径1.0厘米。标本M95:5-14，1枚。"五"字中间两交笔弯曲。"铢"字的"金"旁不清晰；"朱"旁上部方折，下部圆折，下竖较直，下部长于上部，上、下部之间的间距较大。外廓也被磨除。钱径1.8厘米，穿径1.0厘米。标本M95:5-15，2枚。钱文书体、尺寸均相同。"五"字中间两交笔较直。"铢"字的"金"旁不清晰；"朱"旁上部方折，下部圆折，下竖较直，下部长于上部，上、下部之间的间距较大。外廓也被磨除。钱径1.8厘米，穿径1.0厘米。（图二〇五，10）

6. 标本M95:5-8，1枚。"五"字和"铢"字均不清晰，钱文书体不可辨识。钱径2.4厘米，穿径1.0厘米。

7. 标本M95:5-16，7枚。残缺较甚，钱文书体不可辨识。每1枚残存1小块，最大一枚残钱径2.3厘米，穿径0.9厘米。最小一块钱径残存1.2厘米，穿径残存0.7厘米。

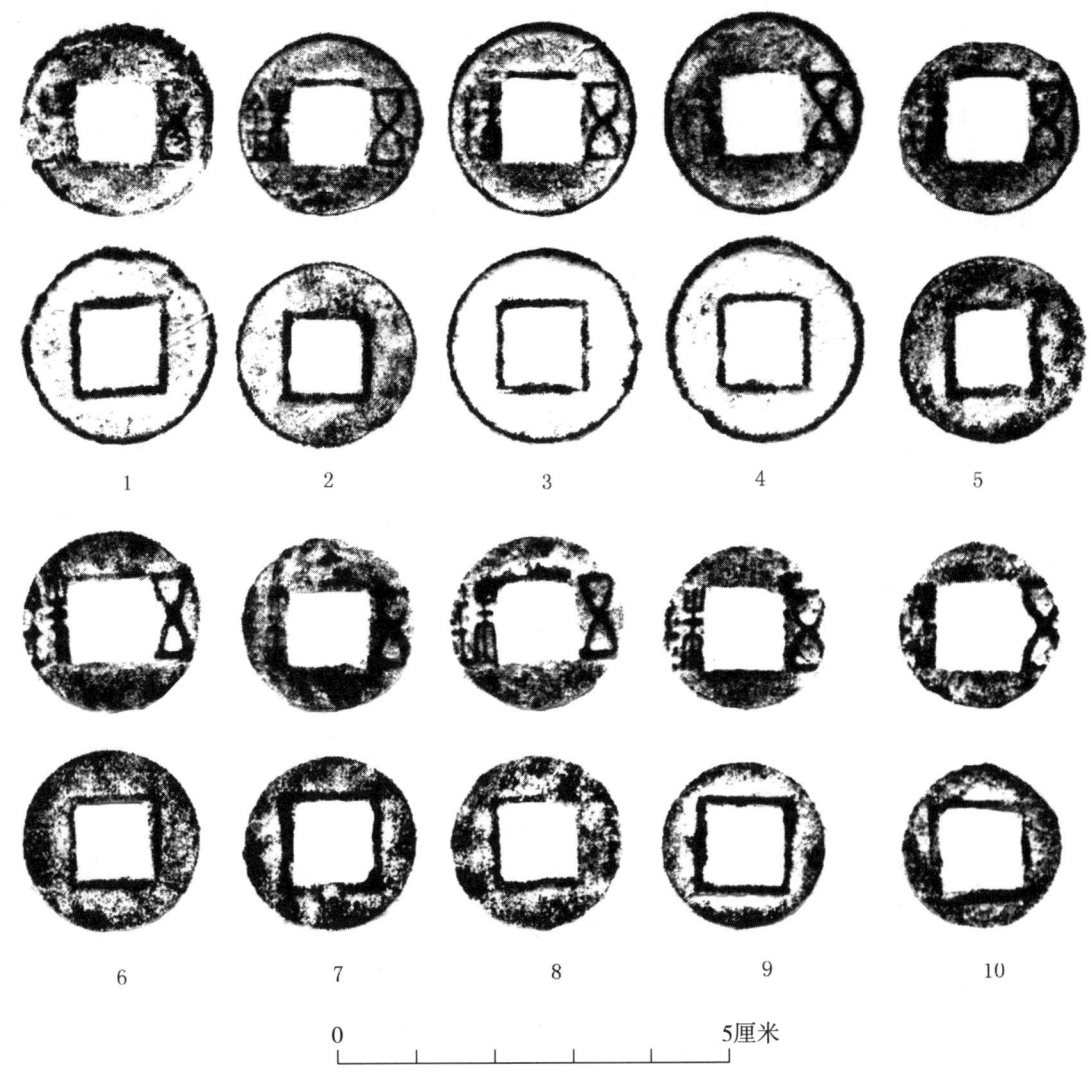

图二〇五　M95出土铜钱

1.M95:5-1　2.M95:5-2-1　3.M95:5-3-1　4.M95:5-6　5.M95:5-4　6.M95:5-5　7.M95:5-11　8.M95:5-12　9.M95:5-13
10.M95:5-15

七一、M96

（一）层位关系

该墓的上部被施工破坏，依据附近断崖壁的层次推测该墓开口于第②层下，位于 M95 的南部。

（二）墓葬形制、葬式与葬具

单室砖室墓。方向 13°。由墓道和墓室两部分组成。墓道窄于墓室。墓道南壁与墓室南壁在一条直线上，墓道与墓室构成平面呈刀形。该墓被盗扰严重。

墓道　长方形竖井斜坡式。土坑。置于墓室东部。室顶被破坏严重，形制不详。直壁，斜坡底。口残长 1.80 米，宽 1.40 米，距地表深未知。底残长 2.00 米，宽 1.40 米，距地表深 0.70 米（残存）。

墓室 平面呈长方形。砖室。墓室壁用长 0.34 米、宽 0.12 米、厚 0.06 米的青砖错缝垒砌，残留有六层，高 0.36 米。室底亦用同样的青砖错缝平铺一层，仅在两侧残存，其余皆被破坏。无封门痕迹。室内填土为五花土。口长 5.42 米，宽 1.98 米，距地表深未知。底长 3.56 米，宽 1.98 米，距地表深 0.70 米（残存）。

人骨架无存。头向、面向、葬式、性别不明。葬具未知。有随葬品。（图二〇六）

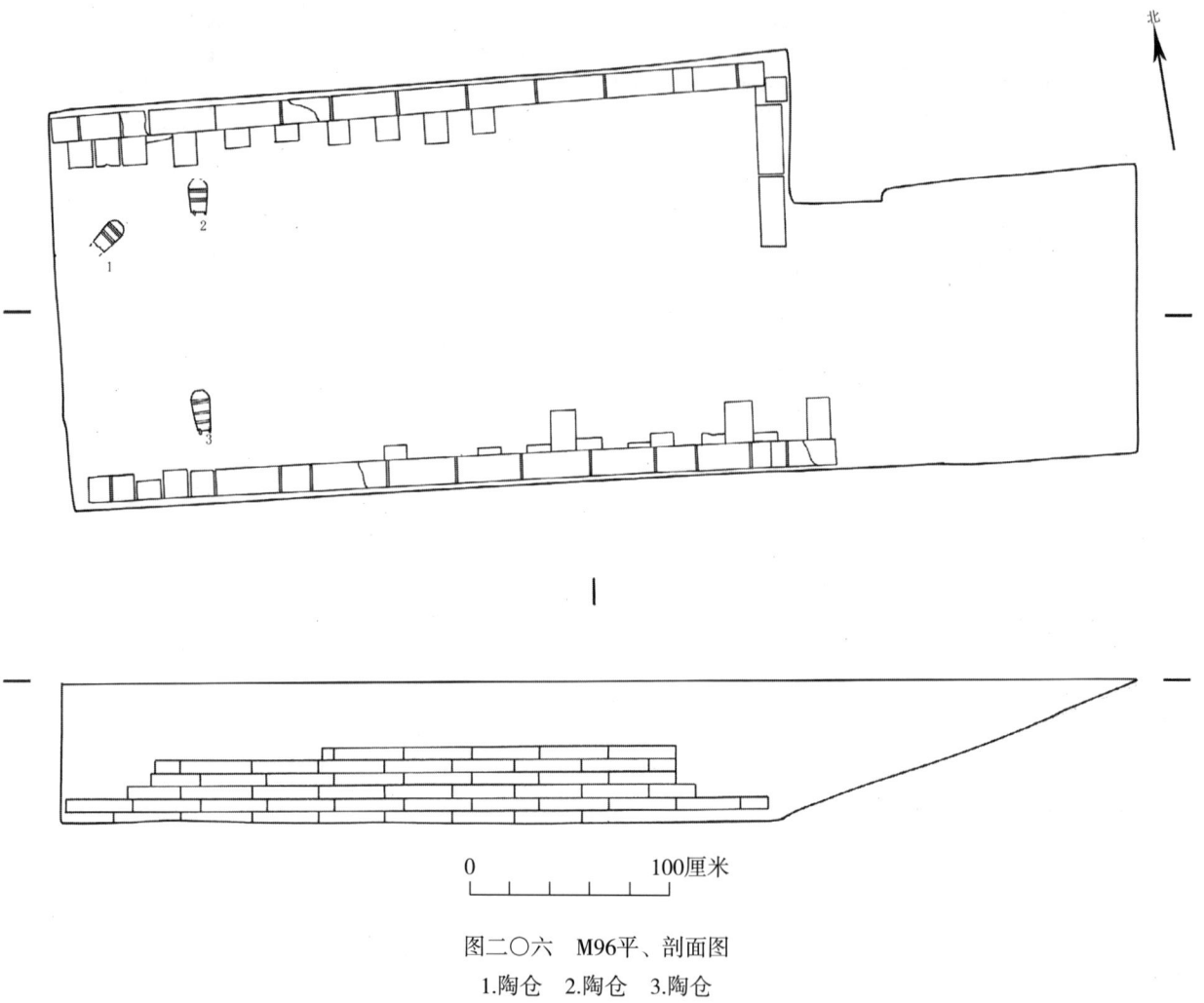

图二〇六 M96平、剖面图
1.陶仓 2.陶仓 3.陶仓

（三）出土遗物

出土遗物共计 3 件。均为陶仓。置放于墓室内。

陶仓 3 件。均为泥质灰陶。轮制。形制相同、尺寸略异。小圆口，圆唇外卷，弧肩下折，圆筒形腹中部稍扩，略呈棒槌形，平底微内凹。肩腹交接处有一周折棱，腹部自上而下饰四周凹弦纹，将腹部分为四部分。标本 M96:1，口部残失。上腹径 8.9 厘米，底径 8.1 厘米，残高 16.2 厘米。（图二〇七，1）标本 M96:2，口残缺一半，底部残失。口径 4.7 厘米，上腹径 9.3 厘米，下腹径 8.5 厘米，残高 17.9 厘米。（图二〇七，2）标本 M96:3，口残缺一半。口径 5.0 厘米，上腹径 8.4 厘米，腹最大径 9.2 厘米，底径 7.7 厘米，高 21.9 厘米。（图二〇七，3；图版六九，7）

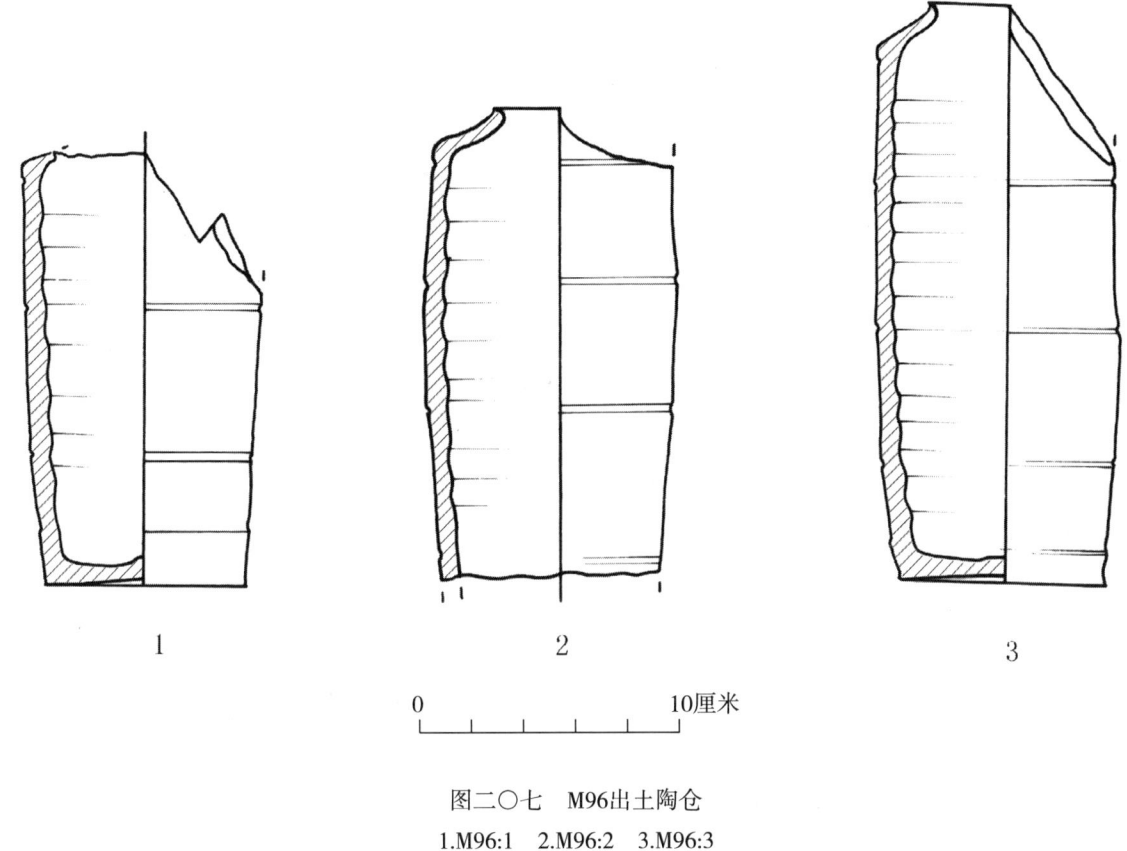

图二〇七 M96出土陶仓
1.M96:1 2.M96:2 3.M96:3

七二、M97

（一）层位关系

该墓的上部被施工破坏，依据附近断崖壁的层次推测该墓开口于第②层下，位于M96的南部。

（二）墓葬形制、葬式与葬具

长方形竖穴砖室墓。方向278°。该墓被破坏严重。顶部无存，形制不详。墓室底部用5块长约1.10米、宽约0.36米、厚约0.10米的空心砖平铺一层。墓室东部被破坏，尺寸不详；西壁较直，残长约2.45米；室底宽1.16米，距地表深1.28米（残存）。

人骨架无存。头向、面向、葬式、性别不明。葬具未知。有随葬品。（图二〇八）

（三）出土遗物

出土遗物共计4件。有陶壶3、陶瓮1。置放于墓室西部。

陶壶 3件。均为泥质灰陶。轮制。其中1件，标本M97:4，仅存口部残片1片及盖。盖，平顶，盖面弧形隆起，平沿，沿下面有一周凹槽作母口，方唇。盖面饰四周凹弦纹。可以看出壶口为盘口，盘口下有明显折棱。口部有两周细小的弦纹。盖，顶径5.8厘米，沿径18.8厘米，高4.6厘米；壶，残口径18.6厘米，残高7.9厘米。（图二〇九，4）另2件（标本M97:1、标本M97:2）形制、尺寸均不同。标本M97:1，器体较大。子口承盖。盖，平顶，盖面弧形隆起，平沿，沿下面有一周凹槽作母口，方唇。盖面

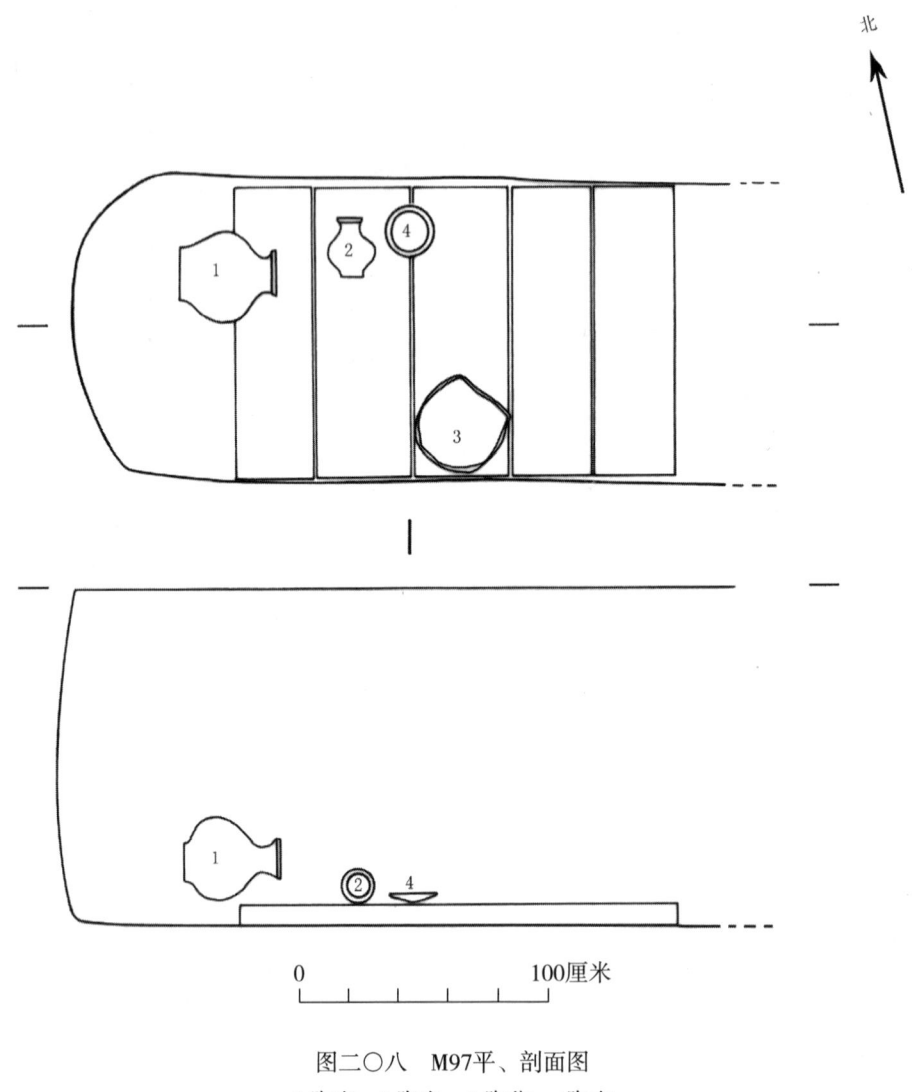

图二〇八　M97平、剖面图
1.陶壶　2.陶壶　3.陶瓮　4.陶壶

饰三周凹弦纹。壶，盘口，束颈，鼓腹，下腹弧内收为平底，下接折曲状圈足，圈足微外撇，足部折棱在足上部。腹部上、中、下各施一周宽带纹，腹两侧两周宽带纹间饰对称兽面铺首衔环，腹中部宽带纹中部饰一周粗绳纹，宽带纹下方亦饰一周粗绳纹。盖，顶径5.0厘米，沿径19.2厘米，高5.2厘米；壶，口径18.2厘米，腹径37.2厘米，底径19.2厘米，高38.2厘米；通高44.0厘米。（图二〇九，1；彩版六七，1、2；图版六九，8）标本M97:2，器体较小。子口承盖。盖，平顶，盖面弧形隆起，中部有一周凸折棱，斜沿下面有一周凹槽作母口，方唇。壶，盘口外撇，束颈，鼓腹，空心状假圈足。肩腹交接处饰三周凹弦纹。盖，顶径3.4厘米，沿径9.9厘米，高3.0厘米；壶，口径9.8厘米，腹径16厘米，底径8.6厘米，高19.4厘米；通高21.6厘米。（图二〇九，3；彩版六七，3；图版七〇，1）

陶瓮　1件。标本M97:3，泥质灰陶。轮制。侈口，方唇，直领斜上倾，折肩，鼓腹下内收，平底。肩部饰两周凹弦纹，腹部有数周粗绳纹。最大径在上腹部。口径19.4厘米，腹径35.2厘米，底径17.4厘米，高28.8厘米。（图二〇九，2；彩版六七，4；图版七〇，2）

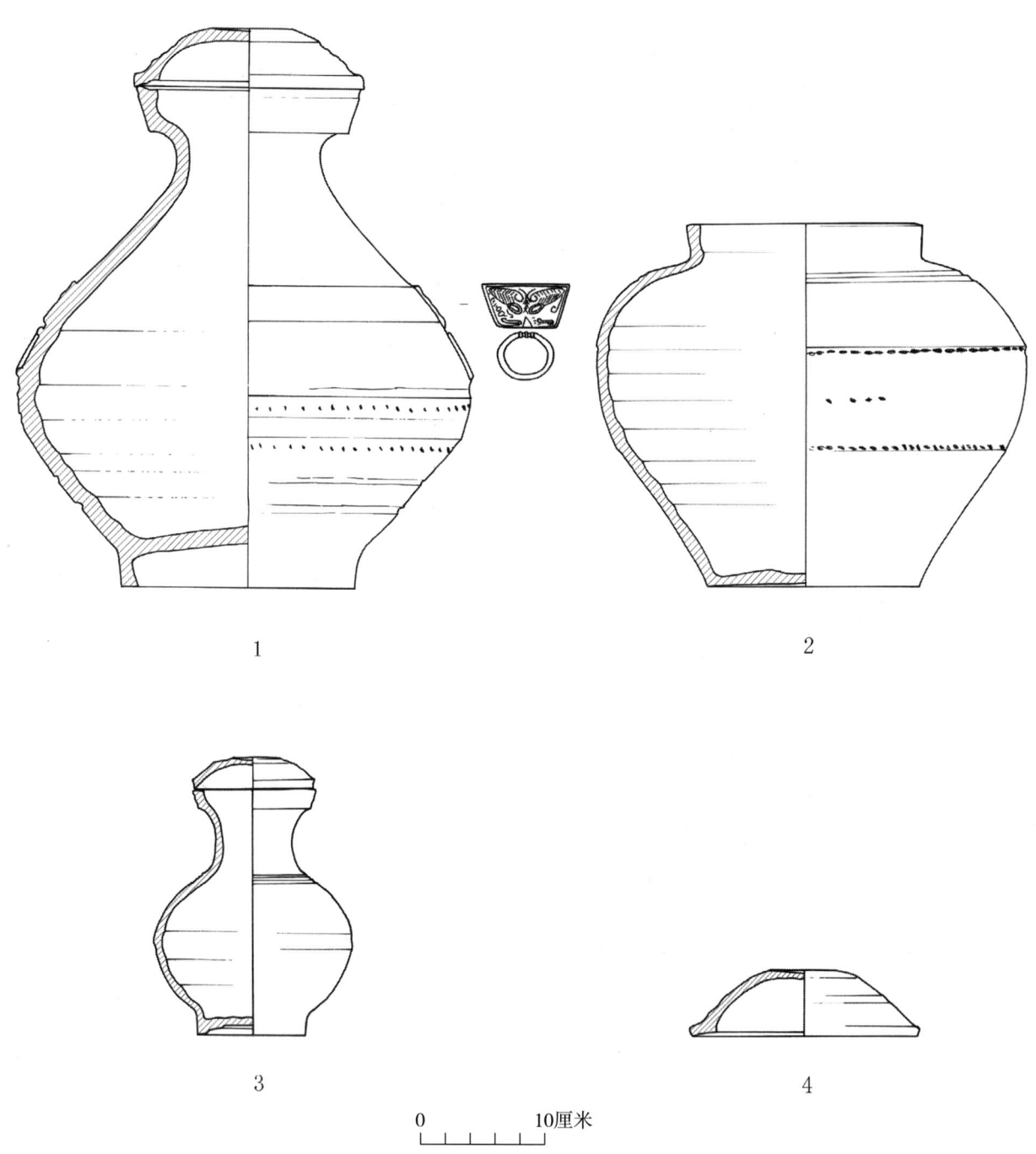

图二〇九　M97出土陶器

1.壶（M97:1）　2.瓮（M97:3）　3.壶（M97:2）　4.壶的盖（M97:4）

七三、M99

（一）层位关系

该墓的上部被施工破坏，依据附近断崖壁的层次推测该墓开口于第②层下，位于M104的北部。被M102打破，又打破M101。

（二）墓葬形制、葬式与葬具

单室砖室墓。方向 280°。由墓道和墓室两部分组成。墓道窄于墓室。墓道西壁与墓室西壁在一条直线上，墓道与墓室构成平面呈刀形。该墓被盗扰严重。

墓道　长方形竖井式。土坑。置于墓室西部。直壁，平底。西部被 M102 打破。口残长 0.68 米，宽 1.26 米，距地表深 3.05 米。底残长 0.68 米，残宽 1.26 米，距地表深 3.49 米。

墓室　平面呈长方形。砖室。室顶被破坏，形制不详。室壁用长 0.35 米、宽 0.12 米、厚 0.05 米的青砖错缝垒砌，最高残留有八层，高 0.43 米。室底亦用相同的青砖错缝平铺一层，因被盗破坏严重，无封门痕迹。室内填土为五花土。口长 3.56 米，宽 2.10 米，距地表深 3.05 米。底长 3.56 米，宽 2.10 米，距地表深 3.45 米。

人骨架无存。头向、面向、葬式、性别不明。葬具未知。有随葬品。（图二一〇）

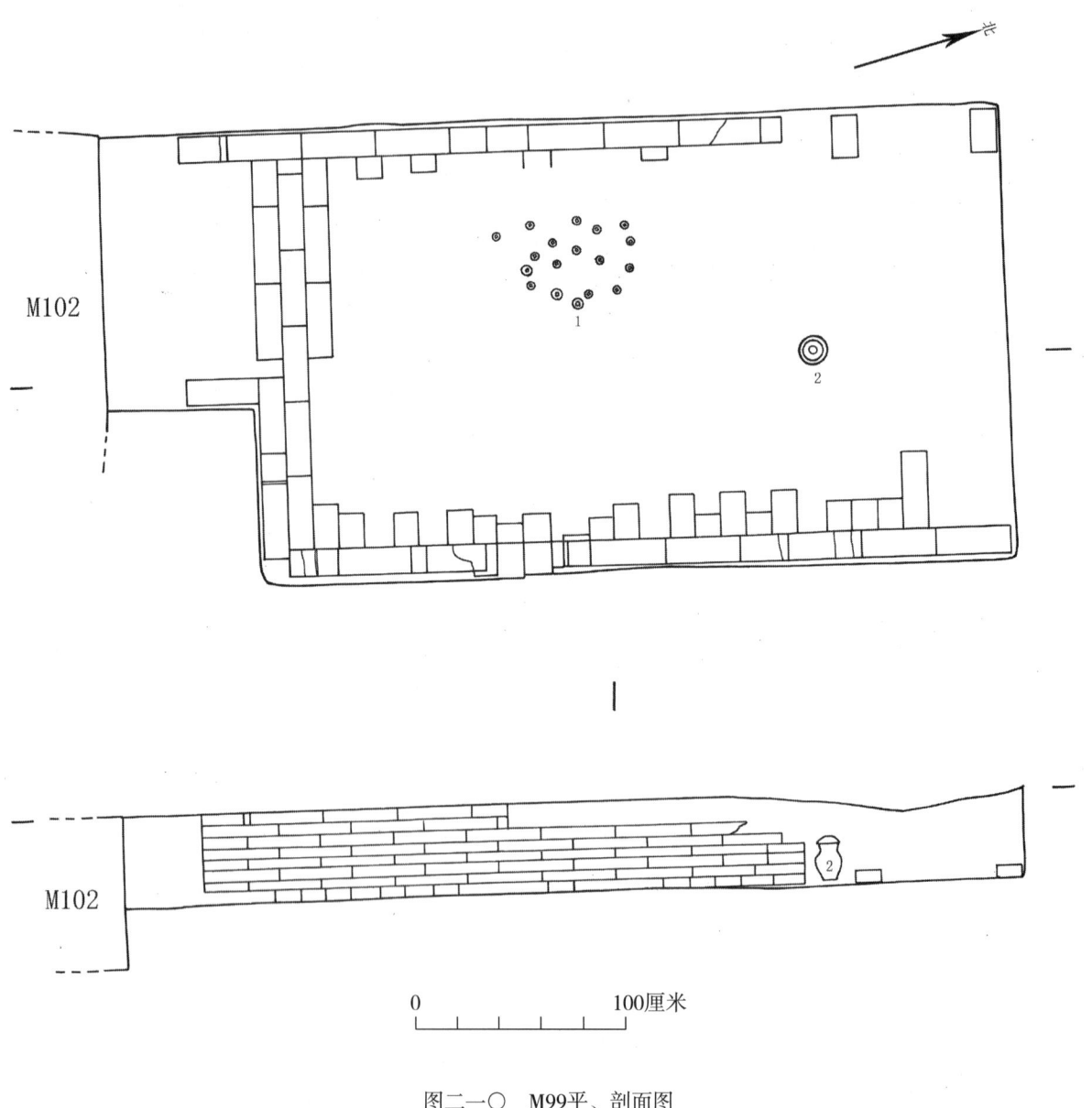

图二一〇　M99 平、剖面图
1. 铜钱　2. 陶壶

（三）出土遗物

出土遗物共计19件。有陶壶1、铜钱18。置放于墓室内。

陶壶　1件。标本M99:2，泥质灰陶。轮制。器体较小。子口承盖。盖，平顶微内凹，盖面弧形隆起，平沿，沿下面有一周凹槽作母口，方唇。壶，盘口较深外撇，下托盘明显内收，盘口下有明显折棱，束颈，溜肩，圆鼓腹，空心状斜直假圈足底微内凹，足与腹部有明显界限。肩腹交接处、腹中部各饰两周凹弦纹。盖，顶径3.4厘米，沿径10.2厘米，高3.1厘米；壶，口径9.4厘米，腹径13.4厘米，底径7.2厘米，高16.7厘米；通高19.4厘米。（图二一一，1；彩版六八，1；图版七〇，3）

铜钱　18枚。均为大泉五十。其中15枚（标本M99:1-1，1枚；标本M99:1-2，2枚；标本M99:1-3，4枚；标本M99:1-4，3枚；标本M99:1-5，5枚），钱文书体相同，尺寸不同。内外均有廓。肉薄，周边有一周凸起的外廓，正方形穿口，"五"字中间两交笔弯曲，"五十"两字与内廓同长。标本M99:1-1，1枚。钱径3.0厘米，穿径0.9厘米。（图二一一，2）标本M99:1-2，2枚。尺寸相同。钱径2.7厘米，穿径0.9厘米。（图二一一，3）标本M99:1-3，4枚。尺寸相同。钱径2.6厘米，穿径0.9厘米。（图二一一，4）标本M99:1-4，3枚。尺寸相同。钱径2.5厘米，穿径0.9厘米。（图二一一，5）标本M99:1-5，5枚。尺寸相同。钱径2.3厘米，穿径0.9厘米。（图二一一，6、7）另外3枚，标本M99:1-6，残缺较甚，钱文书体不可辨识。3枚碎为9块，最大一枚钱径残存1.9厘米，穿径0.9厘米。最小一枚钱径残存0.9厘米，穿径残存0.6厘米。

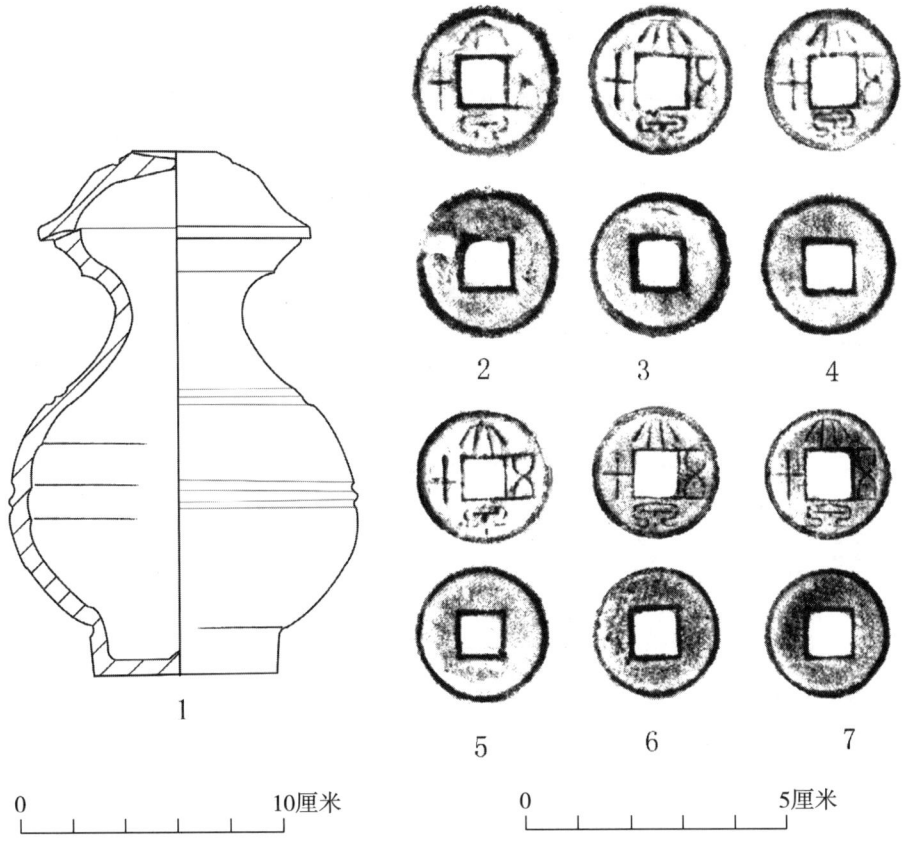

图二一一　M99出土遗物
1.陶壶（M99:2）　2.铜钱（M99:1-1）　3.铜钱（M99:1-2）　4.铜钱（M99:1-3）
5.铜钱（M99:1-4）　6.铜钱（M99:1-5-1）　7.铜钱（M99:1-5-2）

七四、M104

（一）层位关系

该墓的上部被施工破坏，依据附近断崖壁的层次推测该墓开口于第②层下，位于 M99 的南部。

（二）墓葬形制、葬式与葬具

单室砖室墓。方向 290°。由墓道和墓室两部分组成。墓道与墓室宽度几乎相当。墓道与墓室构成平面呈近长方形。该墓被盗扰严重。

墓道　长方形竖井式。土坑。置于墓室西部。直壁，平底。道内填土为五花土，土质较硬。底长 2.70 米，宽 1.20 米，距地表深 0.50 米（残存）。

墓室　平面呈长方形。砖室。室顶无存，形制不详。室底部用长约 1.10 米、宽约 0.30 米、厚约 0.15 米的空心砖平铺，仅残留前部 4 块，其余皆被破坏。无封门痕迹。室内填土为五花土。口长 3.00 米，宽 1.12 米，距地表深未知。底长 3.00 米，宽 1.00 米，距地表深 0.50 米（残存）。

人骨架无存。头向、面向、葬式、性别不明。葬具未知。有随葬品。（图二一二）

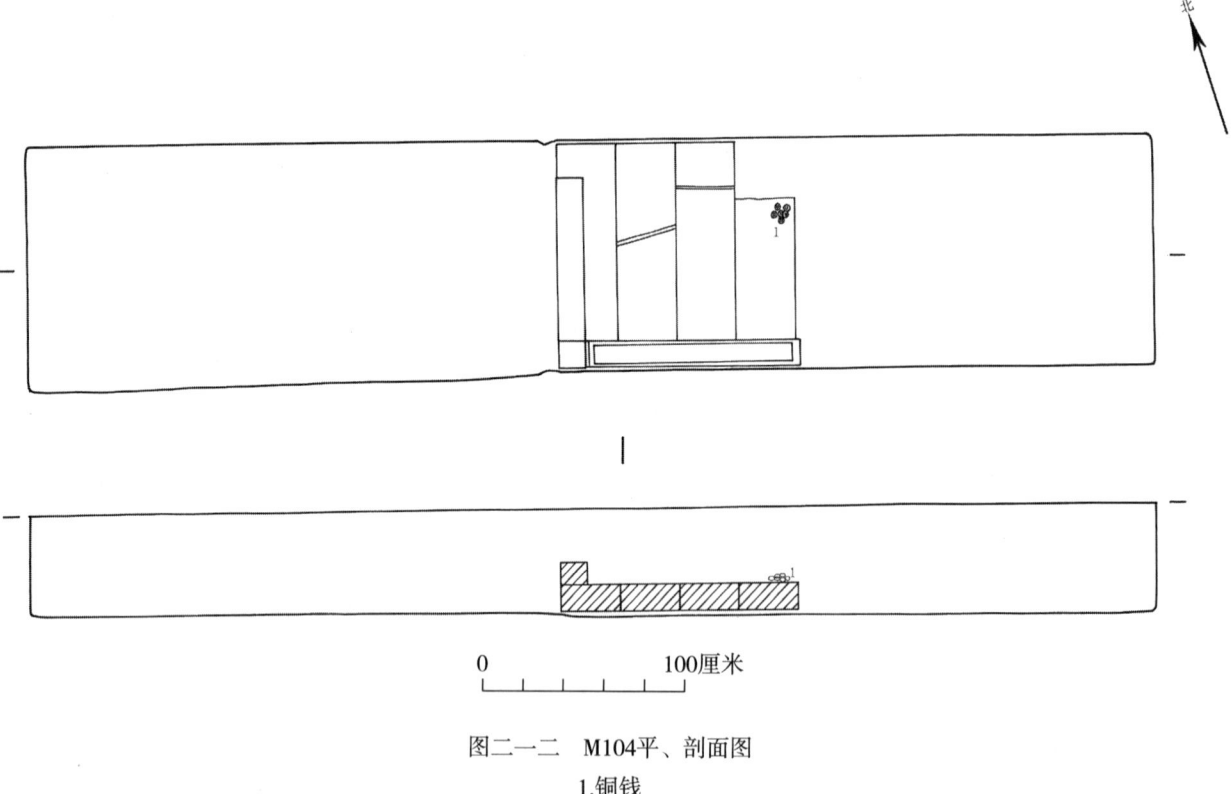

图二一二　M104 平、剖面图
1.铜钱

（三）出土遗物

出土遗物共计 6 件。均为五铢铜钱。置放于墓室中部。

铜钱　6 枚。均为五铢。内廓正面均被磨除。依据钱文书体、字迹分为以下四种情况进行报告：

1. 标本 M104:1-1、标本 M104:1-5，各 1 枚。钱文书体相同，尺寸不同。钱文字迹均清晰。"五"字中间两交笔弯曲。"铢"字的"金"旁上部呈稍大三角形，下部四点稍短；"朱"旁上部方折，下部圆折，下竖较直，下部长于上部，上、下部之间的间距较大。标本 M104:1-1，1 枚。钱径 2.6 厘米，穿径 1.0 厘米。（图二一三，1）标本 M104:1-5，1 枚。钱径 2.4 厘米，穿径 1.0 厘米。（图二一三，4）

2. 标本 M104:1-2，2 枚。钱文书体、尺寸均相同。钱文字迹均清晰。"五"字中间两交笔弯曲。"铢"字的"金"旁上部呈小三角形，下部四点稍短；"朱"旁上部方折，下部圆折，下竖较直，下部长于上部，上、下部之间的间距较大。钱径 2.5 厘米，穿径 1.0 厘米。（图二一三，2）

3. 标本 M104:1-3，1 枚。钱文字迹清晰。"五"字中间两交笔较直。"铢"字的"金"旁上部呈小三角形，下部四点稍短；"朱"旁上部方折，下部圆折，下竖较直，下部长于上部，上、下部之间的间距较大。钱径 2.5 厘米，穿径 1.0 厘米。（图二一三，3）

4. 标本 M104:1-4，1 枚。"五"字中间两交笔较直。"铢"字不清。钱径 2.5 厘米，穿径 1.0 厘米。

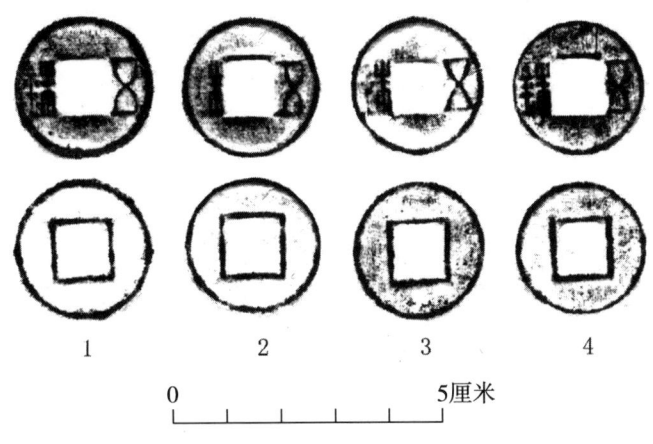

图二一三　M104出土铜钱
1.M104:1-1　2.M104:1-2　3.M104:1-3　4.M104:1-5

七五、M105

（一）层位关系

该墓的上部被施工破坏，依据附近断崖壁的层次推测该墓开口于第②层下，位于 M104 的南部。

（二）墓葬形制、葬式与葬具

单室砖室墓。方向 8°。由墓道、墓门和墓室三部分组成。墓道与墓室宽度相当。墓道与墓室构成平面呈不甚规整的长方形。

墓道　近长方形竖井式。土坑。置于墓室的北部。上口小，底部大。道内填土为五花土，土质较硬。口长 1.30 米，宽 0.96 米，距地表深 2.85 米。底长 1.30 米，宽 1.22 米，距地表深 4.05 米。

墓门　平面呈长方形。开在墓道南部。顶部被破坏，形制不详。墓门两侧用长约 0.68 米、宽约 0.17 米、厚约 0.15 米的空心砖竖放作门柱，左侧门柱前竖放 1 块长 0.62 米、宽 0.16 米、厚 0.15 米的空心砖应为封门所用。墓门宽 1.10 米，残高 1.12 米，距地表深 3.88 米。

墓室　平面呈长方形。砖室。室顶无存，形制不详。两侧墓壁用长约 1.05 米、宽约 0.36 米、厚约 0.12

米的空心砖错缝横砌两层，室底用长约0.84米、宽约0.35米、厚约0.10米的空心砖平铺一层。室内填土为五花土。口长2.35米，宽1.07米，距地表深2.85米。底长2.34米，宽1.22米，距地表深3.88米。

人骨架无存。头向、面向、葬式、性别不明。在室底发现有残存的棺木痕，葬具应为木棺。有随葬品。（图二一四，图版九）

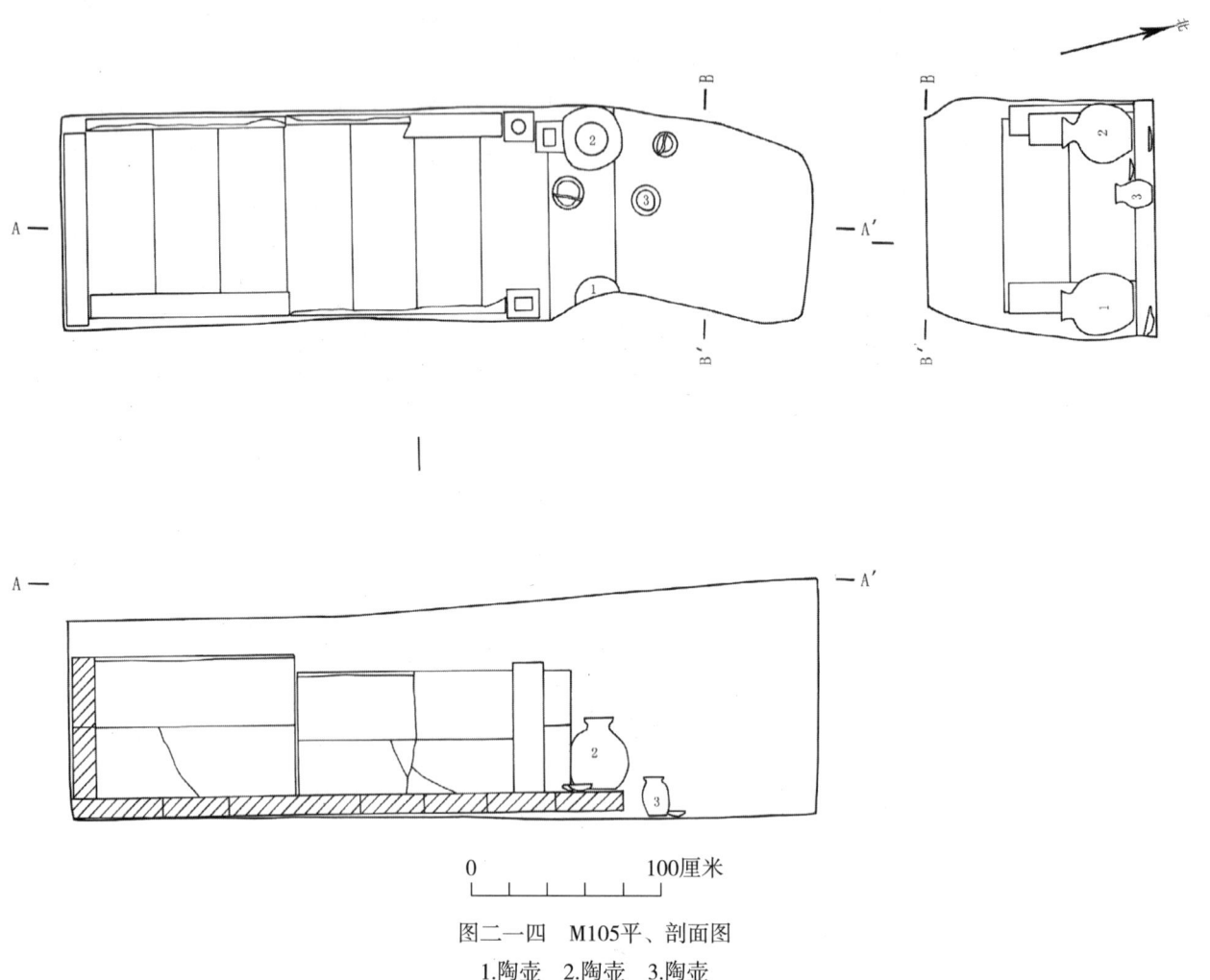

图二一四 M105平、剖面图
1.陶壶 2.陶壶 3.陶壶

（三）出土遗物

出土遗物共计3件。均为陶壶。2件大陶壶分别置放于墓门两边的门柱前部，1件小陶壶在墓门前中部。

陶壶 3件。均为泥质灰陶。轮制。其中2件（标本M105:1、标本M105:2），器体较大。形制相同，大小略异。均子口承盖。盖，平顶，盖面弧形隆起，盖面上下各有一周折棱，斜沿稍平，沿下面有一周凹槽作母口，方唇。壶，盘口外撇，盘口下有不明显折棱，束颈，溜肩，弧腹，下腹斜收成平底，下接折曲状直圈足，足部折棱在足上部。肩腹交接处、腹中部各饰一周宽带纹，腹两侧两周宽带纹间饰对称兽面铺首衔环，腹中部饰弦断粗绳纹，绳纹部分被抹平。标本M105:1，盖，顶径5.0厘米，沿径17.0厘米，高4.1厘米；壶，口径16.8厘米，腹径31.8厘米，底径15.4厘米，高37.8厘米；通高41.8厘米。（图二一五，1；图版七〇，4、5）标本M105:2，盖，顶径5.0厘米，沿径16.8厘米，高4.1厘米；壶，口径16.8厘米，腹径31.8厘米，底径16.4厘米，高37.2厘米；通高41.5厘米。（图二一五，2；图版七〇，6、7）

另1件，标本M105:3，器体较小。盘口外撇，盘口下有不明显折棱，束颈，溜肩，鼓腹，下腹弧内收接折曲状空心矮假圈足，假圈足外撇，足部折棱近足底且几乎抹平。肩腹交接处、腹中部各饰一周宽带纹。口径9.2厘米，腹径14.2厘米，底径9.4厘米，高17.8厘米。（图二一五，3；图版七一，1）

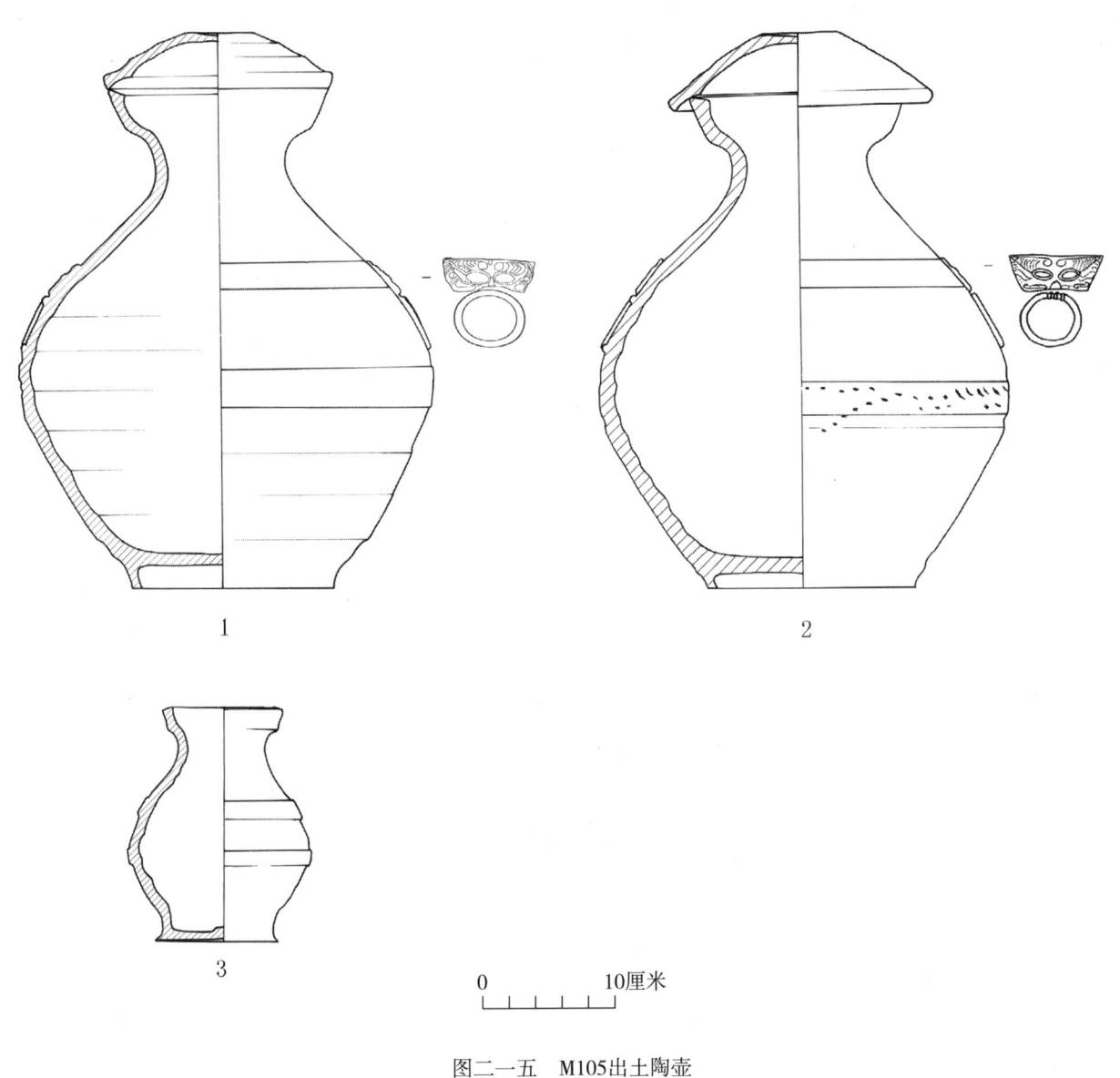

图二一五 M105出土陶壶
1.M105:1 2.M105:2 3.M105:3

七六、M108

（一）层位关系

该墓的上部被施工破坏，依据附近断崖壁的层次推测该墓开口于第②层下，位于M109的北部。

（二）墓葬形制、葬式与葬具

单室土洞墓。方向295°。由墓道和墓室两部分组成。墓道与墓室宽度相当。该墓被盗扰严重。

墓道　长方形竖井斜坡式。置于墓室的西部。直壁，斜坡底。道内填土为五花土，土质较硬。底长2.50米，宽1.16米，距地表深0.18～0.32米（残存）。

墓室　平面呈长方形。室顶被破坏，形制不明。直壁，底内凹。室内填土为五花土，土质较松。底长2.50米，宽1.14米，距地表深0.30米（残存）。

人骨架无存。头向、面向、葬式、性别不明。葬具未知。有随葬品。（图二一六）

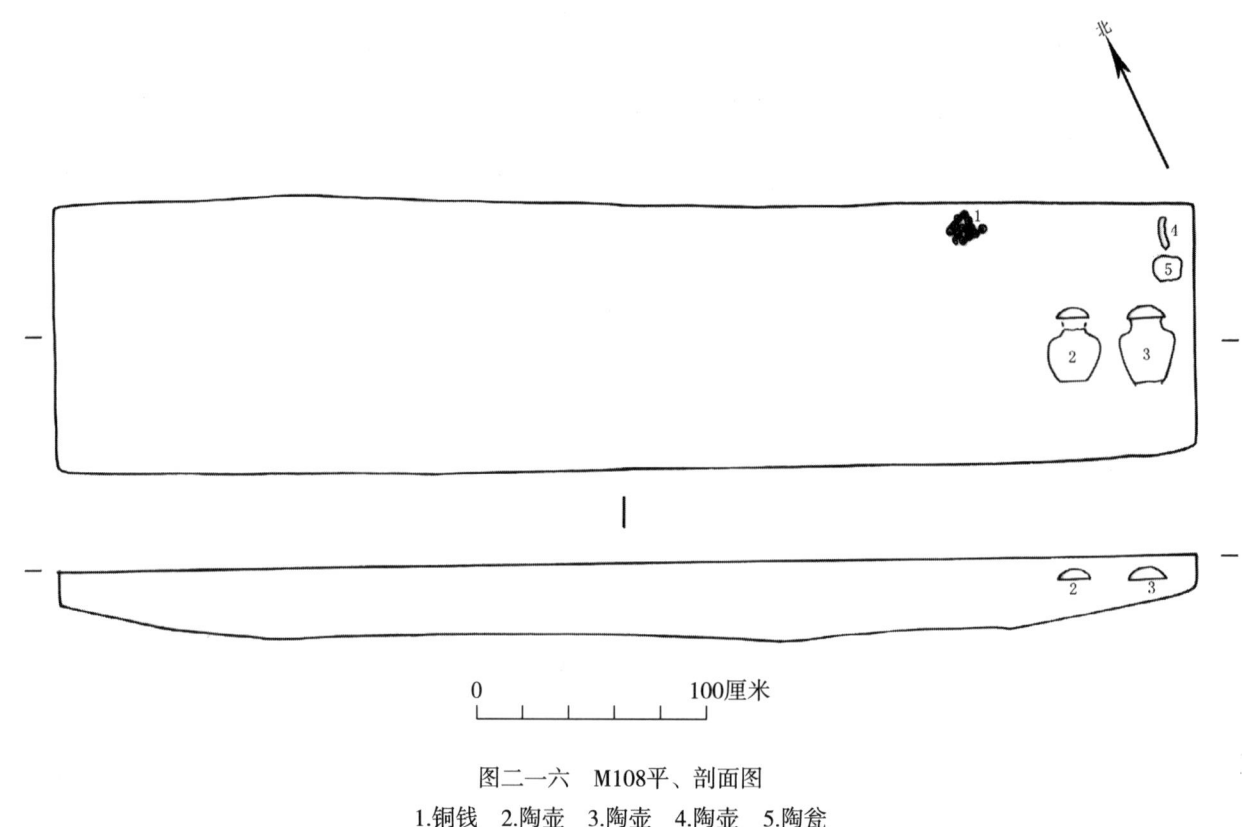

图二一六　M108平、剖面图
1.铜钱　2.陶壶　3.陶壶　4.陶壶　5.陶瓮

（三）出土遗物

出土遗物共计23件。有陶壶3、陶瓮1、铜钱19。铜钱置放于墓室北壁近东端，陶壶、陶瓮置放于墓室东端。

陶壶　3件。均为泥质灰陶。轮制。其中1件，标本M108:4，残缺甚重。残存肩部一片，可以看出壶为溜肩。残宽2.3厘米，残高11.9厘米。另2件（标本M108:2、标本M108:3），器体较大。均子口承盖。盖形制不同、壶形制相同，尺寸不同。壶，盘口外撇，盘口下部饰一周凹弦纹，盘口下有明显折棱，束颈，溜肩，圆鼓腹，下腹弧收下接假圈足。肩腹交接处、腹中部各饰三周凹弦纹，腹两侧凹弦纹间饰对称兽面铺首衔环。标本M108:2，盖，弧形顶，盖面弧形隆起，平沿，沿下面有一周凹槽作母口，方唇。盖面留有轮转旋刮痕。壶，口、颈部残失。盖，沿径14.5厘米，高4.8厘米；壶，上口残宽8.9厘米，腹径25.4厘米，底径12.8厘米，残高18.5厘米。（图二一七，1）标本M108:3，盖，平顶，盖面弧形隆起，中部有一周折棱，平沿，沿下面有一周凹槽作母口，斜方唇。壶，底部残失；一铺首衔环残，另一铺首衔环缺失。盖，顶径4.8厘米，沿径15.7厘米，高4.8厘米；壶，口径15.6厘米，腹径24.8厘米，近底

宽16.0厘米，残高27.0厘米；残通高31.0厘米。（图二一七，2）

陶瓮　1件。泥质灰陶。轮制。标本M108:5，仅存腹部一小片。饰竖向弦断细绳纹。残宽12.0厘米，残高9.4厘米。（图二一七，3）

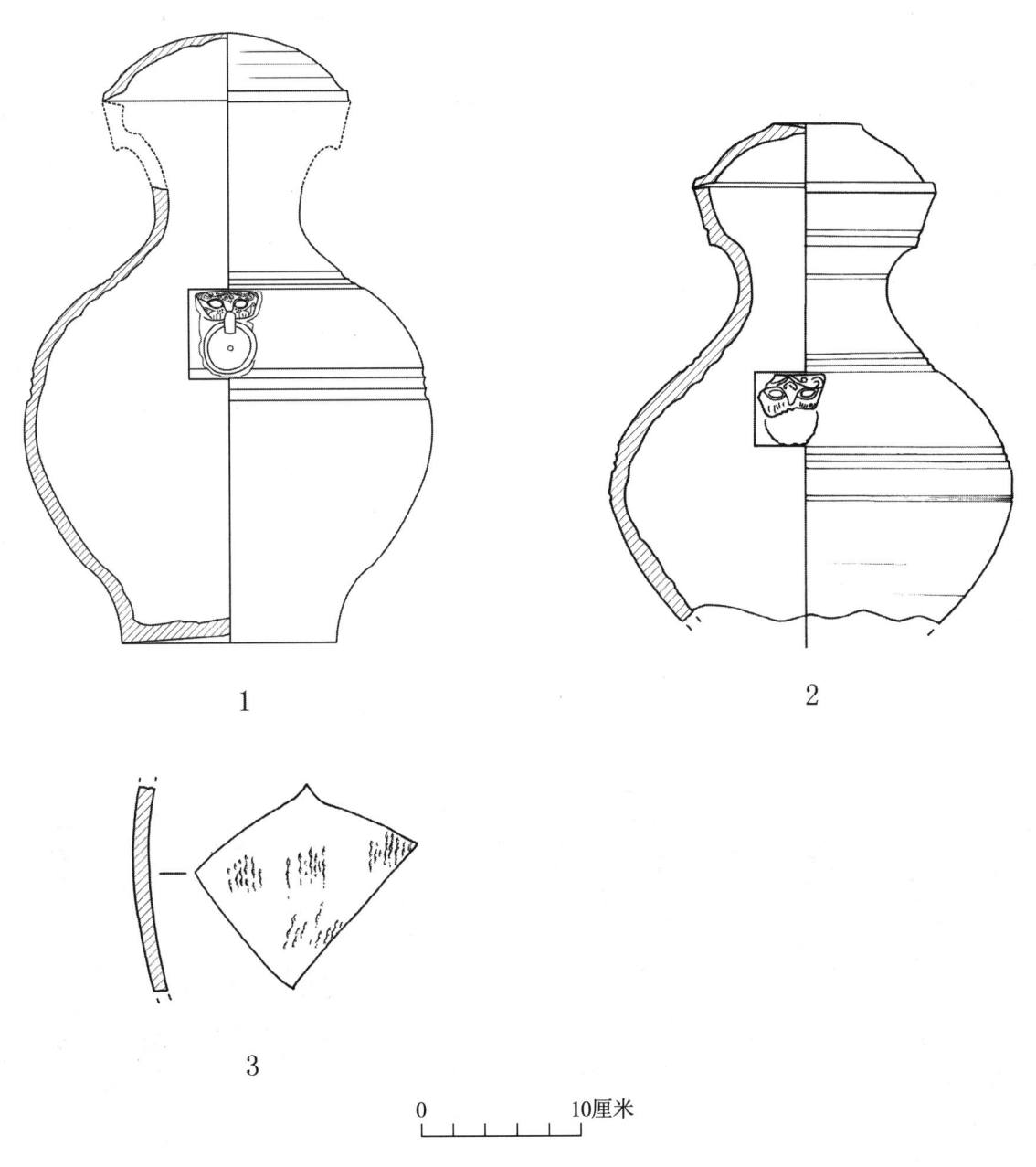

图二一七　M108出土陶壶
1.壶（M108:2）　2.壶（M108:3）　3.瓮（M108:5）

铜钱　19枚。均为五铢。内廓正面均被磨除，部分外廓也被磨除。依据钱文书体、保存现状等分为以下六种情况进行报告：

1.标本M108:1-1，1枚。钱文字迹清晰。"五"字中间两交笔稍曲。"铢"字的"金"旁上部呈小三角形，下部四点稍短；"朱"旁上部方折，下部圆折，下竖较直，下部长于上部，上、下部之间的间距较大。钱径2.6厘米，穿径1.0厘米。（图二一八，1）

2. 标本M108:1-2，2枚。钱文书体、尺寸均相同。钱文字迹均清晰。"五"字中间两交笔较弯曲。"铢"字的"金"旁上部呈小三角形，下部四点稍短；"朱"旁上部方折，下部方折，下竖较直，下部长于上部，上、下部之间的间距较大。外廓也被磨除。钱径2.4厘米，穿径1.0厘米。（图二一八，3、4）

3. 标本M108:1-5（1枚）、标本M108:1-6（3枚），共计4枚。钱文书体、尺寸不同。钱文字迹均清晰。"五"字中间两交笔较弯曲。"铢"字的"金"旁上部呈小三角形，下部四点稍短；"朱"旁上部方折，下部圆折，下竖较直，下部长于上部，上、下部之间的间距较大。标本M108:1-5，1枚。钱径2.6厘米，穿径1.0厘米。（图二一八，2）标本M108:1-6，3枚。外廓也被磨除。尺寸相同。钱径2.4厘米，穿径1.0厘米。（图二一八，6）

4. 标本M108:1-10，1枚。钱文字迹清晰。"五"字中间两交笔较直。"铢"字的"金"旁上部呈小三角形，下部四点稍短；"朱"旁上部方折，下部圆折，下竖较直，下部长于上部，上、下部之间的间距较大。标本M108:1-5，1枚。钱径2.6厘米，穿径1.0厘米。（图二一八，5）

5. 标本M108:1-3（4枚）、标本M108:1-4（2枚）、标本M108:1-7（2枚）、标本M108:1-8（1枚），共计9枚。钱文字迹部分不清晰。标本M108:1-3，4枚。"五"字中间两交笔弯曲。"铢"字不清。外廓也被磨除。钱径2.4厘米，穿径1.0厘米。标本M108:1-4，2枚。"五"字中间两交笔弯曲。"铢"字不清。钱径2.6厘米，穿径1.0厘米。标本M108:1-7，2枚。"五"字中间两交笔较直。"铢"字不清。钱径2.6厘米，穿径1.0厘米。标本M108:1-8，1枚。"五"字中间两交笔呈稍曲。"铢"字不清。外廓也被磨除。钱径2.4厘米，穿径1.0厘米。

6. 标本M108:1-9，2枚。均残缺。"五"字中间两交笔稍曲。"铢"字残缺。钱径残存2.2厘米，穿径1.0厘米。

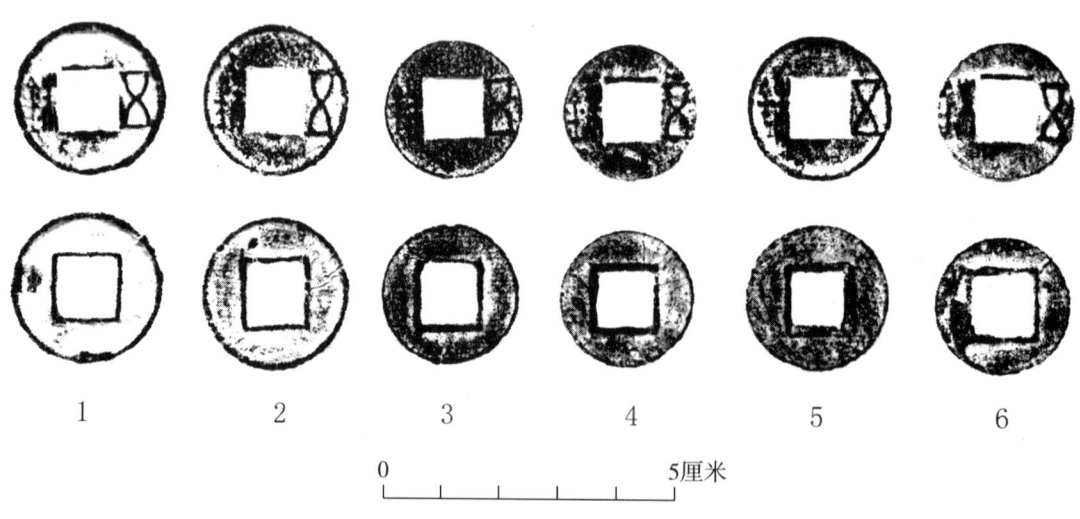

图二一八　M108出土铜钱
1.M108:1-1　2.M108:1-5　3.M108:1-2-1　4.M108:1-2-2　5.M108:1-10　6.M108:1-6

七七、M109

（一）层位关系

该墓的上部被施工破坏，依据附近断崖壁的层次推测该墓开口于第②层下，位于 M108 的南部。

（二）墓葬形制、葬式与葬具

单室土洞墓。方向 278°。由墓道和墓室两部分组成。墓道窄于墓室，墓道与墓室南北两壁均自西向东渐扩，构成平面呈楔形。该墓被破坏严重。

墓道　长方形竖井式。置于墓室的西部。直壁，底近平。道内填土为五花土，土质较硬。口长 2.40 米，宽 0.80～1.04 米，距地表深未知。底长 2.40 米，宽 0.80～1.00 米，距地表深 0.30 米（残存）。

墓室　平面呈长方形。直壁，底部近平。仅在墓室口部发现有 2 块宽约 0.40 米、厚约 0.12 米、残高约 0.28 米的空心砖竖置，推测其为封门砖。墓室内填土为五花土，土质较松。口长 2.40 米，宽 1.06～1.20 米，距地表深未知。底长 2.40 米，宽 1.00～1.20 米，距地表深 0.30 米（残存）。

人骨架无存。头向、面向、葬式、性别不明。室底发现有棺灰痕迹，葬具应为木棺。有随葬品。（图二一九）

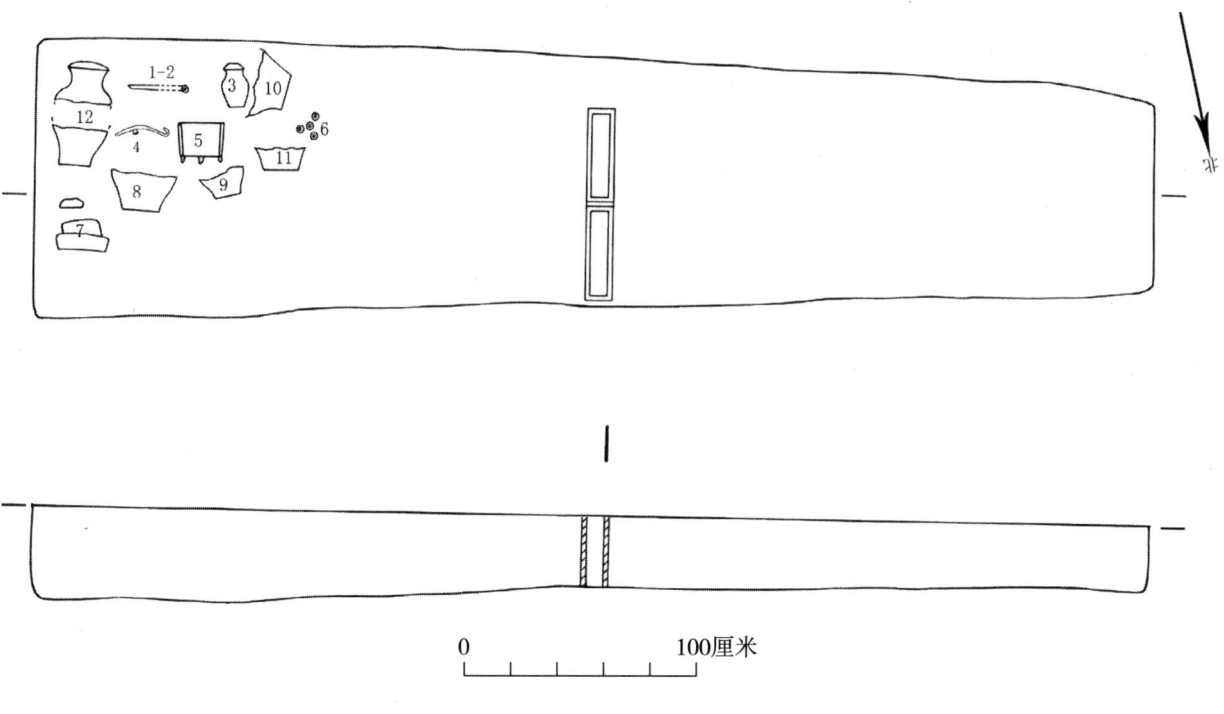

图二一九　M109 平、剖面图

1、2.铁刀　3.陶壶　4.铜带钩　5.陶三足樽　6.铜钱　7.陶壶　8.陶壶　9.陶壶　10.陶壶　11.陶壶　12.陶壶

（三）出土遗物

出土遗物共计 14 件。有陶壶 7、陶三足樽 1、铁刀 1、铜带钩 1、铜钱 4。置放于墓室内。

陶壶　7 件。均为泥质灰陶。轮制。其中 1 件，标本 M109:3，完整。器体较小。子口承盖。盖，弧形顶，盖面弧形隆起，斜沿，沿下面有一周凹槽作母口，方圆唇。壶，盘口外撇，盘口下有明显折棱，束颈，溜肩，弧腹下垂，下腹弧收下接空心状假圈足，足与腹部无明显界线。肩、腹中部各施三周凹弦纹，底部有数周细小的凹弦纹。盖，沿径 9.4 厘米，高 2.9 厘米；壶，口径 9.0 厘米，腹径 12.6 厘米，底径 7.8 厘米，高 15.9 厘米；通高 18.6 厘米。（图二二〇，4；彩版六八，2；图版七一，4）另 6 件（标本 M109:7、标本 M109:8、标本 M109:9、标本 M109:10、标本 M109:11、标本 M109:12）残缺较甚，从残片看整体形制应相同或相近，标本 M109:9 器体较小，其余器体均较大。标本 M109:7，子口承盖。盖仅存盖面下部至沿部一残片。可以看出盖面弧形隆起，下部有一周折棱，斜沿，沿下面有一周凹槽作母口，方唇。壶，仅存下腹残部一片。可以看出下腹斜收。盖片残宽 11.9 厘米，残高 3.1 厘米；壶片残宽 21.0 厘米，残高 12.4 厘米。标本 M109:8，口至上腹部残失。可以看出，壶鼓腹，下腹弧内收下接假圈足。足部上下各饰两周凹弦纹。腹径 28.2 厘米，底径 16.3 厘米，残高 17.2 厘米。（图二二〇，2）标本 M109:9，仅存下腹至底部。下腹斜内收成平底。腹内有数周凹弦纹。底径 10.8 厘米，残高 9.2 厘米。标本 M109:10，仅存下腹至底部的四分之一。下腹弧内收下接假圈足。下腹下部被刮削一周，凸凹不平。底径 17.0 厘米，残高 13.1 厘米。标本 M109:11，仅存下腹至底部。下腹弧内收下接假圈足。足部上部饰一周凹弦纹。底部近边饰一周凹弦纹。底径 14.9 厘米，残高 11.0 厘米。标本 M109:12，子口承盖。盖，小平顶，盖面弧形隆起，上部被刮削凸凹不平，下部有一周折棱，斜沿，沿下面有一周凹槽作母口，方唇。壶，残存口颈部及下腹至底部各一块。可以看出，壶为盘口外撇，盘口下有一周明显折棱，束颈；下腹弧内收下接假圈足。盖，顶径 2.8 厘米，沿径 18.2 厘米，高 3.9 厘米；壶，口径 16.4 厘米，口颈部片残高 13.9 厘米，底径 13.2 厘米，腹底片残高 17.0 厘米。

陶三足樽　1 件。标本 M109:5，泥质灰陶。轮制。器稍有变形。圆筒形。直口，方唇，筒形斜直腹上扩下内收，平底微内凹，下附三兽面蹄形足。腹外壁上、中、下部饰三组凹弦纹，上、中两组由三周凹弦纹组成，最下一组凹弦纹由一周组成，三组凹弦纹下均饰斜向细绳纹；口、近底部是数周细水波纹。底下部有少量斜向细绳纹。口最小径 18.8 厘米，口最大径 20.0 厘米，底径 18.4 厘米，高 16.0 厘米。（图二二〇，3；彩版六八，3；图版七一，5）

铁刀　1 件。标本 M109:1、标本 M109:2，原器物断成五段，被编为 2 个器物号，实为 1 件。锈蚀甚重。长条形。环手直背，单面直刃，刀尖部较窄。残长 27.3 厘米，最宽处残宽 1.9 厘米，厚 0.5 厘米。（图二二〇，1；图版七一，2）

铜带钩　1 件。标本 M109:4，兽首，弓形，形体细长厚实，背面中部有圆形钮，尾截面呈椭圆形。钩身素面。通长 10.9 厘米，宽 0.6～0.7 厘米，通高 1.4 厘米。（图二二一，1；彩版六八，5；图版七一，3）

铜钱　4 枚。均为五铢。内廓正面均被磨除。钱文字迹均清晰。钱文书体两两相同，尺寸均相同。钱径 2.5 厘米，穿径 1.0 厘米。标本 M109:6-1，2 枚。钱文书体相同。"五"字中间两交笔弯曲。"铢"字的"金"旁上部呈小三角形，下部四点稍短；"朱"旁上部方折，下部圆折，下竖较直，下部长于上部，上、下部之间的间距较大。（图二二一，2、3）标本 M109:6-2，2 枚。钱文书体相同。"五"字中间两交笔较直。"铢"字的"金"旁上部呈小三角形，下部四点稍短；"朱"旁上部方折，下部圆折，下竖较直，下部长于上部，上、下部之间的间距较大。（图二二一，4、5）

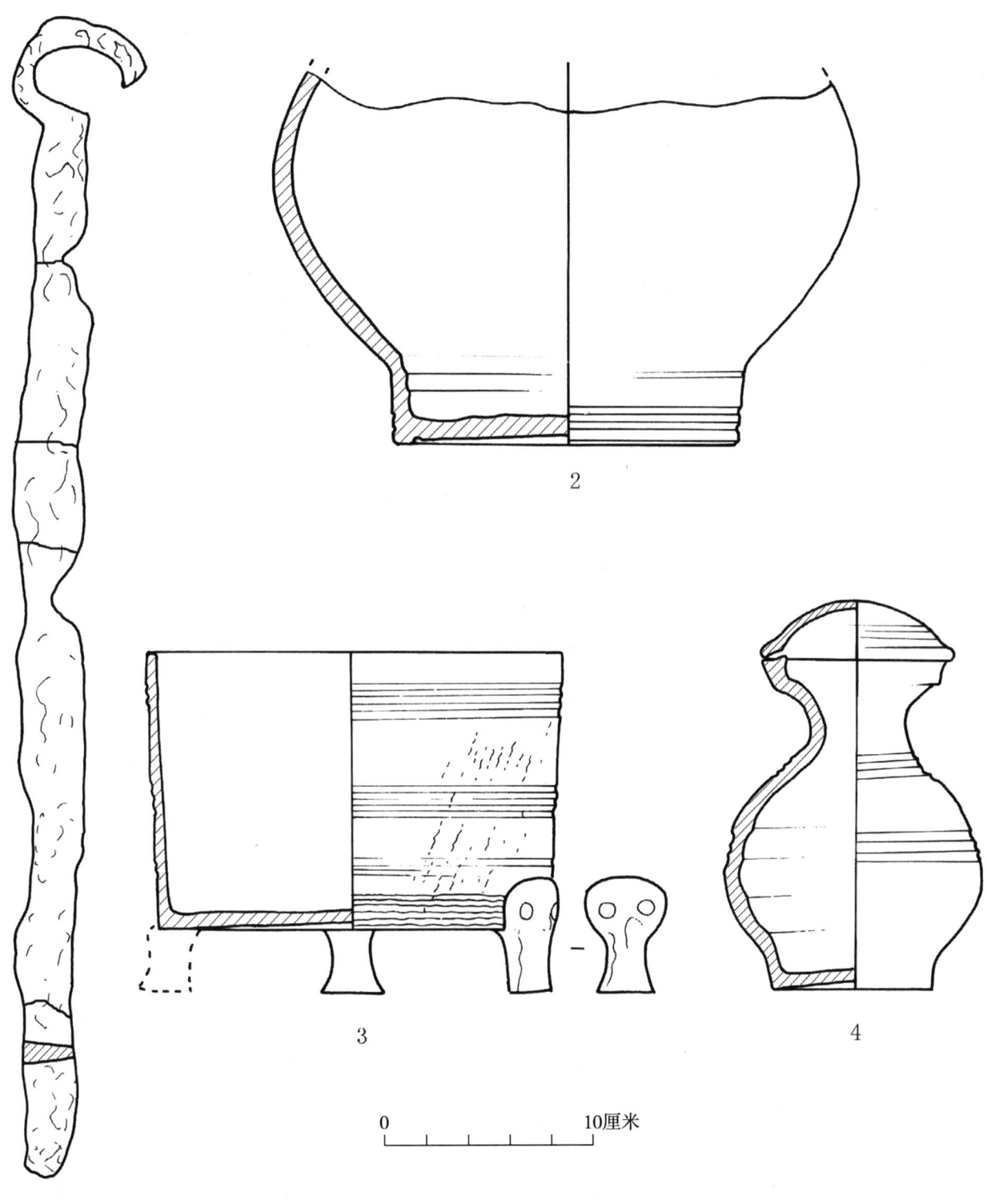

图二二〇　M109出土遗物

1.铁刀（M109:1、2）　2.陶壶（M109:8）　3.陶三足樽（M109:5）　4.陶壶（M109:3）

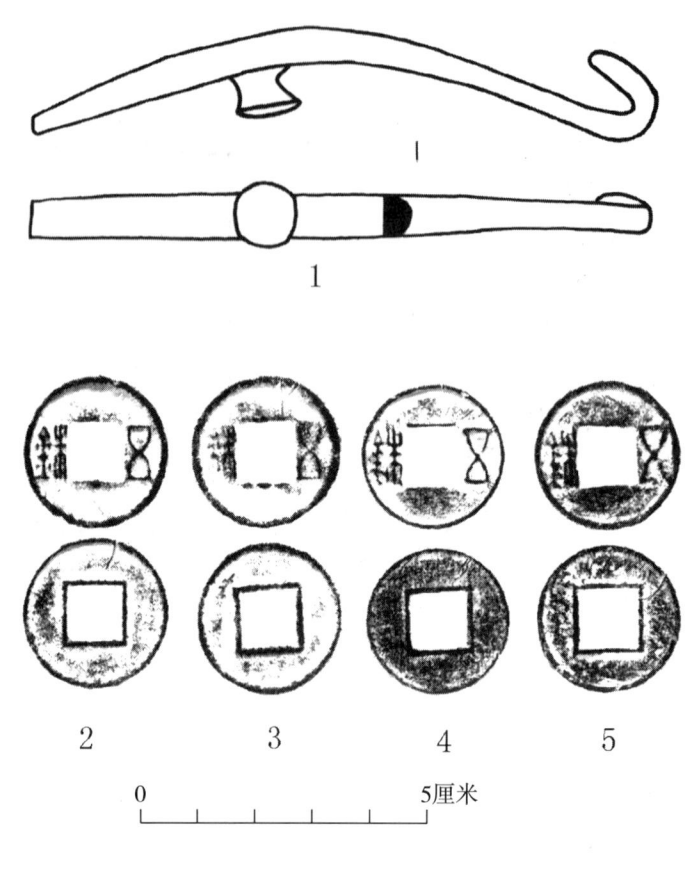

图二二一　M109出土遗物

1.铜带钩（M109:4）　2.铜钱（M109:6-1-1）　3.铜钱（M109:6-1-2）　4.铜钱（M109:6-2-1）　5.铜钱（M109:6-2-2）

七八、M110

（一）层位关系

该墓的上部被施工破坏，依据附近断崖壁的层次推测该墓开口于第②层下，位于M106的西南部。

（二）墓葬形制、葬式与葬具

该墓部分被断崖打破，考虑到安全等原因，仅清理出局部，墓葬的整体形制不详。从清理的情况看，应为竖穴砖室墓，北部有1块长0.48米、宽0.16米、厚0.15米的空心砖横放，南部有用长约0.22米、宽约0.14米、厚约0.06米的青砖垒砌八层，高0.43米，因受挤压整体向南倾斜。清理残长0.50米，宽1.50米，距地表深1.00米（残存）。有随葬品。

人骨架无存。头向、面向、葬式、性别不明。葬具未知。有随葬品。（图二二二）

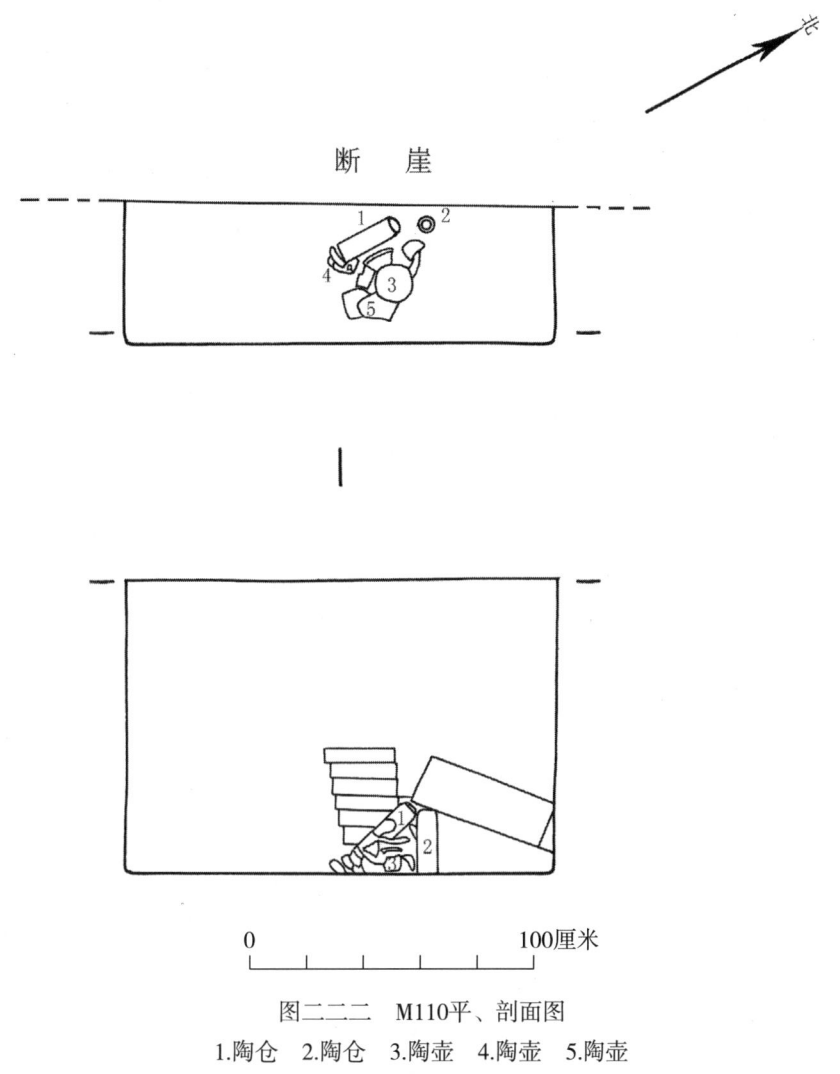

图二二二　M110平、剖面图
1.陶仓　2.陶仓　3.陶壶　4.陶壶　5.陶壶

（三）出土遗物

出土遗物共计5件。有陶壶3、陶仓2。置放于墓室北部砖墙前。

陶壶　3件。均为泥质灰陶。轮制。其中2件（标本M110:3、标本M110:5），器体较大。形制相同，尺寸不同。均子口承盖。盖，平顶微内凹，盖面弧形隆起，盖面中部有两周折棱，平沿，沿下面有一周凹槽作母口，斜方唇。壶，盘口较深外撇且出沿，盘口下部饰一周凹弦纹，盘口下有明显折棱，束颈，溜肩，圆球形腹，空心状斜直高假圈足底微内凹，足与腹部无明显界线。肩部有一周折棱，肩腹交接处饰两周凹弦纹，腹中部饰一周凹弦纹，凹弦纹间两侧饰对称一兽面铺首衔环，衔环内横置阳线模印一条鱼。标本M110:3，盖，顶径3.4厘米，沿径17.1厘米，高5.5厘米；壶，口径19.4厘米，腹径25.8厘米，底径13.4厘米，高37.0厘米；通高42.4厘米。（图二二三，1；彩版六九，2；图版七二，3）标本M110:5，盖，顶径5.3厘米，沿径17.0厘米，高5.1厘米；壶，口径19.0厘米，腹径25.8厘米，底径12.4厘米，高36.4厘米；通高40.6厘米。（图二二三，2；图版七二，5）另1件，标本M110:4，器体较小。并盖。盖，平顶微内凹，盖面斜向上隆起，盖面中部有两周折棱，平沿，沿下面有一周凹槽作母口，斜方唇。壶，盘口较深外撇，下托盘明显内收，盘口下有不明显折棱，束颈，溜肩，圆鼓腹，腹部重心稍下移，空心状斜直假圈足底微内凹，足与腹部有明显界限。肩腹交接处、腹中部各饰两周凹弦纹。盖，顶径2.8厘米，沿径9.3厘米，高2.1厘米；壶，口径8.4厘米，腹径12.4厘米，底径7.0厘米，高15.8厘米；通高17.8厘米。（图二二三，4；图版七二，4）

陶仓　2件。均为泥质灰陶。轮制。形制基本相同。小圆口，有领，圆唇外卷，斜肩下折，筒形斜直腹，腹上扩下内收，平底微内凹。体形高瘦。腹部饰四周凹弦纹，将腹部分为四部分；底外部满布浅窄凹弦纹，弦纹以一侧为中心呈水波辐射状均匀分布。标本M110:1，口径5.4厘米，上腹径9.6厘米，底径7.8厘米，高21.6厘米。（图二二三，3；彩版六八，4；图版七二，1）标本M110:2，口径4.4厘米，上腹径9.0厘米，底径7.4厘米，高22.6厘米。（图二二三，5；彩版六九，1；图版七二，2）

七九、M111

（一）层位关系

该墓的上部被施工破坏，依据附近断崖壁的层次推测该墓开口于第②层下，位于M106的南部。打破M112。

（二）墓葬形制、葬式与葬具

单室长方形土洞墓。方向285°。由墓道、墓门和墓室三部分组成。该墓被破坏严重。

墓道　置于墓室的西部，大部分被断崖打破，未清理。从断崖上痕迹来看其应为竖穴土坑墓道，直壁。具体形制、尺寸不详。

墓门　平面呈长方形。开口于墓道的东部。顶部无存，形制不详。封门处残留1块长1.15米、宽度不详、厚0.13米的空心砖横放作为封门，残高0.22米，空心砖上有菱形纹装饰。墓门宽1.22米，高、进深未知，距地表深2.83米。

墓室　平面呈长方形。土洞。斜坡底。室顶被破坏，形制不详。墓室底东北高西南低呈倾斜状。室内填土为五花土，土质较松。口长2.76米，宽1.03米，距地表深2.75米。底长2.71米，宽1.00米，距地表深2.83～3.01米。

人骨架1具。头向西，面向下。葬式为仰身直肢。根据骨架的总体特征，结合头骨和肢骨的性别特征来分析，该墓主是女性，年龄不详。骨架外围有棺灰痕迹，不甚明显，据此推测葬具应为木棺。有随葬品。（图二二四）

（三）出土遗物

出土遗物共计5件。有陶壶4、陶三足樽1。置放于墓室南壁中部。

陶壶　4件。均为泥质灰陶。轮制。残缺较甚，从残片看整体形制应相同或相近，标本M111:1，仅存下腹残部一片。可以看出下腹斜收。残宽9.3厘米，残高10.3厘米。标本M111:3，仅存下腹残部一片。可以看出下腹斜收。残宽5.6厘米，残高9.4厘米。标本M111:4，仅存腹残部一片。可以看出腹部有两周凹弦纹。残宽9.2厘米，残高5.8厘米。标本M111:5，残存口颈部一块。可以看出，壶为盘口外撇，盘口下部饰一周凹弦纹，盘口下有一周不明显折棱，束颈。残宽12.8厘米，残高8.9厘米。

陶三足樽　1件。标本M111:2，泥质灰陶。轮制。直口，方唇，圆筒形斜直腹，腹壁斜向上微收，平底，下附三兽面蹄形足。腹外壁上、中、下部各饰一组细凹弦纹，每组凹弦纹由五周组成。口径19.6厘米，腹径20.4厘米，底径20.0厘米，高14.2厘米。（图二二五；彩版六九，3；图版七三，1）

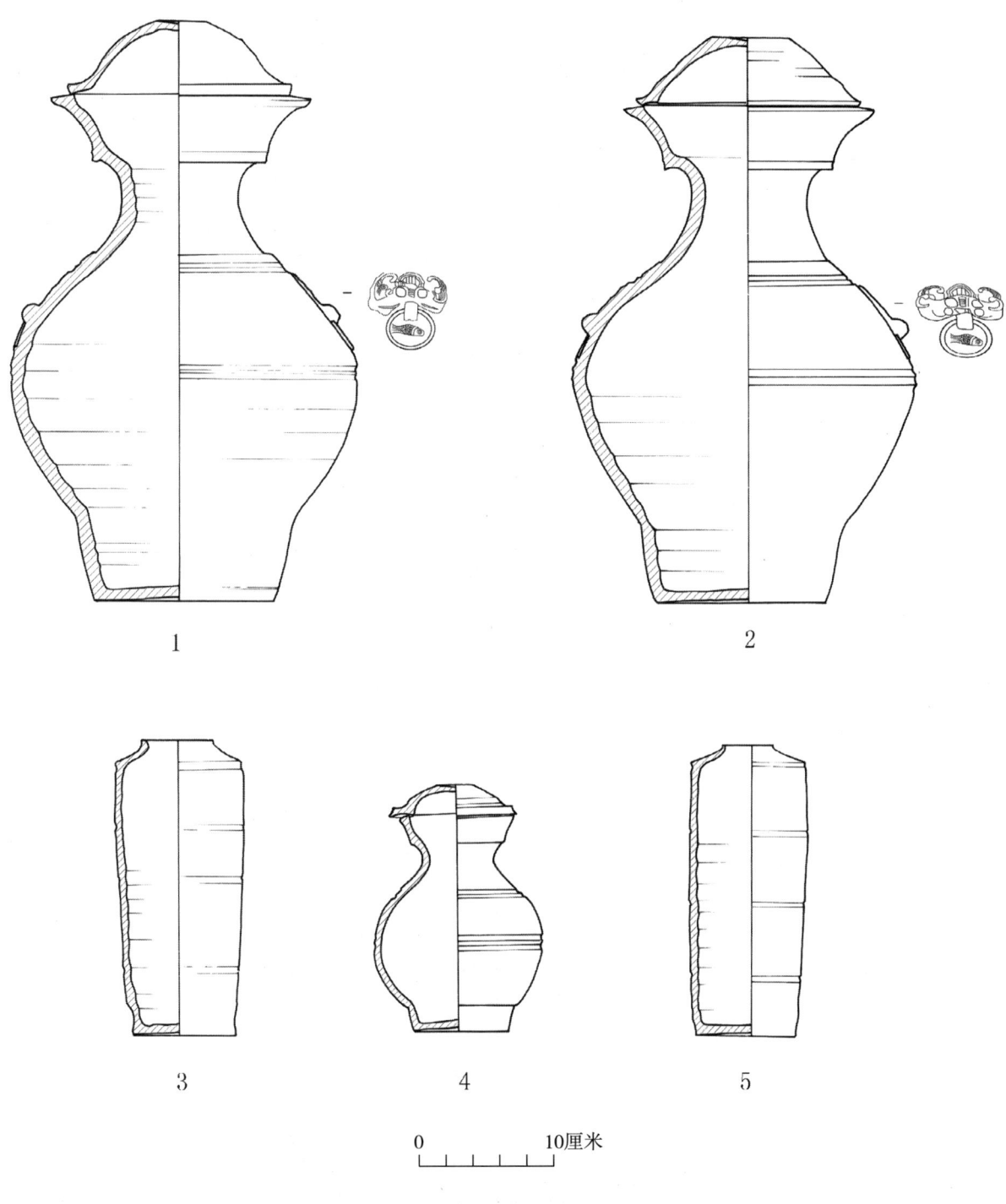

图二二三　M110出土陶器

1.壶（M110:3）　2.壶（M110:5）　3.仓（M110:1）　4.壶（M110:4）　5.仓（M110:2）

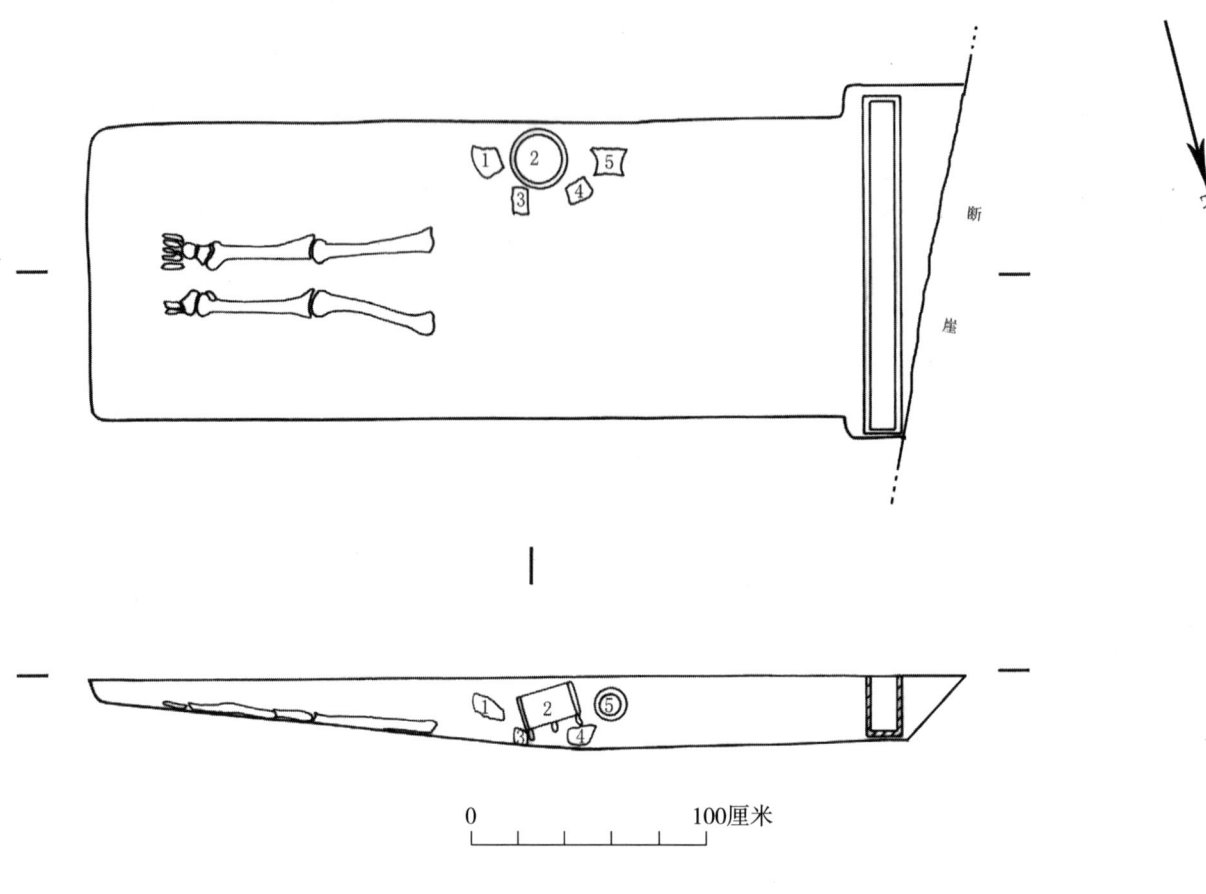

图二二四　M111平、剖面图
1.陶壶　2.陶三足樽　3.陶壶　4.陶壶　5.陶壶

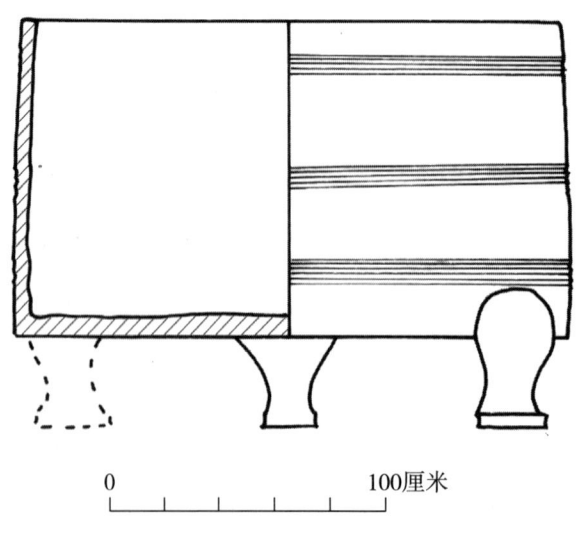

图二二五　M111出土陶三足樽（M111:2）

八〇、M112

（一）层位关系

该墓的上部被施工破坏，依据附近断崖壁的层次推测该墓开口于第②层下，位于 M111 的南部，北部被 M111 打破。

（二）墓葬形制、葬式与葬具

近长方形竖穴土坑墓。方向 17°。直壁，底近平。内填土为五花土，土质较松。底长 2.85 米，宽 0.45 ~ 0.96 米，距地表深 3.05 ~ 3.17 米。

人骨架无存。头向、面向、葬式、性别不明。葬具未知。有随葬品。（图二二六）

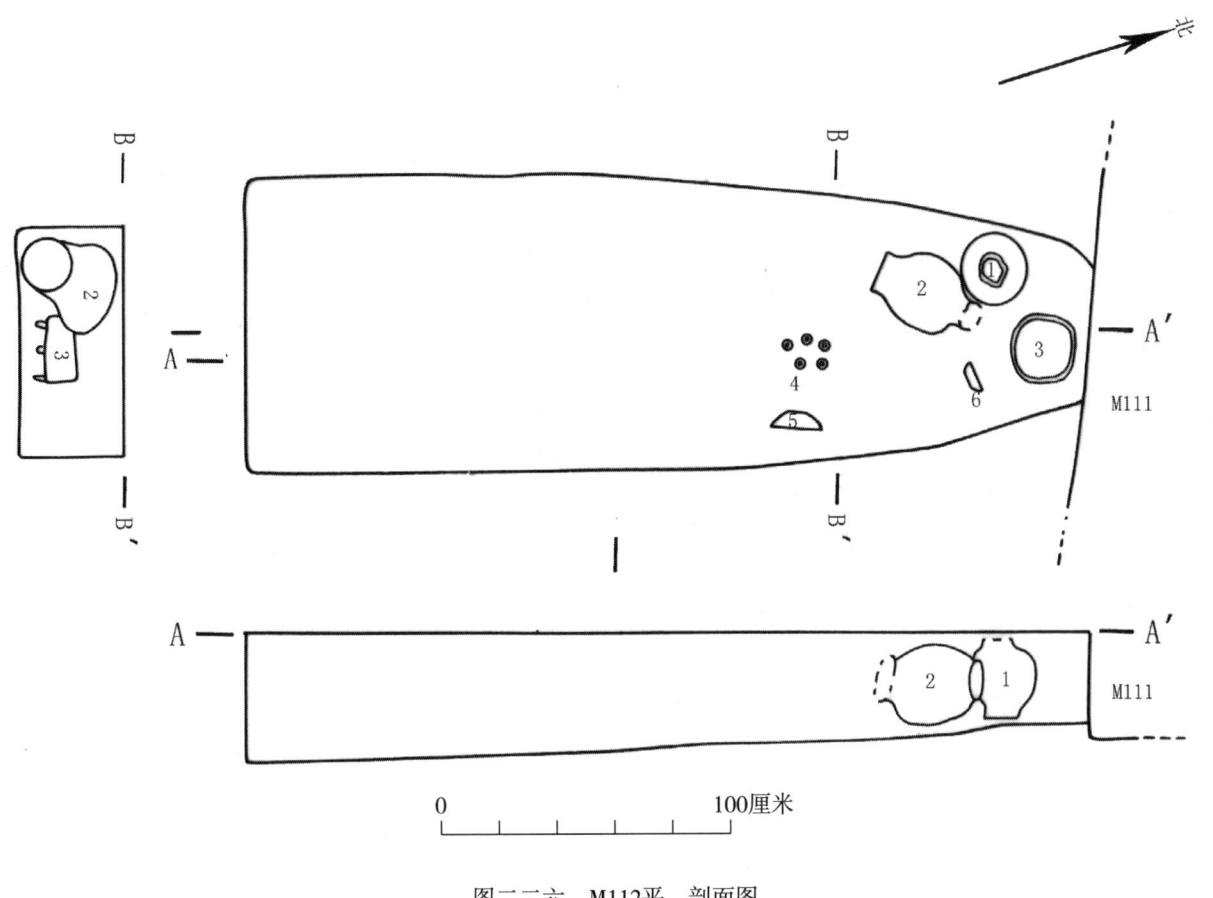

图二二六　M112平、剖面图
1.陶壶　2.陶壶　3.陶三足樽　4.铜钱　5.陶器盖　6.陶器盖

（三）出土遗物

出土遗物共计 10 件。有陶壶 2、陶三足樽 1、陶器盖 2、铜钱 5。置放于墓室北端。

陶壶　2 件。均为泥质灰陶。轮制。器体较大。形制相同，尺寸不同。口部残失，束颈，溜肩，弧鼓腹，假圈足底微内凹。肩部有一周凸折棱，肩腹交接处、腹中部各饰三周凹弦纹，弦纹间两侧对称各饰一兽面铺首衔环。腹中部饰竖向弦断细绳纹。标本M112:1，上口残宽11.0厘米，腹径25.1厘米，底径14.6厘米，残高29.8厘米。（图二二七，1）标本M112:2，上口残宽10.8厘米，腹径25.6厘米，底径14.2厘米，残高33.2厘米。（图二二七，2）

陶三足樽　1件。泥质灰陶。轮制。标本M112:3，直口，方唇，圆筒形斜直腹，腹壁斜向上微收，平底，下附三兽面蹄形足。腹外壁上、中、下部各饰一组凹弦纹将腹部分为四部分，每组由七周细凹弦纹组成；底部饰三组凹弦纹将底部四等分，每组亦由七周细凹弦纹组成。口径21.4厘米，腹径21.8厘米，底径21.2厘米，高15.0厘米。（图二二七，3；彩版六九，4；图版七三，2）

陶器盖　2件。均为泥质灰陶。轮制。均为圆形。形制、尺寸不同。标本M112:5，平顶，盖面弧形隆起，平沿，沿下面有一周凹槽作母口，方唇，素面。顶径4.7厘米，沿径18.7厘米，高5.3厘米。（图二二七，4；彩版六九，5；图版七三，3）标本M112:6，平顶微内凹，盖面斜向上隆起，斜沿，沿下面有一周凹槽作母口，斜方唇，素面。顶径4.9厘米，沿径11.4厘米，高2.5厘米。（图二二七，5）

铜钱　5枚。均为五铢。内廓正面均被磨除。依据钱文书体、保存现状分为以下几种情况进行报告：

1. 标本M112:4-1，2枚。钱文书体、尺寸均相同。钱文字迹清晰。"五"字中间两交笔呈稍曲。"铢"字的"金"旁上部呈稍大三角形，下部四点稍长；"朱"旁上部方折，下部圆折，下竖较直，下部长于上部，上、下部之间的间距较大。钱径2.5厘米，穿径1.0厘米。（图二二七，6、7）

2. 标本M112:4-2（2枚）、标本M112:4-3（1枚），共计3枚。钱文书体不同，尺寸相同。钱文字迹部分不清晰。标本M112:4-2，2枚。"五"字中间两交笔较直。"铢"字不清。钱径2.5厘米，穿径1.0厘米。标本M112:4-3，1枚。"五"字中间两交笔呈稍曲。"铢"字不清。钱径2.5厘米，穿径1.0厘米。

八一、M113

（一）层位关系

该墓的上部被施工破坏，依据附近断崖壁的层次推测该墓开口于第②层下，位于M112的南部。

（二）墓葬形制、葬式与葬具

双室砖室墓。方向16°。由墓道、墓门、前室和后室四部分组成。墓道与墓室宽度相当。

墓道　长方形竖井斜坡式。土坑。置于墓室的南部。直壁，斜坡底。内填土为五花土，土质较硬。口长2.38米，宽1.15米，距地表深2.75米。底长2.40米，宽1.10米，距地表深3.72～4.03米。

墓门　平面呈长方形。开口于墓道北壁处。顶部被破坏，形制不详。用2块长约1.06米、宽约0.34米、厚约0.16米的空心砖横放作为封门，高0.68米。墓门宽1.10米，距地表深3.72米。

前室　平面呈长方形。砖室。室顶被破坏，形制不详。墓室两侧壁用长1.15米、宽约0.36米、厚约0.13米的空心砖对缝横砌两层，室底用长约1.15米、宽约0.33米、厚约0.10米的空心砖平铺一层，但由于受挤压的原因，皆破碎。室内填土为五花土。口长2.90米，宽1.12米，距地表深2.75米。底长3.18米，宽1.18米，距地表深4.03米。

后室　平面呈长方形。土洞穴式。置于墓室的北部。顶，穹隆形。室内填土为五花土。宽1.24米，

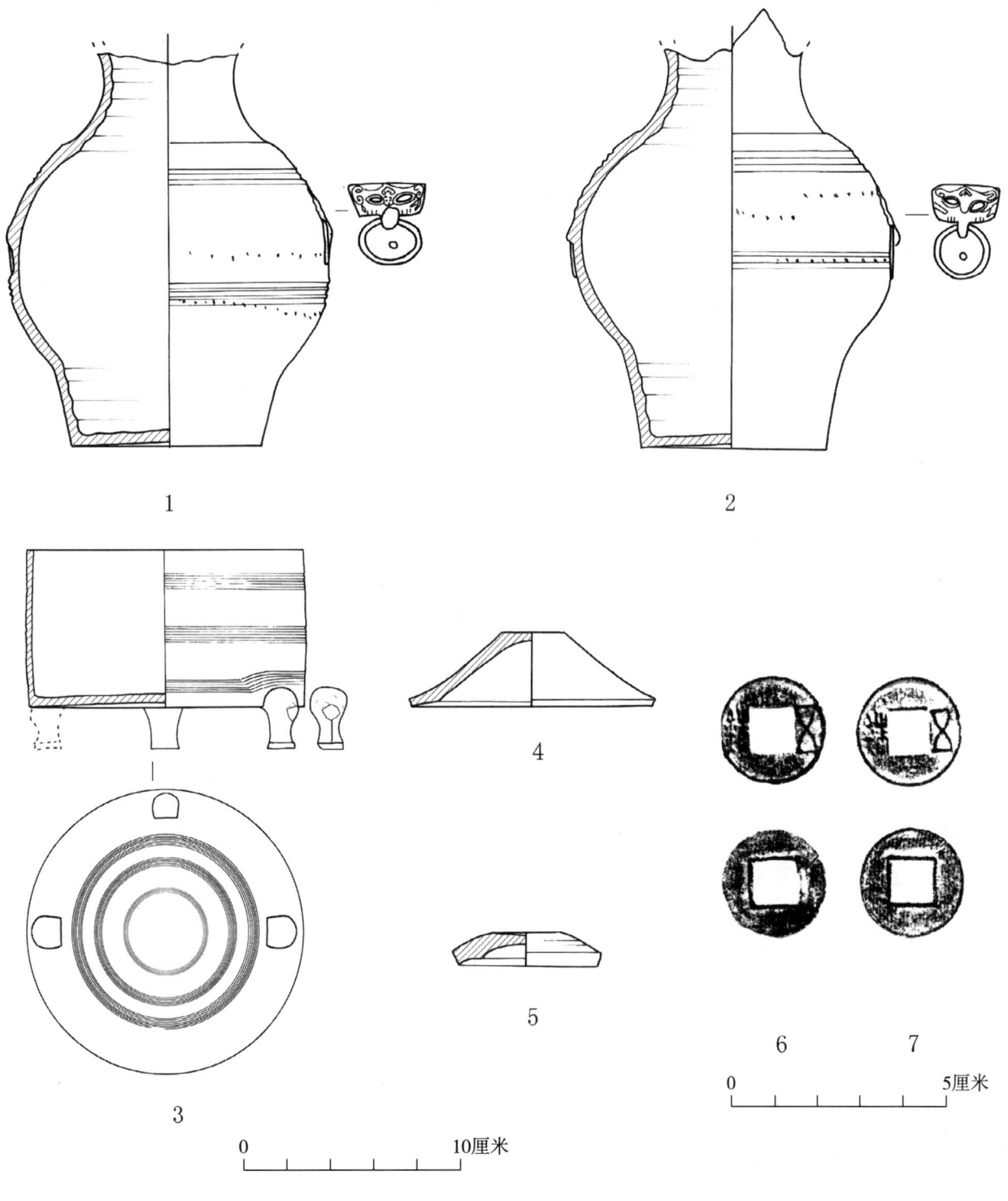

图二二七　M112出土遗物

1.陶壶（M112:1）　2.陶壶（M112:2）　3.陶三足樽（M112:3）　4.陶器盖（M112:5）　5.陶器盖（M112:6）
6.铜钱（M112:4-1-1）　7.铜钱（M112:4-1-2）

高 0.90 米，进深 0.60 米，距地表深 4.03 米。

人骨架无存。头向、面向、葬式、性别不明。在墓室底部发现有残存的棺灰痕迹，可以判断葬具应为木棺。有随葬品。（图二二八）

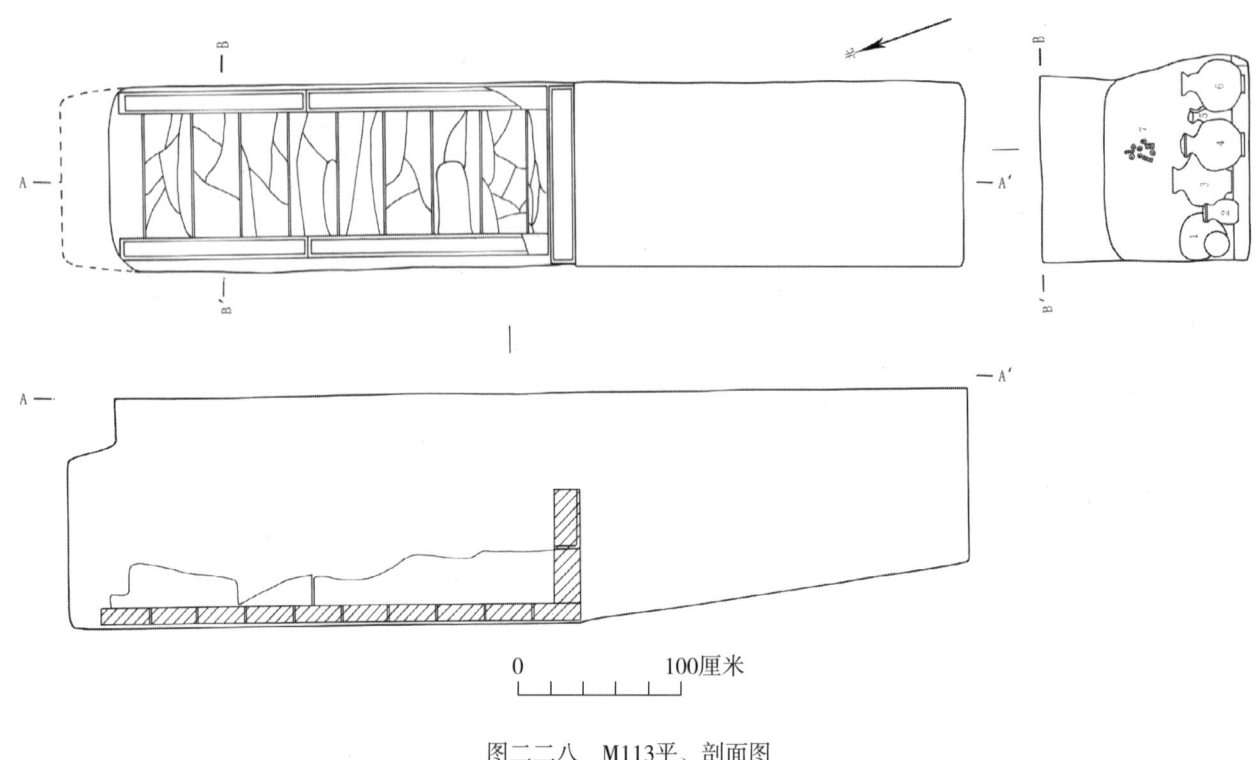

图二二八　M113平、剖面图
1.陶壶　2.陶壶　3.陶壶　4.陶壶　5.陶壶　6.陶壶　7.铜钱

（三）出土遗物

出土遗物共计60件。有陶壶6、铜钱54。均置放于后室内。

陶壶　6件。均为泥质灰陶。轮制。两两形制相同，尺寸略异。其中2件（标本M113:1、标本M113:6），器体较大。形制相同，尺寸不同。均子口承盖。盖，平顶微内凹，盖面弧形隆起，盖面中部有一周折棱，平沿，沿下面有一周凹槽作母口，斜方唇。壶，盘口外撇，盘口下有明显折棱，束颈，溜肩，弧鼓腹，下腹内收成平底，下接折曲状直圈足，足部折棱在足上部。肩腹交接处饰一周凹弦纹，腹中部饰两周凹弦纹，两组凹弦纹间两侧饰对称一兽面铺首衔环。标本M113:1，腹中部饰三周竖向弦断粗、细绳纹。盖，顶径3.7厘米，沿径16.9厘米，高4.3厘米；壶，口径17.6厘米，腹径30.0厘米，底径16.8厘米，高36.0厘米；通高40.8厘米。（图二二九，1；彩版七〇，1、2；图版七三，4）标本M113:6，盖，斜方唇中间有一周凹槽。盖，顶径4.9厘米，沿径16.2厘米，高4.0厘米；壶，口径17.0厘米，腹径29.6厘米，底径14.4厘米，高37.4厘米；通高41.4厘米。（图二二九，2；图版七四，3）另2件（标本M113:3、标本M113:4），器体较大。形制相同，尺寸不同。均子口承盖。盖，平顶微内凹，盖面弧形隆起，盖面有两周折棱，平沿，沿下面有一周凹槽作母口，斜方唇。壶，盘口外撇，盘口下有一周不明显折棱，束颈，溜肩，扁鼓腹，平底微内凹。肩腹交接处、腹中部各饰一周宽带纹，腹两侧宽带纹间饰对称一兽面铺首衔环。标本M113:3，盖，斜方唇中间有一周凹弦纹。壶，腹中部饰两周竖向弦断细绳纹。盖，顶径3.7厘米，沿径17.2厘米，高4.0厘米；壶，口径15.0厘米，腹径29.8厘米，底径13.8厘米，高30.4厘米；通高41.2厘米。（图二二九，3；彩版七〇，3、4；图版七四，1）标本M113:4，盖，顶径3.1厘米，沿径15.8厘米，高4.0厘米；壶，口径15.4厘米，腹径29.4厘米，底径13.8厘米，高31.2厘米；通高35.4厘米。（图二二九，4；图版七四，2）余2件（标本M113:2、标本M113:5），器体较小。均子口承盖。盖形制相同、壶形制各异，尺寸均不同。盖，平顶微内凹，盖面弧形隆起，盖面中部有一周折棱，平沿，沿下面有一周凹槽作母口，斜方唇中间有一周凹弦纹。标本M113:2，壶，盘口外撇，盘口下有一周不明显折棱，束颈，溜肩，弧鼓腹，折曲状空心假圈足，折棱在足部下部，平底微内凹。肩腹交接处、腹中部各饰一周宽带纹。盖，顶径3.0厘米，沿径10.6厘米，高2.8厘米；壶，口径11.0厘米，腹径15.6厘米，底径9.0厘米，高19.8厘米；通高22.4厘米。（图二二九，5；彩版七一，1；图版七三，5）标本M113:5，壶，盘口外撇，盘口下有一周不明显折棱，束颈，溜肩，扁弧腹，斜直状空心假圈足，足与腹部无明显界线，足上阔下斜内收，平底微内凹。肩腹交接处、腹中部各饰一周宽带纹。盖，顶径2.8厘米，沿径10.7厘米，高2.8厘米；壶，口径9.2厘米，腹径15.2厘米，底径8.2厘米，高19.3厘米；通高22.2厘米。（图二二九，6；图版七四，4）

铜钱　54枚。均为五铢。内廓正面均被磨除。标本M113:7。（彩版六九，6）依据钱文书体、保存现状等分为以下九种情况进行报告：

1. 标本M113:7-1（14枚）、标本M113:7-2（1枚）、标本M113:7-8（3枚）、标本M113:7-9（7枚），共计25枚。钱文书体相同，尺寸不同。钱文字迹均清晰。"五"字中间两交笔弯曲。"铢"字的"金"旁上部呈小三角形，下部四点稍短；"朱"旁上部方折，下部圆折，下竖较直，下部长于上部，上、下部之间的间距较大。标本M113:7-1，14枚。尺寸相同。钱径2.4厘米，穿径1.0厘米。（图二三〇，1、2、3）标本M113:7-2，1枚。钱径2.4厘米，穿径1.0厘米。（图二三〇，4）标本M113:7-8，3枚。尺寸相同。钱径2.5厘米，穿径1.0厘米。（图二三〇，12）标本M113:7-9，7枚。尺寸相同。钱径2.5厘米，穿径1.0厘米。（图二三〇，13、14）

2. 标本M113:7-3，8枚。钱文书体、尺寸均相同。钱文字迹均清晰。"五"字中间两交笔弯曲。"铢"字的"金"旁上部呈稍大三角形，下部四点稍短；"朱"旁上部方折，下部圆折，下竖较直，下部长于上部，上、下部之间的间距较大。钱径2.4厘米，穿径1.0厘米。（图二三〇，5、6）

3. 标本M113:7-4，2枚。钱文书体、尺寸均相同。钱文字迹清晰。"五"字中间两交笔呈稍曲。"铢"字的"金"旁上部呈稍大三角形，下部四点稍短；"朱"旁上部方折，下部方折，下竖较直，下部长于上部，上、下部之间的间距较大。内廓正面剪除。钱径2.4厘米，穿径1.0厘米。（图二三〇，7）

4. 标本M113:7-5，5枚。钱文书体、尺寸均相同。钱文字迹均清晰。"五"字中间两交笔呈稍曲。"铢"字的"金"旁上部呈小三角形，下部四点稍短；"朱"旁上部方折，下部圆折，下竖较直，下部长于上部，上、下部之间的间距较大。钱径2.4厘米，穿径1.0厘米。（图二三〇，8、9）

5. 标本M113:7-6，1枚。钱文字迹清晰。"五"字中间两交笔较直。"铢"字的"金"旁上部呈稍大三角形，下部四点稍长；"朱"旁上部方折，下部方折，下竖较直，下部长于上部，上、下部之间的间距较大。钱径2.4厘米，穿径1.0厘米。（图二三〇，10）

6. 标本M113:7-7，3枚。钱文书体、尺寸均相同。钱文字迹均清晰。"五"字中间两交笔较直。"铢"字的"金"旁上部呈小三角形，下部四点稍短；"朱"旁上部方折，下部圆折，下竖较直，下部长于上部，上、下部之间的间距较大。钱径2.4厘米，穿径1.0厘米。（图二三〇，11）

7. 标本M113：7-10，2枚。钱文书体、尺寸均相同。钱文字迹均清晰。"五"字中间两交笔呈稍弯曲。"铢"字的"金"旁上部呈稍大三角形，下部四点稍短；"朱"旁上部方折，下部圆折，下竖较直，下部长于上部，上、下部之间的间距较大。内廓正面剪除。钱径2.5厘米，穿径1.0厘米。（图二三〇，15）

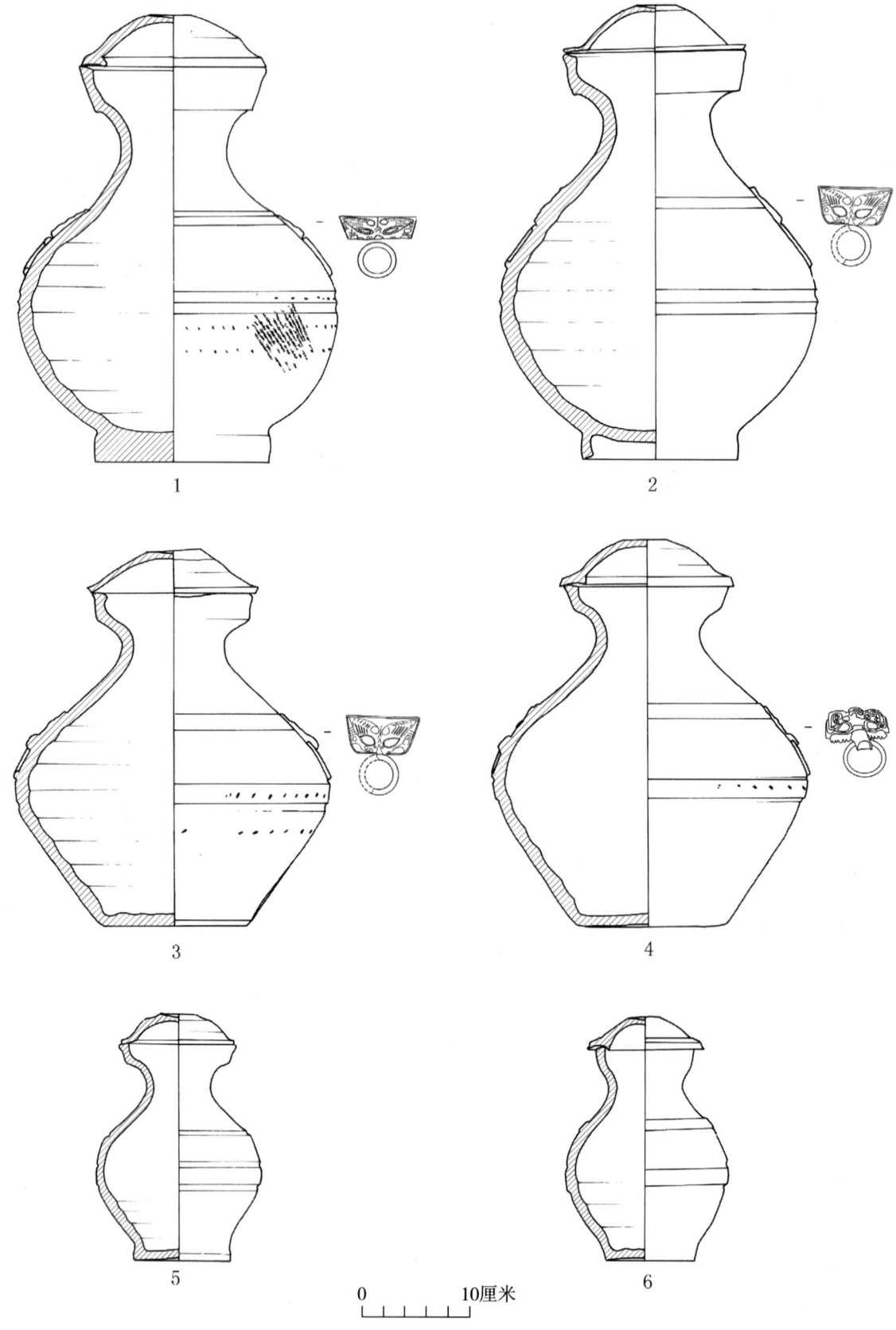

图二二九　M113出土陶壶
1. M113:1　2. M113:6　3. M113:3　4. M113:4　5. M113:2　6. M113:5

8. 标本 M113:7-11，5 枚。钱文书体、尺寸均相同。钱文字迹均清晰。"五"字中间两交笔呈稍弯曲。"铢"字的"金"旁上部呈小三角形，下部四点稍短；"朱"旁上部方折，下部圆折，下竖较直，下部长于上部，上、下部之间的间距较大。钱径 2.5 厘米，穿径 1.0 厘米。（图二三〇，16、17）

9. 标本 M113:7-12，3 枚。钱文"五"字和"铢"字均不清晰，钱文书体不可辨识。尺寸相同。钱径 2.5 厘米，穿径 1.0 厘米。

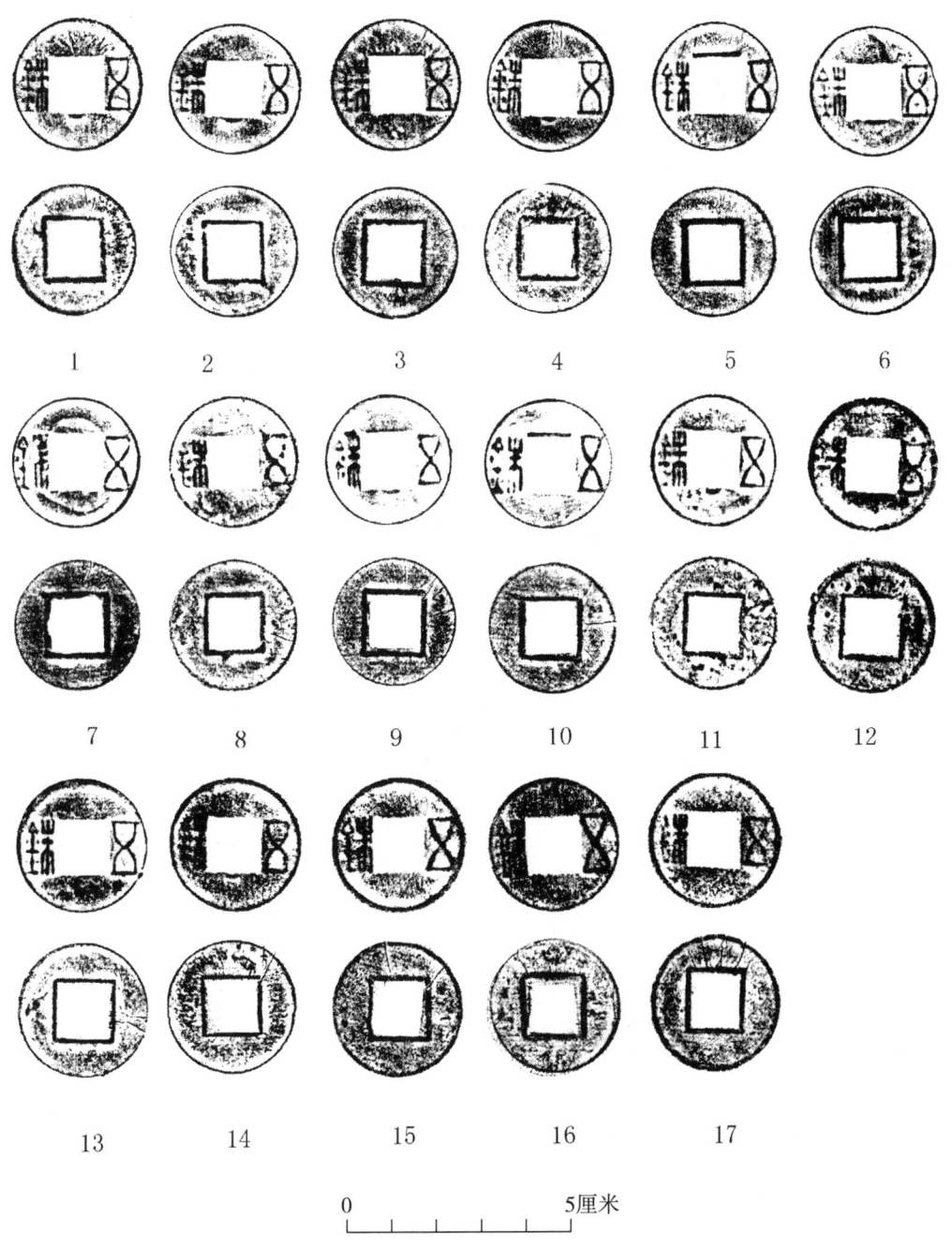

图二三〇　M113出土铜钱

1. M113:7-1-1　2. M113:7-1-2　3. M113:7-1-3　4. M113:7-2　5. M113:7-3-1　6. M113:7-3-2　7. M113:7-4　8. M113:7-5-1　9. M113:7-5-2　10. M113:7-6　11. M113:7-7　12. M113:7-8-1　13. M113:7-9-1　14. M113:7-9-2　15. M113:7-10　16. M113:7-11-1　17. M113:7-11-2

八二、M115

(一)层位关系

该墓的上部被施工破坏,依据附近断崖壁的层次推测该墓开口于第②层下,位于 M113 的西部。该墓被破坏严重。墓道南部被 M120 打破,墓室西北部被 M124 打破,又打破 M121。

(二)墓葬形制、葬式与葬具

单室砖室墓。方向 182°。由墓道和墓室两部分组成。墓道略窄于墓室。墓道与墓室构成平面呈铲形。

墓道　长方形竖井斜坡式。土坑。置于墓室南部。直壁,斜坡底。南部被 M120 打破。墓道上口长 2.75 米,宽 1.76 米,距地表深 2.75 米。底长 3.03 米,宽 1.72 米,距地表深 2.76~3.59 米。

墓室　长方形。砖室。室顶被破坏,形制不详。墓室两侧用长 0.35 米、宽 0.13 米、厚 0.07 米的青砖错缝垒砌,最高残存十五层,高 1.08 米。室底亦用同样的青砖平铺一层,但被破坏严重。墓室西北部被 M124 打破。室内填土为五花土,土质较硬。口长 4.85 米,宽 2.20 米,距地表深 2.75 米。底长 4.56 米,宽 2.15 米,距地表深 3.85 米。

人骨架无存。头向、面向、葬式、性别不明。在墓室底部发现有残存的棺灰痕迹,可以判断葬具应为木棺。有随葬品。(图二三一)

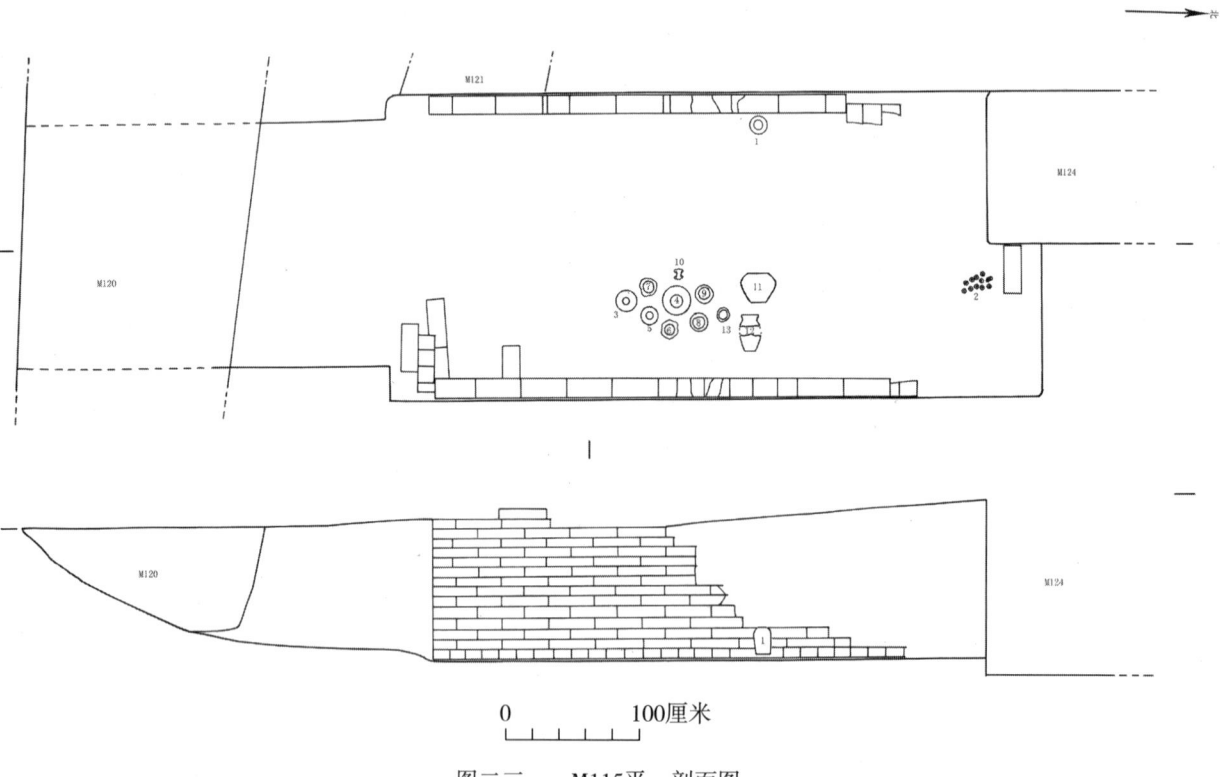

图二三一　M115 平、剖面图
1.陶仓　2.铜钱　3.陶器盖　4.陶三足樽　5.陶仓　6.陶仓　7.陶仓　8.陶器盖　9.陶器盖　10.陶器柄　11.陶罐　12.陶壶　13.陶器盖

(三)出土遗物

出土遗物共计 25 件。有陶壶 1、陶仓 4、陶器柄 1、陶三足樽 1、陶罐 1、陶器盖 4、铜钱 13。置放于墓室内，比较散乱。

陶壶　1 件。标本 M115:12，泥质灰陶。轮制。仅存口至肩部、下腹至底各一小部分残片。可看出壶为侈口，圆卷唇下折，束颈，溜肩，上腹残失，下腹斜直内收，平底。口部残片，口径 11.8 厘米，残高 8.5 厘米；腹底部残片，底径 14.8 厘米，残高 8.1 厘米。

陶仓　4 件。均为泥质灰陶。轮制。其中 2 件（标本 M115:6、标本 M115:7）残缺甚重，仅存口肩及上腹的小部分各一片。可以辨识其形制：小圆口，卷圆唇，溜肩下折，圆筒形腹。标本 M115:6，残口宽 8.9 厘米，残高 5.1 厘米。标本 M115:7，残口宽 9.2 厘米，残高 8.4 厘米。另 2 件（标本 M115:1、标本 M115:5），完整或复原完整。形制相同，尺寸略异。小圆口，无领，斜肩下折，筒形斜直腹，腹上阔下稍内收，平底微内凹。体形较瘦。腹部自上而下饰数周凹弦纹。底外部满布浅窄凹弦纹，弦纹以一侧为中心呈水波辐射状均匀分布。标本 M115:1，方唇，口径 7.2 厘米，腹径 13.0 厘米，底径 11.8 厘米，高 20.0 厘米。（图二三二，3；彩版七一，2；图版七四，5）标本 M115:5，口径 5.6 厘米，腹径 12.0 厘米，底径 11.0 厘米，高 20.0 厘米。（图二三二，4；图版七五，2）

陶器柄　1 件。泥质灰陶。标本 M115:10，圆柱状，束腰，中空。束腰直径 3.8 厘米，残高 4.8 厘米。（图二三二，6）

陶三足樽　1 件。标本 M115:4，泥质灰陶。轮制。圆筒形。直口，圆唇，筒形斜直腹上扩下内收，平底微内凹，下附三兽面蹄形足。腹外壁上、中、下部各饰一组凹弦纹，每组凹弦纹分别由四周、七周和一周组成；三组凹弦纹将腹部分为四部分，四部分均饰一周水波纹。口径 20.1 厘米，底径 18.6 厘米，高 14.8 厘米。（图二三二，2；彩版七一，3；图版七五，1）

陶罐　1 件。标本 M115:11，泥质灰陶。轮制。敞口，方唇，矮直领，弧肩，弧腹，下腹斜内收，平底微内凹。上腹部饰三周凹弦纹。口径 17.8 厘米，腹径 26.6 厘米，底径 11.7 厘米，高 21.0 厘米。（图二三二，1）

陶器盖　4 件。均为泥质灰陶。轮制。圆形。其中 3 件（标本 M115:8、标本 M115:9、标本 M115:13）较残。标本 M115:8，顶残。盖面弧形隆起，平沿，沿下面有一周凹槽作母口，方唇上卷。盖面中部有一周细凹弦纹。沿径 13.5 厘米，残高 2.8 厘米。标本 M115:9，顶部残失，仅存盖面至沿的一部分。盖面弧形隆起，斜沿，沿下面有一周凹槽作母口，方唇。盖面有数周细小的凹弦纹。残宽 12.9 厘米，残高 3.9 厘米。标本 M115:13，顶部残失，仅存盖面至沿的一小部分。盖面弧形隆起，斜沿稍平，沿下面有一周凹槽作母口，方唇。残宽 9.0 厘米，残高 2.6 厘米。另 1 件，标本 M115:3，完整。斜平顶，盖面斜上隆起，平沿，沿下面有一周凹槽作母口，圆唇。盖内外均有数周细小的凹弦纹。顶径 4.6 厘米，沿径 15.6 厘米，高 4.0 厘米。（图二三二，5；图版七四，6）

铜钱　13 枚。为五铢。内廓正面均被磨除。标本 M115:2。依据钱文书体、保存现状等分为以下五种情况进行报告：

1. 标本 M115:2-1，2 枚。钱文书体、尺寸均相同。钱文字迹清晰。"五"字中间两交笔弯曲。"铢"字的"金"旁上部呈小三角形，下部四点稍长；"朱"旁上部方折，下部圆折，下竖较直，下部长于上部，上、下部之间的间距较大。钱径 2.5 厘米，穿径 1.0 厘米。（图二三二，7）

2. 标本 M115:2-2，2 枚。钱文书体、尺寸均相同。钱文字迹均清晰。"五"字中间两交笔弯曲。"铢"

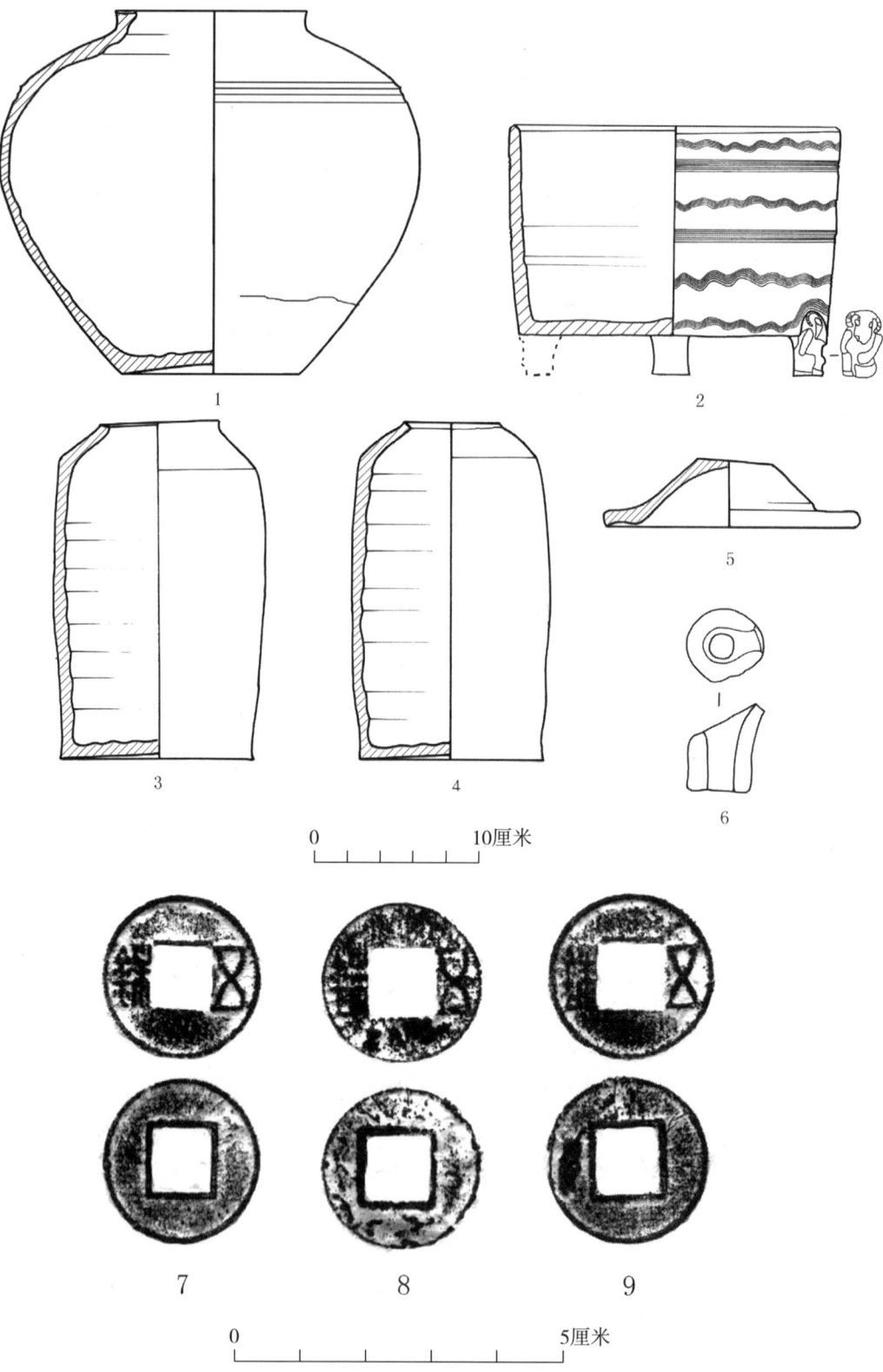

图二三二　M115出土遗物

1.陶罐（M115:11）　2.陶三足樽（M115:4）　3.陶仓（M115:1）　4.陶仓（M115:5）　5.陶器盖（M115:3）
6.陶器柄（M115:10）　7.铜钱（M115:2-1）　8.铜钱（M115:2-2）　9.铜钱（M115:2-6）

字的"金"旁上部呈小三角形,下部四点稍短;"朱"旁上部方折,下部圆折,下竖较直,下部长于上部,上、下部之间的间距较大。钱径 2.5 厘米,穿径 1.0 厘米。(图二三二,8)

3. 标本 M115:2-6,1 枚。钱文字迹清晰。"五"字中间两交笔稍弯曲。"铢"字的"金"旁上部呈小三角形,下部四点稍短;"朱"旁上部方折,下部圆折,下竖较直,下部长于上部,上、下部之间的间距较大。内廓正面剪除。钱径 2.5 厘米,穿径 1.0 厘米。(图二三二,9)

4. 标本 M115:2-3(2 枚)、标本 M115:2-5(2 枚),共计 4 枚。钱文书体不同,尺寸相同。钱文字迹部分不清晰。标本 M115:2-3,2 枚。"五"字中间两交笔弯曲。"铢"字不清。钱径 2.5 厘米,穿径 1.0 厘米。M115:2-5,2 枚。"五"字中间两交笔呈稍曲。"铢"字不清。钱径 2.5 厘米,穿径 1.0 厘米。

5. 标本 M115:2-4,4 枚。钱文"五"字和"铢"字均不清晰,尺寸相同。钱文书体不可辨识。钱径 2.5 厘米,穿径 1.0 厘米。

八三、M116

(一)层位关系

该墓的上部被施工破坏,依据附近断崖壁的层次推测该墓开口于第②层下,位于 M120 的南部。该墓被破坏严重。

(二)墓葬形制、葬式与葬具

双室砖室墓。方向 182°。由墓道、墓门、墓室和耳室四部分组成。墓道稍宽于墓室。

墓道　近长方形竖井式。土坑。置于墓室的北部。直壁,东壁稍长,平底。墓道内填土为五花土,土质较硬。上口被破坏,形制不详。底长 1.54~1.70 米,宽 1.40 米,距地表深 1.40 米(残存)。

墓门　平面呈长方形。开口于墓道南壁中部。由于被破坏,封门砖无存,仅在底中部残存 3 块横置平铺的青砖。门宽 1.26 米,进深 0.32~0.44 米。

墓室　平面呈长方形。砖室。顶部被破坏,形制不详。壁用长 0.34 米、宽 0.14 米、厚 0.06 米的青砖错缝垒砌,残存三层,高 0.28 米;底用同样的青砖平铺一层,大部分被破坏。无封门痕迹。室内填土为五花土,土质较松。口长 3.86 米,宽 1.26 米,距地表深未知。底长 3.80 米,宽 1.20 米,距地表深 1.10 米(残存)。

耳室　平面呈半圆形。土洞穴式。开口于墓室口部的西侧。穹隆形顶。室内填土为五花土。耳室宽 1.02 米,残高 0.70 米,进深 0.88 米。

人骨架无存。头向、面向、葬式、性别不明。葬具未知。有随葬品。(图二三三)

(三)出土遗物

出土遗物共计 66 件。有铁锸 1、铜钱 65。铁锸置放于墓室西壁近南端,铜钱散置于墓室东壁中部。

铁锸　1 件。标本 M116:2,残缺甚重,仅存銎部的一边,中空。残长 6.0 厘米,残宽 3.1 厘米,残厚 0.3 厘米。(图二三四,19)

铜钱　65 枚。均为五铢。内廓正面均被磨除,部分外廓也被磨除。标本 M116:1。(彩版七一,4)依据钱文书体、保存现状等分为以下十种情况进行报告:

1. 标本 M116:1-1(5 枚),标本 M116:1-11(2 枚),共计 7 枚。钱文书体相同,尺寸不同。钱文字迹均清晰。"五"字中间两交笔弯曲。"铢"字的"金"旁上部呈小三角形,下部四点稍短;"朱"旁上部方

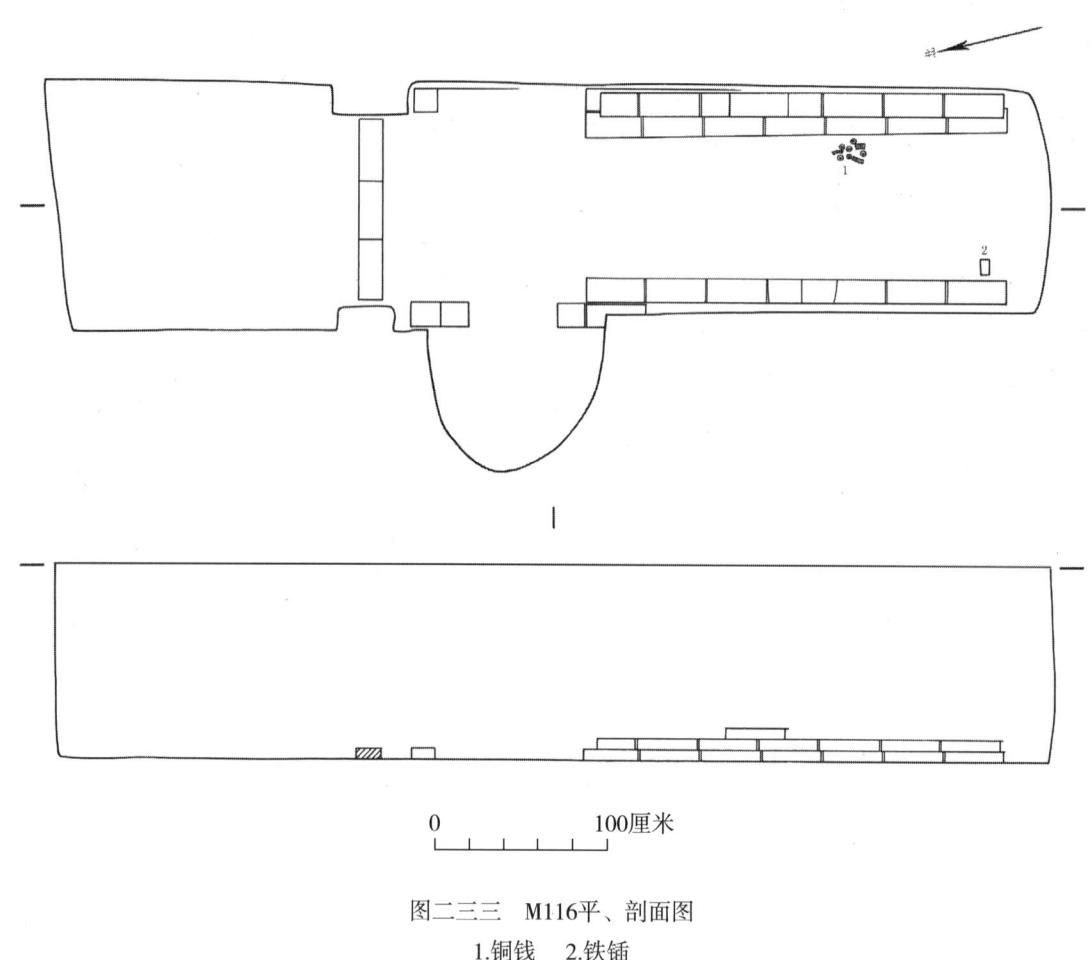

图二三三　M116平、剖面图
1.铜钱　2.铁锸

折，下部圆折，下竖较直，下部长于上部，上、下部之间的间距较大。标本M116:1-1，5枚。尺寸相同。钱径2.5厘米，穿径1.0厘米。（图二三四，1、2）标本M116:1-11，2枚。外廓也被磨除。尺寸相同。钱径2.4厘米，穿径1.0厘米。（图二三四，11）

2. 标本M116:1-2（4枚）、标本M116:1-8（3枚）、标本M116:1-13（9枚）、标本M116:1-19（6枚），共计22枚。钱文书体相同，尺寸不同。钱文字迹均清晰。"五"字中间两交笔弯曲。"铢"字的"金"旁上部呈小三角形，下部四点稍短；"朱"旁上部方折，下部方折，下竖较直，下部长于上部，上、下部之间的间距较大。标本M116:1-2，4枚。尺寸相同。钱径2.5厘米，穿径1.0厘米。（图二三四，3、4）标本M116:1-8，3枚。尺寸相同。钱径2.4厘米，穿径1.0厘米。（图二三四，8）标本M116:1-13，9枚。外廓也被磨除。尺寸相同。钱径2.0厘米，穿径1.0厘米。（图二三四，12、13）标本M116:1-19，6枚。外廓也被磨除。尺寸相同。钱径2.2厘米，穿径1.0厘米。（图二三四，15、16）

3. 标本M116:1-3（2枚），标本M116:1-16（3枚），共计5枚。钱文书体相同，尺寸不同。钱文字迹均清晰。"五"字中间两交笔呈稍曲。"铢"字的"金"旁上部呈小三角形，下部四点稍短；"朱"旁上部方折，下部圆折，下竖较直，下部长于上部，上、下部之间的间距较大。标本M116:1-3，2枚。尺寸相同。钱径2.5厘米，穿径1.0厘米。（图二三四，5）标本M116:1-16，3枚。尺寸相同。外廓也被磨除。钱径2.0厘米，穿径1.0厘米。（图二三四，14）

4. 标本 M116:1-4、标本 M116:1-5、标本 M116:1-10，各 1 枚。钱文书体相同，尺寸有异。钱文字迹清晰。"五"字中间两交笔较直。"铢"字的"金"旁上部呈小三角形，下部四点稍短；"朱"旁上部方折，下部圆折，下竖较直，下部长于上部，上、下部之间的间距较大。标本 M116:1-4，1 枚。钱径 2.5 厘米，穿径 1.0 厘米。（图二三四，6）标本 M116:1-5，1 枚。钱径 2.5 厘米，穿径 1.0 厘米。（图二三四，7）标本 M116:1-10，1 枚。钱径 2.4 厘米，穿径 1.0 厘米。（图二三四，10）

5. 标本 M116:1-21，4 枚。钱文书体、尺寸均相同。钱文字迹清晰。"五"字中间两交笔呈稍曲。"铢"字的"金"旁上部呈稍大三角形，下部四点稍短；"朱"旁上部方折，下部圆折，下竖较直，下部长于上部，上、下部之间的间距较大。外廓也被磨除。钱径 2.2 厘米，穿径 1.0 厘米。（图二三四，17）

6. 标本 M116:1-9，1 枚。钱文字迹清晰。"五"字中间两交笔弯曲。"铢"字的"金"旁上部呈小三角形，下部四点稍长；"朱"旁上部方折，下部圆折，下竖较直，下部长于上部，上、下部之间的间距较大。钱径 2.4 厘米，穿径 1.0 厘米。（图二三四，9）

7. 标本 M116:1-23，2 枚。为剪轮五铢。钱文书体、尺寸均相同。"五"字被剪掉一半，中间两交笔弯曲。"铢"字的"金"旁也被剪掉；"朱"旁上部方折，下部圆折，下竖较直，下部长于上部，上、下部之间的间距较大。外廓也被磨除。钱径 1.8 厘米，穿径 1.0 厘米。（图二三四，18）

8. 标本 M116:1-24，1 枚。为剪轮五铢。"五"字被剪掉一半，中间两交笔呈稍曲。"铢"字的"金"旁也被剪掉；"朱"旁上部方折，下部圆折，下竖较直，下部长于上部，上、下部之间的间距较大。外廓也被磨除。钱径 1.8 厘米，穿径 1.0 厘米。

9. 标本 M116:1-6（3 枚）、标本 M116:1-12（1 枚）、标本 M116:1-14（5 枚）、标本 M116:1-15（4 枚）、标本 M116:1-17（3 枚）、标本 M116:1-18（1 枚）、标本 M116:1-20（1 枚）、标本 M116:1-22（1 枚），共计 19 枚。钱文部分字迹不清晰，尺寸有异。标本 M116:1-6，3 枚。"五"字中间两交笔呈稍曲。"铢"字不清。尺寸相同。钱径 2.5 厘米，穿径 1.0 厘米。标本 M116:1-12，1 枚。"五"字中间两交笔弯曲。"铢"字的"金"旁上部不清晰；"朱"旁上部方折，下部圆折，下竖较直，下部长于上部，上、下部之间的间距较大。钱径 2.4 厘米，穿径 1.0 厘米。标本 M116:1-14，5 枚。"五"字中间两交笔弯曲。"铢"字的"金"旁不清晰；"朱"旁上部方折，下部圆折，下竖较直，下部长于上部，上、下部之间的间距较大。外廓也被磨除。尺寸相同。钱径 2.0 厘米，穿径 1.0 厘米。标本 M116:1-15，4 枚。"五"字中间两交笔弯曲。"铢"字不清晰。外廓也被磨除。尺寸相同。钱径 2.0 厘米，穿径 1.0 厘米。标本 M116:1-17，3 枚。"五"字中间两交笔呈稍曲。"铢"字的"金"旁不清晰；"朱"旁上部方折，下部圆折，下竖较直，下部长于上部，上、下部之间的间距较大。外廓也被磨除。尺寸相同。钱径 2.0 厘米，穿径 1.0 厘米。标本 M116:1-18，1 枚。"五"字中间两交笔呈稍曲。"铢"字不清晰。外廓也被磨除。钱径 2.0 厘米，穿径 1.0 厘米。标本 M116:1-20，1 枚。"五"字中间两交笔弯曲。"铢"字不清晰。外廓也被磨除。钱径 2.2 厘米，穿径 1.0 厘米。标本 M116:1-22，1 枚。"五"字中间两交笔呈稍曲。"铢"字不清晰。外廓也被磨除。钱径 2.2 厘米，穿径 1.0 厘米。

10. 标本 M116:1-7，1 枚。"五"字和"铢"字均不清晰，钱文书体不可辨识。钱径 2.5 厘米，穿径 1.0 厘米。

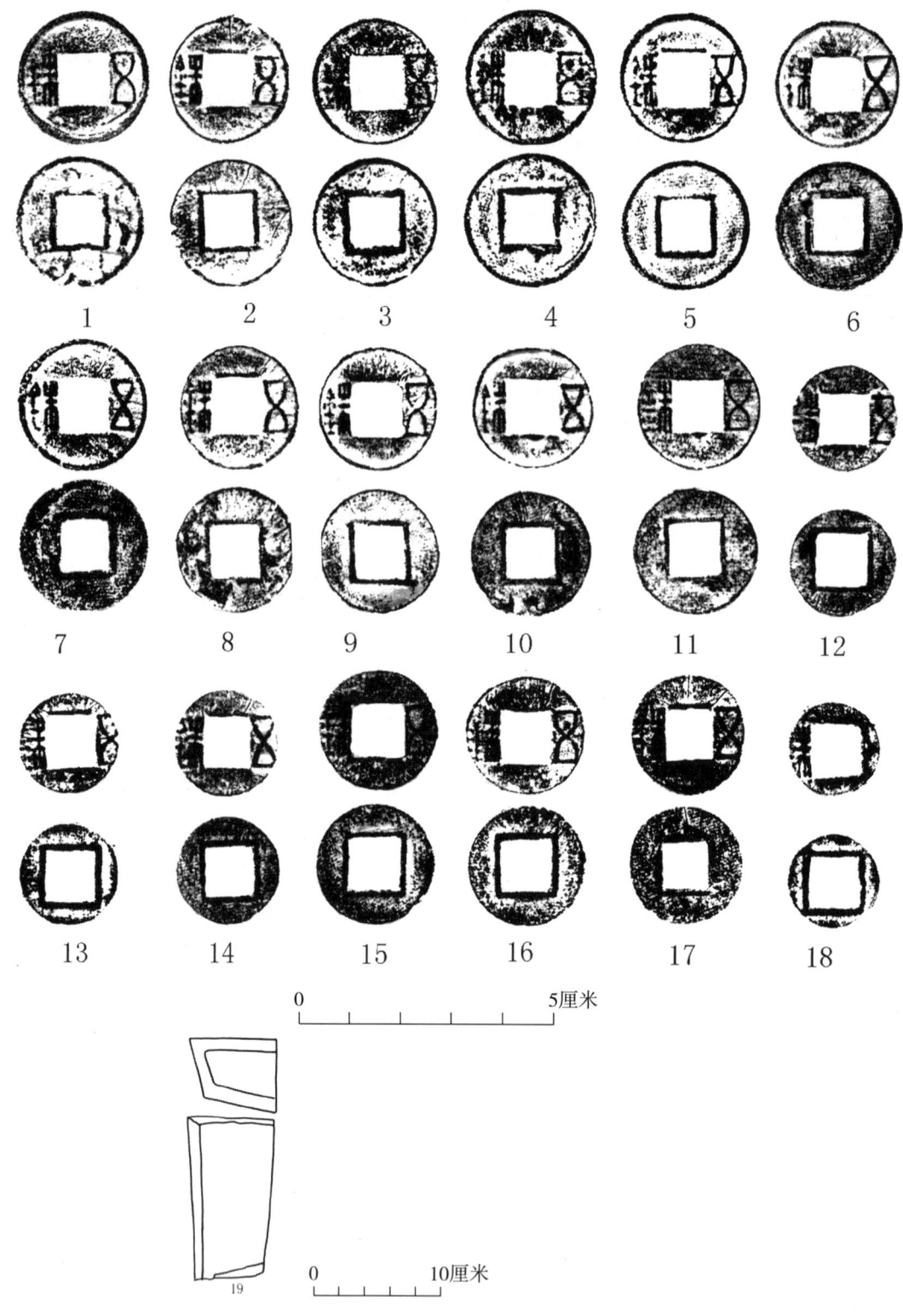

图二三四　M116出土遗物

1.铜钱（M116:1-1-1）　2.铜钱（M116:1-1-2）　3.铜钱（M116:1-2-1）　4.铜钱（M116:1-2-2）　5.铜钱（M116:1-3）　6.铜钱（M116:1-4）　7.铜钱（M116:1-5）　8.铜钱（M116:1-8）　9.铜钱（M116:1-9）　10.铜钱（M116:1-10）　11.铜钱（M116:1-11）　12.铜钱（M116:1-13-1）　13.铜钱（M116:1-13-2）　14.铜钱（M116:1-16）　15.铜钱（M116:1-19-1）　16.铜钱（M116:1-19-2）　17.铜钱（M116:1-21）　18.铜钱（M116:1-23）　19.铁锸（M116:2）

八四、M117

（一）层位关系

该墓的上部被施工破坏，依据附近断崖壁的层次推测该墓开口于第②层下，位于 M116 的西南部。

（二）墓葬形制、葬式与葬具

长方形竖穴土坑墓。方向 97°。直壁，平底。内填土为五花土，土质较松。口长 2.10 米，宽 0.70 米，距地表深 1.94 米。底长 3.10 米，宽 0.65 米，距地表深 2.14 米。

人骨架 1 具。腐朽严重，只可辨清头向西，面向未知。葬式为仰身直肢。年龄、性别无法判断。从残存的棺灰推测，葬具应为木棺。有随葬品。（图二三五）

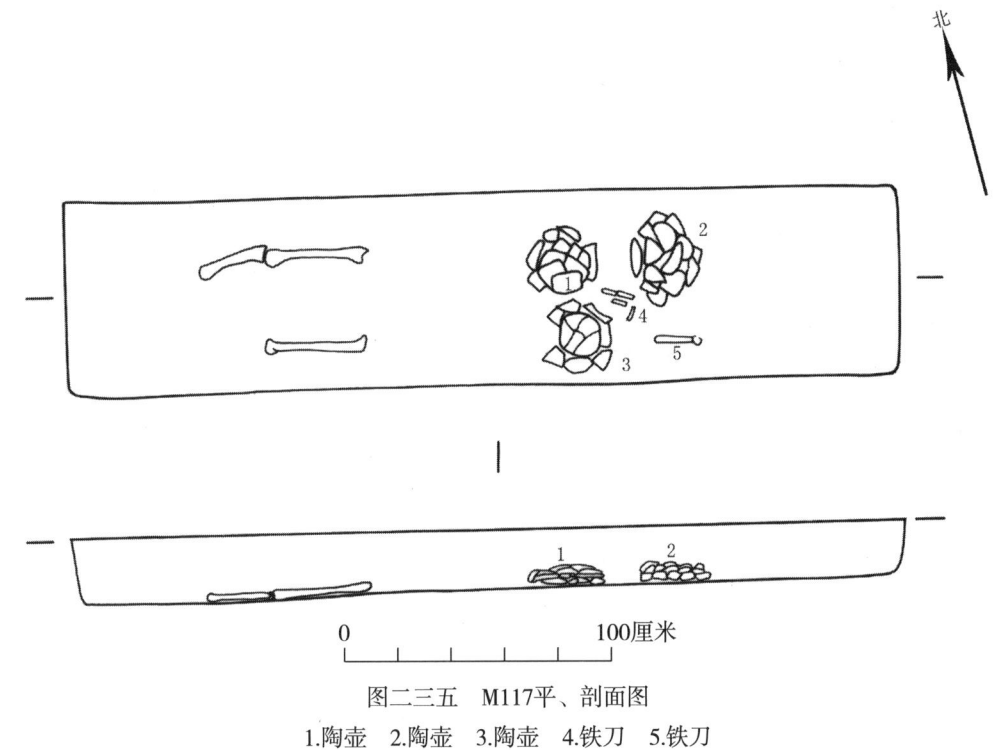

图二三五　M117 平、剖面图
1.陶壶　2.陶壶　3.陶壶　4.铁刀　5.铁刀

（三）出土遗物

出土遗物共计 5 件。有陶壶 3、铁刀 2。置放于墓室中部稍偏东。

陶壶　3 件。均为泥质灰陶。轮制。其中 2 件（标本 M117:1、标本 M117:3），残缺甚重。标本 M117:1，残碎较甚，不可复原。子口承盖。盖顶部残失，盖面弧形隆起，下部有一周凹弦纹，平沿，沿下面有一周凹槽作母口，方唇，唇中间有一周凹槽。壶，仅存口部一片，腹片两小片，铺首一个及足部两片。可以看出壶为盘口外撇，盘口下有不明显折棱；鼓腹，直圈足。腹部饰一周宽带纹，腹两侧应对称饰铺首，衔环不见。盖，残宽 5.5 厘米，残高 4.0 厘米；壶口部片，残宽 15.2 厘米，残高 7.3 厘米；腹部残片，最大一片残宽 8.1 厘米，残高 22.0 厘米；足部最大一片残宽 8.9 厘米，足高 3.7 厘米；铺首宽 6.4 厘米，残高 5.3 厘米。标本 M117:3，残碎较甚，不可复原。子口承盖。盖仅存口沿处，平沿，沿下面有一周凹槽作母口，方唇。壶，浅盘口外撇，盘口下有不明显折棱，束颈，溜肩，鼓腹，下腹弧内收接高假圈足。肩部饰两周宽凹弦纹，足削边一周，器壁内满布凹弦纹。盖，沿残宽9.2厘米，残高2.7厘米；壶，口片残宽8.3厘米，残高5.8厘米；壶，腹径24.4厘米，底径16.0厘米，残高23.6厘米。（图二三六，2）另1件，标本M117:2，可以复原。盘口下有明显折棱，束颈，溜肩，弧腹，下腹斜内收，下接直筒型空心高假圈足，足与腹部有明显界线。肩腹交接处、腹中部靠下各饰两周明显凹弦纹，腹底交接处饰一周细凹弦纹，器表满布浅凹弦纹。口径16.8厘米，腹径24.8厘米，底径15.8厘米，高34.2厘米。（图二三六，1；图版七五，3）

铁刀　2件。均锈蚀严重，残。标本M117:4，锋、柄均残失。刀呈长条状，直背，直双面刃。截面呈长方形。残长12.7厘米，残宽1.3厘米，残厚0.4厘米。（图二三六，3；彩版七二，1；图版七五，4）标本M117:5，长条形。环手直背，单面直刃。刀尖残失，环手不完整。残长11.9厘米，残宽1.1厘米，厚0.3厘米。（图二三六，4；图版七五，5）

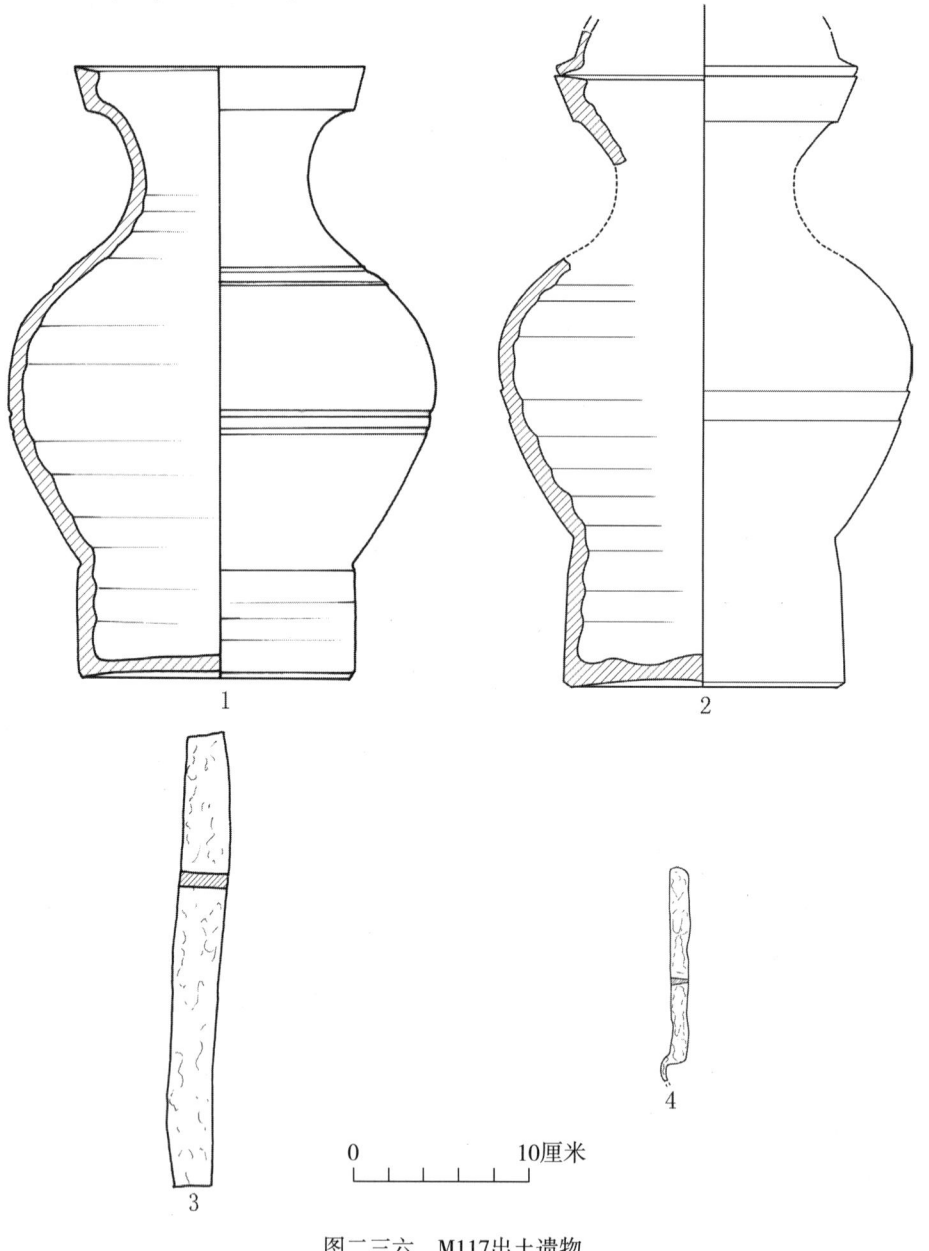

图二三六　M117出土遗物
1.陶壶（M117:2）　2.陶壶（M117:3）　3.铁刀（M117:4）　4.铁刀（M117:5）

八五、M118

（一）层位关系

该墓的上部被施工破坏，依据附近断崖壁的层次推测该墓开口于第②层下，位于 M117 的北部。

（二）墓葬形制、葬式与葬具

长方形竖穴土坑墓。方向 9°。直壁，平底。内填土为五花土，土质较松。口长 2.56 米，宽 0.70 米，距地表深 1.95 米。底长 2.55 米，宽 0.70 米，距地表深 2.28 米。

人骨架 1 具。腐朽较严重，仅可辨清头向北，面向西。葬式为仰身直肢。从头骨和腿骨来判断，应为男性，年龄在五十岁左右。残存有棺灰痕迹，葬具应为木棺。有随葬品。（图二三七）

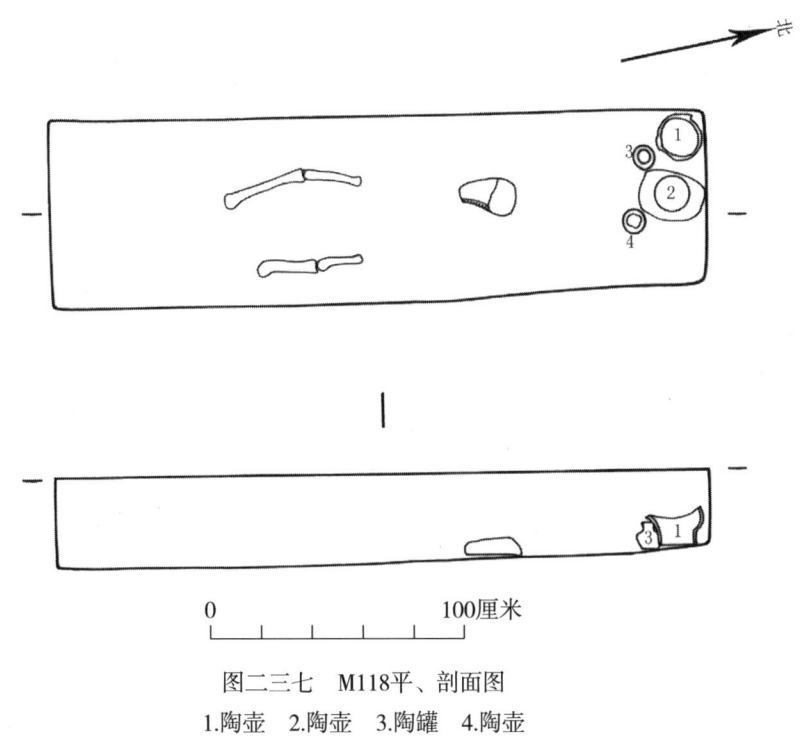

图二三七　M118 平、剖面图
1.陶壶　2.陶壶　3.陶罐　4.陶壶

（三）出土遗物

出土遗物共计 4 件。陶壶 3、陶罐 1。置放于墓室北部。

陶壶　3 件。均为泥质灰陶。轮制。其中 2 件（标本 M118:1、标本 M118:2）残缺较甚，无法复原，从残部看 2 件器体均较大。标本 M118:1，仅存下腹及底部。可以看出，壶下腹斜内收，下接高假圈足，圈足外撇。圈足削边一周。器内壁满布凹弦纹。底径 16.0 厘米，残高 11.5 厘米。标本 M118:2，口、颈残失。壶，鼓腹，下腹部弧内收，下接高假圈足，圈足微外撇。圈足削边一周。腹中部偏下饰两周凹弦纹，腹中部两侧对称各饰一兽面铺首衔环。器内壁满布凹弦纹。腹径 22.8 厘米，底径 15.7 厘米，残高 18.9 厘米。（图二三八，1）另 1 件，标本 M118:4，器体较小。盘口外撇，盘口下有一周不明显折棱，束颈，溜肩，弧腹，下腹弧内收，下接直筒型空心假圈足，足与腹部无明显界线。肩腹交接处、腹中部各饰一周凹弦纹，底部施数周细小的弦纹。器内满布凹弦纹。口径 8.8 厘米，腹径 11.0 厘米，底径 7.4 厘米，高 16.6 厘

米。(图二三八，2；图版七六，1)

陶罐 1件。泥质灰陶。轮制。标本M118:3，侈口，斜沿下折，尖唇，束颈，弧肩，弧腹，平底微内凹。腹外壁饰数周凹弦纹。口径6.6厘米，腹径9.8厘米，底径5.4厘米，高11.2厘米。(图二三八，3；图版七六，2)

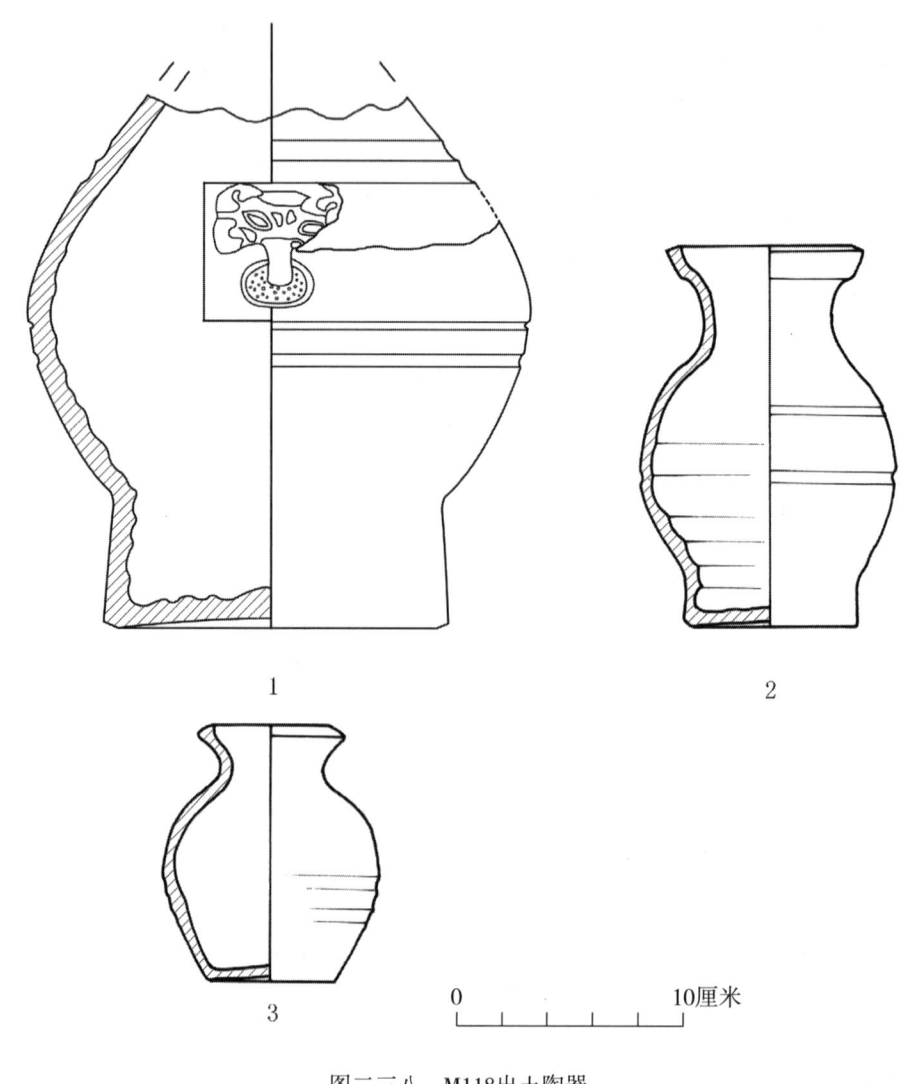

图二三八　M118出土陶器
1.陶壶（M118:2）　2.陶壶（M118:4）　3.陶罐（M118:3）

八六、M119

（一）层位关系

该墓的上部被施工破坏，依据附近断崖壁的层次推测该墓开口于第②层下，位于M113的东部。

（二）墓葬形制、葬式与葬具

单室砖室墓。方向15°。由墓道、墓门和墓室三部分组成。墓道与墓室宽度相当。墓道与墓室构成平面呈近长方形。

墓道　长方形竖井斜坡式。土坑。置于墓室的南部。直壁，斜坡底。室内填土为五花土，土质较硬。口长 3.40 米，宽 1.16 米，距地表深 2.75 米。底长 3.37 米，宽 1.14 米，距地表深 4.29 米。

墓门　平面呈长方形。开口在墓道的南部。平形顶。上宽下窄。封门下部用 2 块长 1.10 米、宽约 0.35 米、厚约 0.15 米的空心砖横砌作为封门。宽 1.16 ~ 1.24 米，高 1.48 米。

墓室　平面呈长方形。砖室。顶部被破坏，但从局部残存来看，应为穹隆形顶。墓室两壁用长 1.15 米、宽约 0.35 米、厚约 0.12 米的空心砖错缝横砌两层，室底用长约 1.15 米、宽约 0.29 米、厚约 0.10 米的空心砖平铺一层。室内填土为五花土。口长 3.64 米，宽 1.18 米，距地表深 2.75 米。底长 3.60 米，宽 1.12 米，距地表深 4.29 米。

人骨架无存。头向、面向、葬式、性别不明。在墓室底部发现有黑灰色棺灰痕迹，推测葬具应为木棺。有随葬品。（图二三九，图版一〇）

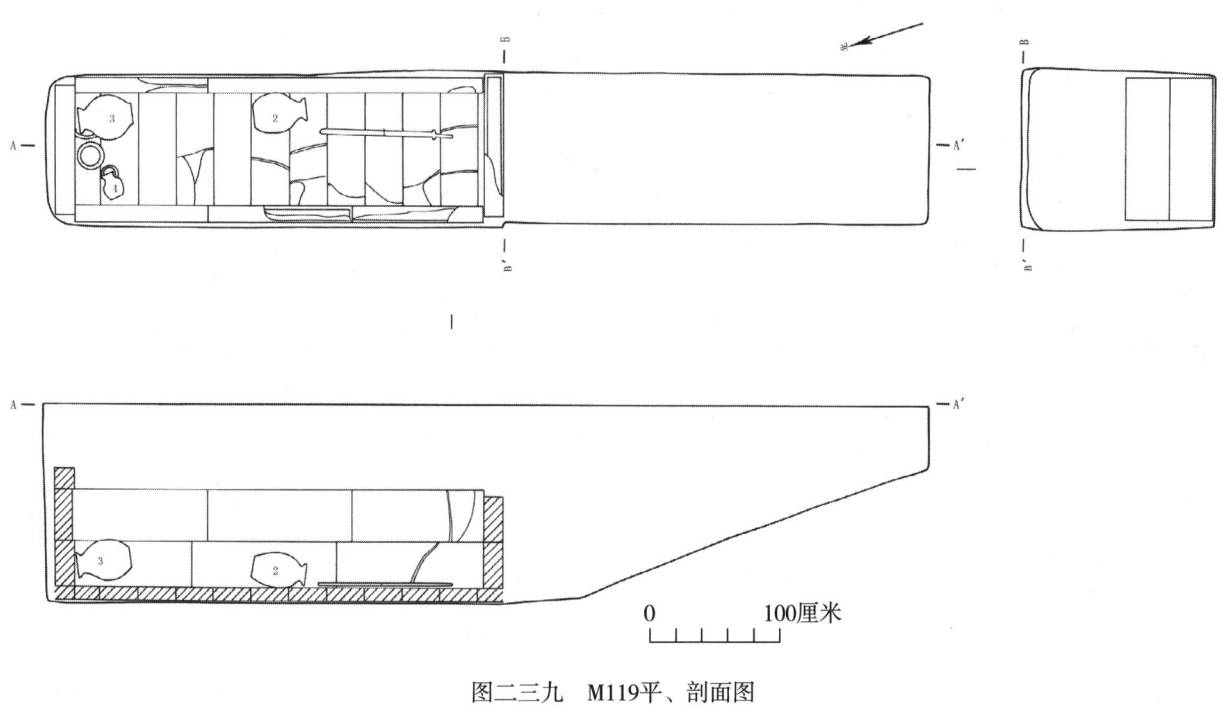

图二三九　M119 平、剖面图
1.铁剑　2.陶壶　3.陶壶　4.陶壶

（三）出土遗物

出土遗物共计 4 件。有陶壶 3、铁剑 1。2 件陶壶置放于墓室南端，另 1 件置放于墓室东壁中部，铁剑置放于墓室北部。

陶壶　3 件。均为泥质灰陶。轮制。其中 2 件（标本 M119:2、标本 M119:3），器体较大。形制相同，尺寸略异。均子口承盖。盖，平顶微内凹，盖面斜上隆起，斜沿，沿下面有一周凹槽作母口，斜方唇。壶，盘口外撇，盘口下有明显折棱，束颈，溜肩，鼓腹，下腹内收成平底，下接折曲状直圈足，圈足微外撇，足部折棱在足上部。肩腹交接处、腹中部各饰一组凹弦纹，每组均为两周，两组凹弦纹间对称各饰一铺首衔环。腹中部凹弦纹上及其下方饰三周粗绳纹。标本 M119:2，盖，顶径 5.7 厘米，沿径 19.6 厘米，高 5.6 厘米；壶，口径 19.2 厘米，腹径 35.2 厘米，底径 17.8 厘米，高 41.2 厘米，通高 47.0 厘米。（图二四〇，2；图版七六，4）标本 M119:3，盖，顶径 5.4 厘米，沿径 19.5 厘米，高 5.6 厘米；壶，口径 18.6 ~ 20.2 厘米，腹径 36.0 厘米，底径 19.4 厘米，高 42.6 厘米，通高 48.6 厘米。（图二四〇，3；彩版七三，1、2；图版七六，5）另1件，标本 M119:4，器体较小。子口承盖。盖，环形顶，盖面缓弧向隆起，下部有一周折棱，平沿，沿下面有一周凹槽作母口，方唇。壶，盘口外撇，盘口下有一周不明显折棱，束颈，溜肩，鼓腹，折曲状空心矮假圈足，折棱近足底。肩腹交接处饰一周宽带纹，腹中部稍下饰两周凹弦纹，腹下部饰一周深凹弦纹接假圈足。盖，顶径 3.4 厘米，沿径 10.0 厘米，高 2.0 厘米；壶，口径 10.4 厘米，腹径 16.4 厘米，底径 10.0 厘米，高 19.1 厘米；通高 21.2 厘米。（图二四〇，4；彩版七三，3；图版七七，1）

铁剑　1件。标本 M119:1。锈蚀严重，锋残。剑身修长。两面刃，中部微起脊，身截面呈扁菱形，身、茎间有素面铜格，格两面隆成脊，格截面呈椭圆形，扁窄条形茎。剑身残留有木鞘痕。残长 91.6 厘米，残宽 3.9 厘米，残厚 0.5 厘米。（图二四〇，1；彩版七二，2、3；图版七六，3）

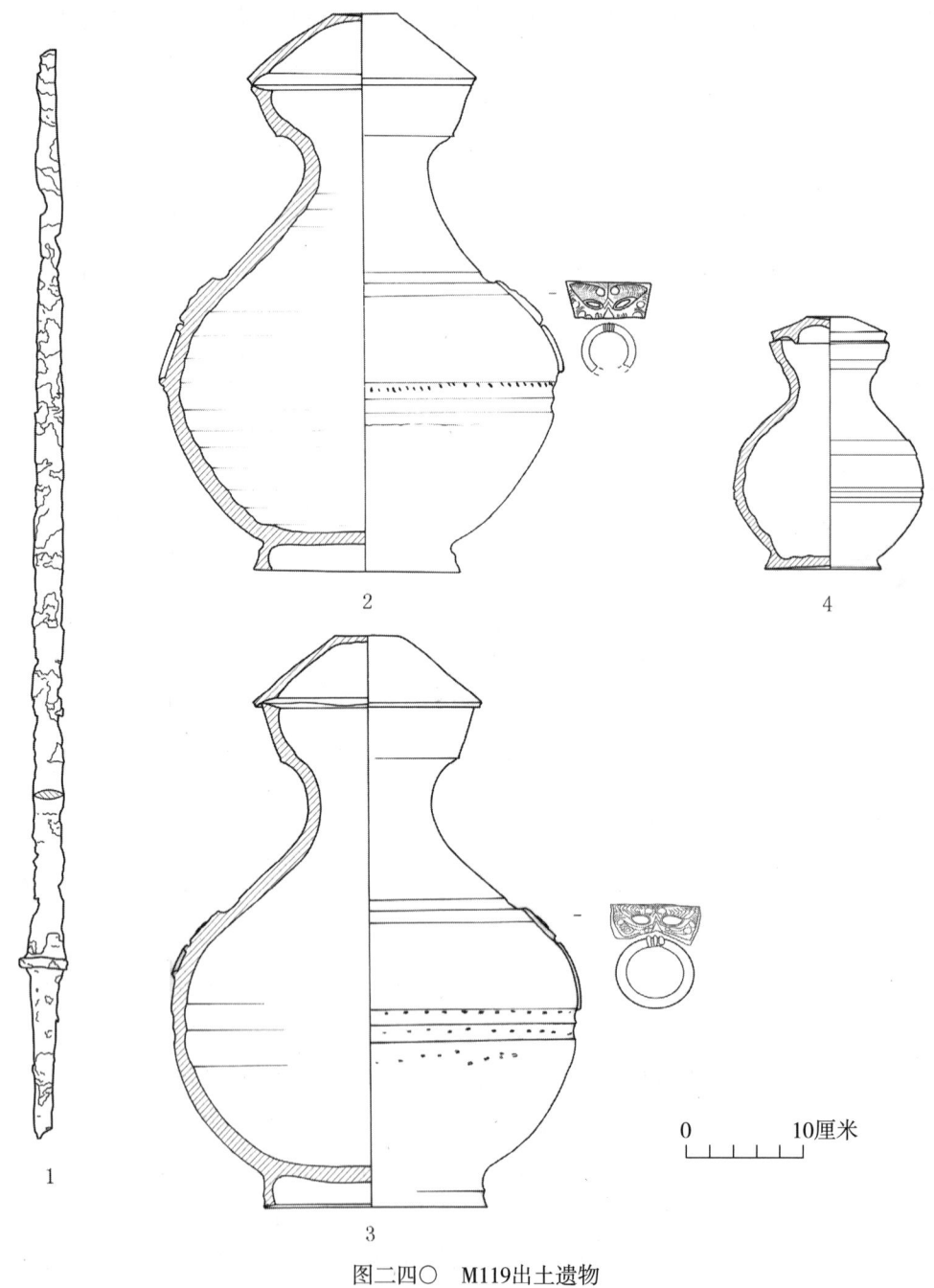

图二四〇　M119出土遗物
1.铁剑（M119:1）　2.陶壶（M119:2）　3.陶壶（M119:3）　4.陶壶（M119:4）

八七、M120

（一）层位关系

该墓的上部被施工破坏，依据附近断崖壁的层次推测该墓开口于第②层下，位于M116的北部。打破M115。

（二）墓葬形制、葬式与葬具

双室砖室墓。方向284°。由墓道、墓门、墓室和耳室四部分组成。

墓道　长方形竖井斜坡式。土坑。置于墓室的东部。直壁，平底。室内填土为五花土，土质较硬。口长6.24米，宽1.49米，距地表深2.75米。底长6.22米，宽1.35米，距地表深4.15米。

墓门　平面呈倒梯形状。开口于墓道的西部底端。穹隆形顶。上宽下窄呈倒梯形状。用2块长1.10米、宽约0.35米、厚约0.13米的空心砖横砌作为封门。宽1.38～1.44米，高1.30米。

墓室　平面呈长方形。砖室。平形顶。墓室顶部用长0.98米、宽0.17米、厚0.15米的空心砖平铺封顶，两壁用长约1.10米、宽约0.35米、厚约0.15米的空心砖竖砌两层，底部用长约1.15米、宽约0.30米、厚约0.10米的空心砖平铺一层。室内填土为五花土。上口长3.18米，宽1.24米，距地表深2.75米。底长4.01米，宽1.24米，距地表深4.35米。

耳室　平面呈长方形。洞穴式砖室。开口于墓室口部的南壁。穹隆形顶。耳室口两侧各用1块长约0.70米、宽约0.17米、厚约0.15米的空心砖竖放作门柱，耳室底用长约1.15米、宽约0.30米、厚约0.10米的空心砖平铺3块。室内填土为五花土。宽1.18米，高0.80米，进深1.16米。

人骨架无存。头向、面向、葬式、性别不明。在主墓室底部发现有棺灰痕迹，推测葬具应是木棺。有随葬品。（图二四一）

（三）出土遗物

出土遗物共计4件。有陶壶3、铜釜1。置放于耳室内。

陶壶　3件。均为泥质灰陶。轮制。均子口承盖。其中2件（标本M120:2、标本M120:3），器体较大。盖，形制不同；壶，形制相同，尺寸略异。壶，盘口外撇，束颈，弧鼓腹，下腹内收成平底，下接矮圈足，圈足外撇。肩腹交接处饰一周宽带纹，腹中部饰两周凹弦纹，宽带纹和凹弦纹中间两侧对称各饰一铺首衔环，下腹部饰竖向弦断细绳纹，下腹部有数周轮转留下的刮痕。标本M120:2，盖，平顶，盖面弧形隆起，盖面饰三周折棱，平沿，沿下面有一周凹槽作母口，斜方唇。盖，顶径3.9厘米，沿径16.3厘米，高4.9厘米；壶，口径15.6厘米，腹径31.2厘米，底径14.2厘米，高36.2厘米；通高41.6厘米。（图二四二，1；图版七七，3、4）标本M120:3，盖顶部残失，盖面弧形隆起，下部有一周折棱，平沿，沿下面有一周凹槽作母口，斜方唇。盖，残宽12.6厘米，残高3.6厘米；壶，口径16.2厘米，腹径31.6厘米，底径14.0厘米，高37.6厘米；残通高41.2厘米。（图二四二，2；图版七八，1、2）另1件，标本M120:4，器体较小。盖，平顶微内凹，盖面斜向上隆起，盖面饰一周折棱，平沿，沿下面有一周凹槽作母口，斜方唇。壶，盘口外撇，束颈，溜肩，扁弧腹，斜直状空心假圈足，足与腹无明显界线，足上阔下斜内收成平底，底微内凹。肩腹交接处、腹中部饰一周宽带纹，下腹部饰数周旋转留下的刮痕。盖，顶径2.9厘米，沿径10.0厘米，高1.3厘米；壶，口径9厘米，腹径15.2厘米，底径8

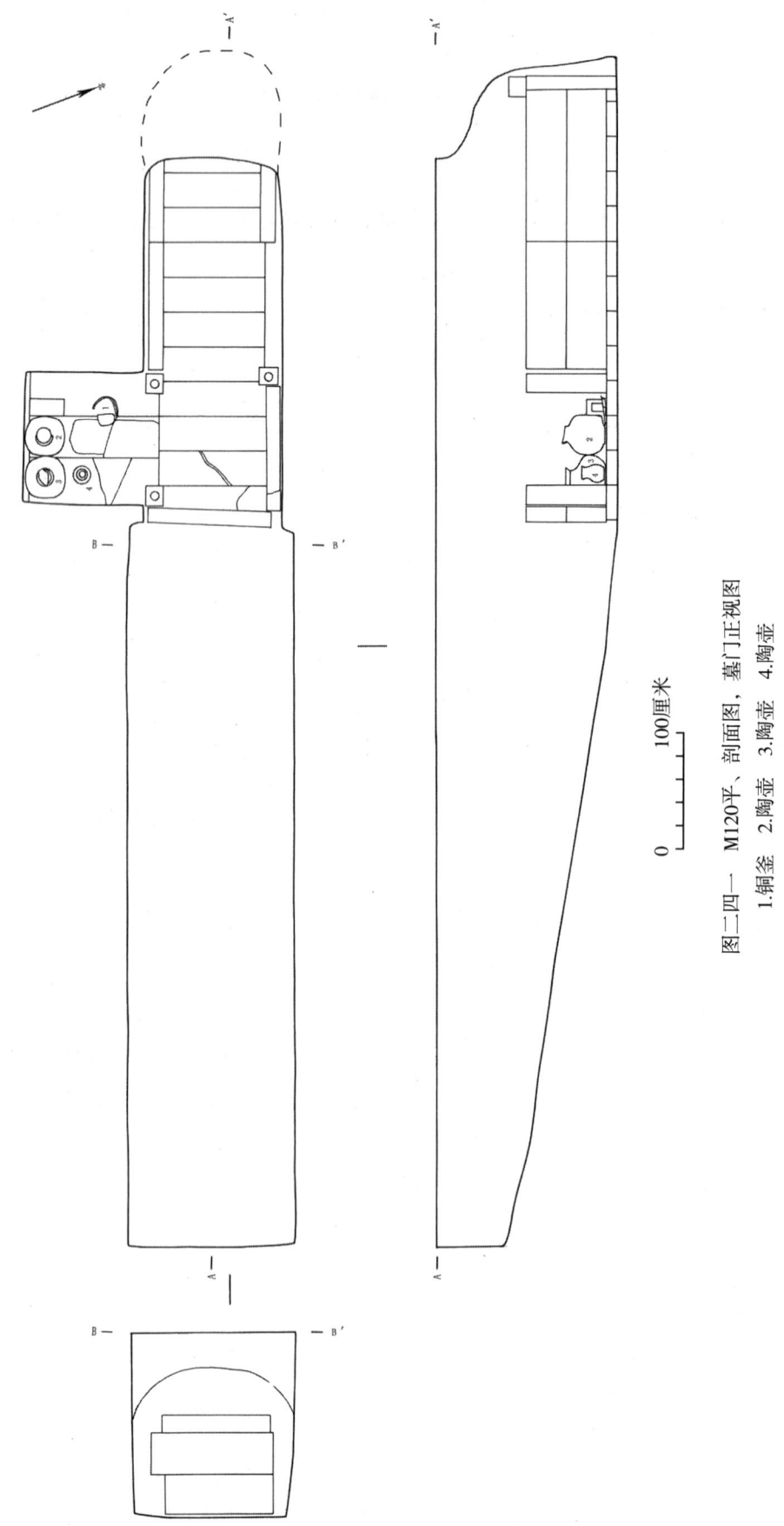

图二四一 M120平、剖面图，塞门正视图
1.铜釜 2.陶壶 3.陶壶 4.陶壶

厘米, 高 16.8 厘米; 通高 18.9 厘米。(图二四二, 3; 图版七八, 3)

铜釜　1件。标本 M120:1, 器体较薄。敞口, 平折沿斜上仰, 尖唇, 弧腹, 圜底。口径 20.4 厘米, 腹径 18.4 厘米, 高 10.0 厘米。(图二四二, 4; 图版七七, 2)

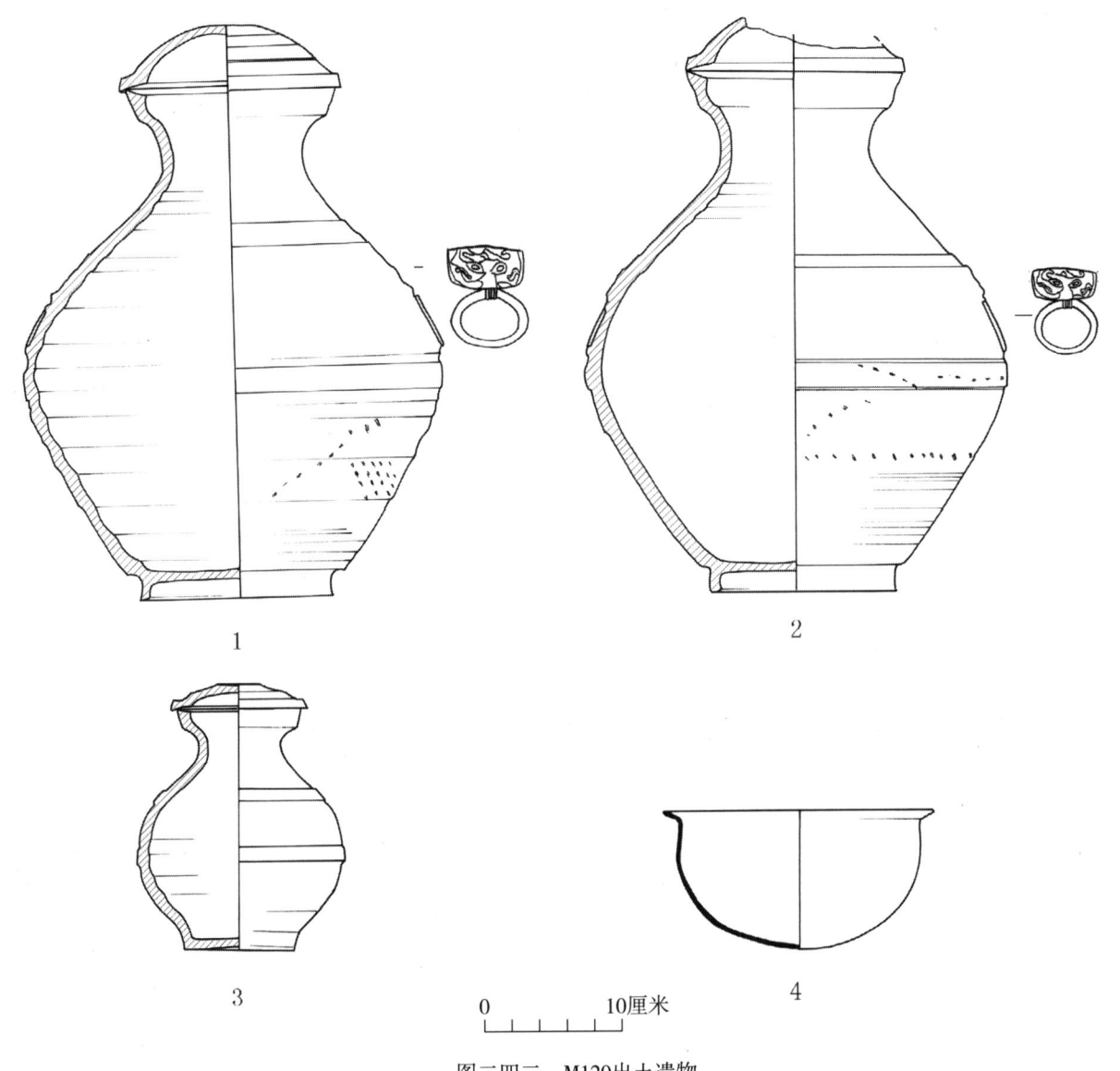

图二四二　M120出土遗物
1.陶壶 (M120:2)　2.陶壶 (M120:3)　3.陶壶 (M120:4)　4.铜釜 (M120:1)

八八、M121

(一) 层位关系

该墓的上部被施工破坏, 依据附近断崖壁的层次推测该墓开口于第②层下, 位于 M120 的北部。被 M115 打破。

(二) 墓葬形制、葬式与葬具

双室砖室墓。方向 100°。由墓道、墓门、墓室和耳室四部分组成。

墓道　长方形竖井斜坡式。土坑。置于墓室的东部。直壁，平底。东部被 M115 打破。上口残长 2.58 米，宽 1.38 米，距地表深 2.75 米。底残长 2.70 米，宽 1.32 米，距地表深 3.82~4.15 米。

墓门　平面呈倒梯形状。开口于墓道的西部底端。穹隆形顶。上宽下窄呈倒梯形状。门两侧用残长约 0.64 米、宽约 0.17 米、厚约 0.12 米的空心砖竖放作门柱，用 2 块残长约 0.65 米、宽约 0.50 米、厚约 0.13 米的空心砖横砌作为封门。墓门宽 1.36~1.40 米，高 1.10~1.40 米。

墓室　平面呈长方形。砖室。顶部被破坏，形制不详。直壁，斜坡底。墓室两侧壁用长约 1.25 米、宽约 0.35 米、厚约 0.13 米的空心砖对缝模砌两层，室底用长约 1.25 米、宽约 0.29 米、厚约 0.13 米的空心砖平铺一层。室内填土为五花土。上口长 4.28 米，宽 1.34 米，距地表深 2.75 米。底长 4.08 米，宽 1.30 米，距地表深 3.95~4.27 米。

耳室　平面呈长方形。洞穴式砖室。开口于墓室北壁。顶部被破坏，形制不详。耳室两侧壁用长约 1.45 米、宽约 0.30 米、厚约 0.13 米的空心砖横砌一层，后壁无砖为生土，底部用同样的空心砖平铺一层。室内填土为五花土。宽 1.10 米，残高 1.26 米，进深 1.64 米。

人骨架无存。头向、面向、葬式、性别不明。在墓室底部发现有棺灰痕迹，推测葬具应是木棺。有随葬品。（图二四三）

（三）出土遗物

出土遗物共计 80 件。有陶壶 3、陶罐 6、陶器盖 1、铜釜 1、铜钱 69。铜钱 1 包放置在主墓室口部北侧，其余遗物均置放于耳室内。

陶壶　3 件。均为泥质灰陶。轮制。形制相同，尺寸略异。盘口外撇，束颈，鼓腹，空心状斜直假圈足底微内凹。肩腹交接处、腹中部饰两周凹弦纹，凹弦纹中间两侧对称各饰一兽面铺首。标本 M121:2，口径 16.0 厘米，腹径 25.2 厘米，底径 15.0 厘米，高 31.8 厘米。（图二四四，1；彩版七四，1、2；图版七八，4）标本 M121:3，口径 16.4 厘米，腹径 25.4 厘米，底径 15.0 厘米，高 32.6 厘米。（图二四四，2；图版七八，5）标本 M121:12，口径 16.4 厘米，腹径 25.8 厘米，底径 15.6 厘米，高 34.4 厘米。（图二四四，5；彩版七五，1、2；图版八〇，3）

陶罐　6 件。均为泥质灰陶。轮制。其中 1 件，标本 M121:14，仅存下腹至底部一残片。可以看出下腹弧内收，圜底近平。下腹部下部及底部满饰数周横向中绳纹。腹内壁满布深凹弦纹。残宽 13.2 厘米，残高 13.7 厘米。（图二四四，11）另 4 件（标本 M121:5、标本 M121:8、标本 M121:9、标本 M121:10），形制相同，尺寸不同。敞口，平沿，方唇，矮斜直颈下微束，弧肩，弧腹，下腹部斜直内收，平底微内凹。上腹部饰三周凹弦纹。标本 M121:5，口径 11.4 厘米，腹径 20.0 厘米，底径 10.0 厘米，高 16.8 厘米。（图二四四，8；彩版七四，3；图版七九，2）标本 M121:8，并盖。盖，标本 M121:13，覆钵形。平顶微内凹，盖面斜向隆起，沿下折成母口，方唇。盖，顶径 5.4 厘米，沿径 15.2 厘米，高 5.0 厘米；罐，口径 10.9 厘米，腹径 20.0 厘米，底径 11.3 厘米，高 17.8 厘米；通高 21.3 厘米。（图二四四，7；图版七九，5）标本 M121:9，并盖。盖，标本 M121:7，覆钵形。平顶微内凹，盖面斜向隆起，沿下折成母口，方唇。盖，顶径 7.3 厘米，沿径 16.1 厘米，高 5.6 厘米；罐，口径 10.8 厘米，腹径 20.5 厘米，底径 11.3 厘米，高 17.1 厘米；通高 21.4 厘米。（图二四四，6；彩版七四，6；图版七九，4）标本 M121:10，口径 11.5 厘米，腹径 22.0 厘米，底径 11.1 厘米，高 17.6 厘米。（图二四四，9；彩版七四，4；图版八〇，1）另 1 件，标本 M121:6，敞口，平沿，方唇，矮斜直颈下微束，圆肩，圆鼓腹，下腹部斜直内收，平底微内凹。素面。口径 7.6 厘米，腹径 15.0 厘米，底径 8.0 厘米，高 11.0 厘米。（图二四四，4；彩版七四，5；图版七九，3）

第二章 汉代墓葬 299

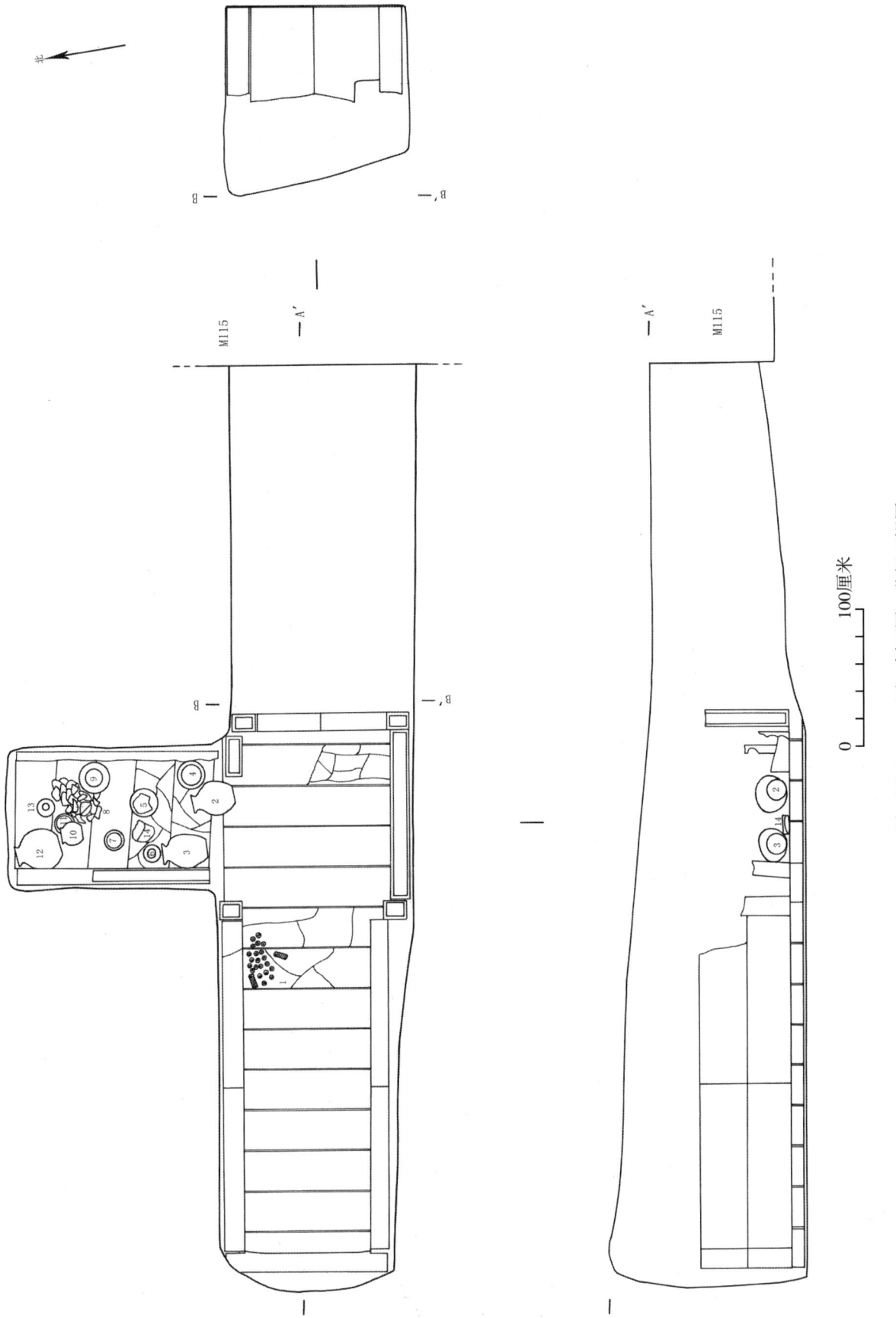

图二四三 M121平、剖面图，墓门正视图
1.铜钱 2.陶壶 3.陶壶 4.铜釜 5.陶罐 6.陶罐 7.陶罐 8.陶罐 9.陶罐 10.陶罐 11.陶器盖 12.陶壶 13.陶器盖 14.陶罐

陶器盖 1件。标本 M121:11，泥质灰陶。轮制。覆钵形。斜平顶微内凹，盖面弧形隆起，盖面饰一周折棱，直沿下折，方唇。顶径6.7厘米，沿径16.6厘米，高6.2厘米。（图二四四，10；图版八〇，2）

铜釜 1件。标本 M121:4，敞口，沿斜上仰，尖唇，弧腹，圜底近平。口径20.2厘米，腹径17.2厘米，高9.5厘米。（图二四四，3；彩版七四，7；图版七九，1）

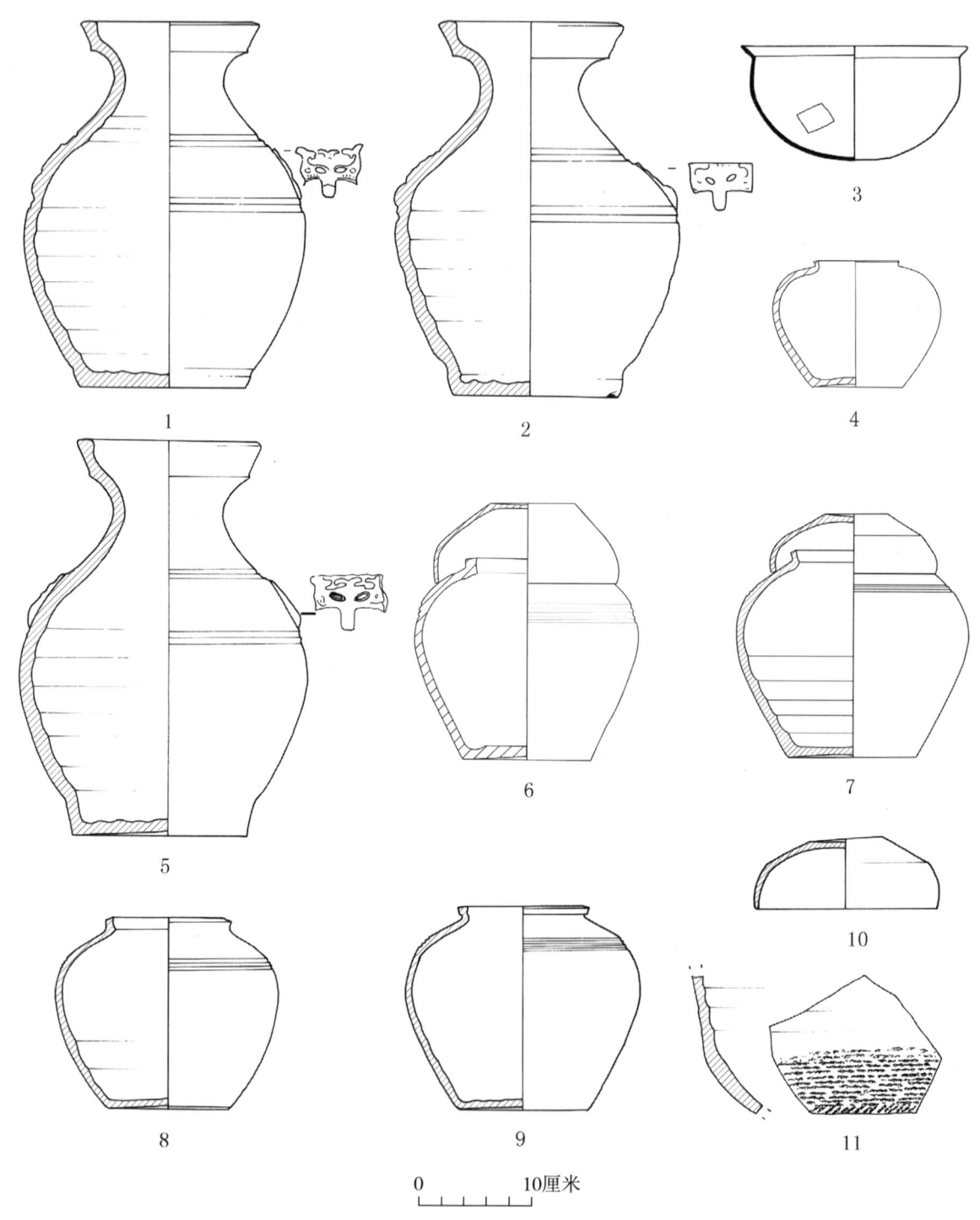

图二四四 M121出土遗物

1.陶壶（M121:2） 2.陶壶（M121:3） 3.铜釜（M121:4） 4.陶罐（M121:6） 5.陶壶（M121:12） 6.陶罐（M121:7、9）
7.陶罐（M121:8、13） 8.陶罐（M121:5） 9.陶罐（M121:10） 10.陶器盖（M121:11） 11.陶罐（M121:14）

铜钱　69枚。均为五铢。内廓正面均被磨除，部分外廓也被磨除。标本M121:1。（彩版七三，4）依据钱文书体、保存现状等分为以下十二种情况进行报告：

1. 标本M121:1-1（3枚）、标本M121:1-7（8枚）、标本M121:1-20（2枚），共计13枚。钱文书体相同，尺寸有异。钱文字迹均清晰。"五"字中间两交笔弯曲。"铢"字的"金"旁上部呈小三角形，下部四点稍短；"朱"旁上部方折，下部圆折，下竖较直，下部长于上部，上、下部之间的间距较大。标本M121:1-1，3枚。尺寸相同。钱径2.5厘米，穿径1.0厘米。（图二四五，1、2）标本M121:1-7，8枚。尺寸相同。钱径2.4厘米，穿径1.0厘米。（图二四五，7、8、9）标本M121:1-20，2枚。尺寸相同。钱径2.5厘米，穿径1.0厘米。（图二四五，19、20）

2. 标本M121:1-2（4枚）、标本M121:1-12（4枚），共计8枚。钱文书体相同，尺寸有异。钱文字迹均清晰。"五"字中间两交笔弯曲。"铢"字的"金"旁上部呈小三角形，下部四点稍长；"朱"旁上部方折，下部圆折，下竖较直，下部长于上部，上、下部之间的间距较大。标本M121:1-2，4枚。尺寸相同。钱径2.5厘米，穿径1.0厘米。（图二四五，3）标本M121:1-12，4枚。外廓也被磨除。尺寸相同。钱径2.3厘米，穿径1.0厘米。（图二四五，13、14）

3. 标本M121:1-3（1枚）、标本M121:1-4（5枚），共计6枚。钱文书体、尺寸均相同。钱文字迹清晰。"五"字中间两交笔较直。"铢"字的"金"旁上部呈小三角形，下部四点稍短；"朱"旁上部方折，下部圆折，下竖较直，下部长于上部，上、下部之间的间距较大。钱径2.5厘米，穿径1.0厘米。标本M121:1-3，1枚。（图二四五，4）标本M121:1-4，5枚。（图二四五，5、6）

4. 标本M121:1-8，3枚。钱文书体、尺寸均相同。钱文字迹均清晰。"五"字中间两交笔呈稍曲。"铢"字的"金"旁上部呈稍大三角形，下部四点稍短；"朱"旁上部方折，下部圆折，下竖较直，下部长于上部，上、下部之间的间距较大。钱径2.4厘米，穿径1.0厘米。（图二四五，10）

5. 标本M121:1-9，1枚。钱文字迹均清晰。"五"字中间两交笔弯曲。"铢"字的"金"旁上部呈稍大三角形，下部四点稍长；"朱"旁上部方折，下部圆折，下竖较直，下部长于上部，上、下部之间的间距较大。钱径2.4厘米，穿径1.0厘米。

6. 标本M121:1-11，6枚。钱文书体、尺寸均相同。钱文字迹均清晰。"五"字中间两交笔弯曲。"铢"字的"金"旁上部呈稍大三角形，下部四点稍短；"朱"旁上部方折，下部圆折，下竖较直，下部长于上部，上、下部之间的间距较大。内廓被磨掉。钱径2.3厘米，穿径1.0厘米。（图二四五，11、12）

7. 标本M121:1-13，2枚。钱文书体、尺寸均相同。钱文字迹均清晰。"五"字中间两交笔呈稍曲。"铢"字的"金"旁上部呈稍大三角形，下部四点稍长；"朱"旁上部方折，下部圆折，下竖较直，下部长于上部，上、下部之间的间距较大。外廓也被磨除。钱径2.3厘米，穿径1.0厘米。（图二四五，15）

8. 标本M121:1-14，1枚。钱文字迹均清晰。"五"字中间两交笔呈稍曲。"铢"字的"金"旁上部呈小三角形，下部四点稍短；"朱"旁上部方折，下部圆折，下竖较直，下部长于上部，上、下部之间的间距较大。外廓也被磨除。钱径2.3厘米，穿径1.0厘米。（图二四五，16）

9. 标本M121:1-15，1枚。钱文字迹清晰。"五"字中间两交笔较直。"铢"字的"金"旁上部呈稍大三角形，下部四点稍大；"朱"旁上部方折，下部圆折，下竖较直，下部长于上部，上、下部之间的间距较大。外廓也被磨除。钱径2.3厘米，穿径1.0厘米。（图二四五，17）

10. 标本M121:1-17，1枚。为剪轮五铢。钱文字迹清晰。钱部分被剪。"五"字被剪掉一半，中间两交笔呈稍曲。"铢"字的"金"旁被剪掉，"朱"旁上部方折，下部圆折，下竖较直，下部长于上部，上、

下部之间的间距较大。钱径1.9厘米，穿径1.0厘米。（图二四五，18）

11. 标本M121:1-5（9枚）、标本M121:1-6（5枚），共计14枚。钱文书体不同，尺寸相同。钱文字迹均部分不清晰。尺寸均为：钱径2.5厘米，穿径1.0厘米。标本M121:1-5，9枚。"五"字中间两交笔弯曲。"铢"字不清。标本M121:1-6，5枚。"五"字中间两交笔呈稍曲。"铢"字不清。

12. 标本M121:1-10（2枚）、标本M121:1-16（3枚）、标本M121:1-18（1枚），共计6枚。"五"字

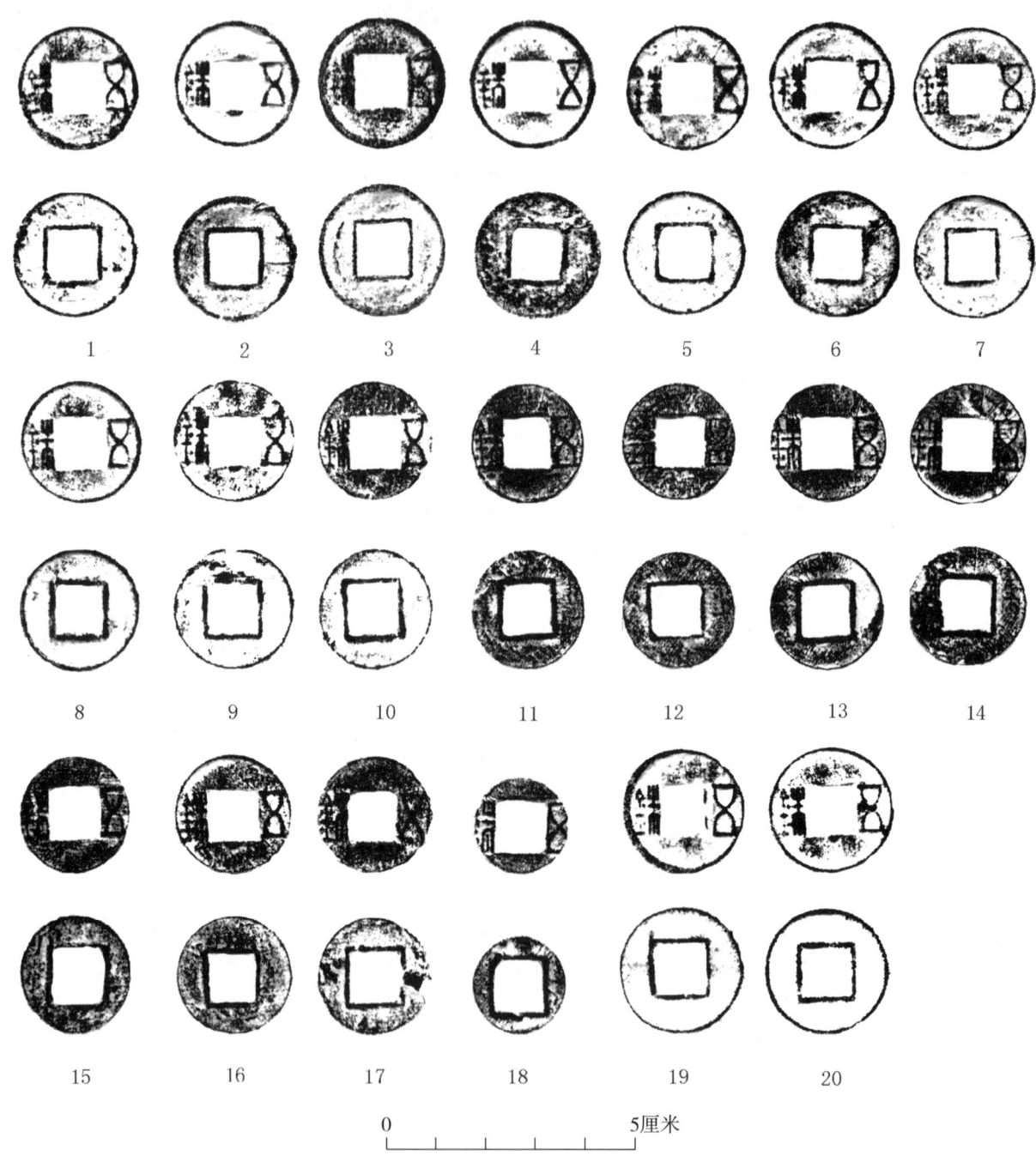

图二四五　M121出土铜钱

1.M121:1-1-1　2.M121:1-1-2　3.M121:1-2-1　4.M121:1-3　5.M121:1-4-1　6.M121:1-4-2　7.M121:1-7-1
8.M121:1-7-2　9.M121:1-7-3　10.M121:1-8　11.M121:1-11-1　12.M121:1-11-2　13.M121:1-12-1　14.M121:1-12-2
15.M121:1-13　16.M121:1-14　17.M121:1-15　18.M121:1-17　19.M121:1-20-1　20.M121:1-20-2

和"铢"字均不清晰。尺寸均不同。标本 M121:1-10，2 枚。内廓正面被剪坏。钱径 2.4 厘米，穿径 1.0 厘米。标本 M121:1-16，3 枚。外廓也被磨除。钱径 2.3 厘米，穿径 1.0 厘米。标本 M121:1-18，1 枚。外廓也被磨除。钱径 1.9 厘米，穿径 1.0 厘米。

13. 标本 M121:1-19，7 枚。均残缺较甚，钱文书体辨识不清。残碎为 17 块，残存尺寸不一。最大一块钱径 2.5 厘米，穿径残存 0.9 厘米。最小一块钱径残存 0.6 厘米，穿径残存 0.4 厘米。

八九、M122

（一）层位关系

该墓的上部被施工破坏，依据附近断崖壁的层次推测该墓开口于第②层下，位于 M126 的南部。墓道北部被 M126 打破。

（二）墓葬形制、葬式与葬具

单室砖室墓。方向 10°。由墓道和墓室两部分组成。墓道与墓室宽度相当。墓道与墓室构成平面呈长方形。该墓被盗扰严重。

墓道　长方形竖井斜坡式。土坑。置于墓室的北部。北部被 M126 打破。道内填土为五花土，土质较硬。口残长 1.96 米，宽 1.18 米，距地表深度未知。底残长 2.02 米，宽 1.18 米，距地表深 0.60 米（残存）。

墓室　平面呈长方形。砖室。顶部被破坏，形制不详。东西两壁不甚规整，西壁中部向外弧出。平底。底部用长 0.30 米、宽 0.14 米、厚 0.06 米的青砖平铺一层，但大部分已被破坏，仅残存局部。无封门痕迹。室内填土为五花土。底长 1.56 米，宽 1.30 米，距地表深 0.60 米（残存）。

人骨架无存。头向、面向、葬式、性别不明。葬具未知。有随葬品。（图二四六）

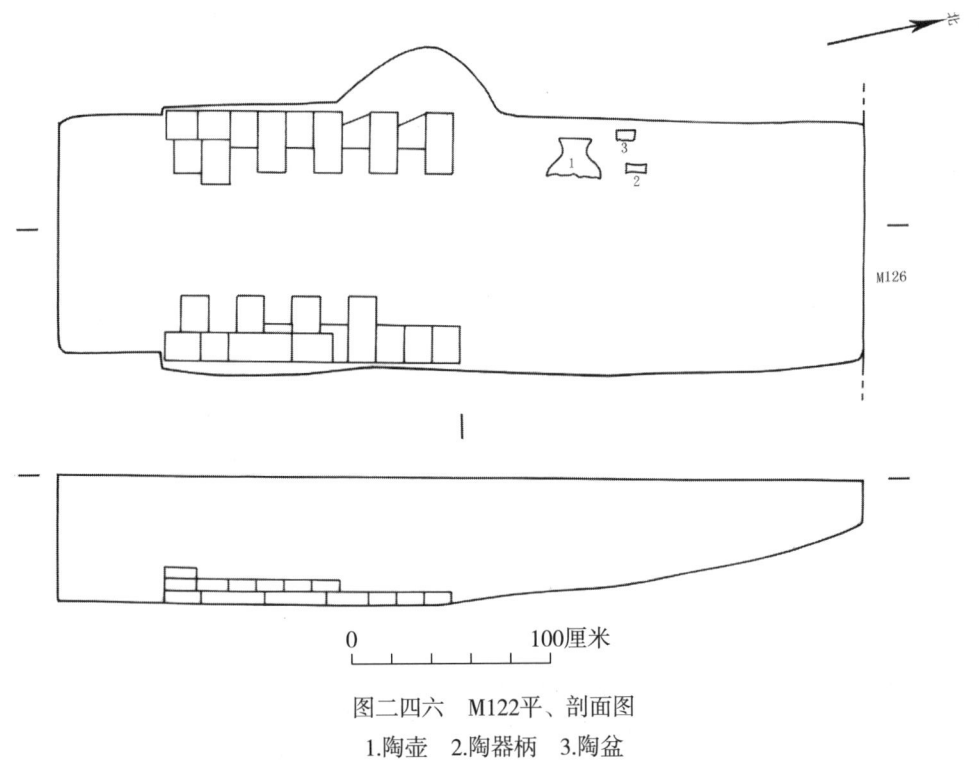

图二四六　M122 平、剖面图
1.陶壶　2.陶器柄　3.陶盆

（三）出土遗物

出土遗物共计3件。有陶壶1、陶器柄1、陶盆1。置放于墓室内，较散乱。

陶壶　1件。标本M122:1，泥质灰陶。轮制。盘口外撇，盘口下部饰一周凹弦纹，束颈，溜肩，弧腹。下腹及底残失。肩腹交接处、腹中部各饰两周凹弦纹，两组凹弦纹间两侧饰对称一兽面铺首，应有衔环，衔环残失。腹内壁有数周弦纹。口径16.1厘米，腹径27.4厘米，残高19.6厘米。（图二四七，1）

陶器柄　1件。标本M122:2，泥质灰陶。轮制。圆柱状，束腰，中空。束腰径3.2厘米，残高7.2厘米。（图二四七，2）

陶盆　1件。标本M122:3，泥质灰陶。轮制。残失较甚，仅存口部一片。敞口，宽平沿为斜上仰，斜方唇下折。残宽9.5厘米，残高5.5厘米。（图二四七，3）

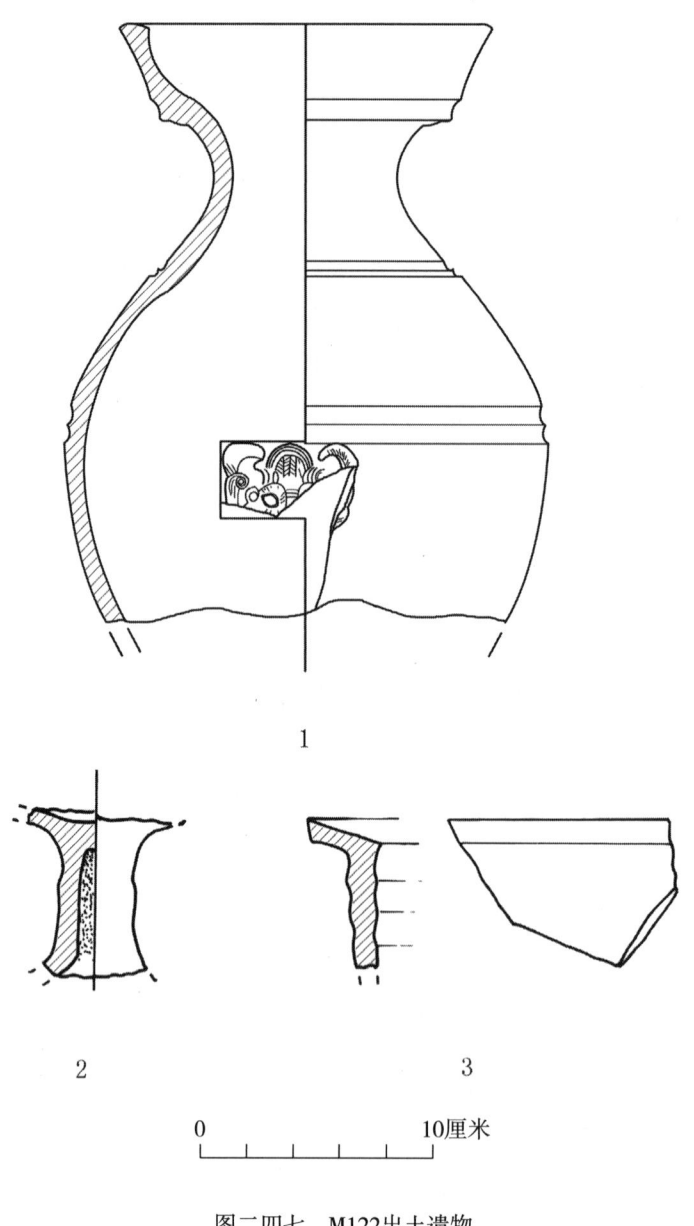

图二四七　M122出土遗物

1.陶壶（M122:1）　2.陶器柄（M122:2）　3.陶盆（M122:3）

九〇、M123

（一）层位关系

该墓的上部被施工破坏，依据附近断崖壁的层次推测该墓开口于第②层下，位于M122的南部。

（二）墓葬形制、葬式与葬具

双室砖室墓。方向284°。由墓道、墓室和耳室三部分组成。该墓被盗扰严重。

墓道　长方形竖井式斜坡式。土坑。置于墓室的西部。直壁，斜坡底。道内填土为五花土，土质较硬。口长3.06米，宽1.20米，距地表深未知。底长3.00米，宽1.15米，距地表0.68～0.84米（残存）。

墓室　平面呈长方形。砖室。顶部被破坏，形制不详。墓室壁用长0.34米、宽0.13米、厚0.06米的青砖错缝垒砌，最高残存七层，高0.46米。室底用同样的青砖平铺一层，大部分被破坏。无封门痕迹。室内填土为五花土。口长4.40米，宽1.36～2.08米，距地表深未知。底长4.40米，宽1.30～2.00米，距地表深0.84米（残存）。

耳室　平面呈长方形。砖室。开口在墓室南壁近口处。顶部被破坏，形制不详。室底部用长0.34米、宽0.13米、厚0.06米的青砖平铺一层。室内填土为五花土。宽1.66米，进深0.72米，高未知。

人骨架无存。头向、面向、葬式、性别不明。葬具未知。有随葬品。（图二四八）

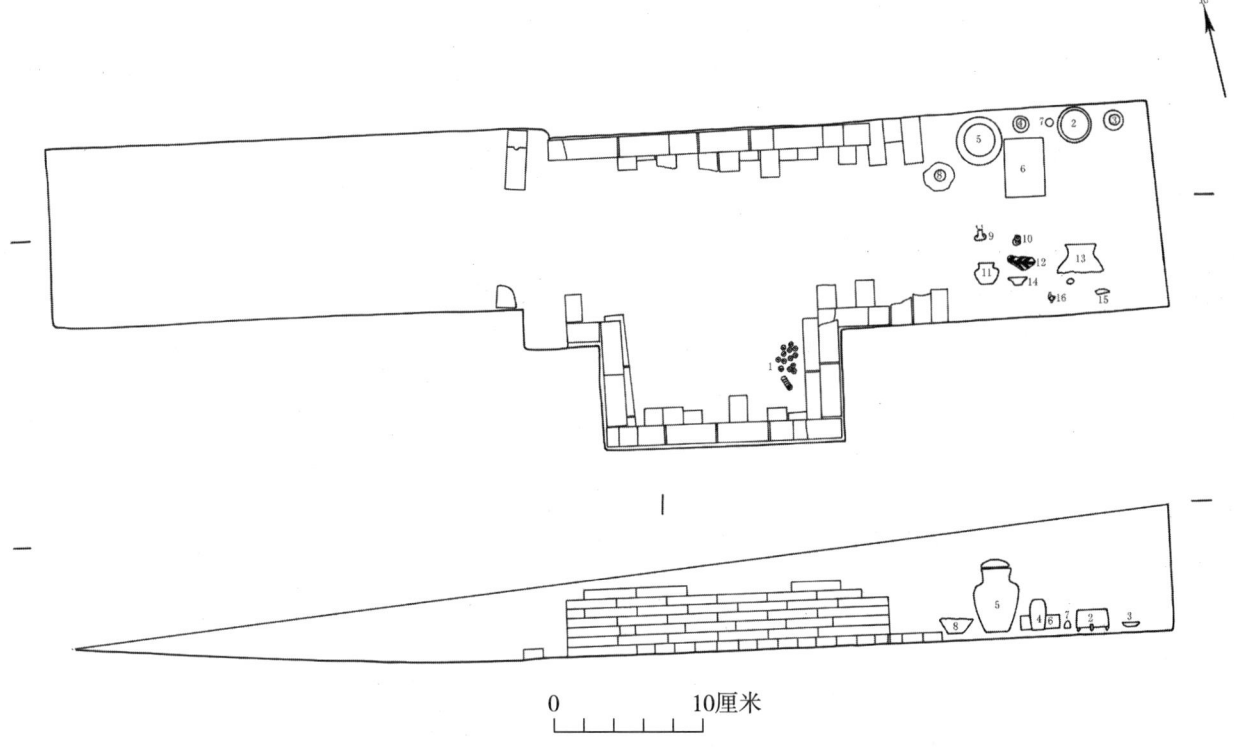

图二四八　M123平、剖面图

1.铜钱　2.陶三足樽　3.陶圆盘　4.陶仓　5.陶壶　6.陶案　7.陶器盖　8.陶壶　9.陶器柄　10.陶灯柱　11.陶罐　12.陶建筑构件　13.陶壶　14.陶甑　15.陶圆盘　16.陶鸟

(三)出土遗物

出土遗物共计 33 件。有陶壶 3、陶罐 1、陶三足樽 1、陶圆盘 2、陶仓 1、陶案 1、陶甑 1、陶器盖 1、陶鸟 1、陶器柄 1、陶灯柱 1、陶建筑构件 1、铜钱 18。陶器均较残，置放于墓室内。铜钱置放于耳室内。

陶壶 3 件。均为泥质灰陶。轮制。其中 1 件，标本 M123:8，仅存底部。空心状高假圈足。足削边一周。底径 8.2 厘米，残高 4.9 厘米。另 2 件（标本 M123:5、标本 M123:13），器体较大。形制相同，尺寸不同。盘口较深，外撇且出沿，盘口窄沿下折，中部凸起，盘口下有明显折棱，束颈，溜肩，圆球形腹，空心状斜直高假圈足底微内凹，足与腹部无明显界线。颈部薄削一层，下有明显凸棱；肩部饰三周凹弦纹，腹中部偏下饰两周凹弦纹，两组凹弦纹间腹两侧饰对称一兽面铺首衔环。标本 M123:5，并盖。盖，平顶微内凹，盖面弧形隆起，中部有两周折棱，平卷沿，沿下面有一周凹槽作母口，斜方唇。铺首衔环内阳线模印"六十"二字，二字竖排。盖，顶径 4.4 厘米，沿径 20.0 厘米，高 5.4 厘米；壶，口径 20.2 厘米，腹径 31.8 厘米，底径 15.4 厘米，高 41.6 厘米；通高 47.0 厘米。（图二四九，1；图版八一，3）标本 M123:13，下腹部残失，底部仅存一少部分。口径 20.7 厘米，残腹径 29.0 厘米，残高 44.6 厘米；底残片宽 3.8 厘米，残高 4.3 厘米。（图二四九，2）

陶罐 1 件。标本 M123:11，泥质灰陶，轮制。敞口，方唇下折，矮直领下微束，弧肩，弧腹，下腹斜直内收，平底微内凹。肩腹交接处饰三周凹弦纹。口径 10.2 厘米，腹径 17.8 厘米，底径 9.8 厘米，高 14.0 厘米。（图二四九，5）

陶三足樽 1 件。标本 M123:2，泥质灰陶。轮制。直口，圆唇，圆筒形斜直腹，腹壁斜向上微收，平底，下附三兽面蹄形足。腹部上、中、下各饰一组凹弦纹，每组由五周组成，每组凹弦纹下方各饰一周由五条细凹弦纹组成的波浪纹；底外部以中心为圆心饰三组凹弦纹将底部四等分，每组亦由五周组成，四等分部各饰一周由五条细凹弦纹组成的波浪纹。器内满施红彩，红彩有脱落。口径 19.6 厘米，底径 21.4 厘米，高 14.0 厘米。（图二四九，8；图版八〇，4）

陶圆盘 2 件。均为泥质灰陶。轮制。圆形。形制、尺寸均不同。标本 M123:3，器体较小。口稍变形。侈口，窄斜沿，沿中有一周凹槽，斜方唇，折腹，上腹斜下收，近底处内折成假圈足，矮假圈足底微内凹。器底外近边处饰一周凹弦纹；器内腹下部及底部均饰一周凹弦纹。最大径在口处。器内外满施红彩，红彩有脱落。口径 12.8～13.2 厘米，折腹径 10.7 厘米，底径 6.6 厘米，高 3.0 厘米。（图二四九，6；图版八一，1）标本 M123:15，残缺甚重。仅存盘边一片。可以看出，盘为圆形浅盘，周边起棱，斜方唇，平底。残片长 9.6 厘米，宽 3.6 厘米，盘深 2.2 厘米。

陶仓 1 件。标本 M123:4，泥质灰陶。轮制。小圆口，有领，尖唇，斜平肩下折，筒形腹上扩下内收，平底微内凹。体形高瘦。腹部自上而下饰三周凹弦纹将腹部分为三部分，底外部满布浅窄凹弦纹，弦纹以一侧为中心呈水波辐射状均匀分布；腹内满布凹弦纹。口径 6.2 厘米，上腹径 11.4 厘米，底径 9.2 厘米，高 20.0 厘米。（图二四九，4；图版八一，2）

陶案 1 件。标本 M123:6，泥质灰陶。轮制。一边残失。案面为长方形，四周有矮边栏，边栏面圆弧并且略外凹，方唇，浅盘，平底，案四角下附四扁方形蹄足。足正面压印叶脉纹。器身满饰红彩，红彩部分脱落。长 38.0 厘米，宽 27.9 厘米，高 9.6 厘米。（图二四九，3）

陶甑 1 件。标本 M123:14，泥质灰陶。轮制。侈口，平沿斜上仰，斜直腹下内收，平底。底有 7 个箅孔，中间 1 孔，外围 6 孔。腹外壁有一周细小的弦纹，内壁有数周凹弦纹。口径 13.6 厘米，底径 4.8

厘米，高5.6厘米。（图二四九，7）

陶鸟　1件。标本M123:16，手制。首、尾、足部残失。可以看出鸟为手捏制而成，举颈，两翼搭于体两侧，一近圆柱形下肢直立。体残长4.0厘米，残高4.5厘米。（图二五〇，2）

陶器柄　1件。标本M123:9，泥质灰陶。轮制。应是陶薰炉的柄。圆柱形柄，柄上有炉腹下部的残留痕迹。中空。柄径3.1厘米，残高4.2厘米。

陶灯柱　1件。标本M123:10，泥质灰陶。轮制。残缺甚重，仅存灯柱的较短的一段。可看出灯柱为圆柱形，中空，中部饰宽凸棱。柱径2.8厘米，凸棱宽5.6厘米，柱残高5.4厘米。

陶建筑构件　1件。标本M123:12，泥质灰陶。轮制。残失较甚，为房脊残1片。瓦楞明显。形制无法辨识。残长18.0厘米，残宽10.0厘米，厚2.3厘米。

陶器盖　1件。泥质灰陶。轮制。标本M123:7，为陶薰炉盖。博山式。尖顶，盖面斜上隆起，盖面呈七层阶梯状山峰环绕，窄平沿，沿下面有一周凹槽作母口，斜方唇。盖面山峰突起，镂雕六层，第一层为尖顶，雕刻一高耸山顶，中部有一较大的圆形气孔；第二、三、四、六层一周镂雕四座尖顶山峰，第五、七层一周镂雕四座平顶山峰，上、下层山峰间错排列，每层每座山峰均用斜线勾勒出峰边线。盖面自外耳内戳穿，有大小不一且分布无规律的较小的圆形气孔。沿径12.6厘米，高11.3厘米。（图二五〇，1）

铜钱　18枚。大泉五十15枚和小泉五十3枚。（彩版七五，3）钱文字迹均清晰。

小泉五十　3枚。标本M123:1-1，形制相同，大小不同。内外双面均有廓，穿四周篆书四字。钱径1.6厘米，穿径0.6厘米。（图二五〇，9）

大泉五十　15枚。其中1枚，标本M123:1-2，肉薄，字迹模糊不清。钱径2.7厘米，穿径1.0厘米。（图二五〇，3）另13枚（标本M123:1-3，2枚；标本M123:1-5，8枚；标本M123:1-6，2枚；标本M123:1-7，1枚），钱文书体相同，尺寸不同。"五"字中间两交笔微弯，"五"字与内廓同长。标本M123:1-3，2枚。钱径2.7厘米，穿径1.0厘米。（图二五〇，4、6）标本M123:1-5，8枚。钱径2.7厘米，穿径1.1厘米。（图二五〇，5、7）标本M123:1-6，2枚。钱径2.3厘米，穿径0.8厘米。（图二五〇，8）标本M123:1-7，1枚。钱径2.7厘米，穿径1.0厘米。余1枚，标本M123:1-4，"五"字中间两交笔较直，"五"字与内廓同长。钱径2.7厘米，穿径1.1厘米。

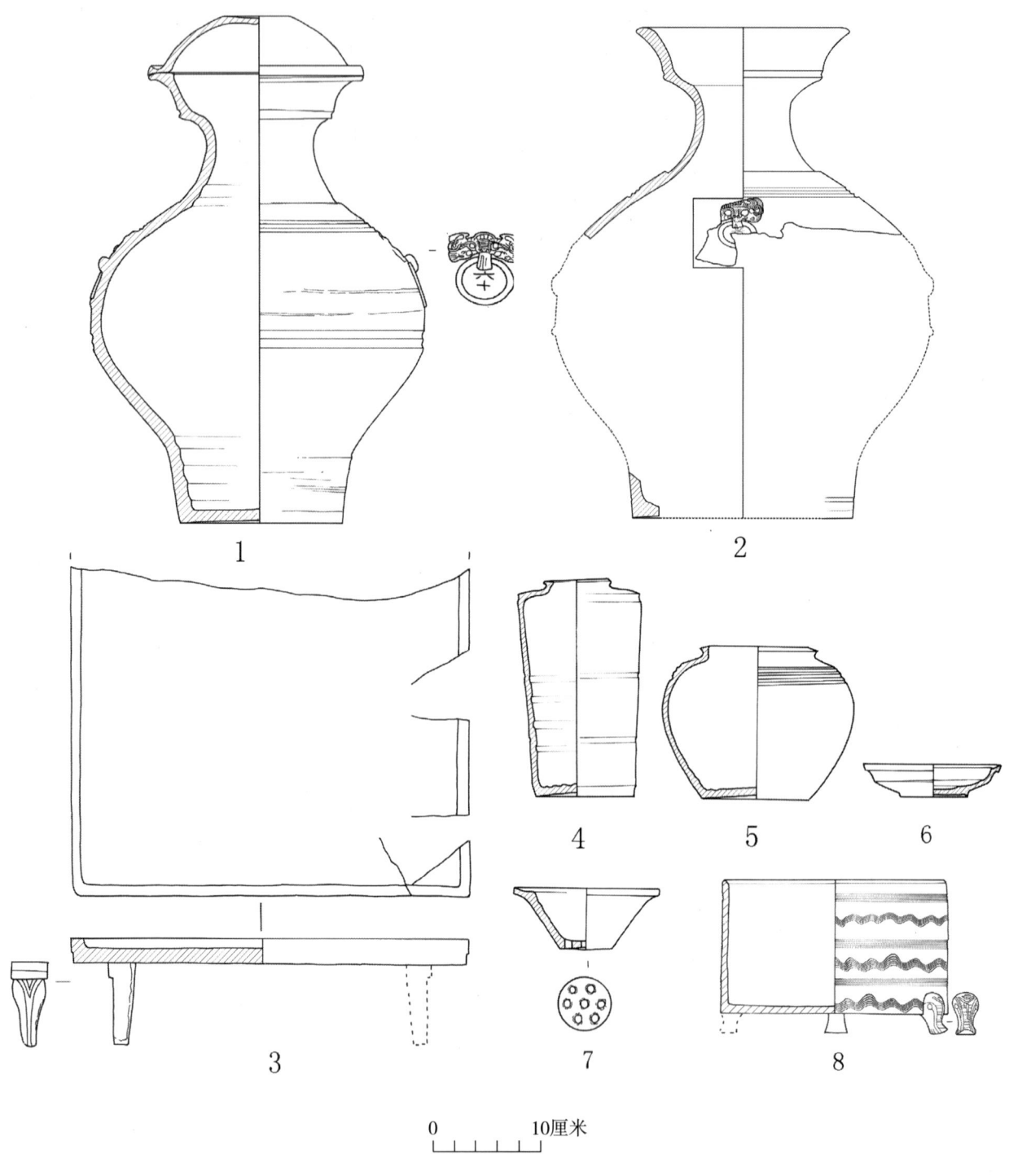

图二四九　M123出土陶器
1.壶（M123:5）　2.壶（M123:13）　3.案（M123:6）　4.仓（M123:4）　5.罐（M123:11）　6.圆盘（M123:3）
7.甑（M123:14）　8.三足樽（M123:2）

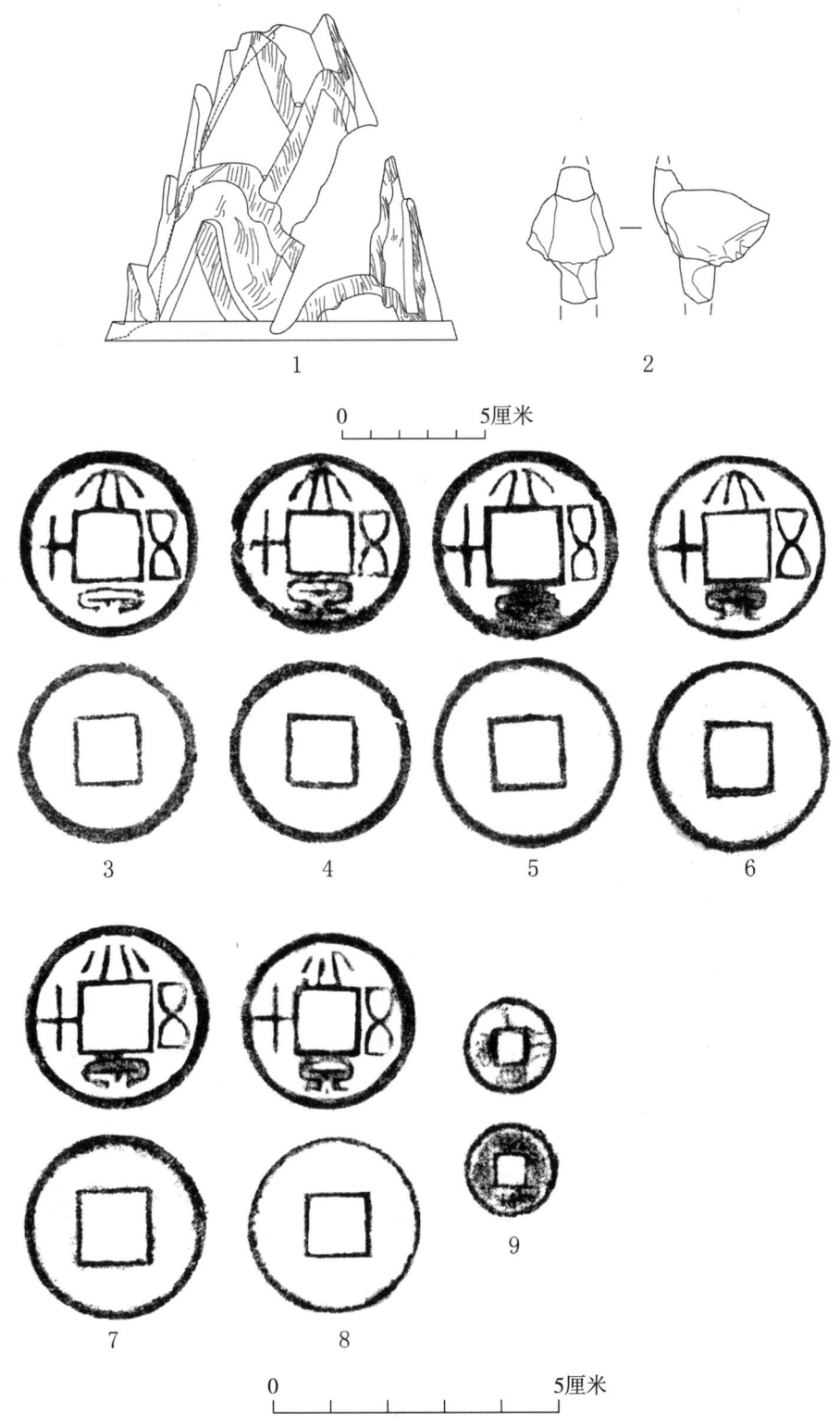

图二五〇　M123出土遗物

1.陶器盖（M123:7）　2.陶鸟（M123:16）　3.铜钱（M123:1-2）　4.铜钱（M123:1-3-1）　5.铜钱（M123:1-5-1）　6.铜钱（M123:1-3-2）　7.铜钱（M123:1-5-2）　8.铜钱（M123:1-6）　9.铜钱（M123:1-1）

第二节　墓葬形制结构的类型学分析

河南省平顶山市郏县王集乡董庄墓地发掘汉代墓葬共90座，均为中小型墓，小型墓占绝大多数，中型墓1座（墓葬编号为M57）。室内填土为五花土。其中9座墓葬（墓葬编号为M23、M45、M46、M72、M78、M81、M86、M95、M111）的墓道，因为施工破坏或者被其他墓葬打破，没有进行科学发掘清理，墓道尺寸不明或部分未知，但其中的2座（墓葬编号为M45、M46）仍可以看出其形制；1座墓葬（墓葬编号为M110）部分被断崖打破，考虑到安全等原因，仅清理出局部，从清理的情况看，其形制仍可辨析出；1座墓葬（墓葬编号为M64）的后室和侧室压在路下，未清理，但从断面可以判断其形制；1座墓葬（墓葬编号为M74）的左、右室被破坏，部分情况不甚清晰，但其整体形制结构可以辨识；还有1座墓葬（墓葬编号为M97）东壁被破坏，尺寸不详，整体形制可以廓清。其余的墓葬均经过科学的考古发掘清理，墓葬结构清晰。这批汉代墓葬类型分为砖室墓、土坑（土洞）墓两大类，下面对形制结构较为清楚的83座墓葬分别进行型式分析报告（见表一）。

一、土坑（土洞）墓

河南省平顶山市郏县王集乡董庄墓地发掘的汉代墓葬土坑（土洞）墓共计24座，其中3座（墓葬编号为M78、M95、M111）墓道未清理，不参加型式分析。其余21座土坑墓依据有无墓道分为两型。

A 型　8座。竖穴土坑墓。均为长方形或近长方形，直壁或近直壁。根据底部的不同分为两个亚型。

Aa 型　7座（墓葬编号为M27、M33、M84、M90、M112、M117、M118）。平底或底近平。

Ab 型　1座（墓葬编号为M24）。斜坡底。南高北低。

B 型　13座（墓葬编号为M5、M6、M18、M19、M21、M22、M31、M37、M44、M57、M94、M108、M109）。竖穴墓道土洞墓。墓道多为长方形竖井式、长方形竖井斜坡式，另有2座墓道较为特别：墓葬编号为M31的墓道为弧形竖井式、墓葬编号为M5的墓道为长方形竖井阶梯状。根据墓室的多少不同分为两个亚型。

Ba 型　10座（墓葬编号为M6、M18、M19、M21、M22、M31、M37、M57、M108、M109）。单室土洞墓。除1座（墓葬编号为M37）墓道宽于墓室，构成平面呈倒铲形，情况较为特殊外，其余9座墓道均窄于墓室或两者宽度相当，依据墓道与墓室构成的平面形状不同将这9座墓葬分为六式。

Ba 型 I 式　1座（墓葬编号为M37）平面呈倒铲形。墓道宽于墓室。

Ba 型 II 式　1座（墓葬编号为M57）。平面呈"甲"字形。墓道窄于墓室。

Ba 型 III 式　3座（墓葬编号为M18、M19、M22）。平面呈铲形。墓道窄于墓室。

Ba 型 IV 式　1座（墓葬编号为M31）。平面呈刀形。墓道窄于墓室，墓道东壁与墓室东壁在一条直线上，构成平面呈直背刀形。

Ba 型Ⅴ式　3座（墓葬编号为 M6、M21、M108）。平面呈长方形。墓道与墓室宽度相当。

Ba 型Ⅵ式　1座（墓葬编号为 M109）。平面呈楔形。墓道窄于墓室，墓道与墓室东西两壁均自南向北渐扩，构成平面呈楔形。

Bb 型　3座（墓葬编号为 M5、M44、M94）。双室土洞墓。依据墓室和墓道的不同分为三式。

Bb 型Ⅰ式　1座（墓葬编号为 M94）。前、后室，墓道宽于墓室。

Bb 型Ⅱ式　1座（墓葬编号为 M44）。前耳室，墓道略宽于墓室。

Bb 型Ⅲ式　1座（墓葬编号为 M5）。前耳室，墓道略窄于墓室。

二、砖室墓

河南省平顶山市郏县王集乡董庄墓地发掘的汉代墓葬砖室墓共计66座，砖室墓的建造方法特点突出：竖穴砖室墓，其建造方法均为先挖竖穴土坑，再在土坑内垒砌砖室；竖井墓道砖室墓，其建造方法均为先挖竖井墓道，再自墓道底部向内掏挖洞室，后在洞室内用青砖或空心砖垒砌。

66座砖室墓葬中，4座（墓葬编号为 M23、M72、M81、M86）墓道未清理，余62座砖室墓依据有无墓道分为两型。

A 型　9座。竖穴砖室墓。均为长方形。根据墓室的数量不同分为两个亚型。

Aa 型　8座（墓葬编号为 M26、M28、M35、M36、M38、M65、M97、M110）。单室。

Ab 型　1座（墓葬编号为 M87）。双室。后室略窄于前室。

B 型　53座。竖井墓道砖室墓。墓道绝大多数为长方形竖井式、长方形竖井斜坡式或弧形竖井式土坑，仅有1座（墓葬编号为 M56）的墓道为空心砖砌。根据墓室的多少不同分为三个亚型。

Ba 型　20座（墓葬编号为 M3、M9、M12、M17、M20、M25、M34、M41、M52、M53、M70、M76、M77、M96、M99、M104、M105、M115、M119、M122）。单室。其中5座（墓葬编号为 M9、M34、M53、M105、M119）有墓门，墓门均用空心砖封门，呈长方形。其余均无封门痕迹。其中1座（墓葬编号为 M20）墓道与墓室构成平面呈不规则形，不参加型式分析。其余19座墓道窄于墓室或两者宽度相当，根据墓道与墓室构成的平面形状不同分为五式。

Ba 型Ⅰ式　3座（墓葬编号为 M53、M76、M77）。平面呈铲形。墓道宽于墓室。

Ba 型Ⅱ式　3座（墓葬编号为 M3、M25、M115）。平面呈铲形。墓道窄于墓室。

Ba 型Ⅲ式　4座（墓葬编号为 M52、M70、M96、M99）。平面呈刀形。墓道窄于墓室，墓道一壁与墓室一壁在一条直线上，构成平面呈直背刀形。

Ba 型Ⅳ式　7座（墓葬编号为 M17、M34、M41、M104、M105、M119、M122）。平面呈长方形或近长方形。墓道与墓室宽度相当。

Ba 型Ⅴ式　2座（墓葬编号为 M9、M12）。平面呈楔形。墓道窄于墓室，墓道与墓室南北两壁均自西向东渐扩，构成平面呈楔形。

Bb 型　28座。双室。根据墓葬的组成不同分为甲、乙、丙三类。

甲类　4座（墓葬编号为 M1、M46、M68、M74）。横置前堂，左右墓室。依据墓道、前堂与墓室构成平面形状不同分为三式。

Bb型甲类Ⅰ式　2座（墓葬编号为M46、M68）。墓道为长方形竖井斜坡式，前堂与两墓室构成平面呈"L"形。

Bb型甲类Ⅱ式　1座（墓葬编号为M74）。墓道为弧形竖井斜坡式。墓道、前堂与两墓室宽度相当，构成平面呈近长方形。

Bb型甲类Ⅲ式　1座（墓葬编号为M1）。墓道为弧形竖井斜坡式。墓道窄于前堂，前堂与两墓室宽度相当，构成平面呈不规则形。

乙类　9座（墓葬编号为M2、M16、M54、M55、M69、M79、M80、M82、M113）。前后室双砖室墓，前墓室后部均有一储物性质的后室，后室多为土洞穴式。依据墓道与墓室的构成平面形状不同分为三式。

Bb型乙类Ⅰ式　1座（墓葬编号为M55）。呈近"甲"字形。带有甬道。道窄于室。

Bb型乙类Ⅱ式　3座（墓葬编号为M16、M54、M82）。平面呈铲形。墓道宽于墓室。

Bb型乙类Ⅲ式　5座（墓葬编号为M2、M69东晚、M79、M80东晚、M113）。平面呈近长方形。墓道与墓室宽度相当。

丙类　15座（墓葬编号为M7、M10、M15、M29、M30、M39、M40、M56、M75、M88、M91、M116、M120、M121、M123）。前置耳室。依据墓道与墓室宽度不同分为三式。

Bb型丙类Ⅰ式　9座（墓葬编号为M7、M15、M30、M39、M75、M88、M91、M116、M120）。墓道宽于墓室。

Bb型丙类Ⅱ式　1座（墓葬编号为M123）。墓道窄于墓室。

Bb型丙类Ⅲ式　5座（墓葬编号为M10、M29、M40、M56、M121）。墓道与墓室宽度相当。

Bc型　5座。多砖室。依据墓道、墓室形制不同分为五式。

Bc型Ⅰ式　1座（墓葬编号为M58）。墓道较长，为长方形竖井斜坡式。有甬道，横置前堂，三墓室。整体平面呈"甲"字形。

Bc型Ⅱ式　1座（墓葬编号为M64）。墓道较长，为弧形竖井斜坡式。横置前堂、南室、东左右室。

Bc型Ⅲ式　1座（墓葬编号为M45）。墓道长方形竖井斜坡式。横置前室，后左右室。整体平面呈近"┤"字形。

Bc型Ⅳ式　1座（墓葬编号为M61）。墓道长方形竖井斜坡式。有甬道，横置前堂，后三墓室。整体平面呈近"中"字形。

Bc型Ⅴ式　1座（墓葬编号为M4）。双墓道。前置耳室墓。整体平面呈近"H"字形。

表一：郏县董庄墓地汉代墓葬形制结构的类型学分析统计表

墓葬类型	型式		数量	墓葬编号	典型墓葬平面图	备注
土坑（土洞）墓	A型	Aa型	7	M27、M33、M84、M90、M112、M117、M118	M90	平底或底近平

第二章　汉代墓葬

续表1

墓葬类型	型式		数量	墓葬编号	典型墓葬平面图	备注
土坑（土洞）墓	A型	Ab型	1	M24	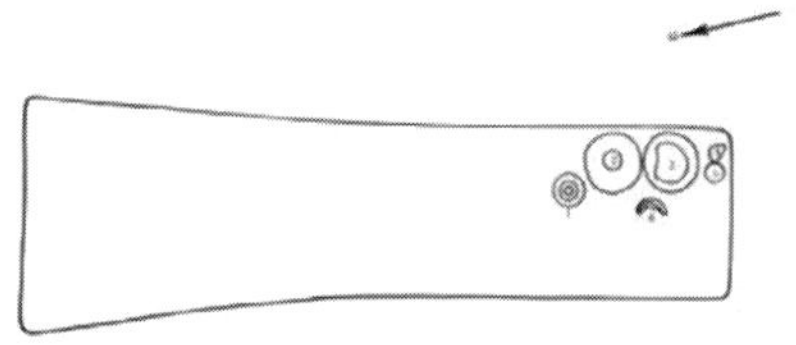	斜坡底
	B型	Ba型	1	M37	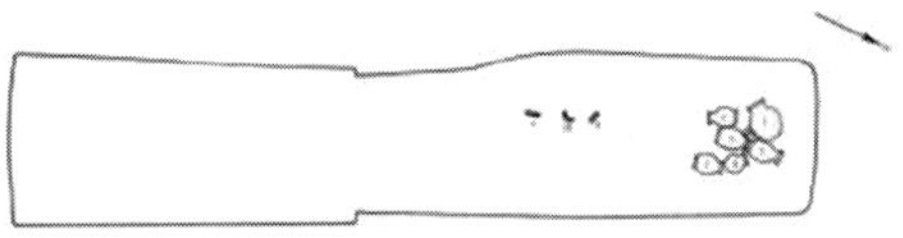	倒铲形
		Ⅰ式	1	M57	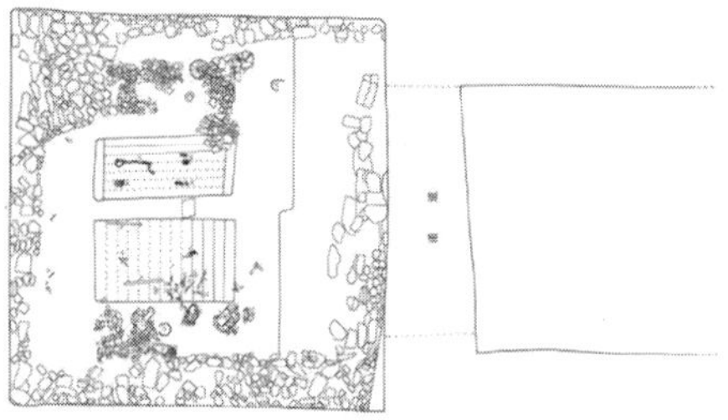	单室"甲"字形
		Ⅱ式	3	M18、M19、M22	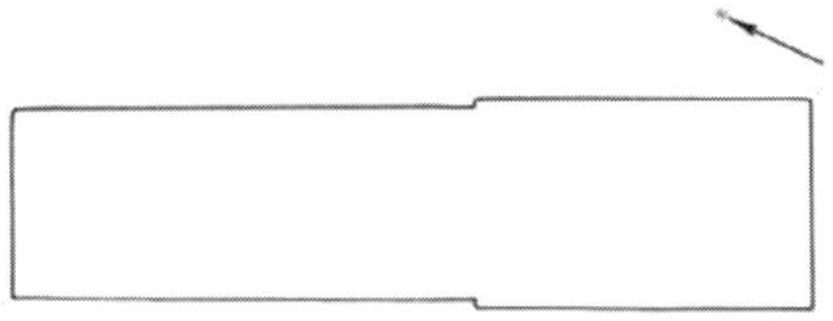 M22	单室铲形
		Ⅲ式	1	M31	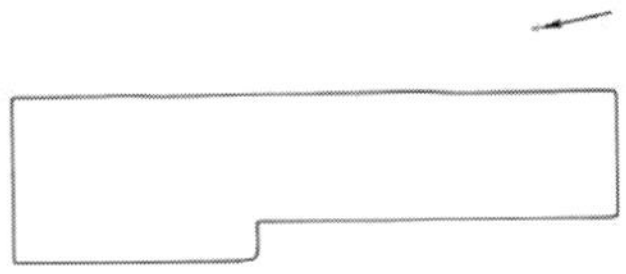	单室刀形
		Ⅳ式	3	M6、M21、M108	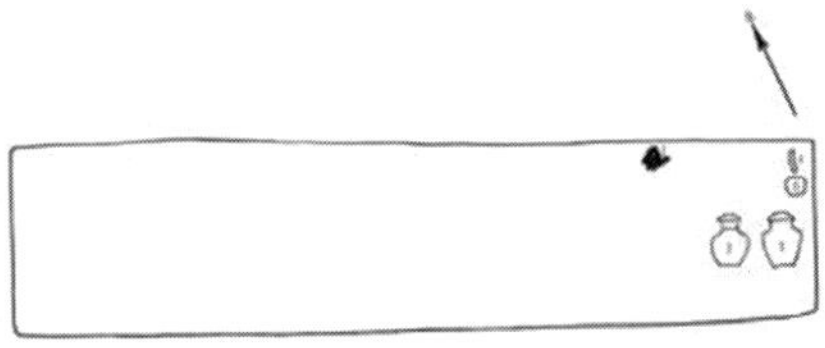 M108	单室长方形
		Ⅴ式	1	M109	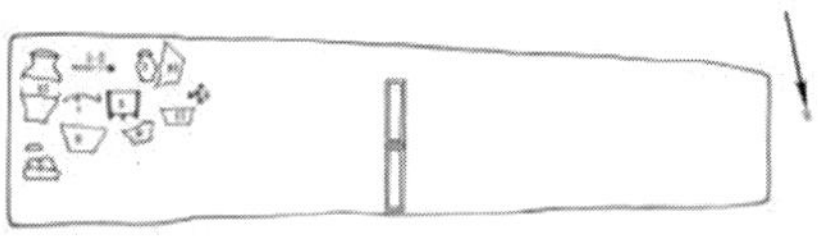	单室楔形
		Bb型 Ⅰ式	1	M94	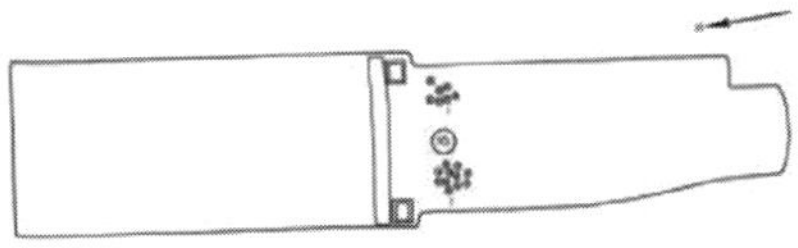	双室前、后室道宽于室

续表2

墓葬类型	型式			数量	墓葬编号	典型墓葬平面图	备注
土坑（土洞）墓	B型	Bb型	Ⅱ式	1	M44	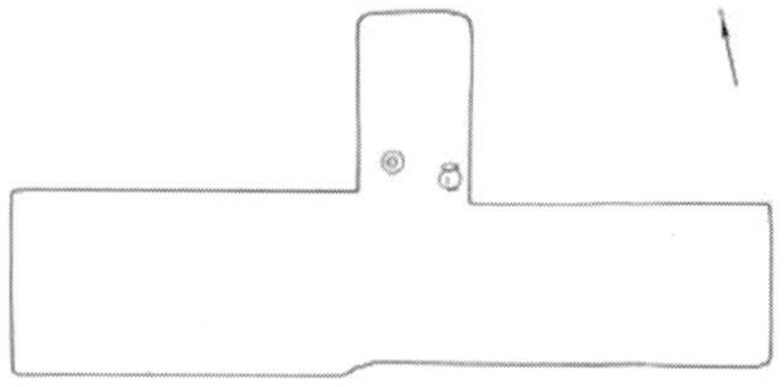	双室 前耳室道宽于室
			Ⅲ式	1	M5	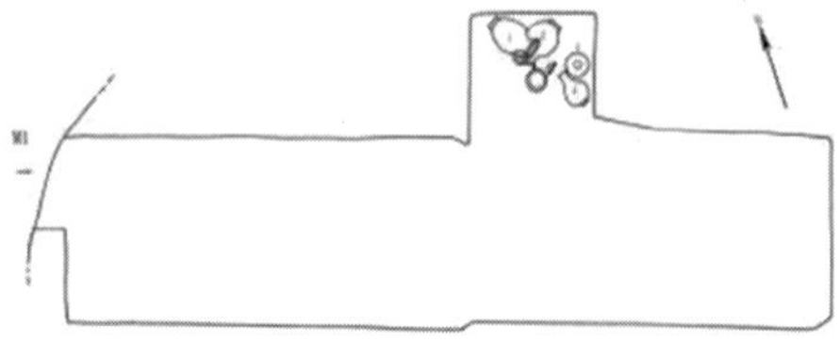	双室 前耳室 道窄于室
砖室墓	A型	Aa型		8	M26、M28、M35、M36、M38、M65、M97、M110	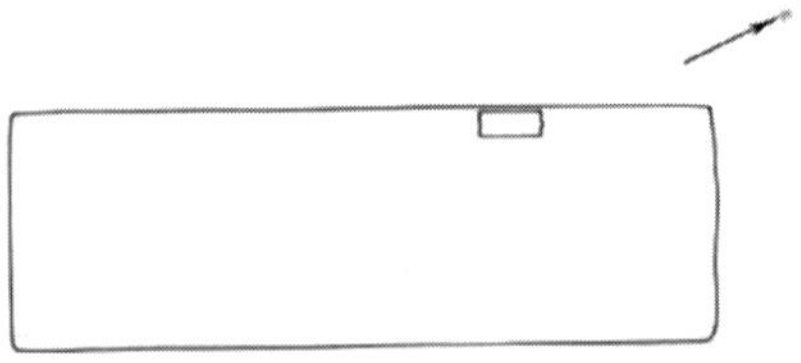 M110	竖穴 单室
		Ab型		1	M87	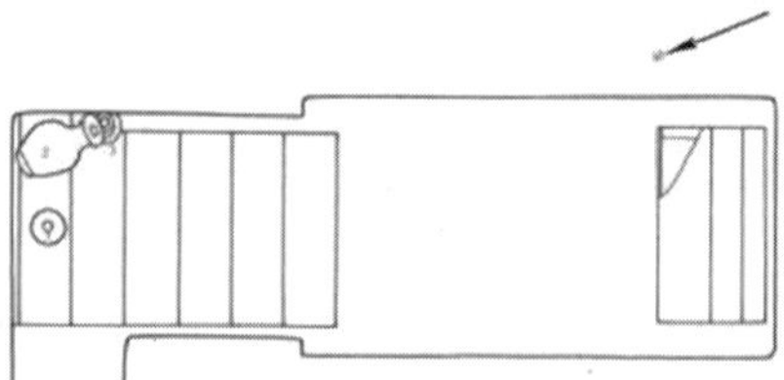	竖穴 双室
	B型	Ba型	Ⅰ式	3	M53、M76、M77	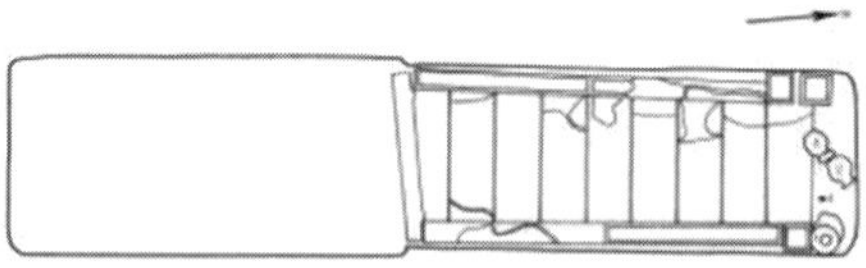 M77	单室 铲形 道宽于室
			Ⅱ式	3	M3、M25、M115	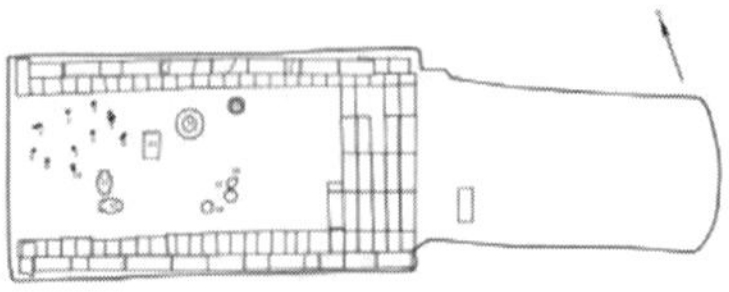 M115	单室 铲形 道窄于室
			Ⅲ式	4	M52、M70、M96、M99	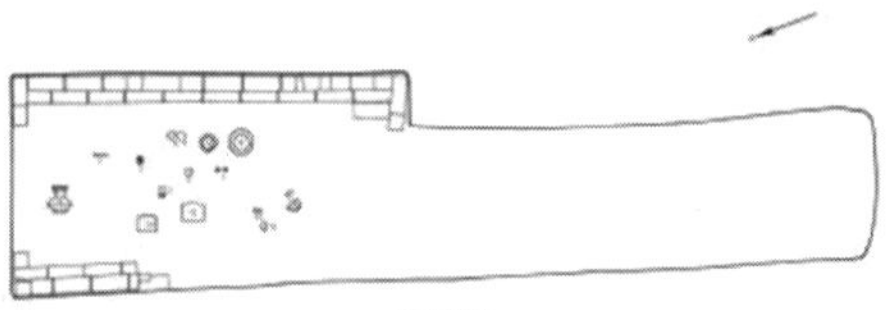 M99	单室 刀形 道窄于室

续表3

墓葬类型	型式		数量	墓葬编号	典型墓葬平面图	备注
砖室墓	B型	Ba型	7	Ⅳ式	M17、M34、M41、M104、M105、M119、M122	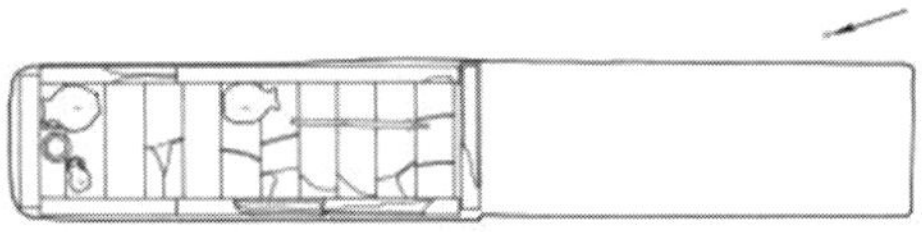 M119	单室 长方形 或近长方形 道与室宽度相当
			Ⅴ类	2	M9、M12	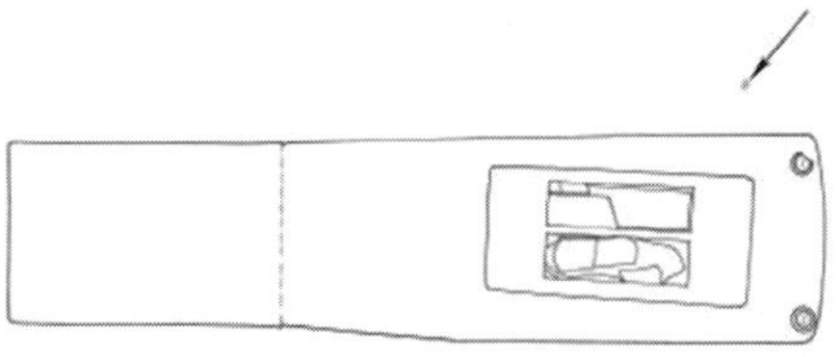 M12	单室 楔形 道窄于室
		Bb型	甲Ⅰ式	2	M46、M68	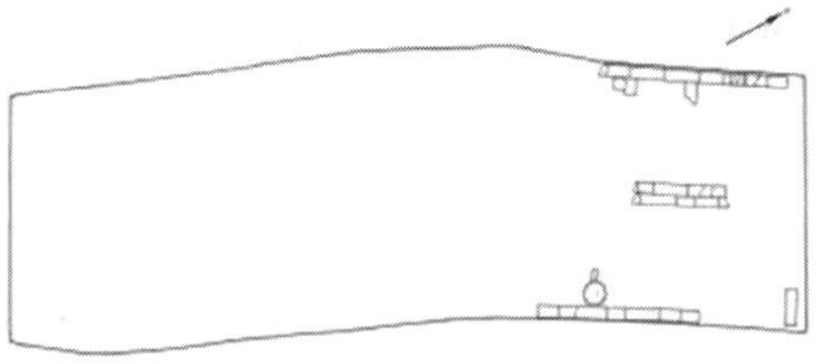 M68	双室 横置前堂 "L"形
			甲Ⅱ式	1	M74	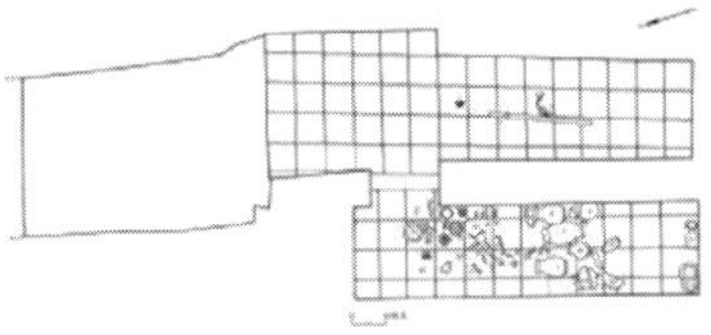	双室 横置前堂 近长方形
			甲Ⅲ式	5	M1	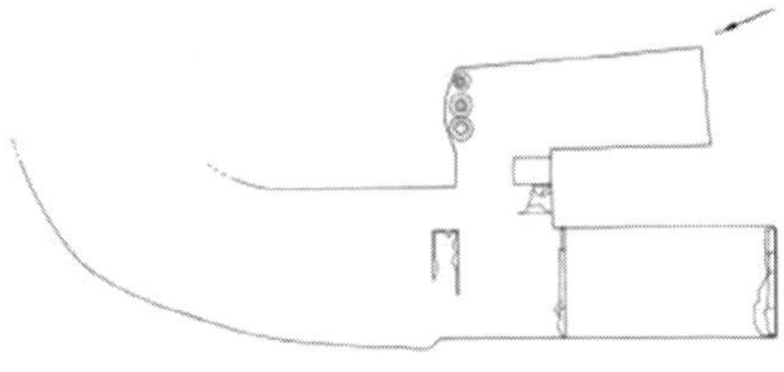	双室 横置前堂 不规则形
			乙Ⅰ式	1	M55	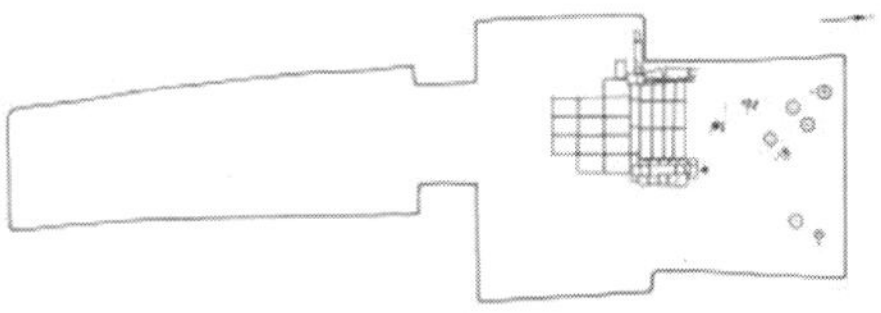	双室 前后室 近甲字形 甬道 道窄于室
			乙Ⅱ式	3	M16、M54、M82	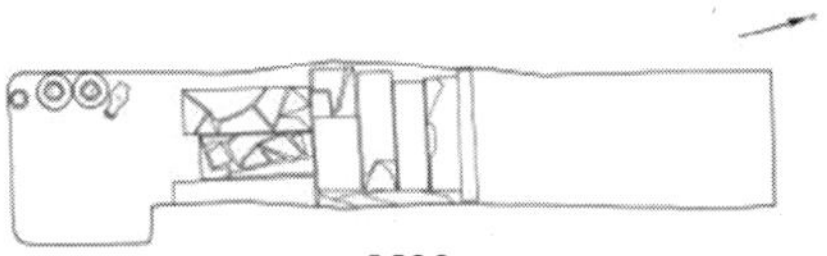 M82	双室 前后室 铲形 道宽于室

续表 4

墓葬类型	型式		数量	墓葬编号	典型墓葬平面图	备注
砖室墓	B型	Bb型 乙Ⅲ式	5	M2、M69、M79、M80、M113	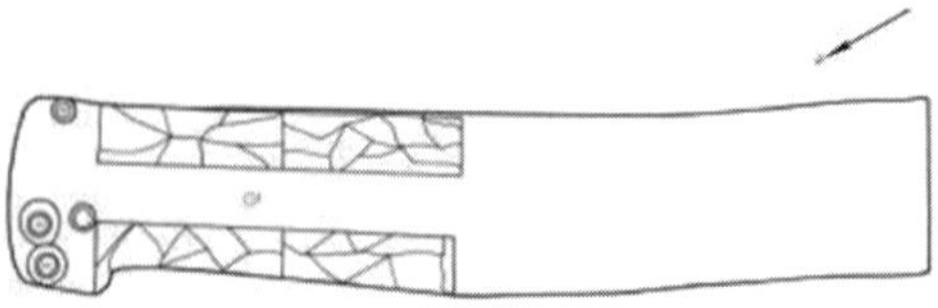 M80	双室 前后室 近长方形 道与室宽度相当
		丙Ⅰ式	9	M7、M15、M29、M30、M75、M88、M91、M116、120	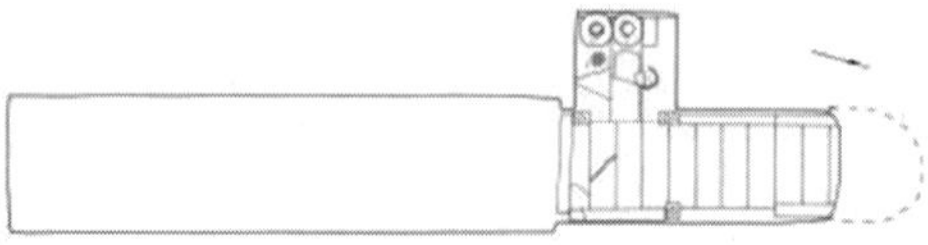 M120	双室 前置耳室 道宽于室
		丙Ⅱ式	1	M123	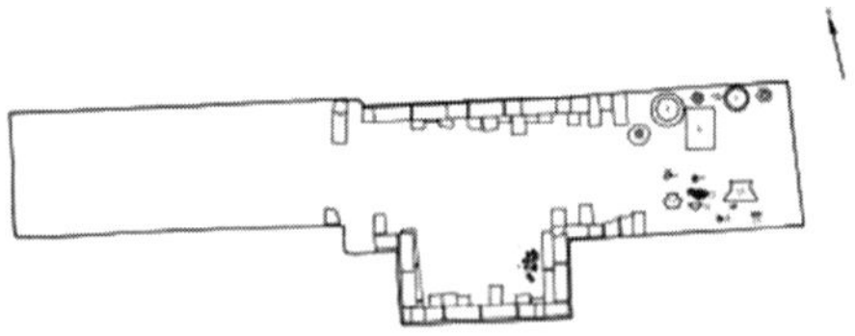	双室 前置耳室 道窄于室
		丙Ⅲ式		M10、M29、M40、M56、M121	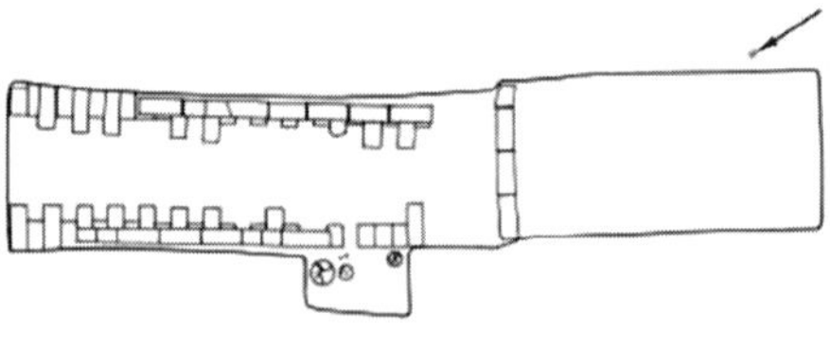 M121	双室 前置耳室 道与室宽度相当
		Bc型 Ⅰ式	1	M58	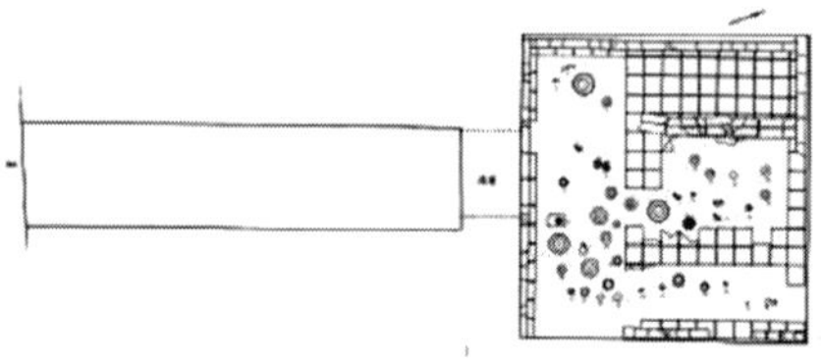	多室 "甲"字形
		Ⅱ式	1	M64	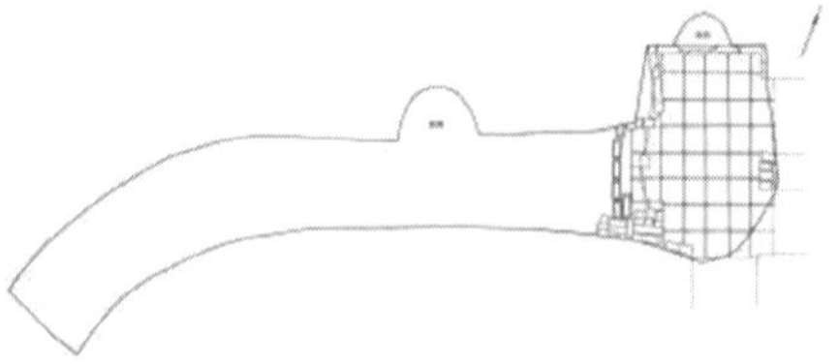	多室 道弧形
		Ⅲ式	1	M45	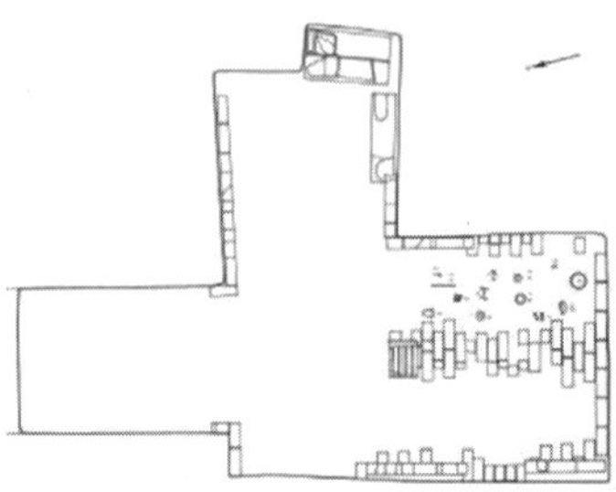	多室 "╡"字形

续表 5

墓葬类型	型式		数量	墓葬编号	典型墓葬平面图	备注
砖室墓	B型	Bc型	1	M61		多室 近"中"字形
			1	M4		多室 近"H"字形

型式栏中 IV 式对应 M61，V 式对应 M4。

第三节　葬式（头向、面向）与葬具分析

一、葬式（头向、面向）

河南省平顶山市郏县王集乡董庄墓地经过发掘的 90 座汉代墓葬中，仅有 6 座墓葬发现有骨架。下面对这 6 座墓葬的葬式逐一进行报告。

墓葬编号为 M6　人骨架 1 具。头向北，面向下。葬式为俯身直肢葬。性别为男性，年龄 40～45 岁。有随葬品。

墓葬编号为 M65　人骨架 2 具。头向西南，面向下。葬式为俯身直肢葬。性别为一男一女，年龄在 45～60 岁之间。有随葬品。

墓葬编号为 M95　人骨架 2 具。头向南，面向未知，葬式为仰身直肢。年龄、性别无法判断。有随葬品。

墓葬编号为 M111　人骨架 1 具。头向西，面向下。葬式为仰身直肢。性别为女性，年龄不详。有随葬品。

墓葬编号为 M117　人骨架 1 具。头向西，面向未知。葬式为仰身直肢。年龄、性别无法判断。有随葬品。

M118　人骨架 1 具。头向北，面向西。葬式为仰身直肢。性别为男性，年龄在 50 岁左右。有随葬品。

河南省平顶山市郏县王集乡董庄墓地经过发掘的 90 座汉代墓葬中，仅有以上 6 座墓葬的葬式清楚，通过对这 6 座墓葬的人骨架统计分析，虽不能概括此墓地的葬式全貌，但也能窥见一斑。由上述 6 座墓

葬看，葬式以仰身直肢葬为主，俯身直肢次之。头向北、西、南均有发现，面向下较多，性别男、女均有，单葬、夫妇合葬均有发现，过世年龄多在 40 ~ 60 岁之间。葬式清晰的墓葬中均有随葬品。

二、葬具

河南省平顶山市郏县王集乡董庄墓地 90 座汉代墓葬中，发现棺的仅有 1 座（墓葬编号为 M57），发现棺灰痕迹的有 22 座，墓葬编号为 M2、M7、M30、M37、M58、M61、M65、M80、M82、M84、M91、M95、M105、M109、M111、M113、M115、M117、M118、M119、M120、M121。这 23 座墓葬的葬具均为木棺，均有随葬品。可见，河南省平顶山市郏县王集乡董庄墓地汉代墓葬的葬具以木棺为主流。

第四节　出土遗物的类型学分析

河南省平顶山市郏县王集乡董庄墓地发掘的 90 座汉代墓葬，其中有 16 座（墓葬编号为 M18、M19、M20、M22、M23、M25、M26、M27、M28、M29、M30、M31、M35、M36、M38、M40）未有随葬遗物出土，其余 74 座墓葬中出土各类遗物共计 2776 件/组，遗物质地包括陶、瓷、铜、铁、骨、铅、玉、石等。其中陶器 547 件/组、瓷器 2 件、铜器 2186 件/组、铁器 33 件、铅器 3 件、骨器 2 件、石器 1 件、玉器 1 件，其他 1 件。出土数量较多的陶壶、陶罐、陶仓、陶三足樽、陶耳杯、陶器盖以及铜钱将在下面分类型进行报告。虽然陶井、陶博山薰炉、陶鼎、陶灶、陶瓮出土数量较少，但是这几种器物形制清晰，特征区别明显，是汉代墓葬中的典型器，有必要进行类型分析，为墓葬的分期和年代推断提供充足的资料和依据。有些器类出土件数也比较多，但大多形制相同或残缺较甚，不能做类型分析。

这里主要概述不参加类型分析的出土遗物：

1. 陶器

陶盒 19 件，陶圆盘 11 件，陶盆 2 件，陶釜 4 件，陶勺 1 件，陶案 4 件，陶画像砖 18 件，陶磨 2 件，陶建筑构件 5 件，陶鸡 4 件，陶鸭 3 件，陶器足 3 件，陶器柄 3 件，陶鹅 2 件，陶纺轮 2 件，釉陶鼎 2 件，陶提梁盉 1 件，陶甑 1 件，陶带流壶 1 件，陶三足盘 1 件，陶双耳罐 1 件，陶猪圈 1 件，陶杵 1 件，陶马 1 件，陶狗 1 件，陶鸟 1 件，陶作坊 1 组，陶器底板 1 件，陶魁 1 件，陶灯柱 1 件，釉陶罐 1 件。

2. 瓷器

均为瓷壶，共计有 2 件。

3. 铜器

铜镜 3 件，铜釜 12 件，铜当卢 6 件，铜盖弓帽 58 件，铜带钩 4 件，铜衔镳 7 件，铜樏首饰 6 件，铜轙饰 6 件，铜輢饰 5 件，铜刷柄 2 件，铜弩机 4 件，铜柶末端饰 3 件，铜车軎 2 件，铜扣 7 件，铜兽面饰 3 件，铜轴饰 2 件，铜帽（泡）钉 5 件，铜矛镦 5 件，铜鼎 1 件，铜盉 1 件，铜钫 1 件，铜博山薰炉 1

件，铜饰件1件，铜铺首衔环1件，铜四叶蒂形饰1件，铜戒指1件。

4. 铁器

铁刀10件，铁剑8件，铁戟4件，铁钉1件，铁矛2件，铁犁1件，铁镢2件，铁锸2件，铁斧1件，铁器2件。

5. 铅器　饰件3件。

6. 骨器　象牙器1件，骨管1件。

7. 石器　黛板1件。

8. 玉器　1件。

9. 其他　石膏器1件。

下面对陶壶、陶罐、陶仓、陶三足樽、陶耳杯、陶井、陶博山薰炉、陶鼎、陶灶、陶瓮、陶器盖以及铜钱的型式分析分别进行报告。

一、陶壶

河南省平顶山市郏县王集乡董庄墓地汉代墓葬出土陶壶共计217件。均轮制。其中釉陶壶17件，余200件均为泥质灰陶壶。200件泥质灰陶壶中器体高度大于32厘米的为大灰陶壶，有127件；器体高度小于32厘米的为小灰陶壶，有73件。

大灰陶壶中残缺较甚的有46件：标本M24:6、标本M52:6-1、标本M52:6-2、标本M52:8、标本M52:9、标本M53:3、标本M55:5、标本M55:6、标本M56:14、标本M56:15、标本M56:19、标本M56:20、标本M57:14、标本M57:47、标本M57:50、标本M57:89、标本M58:21、标本M58:38、标本M61:52、标本M64:54、标本M64:55、标本M69:7、标本M77:2、标本M77:4、标本M84:2、标本M95:6、标本M95:9、标本M97:4、标本M108:2、标本M108:3、标本M108:4、标本M109:7、标本M109:8、标本M109:9、标本M109:10、标本M109:11、标本M109:12、标本M111:5、标本M112:1、标本M112:2、标本M117:1、标本M117:3、标本M118:1、标本M118:2、标本M122:1、标本M123:13。小灰陶壶中残缺较甚的17件：标本M4:6、标本M58:30、标本M58:32、标本M58:33、标本M58:34、标本M58:35、标本M58:36、标本M61:51、标本M61:54、标本M61:73、标本M64:59、标本M74:5、标本M111:1、标本M111:3、标本M111:4、标本M115:12、标本M123:8。大灰陶壶和小灰陶壶残缺严重的共计63件，无法复原，整体形制不清晰，均不参加型式分析。

下面对参加型式分析的81件大灰陶壶、56件小灰陶壶、10件大釉陶壶和7件小釉陶壶分别进行报告（见表二）。

（一）大灰陶壶

共计81件。均为盘口外撇，束颈，溜肩，鼓腹或弧腹。除1件（标本M117:2）无铺首衔环外，其余均饰有铺首衔环。依据足部的不同分为A、B、C三型。

A型　36件。圈足。足均外撇。依据圈足部形状不同又可分为两个亚型。

Aa型　28件。折曲状圈足。28件有盖。依据盖、壶口、腹、足部不同可分为八式。

Aa型Ⅰ式　6件。盖，弧形隆起。壶，盘口下折棱明显，颈长稍细微束，近圆球形腹，高足近直稍稍外撇，足部折棱在足上部，壶表饰凹弦纹。标本 M37:2、标本 M37:4、标本 M46:6、标本 M46:7、标本 M46:8、标本 M46:9。

Aa 型 II 式　2 件。盖，平顶微内凹。壶，口、颈、腹与 Aa 型 I 式相同，足较 Aa 型 I 式矮，足稍稍外撇，足部折棱在足上部，壶表饰凹弦纹。标本 M37:5、标本 M37:7。

Aa 型 III 式　5 件。盖与 Aa 型 II 式相似。壶，溜肩较 Aa 型 II 式长，鼓腹，腹部最大径较 Aa 型 II 式稍稍下移，高足直或稍外撇，足部折棱在足上部，壶表饰凹弦纹或宽带纹。标本 M64:13、标本 M113:1、标本 M113:6、标本 M119:2、标本 M119:3。

Aa 型 IV 式　1 件。盖，平顶微内凹。壶，盘口较前三式浅，盘口下折棱不明显，鼓腹，矮足外撇，足部折棱在足上部，壶表饰宽带纹。标本 M6:2。

Aa 型 V 式　2 件。盖，平顶微内凹。壶，盘口下折棱不明显，颈细长，弧腹，腹部最大径较 Aa 型 IV 式下移，足较 Aa 型 IV 式矮，足部折棱在足上部，壶表饰宽带纹。标本 M105:1、标本 M105:2。

Aa 型 VI 式　4 件。盖，平顶微内凹。壶，盘口呈喇叭形，盘口下折棱不明显，颈短，颈肩分界不明显，扁圆腹，矮足稍外撇，足部折棱在中部，壶表饰宽带纹。标本 M79:1、标本 M79:2、标本 M81:1、标本 M81:2。

Aa 型 VII 式　2 件。盖，环形顶。壶，盘口较深，盘口下折棱不明显，颈较 Aa 型 VI 式长，弧腹，矮足外撇，足部折棱在足上部，壶表饰宽带纹。标本 M33:2、标本 M33:3。

Aa 型 VIII 式　6 件。盖，环形顶。壶，盘口甚浅呈喇叭形，颈粗长，扁圆腹，矮足稍外撇，足部折棱在中部，壶表饰宽带纹。标本 M21:1、标本 M21:2、标本 M54:2、标本 M54:3、标本 M87:1、标本 M87:2。

Ab 型　8 件。斜直状圈足外撇。5 件有盖。盖，均为平顶微内凹。依据壶口、腹、足部不同可分为三式。

Ab 型 I 式　2 件。盘口下折棱明显，鼓腹，壶表饰凹弦纹。标本 M1:1、标本 M1:2。

Ab 型 II 式　4 件。盘口下折棱明显，弧鼓腹，壶表饰宽带纹。标本 M53:1、标本 M97:1、标本 M120:2、标本 M120:3。

Ab 型 III 式　2 件。盘口下折棱不明显，腹部最大径较 Ab 型 I 式、Ab 型 II 式下移。标本 M69:1、标本 M69:2。

B 型　31 件。空心假圈足。依据圈足部差异又可分为三个亚型。

Ba 型　2 件。折曲状空心假圈足。均有盖。盖均为平顶。标本 M82:1、标本 M82:2，弧腹，矮足。

Bb 型　8 件。直筒型或近直筒型足。均有盖。盖除 1 件（标本 M95:2）为弧形顶外，其余均为平顶微内凹。据壶口、颈、腹、足部不同可分为四式。

Bb 型 I 式　2 件。盘口较深，外撇且出沿，盘口下折棱最明显；颈上扩下束，圆球形腹，足较高上扩下内收，足与腹部无明显界线。壶表饰凹弦纹。标本 M58:3、标本 M58:24。

Bb 型 II 式　1 件。盘口较 Bb 型 I 式浅，盘口近直稍外撇，出沿较窄或不出沿；颈上束下扩，圆球形腹，足与 Bb 型 I 式相当，足与腹部有明显界线。壶表饰凹弦纹。标本 M3:14。

Bb 型 III 式　3 件。盘口与 Bb 型 II 式相当，弧腹，腹部最大径稍靠上，足较高，上扩下内收，足与腹部有明显界线。标本 M95:2、标本 M95:3、标本 M117:2。

Bb 型 IV 式　2 件。与 Bb 型 III 式形制相近，足较 Bb 型 III 式矮。标本 M5:1、标本 M5:2。

Bc 型　21 件。斜直状空心假圈足。15 件有盖，5 件（标本 M2:1、标本 M7:1、标本 M7:4、标本

M88:1、标本M88:3）盖为弧形顶，其余均为平顶微内凹。依据壶口、颈、腹、足部不同可分为七式。只有1件（标本M84:1）饰宽带纹，其余均饰凹弦纹。

Bc型Ⅰ式　3件。盘口较Bb型Ⅰ式浅，盘口近直稍外撇，出沿较窄或不出沿；颈上束下扩，圆球形腹，足与Bb型Ⅰ式相当，足与腹部有明显界线。壶表饰凹弦纹。标本M64:1、标本M64:12（无盖）、标本M64:15。

Bc型Ⅱ式　2件。盘口较Bb型Ⅱ式浅，盘口近直稍外撇，不出沿；颈上扩下束，圆球形腹，足较Bb型Ⅱ式稍矮，足与腹部有明显界线。标本M58:22、标本M58:29。

Bc型Ⅲ式　3件。盘口较深外撇且出沿，盘口下折棱最明显；颈上扩下束，圆球形腹，足较高，上扩下内收，足与腹部无明显界线。壶表饰凹弦纹。标本M110:3、标本M110:5、标本M123:5。

Bc型Ⅳ式　9件。盘口较浅，颈近直微束，圆球形腹，足较前三式均矮，上扩下内收。标本M2:1、标本M7:1、标本M7:3、标本M7:4、标本M16:1（无盖）、标本M16:2、标本M16:5（无盖）、标本M88:1、标本M88:3。

Bc型Ⅴ式　4件。盘口较浅，鼓腹稍扁，矮足。标本M84:1、标本M121:2（无盖）、标本M121:3（无盖）、标本M121:12（无盖）。

C型　14件。平底。底均微内凹。依据腹部差异又分为两个亚型。

Ca型　7件。弧腹，腹部最大径稍靠上。6件有盖。依据盖，壶口、颈、腹部弧度不同可以分为四式。

Ca型Ⅰ式　1件。盖，弧形顶。壶，盘口外撇较甚，盘口下折棱最明显，颈短粗，弧腹近圆。标本M90:2。

Ca型Ⅱ式　3件。盖，平顶微内凹。壶，盘口较深，外撇度没有Ca型Ⅰ式明显，颈长中束，下腹部内收较缓。标本M78:4、标本M78:5、标本M78:6。

Ca型Ⅲ式　1件。盖，平顶微内凹。壶，盘口较Ca型Ⅱ式浅，下腹部内收较急。标本M90:1。

Ca型Ⅳ　2件。1件无盖，1件环形顶盖。壶，盘口呈喇叭形，盘口下折棱近乎不见，颈粗，下腹部内收较缓。饰宽带纹。标本M24:2、标本M24:3（无盖）。

Cb型　7件。扁鼓腹，腹部最大径在腹中部。均有平顶微内凹形盖。依据腹部扁度不同分为两式。

Cb型Ⅰ式　5件。腹部稍扁。标本M39:1、标本M39:3、标本M39:5、标本M80:2、标本M80:3。

Cb型Ⅱ式　2件。腹部较扁。标本M113:3、标本M113:4。

（二）小灰陶壶

共计56件。分有盖、无盖两种，盖的形制有所不同。壶均为盘口外撇、束颈、溜肩、鼓腹。依据壶足部的不同分为三型。

A型　1件。折曲状圈足。标本M54:1。

B型　48件。空心状假圈足。依据圈足部差异又可分为四个亚型。

Ba型　5件。折曲状足。4件有盖。依据盖，壶口、腹、足部不同可分为三式。

Ba型Ⅰ式　1件。盖，平顶。壶，盘口下折棱不明显，鼓腹，矮足，折棱在足中部。壶表饰凹弦纹。标本M82:3。

Ba型Ⅱ式　1件。盖，平顶。壶，盘口呈喇叭形，鼓腹，矮足，折棱在足部下部。壶表饰宽带纹。标本M113:2。

Ba型Ⅲ式　3件。盖，环形顶或平顶。壶，盘口稍外撇，腹部较Ⅱ式重心下移。矮足，足部折棱近足底。壶表饰宽带纹或凹弦纹。标本 M21:3、标本 M105:3（无盖）、标本 M119:4。

Bb 型　6 件。直筒型足。依据壶口、腹、足部不同可分为四式。

Bb 型 Ⅰ 式　1 件。盘口较深，下折棱明显；腹圆球形，足较高，上扩斜下收，足与腹部有明显界线，折棱在足上部。壶表饰凹弦纹。标本 M3:12。

Bb 型 Ⅱ 式　1 件。盘口较Ⅰ式浅，下折棱较Ⅰ式不明显，腹、足与Ⅰ式相近。壶表饰凹弦纹。标本 M3:11。

Bb 型 Ⅲ 式　1 件。盘口呈喇叭形，下折棱较Ⅱ式不明显，腹部较Ⅱ式重心下移，足与前两式相近。壶表饰凹弦纹。标本 M90:3。

Bb 型 Ⅳ 式　3 件。盘口深浅与Ⅱ式相当，但较Ⅱ式外撇，腹近圆球形，足高近直，与腹部无明显界线，折棱在足中部。壶表饰凹弦纹。标本 M95:1、标本 M95:4、标本 M118:4。

Bc 型　17 件。稍斜直足。壶口部均为浅盘口外撇，只有 1 件（M79:3）为盘上口外出沿。14 件有盖。依据盖、壶口、颈、腹、足部不同可分为五式。

Bc 型 Ⅰ 式　5 件。盖，弧形顶。壶，盘口较浅，下折棱明显，颈短中束，圆鼓腹，足部直径较大，足与腹部无明显界线。壶表饰凹弦纹，腹两侧对称饰铺首衔环。标本 M57:44、标本 M57:46、标本 M57:51、标本 M57:52、标本 M57:53。

Bc 型 Ⅱ 式　5 件。盖，弧形顶。口与Ⅰ式相近，颈较Ⅰ式稍细稍长，鼓腹重心较Ⅰ式稍下移，足与Ⅰ式相同。壶表饰凹弦纹，腹两侧对称饰铺首衔环。标本 M37:3、标本 M37:6、标本 M46:11、标本 M46:12、标本 M46:13。

Bc 型 Ⅲ 式　1 件。盖，弧形顶。壶，盘口较前两式外撇程度较大，颈较Ⅱ式更细更长，扁鼓腹下垂，足与前两式相近。壶表饰凹弦纹，无铺首衔环。标本 M109:3。

Bc 型 Ⅳ 式　1 件。盖，平顶。壶，口较Ⅲ式深，下折棱明显，腹较Ⅲ式扁。壶表饰凹弦纹，无铺首衔环。标本 M97:2。

Bc 型 Ⅴ 式　5 件。盖，平顶。壶，口较Ⅳ式下折棱不甚明显，腹部稍扁或扁垂。壶表饰宽带纹，无铺首衔环。标本 M6:3、标本 M24:1、标本 M53:2、标本 M69:3、标本 M79:3。

Bd 型　20 件。斜直足。器表均无铺首衔环。17 件有盖，盖均为平顶。依据壶口、颈、腹、足部不同可分为六式。

Bd 型 Ⅰ 式　4 件。壶，盘口略直且较Ⅱ式浅，下呈托盘状折棱明显，颈细中束，圆球形腹，足与腹部的界线明显。壶表饰凹弦纹。标本 M64:11、标本 M64:14、标本 M64:45、标本 M64:46。

Bd 型 Ⅱ 式　4 件。壶，盘口外撇较甚，颈较Ⅰ式细长，圆鼓腹，足高且与腹部有明显界线。壶表饰凹弦纹。标本 M61:22、标本 M61:23、标本 M99:2、标本 M110:4。

Bd 型 Ⅲ 式　3 件。盖，平顶。壶，盘口较Ⅱ式浅，下呈托盘状折棱明显，颈细中束，腹较Ⅱ式下垂，足较Ⅱ式矮且与腹部的界线明显。壶表饰凹弦纹。标本 M5:3、标本 M5:4、标本 M78:2。

Bd 型 Ⅳ 式　2 件。壶，盘口较深外撇，下托盘明显内收，颈细中束，腹圆鼓较Ⅱ式重心下移，足与Ⅱ式相当。壶表饰凹弦纹。标本 M16:3、标本 16:4。

Bd 型 Ⅴ 式小　3 件。壶，盘口略直且较Ⅲ式浅，下托盘稍内收，颈细中束，腹圆鼓较Ⅲ式重心下移，足高与Ⅲ式相当但与腹部无明显界线。壶表饰凹弦纹。标本 M2:4、标本 M7:5、标本 M7:6。

Bd 型 Ⅵ 式　4 件。壶，盘口下无托盘，颈细下束，扁弧腹，足与腹部无明显界线。壶表饰宽带纹。

标本M33:1、标本M80:4、标本M113:5、标本M120:4。

C型　7件。平底。依据口部的不同分为三个亚型。

Ca型　4件。盘口，有领。2件无盖，2件有平顶盖。依据口、颈、腹部的差异分为四式。

Ca型Ⅰ式　1件。口下折棱明显，细颈中束，圆鼓腹。标本M39:2（无盖）。

Ca型Ⅱ式　1件。口较Ⅰ式外撇更甚，下折棱较Ⅰ式不明显，长细颈上束下扩，扁鼓腹。标本M39:6。

Ca型Ⅲ式　1件。口下折棱较前两式均不明显，矮细颈中束，鼓腹，腹部重心靠上。标本M78:7。

Ca型Ⅳ式　1件。盘口较敞，盘口下的托盘状较前三式几近消失，矮颈粗上扩下束，弧腹，最大径在腹中部。标本M1:3（无盖）。

Cb型　1件。侈口平沿，矮领。标本M81:3。

Cc型　2件。侈平口，无领。依据腹部不同分为两式。

Cc型Ⅰ式　1件。鼓腹，最大径在腹上部。标本M87:3。

Cc型Ⅱ式　1件。弧腹，最大径在腹中部。标本M17:2。

（三）大釉陶壶

共计10件。均为泥质红陶，轮制。盘口外撇，束颈，溜肩，圆球形腹。依据足部的不同分为两型。

A型　7件。圈足。依据圈足部形制不同又可分为两个亚型。

Aa型　4件。折曲状圈足。标本M57:22、标本M57:25、标本M57:69、标本M57:91。

Ab型　3件。斜直圈足外撇。标本M57:27、标本M57:28、标本M57:29。

B型　3件。空心状假圈足。标本M88:4（无盖）、标本M88:7、标本M88:8。

（四）小釉陶壶

共计7件。均为泥质红陶，轮制。均为盘口外撇，束颈，溜肩，鼓腹。依据足部的不同分为三型。

A型　3件。斜直圈足外撇。标本M57:30（无盖）、标本M57:49、标本M57:87。

B型　2件。空心状假圈足。标本M88:5、标本M88:6。

C型　2件。平底。标本M57:23、标本M57:94。

表二：郏县董庄墓地汉代墓葬出土陶壶类型学分析统计表

类别	型式			数量	标本	典型器物图	备注
大灰陶壶	A型	Aa型	Ⅰ式	6	M37:2、M37:4、M46:6、M46:7、M46:8、M46:9	M46:6	盖，弧形顶。壶，盘口下折棱明显，颈长稍细微束，近圆球形腹，高足。饰凹弦纹

续表 1

类别	型式		数量	标本	典型器物图	备注
大灰陶壶	A型	Aa型				
			2	M37:5、M37:7	M37:7	盖，平顶。壶，足较Aa型Ⅰ式矮。饰凹弦纹
			5	M64:13、M113:1、M113:6、M119:2、M119:3	M113:6	盖与Aa型Ⅱ式相似。壶，溜肩较Aa型Ⅱ式长，腹部最大径较Aa型Ⅱ式稍稍下移，高足直或稍外撇，足部折棱在足上部。饰凹弦纹
			Ⅱ式			
			Ⅲ式			
			Ⅳ式 1	M6:2		盖，平顶。壶，盘口较前三式浅，盘口下折棱不明显，鼓腹，矮足。饰宽带纹
			Ⅴ式 2	M105:1、M105:2	M105:1	盖，平顶。壶，盘口下折棱不明显，腹部最大径较Aa型Ⅳ式下移，足较Aa型Ⅳ式矮。饰宽带纹

续表2

类别	型式		数量	标本	典型器物图	备注
大灰陶壶	A型	Aa型				
			4	M79:1、M79:2、M81:1、M81:2	Ⅵ式 M79:1	盖，平顶。壶，盘口呈喇叭形，盘口下折棱不明显，颈短，扁圆腹，矮足稍外撇，足部折棱在中部。饰宽带纹
			2	M33:3、M33:2	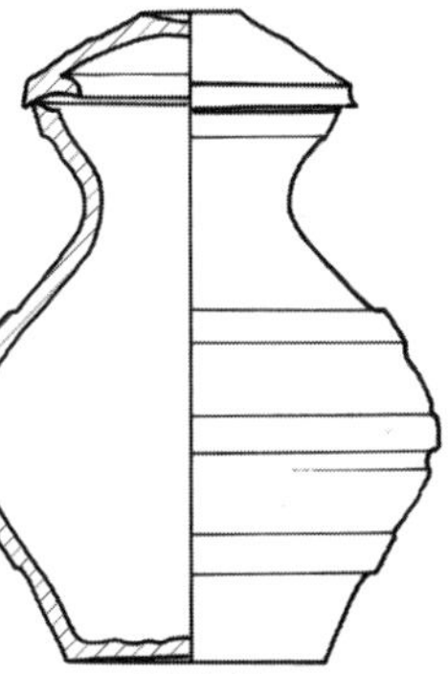 Ⅶ式 M33:3	盖，环形顶。壶，盘口下折棱不明显，颈较Aa型Ⅵ式长，弧腹，矮足。饰宽带纹
			6	M21:1、M21:2、M54:2、M54:3、M87:1、M87:2	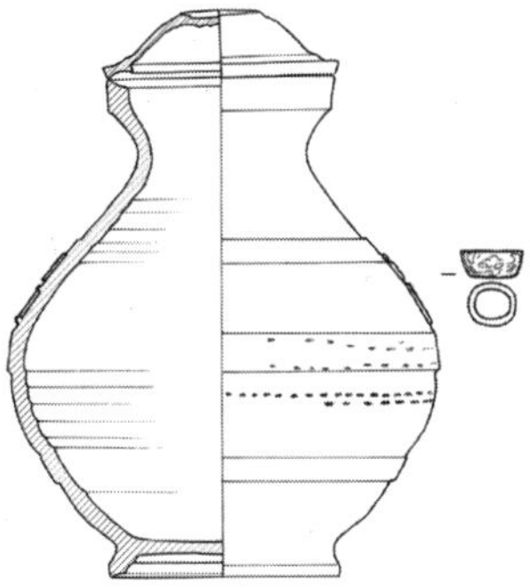 Ⅷ式 M21:1	盖，环形顶。壶，盘口甚浅，颈粗长，扁圆腹，矮足。饰宽带纹
		Ab型	2	M1:1、M1:2	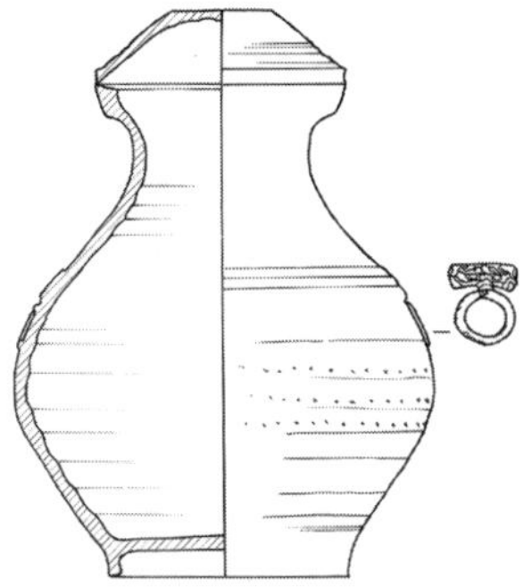 Ⅰ式 M1:1	盘口下折棱明显，鼓腹。饰凹弦纹

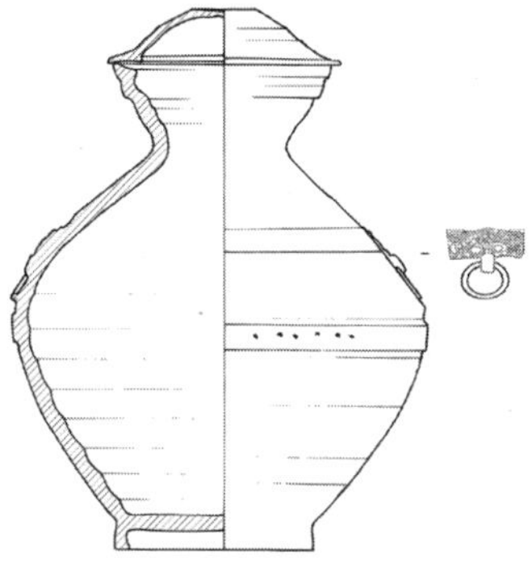

续表3

类别	型式		数量	标本	典型器物图	备注
大灰陶壶	A型	Ab型 Ⅱ式	4	M53:1、M97:1、M120:2、M120:3	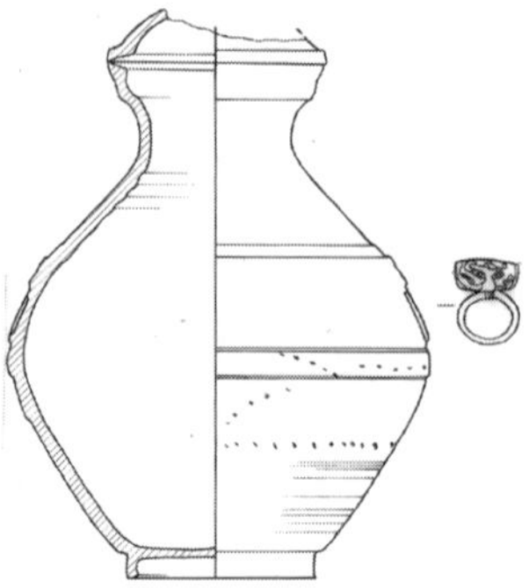 M120:2	盘口下折棱明显，弧鼓腹。饰宽带纹
		Ab型 Ⅲ式	2	M69:1、M69:2	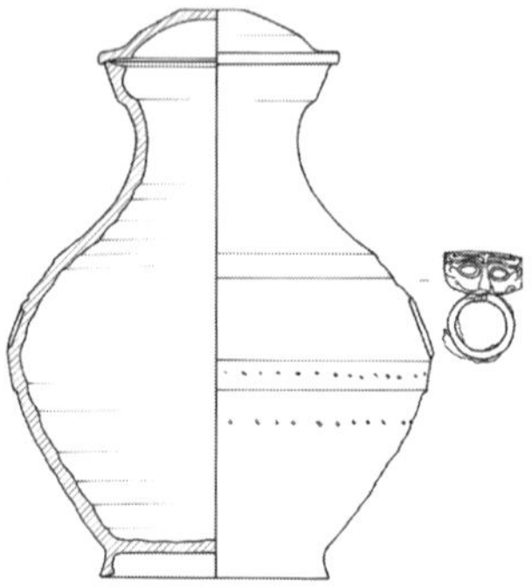 M69:2	盘口下折棱不明显，腹部最大径较Ab型Ⅰ式、Ab型Ⅱ式下移。饰宽带纹
	B型	Ba型	2	M82:1、M82:2	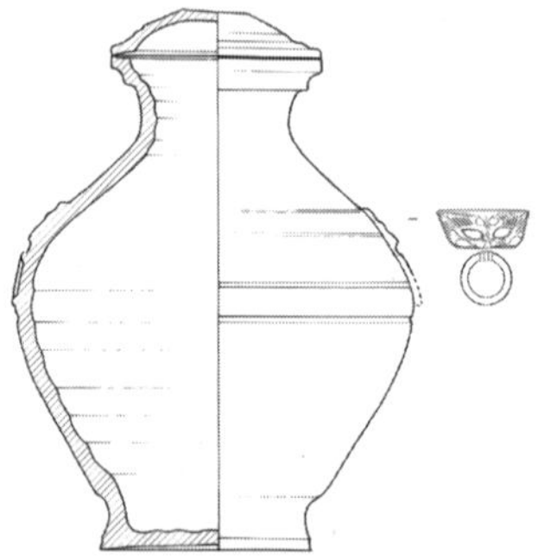 M82:1	折曲状空心假圈足
		Bb型 Ⅰ式	2	M58:3、M58:24	 M58:24	盘口较深外撇且出沿，圆球形腹，足较高，足与腹部无明显界线。饰凹弦纹

续表 4

类别	型式		数量	标本	典型器物图	备注
大灰陶壶	B型	Bb型	Ⅱ式	1	M3:14	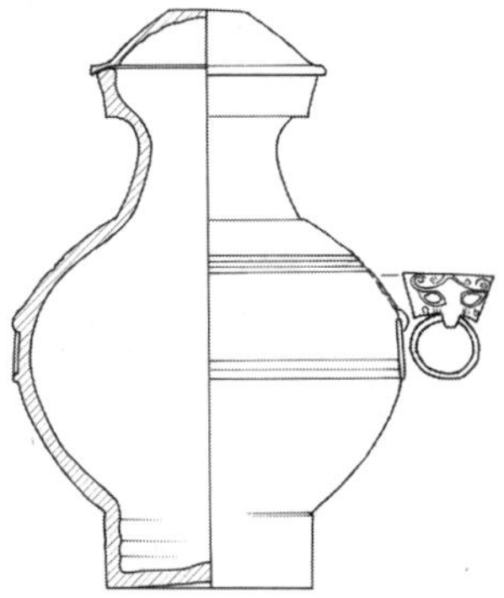	盘口较Bb型Ⅰ式浅，盘口近直稍外撇，出沿较窄或不出沿；颈上束下扩，圆球形腹，足与Bb型Ⅰ式相当，足与腹部有明显界线。饰凹弦纹
			Ⅲ式	3	M95:2、M95:3、M117:2	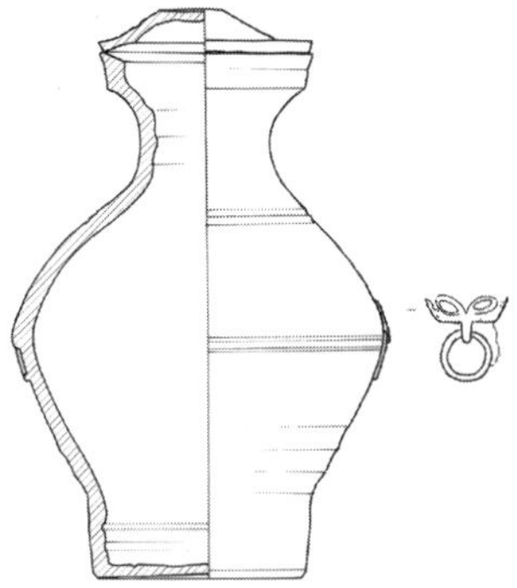 M95:3	盘口与Bb型Ⅱ式相当，弧腹，腹部最大径稍靠上，足较高，足与腹部有明显界线
			Ⅳ式	2	M5:1、M5:2	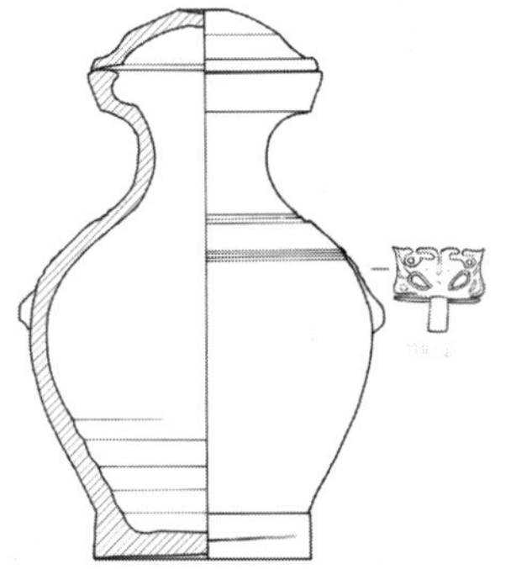 M5:2	与Bb型Ⅲ式形制相近，足比Bb型Ⅲ式矮
		Bc型	Ⅰ式	3	M64:1、M64:12、M64:15	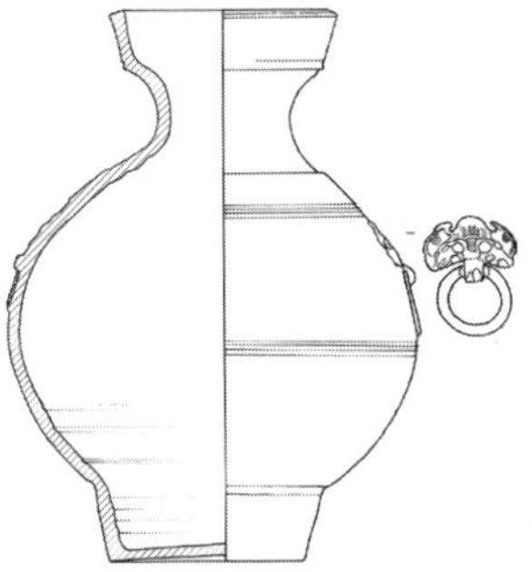 M64:12	盘口较Bb型Ⅰ式浅，出沿较窄或不出沿；颈上束下扩，圆球形腹，足与Bb型Ⅰ式相当。饰凹弦纹

续表 5

类别	型式		数量	标本	典型器物图	备注
大灰陶壶	B型	Bc型	Ⅱ式	2	M58:22、M58:29	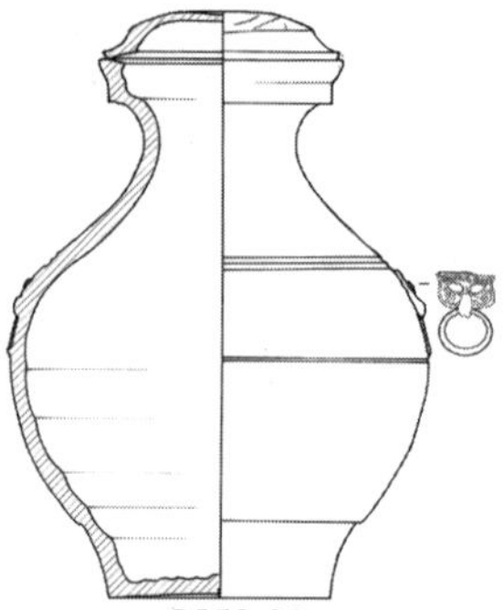 M58:22	盘口较Bb型Ⅱ式浅，盘口近直稍外撇，不出沿；颈上扩下束，圆球形腹，足较Bb型Ⅱ式稍矮。饰凹弦纹
			Ⅲ式	3	M110:3、M110:5、M123:5	 M110:5	盘口较深外撇且出沿，盘口下折棱最明显；颈上扩下束，圆球形腹，足较高。饰凹弦纹
			Ⅳ式	9	M2:1、M7:1、M7:3、M7:4、M16:1、M16:2、M16:5、M88:1、M88:3	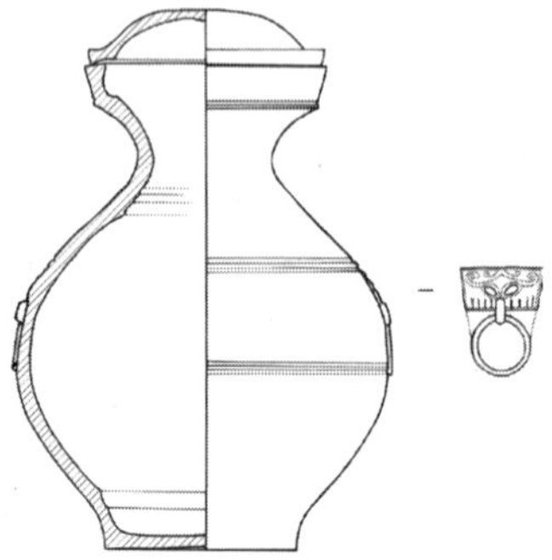 M16:2	盘口较浅，颈近直微束，圆球形腹，足较前三式均矮，上扩下内收。饰凹弦纹
			Ⅴ式	4	M84:1、M121:2、M121:3、M121:12	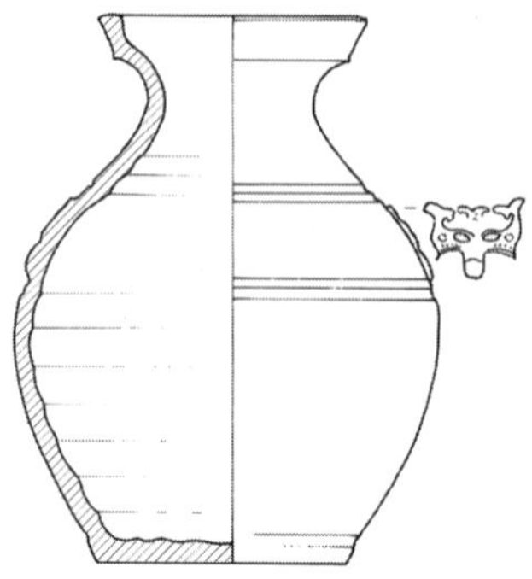 M121:2	盘口较浅，鼓腹稍扁，矮足。饰凹弦纹

续表 6

类别	型式		数量	标本	典型器物图	备注
大灰陶壶	C型	Ca型	1	M90:2	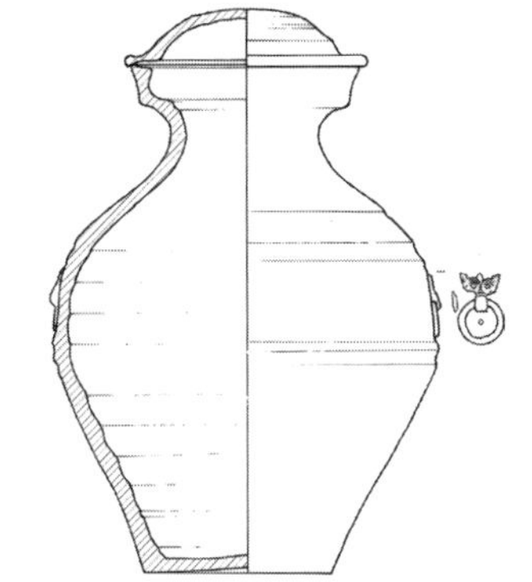	盖，弧形顶。壶，盘口外撇较甚，盘口下折棱最明显，颈短粗，弧腹近圆。饰凹弦纹
			3	M78:4、M78:8、M78:6	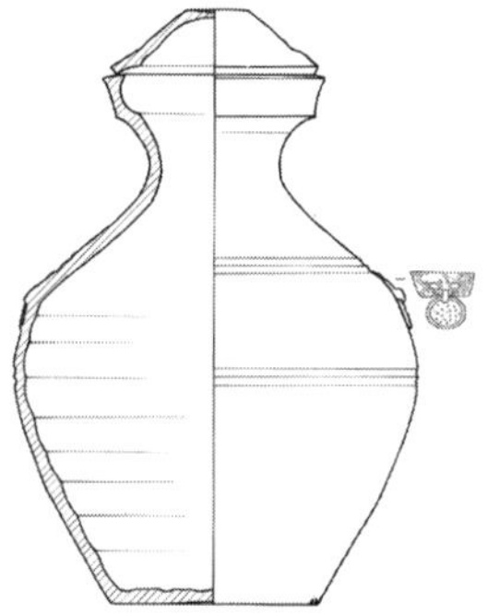 M78:4	盖，平顶。壶，盘口较深，外撇度没有Ca型Ⅰ式明显，颈长。饰凹弦纹
			1	M90:1	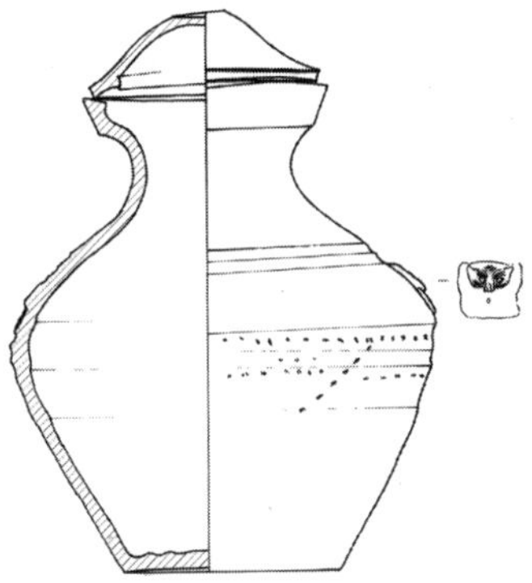	盖，平顶。壶，盘口较Ca型Ⅱ式浅，下腹部内收较急。饰凹弦纹
			2	M24:2、M24:3	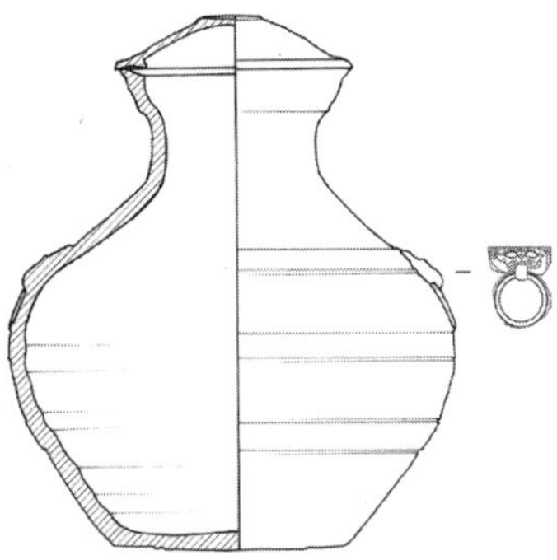 M24:2	壶，盘口下折棱近乎不见，颈粗，下腹部内收较缓。饰宽带纹

(型式列自上而下：Ⅰ式、Ⅱ式、Ⅲ式、Ⅳ式)

续表 7

类别	型式		数量	标本	典型器物图	备注
大灰陶壶	C型	Cb型	Ⅰ式	5	M39:1、M39:3、M39:5、M80:2、M80:3	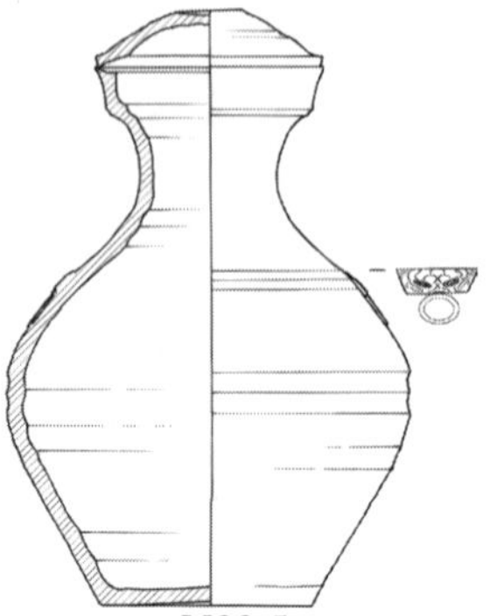 M39:5	腹部稍扁。饰宽带纹
			Ⅱ式	2	M113:3、M113:4	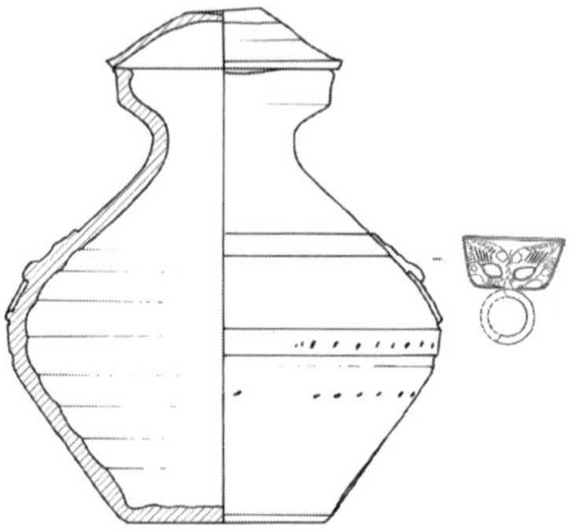 M113:3	腹部较扁。饰宽带纹
小灰陶壶	A型			1	M54:1	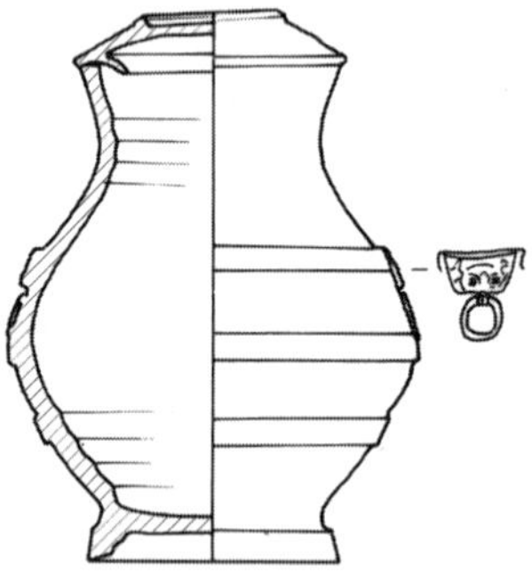	折曲状圈足
	B型	Ba型	Ⅰ式	1	M82:3	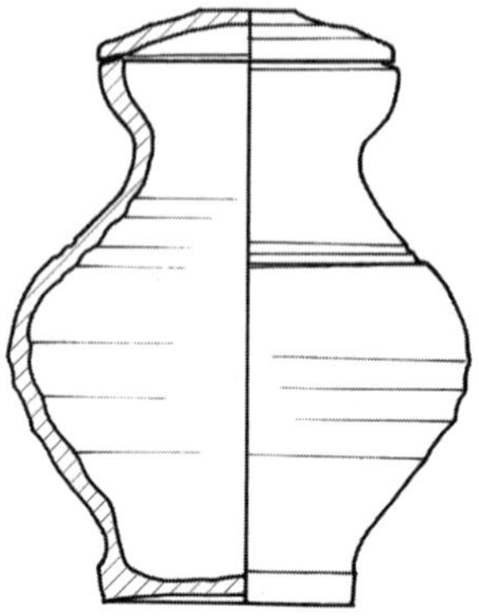	盖，平顶。壶，盘口下折棱不明显，鼓腹，足矮，折棱在足中部。饰凹弦纹

续表 8

类别	型式		数量	标本	典型器物图	备注
小灰陶壶	B型	Ba型	Ⅱ式	1	M113:2	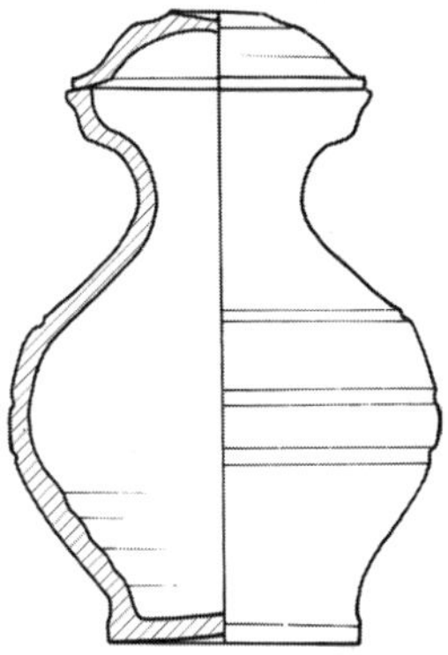	盖，平顶。壶，折棱在足部下部。饰宽带纹
			Ⅲ式	3	M21:3、M105:3、M119:4	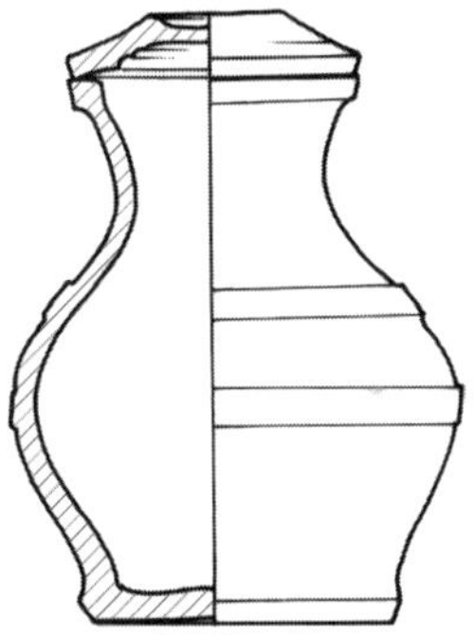 M21:3	盖，环形顶或平顶。壶，腹部较Ⅱ式重心下移。足部折棱近足底。饰宽带纹或凹弦纹
		Bb型	Ⅰ式	1	M3:12	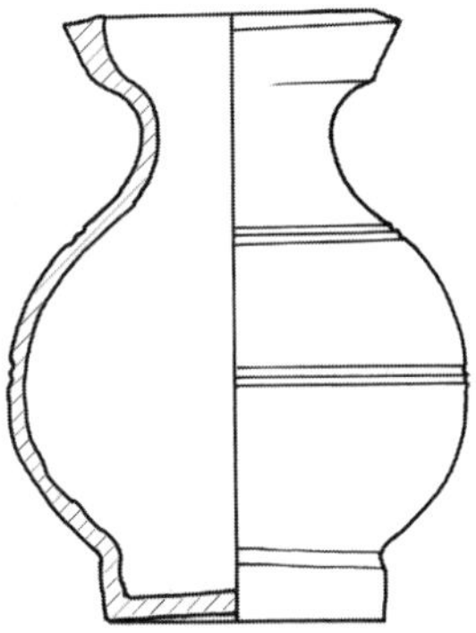	盘口较深，下折棱明显；腹圆球形，足较高与腹部有明显界线，折棱在足上部。饰凹弦纹
			Ⅱ式	1	M3:11	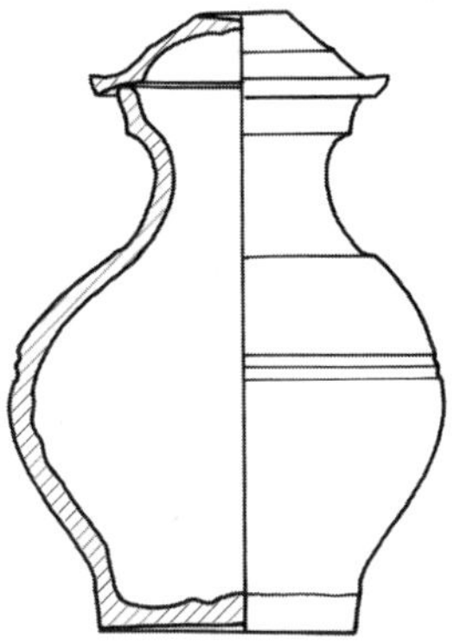	盘口较Ⅰ式浅，下折棱较Ⅰ式不明显，腹、足与Ⅰ式相近。饰凹弦纹

续表 9

类别	型式		数量	标本	典型器物图	备注
小灰陶壶	B型	Bb型	Ⅲ式	1	M90:3	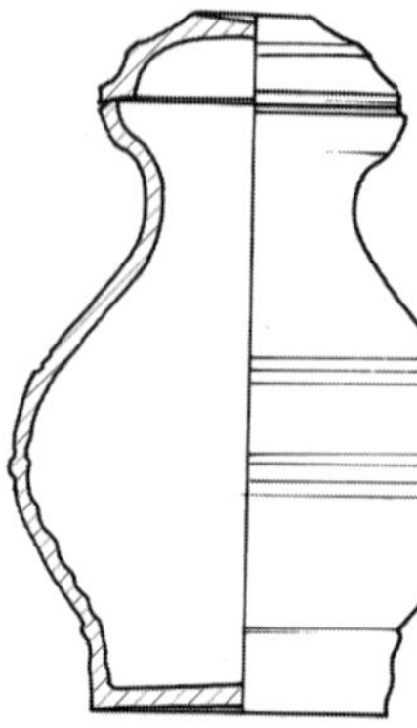	盘口呈喇叭形，下折棱较Ⅱ式不明显，腹部较Ⅱ式重心下移，足与前两式相近。饰凹弦纹
			Ⅳ式	3	M95:1、M95:4、M118:4	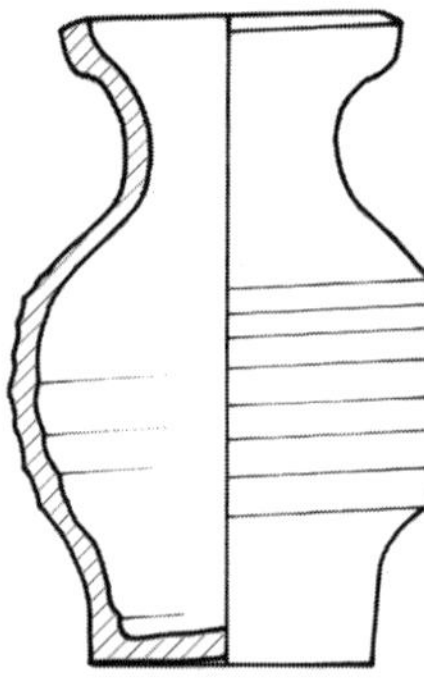 M95:4	盘口深浅与Ⅱ式相当，但较Ⅱ式外撇，腹近圆球形，足高近直，与腹部无明显界线。饰凹弦纹
		Bc型	Ⅰ式	5	M57:44、M57:46、M57:51、M57:52、M57:53	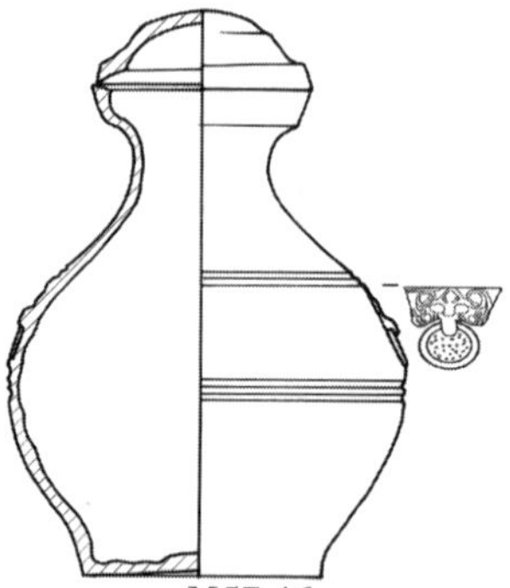 M57:46	盖，弧形顶。壶，盘口较浅，下折棱明显，颈短中束，圆鼓腹，足部直径较大。饰凹弦纹
			Ⅱ式	5	M37:3、M37:6、M46:11、M46:12、M46:13	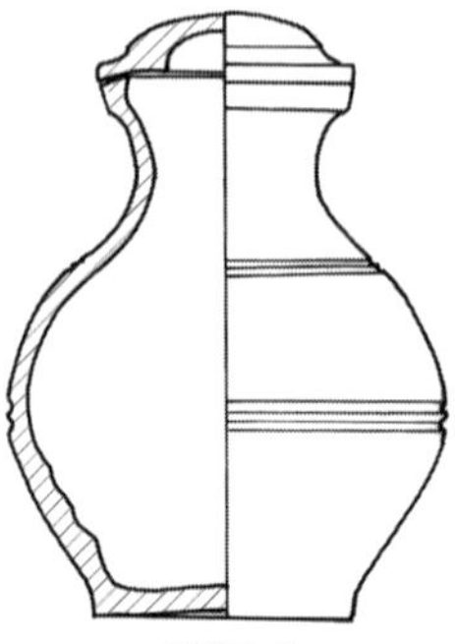 M37:6	盖，弧形顶。口与Ⅰ式相近，颈较Ⅰ式稍细稍长，鼓腹中心较Ⅰ式稍下移，足与Ⅰ式相同。饰凹弦纹

续表 10

类别	型式		数量	标本	典型器物图	备注
小灰陶壶	B型	Bc型 Ⅲ式	1	M109:3	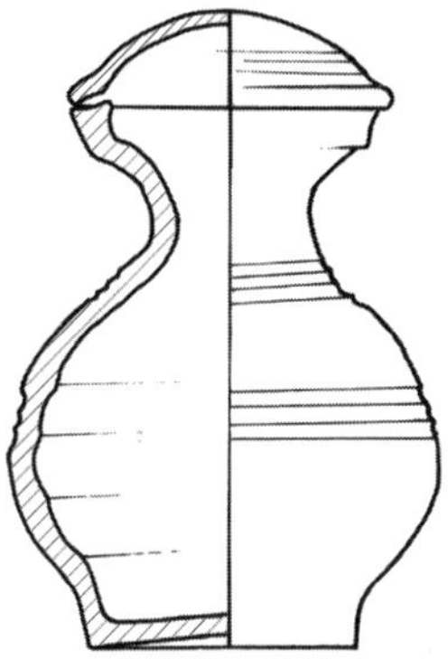	盖，弧形顶。壶，盘口较前两式外撇程度较大，颈较Ⅱ式更细更长，扁鼓腹下垂，足与前两式相近。饰凹弦纹
		Bc型 Ⅳ式	1	M97:2	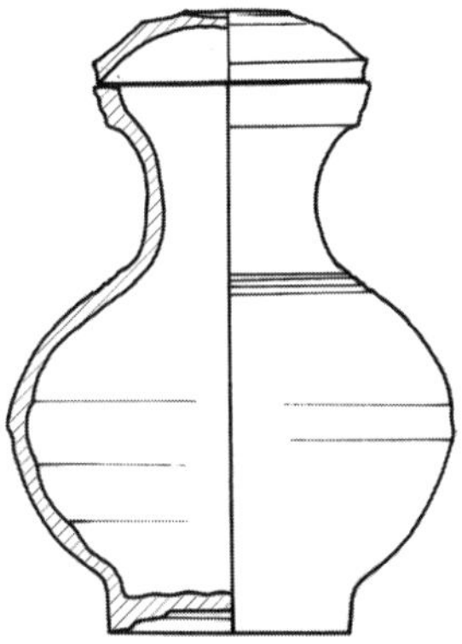	盖，平顶。壶，口较Ⅲ式深，下折棱明显，腹较Ⅲ式扁。饰凹弦纹
		Bc型 Ⅴ式	5	M6:3、M24:1、M53:2、M69:3、M79:3	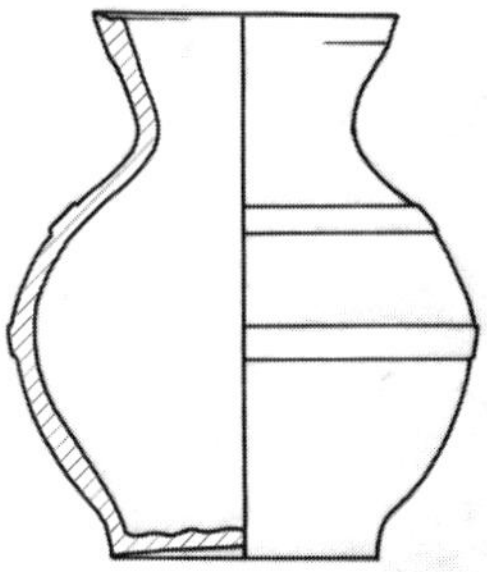 M24:1	盖，平顶。壶，口较Ⅳ式下折棱不甚明显，腹部稍扁或扁垂。饰宽带纹
		Bd型 Ⅰ式	4	M64:11、M64:14、M64:45、M64:46	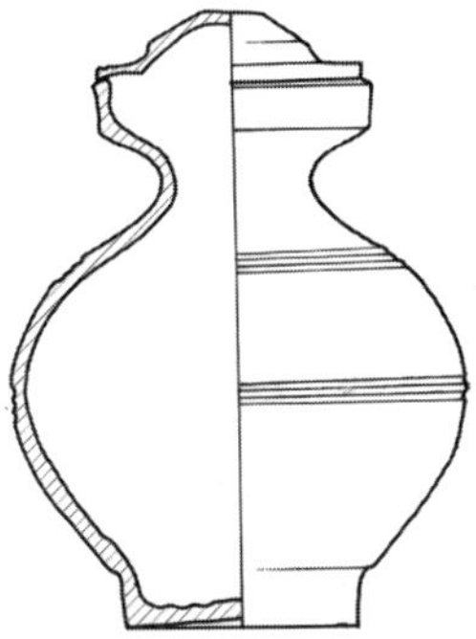 M64:14	盘口较深且下呈托盘状，下折棱明显，颈细上束，腹近圆球形，足高且与腹部有明显界线。饰凹弦纹

续表 11

类别	型式		数量	标本	典型器物图	备注
小灰陶壶	B型	Bd型				
			4	M61:22、M61:23、M99:2、M110:4	Ⅱ式 M99:2	盘口略直且较Ⅰ式浅，腹圆球形较Ⅰ式重心稍稍下移，足较Ⅰ式矮。饰凹弦纹
			3	M5:3、M5:4、M78:2	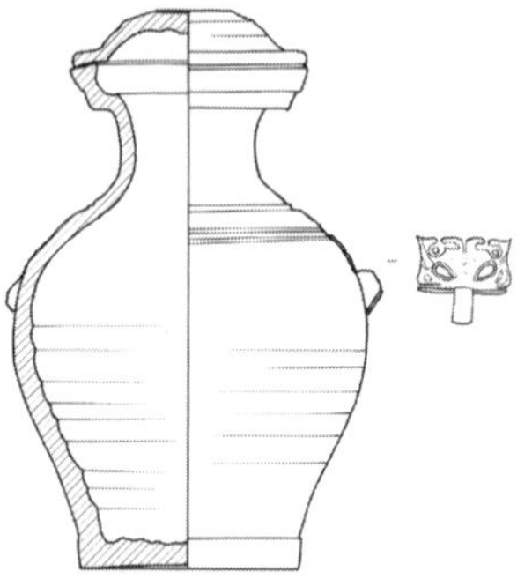 Ⅲ式 M5:3	盘口较深外撇，下托盘明显内收，颈细中束，腹圆鼓较Ⅱ式重心下移，足与Ⅱ式相当，腹部无明显界线。饰凹弦纹
			2	M16:3、M16:4	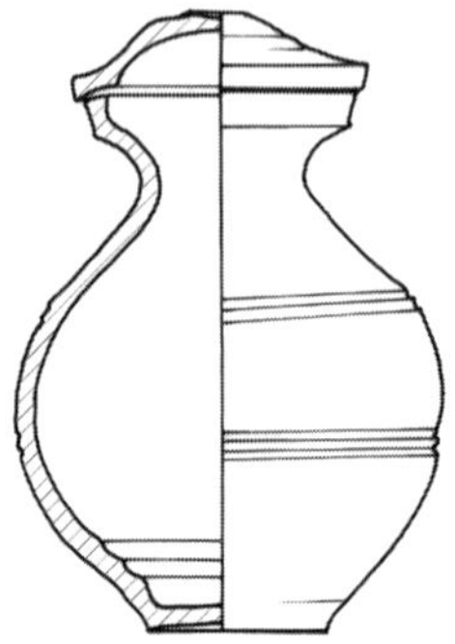 Ⅳ式 M16:3	盘口略直且较Ⅲ式浅，下托盘稍内收，腹圆鼓较Ⅲ式重心下移，足高与Ⅲ式相当但与腹部无明显界线。饰凹弦纹
			3	M2:4、M7:5、M7:6	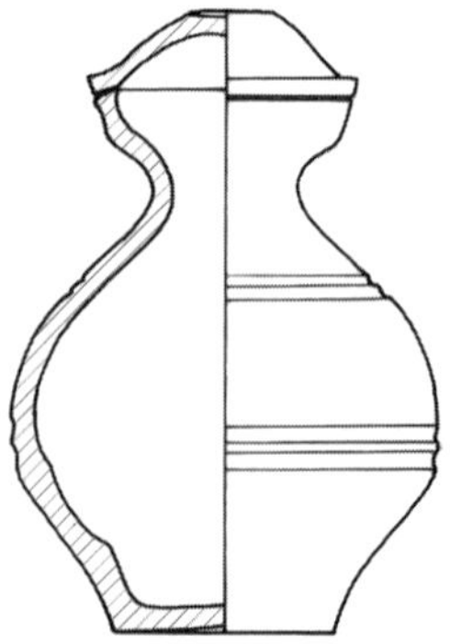 Ⅴ式 M7:5	盘口较浅，下折棱不明显，弧鼓腹，足与腹部无明显界线。饰凹弦纹

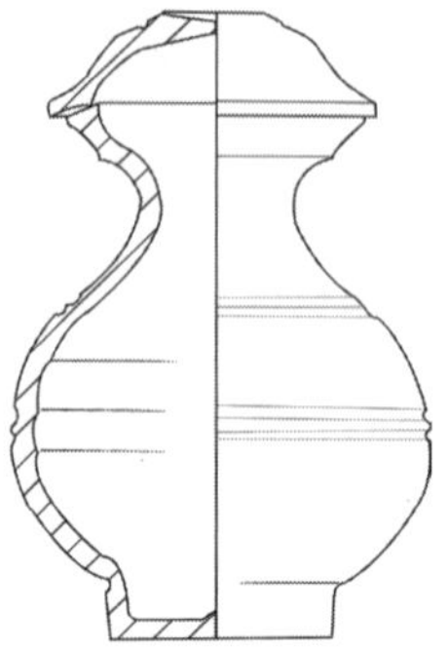

续表 12

类别	型式		数量	标本	典型器物图	备注
小灰陶壶	Bd型	Ⅵ式	4	M33:1、M80:4、M113:5、M120:4	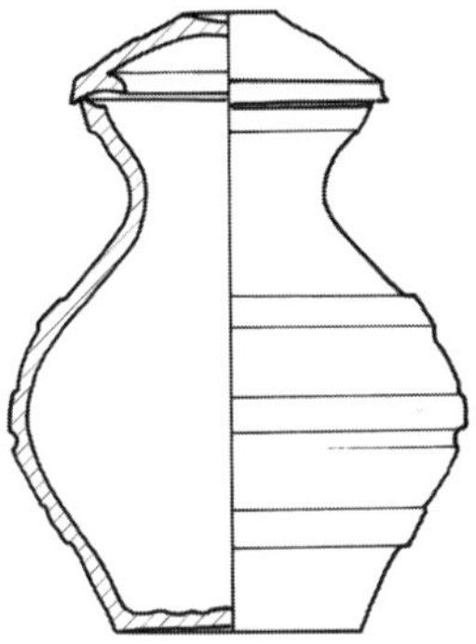 M33:1	盖，平顶。壶，盘口下无托盘，扁弧腹，足与腹部无明显界线。饰宽带纹
	C型 Ca型	Ⅰ式	1	M39:2	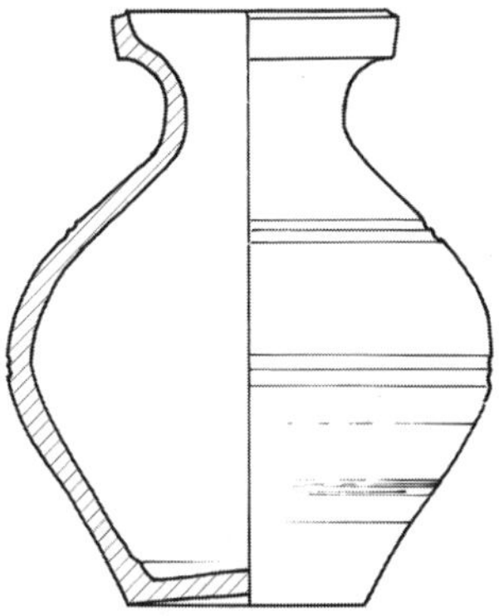	口下折棱明显，细颈中束，圆鼓腹
		Ⅱ式	1	M39:6	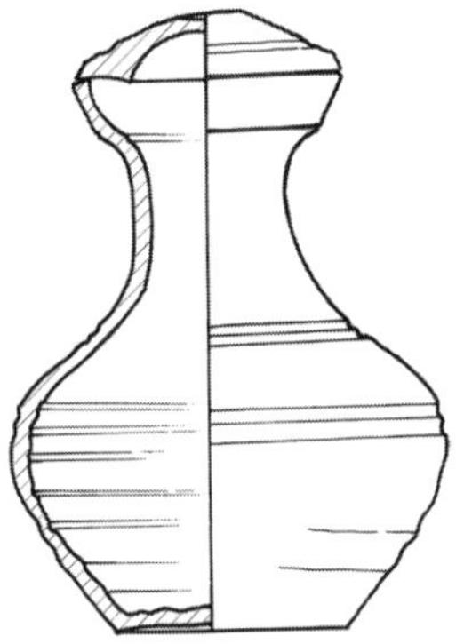	口较Ⅰ式外撇甚，下折棱较Ⅰ式不明显，长细颈上束下扩，扁鼓腹
		Ⅲ式	1	M78:7	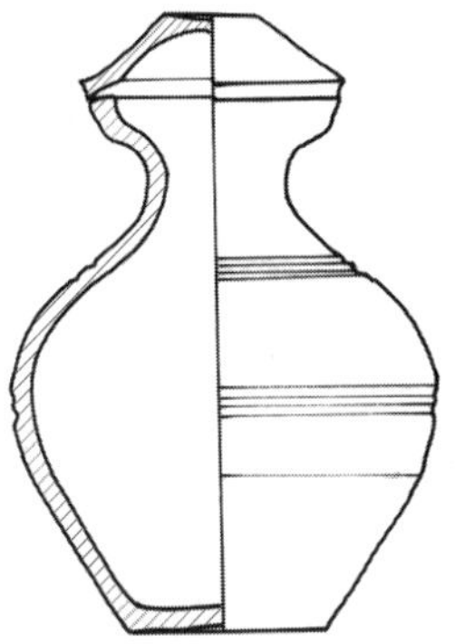	口下折棱较前两式均不明显，鼓腹，腹部中心靠上

续表 13

类别	型式		数量	标本	典型器物图	备注
小灰陶壶	C型	Ca型 Ⅳ式	1	M1:3	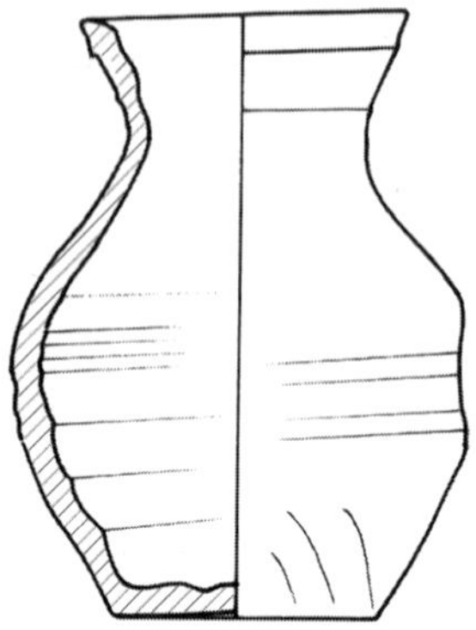	盘口较敞，盘口下的托盘状较前三式几近消失，弧腹，最大径在腹中部
		Cb型	1	M81:3	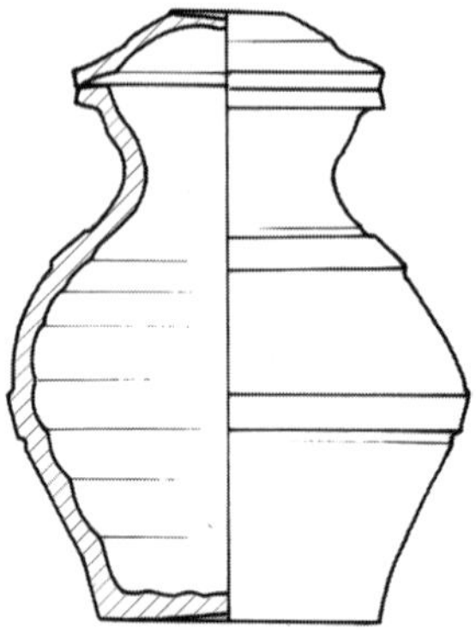	盘口几近消失
		Cc型 Ⅰ式	1	M87:3	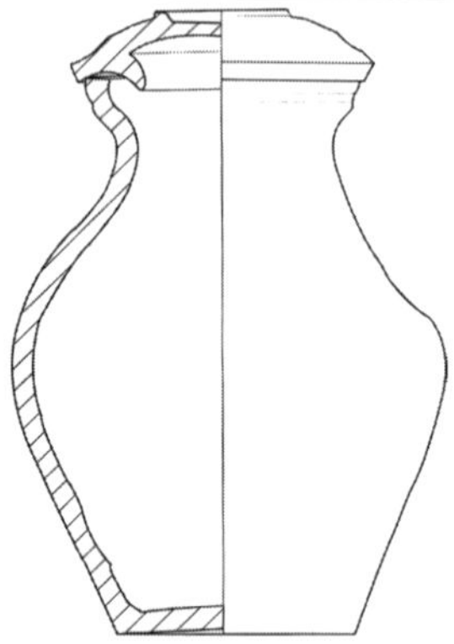	鼓腹，最大径在腹上部
		Cc型 Ⅱ式	1	M17:2	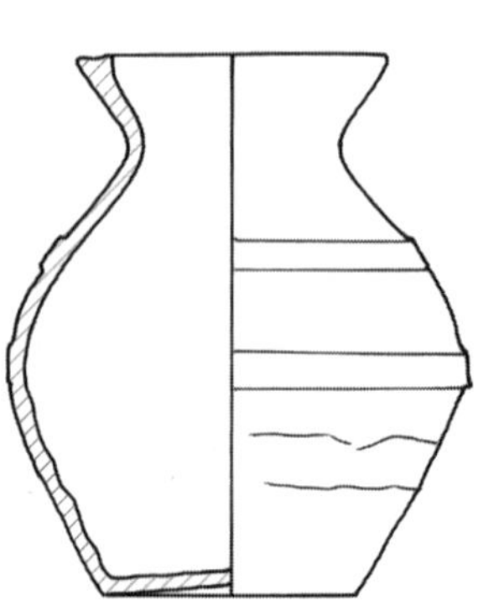	弧腹，最大径在腹中部

续表 14

类别	型式		数量	标本	典型器物图	备注
大釉陶壶	A型	Aa型	4	M57:22、M57:25、M57:69、M57:91	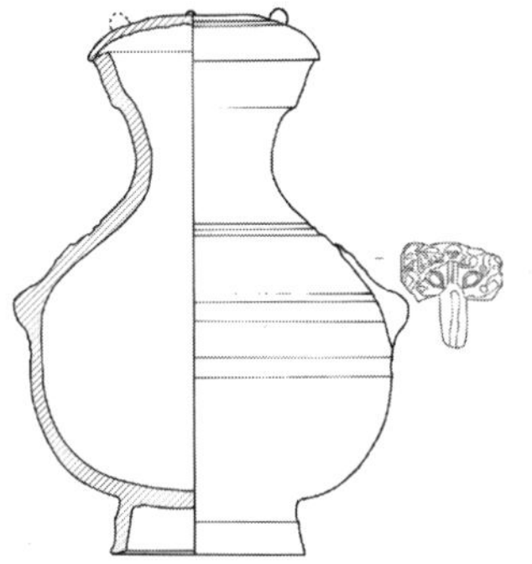 M57:22	折曲状圈足
		Ab型	3	M57:27、M57:28、M57:29	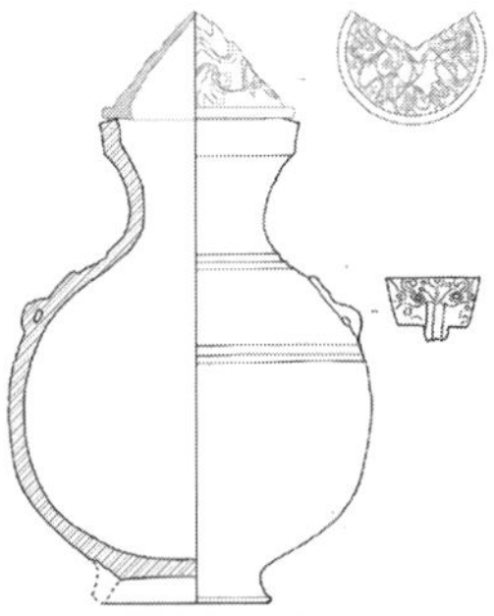 M57:29	斜直圈足外撇
	B型		3	M88:4、M88:7、M88:8	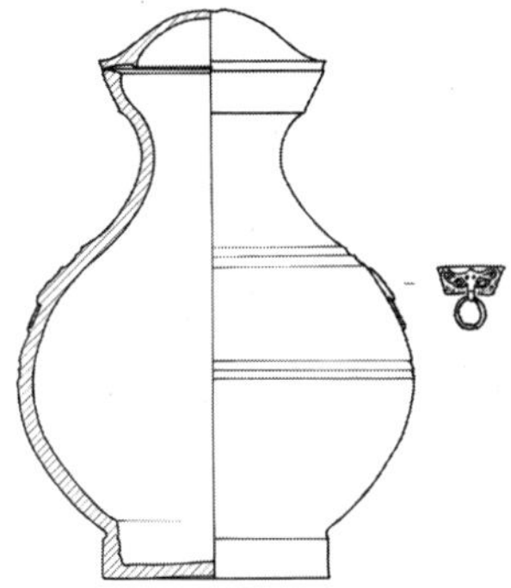 M88:8	空心状假圈足
小釉陶壶	A型		3	M57:30、M57:49、M57:87	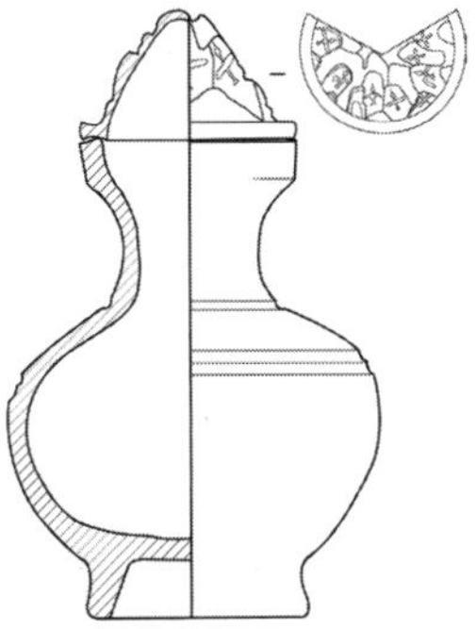 M57:49	斜直圈足外撇

续表 15

类别	型式	数量	标本	典型器物图	备注
小釉陶壶	B型	2	M88:5、M88:6	M88:6	空心状假圈足
小釉陶壶	C型	2	M57:23、M57:94	M57:23	平底

二、陶罐

河南省平顶山市郏县王集乡董庄墓地汉代墓葬出土陶罐共计 52 件。均为泥质灰陶，轮制。其中残缺较甚的有 23 件（标本 M4:2、M4:4、M5:5、M56:4、M56:5、M56:7、M56:8、M56:9、M56:11、M56:12、M56:13、M58:40、M61:50、M61:59、M61:70、M64:28、M69:6、M77:1、M77:3、M77:8、M78:8、M86:8、M121:14），不参加分型，下面对另 29 件陶罐进行分型报告（见表三）。

29 件陶罐，其中 9 件并盖，盖均为覆钵形。最大径在腹上部，下腹斜内收，平底微内凹。依据颈、口部不同分为四型。

A 型　6 件。长颈。均无盖。依据口不同分为三个亚型。

Aa 型　4 件。侈口。标本 M37:1、标本 M44:1、标本 M44:2、标本 M118:3。

Ab 型　1 件。盘口。标本 M39:4。

Ac 型　1 件。敞口。标本 M7:2。

B 型　23 件。矮直颈或下微束。其中 9 件并盖。依据口、颈、肩、腹部的差异分为五个亚型。

Ba 型　6 件。2 件（标本 M58:20、M64:9）无盖，余均有盖。敛口，直颈，弧肩，弧腹，下腹斜直内收。标本 M58:20、标本 M64:9、标本 M64:23、标本 M64:32、标本 M64:33、标本 M64:34。

Bb 型　1 件。敞口，直颈，弧肩，鼓腹，腹下部斜内收较缓，稍显矮胖。标本 M58:26。

Bc 型　3 件。敞口，直颈，弧肩，弧腹，下腹斜直内收较 Bb 型稍急。标本 M76:1、标本 M78:1、标本 M115:11。

Bd 型　2 件。敞口，直颈，圆肩，圆鼓腹，下腹部斜内收缓，呈矮胖形。标本 M41:5、标本 M121:6。

Be 型　11 件。敞口，直颈下微束，弧肩，弧腹。标本 M61:8、标本 M61:18、标本 M61:36、标本 M61:38、标本 M61:39、标本 M61:40、标本 M121:5、标本 M121:8（盖 13 号）、标本 M121:9（盖 7 号）、标本 M121:10、标本 M123:11。

表三：郏县董庄墓地汉代墓葬出土陶罐类型学分析统计表

分型		数量	标本	典型器物图	备注
A型	Aa型	4	M37:1、M44:1、M44:2、M118:3	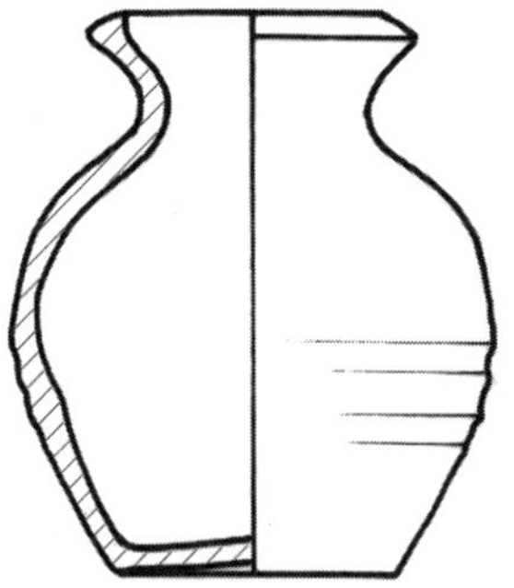 M118:3	长颈侈口
	Ab型	1	M39:4	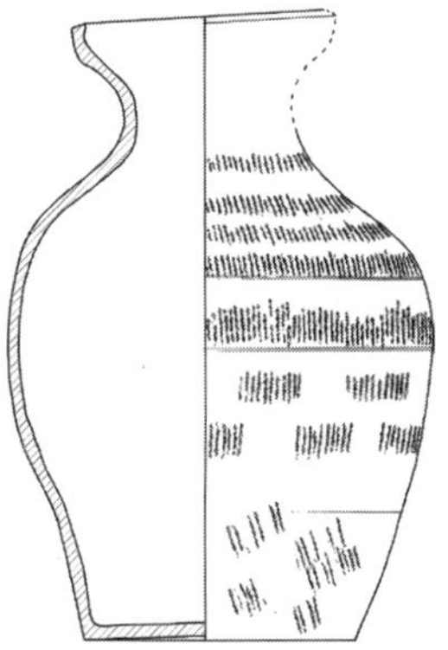	长颈盘口
	Ac型	1	M7:2	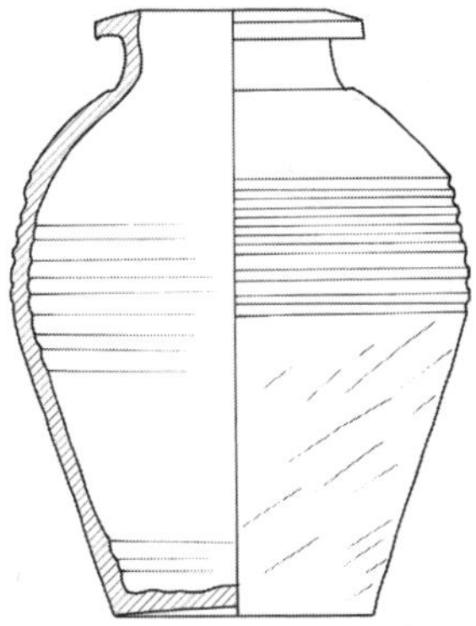	长颈敞口

续表 1

分型		数量	标本	典型器物图	备注
B型	Ba型	6	M64:9、M64:23、M64:32、M64:33、M64:34、M58:20	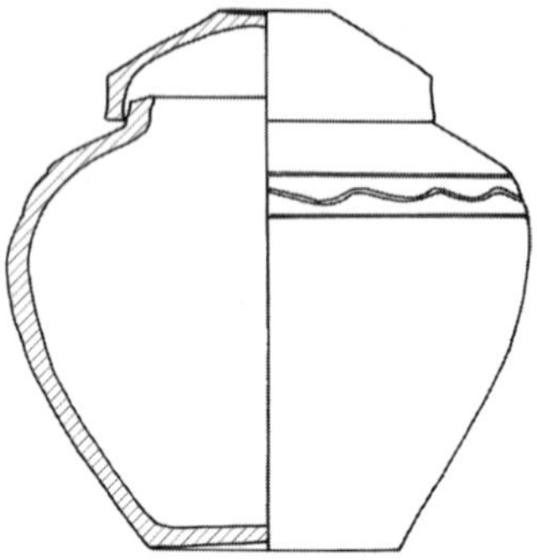 M64:32	矮直颈敛口，弧肩，弧腹，下腹斜直内收
	Bb型	1	M58:26	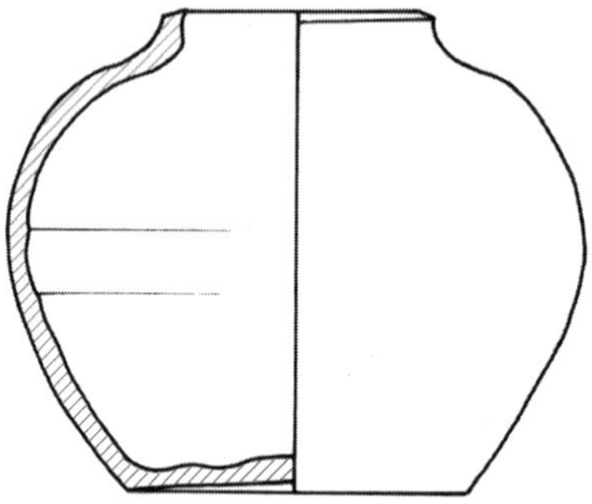	矮直颈敞口，弧肩，鼓腹，稍矮胖
	Bc型	3	M78:1、M76:1、M115:11	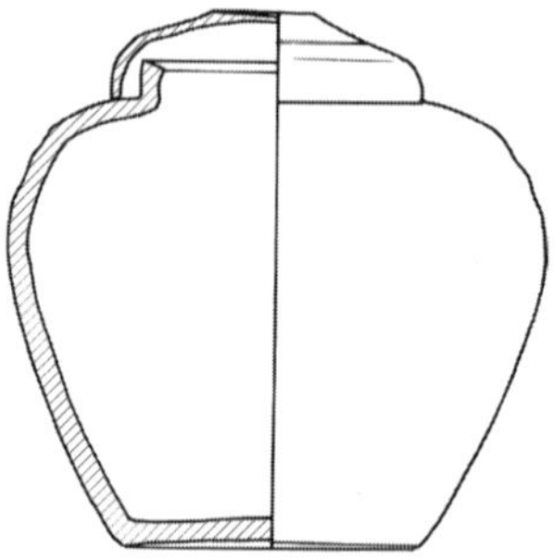 M76:1	矮直颈敞口，弧肩，弧腹
	Bd型	2	M41:5、M121:6	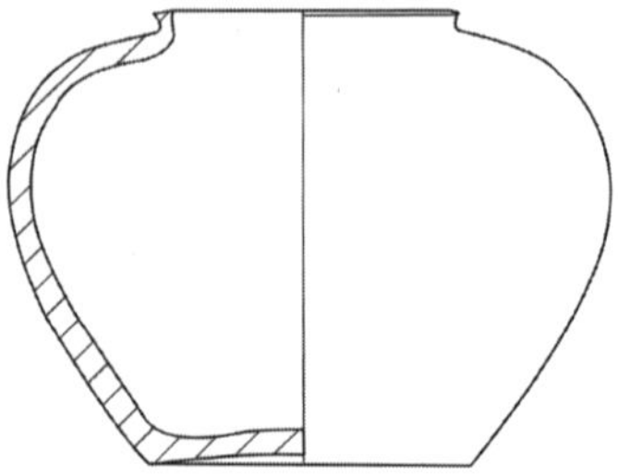 M121:6	矮直颈敞口，圆肩，圆鼓腹，矮胖

续表2

分型		数量	标本	典型器物图	备注
B型	Be型	11	M61:8、M61:18、M61:36、M61:38、M61:39、M61:40、M121:5、M121:8（盖13号）、M121:9（盖7号）、M121:10、M123:11	M61:40	矮直颈下微束敞口，弧肩，弧腹

三、陶仓

河南省平顶山市郏县王集乡董庄墓地汉代墓葬出土陶仓共计38件。均为泥质灰陶。轮制。其中残缺较甚的有15件（标本M3:13、标本M4:3、标本M41:3、标本M41:4、标本M45:10、标本M52:7、标本M58:23、标本M58:31、标本M58:39、标本M74:6、标本M86:6、标本M96:1、标本M96:2、标本M115:6、标本M115:7），此15件不参加型式分析。下面对参加分型的23件陶仓进行报告（见表四）。

A型　20件。折肩。依据口部不同分为两个亚型。

Aa型　6件。无领。依据肩部不同分为两式。

Aa型Ⅰ式　2件。弧肩。高胖。标本M58:12、标本M64:35。

Aa型Ⅱ式　4件。斜肩。较Ⅰ式矮瘦。标本M75:1、标本M75:2、标本M115:1、标本M115:2。

Ab型　14件。矮领。依据肩部不同分为两式。

Ab型Ⅰ式　7件。弧肩。高胖。标本M58:13、标本M58:19、标本M58:28、标本M64:10、标本M64:30、标本M64:29、标本M64:36。

Ab型Ⅱ式　7件。领较Ⅰ式稍高，斜肩或平肩，高瘦。标本M55:8、标本M56:16、标本M86:5、M96:3、标本M110:1、标本M110:2、标本M123:4。

B型　3件。圆肩。标本M41:1、标本M41:2、标本M61:31。

表四：郏县董庄墓地汉代墓葬出土陶仓类型学分析统计表

分型			数量	标本	典型器物图	备注
A型	Aa型	Ⅰ式	2	M58:12、M64:35	M58:12	弧折肩，无领，高胖
A型	Aa型	Ⅱ式	4	M75:1、M75:2、M115:1、M115:5	M75:2	斜折肩，无领，较Ⅰ式矮瘦
A型	Ab型	Ⅰ式	7	M58:13、M58:19、M58:28、M64:10、M64:29、M64:30、M64:36	M58:19	弧折肩，矮领，高胖
A型	Ab型	Ⅱ式	7	M55:8、M56:16、M110:1、M110:2、M86:5、M96:3	M110:2	斜折肩或平折肩，矮领，领较Ⅰ式稍高，高瘦

续表 1

分型	数量	标本	典型器物图	备注
B型	3	M41:1、M41:2、M61:31	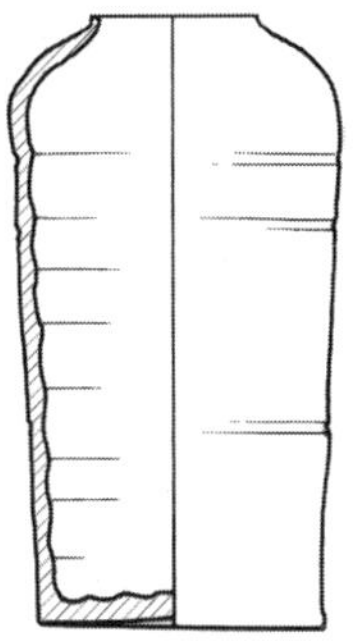 M41:2	圆肩

四、陶耳杯

河南省平顶山市郏县王集乡董庄墓地汉代墓葬出土陶耳杯共计19件，均为泥质灰陶。轮制。其中残缺较甚的有5件（标M61:68、标本M61:69、标本M69:4、标本M74:3、标本M74:4），不参加分型。下面对参加分型的14件耳杯进行报告（见表五）。

14件杯，均为椭圆形，假圈足底。依据耳部和腹部的不同可分为三型。

A型　1件。斜腹。标本M46:16。

B型　2件。腹微弧，两耳平直外展。标本M70:1、标本M70:2。

C型　11件。弧腹，下部微折内收至假圈足。标本M61:5、标本M61:6、标本M61:9、标本M61:10、标本M61:11、标本M61:12、标本M61:15、标本M61:27、标本M61:28、标本M61:29、标本M61:83。

表五：郏县董庄墓地汉代墓葬出土陶耳杯类型学分析统计表

分型	数量	标本	典型器物图	备注
A型	1	M46:16	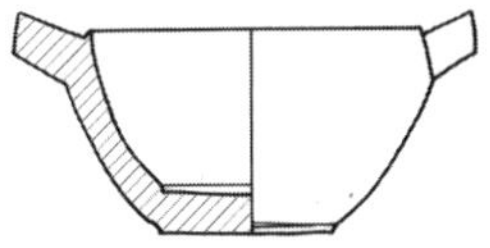	斜腹
B型	2	M70:1、M70:2	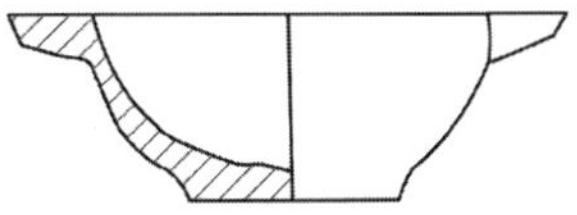 M70:2	腹微斜
C型	11	M61:5、M61:6、M61:9、M61:10、M61:11、M61:12、M61:15、M61:27、M61:28、M61:29、M61:83	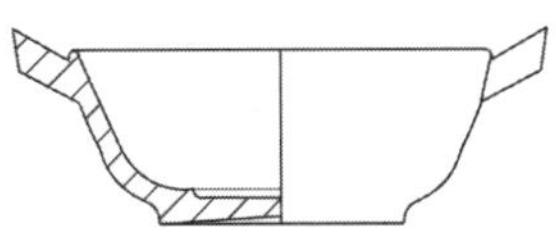 M61:10	弧腹

五、陶三足樽

河南省平顶山市郏县王集乡董庄墓地汉代墓葬出土陶三足樽共计 17 件，均为泥质灰陶。轮制。其中 5 件（标本 M45:9、标本 M52:14、标本 M56:6、标本 M56:10、标本 M69:8）残缺较甚，不参加分型。下面对参加分型的 12 件陶仓进行报告（见表六）。

12 件陶三足樽。均圆筒形。直口，方唇，平底微圜，下附三蹄形足。依据腹部的不同分为两型。

A 型　10 件。斜腹。依据腹部的差异可分为两个亚型。

Aa 型　4 件。腹部上扩下内收。标本 M57:81、标本 M70:8、标本 M109:5、标本 M115:4。

Ab 型　6 件。腹部上收下扩。器内外满施红彩。标本 M4:7、标本 M61:37、标本 M61:41、标本 M111:2、标本 M112:3、标本 M123:2。

B 型　2 件。直腹。标本 M64:47、标本 M64:53。

表六：郏县董庄墓地汉代墓葬出土陶三足樽类型学分析统计表

分型		数量	标本	典型器物图	备注
A 型	Aa 型	4	M57:81、M70:8、M109:5、M115:4	M70:8	上扩下内收
	Ab 型	6	M4:7、M61:37、M61:41、M111:2、M112:3、M123:2	M111:2	上收下扩
B 型		2	M64:47、M64:53	M64:47	直腹

六、陶井

河南省平顶山市郏县王集乡董庄墓地汉代墓葬出土陶井共计4件。均为泥质灰陶，轮制。均为圆形口，圆形腹，平底。依据口、腹部的形制不同分为三型。

A型　1件。敞口，平沿，厚斜方唇下折，斜直腹。标本M46:17。

B型　1件。敞口，平沿，薄斜方唇下折，束颈，鼓腹，腹部自口沿以下外鼓明显。标本M58:17。

C型　2件。敛口，平沿微斜上仰，弧腹，底两侧对称各有一长方形井架底座。依据口部形制不同分为两式。

C型Ⅰ式　1件。口微敛，厚方唇下折，方唇下折。标本M64:7。

C型Ⅱ式　1件。口较Ⅰ式敛甚，尖唇下折。标本M61:3。

七、陶博山薰炉

河南省平顶山市郏县王集乡董庄墓地汉代墓葬出土陶博山薰炉共计6件。其中残缺较甚的有3件（标本M52:3、M57:83、M64:57），以上3件不参加分型。下面对参加分型的3件陶博山薰炉进行报告。

3件陶博山薰炉，均为泥质灰陶，轮制。盖，均为博山式。炉均为子母口，圜形底盘，直柄中空。依据盘、底座的形制不同分为两型。

A型　2件。浅盘，喇叭形或覆盘形底座。依据盘、柄和底座不同分为两式。

A型Ⅰ式　1件。圜底近平，柄短粗，喇叭形底座。标本M57:86。

A型Ⅱ式　1件。圜底，柄较Ⅰ式细长，覆盘形底座。标本M46:35（盖标本号为M46:3）。

B型　1件。盘较A型深，长柄，圆折腹盘型底座。标本M64:26（盖标本号M64:27）。

八、陶鼎

河南省平顶山市郏县王集乡董庄墓地汉代墓葬出土陶博鼎共计4件。其中残缺较甚的有1件（标本M61:55），此1件不参加分型。下面对参加分型的3件陶鼎进行报告。

3件陶鼎，均为泥质灰陶。轮制。盖顶均饰有三个扁龙头形钮，子母口，器扣合呈球形或近球形，圜底近平。依据盖、腹、耳的形制不同分为两型。

A型　1件。盖顶近圆形，圆球形腹，双耳在口部。标本M46:10、标本M46:14。

B型　1件。盖顶近平，近圆球形腹，双耳腹中部，腹中部有一周凸棱。标本M64:31。

九、陶灶

河南省平顶山市郏县王集乡董庄墓地汉代墓葬出土陶灶共计4件。均为泥质灰陶，轮制。均为长方体灶台，后置圆柱形单烟囱，拱形单火门。依据火眼的不同分为两型。

A型　3件。单火眼。依据火门的不同分为两个亚型。

A型Ⅰ式　2件。火门下底未封。灶台面满饰半月纹。标本M46:19（勺标本号M46:31）、标本M58:18。

A型Ⅱ式　1件。火门下底有矮封。灶台面饰菱形纹，菱形纹内印两两相对的心形纹，菱形纹外印三角纹。标本M64:5（甑标本号M64:4、釜标本号64:6、勺标本号M64:2）。

B型　1件。双火眼。火门下底矮封。灶台面压印有直背刀1、长柄双刃刀1、短柄双刃刀1、伞形饰3、长柄链环钩1、两足案1、圆环1，标本M61:14（釜标本号M61:20、甑标本号M61:26、勺标本号M61:32）。

一〇、陶瓮

河南省平顶山市郏县王集乡董庄墓地汉代墓葬出土陶瓮共计10件。均为泥质灰陶，轮制。其中6件（标本57:4、M57:88、M57:95、M57:96、M61:56、M108:5）残缺甚重，形制不清晰，不参加型式分析。下面对参加分型的另4件陶瓮进行报告。

4件陶瓮均为大口、方唇，直领，鼓腹下内收，平底。依据肩部不同分为两型。

A型　3件。折肩。依据口、领不同分为两式。

A型Ⅰ式　2件。敞口，矮直领。标本M57:41，标本M57:42。器形很大。有帽钉形钮覆钵形盖。

A型Ⅱ式　1件。侈口，直领较Ⅰ式高，且斜上倾。标本M97:3。

B型　1件。弧肩。标本M57:43，侈口，斜方唇，矮直领。

一一、陶器盖

河南省平顶山市郏县王集乡董庄墓地汉代墓葬出土陶器盖共计76件，均为圆形，除2件釉陶器盖为泥质红陶外，其余均为泥质灰陶。76件陶器盖有四种特殊情况：（一）残缺较甚，有15件（标本M24:4、标本M52:4、标本M56:3、标本M56:17、标本M56:18、标本M57:90、标本M58:37、标本M77:5、标本M77:6、标本M77:7、标本M86:4、标本M86:10、标本M115:8、标本M115:9、标本M115:13）；（二）顶部被削凹凸不平，有3件（标本M3:16、标本M86:9、标本M75:4）；（三）圆筒形陶奁盖，2件（标本M52:10、标本M52:11）；（四）形制特殊：1件（标本M61:72），顶部中心饰一桥形钮，其外饰两周宽带纹，上周宽带纹对称饰三钮。上述四种情况的陶器盖共21件不参加分型，余55件分型报告如下（见表七）。

55件陶器盖，依据顶部、盖面不同分为八型。

A 型　7 件。博山式。标本 M57:92、标本 M57:97、标本 M57:98、标本 M57:99、标本 M57:100（釉陶）、标本 M57:105（釉陶）、标本 M123:7。

B 型　3 件。覆钵型。依据顶部、盖面折棱不同分为两个亚型。

Ba 型　2 件。平顶，盖面无折棱。标本 M55:11、标本 M58:4。

Bb 型　1 件。斜平顶，盖面饰一周折棱。标本 M121:11。

C 型　8 件。弧形顶，盖面弧形隆起。依据盖面折棱、唇部不同分为五个亚型。

Ca 型　1 件。盖面无折棱，方唇。标本 M64:60。

Cb 型　1 件。盖面无折棱，斜方唇。标本 M52:13。

Cc 型　2 件。盖面中部有一周折棱，斜方唇。标本 M58:15、标本 M58:25。

Cd 型　2 件。盖面下部有一周折棱，斜方唇。标本 M2:2、标本 M55:7。

Ce 型　2 件。盖面下部有两周折棱，斜方唇。标本 M55:9、标本 M55:10。

D 型　28 件。平顶或平顶微内凹，盖面弧形隆起。依据盖面折棱、沿、唇部不同分为十个亚型。

Da 型　2 件。盖面无折棱，平沿或近平，方唇。标本 M75:3、标本 M112:5。

Db 型　1 件。盖面上部有一周折棱，平沿，方唇。标本 M45:5。

Dc 型　3 件。盖面中部有一周折棱，平沿，方唇。标本 M3:17、标本 M3:18、标本 M39:7。

Dd 型　1 件。盖面下部有一周折棱，平沿，方唇。标本 M3:15。

De 型　2 件。盖面下部有一周折棱，平沿，斜方唇。标本 M45:8-2、标本 M58:16。

Df 型　6 件。盖面无折棱，平沿，斜方唇。标本 M24:5 东中、标本 M61:53、标本 M61:66、标本 M61:82、标本 M88:11-1 东中、标本 M88:11-2。

Dg 型　8 件。盖面中部有一周折棱，平沿，斜方唇。标本 M41:6、标本 M41:7、标本 M41:8、标本 M41:9、标本 M41:10、标本 M41:11、标本 M41:12、标本 M41:13。

Dh 型　1 件。盖面无折棱，斜平沿，斜方唇。标本 M61:75。

Di 型　1 件。盖面上部有两周折棱，平沿，斜方唇。标本 M34:1。

Dj 型　3 件。盖面中部有两周折棱，平沿，斜方唇。标本 M10:2、标本 M10:3、标本 M86:3。

E 型　3 件。平顶，盖面斜向隆起。依据盖面折棱、沿、唇部不同分为三个亚型。

Ea 型　1 件。盖面无折棱，斜沿，斜方唇。标本 M112:6。

Eb 型　1 件。盖面无折棱，斜沿下折，斜方唇。标本 M86:7。

Ec 型　1 件。盖面上部有一周折棱，平沿，斜方唇。标本 M45:8-1。

F 型　4 件。斜平顶，盖面弧形隆起。依据盖面折棱、沿、唇部不同分为四个亚型。

Fa 型　1 件。盖面无折棱，平沿，斜方唇。标本 M61:74。

Fb 型　1 件。盖面无折棱，斜平沿，斜方唇。标本 M61:76。

Fc 型　1 件。盖面中部有一周折棱，平沿，斜方唇。标本 M52:12。

Fd 型　1 件。盖面下部有一周折棱，斜沿，斜方唇。标本 M94:3。

G 型　1 件。斜平顶，盖面斜上隆起，平沿，圆唇。标本 M115:3。

H 型　1 件。环形顶。盖面弧形隆起，斜沿，方唇。标本 M12:2。

表七：郏县董庄墓地汉代墓葬出土陶器盖类型学分析统计表

分型		数量	标本	典型器物图	备注
A型		7	M57:92、M57:97、M57:98、M57:99、M57:100（釉陶）、M57:105（釉陶）、M123:7	M57:97	博山式
B型	Ba型	2	M55:11、M58:4	M55:11	面无折棱
	Bb型	1	M121:11		面一周折棱
C型	Ca型	1	M52:13		面无折棱，斜方唇
	Cb型	1	M64:60		面无折棱，方唇
	Cc型	2	M58:15、M58:25	M58:15	面中部有一周折棱，斜方唇
	Cd型	2	M2:2、M55:7	M2:2	面下部有一周折棱，斜方唇
	Ce型	2	M55:9、M55:10	M55:10	面下部有两周折棱，斜方唇
D型	Da型	2	M75:3、M112:5	M112:5	面无折棱，平沿或近平，方唇
	Db型	6	M24:5、M61:53、M61:66、M61:82、M88:11-1、M88:11-2	M61:53	面无折棱，平沿，斜方唇

续表 1

分型		数量	标本	典型器物图	备注
D型	Dc型	1	M61:75	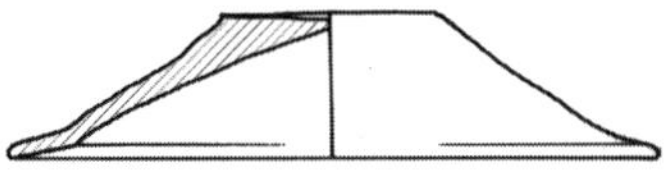	面无折棱，斜平沿，斜方唇
	Dd型	1	M45:5	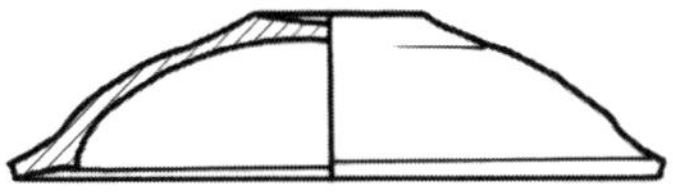	面上部有一周折棱，平沿，方唇
	De型	3	M3:17、M3:18、M39:7	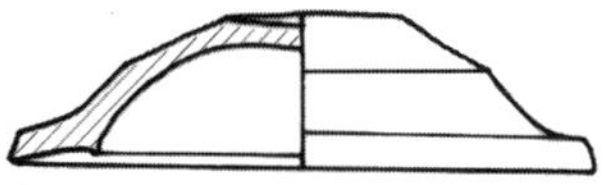 M3:18	盖面中部有一周折棱，平沿，方唇
	Df型	8	M41:6、M41:7、M41:8、M41:9、M41:10、M41:11、M41:12、M41:13	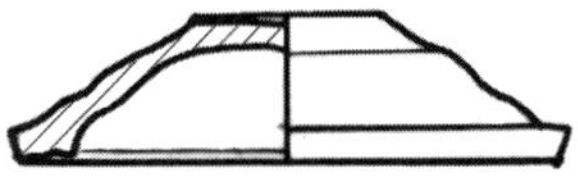 M41:7	面中部有一周折棱，斜方唇
	Dg型	1	M3:15	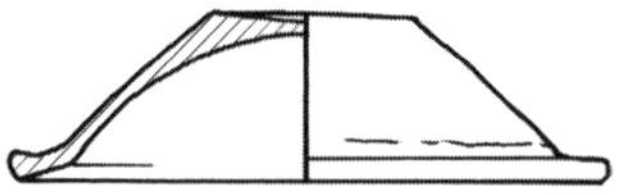	面下部有一周折棱，方唇
	Dh型	2	M45:8-2、M58:16	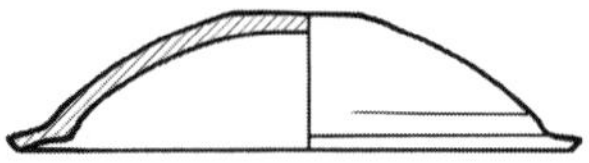 M58:16	盖面下部有一周折棱，斜方唇
	Di型	1	M34:1	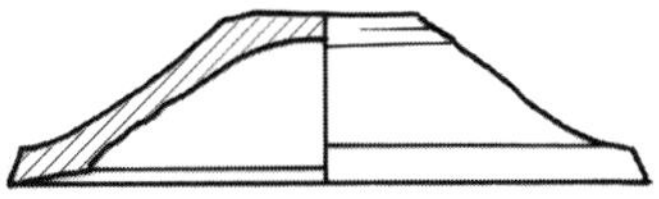	面上部有两周折棱，斜方唇
	Dj型	3	M10:2、M10:3、M86:3	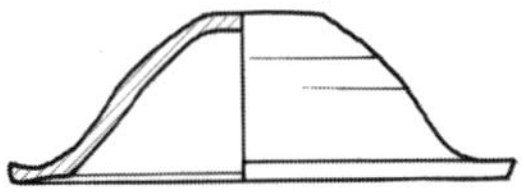 M10:2	面中部有两周折棱，斜方唇
E型	Ea型	1	M112:6	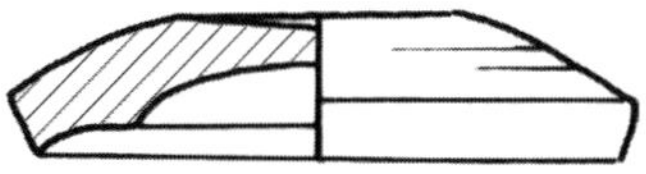	面无折棱，斜沿，斜方唇
	Eb型	1	M86:7	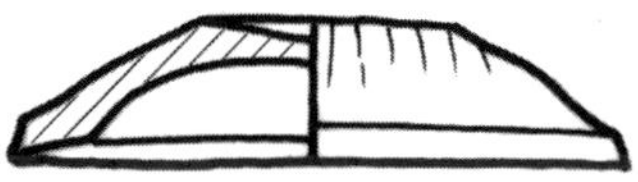	面无折棱，斜沿下折，斜方唇
	Ec型	1	M45:8-1	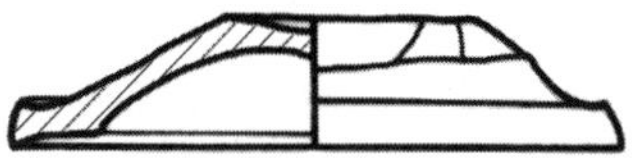	面上部有一周折棱，平沿，斜方唇

续表2

分型		数量	标本	典型器物图	备注
F型	Fa型	1	M61:74		面无折棱，平沿，斜方唇
	Fb型	1	M61:76		面无折棱，斜平沿，斜方唇
	Fc型	1	M52:12		面中部有一周折棱，平沿，斜方唇
	Fd型	1	M94:3		面下部有一周折棱，斜沿，斜方唇
G型		1	M115:3		斜平顶，盖面斜上隆起
H型		1	M12:2		环形顶

一二、钱币

河南省平顶山市郏县王集乡董庄墓地汉代墓葬出土钱币共计2035枚；另有1座墓葬（墓葬编号M37）出土的3串（M37:8、M37:9、M37:10各1串），外部有包裹物，为不破坏其资料的完整性及为后期研究的科学性，本报告暂不做分离。2035枚钱币中，五铢铜钱有1948枚，大泉五十铜钱有60枚，小泉直一铜钱有27枚。大泉五十、小泉直一的形制基本相同，不进行类型分析。

1948枚五铢铜钱中的682枚，分为以下三种特殊情况：

1. 其中残缺较甚的有221枚。

标本M3:4-1（1枚）、标本M3:4-2（1枚）、标本M3:4-3（1枚）、标本M3:4-4（1枚）、标本M3:10-1（1枚）、标本M45:2-2（3枚）、标本M45:4-3（2枚）、标本M46:4-13（5枚）、标本M46:4-14（14枚）、标本M57:11-14（2枚）、标本M57:17-15（5枚）、标本M57:38-11（4枚）、标本M57:38-12（4枚）、标本M57:38-13（4枚）、标本M57:63-9（3枚）、标本M57:63-10（8枚）、标本M57:82-5（2枚）、标本M57:11-13（11枚）、标本M57:17-16(47枚)、M57:37-26(7枚)、M57:38-10(37枚)、M57:39-7(37枚)、标本M58:6-13（3枚）、标本M70:7-2（1枚）、标本M88:2-9（1枚）、标本M95:5-16（7枚），标本M108:1-9（2

枚）、标本 M121:1-19（7 枚）。

2. 锈蚀严重，钱文书体完全不清的铜钱有 163 枚。

标本 M7:7-8（2 枚）、标本 M16:7-5（1 枚）、标本 M16:7-6（1 枚）、标本 M46:4-12（2 枚）、标本 M56:2-6（1 枚）、标本 M56:2-7（1 枚）、标本 M57:11-10（1 枚）、标本 M57:17-10（39 枚）、标本 M57:37-18（25 枚）、标本 M57:37-34（3 枚）、M57:39-6（8 枚）、标本 M57:63-8（27 枚）、标本 M57:82-2（2 枚）、标本 M57:82-4（2 枚）、标本 M57:11-12（6 枚）、标本 M57:17-14（2 枚）、标本 M57:37-25（2 枚）、M57:38-9（10 枚）、标本 M58:6-11（1 枚）、标本 M58:6-12（1 枚）、标本 M61:63-3（2 枚）、标本 M88:2-8（5 枚）、标本 M91:1-3（1 枚）、标本 M91:2-12（1 枚）、标本 M91:2-13（2 枚）、标本 M95:5-8（1 枚）、标本 M113:7-12（3 枚）、标本 M115:2-4（4 枚）、标本 M116:1-7（1 枚）、标本 M121:1-10（2 枚）、标本 M121:1-16（3 枚）、标本 M121:1-18（1 枚）。

3. 钱文书体部分不清晰的铜钱有 298 枚。

标本 M2:5-4（1 枚）、标本 M2:5-5（1 枚）、标本 M3:1-2（1 枚）、标本 M3:3（1 枚）、标本 M3:7（1 枚）、标本 M3:10-2（1 枚）、标本 M7:7-1（3 枚）、标本 M7:7-2（1 枚）、标本 M7:7-7（1 枚）、标本 M7:7-9（2 枚）、标本 M10:4-2（1 枚）、标本 M45:4-2（1 枚）、标本 M46:4-5（1 枚）、标本 M46:4-6（1 枚）、标本 M46:4-10（1 枚）、标本 M46:4-11（1 枚）、标本 M55:4-2（2 枚）、标本 M57:11-6（2 枚）、标本 M57:11-7（6 枚）、标本 M57:63-5（2 枚）、标本 M57:63-3（3 枚）、标本 M57:11-8（19 枚）、标本 M57:17-8（13 枚）、标本 M57:17-12（1 枚）、标本 M57:37-16（39 枚）、标本 M57:37-33（3 枚）、M57:38-7（3 枚）、标本 M57:39-4（2 枚）、标本 M57:63-6（30 枚）、标本 M57:11-9（5 枚）、标本 M57:17-9（31 枚）、标本 M57:17-13（1 枚）、标本 M57:37-15（25 枚）、标本 M57:38-8（1 枚）、M57:39-5（5 枚）、标本 M57:37-32（2 枚）、标本 M58:6-3（1 枚）、标本 M58:6-4（2 枚）、标本 M58:6-5（2 枚）、标本 M58:6-10（1 枚）、标本 M61:63-1（1 枚）、标本 M61:63-2（1 枚）、标本 M65:4（1 枚）、标本 M70:6-2（1 枚）、标本 M70:7-1（1 枚）、标本 M86:1-3（1 枚）、标本 M88:2-3（2 枚）、标本 M88:2-4（1 枚）、标本 M88:2-5（2 枚）、标本 M91:1-7（1 枚）、标本 M91:2-3（1 枚）、标本 M91:2-6（3 枚）、标本 M94:2-4（1 枚）、标本 M94:2-5（1 枚）、标本 M94:2-3（2 枚）、标本 M95:5-7（1 枚）、标本 M95:5-9（3 枚）、标本 M95:5-10（1 枚）、标本 M95:5-14（1 枚）、标本 M95:5-15（2 枚）、标本 M104:1-4（1 枚）、标本 M108:1-3（4 枚）、标本 M108:1-4（2 枚）、标本 M108:1-7（2 枚）、标本 M108:1-8（1 枚）、标本 M112:4-2（2 枚）、标本 M112:4-3（1 枚）、标本 M115:2-3（2 枚）、标本 M115:2-5（2 枚）、标本 M116:1-6（3 枚）、标本 M116:1-12（1 枚）、标本 M116:1-14（5 枚）、标本 M116:1-15（4 枚）、标本 M116:1-17（3 枚）、标本 M116:1-18（1 枚）、标本 M116:1-20（1 枚）、标本 M116:1-22（1 枚）、标本 M121:1-5（9 枚）、标本 M121:1-6（5 枚）。

以上三种情况的 682 枚五铢铜钱不参加类型分析，其余 1266 枚铜钱类型分析报告如下：

1266 枚五铢铜钱，依据钱文书体、保存现状等不同可分为三型。

A 型　共计 358 枚。"五"字中间两交笔均较直。根据"铢"字的书体不同可分为九个亚型。

Aa 型　216 枚。"铢"字的"金"旁上部呈小三角形，下部四点稍短；"朱"旁上部方折，下部圆折，下竖较直，下部长于上部，上、下部之间的间距较大。钱径 2.3～2.6 厘米，穿径 0.9～1.0 厘米。标本 M3:1-1（1 枚），标本 M4:1（1 枚），标本 M7:7-4（1 枚），标本 M57:17-5（86 枚）、标本 M57:37-11（14 枚）、M57:37-14（13 枚）、标本 M57:37-19（3 枚）、标本 M57:37-20（1 枚）、标本 M57:37-30（19 枚）、

标本M57:38-6（5枚）、标本M57:63-4（23枚）、标本M57:63-7（28枚）、标本M88:2-6（2枚）、标本M91:1-6（1枚）、标本M95:5-5（1枚）、标本M95:5-6（1枚）、标本M104:1-3（1枚）、标本M108:1-10（1枚）、标本M109:6-2（2枚）、标本M113:7-7（3枚）、标本M116:1-4（1枚）、标本M116:1-5（1枚）、标本M116:1-10（1枚）、标本M121:1-3（1枚）、标本M121:1-4（5枚）。

Ab型　2枚。"铢"字的"金"旁上部呈小三角形，下部四点稍长；"朱"旁上部方折，下部圆折，下竖较直，下部长于上部，上、下部之间的间距较大。钱径2.3～2.6厘米，穿径0.9～1.0厘米。标本M7:7-3（1枚）、标本M7:7-6（1枚）。

Ac型　1枚。"铢"字的"金"旁上部呈稍大三角形，下部四点稍短；"朱"旁上部方折，下部圆折，下竖较直，下部长于上部，上、下部之间的间距较大。钱径2.6厘米，穿径1.0厘米。标本M15:2（1枚）。

Ad型　120枚。"铢"字的"金"旁上部呈稍大三角形，下部四点稍长；"朱"旁上部方折，下部圆折，下竖较直，下部长于上部，上、下部之间的间距较大。钱径2.3～2.6厘米，穿径0.9～1.0厘米。标本M57:11-5（27枚）、标本M57:37-12（70枚）、标本M57:37-13（5枚）、标本M57:37-24（3枚）、标本M57:39-3（10枚）、标本M57:82-1（1枚）、标本M58:6-8（1枚）、标本M58:6-9（1枚）、标本M70:6-1（1枚）、标本M121:1-15（1枚）。

Ae型　2枚。"铢"字的"金"旁上部呈稍大三角形，下部四点稍长；"朱"旁上部圆折，下部方折，下竖较直，下部长于上部，上、下部之间的间距较大。钱径2.5厘米，穿径1.0厘米。标本M57:17-6（2枚）。

Af型　11枚。"铢"字的"金"旁上部呈小三角形，下部四点稍短；"朱"旁上部圆折，下部圆折，下竖较直，下部长于上部，上、下部之间的间距较大。钱径2.5厘米，穿径1.0厘米。标本M57:17-7（11枚）。

Ag型　4枚。"铢"字的"金"旁上部呈稍大三角形，下部四点稍短；"朱"旁上部方折，下部圆折，下竖较直，下部长于上部，上、下部之间的间距较大。钱径2.6厘米，穿径1.0厘米。标本M57:37-31（4枚）。

Ah型　1枚。"铢"字的"金"旁上部呈小三角形，下部四点稍短；"朱"旁上部方折，下部方折，下竖较直，下部长于上部，上、下部之间的间距较大。钱径2.3～2.6厘米，穿径0.9～1.0厘米。标本M65:3。

Ai型　1枚。"铢"字的"金"旁上部呈稍大三角形，下部四点稍短；"朱"旁上部方折，下部方折，下竖较直，下部长于上部，上、下部之间的间距较大。钱径2.4厘米，穿径1.0厘米。标本M113:7-6（1枚）。

B型　共计396枚。"五"字中间两交笔均稍曲。根据"铢"字的书体不同可分为十个亚型。

Ba型　34枚。"铢"字的"金"旁上部呈稍大三角形，下部四点稍长；"朱"旁上部方折，下部圆折，下竖较直，下部长于上部，上、下部之间的间距较大。钱径2.3～2.6厘米，穿径0.9～1.0厘米。标本M2:5-3（1枚）、标本M57:17-11（2枚）、标本M57:38-5（3枚）、标本M57:39-2（16枚）、标本M58:1-2（1枚）、标本M88:2-7（1枚）、标本M91:2-10（2枚）、标本M94:1-3（4枚）、标本M112:4-1（2枚）、标本M121:1-13（2枚）。

Bb型　294枚。"铢"字的"金"旁上部呈小三角形，下部四点稍短；"朱"旁上部方折，下部圆折，下竖较直，下部长于上部，上、下部之间的间距较大。钱径2.3～2.5厘米，穿径0.9～1.0厘米。标本

M16:7-3（2枚）、标本 M45:4-1（1枚）、标本 M55:4-1（3枚）、标本 M56:2-1（1枚）、标本 M56:2-2（2枚）、标本 M57:11-2（29枚）、标本 M57:11-4（4枚）、标本 M57:11-11（5枚）、标本 M57:17-3（2枚）、标本 M57:37-7（42枚）、标本 M57:37-8（10枚）、标本 M57:37-9（12枚）、标本 M57:37-10（90枚）、标本 M57:37-22（7枚）、标本 M57:37-29（11枚）、标本 M57:38-3（2枚）、标本 M57:63-2（35枚）、标本 M58:1-1（1枚）、标本 M91:1-2（5枚）、标本 M91:2-4（7枚）、标本 M91:2-5（1枚）、标本 M91:2-11（1枚）、标本 M95:5-11（1枚）、标本 M95:5-12（2枚）、标本 M108:1-1（1枚）、标本 M113:7-5（5枚）、标本 M113:7-11（5枚）、标本 M115:2-6（1枚）、标本 M116:1-3（2枚）、标本 M116:1-16（3枚）、标本 M121:1-14（1枚）。

Bc 型　48枚。"铢"字的"金"旁上部呈稍大三角形，下部四点稍短；"朱"旁上部方折，下部圆折，下竖较直，下部长于上部，上、下部之间的间距较大。钱径 2.2～2.6 厘米，穿径 0.9～1.0 厘米。标本 M46:4-7（2枚），标本 M46:4-8（1枚）、标本 M52:2-2（1枚）、标本 M57:17-2（28枚）、标本 M57:38-4（4枚）、标本 M90:4-2（3枚）、标本 M11:37-10（2枚）、标本 M121:1-8（3枚）、标本 M116:1-21（4枚）。

Bd 型　1枚。"铢"字的"金"旁上部呈小三角形，下部四点稍短；"朱"旁上部圆折，下部方折，下竖较直，下部长于上部，上、下部之间的间距较大。钱径 2.5 厘米，穿径 0.9 厘米。标本 M46:4-9（1枚）。

Be 型　3枚。"铢"字的"金"旁上部呈稍大三角形，下部四点稍长；"朱"旁上部方折，下部方折，下竖较直，下部长于上部，上、下部之间的间距较大。钱径 2.5～2.6 厘米，穿径 1.0 厘米。标本 M57:11-3（1枚），标本 M57:37-23（2枚）。

Bf 型　5枚。"铢"字的"金"旁上部呈小三角形，下部四点稍短；"朱"旁上部圆折，下部圆折，下竖较直，下部长于上部，上、下部之间的间距较大。钱径 2.5 厘米，穿径 1.0 厘米。标本 M57:17-4（3枚），标本 M94:2-2（2枚）。

Bg 型　2枚。"铢"字的"金"旁上部呈小三角形，下部四点稍短；"朱"旁上部方折，下部方折，下竖较直，下部长于上部，上、下部之间的间距较大。钱径 2.4 厘米，穿径 1.0 厘米。标本 M108:1-2（2枚）。

Bh 型　5枚。"铢"字的"金"旁上部呈小三角形，下部四点稍长；"朱"旁上部方折，下部圆折，下竖较直，下部长于上部，上、下部之间的间距较大。钱径 2.5 厘米，穿径 1.0 厘米。标本 M94:2-1，5枚。

Bi 型　2枚。"铢"字的"金"旁上部呈稍大三角形，下部四点稍短；"朱"旁上部方折，下部方折，下竖较直，下部长于上部，上、下部之间的间距较大。钱径 2.4 厘米，穿径 1.0 厘米。标本 M113:7-4，2枚。

Bj 型　2枚。剪轮五铢。"五"被剪掉一半，"铢"字的"金"旁也被剪掉。"朱"旁上部方折，下部圆折，下竖较直，下部长于上部，上、下部之间的间距较大。钱径 1.8～1.9 厘米，穿径 1.0 厘米。标本 M116:1-24（1枚），标本 M121:1-17（1枚）。

C 型　共计 512 枚。"五"字中间两交笔均弯曲。根据"铢"字的书体不同分为十个亚型。

Ca 型　441 枚。"铢"字的"金"旁上部呈小三角形，下部四点稍短；"朱"旁上部方折，下部圆折，下竖较直，下部长于上部，上、下部之间的间距较大。钱径 2.1～2.6 厘米，穿径 0.9～1.0 厘米。标本 M2:5-1（1枚）、标本 M3:5（1枚）、标本 M3:6-1（1枚）、标本 M3:6-2（1枚）、标本 M3:8（1枚）、标本 M3:9（1枚）、标本 M7:7-5（1枚）、标本 M10:4-1（1枚）、标本 M15:1（1枚）、标本 M16:7-1（1

枚）、标本 M16:7-2（1 枚）、标本 M45:2-1（1 枚）、标本 M46:4-1（3 枚）、标本 M46:4-2（2 枚）、标本 M46:4-3（2 枚）、标本 M52:2-1（1 枚）、标本 M55:4-3（1 枚）、标本 M55:4-4（1 枚）、标本 M56:2-3（3 枚）、标本 M56:2-4（1 枚）、标本 M56:2-5（1 枚）、标本 M57:11-1（33 枚）、标本 M57:17-1（17 枚）、标本 M57:37-1（8 枚）、标本 M57:37-2（39 枚）、标本 M57:37-3（47 枚）、标本 M57:37-4（46 枚）、标本 M57:37-5（6 枚）、标本 M57:37-6（9 枚）、标本 M57:37-17（25 枚）、标本 M57:37-21（2 枚）、标本 M57:37-27（16 枚）、标本 M57:37-28（1 枚）、标本 M57:38-1（7 枚）、标本 M57:39-1（7 枚）、标本 M57:63-1（13 枚）、标本 M58:6-6（3 枚）、标本 M58:10（5 枚）、标本 M64:48-1（3 枚）、标本 M86:1-2（1 枚）、标本 M88:2-1（8 枚）、标本 M90:4-1（5 枚）、标本 M91:1-1（9 枚）、标本 M91:1-4（1 枚）、标本 M91:1-5（2 枚）、标本 M91:1-8（1 枚）、标本 M91:2-1（9 枚）、标本 M91:2-2（5 枚）、标本 M91:2-7（4 枚）、标本 M91:2-9（3 枚）、标本 M94:1-2（1 枚）、标本 M95:5-2（6 枚）、标本 M95:5-3（11 枚）、标本 M95:5-4（2 枚）、标本 M95:5-13（4 枚），标本 M104:1-2（2 枚）、标本 M108:1-5（1 枚）、标本 M108:1-6（3 枚）、标本 M109:6-1（2 枚）、标本 M113:7-1（14 枚）、标本 M113:7-2（1 枚）、标本 M113:7-8（3 枚）、标本 M113:7-9（7 枚）、标本 M115:2-12（2 枚）、标本 M116:1-1（5 枚）、标本 M116:1-11（2 枚）、标本 M121:1-1（3 枚）、标本 M121:1-7（8 枚）、标本 M121:1-20（2 枚）。

Cb 型　1 枚。"铢"字的"金"旁上部呈稍大三角形，下部四点稍短；"朱"旁上部方折，下部圆折，下竖较直，下部长于上部，上、下部之间的间距较小。钱径 2.6 厘米，穿径 1.0 厘米。标本 M2:5-2(1 枚)。

Cc 型　1 枚。"铢"字的"金"旁上部呈大三角形，下部四点稍短；"朱"旁上部方折，下部圆折，下竖较直，下部长于上部，上、下部之间的间距较大。钱径 2.55 厘米，穿径 0.9 厘米。标本 M3:2（1 枚）。

Cd 型　6 枚。"铢"字的"金"旁上部呈稍大三角形，下部四点稍长；"朱"旁上部方折，下部圆折，下竖较直，下部长于上部，上、下部之间的间距较大。钱径 2.3～2.6 厘米，穿径 1.0 厘米。标本 M16:7-4（1 枚），标本 M57:82-3（1 枚）、标本 M58:6-1（1 枚）、标本 M58:6-2（2 枚）、标本 M121:1-9（1 枚）。

Ce 型　27 枚。"铢"字的"金"旁上部呈小三角形，下部四点稍短；"朱"旁上部方折，下部方折，下竖较直，下部长于上部，上、下部之间的间距较大。钱径 2.5～2.6 厘米，穿径 0.9 厘米。标本 M46:4-4,（1 枚）、标本 M64:48-2（2 枚）、标本 M86:1-1（1 枚）、标本 M94:1-4（1 枚）、标本 M116:1-2（4 枚）、标本 M116:1-8（3 枚）、标本 M116:1-13（9 枚）、标本 M116:1-19（6 枚）。

Cf 型　2 枚。"铢"字的"金"旁上部呈小三角形，下部四点稍短；"朱"旁上部圆折，下部圆折，下竖较直，下部长于上部，上、下部之间的间距较大。钱径 2.4～2.5 厘米，穿径 1.0 厘米。标本 M57:38-2（1 枚）、标本 M95:5-1（1 枚）。

Cg 型　1 枚。"铢"字的"金"旁上部呈稍大三角形，下部四点稍长；"朱"旁上部方折，下部方折，下竖较直，下部长于上部，上、下部之间的间距较大。钱径 2.5 厘米，穿径 0.9 厘米。标本 M58:6-7（1 枚）。

Ch 型　19 枚。"铢"字的"金"旁上部呈稍大三角形，下部四点稍短；"朱"旁上部方折，下部圆折，下竖较直，下部长于上部，上、下部之间的间距较大。钱径 2.3～2.6 厘米，穿径 1.0 厘米。标本 M88:2-2（2 枚）、标本 M91:2-8（1 枚）、标本 M104:1-1（1 枚）、标本 M104:1-5（1 枚）、标本 M113:7-3（8

枚）、标本 M121:1-11（6 枚）。

Ci 型　12 枚。"铢"字的"金"旁上部呈小三角形，下部四点稍长；"朱"旁上部方折，下部圆折，下竖较直，下部长于上部，上、下部之间的间距较大。钱径 2.5～2.6 厘米，穿径 1.0 厘米。标本 M94:1-1(1 枚)、标本 M115:2-1(2 枚)、标本 M116:1-9（1 枚）、标本 M121:1-2（4 枚）、标本 M121:1-12（4 枚）。

Cj 型　2 枚。剪轮五铢。"五"字被剪掉一半。"铢"字的"金"旁也被剪掉；"朱"旁上部方折，下部圆折，下竖较直，下部长于上部，上、下部之间的间距较大。钱径 1.8 厘米，穿径 1.0 厘米。标本 M116:1-23（2 枚）。

第五节　出土遗物的组合形态分析

河南省平顶山市郏县王集乡董庄墓地发掘汉代墓葬共计 90 座，其中有 16 座墓葬（M18、M19、M20、M22、M23、M25、M26、M27、M28、M29、M30、M31、M35、M36、M38、M40）未有随葬遗物出土；有 39 座墓葬（M1、M5、M6、M9、M10、M15、M12、M17、M21、M24、M33、M34、M44、M53、M54、M65、M68、M70、M72、M75、M76、M79、M80、M81、M82、M84、M87、M90、M91、M94、M95、M96、M99、M104、M105、M113、M116、M117、M119）只随葬 1 类器物或少量陶器伴铜钱、铜镜、铜饰件、铁器、铅器等，构不成器物组合；另有 1 座墓葬（M74），只有 1 件陶魁出自墓室，其余均出自填土。以上三种情况的墓葬共计 56 座，出土遗物均构不成器物组合，剩余 34 座墓葬器物基本组合依据器类的不同分为三类：陶瓷器和铜器混合组合、陶器和铜器混合组合、陶器组合。因此墓地的墓葬多被破坏、盗扰严重，器物组合可能不甚完整，下面对这三类器物基本组合的情况进行详细的报告（见表八）。

第一类　铜器和日用陶瓷器混合组合

铜器和日用陶瓷器混合组合的墓葬有 1 座，编号为 M57。以鼎（陶、铜）、壶（陶瓷）、盉（铜）、钫（铜）、釜（铜）、樽（陶）、瓮（陶）、博山薰炉（陶、铜）为器物基本组合。还随葬有铁剑、铁矛、铁戟、铁刀、铜车马饰等。

第二类　铜器和日用陶器混合组合

铜器和日用陶器混合组合的墓葬有 8 座，组合中的铜器均为铜釜。由组合器类不同分为以下四组：

第Ⅰ组　以陶鼎、陶壶、陶井、陶灶、陶博山炉、陶耳杯、陶（铜）釜为器物基本组合。此组墓葬有 1 座，编号为 M46，还随葬有铁剑、铁刀、铜车马饰等。

第Ⅱ组　以陶鼎、陶壶、陶罐、陶三足樽、陶（铜）釜、陶灶、陶方盒、陶博山薰炉、陶仓为器物基本组合。此组墓葬有 1 座，编号为 M64，还随葬有铁剑、铜镜、铜车马饰及陶动物等。

第Ⅲ组　以陶壶、陶罐、铜釜为器物基本组合。此组墓葬有 2 座。墓葬编号为 M78 和 M121。M121 以陶壶、陶罐、铜釜加陶瓮组成。

第Ⅳ组　以陶壶、铜釜为器物基本组合。此组墓葬有 4 座。墓葬编号为 M2、M16、M88、M120。

M88 的陶壶中含有釉陶壶。

第三类　日用陶器组合

日用陶器组合的墓葬有 25 座。组合中只有 4 座墓葬中未出土陶壶，其余 21 座墓葬器物组合中均含有陶壶，这说明，在汉代墓葬中，陶壶是最基本的随葬器。根据具体组合情况分为以下十二组：

第Ⅰ组　以壶、罐为器物基本组合。此组墓葬有 5 座。墓葬编号为 M7、M37、M39、M77、M118。

第Ⅱ组　以壶、罐、仓、灶、磨、井、杵、圈为器物基本组合。此组墓葬有 1 座，墓葬编号为 M58。此墓另随葬有铁农具及小动物。

第Ⅲ组　以壶、三足樽为器物基本组合。此组墓葬有 3 座。墓葬编号为 M109、M111 和 M112。

第Ⅳ组　以三足樽、仓为器物基本组合。此组墓葬有 1 座，墓葬编号为 M45。伴有多件陶器盖出土。

第Ⅴ组　以壶、仓为器物基本组合。此组墓葬有 3 座。墓葬编号为 M3、M55、M110。其中 2 座墓葬（M3、M55）中伴有多件陶器盖出土。

第Ⅵ组　以壶、罐、仓、三足樽、鼎、釜、盆、瓮、盘、耳杯、案、灶、提梁盉、井、盒等为器物基本组合。此组墓葬有 1 座，墓葬编号为 M61。此墓另随葬有陶作坊及农具，此批墓葬中的器物组合以此墓的最为完整。

第Ⅶ组　以壶、罐、仓、三足樽、盘、案、甑为器物基本组合。此组墓葬有 1 座，墓葬编号为 M123。此墓另随葬有陶房或陶楼的建筑构件及小动物。

第Ⅷ组　以壶、罐、仓、三足樽为器物基本组合。此组墓葬有 4 座，墓葬编号为 M4、M52、M56、M115。其中 M52 器物组合为壶、罐、仓、三足樽加薰炉组成。

第Ⅸ组　以罐、仓为器物基本组合。此组墓葬有 2 座，墓葬编号为 M41 和 M86。

第Ⅹ组　以壶、罐、三足樽、盒、耳杯为器物基本组合。此组墓葬有 1 座，墓葬编号为 M69。

第Ⅺ组　以壶、盆为器物基本组合。此组墓葬有 1 座，墓葬编号为 M122。

第Ⅻ组　以壶、瓮为器物基本组合。此组墓葬有 2 座。墓葬编号为 M97 和 M108。

以上三类器物基本组合涵盖了这批汉代墓葬器物组合的全部，器物基本组合的种类变化、器形变化为墓葬的分期与年代推断提供了依据。

表八：郏县董庄墓地汉代墓葬出土遗物组合形态统计表

墓号	器物组合 陶（釉陶）												铜			瓷	其他随葬品	备注总数
	壶	罐	仓	樽	磨	薰炉	甑	盆	灶	盒	耳杯	鼎	釜	盘	瓮	案	盃	井	杵	圈	釜	钫	盃	鼎	薰炉	壶		
M1	3√																											3
M2	2√												√														陶器盖1、铜钱5	9
M3	3√		√																								陶器盖4、铜钱16	24
M4	√	3√	√	√																							铜钱1	7
M5	4√																											4
M6	2√																										陶器盖1	3
M7	5√	√																									铜钱13	19
M9																											画像砖2	2
M10														√													陶器盖2、铜镜1、铜钱2	5
M12																											陶器盖1	2
M15																											铜钱2	2
M16	5√												√														铜钱7	13
M17	√																										铁刀1	2
M21	3√																											3
M24	4√																										陶器盖2	6
M33	3√																											3
M34																											陶器盖1	1
M37	6√	√																									铜钱3	10
M39	5√	√																									陶器盖1	7
M41	√	√	4√																								陶器盖8	13
M44		2√																										2

续表 1

墓号	器物组合																										其他随葬品	备注/总数
	陶（釉陶）																				铜					瓷		
	壶	罐	仓	樽	磨	薰炉	甑	盆	灶	盒	耳杯	鼎	釜	盘	瓮	案	盃	井	杵	圈	釜	钫	盘	鼎	薰炉	壶		
M45		√	√	√																							陶器盖3、铁镢1、铁剑1、铜钱8、铜盖弓帽3、铜当卢1、衔镳1、铜盖弓帽1	21
M46	7√					√		√	√		√	2√						√			√						陶纺轮1、铁剑1、铁刀1、铅饰件1、铜钱37、铜带钩1、铜车马饰26件	83
M52	4√					√																					陶器盖3、铁刀1、铜钱2、三足樽盖2	16
M53	3√																										象牙器1	4
M54	3√		√																								铅饰件1	4
M55	2√		√												7√									2√			陶器盖4、铜帽钉1、铜钱12	21
M56	4√	8√	√	2√																							陶器盖3、铜钱27	45
M57	22√		√	√	√	2√						2√									4√	√	√	√	√	2√	釉陶器盖5、陶器盖2、铁戟4、铁剑3、铁钉1、石黛板1、铁刀1、铁矛2、铁器1、铜钱1402、铜饰件60件	1528

续表 2

墓号	器物组合 陶（釉陶）																				铜					瓷	其他随葬品	备注总数
	壶	罐	仓	樽	磨	薰炉	甑	盆	灶	盒	耳杯	鼎	釜	盘	瓮	案	盃	井	杵	圈	釜	钫	盃	鼎	薰炉	壶		
M58	12√	3√	7√						√									√	√	√							陶器盖5、陶磨1、陶鸭1、陶鸡1、陶马1、陶纺轮1、画像砖11、铁犁1、铜弩机1、铜钱27	77
M61	6√	9√	√	2√	√		√	√	√	14√	13√	√	√	7√	√	2√	√	√	√								陶器盖7、石膏器1、陶建筑构件2、陶作坊1、铜钱18	91
M64	11√	6√	5√	2√		2√	√	√	√	2√		√	√			√	√				√						陶器盖1、陶鸡2、陶鸭2、陶鹅2、陶狗1、陶画像砖1、陶器底板1、铜镜1、铜车马饰8件、铜钱5、铜刀1、铁剑1	60
M65		√																									铁器盖1、铜钱2	4
M68										√																	铁镬1、铁斧1、铜饰件25件、陶建筑构件1	29
M69	4√									2√																	陶器足1	10
M70		√		√							2√																陶勺1、陶器足2、骨管1、建筑构件1、铜钱4	12
M72																√											铜钱4、铜戒指1	5
M74	√		√							2√	2√			3√													陶魁1	9
M75			2√																								陶器盖2	4

续表3

墓号	陶(釉陶) 壶	罐	仓	樽	磨	薰炉	甑	盆	灶	盒	耳杯	鼎	釜	盘	瓮	案	盃	井	杵	圈	釜	钫	铜 盃	鼎	薰炉	瓷 壶	其他随葬品	备注总数
M76	√	√																									铜钱11	12
M77	2√	3√																									陶器盖3	8
M78	5√	2√											√														画像砖2	10
M79	3√																											3
M80	3√																										铜镜1	4
M81	3√																											3
M82	3√																											3
M84	2√																											2
M86	3√	√	2√																								陶器盖5、玉器1、铜钱3	12
M87	3√																											3
M88	7√												√														陶器盖2、铁锸1、铜锸24	35
M90	3√																										铜钱8	11
M91																											铜钱61	61
M94															√												陶器盖1、铜钱18	19
M95	6√														√												画像砖2、铜钱45	53
M96			3√																									3
M97	3√																											4
M99	√																										铜钱18	19
M104	3√																										铜钱6	6
M105	3√																											3
M108	3√																										铜钱19	23
M109	7√			√																							铁刀1、铜带钩1、铜钱4	14

续表 4

墓号	器物组合																											其他随葬品	备注总数
	陶（釉陶）																				铜					瓷		
	壶	罐	仓	樽	磨	薰炉	甑	盆	灶	盒	耳杯	鼎	釜	盘	奁	案	盃	井	杵	圈	釜	钫	盃	鼎	薰炉	壶		
M110	3√		2√																									5
M111	4√			√																								5
M112	2√			√																							陶器盖2、铜钱5	10
M113	6√				√																						铜钱54	60
M115	√	√	4√		√																						陶器盖4、陶器柄1、铜钱13	25
M116																											铜钱65、铁锚1	66
M117	3√																										铁刀2	5
M118	4√																											4
M119	3√																										铁剑1	4
M120	3√																				√							4
M121	3√	6√												2√		√					√						陶器盖1、铜钱69	80
M122	√							√																			陶器柄1	3
M123	3√	√	√	√																							陶器盖1、陶灯柱1、陶建筑构件1、陶甑1、陶鸟1、铜钱18	33

第六节 小结

河南省平顶山市郏县王集乡董庄墓地发掘的 90 座汉代墓葬，无出土有确切纪年的遗物，发现叠压打破关系的墓葬也只有少数，但本批墓葬形制结构清晰，出土器物特征明显，时代相对比较集中。

一、墓葬分期

河南省平顶山市郏县王集乡董庄墓地发掘的汉代墓葬共计 90 座，其中有 16 座墓葬（编号为 M18、M19、M20、M22、M23、M25、M26、M27、M28、M29、M30、M31、M35、M36、M38、M40）未有随葬遗物出土；有 11 座墓葬（编号为 M9、M10、M12、M15、M34、M72、M91、M94、M96、M104、M116）只出土有铜钱或陶器盖、封门砖或残缺甚重无法复原且形制不清楚的单类陶器；有 7 座墓葬（编号为 M23、M72、M78、M81、M86、M95、M111）的墓道，因为施工破坏或者被断崖打破或者被其他墓葬打破，没有进行科学发掘清理，也无法推断其形制结构。综合上述三种情况，共有 32 座墓葬，依据其墓葬残存的形制结构或随葬品的时代特征、形制演变推断其墓葬的年代大致在汉代，将不参加分期，根据部分墓葬的叠压关系在其后另行报告。

其余 58 座墓葬（编号为 M1、M2、M3、M4、M5、M6、M7、M16、M17、M21、M24、M33、M37、M39、M41、M44、M45、M46、M52、M53、M54、M55、M56、M57、M58、M61、M64、M65、M68、M69、M70、M74、M75、M76、M77、M79、M80、M82、M84、M87、M88、M90、M97、M99、M105、M108、M109、M110、M112、M113、M115、M117、M118、M119、M120、M121、M122、M123）将根据典型器物的类型分析和发展演变规律、随葬器物组合及墓葬形制结构的型式变化规律，参照本地以及周边已发表的同时期汉代墓葬资料和其他文物资料，可以将这批墓葬分为六期。

第一期墓葬

3 座。墓葬编号为 M37、M57、M77。

（一）墓葬形制

土洞、砖室共存。

1.Ba 型 Ⅰ 式土洞墓　墓葬编号为 M37。

2.Ba 型 Ⅱ 式土洞墓　墓葬编号为 M57。

3.Ba 型 Ⅰ 式砖室墓　墓葬编号为 M77。

（二）典型器物

1. 铜器

铜钫、铜鼎、铜盉、铜釜、铜博山薰炉及铜饰件等。

五铢铜钱　Aa型、Ad型、Ae型、Ag型、Ba型、Bb型、Bc型、Bd型、Ca型、Cd型、Cf型。

2. 陶器

大灰陶壶　Aa型Ⅰ式、Aa型Ⅱ式。

大釉陶壶　Aa型和Ab型。

小灰陶壶　Bc型Ⅰ式、Bc型Ⅱ式。

小釉陶壶　A型和C型。

陶三足樽　Aa型。

陶瓮　A型Ⅰ式、B型。

陶带流壶，残釉陶鼎等。

3. 并伴有瓷壶、铁剑、铁刀、石黛板等出土

（三）器物组合情况

1. 第一类组合　1座。墓葬编号为M57。

2. 第三类第Ⅰ组　2座。墓葬编号为M37、M77。

第二期墓葬

11座。墓葬编号为M3、M44、M45、M46、M58、M64、M68、M90、M112、M117、M118。

（一）墓葬形制

土坑、土洞、砖室墓共存。

1. Aa型竖穴土坑墓　4座。墓葬编号为M90、M112、M117、M118。

2. Bb型Ⅰ式土洞墓　1座。墓葬编号为M44。

3. Ba型Ⅰ式单室砖室墓　1座。墓葬编号为M3。

4. Bb型甲类Ⅰ式双室砖室墓　2座。墓葬编号为M46、M68。

5. Bc型Ⅰ式多室砖室墓　1座。墓葬编号为M58。

6. Bc型Ⅱ式多室砖室墓　1座。墓葬编号为M64。

7. Bc型Ⅲ式多室砖室墓　1座。墓葬编号为M45。

8. 墓道被其他墓葬全部打破的，没有参加墓葬形制分析，1座。墓葬编号为M78。

（二）典型器物

1. 铜器

铜釜，铜镜，以及铜饰件等。

五铢铜钱　Ba型、Bb型、Bc型、Ca型、Cc型、Cd型、Ce型、Cg型。

2. 典型陶器

大灰陶壶　Aa型Ⅰ式、Aa型Ⅲ式、Bb型Ⅰ式、Bb型Ⅱ式、Bb型Ⅲ式、Bc型Ⅰ式、Bc型Ⅱ式、Ca型Ⅰ式、Ca型Ⅲ式。

小灰陶壶　Bb型Ⅰ式、Bb型Ⅱ式、Bb型Ⅲ式、Bb型Ⅳ式、Bc型Ⅱ式、Bd型Ⅰ式。

陶罐　Aa型、Ba型、Bb型。

陶仓　Aa型Ⅰ式、Ab型Ⅰ式。

陶耳杯　A型。

陶三足樽　Ab型、B型。

陶鼎　A 型、B 型。

陶井　A 型、B 型、C 型Ⅰ式。

陶博山薰炉　A 型Ⅱ式、B 型。

陶灶　A 型Ⅰ式、A 型Ⅱ式。

陶釜，陶磨，陶长方盒，陶猪圈，陶杵，陶动物，陶画像子母砖等。

3. 还伴有铁剑、铁刀、铁镬、铁斧、铅饰等同出

（三）器物基本组合情况

1. 第二类第Ⅰ组，1 座。墓葬编号为 M46。

2. 第二类第Ⅱ组，1 座。墓葬编号为 M64。

3. 第三类第Ⅰ组　1 座。墓葬编号 M118。

4. 第三类第Ⅱ组　1 座。墓葬编号为 M58。

5. 第三类第Ⅲ组　1 座。墓葬编号为 M112。

6. 第三类第Ⅳ组　1 座。墓葬编号为 M45。

7. 第三类第Ⅴ组　1 座。墓葬编号为 M3。

8. 构不成器物组合，5 座。墓葬编号为 M44、M68、M90、M117、M118。

第三期墓葬

12 座。墓葬编号为 M39、M41、M52、M55、M56、M61、M70、M75、M76、M99、M110、M123。

（一）墓葬形制

均为砖室墓。

1. Aa 型　1 座。墓葬编号为 M110。

2. Ba 型Ⅰ式　1 座。墓葬编号为 M76。

3. Ba 型Ⅲ式　3 座。墓葬编号为 M52、M70、M99。

4. Ba 型Ⅳ式　1 座。墓葬编号为 M41。

5. Bb 型乙类Ⅰ式　1 座墓。葬编号为 M55。

6. Bb 型丙类Ⅰ式　2 座。墓葬编号为 M39、M75。

7. Bb 型丙类Ⅱ式　1 座。墓葬编号为 M123。

8. Bb 型丙类Ⅲ式　1 座。墓葬编号为 M56。

9. Bc 型Ⅵ式　1 座。墓葬编号为 M61。

（二）典型器物

1. 铜器

五铢铜钱　Ad 型、Bb 型、Bc 型、Ca 型。

大泉五十、小泉直一铜钱，铜镜及铜饰件等。

2. 典型陶器

大灰陶壶　Bc 型Ⅲ式、Ca 型Ⅱ式、Cb 型Ⅰ式。

小灰陶壶　Bd 型Ⅱ式、Bd 型Ⅲ式、Ca 型Ⅰ式、Ca 型Ⅱ式、Ca 型Ⅲ式。

陶罐　Ab 型、Bc 型、Bd 型、Be 型。

陶仓　Aa 型Ⅱ式、Ab 型Ⅱ式、B 型。

陶耳杯　B型、C型。

陶三足樽　Aa型、Ab型。

陶灶　B型。

陶井　C型Ⅱ式。

3. 同期出土有残陶鼎、陶釜、陶盆、残陶瓮、陶盘、陶案、陶提梁盉、陶长方盒、陶磨、陶院落等

（三）器物组合情况如下：

第三类第Ⅰ组　1座。墓葬编号为M39。

第三类第Ⅴ组　2座。墓葬编号为M55、M110。

第三类第Ⅵ组　1座。墓葬编号为M61。

第三类第Ⅶ组　1座。墓葬编号为M123。

第三类第Ⅷ组　2座。墓葬编号为M52、M56。

第三类第Ⅸ组　1座。墓葬编号为M41。

构不成器物组合。共4座。墓葬编号为M70、M75、M76、M99。

第四期墓葬

2座。墓葬编号为M4、M5。

（一）墓葬形制

土洞、砖室墓。

1.Bb型Ⅱ式双室土洞墓　1座。墓葬编号为M5。

2.Bc型Ⅴ式多室砖室墓　1座。墓葬编号为M4。

（二）典型器物

1. 铜器

五铢铜钱　Aa型。

2. 陶器

大灰陶壶　Bb型Ⅳ式。

小灰陶壶　Bd型Ⅲ式。

陶三足樽　Ab型。

残陶罐，残陶仓，残釉陶罐等。

（三）器物基本组合

1. 第三类第Ⅷ组组合　1座。墓葬编号为M4。

2. 构不成器物组合　1座。墓葬编号为M5。

第五期墓葬

9座。墓葬编号为M6、M16、M24、M54、M65、M74、M82、M88、M121。

（一）墓葬形制　土坑、土洞、砖室墓共存

1.Ab型竖穴土坑墓　1座。墓葬编号为M24。

2.Ba型Ⅴ式单室土洞墓　1座。墓葬编号为M6。

3.Aa型竖穴砖室墓　1座。墓葬编号为M65。

4.Bb型甲类Ⅱ式双室砖室墓　1座。墓葬编号为M74。

5. Bb 型乙类Ⅱ式双室砖室墓　3座。墓葬编号为 M16、M54、M82。

6. Bb 型丙类Ⅰ式双室砖室墓　1座。墓葬编号为 M88。

7. Bb 型丙类Ⅲ式双室砖室墓　1座。墓葬编号为 M121。

（二）典型器物

1. 铜器

五铢铜钱　Aa 型、Ad 型、Ba 型、Bb 型、Bj 型（剪轮）、Ca 型、Cd 型、Ch 型。

铜釜等。

2. 典型陶器

大灰陶壶　Aa 型Ⅳ式、Aa 型Ⅷ式、Bc 型Ⅳ式、Bc 型Ⅴ式、Ca 型Ⅳ式。

小灰陶壶　Ba 型Ⅰ式、Bc 型Ⅴ式、Bd 型Ⅳ式。

大釉陶壶　B 型。

小釉陶壶　B 型。

陶罐　Be 型。

陶魁、残陶仓、残陶瓮等。

3. 还伴有铁锸、铅器等出土。

（三）器物基本组合

1. 第二类第Ⅲ组　1座。墓葬编号为 M121。

2. 第二类第Ⅳ组　2座。墓葬编号为 M16、M88。

3. 仅出土一类器物或伴陶器盖、铅器等，构不成器物组合，共计 5 座。墓葬编号为 M6、M24、M54、M65、M82。

4. 出土有陶壶、陶魁、陶耳杯、陶案、陶仓、陶圆盘，只有 1 件陶魁出自墓室，其余均出自填土也无法判断的器物组合，1 座。墓葬编号 M74。

第六期墓葬

21 座。墓葬编号为 M1、M2、M7、M17、M21、M33、M53、M69、M79、M80、M84、M87、M97、M105、M108、M109、M113、M115、M119、M120、M122。

（一）墓葬形制

土坑、土洞、砖室墓共存。

1. Aa 型竖穴土坑墓　2座。墓葬编号为 M33、M84。

2. Ba 型Ⅴ式式土洞墓　2座。墓葬编号为 M21、M108。

3. Ba 型Ⅵ土洞墓　1座。墓葬编号为 M109。

4. Aa 型砖室墓　1座。墓葬编号为 M97。

5. Ab 型砖室墓　1座。墓葬编号为 M87。

6. Ba 型Ⅰ式砖室墓　1座。墓葬编号为 M53。

7. Ba 型Ⅱ式砖室墓　1座。墓葬编号为 M115。

8. Ba 型Ⅳ式砖室墓　4座。墓葬编号为 M17、M105、M119、M122。

9. Bb 型甲类Ⅲ式砖室墓　1座。墓葬编号为 M1。

10. Bb 型乙类Ⅲ式砖室墓　5座。墓葬编号为 M2、M69、M79、M80、M113。

11. Bb 型丙类Ⅰ式砖室墓 2座。墓葬编号为 M7、M120。

(二) 典型器物

1. 铜器

五铢铜钱 Aa 型、Ab 型、Ah 型、Ai 型、Ba 型、Bb 型、Bc 型、Bi 型、Ca 型、Cb 型、Ce 型、Ch 型。

铜釜、铜镜等。

2. 陶器

大灰陶壶 Aa 型Ⅲ式、Aa 型Ⅴ式、Aa 型Ⅵ式、Aa 型Ⅶ式、Aa 型Ⅷ式、Ab 型Ⅰ式、Ab 型Ⅱ式、Ab 型Ⅲ式、Bc 型Ⅳ式、Bc 型Ⅴ式、Cb 型Ⅰ式、Cb 型Ⅱ式。

小灰陶壶 Ba 型Ⅱ式、Ba 型Ⅲ式小陶壶、Bc 型Ⅲ式、Bc 型Ⅳ式、Bc 型Ⅴ式、Bd 型Ⅴ式、Bd 型Ⅵ式、Ca 型Ⅳ式、Cc 型Ⅰ式、Cc 型Ⅱ式。

陶罐 Ac 型、Bc 型。

陶仓 Aa 型Ⅱ式。

陶三足樽 Aa 型。

陶瓿 A 型Ⅱ式。

陶盆、陶长方盒、陶耳杯等。

3. 同期伴有铁剑等出土。

(三) 器物基本组合

1. 第二类第Ⅳ组 2座。墓葬编号为 M2、M120。
2. 第三类第Ⅰ组 1座。墓葬编号为 M7。
3. 第三类第Ⅲ组 1座。墓葬编号为 M109。
4. 第三类第Ⅷ组 1座。墓葬编号为 M115。
5. 第三类第Ⅹ组 1座。墓葬编号为 M69。
6. 第三类第Ⅺ组 1座。墓葬编号为 M122。
7. 第三类第Ⅻ组 2座。墓葬编号为 M97、M108。
8. 构不成器物组合。共计 12座。墓葬编号为 M1、M17、M21、M33、M53、M79、M80、M84、M87、M105、M113、M119。

二、墓葬年代推断

河南省平顶山市郏县王集乡董庄墓地发掘的 90 座汉代墓葬中，本报告只对参加分期的 58 座墓葬进行年代推断。

根据以上六期墓葬分期中的墓葬形制结构变化、器物型式链接演变及器物组合链，可以看出相邻各期间墓葬形制结构变化是环环相扣链接的承继关系，特别是洞室墓表现得更加清晰。器物型式演变亦有承前启后的相继关系，出土数量较多的陶壶（包含釉陶壶）、陶仓的相继关系更加明显，陶鼎、陶灶、陶井的序列关系也是非常突出的。器物组合类型、各组的变化在六期中的相继关系也是有迹可循的。由此，这六期墓葬相邻各期在年代上有着早晚相继、连续发展的关系。

第一期墓葬

M37墓葬形制为Ba型Ⅰ式土洞墓，与陕县（今陕州区）东周秦汉墓[1]中秦至汉初墓葬的Ⅱ型Ⅰ式墓葬形制相同。M57墓葬形制为Ba型Ⅱ式土洞墓，与淅川阎杆岭墓地[2]发掘的M83的墓葬形制相似，属西汉中期晚墓葬形制。Aa型Ⅰ式大灰陶壶（标本M37:2、标本M37:4），与洛阳烧沟汉墓[3]出土的第一型第一式大陶壶（M18:2）形制相同，洛阳烧沟汉墓M18的年代为西汉中期及稍后。Aa型大釉陶壶（标本M57:22、标本M57:25、标本M57:69、标本M57:91）与洛阳烧沟汉墓[4]出土的第一型第一式大陶壶、淅川阎杆岭墓地[5]出土的陶圈足壶丁类Ⅱ式壶（标本M83:64）形制相同，烧沟汉墓第一型第一式大陶壶为西汉中期及稍后墓葬出土，淅川阎杆岭墓地M83的年代为西汉中期晚。Aa型Ⅱ式大灰陶壶（标本M37:5，标本M37:7）与河南淅川李沟汉墓[6]出土的Aa型Ⅱ式大陶壶（M26:4）形制相同，淅川李沟汉墓M26的年代为西汉中期。Bc型Ⅱ式小灰陶壶（标本M37:3、标本M37:6）与河南省济源市蓼坞汉墓[7]M1出土的小灰陶壶（M1:12）形制相似，济源市蓼坞汉墓M1的年代定在西汉中期偏晚。Aa型陶罐（标本M37:1）与洛阳烧沟汉墓[8]出土的第一型第一式陶罐（413:1）形制相同，烧沟汉墓413的年代为西汉中期或稍后。Bc型Ⅰ式小灰陶壶（标本M57:44、标本M57:46、标本M57:51、标本M57:52、标本M57:53）与三门峡移动通讯公司综合楼汉墓[9]出土的陶壶（M15:西6）形制相似，三门峡移动通讯公司综合楼汉墓M15的年代为西汉中期。Aa型陶三足樽（标本M57:81）与三门峡移动通讯公司综合楼汉墓出土的陶奁（M15:东3）[10]、河南省济源市蓼坞汉墓M1出土的陶樽（M1:6）[11]形制相同，三门峡移动通讯公司综合楼汉墓的年代为西汉中期，济源市蓼坞汉墓M1的年代定在西汉中期偏晚。陶瓮（标本M57:41、标本M57:42）与河南省济源市蓼坞汉墓M1[12]出土的陶瓮形制相同，济源市蓼坞汉墓M1的年代定在西汉中期偏晚。铜盉（标本M57:66）与山东省济南魏家庄汉墓出土的铜鐎壶（M97:4）[13]形制相同，山东省济南魏家庄汉墓M97的年代为西汉中期。陶带流壶（标本M57:3）与陕县东周秦汉墓[14]中秦至汉初墓葬出土的有流壶（3411:13）相似，陕县东周秦汉墓3411的年代为西汉初年。瓷壶（标本M57:45、标本M57:48）与洛阳烧沟汉墓[15]出土的异形②（175:10）相似，但壶口为盘口，早于烧沟三前，应是在西汉中期。铜钫（标本M57:24）与永城黄土山二号汉墓出土的铜钫（M2:137）[16]形制相同，永城黄土山二号墓的年代为西汉中期偏晚。铁剑（标本M57:54、标本M57:55）与陕县东周秦汉墓[17]的西汉中期至东汉晚期墓出土的Ⅰ型铁剑（3003:65）、刘胜墓出土玉格铁剑形制相同，陕县3003号墓的年代为西汉中期或稍后、刘胜墓的年代为西汉中期。铁戟（标本M57:1、标本M57:2、标本M57:56、标本M57:60）与陕县东周秦汉墓[18]的西汉中期至东汉晚期墓出土的铁戟（3003:47）及西汉刘胜墓出土铁戟形制相同。铜釜（标本M57：5、标本M57:21、标本M57:40、标本M57:65）与洛阳烧沟汉墓出土的铜洗（105:3）[19]形制相同，洛阳烧沟汉墓西汉晚期墓中开始出现，在此墓地中西汉中期已经出现。

M75墓道东部被M74打破，M76墓道被M74打破、M76又打破M78墓道，M77墓道东部被M74打破、西部被M78打破。由此可知M75、M76、M77早于M74，M77早于M78、M78早于M76。M76出土有大泉五十铜钱，其年代应为新莽时期或东汉初，那么M78早于M76，M78的年代应为西汉晚期，M77早于M78，M77的年代应为西汉中期或更早。

由以上分析，可以推定第一期墓葬的年代为西汉中期或稍后。

由于M77出土陶壶、陶罐均为残器，无法与现知资料比对，仅由墓葬间的叠压关系推断，暂归入此期，但M77年代可能在此期时间段内或更早。

第二期墓葬

Bb型Ⅰ式土洞墓，墓葬编号M44属洛阳烧沟汉墓[20]的第一型第一式。Ba型Ⅰ式单室砖室墓，墓葬编号M3属洛阳烧沟汉墓的第二型第一式，与三门峡向阳汉墓（甲类）M10[21]的墓葬形制相同，三门峡向阳汉墓M10的年代为西汉晚期或末期。2座（墓葬编号M46、M68）Bb型甲类Ⅰ式双室砖室墓，墓葬形制属洛阳烧沟汉墓墓葬形制的第二型。Aa型Ⅰ式大灰陶壶（标本M46:6、标本M46:7、标本M46:8、标本M46:9）、Bc型Ⅱ式小陶壶（标本M46:11、标本M46:12、标本M46:13）、Aa型陶罐（标本M44:1、标本M44:2、标本M118:3）在第一期墓葬M37中同出，年代为西汉中期或稍后。Bb型Ⅰ式大灰陶壶（M58:3、M58:24）与洛阳西郊汉墓Ⅰ型2式陶壶（M3081:5）[22]的形制相似，腹部较M3018:5圆，洛阳西郊汉墓M3081的年代为西汉中期。Bb型Ⅱ式大灰陶壶（标本M3:14）与三门峡向阳汉墓（甲类）Ⅰ式壶（标本M10:22）[23]近似，三门峡向阳汉墓（甲类）M10的年代为西汉晚期。Bb型Ⅲ式大灰陶壶（标本M117:2）与永城黄土山二号汉墓出土的C型陶壶（M2:31）[24]形制相同，永城黄土山二号墓的年代为西汉中期偏晚。Bc型Ⅰ式大灰陶壶（标本M64:1、标本M64:12、标本M64:15）与郑州大上海城出土陶壶（04M30:9）[25]形制相似，郑州大上海城04M30的年代为西汉晚期。Bb型Ⅰ式小灰陶壶（标本M3:12）与郑州陇海马路办事处93M2出土的小陶壶（93M2:7）[26]形制相同，郑州陇海马路办事处93M2的年代为西汉晚期。Bb型Ⅱ式小灰陶壶（标本M3:11）与三门峡向阳汉墓（甲类）M12出土的Ⅱ式小陶壶（M12:9）[27]相似，三门峡向阳汉墓（甲类）M10的年代为西汉末。B型陶瓮（标本M57:43）与辉县汉墓出土陶罐（M14:10）[28]形制相似，辉县汉墓M14的年代为西汉晚期。Aa型Ⅰ式陶仓（标本M58:13、标本M58:19、标本M58:28、标本M64:10、标本M64:30、标本M64:29、标本M64:36）与淅川阎杆岭墓地出土的Aa型Ⅰ式陶仓（M38:3）[29]、三门峡向阳汉墓出土的AⅠ式陶仓（M41:5）[30]形制相同，阎杆岭M38的年代为西汉晚期早段、三门峡向阳汉墓M41的年代为西汉晚期。Ab型Ⅰ式陶仓（标本M58:12、标本M64:35）与淅川阎杆岭墓地出土的Ab型Ⅱ式陶仓（M98:14）[31]形制相同，阎杆岭M98的年代为西汉晚期晚段。A型陶耳杯（标本M46:16）与三门峡向阳汉墓（甲类）M116出土的陶耳杯（标本M116:13）[32]、与郑州大上海城出土的陶耳杯（标本04M32:4）[33]形制相同，三门峡向阳汉墓M116的年代为西汉末年，郑州大上海城04M32的年代为西汉晚期。Ab型陶三足樽（标本M112:3），与辉县汉墓出土的陶三足樽（M5:2）[34]形制相似，辉县汉墓M5的年代为西汉晚期。B型陶三足樽（标本M64:47、标本M64:53）与辉县汉墓出土的陶奁（M7:1）[35]、三门峡向阳汉墓M86出土的陶三足樽（标本M86:6）[36]形制相似，辉县汉墓M7的年代为西汉中期偏晚、三门峡向阳汉墓M86的年代为西汉末。A型陶鼎（标本M46:10、标本M46:14）与淅川阎杆岭墓地出土的乙类Ca型Ⅱ式陶鼎（M173:15）[37]形制相同，淅川阎杆岭墓地M173的年代为西汉中期早。B型陶鼎（标本M64:31）与陕县东周秦汉墓的西汉中期至东汉晚期墓葬出土的Ⅱ型陶鼎（M3117:15、M3004:26）[38]形制相似，陕县东周秦汉墓M3117的年代为西汉晚期或稍后。A型陶井（标本M46:17）与河南淅川李沟汉墓Ⅲ式井（M23:11）[39]的形制相似，河南淅川李沟汉墓M23的年代为西汉晚期。B型陶井（标本M58:17）与与淅川阎杆岭墓地出土的Aa型Ⅱ式陶井（M98:16-1）[40]的形制相同，淅川阎杆岭墓地M98的年代为西汉晚期晚段。B型陶博山薰炉（标本M64:26）与陕县东周秦汉墓中的西汉中期至东汉晚期墓葬出土Ⅰ型陶博山薰炉（3003:118）[41]形制相同，陕县东周秦汉墓3003墓的年代为西汉中期或稍后。A型Ⅰ式陶瓮（M57:41、M57:42）与河南省济源市蓼坞汉墓M1[42]出土的陶瓮形制相同，济源市蓼坞汉墓M1的年代定在西汉中期偏晚。A型Ⅰ式陶灶（标本M46:19、标本M58:18）属洛阳烧沟汉墓出土陶灶的第一型第一式，A型Ⅱ式陶灶（标本M64:5）属洛阳烧沟汉墓出土陶灶的第二型第一式[43]。陶长方盒（标本 M64:56、标本 M64:58、标本 M68:9）与洛阳烧沟汉墓[44]出土的第一型方盒形制相同，洛阳烧沟汉墓第一型方盒出在第三期至第六期墓中，年代为西汉晚期至东汉晚期。铜釜（标本 M46:15、M64:25）与洛阳烧沟汉墓出土的铜洗（105:3）[45]形制相同，为西汉中晚期墓中出现。铁刀（标本 M46:2）属洛阳烧沟汉墓出土铁刀的第二型，铁剑（标本 M46:1）属洛阳烧沟汉墓[46]出土铁剑的第一型。

由以上分析，可以推定第二期墓葬的年代为西汉晚期。

第三期墓葬

此期墓葬中有5座（墓葬编号 M55、M61、M76、M99、M123）出土有王莽时期的大泉五十，3座墓葬（墓葬编号 M56、M61、M123）出土有王莽时期的小泉直一铜钱，这就为此期墓葬的年代推定提供了较为准确的依据。Bb 型乙类Ⅰ式墓葬（M55）形制与淅川阎杆岭墓地 M71[47]的形制相同，淅川阎杆岭墓地 M71 的年代为新莽时期至东汉初。Bd 型Ⅱ式小灰陶壶（标本 M61:22、标本 M61:23、M99:2、M110:4）与三门峡向阳汉墓（乙类）M131 出土的陶壶（标本 M131:22）[48]形制相似，三门峡向阳汉墓（乙类）M131 的年代为东汉初期。Ca 型Ⅰ式小灰陶壶（标本 M39:2）与新郑河赵一号墓出土的Ⅱ式小陶壶（M1:1）[49]形制相似，新郑河赵一号墓的年代为新莽时期。Be 型陶罐（标本 M61:8、标本 M61:18、标本 M61:36、标本 M61:38、标本 M61:39、标本 M61:40、标本 M123:11）与郑州大上海城汉墓 04M5 出土的陶罐（04M5:1）[50]形制相似，郑州大上海城汉墓 04M5 的年代为王莽时期。Aa 型Ⅱ式陶仓（标本 M55:8、标本 M56:16、标本 M110:1、标本 M110:2、标本 M123:4）与陕县东周秦汉墓中西汉中至东汉晚期墓出土的Ⅱ型陶仓（3117:40）[51]形制相同，陕县东周秦汉墓 3117 的年代为第二组西汉晚期至新莽时期或稍后。Ab 型Ⅱ式陶仓（标本 M75:1、标本 M75:2）与淅川阎杆岭墓地出土的 Ab 型Ⅲ式陶仓（M106:5）形制相同，淅川阎杆岭墓地 M106 的年代为新莽至东汉初。B 型陶仓（标本 M41:1、标本 M41:2、标本 M61:31）为洛阳烧沟汉墓出土陶仓的第三型[52]，最早在第四期年代为东汉早期出现。C 型陶耳杯（标本 M61:5、标本 M61:6、标本 M61:9、标本 M61:10、标本 M61:11、标本 M61:12、标本 M61:15、标本 M61:27、标本 M61:28、标本 M61:29、标本 M61:83）与河南焦作店后村汉墓出土的陶耳杯（M1:28）[53]形制相似，河南焦作店后村汉墓 M1 的年代为东汉早期。Aa 型陶三足樽（标本 M70:8）在一期墓中同出。Ab 型陶三足樽（标本 M61:37、标本 M61:41、标本 M123:2）在二期墓中同出。B 型陶灶（M61:14 和 M61:26 甑和 M61:20 釜）与陕县东周秦汉墓中西汉中期至东汉晚期墓出土的Ⅰ型2式灶（3115乙:20）[54]形制相同，陕县东周秦汉墓 3115 的年代为西汉晚期至新莽时期或稍后；B 型陶灶与洛阳烧沟汉墓的第二型二式（99:14）[55]形制相同，属第三期前段，王莽时期及稍后。陶长方盒（标本 M61:33、标本 M61:34、标本 M61:42、标本 M61:43、标本 M61:44、标本 M61:45、标本 M61:46、标本 M61:47、标本 M61:48、标本 M61:57、标本 M61:77、标本 M61:78、标本 M61:80、标本 M61:79 和 81）、陶提梁盉（标本 M61:1）在第二期墓葬中同出。铁刀（标本 M52:1）属洛阳烧沟汉墓出土铁刀的第二型[56]。陶作坊（标本 M61:24 和标本 M61:30）与河南日报社住宅小区 06M5 出土的陶作坊（06M5:2）[57]组合形制相似，河南日报社住宅小区 06M5 的年代为西汉晚期或王莽时期。

由以上分析，可以推定第三期墓葬的年代为新莽时期至东汉初期。

第四期墓葬

Bb 型双室土洞墓（M5），墓葬形制属洛阳烧沟汉墓[58]的第一型第一式。Bc 型Ⅴ式多砖室墓（M4）与河南焦作白庄汉墓 M121[59]的墓葬形制近似，焦作白庄汉墓 M121 的年代为新莽至东汉早期。Bb 型Ⅳ

式大灰陶壶（标本 M5:1、标本 M5:2）与洛阳烧沟汉墓出土的第三型第二式大陶壶（113:3）[60]相似，洛阳烧沟汉墓 113 属第四期即年代为东汉早期。Bd 型Ⅵ式小灰陶壶（标本 M5:3、标本 M5:4）与三门峡向阳汉墓（甲类）小陶壶（M116:10）[61]形制相同，三门峡向阳汉墓 M116 的年代为西汉末或王莽时期。Ab 型陶三足樽（标本 M4:7）在第二期出现。

此期器物组合较前三期的器物组合趋于简单化，汉墓中普遍随葬的陶壶在此期出现了宽带纹的装饰。

由此，第四期墓葬年代推定为东汉早期。

第五期墓葬

此期墓葬（编号 M121）出土有 Bj 型剪轮五铢铜钱，剪轮五铢钱最早出现在东汉中期，M121 的年代就在东汉中期或稍后，M121 墓葬形制为 Bb 型丙类Ⅲ式双室砖室墓，Bb 型丙类Ⅰ式双室砖室墓（编号 M88）的年代应比 M121 稍早，亦或同期。此期中宽带纹、弧腹或扁腹陶壶普遍存在。M121 出土的 Bc 型Ⅴ式大灰陶壶（标本 M121:2、标本 M121:3、标本 M121:12）应是在东汉中期或稍后的典型器物。Aa 型Ⅳ式大灰陶壶（标本 M6:2）与三门峡向阳汉墓Ⅲ式陶壶（M53:26）[62]口足相似，但腹部较其稍弧，应比三门峡向阳汉墓 M53:26 Ⅲ式陶壶的时代晚，向阳汉墓 M53 为东汉前期，M6 的年代应在东汉中期或稍晚。Bc 型Ⅳ式大灰陶壶（标本 M16:1 无盖，标本 M16:2，标本 M16:5）属洛阳烧沟汉墓[63]出土大陶壶的第四型，其铺首属第四式，年代为东汉中期。Ca 型Ⅳ式大灰陶壶（标本 M24:2、标本 M24:3）与泌阳新客站汉墓出土的陶壶（M1:4）[64]形制相似，陶双系罐（标本 M65:2）与泌阳新客站汉墓出土的陶罐（M10:8）[65]形制相似，泌阳新客站汉墓为东汉中期。陶魁（标本 M74:1）与新乡老道井墓地金灯寺墓区汉墓出土的Ⅱ式陶魁（M9:21）[66]形制相同，新乡老道井墓地金灯寺墓区汉墓 M14 属第一期年代为东汉中晚期之交。铜釜（标本 M16:6、标本 M88:9、标本 M121:4）与洛阳烧沟汉墓[67]出土的铜洗（105:3）形制相同，在西汉晚期墓中出现。陶圆盘（标本 M74:7、标本 M74:8、标本 M74:9）与新乡老道井墓地金灯寺墓区汉墓出土Ⅰ式盘（M14:2）[68]形制相同，新乡老道井墓地金灯寺墓区汉墓 M14 属第一期年代为东汉中晚期之交。

由以上分析，可以推定第五期墓葬的年代为东汉中期。

第六期墓葬

M115 墓道南部被 M120 打破，墓室西北部被 M124 打破，又打破 M121。M121 为东汉中期墓，M115 晚于 M121，M115 的年代应在东汉中期后，M120、M124 晚于 M115，那么可以推断 M120、M124 的年代应在东汉末。M54 东部被 M53 打破，M54 的年代为东汉中期，可以推定 M53 的年代应为东汉晚期。Bb 型（甲类）Ⅲ式双砖室墓（没墓葬编号 M1），墓葬形制与洛阳烧沟汉墓的第五型例十七墓 1035[69]相似，洛阳烧沟汉墓 1035 属第六期，年代为东汉晚期；与洛阳西郊第五型墓Ⅱ式 M9007[70]形制相似，洛阳西郊 M9007 属第五期，年代为东汉中期。Aa 型Ⅲ式大灰陶壶（标本 M113:1、标本 M113:6、标本 M119:2、标本 M119:3）在第二期墓葬 M64 中同出。Aa 型Ⅷ式大灰陶壶（标本 M21:1、标本 M21:2、标本 M87:1、标本 M87:2）在第三期墓葬 M54 中同出。Ab 型Ⅰ式大灰陶壶（标本 M1:1、标本 M1:2）与洛阳烧沟汉墓出土的异形壶第五种 1040:11（P109）[71]形制相同，洛阳烧沟汉墓 1040 属第六期，年代为东汉晚期。Bc 型Ⅳ式大灰陶壶（标本 M2:1、标本 M7:1、标本 M7:3、标本 M7:4）在第五期 M16 中同出。Bc 型Ⅴ式大灰陶壶（标本 M84:1）在第五期墓葬 M121 中同出。Cb 型Ⅰ式大灰陶壶（标本 M80:2、标本 M80:3）在第三期墓葬 M39 中同出。Bc 型Ⅴ式小灰陶壶（M53:2、M69:3、M79:3）在第三期墓葬 M6 和 M24 中同出。Bd 型Ⅴ式小灰陶壶（标本 M2:4、标本 M7:5、标本 M7:6）属洛阳烧沟汉墓小陶壶的第二型第二式[72]，年代在东汉晚期。Bd 型Ⅵ式小灰陶壶（标本 M33:1、标本 M80:4、标本 M113:5、标本 M120:4）与郑州汉墓出土陶壶（92M3:8）[73]形制相似，郑州汉墓92M3的年代为东汉早期。Cc型Ⅰ式小灰陶壶（标本M87:3）与郑州汉墓出土小陶壶（05M48:11）[74]形制相似，郑州汉墓05M48的年代为王莽时期。Ab型Ⅱ式陶壶（标本M53:1、标本M97:1、标本M120:2、标本M120:3）与郑州汉墓出土的陶壶（95M12:4）[75]形制相似，郑州汉墓92M12的年代为西汉晚期。Bd型Ⅵ式陶壶（标本M33:1、标本M80:4、标本M113:5、标本M120:4）与郑州汉墓出土陶壶（92M3:8）[76]形制相似，郑州汉墓92M3的年代为东汉早期。Ac型陶罐（标本M7:2）与河南陕县刘家渠汉墓出土的陶罎（9:1）[77]相似，陕县刘家渠汉墓M9为第四组东汉后期墓。Bc型陶罐（标本M115:1）在第三期墓葬M78、M76中同出。Aa型Ⅱ式陶仓（标本M115:1、标本M115:2）在第三期墓葬M75中同出。Aa型陶三足樽（标本M109:5、标本M115:4）在第一期墓葬M57和第三期墓葬M70同出。陶长方盒（标本M69:5、标本M69:9）与洛阳烧沟汉墓[78]出土的第一型方盒形制相同，第一型方盒出于第三期至第六期墓，既西汉晚期至东汉晚期都有。铁刀属洛阳烧沟汉墓出土铁刀的第二型[79]。M2出土有剪轮五铢，剪轮五铢出现在东汉中期及以后，M3出土铜钱有内外廓均被磨除的五铢，属东汉五铢。

由以上分析，可以推定第六期墓葬的年代为东汉晚期。

下面根据墓葬的叠压关系或出土较为典型的标尺型器物，对部分墓葬进行相对年代和墓葬年代的先后续位关系进行推断：

1.M5的墓道东部被M1打破，M1为东汉晚期墓，M5的年代应在东汉中期或更早。

2.M10出土有昭明连弧铭带镜，昭明连弧铭带镜多出自西汉后期墓；并出土有Ca型五铢铜钱，Ca型五铢铜钱为西汉五铢钱。据此推测M10应为西汉晚期墓。

3.M20的墓室被M87打破，同理M20的年代应在东汉中期或更早。

4.M23的墓道被M19打破，M23早于M19。

5.M25的墓道南部被M36打破，M25早于M36。

6.M30的墓室被M29打破，M30早于M29。

7.M38的西部被M49打破，M38早于M49。

8.M58的墓道南部被M63的墓道打破，M58的年代为西汉晚期，可以推定M63的年代在西汉晚期后，属东汉墓。

9.M68的墓室东部被M69打破，M68的年代在西汉晚期，M69的年代为东汉晚期墓，此三座墓葬的打破关系、年代先后顺序是正确的。

10.M75的墓道东部被M74打破，M76墓道被M74打破、M76又打破M78墓道，M77墓道东部被M74打破、西部被M78打破。由此可知M75、M76、M77早于M74，M77早于M78，M78早于M76。M76出土有大泉五十铜钱，其年代应为新莽时期或东汉初期，那么M78早于M76，M78的年代应为西汉晚期，M77早于M78，M77的年代应为西汉中期或更早。M74的年代应在新莽后，M75早于M74，那么M75的年代应与M76同期或更早。

11.M88的墓道北部被M92打破，M88为东汉中期墓，M92的年代应为东汉中期以后，年代推断为东汉晚期比较合适。

12.M99的墓道西部被M102打破，又打破M101，由此，M102的年代晚于M99，M101的年代早于M99，M99的年代在新莽时期至东汉初，那么M101的年代推断为西汉晚期或中期，M102的年代推断为东汉中期或晚期。

第二章 汉代墓葬

13. M112北部被M111打破，M112的年代为西汉晚期，则M111的年代应为东汉时期。

14. M115的墓道南部被M120打破，墓室西北部被M124打破，又打破M121。M121的年代为东汉中期，M115的年代为东汉晚期，M120、M124的年代应为东汉晚期或末期。

15. M116出土有剪轮五铢，年代应为东汉中期以后。

16. M122的墓道北部被M126打破，M122的年代为东汉晚期，那么，M126的年代应在东汉末期或更晚。

注释：

[1] 中国社会科学院考古研究所：《陕县东周秦汉墓》，科学出版社1994年版。

[2] 河南省文物考古研究院：《淅川阎杆岭墓地》，科学出版社2016年版。

[3] 中国科学院考古研究所：《洛阳烧沟汉墓》，科学出版社1959年版。

[4]、[8]、[15] 同[3]。

[5] 同[2]。

[6] 湖北文理学院襄阳及三国历史文化研究所、河南省文物局南水北调中线管理办公室、岳阳市文物考古研究所：《河南淅川李沟汉墓发掘报告》，《考古学报》，2015年第3期。

[7] 河南省文物考古研究所：《河南济源市蓼坞汉墓》，《华夏考古》，2000年第3期。

[9] 三门峡市文物考古研究所：《三门峡文物考古与研究》，北京燕山出版社2003年版。

[10] 同[9]。

[11]、[12] 同[7]。

[13] 济南市考古研究所：《山东济南魏家庄汉墓发掘简报》，《华夏考古》，2016年第4期，第17页。

[14] 同[1]。

[16] 河南省文物考古研究所、永城市文物旅游管理局：《永城黄土山与酂城汉墓》，大象出版社2010年版。

[17]、[18] 同[14]。

[19]、[20] 同[15]。

[21] 三门峡市文物考古研究所：《三门峡向阳汉墓》，北京燕山出版社2007年版。

[22] 中国科学院考古研究所洛阳发掘队：《洛阳西郊汉墓发掘报告》，《考古学报》，1963年第2期。

[23] 同[21]。

[24] 同[16]。

[25] 河南省文物考古研究院：《郑州汉墓》，大象出版社2015年版。

[26]、[33] 同[25]。

[27]、[30]、[32] 同[21]。

[28] 河南省文物局：《辉县汉墓》，科学出版社2014年版。

[29] 河南省文物考古研究院：《淅川阎杆岭墓地》，科学出版社2016年版。

[31]、[37]、[40] 同[29]。

[34]、[35] 同[28]。

[36] 同[21]。

[38] 同 [1]。

[39] 同 [6]。

[41] 同 [1]。

[42] 同 [7]。

[43] 同 [3]。

[44]、[45]、[46] 同 [43]。

[47] 同 [2]。

[48] 同 [21]。

[49] 河南省文物研究所、新郑市文物保管所：《河南新郑河赵一号墓的发掘》，《华夏考古》，1991 年第 4 期。

[50] 河南省文物考古研究院：《郑州汉墓》，大象出版社 2015 年版。

[51]、[54] 同 [1]。

[52] 同 [2]。

[53] 河南省文物考古研究所、焦作市文物考古研究所：《河南焦作店后村汉墓发掘简报》，《华夏考古》，2014 年第 2 期，第 30 页。

[55]、[56]、[58]、[60] 同 [3]。

[57] 同 [50]。

[59] 焦作市文物工作队：《河南焦作白庄汉墓 M121、M122 发掘简报》，《中原文物》，2010 年第 6 期。

[61]、[62] 同 [21]。

[63]、[67]、[69] 同 [3]。

[64] 河南省文物考古研究所、泌阳县文物保管所：《河南省泌阳新客站汉墓群发掘简报》，《华夏考古》，1994 年第 3 期，第 26 页。

[65] 同 [64]。

[66] 郑州大学考古系、河南省文物局南水北调文物保护办公室：《河南新乡老道井墓地金灯寺墓区汉墓清理简报》，《考古与文物》，2008 年第 5 期。

[68] 同 [66]。

[70] 同 [22]。

[71]、[72] 同 [3]。

[73]、[74]、[75]、[76] 同 [25]。

[77] 黄河水库考古工作队：《河南陕县刘家渠汉墓》，《考古学报》，1965 年第 1 期。

[78]、[79] 同 [3]。

第三章 唐宋时期墓葬

第一节 墓葬概述及年代推断

河南省平顶山市郏县王集乡董庄墓地共发现127座墓葬，其中唐、宋代墓葬4座，编号为M59、M60、M66、M67。（见附表：二、唐宋时期墓葬登记总表）在本章中对此4座唐宋时期墓葬的资料逐一报道。

一、M59

（一）层位关系

该墓的上部被施工破坏，依据附近断崖壁的层次推测该墓开口于第②层下。

（二）墓葬形制、葬式与葬具

铲形单室砖室墓。方向187°。由墓道和墓室两部分组成。墓道窄于墓室，墓道与墓室构成平面呈铲形。

墓道　长方形竖井斜坡式。土坑。置于墓室南部近东壁处。直壁，斜坡底。由于被破坏，墓道不完整。底残长1.00米，宽1.00米，距地表深未知。

墓室　平面呈长方形。砖室。室顶被破坏，形制不明。直壁，平底。室壁用红砖垒砌，被破坏甚重，仅残剩几块，具体建造方法未知。无封门痕迹。室内填土为五花土。底长2.80米，宽2.20米，距地表深未知。

人骨架无存。头向、面向、葬式、性别不明。葬具未知。未发现有随葬品。（图二五一）

（三）年代推断

未发现有随葬遗物，仅从墓葬形制，可以判断其时代应为唐代。

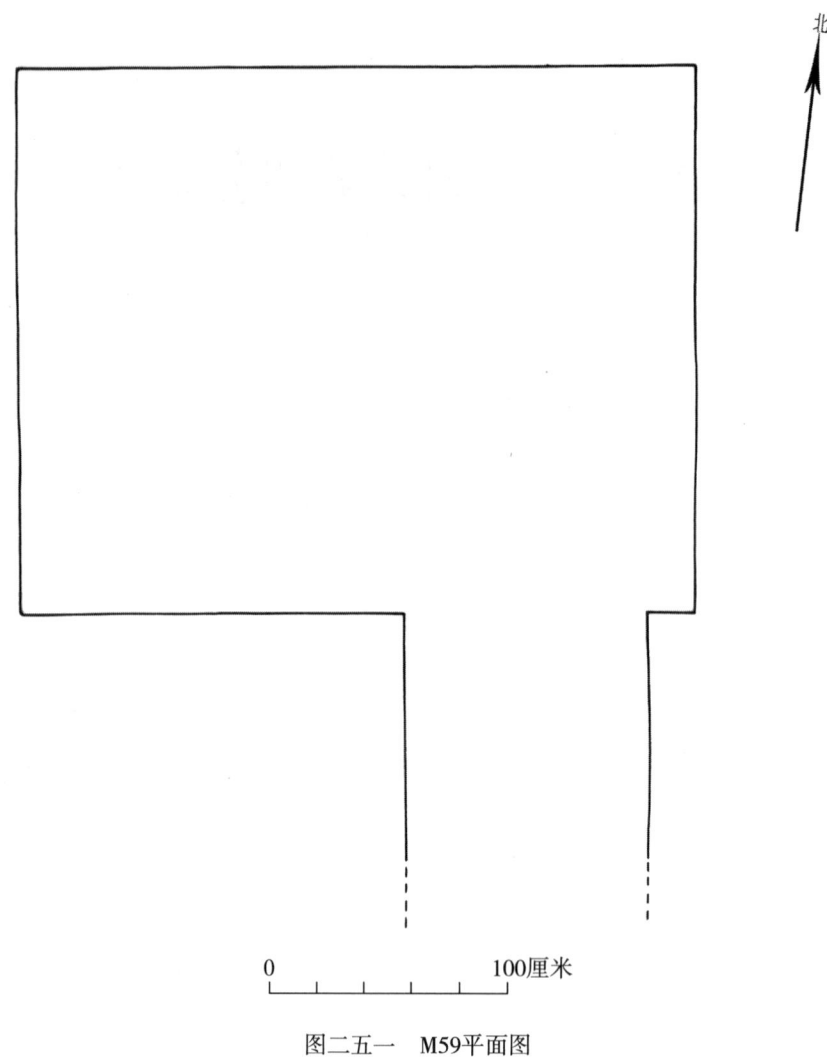

图二五一　M59平面图

二、M60

（一）层位关系

该墓的上部被施工破坏，依据附近断崖壁的层次推测该墓开口于第②层下。

（二）墓葬形制、葬式与葬具

竖穴砖室墓。平面呈长方形。方向135°。直壁，平底。墓顶用石块封顶，平顶。墓室用残青砖错缝垒砌，最高残存四层，高0.24米。室内填土为五花土。口长2.07米，宽0.70米，距地表深1.15米。底长2.05米，宽0.68米，距地表深1.37米

人骨架1具。保存一般。头向东南，面向东北。葬式为仰身直肢。性别为女性，年龄在35~45岁之间。葬具未知。有随葬品。（图二五二）

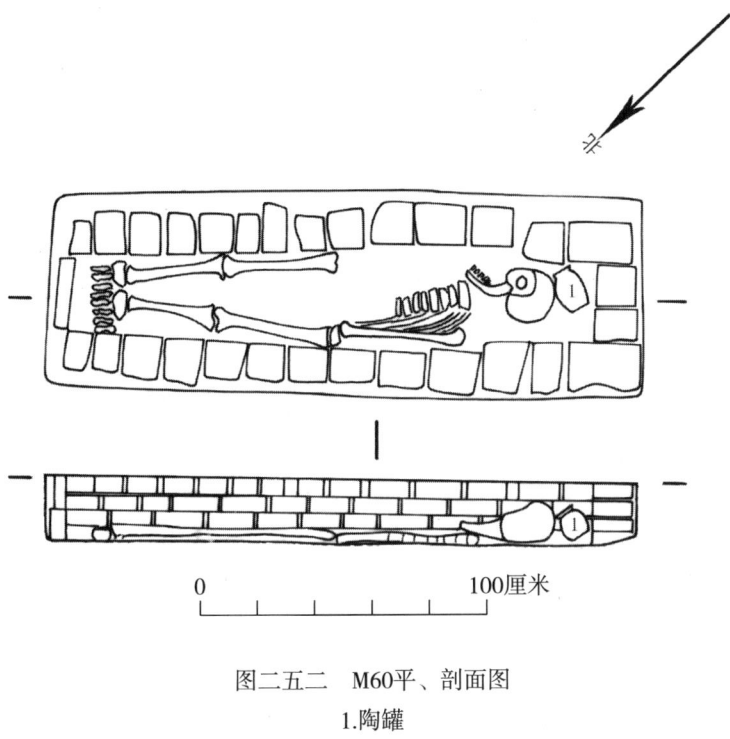

图二五二　M60平、剖面图
1.陶罐

（三）出土遗物

出土遗物共计1件。为陶罐。置放于人骨架的头部。

陶罐　1件。标本M60:1，泥质浅灰陶。轮制。口残失，束颈，弧腹，下腹部斜直内收，平底微内凹。颈下部两侧各有一圆形小孔。腹部饰两周掐指细纹。腹径14.4厘米，底径6.0厘米，高19.0厘米。（图二五三；彩版七六，1）

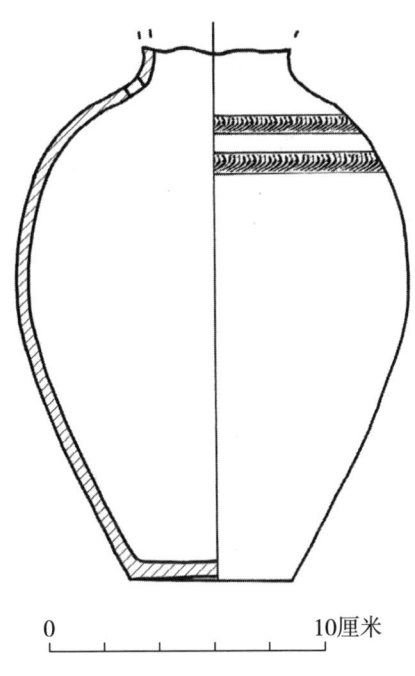

图二五三　M60出土陶罐(M60:1)

（四）年代推断

此墓仅出土 1 件陶罐，陶罐形制是宋代时期的器物。无法提供更多的可资参考的相关准确资料，由此推断此墓可能为宋代墓葬。

三、M66

（一）层位关系

该墓的上部被施工破坏，依据附近断崖壁的层次推测该墓开口于第②层下，位于 M61 的东部。

（二）墓葬形制、葬式与葬具

铲形单室砖室墓。方向 185°。由墓道和墓室两部分组成。墓道窄于墓室。墓道与墓室构成平面呈铲形。

墓道　长方形竖井斜坡式。土坑。置于墓室南部。直壁，斜坡底。内填土为五花土。口长 2.56 米，宽 1.95 米，距地表深 1.15 米。底长 2.40 米，宽 1.80 米，距地表深 1.97 米。

墓室　平面呈长方形。砖室。室顶被破坏，形制不详。墓壁用长 0.32 米、宽 0.16 米、厚 0.05 米的青砖错缝垒砌，最高残存十四层，高 0.82 米。墓底亦用同样的青砖平铺一层。砖墙与墓壁有 0.06～0.20 米不等的距离，墓室东壁因受挤压砖体向内倾斜。封门开口于墓道北壁，近墓室东壁处，用残砖块错缝垒砌，平面呈近长方形，封门砖被挤压变形，但可以看出有九层，下部高 0.22 米，无砖，用土封门。封门上宽 0.74 米，下宽 0.66 米，高 0.69 米，距地表深 1.93 米。墓室室内填土为五花土。口长 2.56 米，宽 1.95 米，距地表深 1.15 米。底长 2.40 米，宽 1.80 米，距地表深 1.97 米。

人骨架 2 具。保存较好，头向西足向东，面向南。葬式为仰身直肢。应为一男一女夫妻合葬，年龄在 30～40 岁之间。葬具为木棺，在骨架周围发现有木棺的痕迹，但不甚清晰。有随葬品。（图二五四，图版五）

（三）出土遗物

出土遗物 7 件。有陶双耳罐 1、陶罐 1、陶瓶 1、陶骆驼 1、陶马 1、铜钱 2。置放在墓室南部和棺内。1 件陶罐放置在北面骨架的小腿处，铜钱在左右手部各放置一枚，另 1 件陶罐、1 件陶骆驼和 1 件陶马均置放在墓室南部。

陶双耳罐　1 件。泥质灰陶。轮制。标本 M66:1，敞口，圆唇下卷，口唇内有一周凹槽，束颈，溜肩，弧腹，下腹斜直内收，平底微内凹。肩上对称贴附一对宽扁双耳，耳中部有凹槽，耳下有摁窝。腹两侧对称被摁平。通体施白衣，白衣多脱落，口径 12.8 厘米，腹径 19.4 厘米，底径 8.8 厘米，高 21.0 厘米。（图二五五，3；彩版七六，2）

陶罐　1 件。标本 M66:5，口微侈，圆唇下卷，束颈，溜肩，弧腹，下腹弧内收，平底微内凹。腹部通体饰七周等分宽浅凹弦纹。通体施白衣，白衣多脱落。口径 11.2 厘米，腹径 19.4 厘米，底径 9.4 厘米，高 24.6 厘米。（图二五五，2；彩版七六，4）

陶瓶　1 件。标本 M66:2，泥质红陶。轮制。盘口，窄平沿中部内凹，口沿内侧有一周凹槽，尖圆唇，唇沿下侧斜抹，细颈中束，溜肩，弧腹，平底微内凹。器表施白衣，白衣多脱落。口径 8.8 厘米，腹径 19.8 厘米，底径 11.0 厘米，高 30.2 厘米。（图二五五，1；彩版七六，3）

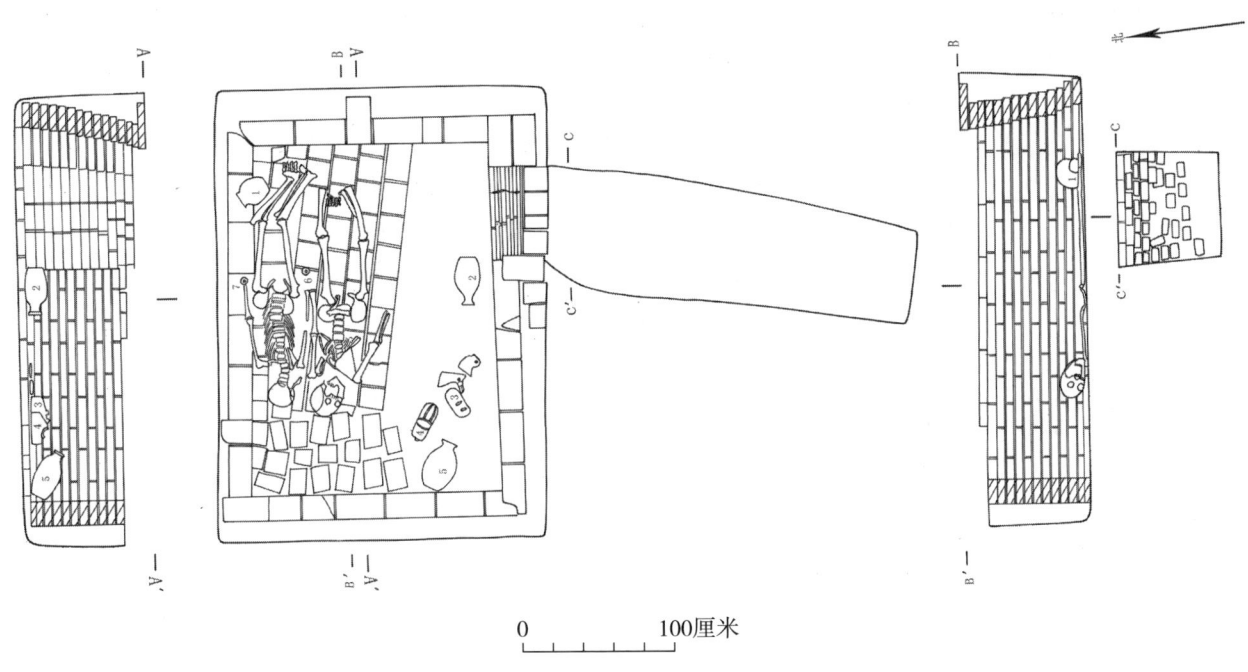

图二五四　M66平、剖面图，墓门正视图
1.陶双耳罐　2.陶罐　3.陶骆驼　4.陶马　5.陶罐　6.铜钱　7.铜钱

陶骆驼　1件。标本M66:3。颈部、尾部、双峰部、四肢残，阔口举颈昂首，直背，两驼峰高耸，垂尾，体内中空，腹部稍肥，两眼凸鼓前视，两小耳竖立。体残长24.2厘米，通高21.5厘米，宽23.0厘米，厚10.4厘米。（图二五五，4）

陶马　1件。标本M66:4。头部、尾部、四肢残。勾首，平背，尾紧贴臀下垂，体中空，两眼凸鼓俯视，两耳直竖前倾，背置鞍鞯，鞍上无镫。体长27.0厘米，通高17.8厘米，宽21.0厘米，厚10.6厘米。（图二五五，5）

铜钱　2枚。形制大小相同，均为开元通宝。标本M66:6、标本M66:7，表面锈蚀严重，内外廓均在。钱径2.3厘米，穿径0.7厘米。（图二五六，1、2）

（四）年代推断

此座墓葬的形制为铲形单砖室墓，与三门峡市印染厂唐代墓葬[1]的洞室墓Aa型Ⅱ式的形制近似，流行于初唐晚盛唐初。陶双耳罐和泥质红陶瓶的形制均与三门峡市印染厂唐代墓葬M149出土的陶双耳罐（标本M149:2）、B型Ⅱ式陶瓶（标本M149:1）形制相同，三门峡市印染厂唐代墓葬M149属第三期盛唐期墓。由此，可以推定M66的年代为盛唐。

注释：

[1] 河南省文物考古研究院：《三门峡市印染厂墓地》，中州古籍出版社2017年版。

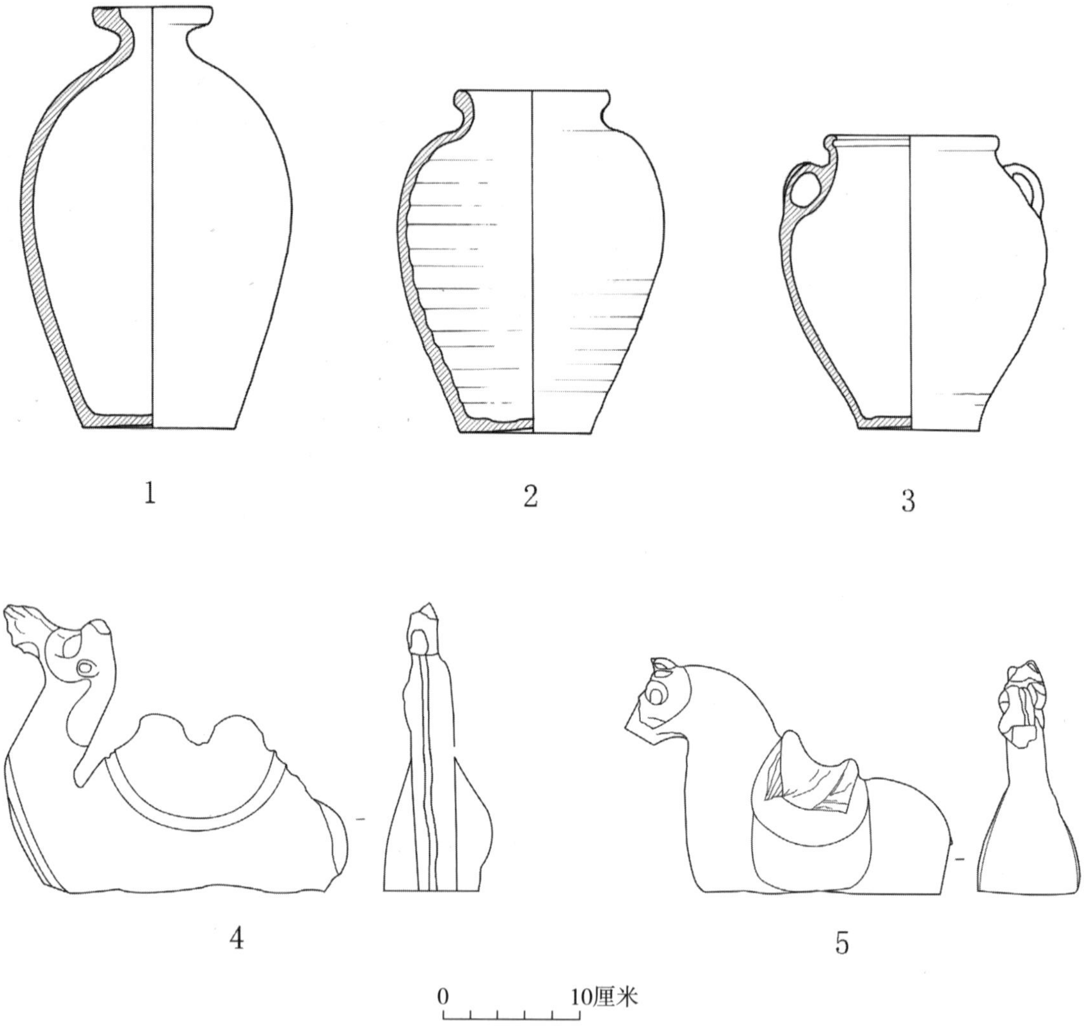

图二五五　M66出土陶器

1.罐（M66:2）　2.罐（M66:5）　3.双耳罐（M66:1）　4.骆驼（M66:3）　5.马（M66:4）

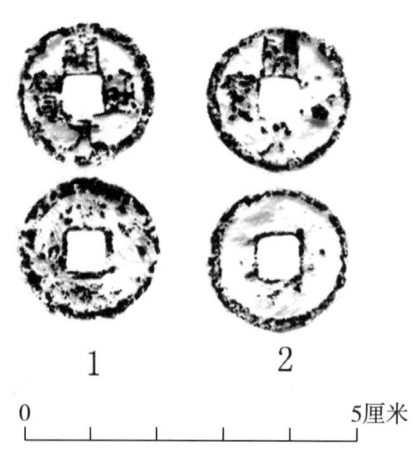

图二五六　M66出土铜钱

1.M66:6　2.M66:7

四、M67

(一)层位关系

该墓的上部被施工破坏,依据附近断崖壁的层次推测该墓开口于第②层下。

(二)墓葬形制、葬式与葬具

铲形单室砖室墓。方向192°。由墓道和墓室两部分组成。墓道窄于墓室。墓道与墓室构成平面呈铲形。

墓道 长方形竖井斜坡式。土坑。置于墓室南部。直壁,斜坡底。底长2.40米,宽0.80米,距地表深未知。

墓室 平面呈长方形。砖室。墓室西半部被断崖打破,保存不全。无封门痕迹。室内填土为五花土。底长2.30米,宽0.40~2.00米(残存),距地表深未知。

人骨架无存。头向、面向、葬式、性别不明。葬具未知。未发现有随葬品。(图二五七)

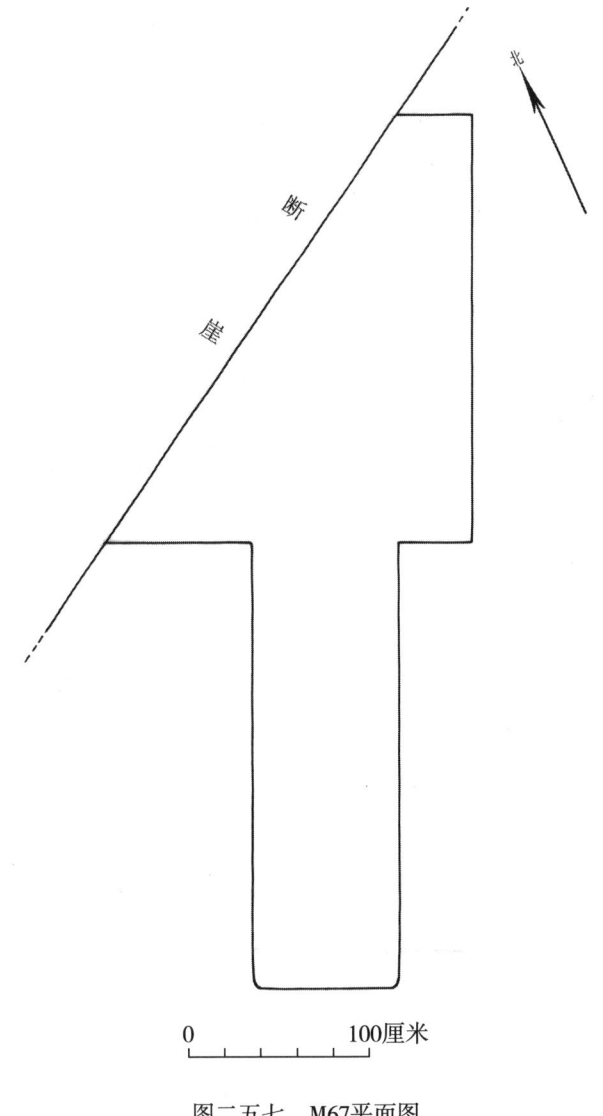

图二五七 M67平面图

(三)年代推断

未发现有随葬遗物,仅从墓葬形制,可以判断其时代应为唐代。

第二节 小结

河南省平顶山市郏县王集乡董庄墓地发现唐宋时期墓葬共4座,其中3座为唐代墓葬(墓葬标号为M59、M66、M67),1座为宋代墓葬(墓葬标号为M60),均为小型墓葬。

4座墓葬的形制结构均较为单一,仅有两座(墓葬编号为M60、M66)出土有随葬遗物,且出土随葬遗物甚少。1座唐代墓葬(编号为M66)出土7件随葬品(包括2枚铜钱),另1座宋代墓葬(编号为M60),仅出土1件陶罐,均未见有确切纪年的遗物,墓葬的年代推断只能依据墓葬形制结构和少量的遗物特征进行推断。

唐宋时期的4座墓葬及其出土遗物,不仅数量较少而且规格不高。由此可以判断,此墓地不是唐宋时期墓葬的主要埋葬地点,埋入的墓葬均为一般贫民墓。

第四章 墓地相关问题研究

河南省平顶山市郏县王集乡董庄墓地共发现 127 座墓葬,其中墓葬编号为 M8、M11、M13、M14、M32、M42、M43、M47、M48、M49、M50、M51、M62、M63、M71、M73、M83、M85、M89、M92、M93、M98、M100、M101、M102、M103、M106、M107、M114、M124、M125、M126、M127 等 33 座墓葬,只留有墓葬迹象,部分墓葬被严重破坏,只能看出大致方向;部分墓葬被断崖打破,无法清理。本报告只对其余 94 座墓葬的考古发掘资料进行了详细整理、研究。这批 94 座墓葬中,90 座墓葬为汉代墓葬,3 座为唐代墓葬,1 座为宋代墓葬。为中小型土坑墓室、土洞墓、砖室墓。这批墓葬在墓葬形制、葬俗、主要器物型式演变等方面都有其独具的风格与发展变化规律。

一、墓葬形制演变及葬俗

河南省平顶山市郏县王集乡董庄墓地共发现 127 座墓葬,经过考古科学发掘的共计 94 座墓葬。从建筑材料上分为土筑、砖筑、土和砖混筑三种,墓葬形制有竖穴和洞室两类,墓葬以洞室墓为主,又多为单室和双室墓。墓室多宽于墓道,墓道居墓室的方向比较杂乱:墓道居墓室北方的数量稍多,共计 23 座;其他方向的数量也不在少数,20 座居南方,11 座居东方,11 座居西方。

因唐宋时期的墓葬只有 4 座:3 座唐代墓葬,1 座宋代墓葬。数量甚少,显现出的特征不足以代表本地区唐宋时期墓葬的延续规律和变化。本报告以 90 座汉代墓葬的资料为基础进行墓葬形制演变及葬俗等问题的探讨和研究。

(一)墓葬结构特征

河南省平顶山市郏县王集乡董庄墓地经过科学考古发掘的汉代墓葬共 90 座,均为中小型墓,小型墓占绝大多数,中型墓 1 座(墓葬编号为 M57)。其中 7 座墓葬(墓葬编号为 M23、M72、M78、M81、M86、M95、M111)的整体形制无法廓清,余 83 座墓葬的形制结构均较为清楚。83 座墓葬的形制结构较为清楚的墓葬包括土坑(土洞)墓 21 座,砖室墓 62 座。

21 座土坑(土洞)墓:

其中 8 座(墓葬编号为 M24、M27、M33、M84、M90、M112、M117、M118)为竖穴土坑墓,均为长方形或近长方形,直壁或近直壁。

另 13 座(墓葬编号为 M5、M6、M18、M19、M21、M22、M31、M37、M44、M57、M94、M108、M109)为竖穴墓道土洞墓,墓道多为竖井式或竖井斜坡式。其中 10 座(墓葬编号为 M6、M18、M19、M21、

M22、M31、M37、M57、M108、M109）为单室土洞墓，有 1 座（墓葬编号为 M37）平面呈倒铲形，墓道宽于墓室；1 座（墓葬编号为 M57）平面呈"甲"字形，墓道窄于墓室；3 座（墓葬编号为 M18、M19、M22），平面呈铲形，墓道窄于墓室；1 座（墓葬编号为 M31），平面呈直背刀形，墓道窄于墓室；3 座（墓葬编号为 M6、M21、M108），平面呈长方形，墓道与墓室宽度相当；1 座（墓葬编号为 M109），平面呈楔形，墓道窄于墓室。3 座（墓葬编号为 M5、M44、M94）为双室土洞墓，1 座（墓葬编号为 M94），前后室，墓道宽于墓室；1 座（墓葬编号为 M44），前置耳室，墓道略宽于墓室；1 座（墓葬编号为 M5），前置耳室，墓道略窄于墓室。

62 座砖室墓：

其中 9 座（墓葬编号为 M26、M28、M35、M36、M38、M65、M87、M97、M110）为竖穴砖室墓，平面均呈长方形。

另 53 座（墓葬编号为 M1、M2、M3、M4、M7、M9、M10、M12、M15、M16、M17、M20、M25、M29、M30、M34、M39、M40、M41、M45、M46、M52、M53、M54、M55、M56、M58、M61、M64、M68、M69、M70、M74、M75、M76、M77、M79、M80、M82、M88、M91、M96、M99、M104、M105、M113、M115、M116、M119、M120、M121、M122、M123）为竖穴墓道砖室墓。墓道绝大多数为竖井式或竖井斜坡式土坑，仅有 1 座（墓葬编号为 M56）的墓道为空心砖砌。多无封门痕迹，只有 5 座（墓葬编号为 M9、M34、M53、M105、M119）用空心砖或红石封门，墓门均呈长方形。

53 座竖穴墓道砖室墓中：

20 座（墓葬编号为 M3、M9、M12、M17、M20、M25、M34、M41、M52、M53、M70、M76、M77、M96、M99、M104、M105、M115、M119、M122）为单室。1 座（墓葬编号为 M20）墓道与墓室构成平面呈不规则形；3 座（墓葬编号为 M53、M76、M77）平面呈铲形，墓道宽于墓室；3 座（墓葬编号为 M3、M25、M115）平面呈铲形，墓道窄于墓室；4 座（墓葬编号为 M52、M70、M96、M99）平面呈直背刀形，墓道窄于墓室；7 座（墓葬编号为 M17、M34、M41、M104、M105、M119、M122）平面呈长方形或近长方形，墓道与墓室宽度相当；2 座（墓葬编号为 M9、M12）平面呈楔形，墓道窄于墓室。

28 座（墓葬编号为 M1、M46、M68、M74、M2、M16、M54、M55、M69、M79、M80、M82、M113、M7、M10、M15、M29、M30、M39、M40、M56、M75、M88、M91、M116、M120、M121、M123）为双室。4 座（墓葬编号为 M1、M46、M68、M74）为横置前堂，左右墓室；9 座（墓葬编号为 M2、M16、M54、M55、M69、M79、M80、M82、M113）为前后室，前墓室后部均有一储物性质的后室，后室多为土洞式；15 座（墓葬编号为 M7、M10、M15、M29、M30、M39、M40、M56、M75、M88、M91、M116、M120、M121、M123）为前置耳室双室砖室墓，耳室多为土洞穴式，仅有 5 座（墓葬编号为 M75、M88、M120、M121、M123）的耳室为砖砌。

5 座（墓葬编号为 M4、M45、M58、M61、M64）为多砖室。1 座（墓葬编号为 M4）双墓道，前置耳室，整体平面呈近"H"形；1 座（墓葬编号为 M45）墓道为长方形竖井斜坡式，横置前室，后左右室，整体平面呈近"⊣"形；1 座（墓葬编号为 M58）墓道为长方形竖井斜坡式，有甬道，横置前堂，三墓室，整体平面呈"甲"字形；1 座（墓葬编号为 M64）墓道为弧形竖井斜坡式，横置前堂、南室、东左右室；1 座（墓葬编号为 M61）墓道为长方形竖井斜坡式，有甬道，横置前堂，后三墓室，整体平面呈近"中"字形。

砖室墓的建造方法均为先挖竖井墓道，再自墓道底部向内掏挖洞室，后在洞室内用青砖或空心砖垒砌。

（二）墓葬形制演变

90 座汉代墓葬，形制结构较为清楚的有 83 座墓葬，竖穴土坑墓和竖穴砖室墓数量较少，共计有 17 座（墓葬编号为 M24、M26、M27、M28、M33、M35、M36、M38、M65、M84、M87、M97、M110、M90、M112、M117、M118），其余均为洞室墓。洞室墓有 5 座多室、30 座单室、31 座双室。此批汉代墓葬形制演变规律既有与周边地区相同的共性又有本地区的特殊性。

83 座汉代墓葬的墓葬形制演变与其他汉代墓地墓葬的形制演变有较大区别的是竖穴墓（包括土坑竖穴和砖室竖穴），竖穴墓一般年代比洞室墓早，但在此墓地竖穴墓葬年代早晚混杂且跨度较长，从西汉晚期至东汉晚期均有，规律性不甚明显。存在竖穴土坑墓与洞室墓并存且属于同一期的现象，甚至有个别的洞室墓比竖穴墓还要早。仅从单洞室墓的形制来看，其演变规律非常清晰：即由 Ba 型Ⅰ式、Ba 型Ⅱ式向 Ba 型Ⅲ式、Ba 型Ⅳ式、Ba 型Ⅴ式演变；墓道由宽变窄，墓室由窄变宽；早期墓道宽于墓室，过渡变化到墓室宽于墓道，至后期两者几乎等宽。双室墓和多室墓的变化规律，也是从墓道宽于墓室演变为墓道窄于墓室。早期墓葬的墓道均较长，后期墓葬的墓室逐渐增宽增长。双室墓和多室墓由横置前堂向前置耳室墓发展，是具有郏县本地的墓葬形制演变特征。

墓葬平面形制从西汉中期的甲字形、铲形，向后期的刀型——长方形——楔形的趋势发展演变。

（三）葬俗

河南省平顶山市郏县王集乡董庄墓地经过发掘的 90 座汉代墓葬中，仅有 6 座墓葬发现有骨架。其中 2 座墓葬葬式为俯身直肢葬，4 座墓葬葬式为仰身直肢葬。由此可以推断，此批汉代墓葬的葬式可能以仰身直肢葬为主，俯身直肢葬次之，不见曲肢葬，这与现知的汉代墓葬以仰身直肢葬为主要葬式的特性是吻合的，但又表现出自身的特色，曲肢葬消失无存。

90 座汉代墓葬中，发现木棺的仅有 1 座（墓葬编号为 M57），发现棺灰痕迹的有 22 座，可见，此批汉代墓葬的葬具是以木棺为主流。

Bb 型乙类双室砖室墓，前室为砖墓室，前室后部均有土洞后室，后室具有储物性质。这种筑墓方式，在其他地区，如陕县汉墓[1]中亦有发现，但在此地这种形式的墓葬集中出现在新莽时期至东汉初期和东汉晚期，应该是在东汉初期至东汉晚期时段内此地流行的葬制和埋葬风俗。

多室砖室墓以西汉晚期为最多，随葬器物的种类和数量自西汉中期至新莽时期后有急剧减少的趋势，随葬器物规格较高的铜（陶）鼎、铜盉、铜钫等也只出现在西汉中期和西汉晚期墓葬中，西汉以后的墓葬仅出现有质量比较差的铜釜一类，器物组合多为第二类第Ⅲ组、Ⅳ组，大宗铜饰件、车马器件或鎏金铜饰件在西汉晚期以后的墓葬中几乎不见。以上表现都透露出由前期的厚葬逐渐演变为薄葬的特征，这是各期墓葬所显现的本地共性特征。

注释：

[1] 中国社会科学院考古研究所：《陕县东周秦汉墓》，科学出版社 1994 年版。

二、出土遗物形制演变

河南省平顶山市郏县王集乡董庄墓地共发现127座墓葬，经过考古科学发掘的共计94座墓葬。其中唐宋时期的墓葬只有4座，3座（墓葬编号为M59、M66、M67）唐代墓葬，1座（墓葬编号为M60）宋代墓葬，3座唐代墓葬中只有1座（墓葬编号为M66）出土陶双耳罐1、陶罐1、陶瓶1、陶骆驼1、陶马1、铜钱2，1座宋代墓葬仅出土陶罐1件，无法研究器物的形制变化和延续的规律性。本报告以90座汉代墓葬出土遗物的资料为基础进行形制演变分析和研究。

经过考古科学发掘的90座汉代墓葬，虽有16座墓葬（编号为M18、M19、M20、M22、M23、M25、M26、M27、M28、M29、M30、M31、M35、M36、M38、M40）未有随葬遗物出土，但在其余的74座墓葬中出土各类遗物数量依然较多，共计2776件/组。器物类型丰富，器形多样，不乏有精品和典型器物，尤其是陶器器物形态发展演变规律清晰，年代序列较为完整。

（一）遗物类别多样，器形丰富

90座汉代墓葬土出遗物质地包括陶、瓷、铜、铁、骨、铅、玉、石、其他等，出土数量最多的为铜器中的铜钱，典型器物以陶器为主。

陶器共计553件/组件，有泥质灰陶、泥质红陶和釉陶，其中泥质灰陶占90%多。器形有壶（包括釉陶）、罐（包括釉陶）、仓、三足樽、耳杯、器盖、井、博山薰炉、鼎（包括釉陶）、灶、瓮、盒、圆盘、盆、釜、勺、案、画像砖、磨、建筑构件、鸭、鹅、马、狗、鸟、纺轮、提梁盉、甑、带流壶、三足盘、双耳罐、猪圈、杵、作坊、器底板、魁、灯柱等。

铜器2186件/组，部分铜饰件鎏金，器形有鼎、盉、钫、博山薰炉、镜、釜、当卢、盖弓帽、带钩、衔镳、枹首饰、辖饰、镳饰、刷柄、弩机、柲末端饰、车軎、扣、兽面饰、轴饰、帽（泡）钉、茅镦、铺首衔环、四叶蒂形饰、戒指、钱币等。

瓷器共计2件，均为瓷壶。

铁器33件，器形有刀、剑、戟、钉、矛、犁、锸等。

出土其他有铅器、骨器、石器、玉器、石膏器，数量较少。

（二）器形发展演变规律清晰，表现出很强的本地特点

90座汉代墓葬出土比较典型的器物有陶壶、陶罐、陶仓、陶三足樽、陶耳杯、陶器盖、陶井、陶博山薰炉、陶鼎、陶灶、陶瓮以及铜钱等。器物型式演变规律，年代序列较为完整，以陶器为例加以分析。

出土陶壶共计217件，出自53座墓葬。其中17件釉陶壶，200件泥质灰陶壶。200件泥质灰陶壶中器体高度大于32厘米的大灰陶壶，有127件；器体高度小于32厘米的小灰陶壶，有73件。大灰陶壶中残缺较甚的有46件，小灰陶壶中残缺较甚的有17件。参加型式分析的有大灰陶壶81件，小灰陶壶56件，大釉陶壶10件和小釉陶壶7件。

陶壶（包括灰陶壶、釉陶壶）217件，出自53座墓葬中，墓葬年代自西汉中期至东汉晚期。其器形发展演变比较有规律性：盖，顶部由弧形顶到平顶再向环形过渡，盖面由无折棱向有折棱演变，沿面由无沿向平沿、宽平沿、斜平沿发展，唇部由方唇向斜方唇演变；壶，深盘口逐渐变浅，盘口下折棱明显向不甚明显变化，圆球形腹向弧腹、扁腹、垂腹演化，折曲足向直足、斜直足发展；装饰附件铺首衔环

的变化与洛阳烧沟汉墓的铺首衔环形制演变相同；壶体装饰的纹饰由凹弦纹向宽带纹演变；整体器形由制造质量精良、规整美观、厚重浑圆渐渐趋于制作简化、重心上移、下垂或变异极不协调瘦高或矮胖。自东汉中期以降的墓葬中，出现大量的弧腹、扁腹饰宽带纹陶壶，这在周边地区已知的汉代墓葬资料中较为少见，表现出很强的本地特点。

陶罐52件，均为泥质灰陶，出自20座墓葬中，墓葬年代自西汉中期至东汉晚期。盖均为覆钵形，长颈罐器形形态变化演变不甚有规律，矮颈罐器形形态变化延续性特征较为规律：均为大口，矮直颈，口部自敛口向敞口发展，斜沿上倾经卷沿至平沿，自稍矮胖至矮胖型。

陶仓38件，均为泥质灰陶，出自17座墓葬中，墓葬年代自西汉中期至东汉晚期。器形形态变化演变：无领至矮领到高领，弧肩至斜肩，形体高胖至高瘦。

陶三足樽17件，均为泥质灰陶，出自14座墓葬中，墓葬年代自西汉中期至东汉晚期。均为圆筒形，兽面三蹄形足。腹部变化较为明显：上扩下内收斜腹至直腹再到上收下扩斜腹。

陶耳杯19件，均为泥质灰陶，出自5座墓葬中，墓葬年代自西汉晚期至东汉晚期。因残器较多，其形制演变不甚清晰，仅从腹部变化可以看出：由弧腹向斜腹变化的趋势。

陶器盖76件，均为泥质灰陶，出自26座墓葬中，多为陶壶盖，墓葬年代自西汉中期至东汉晚期。器形演变规律与陶壶盖的演变规律相同，不再赘述。

陶博山薰炉6件，均为泥质灰陶，出自4座墓葬中，均出自西汉时期墓中，墓葬年代自西汉中期至西汉晚期。盖均为博山式，虽数量极少，但其演变规律较为清晰：炉盘由浅圜底近平至深圜底，柄由短粗至高细，底座由喇叭形至覆盘形、托盘型。

陶灶4件，均为泥质灰陶，出自4座墓葬中，墓葬年代为西汉晚期、新莽时期至东汉初。均为长方体灶台，后置圆柱形单烟囱，拱形单火门。器形变化：火门从敞口至矮封口，火眼由1个变化为2个。

三、墓地性质

河南省平顶山市郏县王集乡董庄墓地共发现127座墓葬，经过考古发掘的共计94座墓葬，其中汉代墓葬有90座，唐代墓葬有3座，宋代墓葬仅有1座。此墓地中，汉代墓葬占有绝对多的数量和埋葬区域，亦发现不少是迁葬墓，说明此墓地是汉代时期的一处较为集中的埋葬地点。

90座汉代墓葬，均为中、小型墓，绝大多数为小型墓葬，其中有83座墓葬的形制结构较为清晰，竖穴土坑墓8座，土洞墓13座（10座单室、3座双室），竖穴砖室墓9座（仅有1座双墓室），竖穴墓道砖室墓53座（20座单室、28座双室、5座多室）。绝大多数墓葬布局较简单，规格不高。

90座汉代墓葬中，仅有6座墓葬发现有人骨架，1座墓葬（编号M57）发现木棺，20座墓葬发现有木棺痕，其余均未发现骨架和葬具。这说明此墓地中多数墓葬内的葬具质量较差，有些甚至可能未使用葬具，多数墓葬保存情况也不甚完整。

90座汉代墓葬，有16座墓葬（编号M18、M19、M20、M22、M23、M25、M26、M27、M28、M29、M30、M31、M35、M36、M38、M40）无出土随葬品；有40座墓葬（M1、M5、M6、M9、M10、M15、M12、M17、M21、M24、M33、M34、M44、M53、M54、M65、M68、M70、M72、M75、M76、M79、M80、M81、M82、M84、M87、M90、M91、M94、M95、M96、M99、M104、M105、M113、M116、

M117、M118、M119）只随葬 1 类器物或少量陶器伴铜钱、铜镜、铜饰件、铁器、铅器等；共计 57 座墓葬出土遗物构不成器物组合；余 33 座构成器物组合的墓葬多数被破坏、盗扰严重，器物组合也不甚完整，20 座墓葬的器物组合中的类别少于 3 类（包括 3 类）。仅有 1 座中型墓葬（编号 M57）出土有多件铜器（铜釜、铜鼎、铜钫、铜盉、铜博山熏炉等），但是铜质较差，残缺甚重，只有少数可以复原；其他有铜器组合的墓葬仅有铜釜一类，有 3 座墓葬各出土 1 枚铜镜，仅有 1 枚保存完整。这些均反映出此墓地汉代墓葬的绝大部分墓主的社会地位不高，经济实力薄弱，多为平民，只是经济实力略有差别。

4 座唐宋时期墓葬，均为小型墓，墓葬形制结构均较简单，发现人骨架的有 2 座墓葬，发现木棺的仅有 1 座，有 2 座墓葬（唐、宋代墓葬各 1 座）出土随葬品共计 8 件，不仅器类、数量较少而且器物规格不高。

由此，河南省平顶山市郏县王集乡董庄墓地是一处主要以汉代时期中、下层平民为墓主的集中埋葬区，沿用至唐宋时期。但在唐宋时期，此墓地已经不是主要的埋葬地点，墓地的专属功能应是在发生改变。此墓地的发现与发掘，为研究河南省平顶山地区，特别是郏县地区汉代至唐宋时期的历史沿革、自然环境及社会文化环境的演变等补充了珍贵资料和实物依据。

四、相关问题

河南省平顶山市郏县王集乡董庄墓地，是 2006 年原河南省文物考古研究所（现河南省文物考古研究院）在配合郑州至尧山的高速公路基本建设中发现并发掘的一处墓地。当时的工期紧，任务重，工作条件较为简陋，但此批墓葬的资料，无论文字记录、墓葬图绘制还是出土文物收藏，已经相当完备和科学。

但也客观存在着一些甚为遗憾的问题：此墓地共发现 127 座墓葬，其中 33 座墓葬，编号为 M8、M11、M13、M14、M32、M42、M43、M47、M48、M49、M50、M51、M62、M63、M71、M73、M83、M85、M89、M92、M93、M98、M100、M101、M102、M103、M106、M107、M114、M124、M125、M126、M127，只留有墓葬迹象，部分墓葬被严重破坏，只能看出大致方向；部分墓葬被断崖打破，无法清理。这种客观情况的存在，必定影响此墓地墓葬资料的整体性、完备性。

此批墓葬没有出土确切纪年的实物，大多被盗扰，墓室顶部绝大多数不清楚，器物组合也存在不完整性，部分墓葬出土遗物种类单一，部分墓葬出土遗物残缺较甚，无法复原，使墓葬的年代推定有一定的局限性及薄弱性。墓葬的分期和年代推断多依据本批墓葬的形制结构特征和典型器物的演变发展规律，以本地区和周边已发表的同期资料为参照，材料单薄的只能凭逻辑推测或以个例处理。部分没有参加分期的墓葬，只能根据墓葬的叠压关系，推测其大致的年代或归属时段。

河南省平顶山市郏县王集乡董庄墓地共计发掘 3 座唐代墓葬和 1 座宋代墓葬，其中 2 座墓葬未出土遗物，另 2 座出土遗物器类也较少或无典型器物出土，可以比照的资料较为匮乏，无法断定其准确的年代，所得出的结论并非一定准确。

以上的客观存在情况和缺失资料的困扰，是整个墓地的共性问题。还有一些个性的问题，在各章节中都有所体现。

这一定会影响分期及年代断定的准确性，难免有证据不充分和推断有失偏颇的地方。不足、错误之处，请方家匡正。

附　　表

一、郏县董庄墓地汉代墓葬登记总表

竖穴土坑墓						
墓号	期属	方向（度）	墓室形制	长×宽×深（m）	填土	
M24	五	192°	长方形	口4.26×（1.00～1.38）×0.54 底4.24×（1.00～1.38）×（0.28～0.44）		
M27		12°	长方形	口？ 底2.60×1.28×？		
M33	六	190°	长方形	口？ 底4.06×（1.20～1.32）×0.86	五花土	
M84	六	12°	长方形	口？ 底3.00×0.86×0.50	五花土	
M90	二	105°	长方形	口3.24×0.84×2.90 底3.20×0.80×4.74	五花土	
M112	二	17°	长方形	口？ 底2.85×（0.45～0.96）×（3.05～3.17）	五花土	
M117	二	97°	长方形	口2.10×0.70×1.94 底3.10×0.65×2.14	五花土	
M118	二	9°	长方形	口2.56×0.70×1.95 底2.55×0.70×2.28	五花土	

葬具	葬式	头向面向	骨架	盗扰	出土遗物		备注
					陶器	其他	
					壶4、器盖2	共计：6	
					壶3	共计：3	
木棺					壶2	共计：2	
					壶3	铜器8 共计：11	
					壶2、三足樽1、器盖2	铜钱5 共计：10	
木棺	仰身直肢	头向西面？			壶3	铁刀2 共计：5	
木棺	仰身直肢	头向北面向西	1男		壶3、罐1	共计：4	

续表1

墓号	期属	方向（度）	墓葬形制							
			单室土洞墓						
			墓道		甬道	墓门		墓室		
			形制	长×宽×距地表深（m）	宽×高×进深（m） 平面形状	宽×高×进深（m）	平面形状	长×宽×距地表深（m）	
M6	五	20°	长方形竖井式	口1.90×1.20×0.50 底1.88×1.20×0.80		长方形		长方形	口4.10×1.29×0.50 底4.10×1.26×1.25
M18		18°	长方形竖井斜坡式	口？ 底4.00×1.4×？		长方形		长方形	口？ 底2.80×1.8×？
M19		18°	长方形竖井式	口？ 底2.50×1.28×？		长方形		长方形	口？ 底5.00×1.9×？
M21	六	190°	长方形竖井斜坡式	口？ 底2.18×1.96×（0.16~0.80）		长方形		长方形	口2.32×1.40×0.95 底3.14×1.98×（1.11~2.35）
M22		295°	长方形竖井斜坡式	口？ 底2.7×1.10×？		长方形		长方形	口？ 底2.00×1.20×？
M31		189°	弧形竖井式	底3.00×1.00×0.50		长方形		长方形	口？ 底2.00×1.32×0.50
M37	一	106°	长方形竖井式	口2.90×1.34×2.88 底2.90×1.30×3.32		长方形		长方形	口3.88×1.32×3.05 底3.86×1.08×4.33
M57	一	185°	长方形竖井斜坡式	口23.60×（3.80~4.85）×1.25 底23.30×（3.8~4.80）×（1.45~4.17）	长方形 4.53×（1.58~1.68）×（1.57~1.60）	长方形	4.28×（西高1.75、东高1.11）×？	长方形	口7.10×7.05×2.85 底7.20×7.00×6.28
M78	二	25°				长方形	1.10×1.44（残）×0.75	长方形	口5.10×1.14×3.11 底5.10×1.13×4.54
M108	六	295°	长方形竖井斜坡式	口？ 底2.50×1.16×（0.18~0.32）		长方形		长方形	口？ 底2.50×1.14×0.30
M109	六	278°	长方形竖井式	口2.40×（0.80~1.04）×？ 底2.40×（0.80~1.00）×0.30		长方形		长方形	口2.40×（1.06~1.20）×？ 底2.40×（1.00~1.20）×0.30
M111	三~六	285°				长方形	1.22×？×？	长方形	口2.76×1.03×2.75 底2.71×1.00×（2.83~3.01）

填土	葬具长×宽（m）	葬式	头向面向	骨架	盗扰	陶器	其他	备注
五花土	木棺	俯身直肢	头向北面向下	1男	盗扰	壶2、器盖1	共计：3	
五花土								
五花土								
五花土						壶3	共计：3	
五花土								
五花土								
五花土	木棺					壶6、罐1	铜钱3包 共计：10	
五花土	木棺 东长2.62×1.12 西长3.45×宽1.50			1男1女		壶9、带流壶1、瓮7、博山薰炉2、三足樽1、器盖7（含釉器盖2）、釉壶12、釉鼎2	瓷壶2、石黛板1、铁戈4、铁剑3、铁钉1、铁矛2、铁刀3、铁器1、铜釜4、铜鼎1、铜钫1、铜盉1、铜博山薰炉1、铜轴饰1、铜矛镦5、铜带钩2、铜衔镳3、铜盖弓帽31、铜当卢1、铜刷柄1、铜弩机2、铜扣4、铜轙饰2、铜兽面饰1、铜铺首衔环1、铜轷饰1、铜桄首饰1、铜泡钉1、铜桄末端饰2、铜四叶蒂形饰1、铜钱1402 共计：1528	夫妇合葬墓
五花土						壶5、罐2、画像砖2	铜釜1 共计：10	
五花土					严重	壶3、瓮1	铜钱19 共计：23	
五花土	木棺					壶7、三足樽1	铁刀1、铜带钩1、铜钱4 共计：14	
五花土	木棺	仰身直肢	头向西面向下	1女		壶4、三足樽1	共计：5	

续表2

双室土洞墓								
墓号	期属	方向（度）	墓葬形制					
			墓道		墓门		主墓室（或前室）	
			形制	长×宽×距地表深（m）	平面形状	宽×高×进深（m）	平面形状	长×宽×距地表深（m）
M5	四	289°	长方形竖井阶梯状	口？ 底？×1.30×0.90			长方形	口？ 底2.60×1.40×0.90
M44	二	280°	长方形竖井斜坡式	口？ 底3.10×1.60×（0.40~0.50）			长方形	口？ 底3.50×1.40×0.50
M94		10°	长方形竖井式	口？ 底2.50×1.20×0.60	长方形	1.20×0.60×？	长方形	口2.96×1.00×？ 底2.26×1.00×0.60
M95		13°			长方形	1.36×1.20×？	长方形	口2.52×1.80×？ 底2.52×1.80×3.20

竖穴单室砖室墓						
墓号	期属	方向（度）	平面形状	长×宽×距地表深（m）	填土	葬具
M26		105°	长方形	口？ 底3.15×（1.10~1.25）×0.36	五花土	
M28		200°	长方形	口？ 底4.10×1.36×0.50	五花土	
M35		0°	长方形	口？ 底2.70×1.00×0.80	五花土	
M36		281°	长方形	口？ 底6.40×1.40×0.40		
M38		112°	长方形	口？ 底4.40×1.50×4.25	五花土	
M65	五	223°	长方形	口2.34×0.76×1.10 底2.32×0.75×1.46		
M97	六	278°	长方形	口？ 底残长2.45×1.16×1.28		
M110	三	？	长方形	口？ 残长0.50×宽1.50×1.00		

竖穴双室砖室墓						
墓号	期属	方向（度）	前室		后室	
			平面形状	长×宽×距地表深（m）	平面形状	长×宽×距地表深（m）
M87	六	23°	长方形	口？ 底2.6×1.4×4.6	长方形	口？ 底1.6×1.2×4.6

后室		耳室		填土	葬具	葬式	头向面向	骨架	盗扰	出土遗物		备注
平面形状	宽×高×进深（m）	平面形状	宽×高×进深（m）							陶器	其他	
		长方形	0.90×?×（0.70~0.90）	五花土						壶4	共计：4	
		长方形	1.00×0.56×（1.58~1.68）	五花土						罐2	共计：2	
长方形	底0.62×?×0.40			五花土					严重	器盖1	铜钱18 共计：19	
		长方形	0.85×1.30×0.65	五花土		仰身直肢	头向南面向？	2具		壶6、画像砖2	铜钱45 共计：53	

葬式	头向面向	骨架	盗扰	出土遗物		备注
				陶器	其他	
俯身直肢葬	头向西南面向下	1男1女		双系罐1	铁器1、铜钱2 共计：4	迁葬墓
				壶3、瓮1	共计：4	
				壶3、仓2	共计：5	

填土	葬具	葬式	头向面向	骨架	盗扰	出土遗物		备注
						陶器	其他	
五花土						壶3	共计：3	

续表3

墓号	期属	方向（度）	形制	墓道形制					
				墓道		墓门		墓室		
				形制	长×宽×距地表深（m）	平面形状	宽×高×进深（m）	平面形状	长×宽×距地表深（m）	

单室砖室墓

墓号	期属	方向（度）	形制	长×宽×距地表深（m）	平面形状	宽×高×进深（m）	平面形状	长×宽×距地表深（m）	
M3	二	112°	长方形竖井斜坡式	口？ 底2.50×1.50×（0.06~0.46）			长方形	口？ 底3.84×2.08×0.56	
M9		307°	长方形竖井斜坡式	口2.40×（1.05~1.20）×？ 底2.40×0.80×（0.80~0.90）	长方形	0.80×0.95×？	长方形	口2.10×1.20×？ 底2.10×1.10×0.90	
M12		310°	长方形竖井斜坡式	口1.90×1.20×？ 底1.88×1.88×（0.26~0.42）			长方形	口3.80×1.42×0.50 底3.70×1.42×1.06	
M17	六	12°	长方形竖井斜坡式	口1.20×1.18×2.75 底1.14×1.10×（3.29~3.35）			长方形	口2.66×1.17×2.75 底2.65×1.16×3.55	
M20		189°	弧形竖井斜坡式	口？ 底4.3×（1.2~1.6）×？			长方形		
M23		295°					长方形	口？ 底2.8×1.2×？	
M25		195°	长方形竖井斜坡式	口？ 底3.30×1.20×0.60			长方形	口？ 底2.40×1.70×0.60	
M34		20°	长方形竖井式	口1.00×0.80×0.50 底0.88×0.70×0.86	未知	尺寸不详	长方形	口3.60×1.20×？ 底3.50×1.14×0.50	
M41	三	303°	长方形竖井斜坡式	口1.40×1.24×1.10 底1.39×1.24×1.27			长方形	口2.68×1.25×1.10 底2.65×1.23×1.29	
M52	三	198°	长方形竖井斜坡式	口4.40×1.34×3.10 底4.40×1.30×（3.15~3.80）			长方形	口3.75×1.96×3.10 底3.72×1.94×3.80	
M53	六	7°	长方形竖井斜坡式	口2.58×1.27×3.10 底2.58×1.18×4.30	长方形	1.26×1.24	长方形	口3.02×1.16×3.10 底3.00×1.14×4.30	
M70	三	196°	长方形竖井斜坡式	口？ 底4.00×1.32×0.50			长方形	口6.40×2.10×？ 底3.94×2.00×0.50	
M72		35°					长方形	口？ 底3.54×2.36×3.40	
M76	三	115°	长方形竖井斜坡式	口4.40×1.60×3.11 底4.32×1.58×4.45			长方形	口？ 底3.70×1.15×4.45	
M77	一	115°	长方形竖井斜坡式	口6.30×1.60×3.11 底8.50×1.58×4.91			长方形	口4.40×1.45×3.11 底3.17×1.43×4.61	
M96		13°	长方形竖井斜坡式	口1.80×1.40×？ 底2.00×1.40×0.70			长方形	口5.42×1.98×？ 底3.56×1.98×0.70	
M99	三	280°	长方形竖井式	口0.68×1.26×3.05 底0.68×1.26×3.49			长方形	口3.56×2.10×3.05 底3.56×2.10×3.45	

填土	葬具 长×宽 （m）	葬式	头向面向	骨架	盗扰	随葬器物		备注
						陶器	其他	
五花土					盗扰	壶3、仓1、器盖4	铜钱16 共计：24	
五花土					盗扰	空心画像砖2	共计：2	
五花土						釜1、器盖1	共计：2	
五花土						壶1	铁刀1 共计：2	
五花土								
五花土								
五花土					盗扰	器盖1	共计：1	
五花土						仓4、罐1、器盖8	共计：13	
五花土						壶4、罐1、仓1、薰炉1、三足樽1、器盖5	铁刀1、铜钱2 共计：16	
五花土						壶3	象牙器1 共计：4	
五花土						耳杯2、三足樽1、勺1、器足2、建筑构件1	骨器1、铜钱4 共计：12	
五花土							铜钱4、铜戒指1 共计：5	
五花土						罐1	铜钱11 共计12	
五花土						壶2、罐3、器盖3	共计：8	
						仓3	共计：3	
						壶1	铜钱18 共计：19	

续表 4

单室砖室墓

墓号	期属	方向（度）	形制	墓道形制		墓门		墓室	
				墓道					
			形制	长×宽×距地表深（m）		平面形状	宽×高×进深（m）	平面形状	长×宽×距地表深（m）
M104		290°	长方形竖井式	口？ 底2.70×1.20×0.50				长方形	口3.00×1.12×？ 底3.00×1.00×0.50
M105	六	8°	长方形竖井式	口1.30×0.96×2.85 底1.30×1.22×4.05		长方形	1.10×1.12×3.88	长方形	口2.35×1.07×2.85 底2.34×1.22×3.88
M115	六	182°	长方形竖井斜坡式	口2.75×1.76×2.75 底3.03×1.72×(2.76~3.59)				长方形	口4.85×2.20×2.75 底4.56×2.15×3.85
M119	六	15°	长方形竖井斜坡式	口3.40×1.16×2.75 底3.37×1.14×4.29		长方形	(1.16~1.24)×1.48	长方形	口3.64×1.18×2.75 底3.60×1.12×4.29
M122	六	10°	长方形竖井斜坡式	口1.96×1.18×？ 底2.02×1.18×0.60				长方形	口？ 底1.56×1.30×0.60

双室砖室墓

墓号	期属	方向（度）	墓葬形制							
			墓道		甬道	前堂		墓门		主墓室（或前室或左室）
			形制	墓道长×宽×距地表深（m）	长方形长×宽×高（m）	平面形状	长×宽×距地表深（m）	平面形状	宽×高×进深（m）	平面形状	长×宽×距地表深（m）
M1	六	20°	弧形竖井斜坡式	口？ 底？×1.66×0.60		横置长方形	1.6×1.4×？			长方形	口？×？×0.60 底2.45×1.20×0.70
M2	六	205°	长方形竖井斜坡式	口2.70×1.14×3.30 底2.68×1.10×4.02						长方形	前室 口2.38×1.10×3.30 底2.38×1.10×4.02
M7	六	16°	弧形竖井斜坡式	口6.10×1.82×1.65 底3.28×1.56×(0.96~1.50)						长方形	口2.68×1.42×1.65 底2.60×1.26×3.27
M10	二	210°	长方形竖井式	口？ 底2.5×1.26×0.36				破坏	不详		口？ 底4.00×(1.24~1.36)×0.50
M15		30°	弧形竖井斜坡式	口2.60×1.60×？ 底2.00×1.60×0.70						长方形	口4.24×1.40×？ 底4.20×1.40×0.66
M16	五	200°	长方形竖井式	口1.84×1.76×？ 底1.80×1.75×.50						长方形	前室 口2.26×1.36×？ 底2.26×1.36×0.50

填土	葬具长×宽（m）	葬式	头向面向	骨架	盗扰	随葬器物 陶器	随葬器物 其他	备注
五花土							铜钱6 共计：6	
五花土						壶3	共计：3	
五花土						壶1、仓4、器柄1、三足樽1、罐1、器盖4	铜钱13 共计：25	
五花土						壶3	铁剑1 共计：4	
五花土						壶1、器柄1、盆1	共计：3	

侧墓室（或后室或右室）平面形状	长×宽×距地表深（m）	耳室（或壁龛）平面形状	宽×高×进深（m）	填土	葬具	葬式	头向面向	骨架	盗扰	随葬器物 陶	随葬器物 其他	备注
长方形	底2.80×1.00×0.43			五花土					盗扰	壶3	共计：3	疑为迁葬墓
长方形	后室 口1.96×0.90×3.30 底1.96×0.90×4.02			五花土	木棺					壶2、器盖1	铜釜1、铜钱5 共计：9	
		长方形	0.90×1.50×0.70	五花土	木棺					壶5、罐1	铜钱13 共计：19	
		长方形	0.84×？×（0.38~0.54）	五花土						器盖2	铜镜1、铜钱2 共计：5	
		长方形	1.90×？×（0.34~0.52）	五花土					严重		铜钱2 共计：2	
长方形	后室 底1.70×1.12×0.50			五花土						壶5	铜釜1、铜钱2 共计：8	

续表 5

墓号	期属	方向（度）	双室砖室墓									
			墓葬形制									
			墓道		甬道	前堂		墓门		主墓室（或前室或左室）		
			形制	墓道 长×宽×距地表深（m）	长方形 长×宽×高（m）	平面形状	长×宽×距地表深（m）	平面形状	宽×高×进深（m）	平面形状	长×宽×距地表深（m）	
M29		194°	长方形竖井式	口？底2.30×1.30×4.00						长方形	口？底3.80×1.30×4.00	
M30		195°	弧形竖井斜坡式	口5.35×（1.62~2.02）×3.05 底5.46×1.60×（0.10~1.17）						长方形	口4.10×1.40×3.05 底4.08×1.37×4.20	
M39	三	32°	弧形竖井斜坡式	口4.96×1.50×1.55 底4.90×1.50×（1.72~2.16）						长方形	口2.22×1.20×1.55 底2.15×1.16×2.13	
M40		201°	长方形竖井斜坡式	口？底3.40×1.20×（1.70~2.20）						长方形	口？底3.50×1.20×2.20	
M46	二	8°	长方形竖井斜坡式	口清理2.70×1.84×3.45 底清理2.43×1.82×（4.23~4.59）		横置长方形	3.12×0.96×(3.76~4.60)	竖长方形	1.64×1.14×1.02	长方形	左室 口3.20×（1.08~1.26）×（2.50~3.45）底3.20×1.18×（3.88~4.83）	
M54	五	17°	长方形竖井斜坡式	口2.81×1.13×3.10 底2.76×1.10×（3.70~3.96）				长方形	1.12×0.78×？	长方形	前室 口2.50×1.14×3.10 底2.50×1.14×3.96	
M55	三	183°	长方形竖井斜坡式	口5.27×1.70×1.30 底5.25×1.65×（1.33~2.32）	0.8×1.24×0.98					长方形	前室 口？底3.50×（2.20~2.28）×1.02	
M56	三	16°	长方形竖井式	口？底3.00×1.40×1.20						长方形	口？底2.40×1.40×1.20	

侧墓室（或后室或右室）		耳室（或壁龛）		填土	葬具	葬式	头向面向	骨架	盗扰	随葬器物		备注
平面形状	长×宽×距地表深(m)	平面形状	宽×高×进深(m)							陶	其他	
		长方形	0.80×?×1.0	五花土								
		长方形	0.90×1.18×0.60	五花土					盗扰			
		长方形	0.98×（0.52~0.60）×（0.34~0.60）	五花土						壶5、罐1、器盖1	共计：7	
		长方形	1.00×0.60×0.60	五花土								
长方形	右室 口4.30×1.20×（2.50~3.45） 底4.30×1.20×（3.88~4.83）			五花土	木棺					壶7、鼎2耳杯1、井（含陶汲水瓶）1组、盆1、灶（含釜、甑、勺各1件）1组、博山薰炉1、纺轮1	铁剑1、铁刀1、铅饰件1、铜釜1、铜带钩1、铜车害1、铜衔镳2、盖弓帽12、铜棺首饰2、铜轙饰2、铜輢饰1、铜扣2、铜兽面饰2、铜轴饰1、铜当卢1、铜钱37 共计：85	
长方形	后室 底1.55×（1.10~1.240×3.96			五花土						壶3	铅饰件1 共计：4	
长方形	后室 底2.60×2.64×2.38			五花土						壶2、仓1、器盖4	铜饰件1、铜刷捉手1、铜钱12 共计：21	
		长方形	1.60×1.20×1.00	五花土					盗扰	壶4、罐8、三足樽2、仓1、器盖3	铜钱27 共计：45	

续表 6

墓号	期属	方向（度）	墓葬形制									
			双室砖室墓									
			墓道		甬道	前堂		墓门		主墓室（或前室或左室）	
			形制	墓道 长×宽×距地表深（m）	长方形 长×宽×高（m）	平面形状	长×宽×距地表深（m）	平面形状	宽×高×进深（m）	平面形状	长×宽×距地表深（m）
M68	二	199°	长方形竖井斜坡式	口2.50×1.60×? 底3.00×1.60×1.40		横置长方形	口4.10×2.20×? 底4.10×2.20×1.50	长方形	(1.20~1.60)×1.48×1.00	长方形	左室 底2.64×1.40×1.50
M69	六	288°	长方形竖井式	口? 底2.20×1.20×0.80						长方形	前室 口? 底2.46×1.20×0.70
M74	五	205°	弧形竖井斜坡式	口4.60×2.46×3.10 底4.60×(2.24~2.52)×(3.66~3.72)						长方形	左右室 口总3.30×2.34×3.10 底总2.90×(2.32~2.34)×3.66
M75	三	114°	长方形竖井式	口1.14×1.11×2.78 底1.05×1.42×3.42				长方形	1.24×0.64×?	长方形	口2.00×1.22×1.20 底1.98×1.20×(1.50~3.10)
M79	六	200°	长方形竖井式	口? 底2.75×1.20×3.85					1.15×0.90×0.32	长方形	前室 口? 底2.75×1.25×4.03
M80	六	205°	长方形竖井式	口3.00×1.10×? 底3.00×1.10×0.50						长方形	前室 口? 底2.40×1.15×0.50
M81		350°	不详	未知						长方形	前室 口? 底2.40×1.22×3.60
M82	五	12°	长方形竖井斜坡式	口? 底2.60×1.10×(0.54~0.78)				长方形	1.12×0.78×?	近长方形	口? 底2.70×(1.10~1.25)×0.78
M86		28°	不详	未知						长方形	口? 底4.40×1.32×0.20

侧墓室（或后室或右室）		耳室（或壁龛）		填土	葬具	葬式	头向面向	骨架	盗扰	随葬器物		备注
平面形状	长×宽×距地表深（m）	平面形状	宽×高×进深（m）							陶	其他	
长方形	右室底2.64×1.38×1.50			五花土					盗扰	盒1、建筑构件1	铁锸2、铜盖弓帽12、铜軎饰2、铜樏首饰3、铜当卢2、铜车軎1、铜扣1、铜衔镳1、铜柲末端饰1、铜弩机1、铜轙饰1 共计：29	
长方形	后室口？底1.40×0.54×0.70									壶4、耳杯1、盒2、罐1、三足樽1、器足1	共计：10	
				五花土					严重	壶1、魁1、耳杯2、案1、仓1、圆盘3	共计：9	
		长方形	1.22×0.48×0.8	五花土						仓2、器盖2	共计：4	
近长方形	后室口？底（0.74~0.90）×（0.76~1.02）×3.75			五花土						壶3	共计：3	
不规则长方形	后室口？底1.18×0.56×0.62			五花土						壶3	铜镜1 共计：4	
长方形	后室口？底0.96×0.95×3.60									壶3	共计：3	
长方形	底1.52×1.18×0.78			五花土						壶3	共计3	
		长方形	1.52×0.84×？	五花土						罐1、仓1、器盖5	器2、铜钱3 共计：12	

续表 7

墓号	期属	方向（度）	双室砖室墓									
			墓葬形制									
			墓道		甬道		前堂		墓门		主墓室（或前室或左室）	
			形制	墓道长×宽×距地表深（m）	平面形状	长×宽×高（m）	平面形状	长×宽×距地表深（m）	平面形状	宽×高×进深（m）	平面形状	长×宽×距地表深（m）
M88	五	16°	长方形竖井式	口2.80×1.64×3.30 底2.84×1.62×4.48					长方形	1.34×1.46×？	长方形	口3.44×1.06×3.30 底3.64×1.30×4.86
M91		290°	长方形竖井式	口2.24×1.20×？ 底2.24×1.20×0.60							长方形	口？ 底2.70×1.10×0.50
M113	六	16°	长方形竖井斜坡式	口2.38×1.15×2.75 底2.40×1.10×（3.72~4.03）					长方形	1.10×？×？	长方形	前室 口2.90×1.12×2.75 底3.18×1.18×4.03
M116	五~六	182°	近长方形竖井式	口？ 底（1.54~1.70）×1.40×1.40					长方形	1.26×？×（0.32~0.44）	长方形	口3.86×1.26×？ 底3.80×1.20×1.10
M120	六	284°	长方形竖井斜坡式	口6.24×1.49×2.75 底6.22×1.35×4.15					倒梯形	（1.38~1.44）×1.30×？	长方形	口3.18×1.24×2.75 底4.01×1.24×4.35
M121	五	100°	长方形竖井斜坡式	口2.58×1.38×2.75 底2.70×1.32×（3.82~4.15）					倒梯形	（1.36~1.40）×（1.10~1.40）×？	长方形	口4.28×1.34×2.75 底4.08×1.30×（3.95~4.27）
M123	三	284°	长方形竖井斜坡式	口3.06×1.20×？ 底3.00×1.15×（0.68~0.84）							长方形	口4.40×（1.36~2.08）×？ 底4.40×（1.30~2.00）×0.84

侧墓室（或后室或右室）		耳室（或壁龛）		填土	葬具	葬式	头向面向	骨架	盗扰	随葬器物		备注
平面形状	长×宽×距地表深（m）	平面形状	宽×高×进深（m）							陶	其他	
		长方形	1.16×1.46×2.64	五花土						壶2、釉壶5、器盖2	铜釜1、铁器1、铜钱24 共计：35	
		长方形	0.90×?×（0.60~0.68）	五花土							铜钱61 共计：61	
长方形	后室口？底1.24×0.90×4.03			五花土						壶6	铜钱54 共计：60	
		半圆形	1.02×0.70×0.88	五花土							铁锸1、铜钱65 共计：66	
长方形	1.18×0.80×1.16			五花土						壶3	铜釜1 共计：4	
长方形	1.10×1.26×1.64			五花土						壶3、罐6、瓮1	铜釜1、铜钱69 共计：80	
长方形	1.66×?×0.72			五花土						壶3、罐1、三足樽1、圆盘2、仓1、案1、甑1、器盖1、鸟1、器柄1、灯柱1、建筑构件1	铜钱18 共计：33	

续表 8

墓号	期属	方向（度）	多室砖室墓					
			墓葬形制					
			墓道		墓门	甬道	前堂	前室	主室
			形制	长×宽×距地表深（m）	平面形状 宽×高×进深（m）	平面形状 宽×高×进深（m）	平面形状 长×宽×距地表深（m）	平面形状 长×宽×距地表深（m）	平面形状 长×宽×距地表深（m）
M4	四	205°	梯形斜坡式	口4.00×(2.66~3.30)×3.45 底1.70×(2.6~3.27)×0.97				近长方形 口? 底3.46×1.16×4.23	
M45	二	12°	长方形竖井斜坡式	口? 底2.60×1.75×(2.16~2.62)	竖长方形 1.78×0.66×?			长方形 口4.84×2.18×? 底4.82×2.16×(1.99~2.21)	
M58	二	196°	长方形竖井斜坡式	口8.00×1.80×? 底8.30×1.80×2.40	长方形1.54×1.50×?	长方形 1.50×(1.50~1.56)×1.10	横置长方形口? 底5.34×1.90×2.50		长方形 口? 底3.08×2.18×2.50
M61	三	15°	长方形竖井斜坡式	口7.02×1.40×1.35 底8.40×2.00×3.95	梯形(1.40~1.98)×(1.48~1.86)×?	1.40×1.24×0.94	长方形 口? 底5.10×1.90×3.73		长方形 口? 底2.35×1.05×3.73
M64	二	290°	弧形竖井斜坡式	口10.30×1.60×0.20 底8.40×1.60×2.50	长方形 1.70×?×(0.40~0.42)		横置长方形口? 底3.24×2.1×?		南室 长方形 口? 底?×1.20×2.60

左、右室		耳室	填土	葬具	葬式	头向面向	骨架	盗扰	出土遗物		备注
平面形状 长×宽×距地表深（m）	平面形状 长×宽×距地表深（m）	平面形状 长×宽×进深（m）							陶器	其他	
近长方形 口2.62×1.30×？ 底2.40×1.26×4.23	近长方形 口2.50×1.40×？ 底2.49×1.38×4.23	近长方形 口？ 底1.32×(1.02~1.16)×？	五花土						罐2、壶1、仓1、釉罐1、三足樽1	铜钱1 共计：7	二次夫妻合葬墓
长方形 口总2.93×2.60×1.47 底总2.90×2.57×(1.99~2.21)		长方形 1.20×0.56×0.56	五花土						樽1、仓1、器盖3	铁䦆1、铁剑2、铜衔镳1、铜当卢1、铜盖弓帽3、铜钱8 共计20	
长方形 口？ 底3.08×1.20×2.50	长方形 口？ 底3.08×1.20×2.50		五花土						壶12、罐3、仓7、磨1、井1、灶1、猪圈1、杵1、鸡2、鸭1、马1、纺轮1、器盖5、画像子母砖11	铁犁铧1、铜弩机1、铜钱27 共计：66	
长方形 口？ 底2.35×1.13×3.73	长方形 口？ 底？×0.75×3.73		五花土						壶6、罐9、鼎1、提梁盉1、三足盘1、井（含汲水瓶1件）1组、圆盘6、耳杯13、盆1、磨1、仓1、案2、瓮1、灶（含甑、釜、勺各1件）1组、釜1、盒14、建筑构件2、三足樽2、作坊1组、器盖7	石膏器1、铜钱18 共计：91件/组	
长方形 口？ 底？×1.20×2.52	长方形 口？ 底？×1.14×2.52		五花土					盗扰	壶11、罐6、仓5、鼎1、博山薰炉2、长方盒2、三足樽2、釜1、灶1组、井（含汲水瓶1件）1组、鸡2、鸭1、鹅1、狗1、器底板1、器盖1、画像砖1	铁刀1、铁剑1、铅饰件1、铜釜1、铜镜1、鎏金铜当卢1、鎏金铜泡钉3、鎏金铜轙饰1、鎏金铜柄刷1、鎏金铜輢饰1、铜钱5 共计：59	

二、郏县董庄墓地唐宋时期墓葬登记总表

单室砖室墓								
墓号	年代	方向（度）	形制	墓葬形制				
				墓道		墓室		
				形制	长×宽×距地表深（m）	平面形状	长×宽×深（m）	
M59	唐	187°	铲形	长方形竖井斜坡式	口？ 底1.00×1.00×？	长方形	口？ 底2.80×2.20×？	
M66	唐	185°	铲形	长方形竖井斜坡式	口2.56×1.95×1.15 底2.40×1.80×1.97	长方形	口2.56×1.95×1.15 底2.40×1.80×1.97	
M67	唐	192°	铲形	长方形竖井斜坡式	口？ 底2.40×0.80×？	长方形	口？ 底2.30×（0.40~2.00）×？	
竖穴砖室墓								
墓号	年代	方向（度）	平面形状	墓室长×宽×深（m）			填土	葬具
M60	宋	135°	长方形	口2.07×0.70×1.15 底2.05×0.68×1.37			五花土	

附 表

	填土	葬具	葬式	头向 面向	骨架	盗扰	随葬器物		备注
							陶器	其他	
	五花土	木棺	仰身直肢	头向西	1男1女 完好		双耳罐1、罐1、瓶1、骆驼1、马1	铜钱2	共计：7

葬式	头向面向	骨架	盗洞	随葬器物	备注
仰身直肢	头向东南面向东北	1女 一般		陶罐1	共计：1

附录一 汉代铜钫的保护与修复

赵晟伟 常清海
河南省文物考古研究院

铜钫 标本号M57:24

此件铜钫是2006年5月，河南省文物考古研究所（现河南省文物考古研究院前身）在发掘河南省平顶山市郏县王集乡董庄墓地时，在汉代墓葬（编号M57）中提取的。由于在地下埋葬了几百年，长期受堆积物的挤压，出土时已经破损和变形。可以用支离破碎、面目全非来形容。如何修复使其恢复原貌，展现原来的艺术风采，重现重要的科学和艺术价值，也是文物修复工作者一直不懈努力、不断探索进行着的一项重要工作。

这件铜钫的出土对我们考古人员研究汉代青铜铸造工艺的发展水平，无疑具有重大的意义。遗憾的是这件铜钫出土时损害严重，共有碎片9块，且壶底部变形，不平整。每块残片受填土常年挤压和环境腐蚀，残片都是不规则的卷曲形状，器腹残片卷损成麻花状，有的卷成"几"形、有的卷成"S"形，还有一些地方缺失。总的来说这件铜钫变形严重、修复的难度较大，如何修复这件铜器是摆在我们面前的问题，通过赵晟伟、常清海和马军民的讨论，制定了修复这件文物的方案。

保护修复处理步骤，具体技术操作流程：文物基本信息采集→清洗处理器体污染物和断面碴口→矫形→拼对焊接→粘接→补配→做旧→封护。

使用的工具和材料主要有：矫形器、C形钳、200W烙铁、大力钳、活动扳手、台钳、铅砧、铅锤、刷子、推拉器、棉签、丙酮、无水乙醇、铅锡、助焊剂、去离子水、手术刀、自制工具等。

首先把文物进行拍照，然后将照片存档，保留修复前影像资料和器物编号、入库临时登记号、名称、来源，仔细测量尺寸，做好文字详细记录，另外在文物保护修复过程中做好修复日志，包括日常工作时出现的问题及解决难题的方法等，以备日后修复研究工作中随时调用参考。

一、矫形

在河南省文物考古研究院文物科技保护中心专用制作的矫形器上放置铜钫，对底部变形且不平整的地方进行矫形。在顶压与铜钫底接触面放木块使其避免接触而损坏器物，慢慢向下施压，直至压到钫底弹性限度，让其在压力矫正下保持一段时间。矫正过程中经常调整顶压部位，通过几十次的顶压矫正直至形成所需的平整度为止。上面说的"几"形和"S"形卷曲残片，虽然铸造的厚度不厚和地下腐蚀较为严重，但不失原有的铜质。则根据矫形的需要垫在凸形或凹形的铅砧上，用铅锤轻轻敲打使之恢复原状。

二、拼对、焊接

残片全部矫正后，便要进行拼对、焊接使之成形。我们采用的铅锡低温焊接法焊接，这种传统焊接操作方便、焊接温度低，约在250～450度的范围内进行焊接。在对铜钫的残片拼对工作中，一般按照从底部向上、从大到小、从规则到不规则、从整体到局部的顺序。既先从钫底向上拼对，先拼大块，再找小块，先拼出器物的大形，然后再将剩下的碎片进行拼对。用锉刀对断口打磨，焊接时着重注意掌握整件器形的弧度，稍有错位的地方就用螺丝刀、锉刀当压杆插入焊口内校正对齐进行初焊，然后拼成一体。从下向上拼对焊接过程若有外弧度不合，也可在钫腹内用木棒支撑再焊接达到满意效果。

三、粘接

器物粘接也是修复铜钫的办法之一,而且能起到焊接所起不到的作用。本身这件器物器壁就薄,部分矫形下一些小碎片已完全氧化,没有铜质。如果强加点焊连接,稍加用力就会脱焊,我们就采用粘接的方法。运用目前在修复文物粘接中常用的百得强力环氧胶(金属修补专用)进行渗透粘接处理,也就是采用焊接与粘接相结合的方法,这样器物断裂处就更加结实。

四、补配

铜钫通过矫形、焊接、粘接等多种技术,不能完全达到预期的目的,器物本身残缺的部位需要补配。此件钫器身为素面,故采用薄铜皮进行补配:用剪刀在薄铜皮上剪缺失的形状,用焊锡焊在器物上。不平整的地方用原子灰进行填补。在调原子灰时在里面加绿色矿物粉,这样补配出来的和本身的颜色相近,便于做色。所要补的腻子要比原器物稍高,这样便于用细砂纸打磨平整。

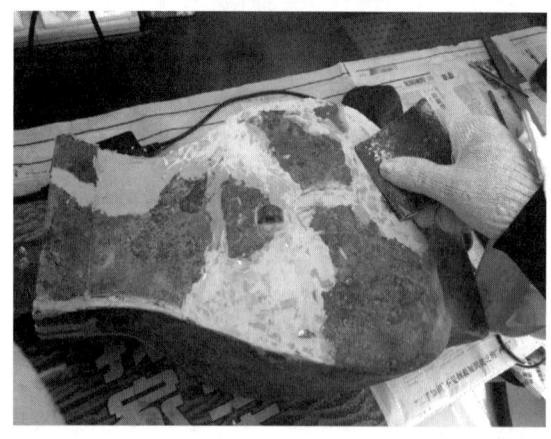

五、做旧

通过前面拼对焊接、补配的铜钫虽然形状完整了,但颜色尚不一致,所以要做色。铜钫埋藏受地下酸碱度不同的影响,其逐渐被氧化、浸蚀,使得器物表面的化合物,变成底色黑锈、蓝绿锈、绿锈。根据这种情况，先在补配部做底色黑漆锈，然后逐层加深将颜色做在器物上，最后做到与原器物颜色相近或一致为止。做旧的方法：用涂、弹、抹、点、画等手段，使用的材料是矿物颜料粉，用无水乙醇调和漆皮做出来的锈附着力强，且不会掉色。

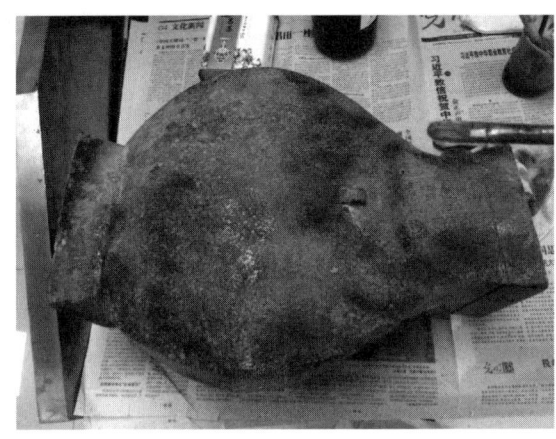

六、封护

铜钫在原来地下埋藏的大环境改变后，现有的保存条件及空气质量难以有效控制等种种不利因素的影响，加速健康青铜文物朝其相反方向渐变的情况下，封护就是一种比较理想的解决办法。目前青铜器文物保护中普遍采用的封护材料是丙烯酸类，如浓度为1%～3%的B-72丙酮溶液，室温通风处刷涂或喷涂一至多遍，避免造成器表锈色的偏差。

关于铜钫的修复，综合了多种工艺技术和各种性能的材料。特别是百得强力环氧胶这种高分子材料，是近两年来我们一直用的粘接材料。实践证明这种粘接技术的优点是渗透快、固化时间短、牢固粘贴，也尽可能减少锉焊缝和焊剂对青铜器的人为干预。相对于焊接、粘接在矿化严重的器物上起到良好的连接作用。

经过两个多月的辛勤劳动，一件口径12.0厘米、腹径21.6厘米、底径13.6厘米、高35.8厘米、重3.7千克的铜钫运用矫形、敲打、粘接、补配、做旧等方法成功地恢复了原貌，使它重新展示出当年的雄浑风姿。今后我们还需要不断的学习，总结经验和教训，掌握更多的先进工艺和熟知各种新型材料，并将其运用到青铜器的修复工作中去，以保护和修复更多的文物。

修复前后对比照

修复前　　　　　　　　　　　　　　修复后

附录二 郏县董庄墓地汉代墓葬出土10件铜器表面成分分析检测报告

唐静 河南省文物考古研究院

郏县董庄墓地出土青铜遗物共计2188件/组，其中汉代墓葬出土的10件青铜文物虽锈迹斑斑，但是表面呈现出金黄色，为确定其是否为鎏金材质，我们利用环境扫描电子显微对这10件青铜文物进行表面无损成分检测分析。检测分析仪器为美国FEI环境扫描电子显微镜Quanta650，实验在高真空环境中进行，加速电压25KV，入射电子束斑6.0，同时配备能谱仪对表面进行微区元素成分分析。检测的10件青铜器图片：

1.鎏金铜泡钉（M55:3）

2、3、4.鎏金铜泡钉（M64:17、18、19合照）

5. 鎏金铜捉手　　　　　　　鎏金铜捉手另面

6. 鎏金铜四叶蒂形（M57:104）

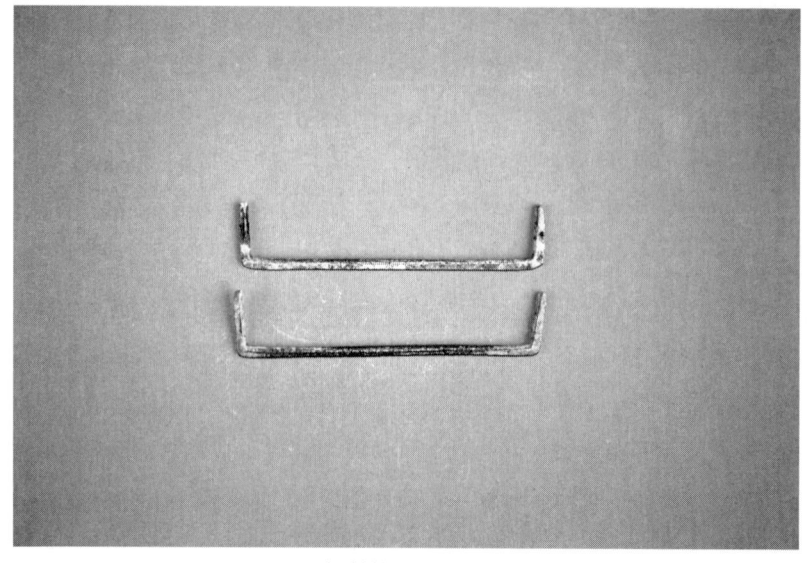

7. 铜輢饰（M68:7）

附录二　郏县董庄墓地汉代墓葬出土10件铜器表面成分分析检测报告　417

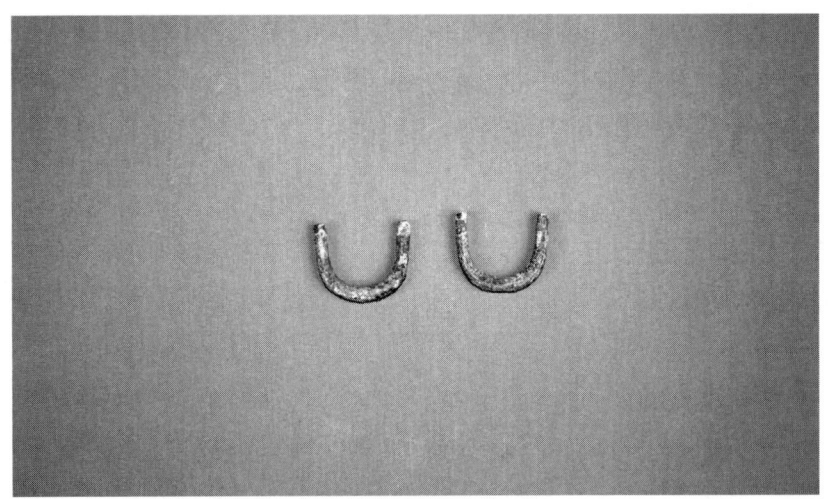

8.铜軎饰（M46:28-1）右

9.铜当卢（M46:30）

10.铜兽面饰（M46:22）左

利用背散射电子像中所观察区域明暗度的差异，通过能谱仪对不同的元素进行检测分析。测试结果如表1所示，从结果可知这批器物基体均为铜，其中样品序号1～6，共计六份表面检测有Au元素存在，含量在62.10%～88.36%，确定器物表面鎏金。

表1： 铜器锈蚀产物扫描电镜能谱分析结果

序号	器物编号	器物名称	区域编号	元素含量（Wt%）								能谱检测区域图	能谱谱图
				Au	Cu	Sn	Pb	Si	Al	C	O		
1	M55:3	铜泡钉	亮区	77.51	6.54	—	—	—	—	7.86	8.08	图1.1	图1.1-1
			暗区	—	45.96	—	3.74	3.12	—	11.72	35.45		图1.1-2
2	M64:17	铜泡钉	亮区	62.10	10.05	—	8.51	—	—	7.28	12.06	图1.2	图1.2-1
			暗区	—	96.35	—	—	—	—	3.65	—		图1.2-2
3	M64:18	铜泡钉	亮区	80.94	9.36	—	—	—	—	—	9.70	图1.3	图1.3-1
			暗区	—	19.58	3.58	3.36	16.78	4.83	7.44	44.43		图1.3-2
4	M64:19	铜泡钉	亮区	88.36	4.45	—	—	—	—	—	7.19	图1.4	图1.4-1
			暗区	—	44.42	5.58	9.57	—	—	10.77	29.66		图1.4-2
5	M55:1	铜捉手	亮区	81.77	8.32	—	—	—	—	—	9.90	图1.5	图1.5-1
			暗区	—	56.47	7.87	12.42	—	—	7.59	15.66		图1.5-2
6	M57:104	铜四叶蒂形	亮区	66.98	8.44	—	8.23	—	—	6.45	9.90	图1.6	图1.6-1
			暗区	2.61	30.30	3.89	25.89	—	—	11.35	25.95		图1.6-2
7	M68:7	铜軎饰	亮区	—	83.99	—	2.89	—	—	4.28	8.83	图1.7	图1.7-1
			暗区	—	80.50	5.44	—	—	—	3.98	10.07		图1.7-2
8	M46:28-1	铜辖饰	亮区	—	67.19	11.46	8.75	—	—	5.38	7.22	图1.8	图1.8-1
			暗区	—	56.47	7.87	12.42	—	—	7.59	15.66		图1.8-2
9	M46:30	铜当卢	亮区	—	2.37	—	88.91	—	—	—	8.73	图1.9	图1.9-1
			暗区	—	31.82	16.97	18.99	2.93	—	5.80	23.49		图1.9-2
10	M46:22	铜兽面饰	亮区	—	8.14	—	88.61	—	—	3.25	—	图1.10	图1.10-1
			暗区	—	25.25	24.10	19.23	4.38	—	7.23	19.82		图1.10-2

注：表中"—"表示未检出。

附录二　郏县董庄墓地汉代墓葬出土10件铜器表面成分分析检测报告

图1.1：M55:3铜泡钉能谱检测区域图

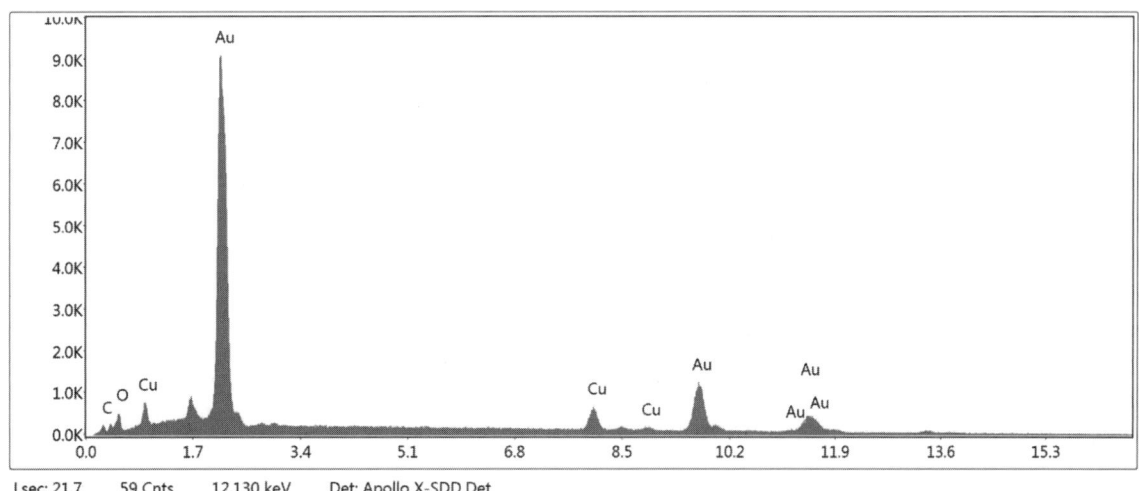

图1.1-1：M55:3铜泡钉亮区能谱谱图

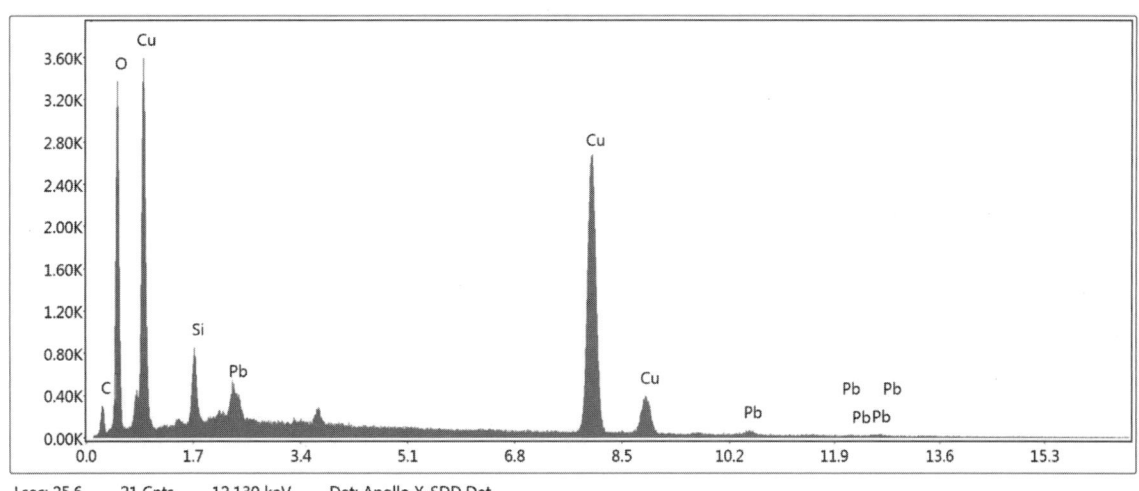

图1.1-2：M55:3铜泡钉暗区能谱谱图

图1.2：M64:17铜泡钉能谱检测区域图

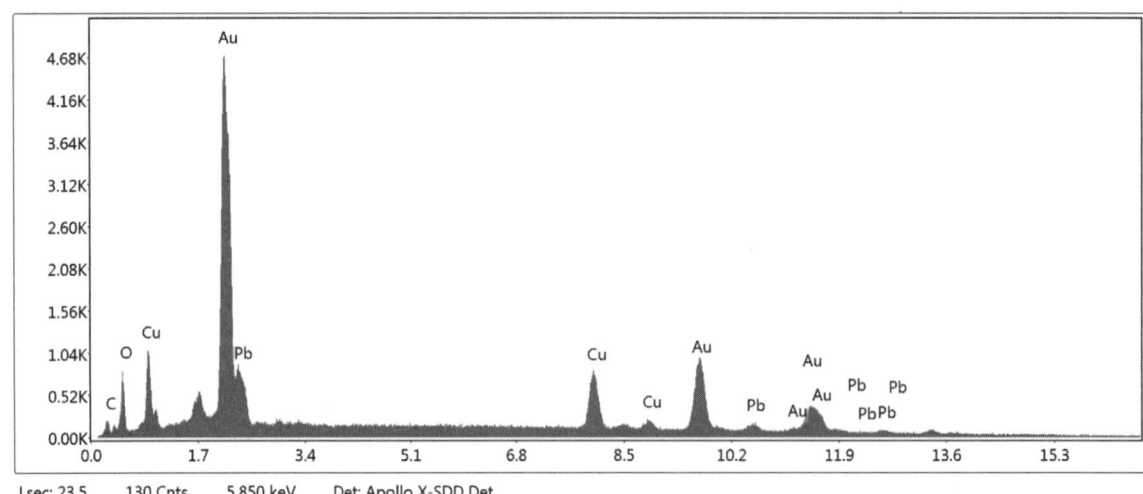

图1.2-1：M64:17铜泡钉亮区能谱谱图

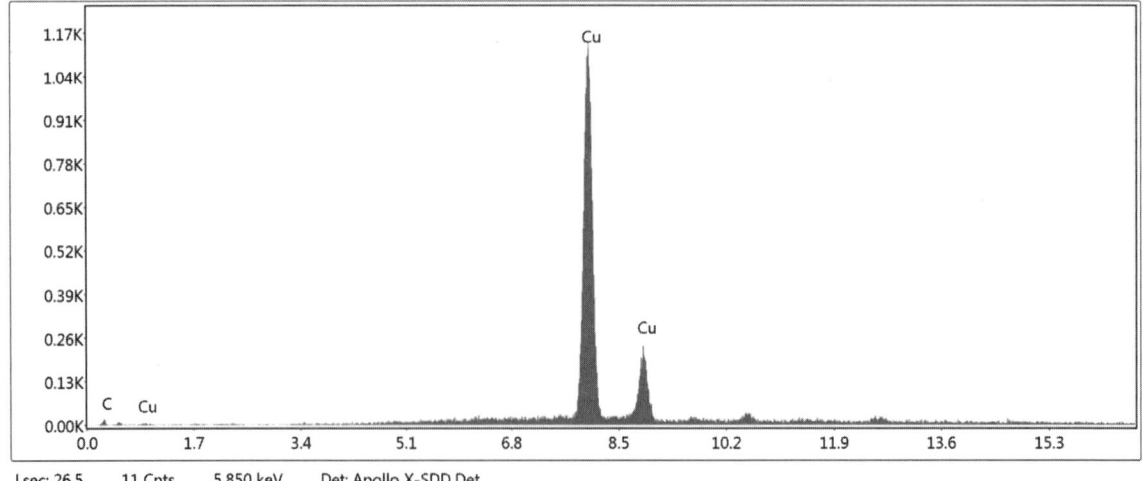

图1.2-2：M64:17铜泡钉暗区能谱谱图

图1.3：M64:18铜泡钉能谱检测区域图

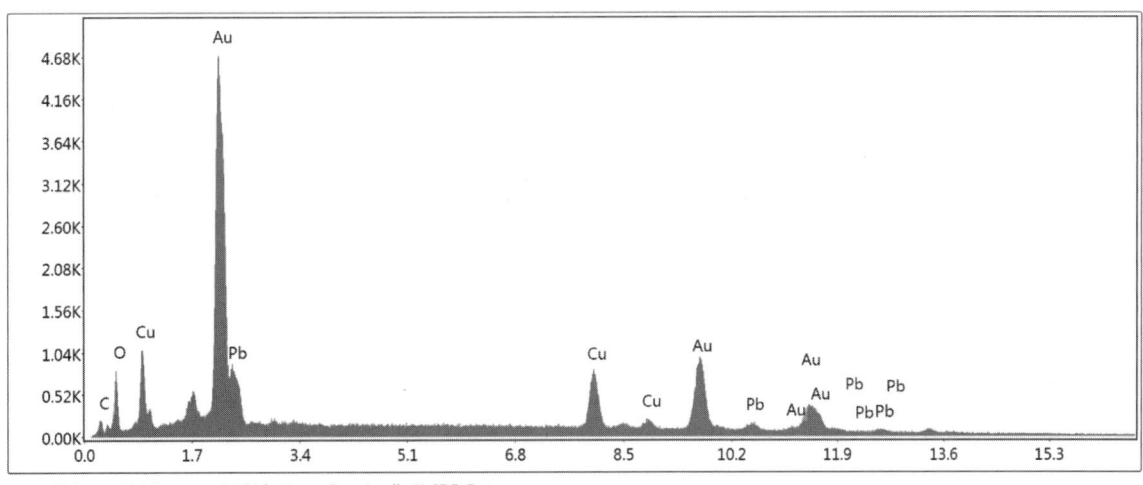

图1.3-1：M64:18铜泡钉亮区能谱谱图

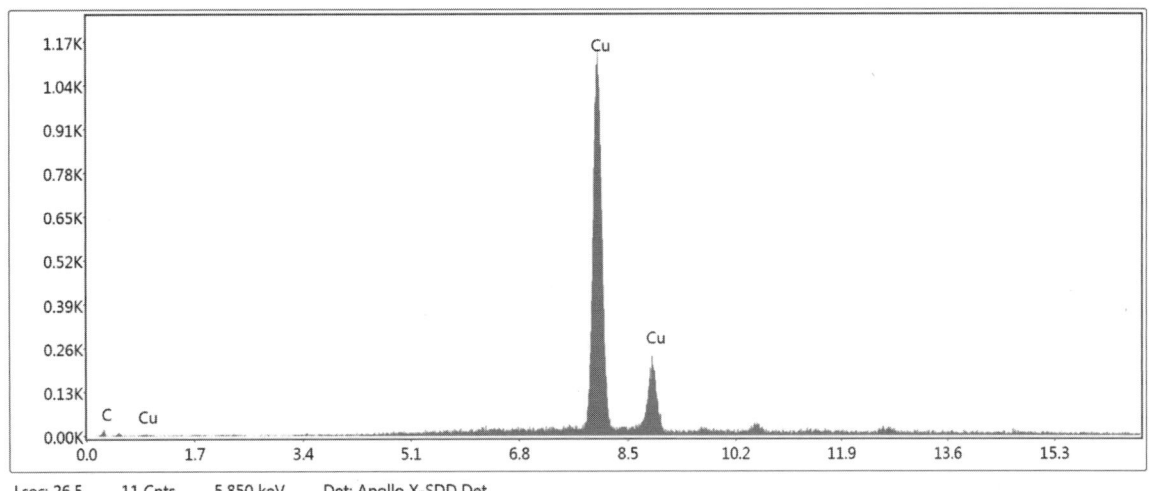

图1.3-2：M64:18铜泡钉暗区能谱谱图

图1.4：M64:19铜泡钉能谱检测区域图

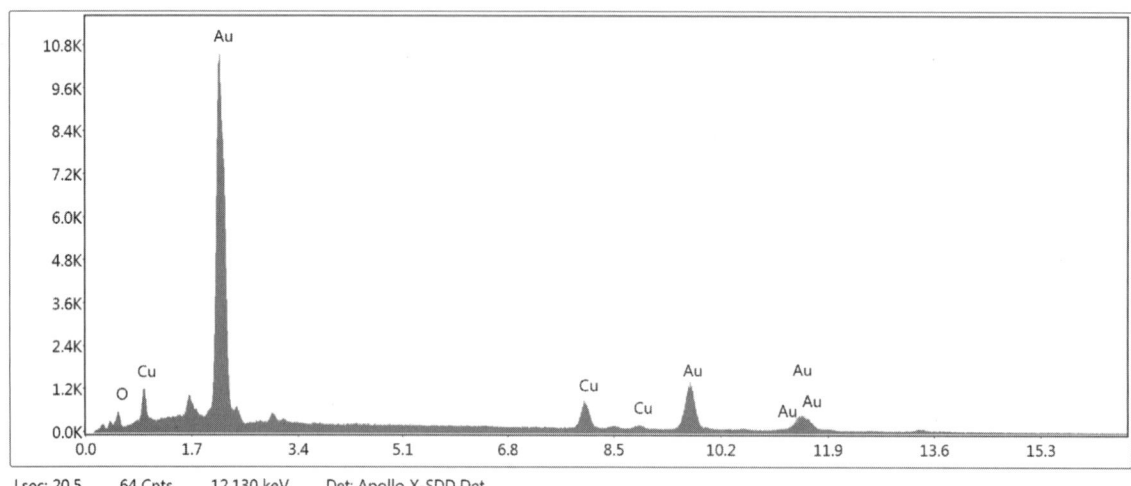

图1.4-1：M64:19铜泡钉亮区能谱谱图

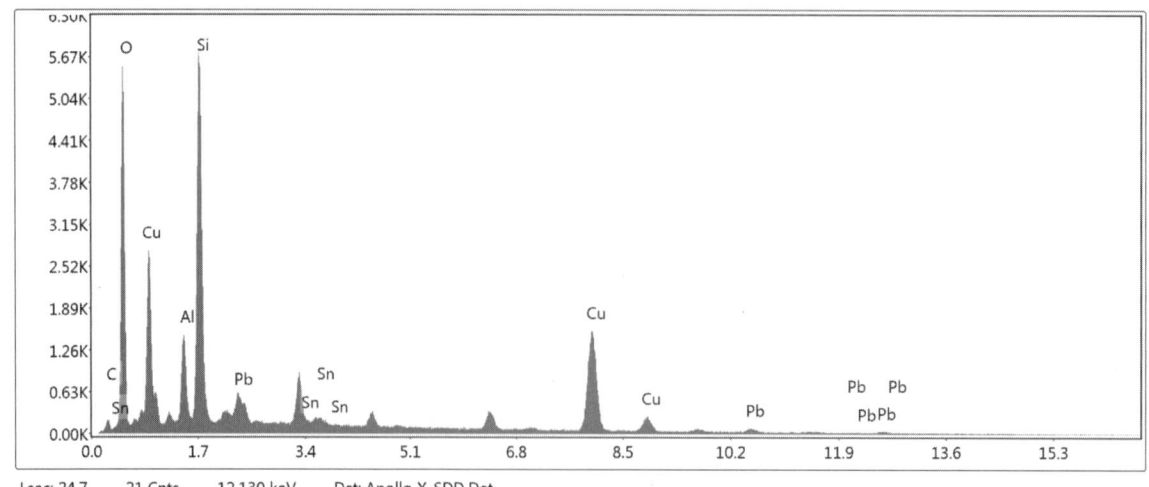

图1.4-2：M64:19铜泡钉暗区能谱谱图

图1.5：M55:1铜捉手能谱检测区域图

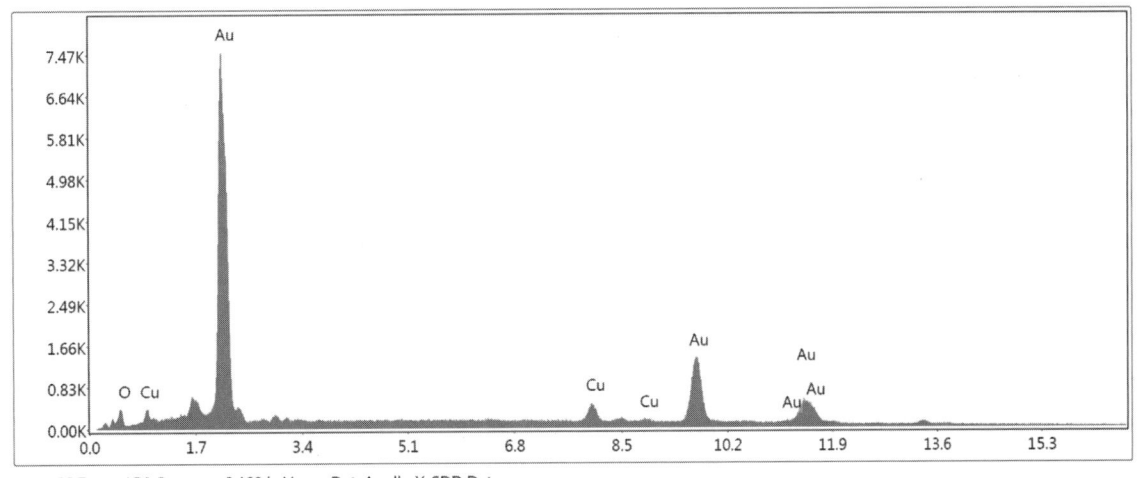

图1.5-1：M55:1铜捉手亮区能谱谱图

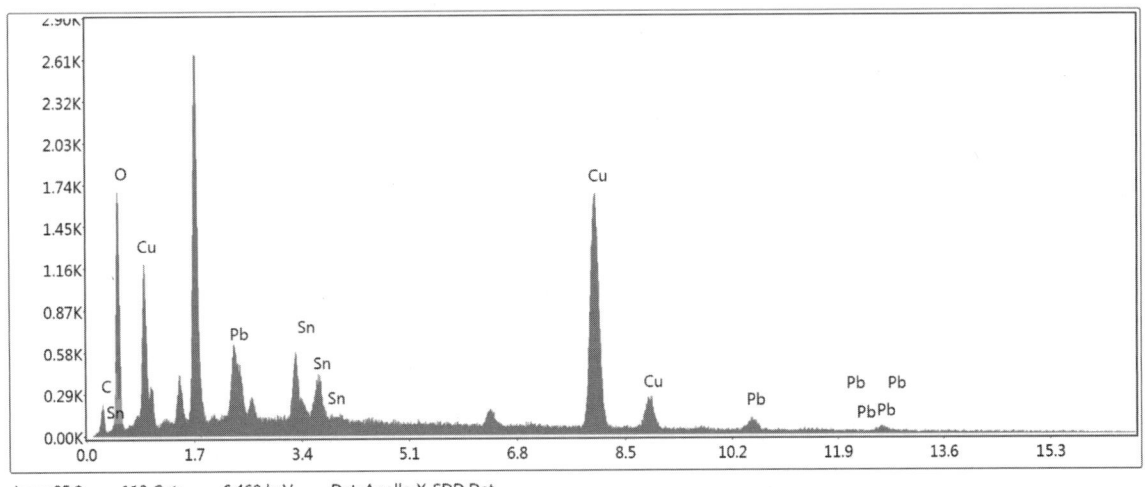

图1.5-2：M55:1铜捉手暗区能谱谱图

图1.6：M57:104铜四叶蒂形能谱检测区域图

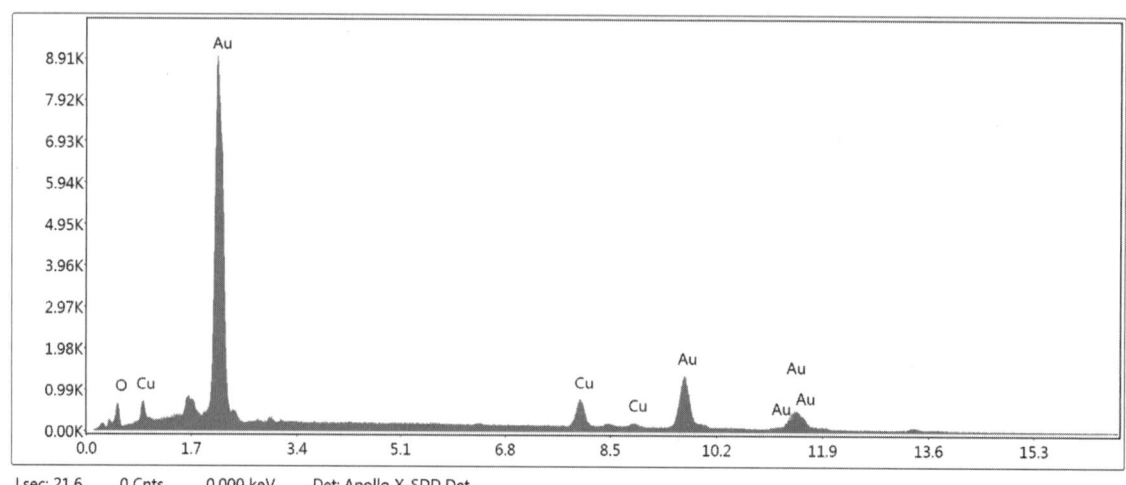

图1.6-1：M57:104铜四叶蒂形亮区能谱谱图

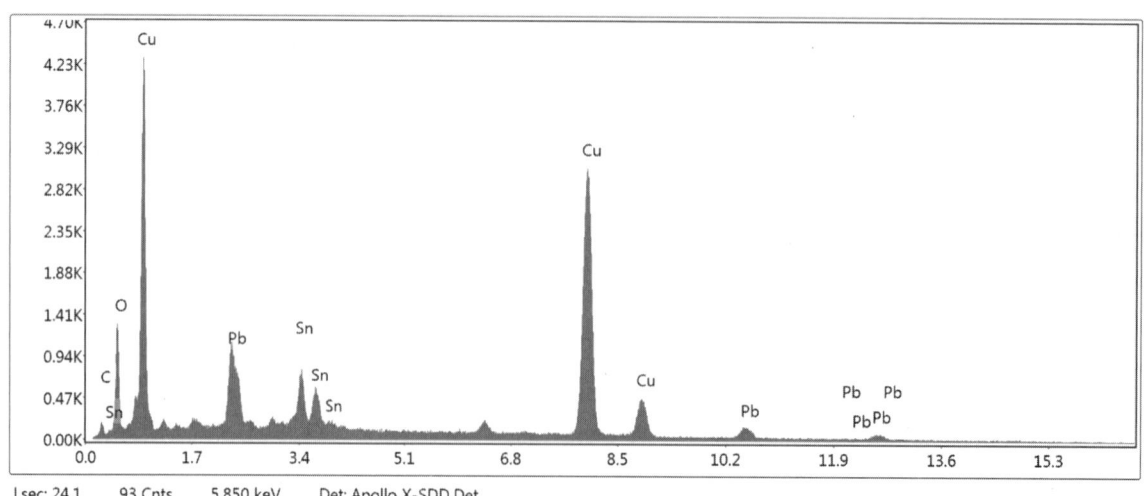

图1.6-2：M57:104铜四叶蒂形暗区能谱谱图

附录二　郏县董庄墓地汉代墓葬出土10件铜器表面成分分析检测报告　425

图1.7：M68:7铜軎饰能谱检测区域图

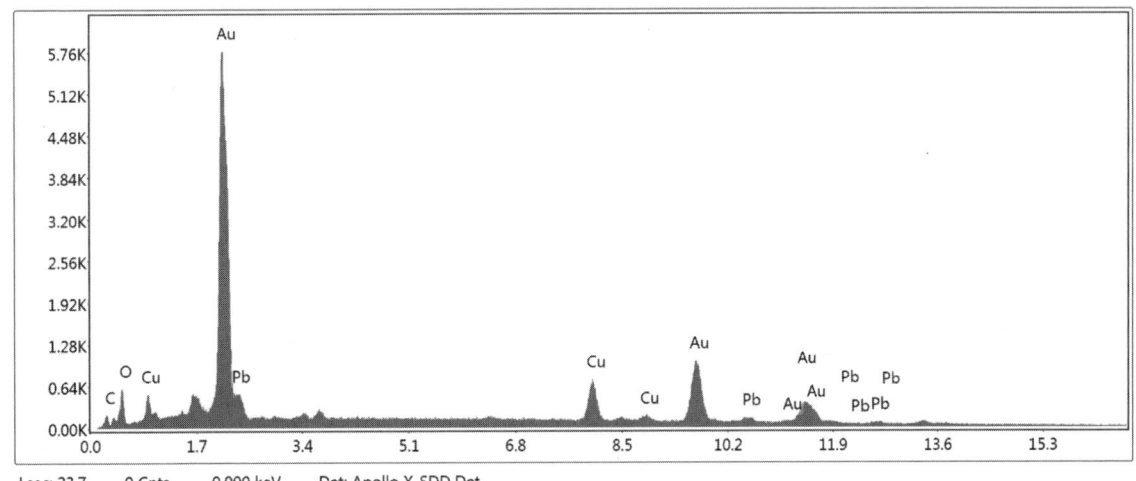

图1.7-1：M68:7铜軎饰亮区能谱谱图

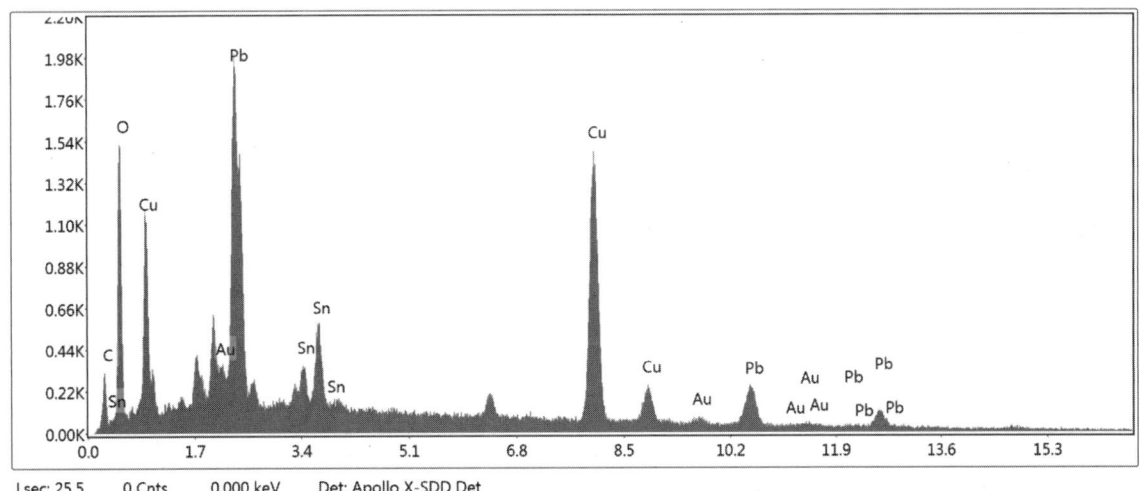

图1.7-2：M68:7铜軎饰暗区能谱谱图

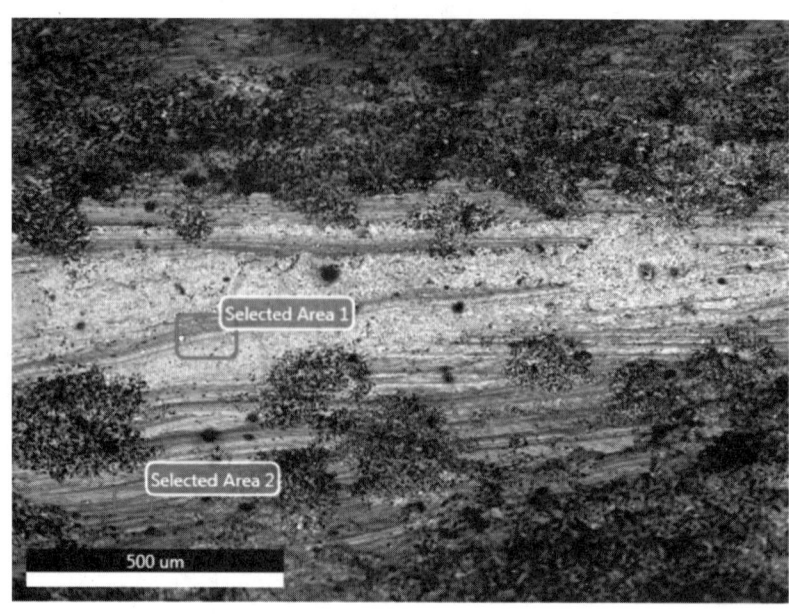

图1.8：M46:28-1铜辖饰能谱检测区域图

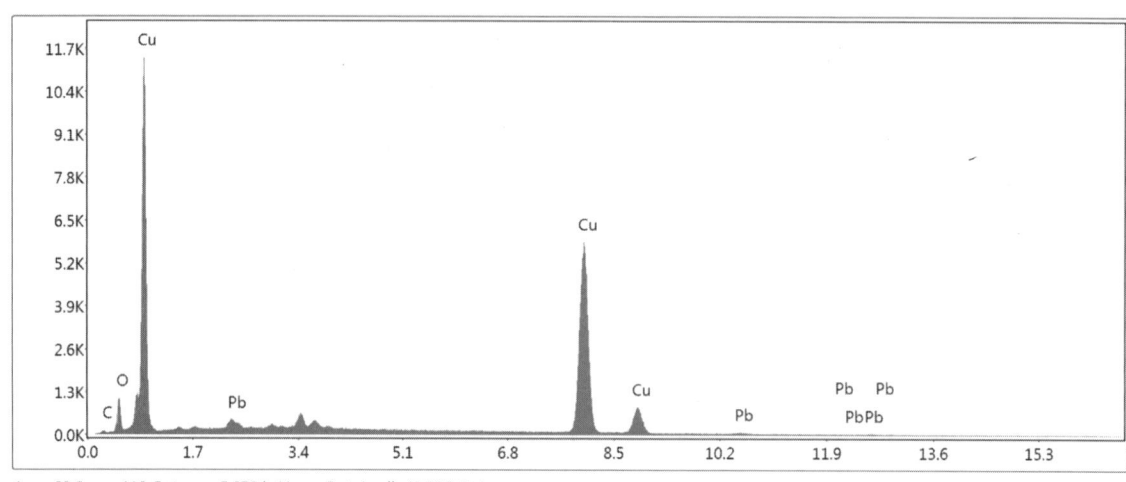

图1.8-1：M46:28-1铜辖饰亮区能谱谱图

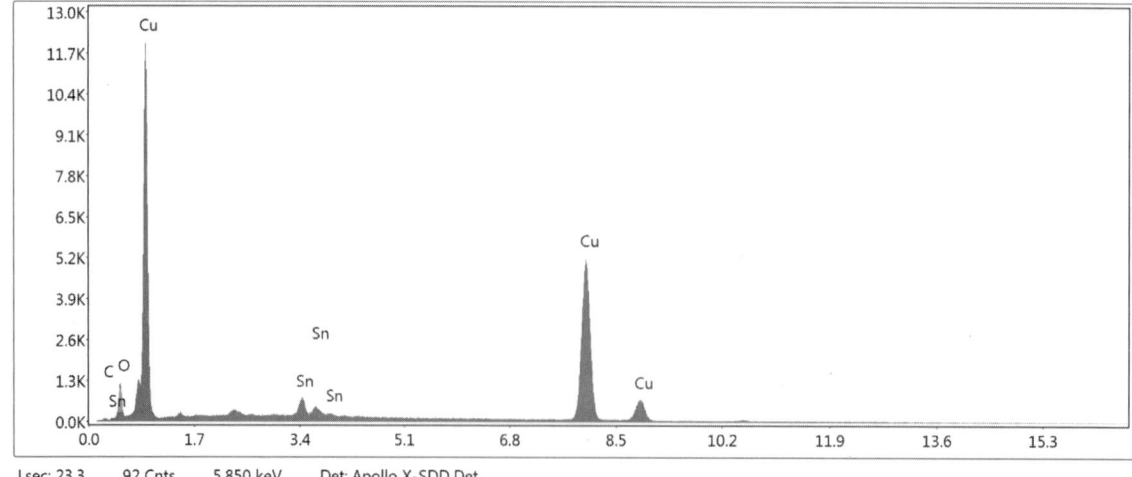

图1.8-2：M46:28-1铜辖饰暗区能谱谱图

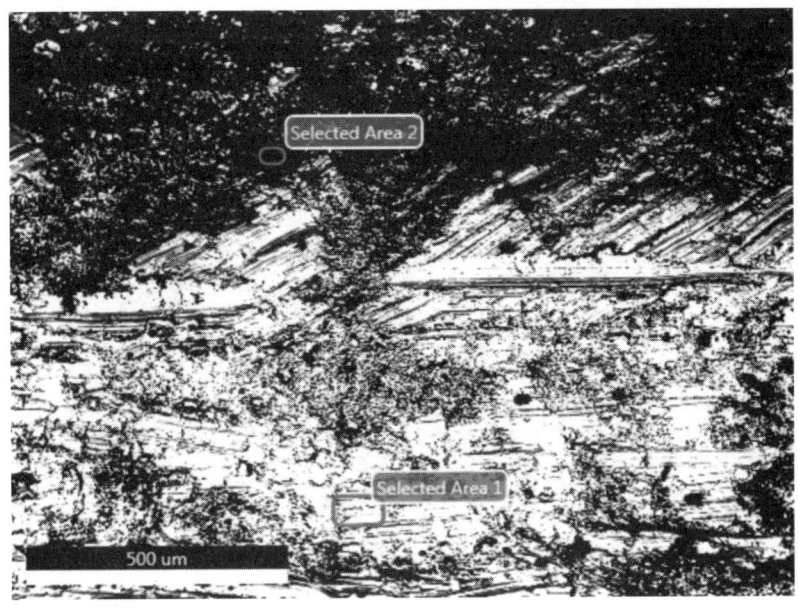

图1.9：M46:30铜当卢能谱检测区域图

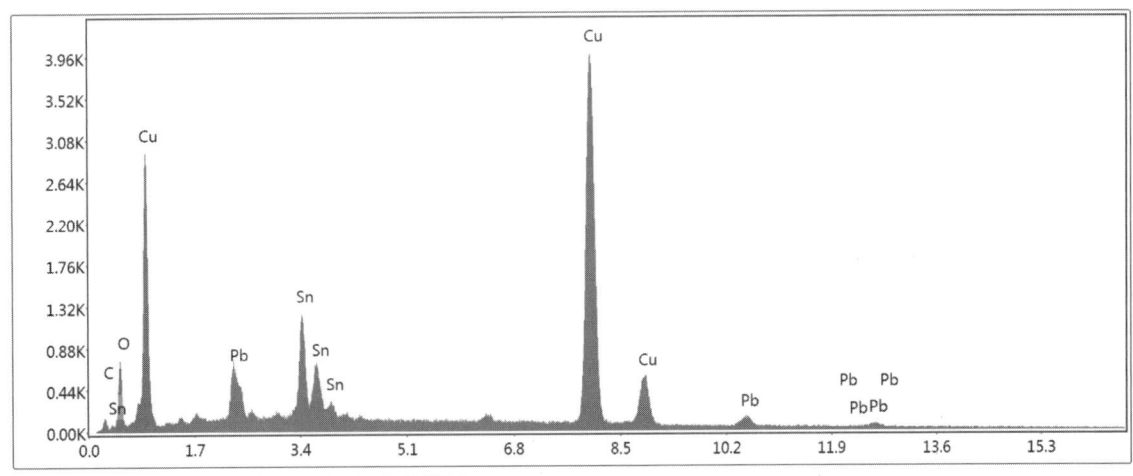

图1.9-1：M46:30铜当卢亮区能谱谱图

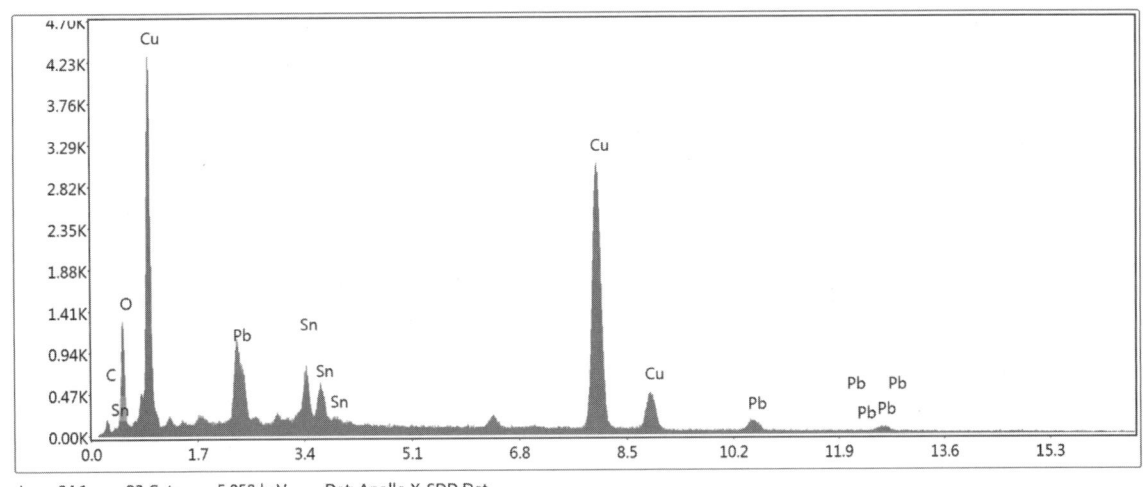

图1.9-2：M46:30铜当卢暗区能谱谱图

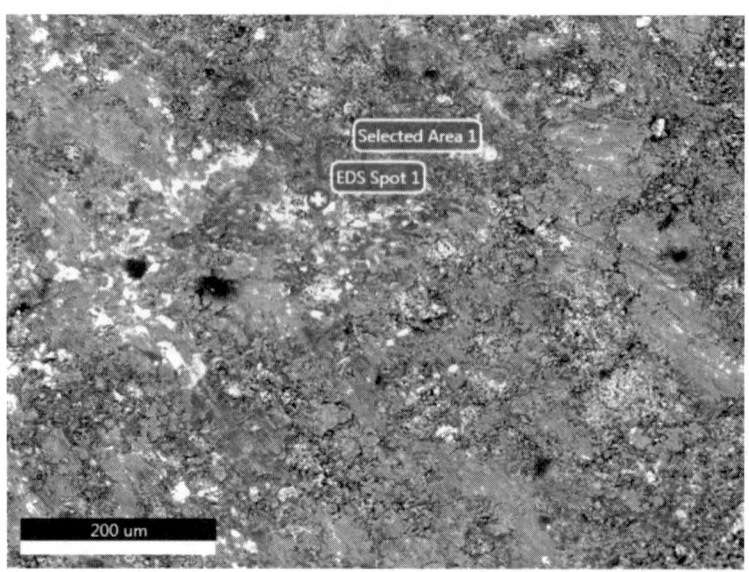

图1.10：M46:22铜兽面饰能谱检测区域图

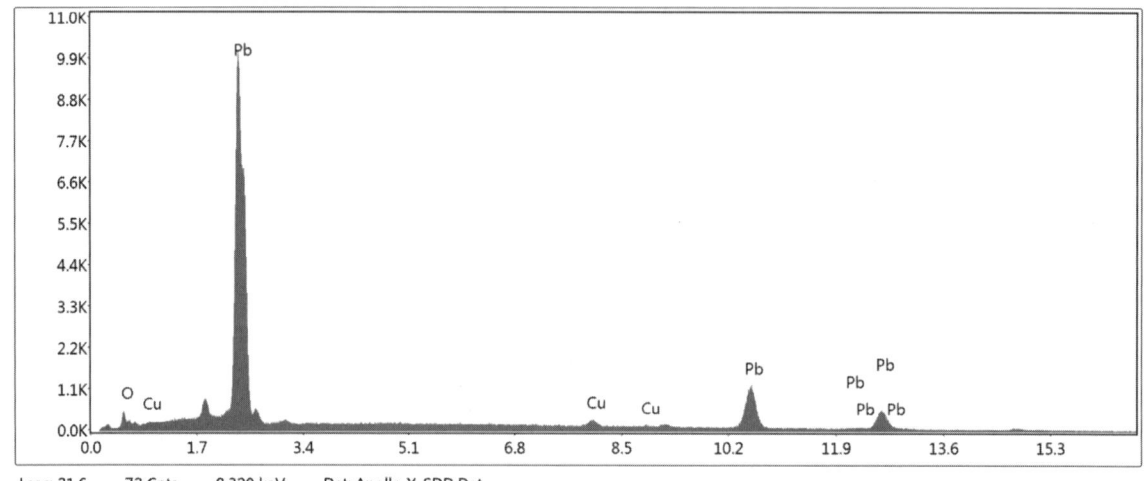

图1.10-1：M46:22铜兽面饰亮区能谱谱图

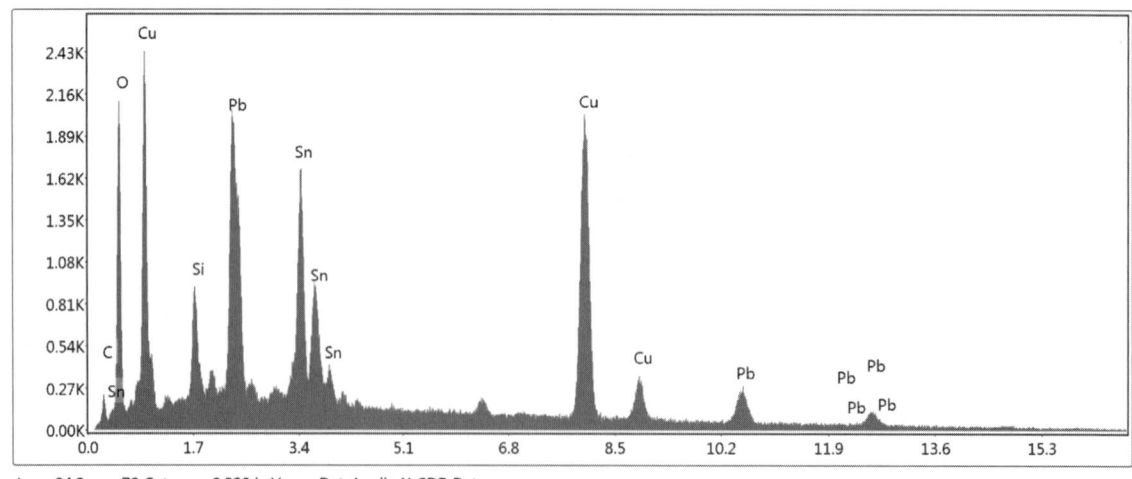

图1.10-2：M46:22铜兽面饰暗区能谱谱图

（器物图片由黄富成拍摄，检测图片、谱图由唐静拍摄提供）

后 记

2006年5月至8月，为配合郑州至尧山高速公路建设工程，河南省文物考古研究院（原河南省文物考古研究所）对郏县段王集乡董庄墓地进行了抢救性考古发掘。

本次发掘领队是孙新民，执行领队是郭木森。赵宏、王成负责考古发掘工地及出土文物的安全保卫工作，同时，发掘工作得到郏县文化广电局和文物保护管理所的积极配合。参加发掘工作的主要人员还有薄毛旦、赵军领、田建峰、牛长鹏、赫海龙等。

在河南省文物考古研究院领导的大力支持和帮助下，报告的整理与研究工作于2017年5月顺利进行，至2019年9月通过验收，圆满完成。在此表示深深的感谢！

衡云花主持整理与研究的全面工作，负责报告的撰写，对相关问题进行分析和研究等。黄富成、韩凯英参与部分资料的整理及图文汇总和校对。郭木森先生对墓地发掘情况的简介进行核校，赵军领、薄毛旦对原始发掘资料进行复核和完善，黄亚芬、魏梦娇等参加墓葬资料的整理录入工作。李晓莉、刘莉、黄亚芬等完成墓葬平、剖面图和出土遗物图的清绘、扫描工作。郭木森、薄毛旦等拍摄发掘现场照片，黄富成、衡云花、聂凡等拍摄出土遗物照片。黄亚芬、李洁、朱树生等，协助器物照片的拍摄工作。李洁完成出土铜钱、铜镜、铜饰件、陶画像砖和陶器装饰附件等的拓片制作工作。王利彬、韩凯英、赵晟伟、杨素勇、黄亚芬、魏梦娇、陈钦龙、李国响、常清海等，参加出土遗物的拼对、修复加固、铜器除锈清理保护等工作。赵晟伟、常清海撰写了《汉代铜钫的保护与修复》报告，见附录一。唐静对M46、M55、M57、M64、M68出土的铜饰件进行金相检测分析，并撰写《郏县董庄墓地汉代墓葬出土10件铜器表面成分分析检测报告》，见附录二。王瑞雪、薄毛旦、时丽娟、雷福珍、朱树生等，作了部分协助性工作。黄亚芬对报告所用线图，分单位进行排图，录入。衡云花对图文进行整体校对、合成，形成本报告。

资料整理、报告编撰与研究的过程中，自始至终都得到了河南省文物考古研究院领导、老师、同仁的高度重视和大力支持，使得工作进展顺利。刘海旺院长在百忙中，认真审阅报告文稿，修定报告的章节设定，为完善报告组织结构、提高内容质量提出了许多宝贵的意见。胡永庆、辛革、梁法伟三位主任对整理与研究的各项工作进行审核、验收，认真审阅报告各章节的内容，查检线图和图片等，对报告文稿提出具体的修改意见和指导。孙新民所长、郭木森副研究员等为资料整理与研究工作的顺利进行给予极大的支持和关心帮助。

中州古籍出版社编审、副总编辑马达先生为本书的出版给予了大力帮助。赵建新担任本报告的责任编辑，加班加点校匡，一丝不苟，精益求精，为报告的编辑、出版付出了辛勤的劳动。赵启航、贾悦独具匠心，设计了本书的唯美封面。南京铁路职业技术学院教授周广西博士，字斟句酌，完成报告的英文简介。

在报告的编辑与出版之际，谨向所有关心、支持、帮助和参与报告整理及编辑出版工作的单位和诸位先生表示衷心的感谢！

报告中的不足或谬误之处，真诚希望列位方家提出批评和给予匡正。

编　者
2019 年 10 月

彩版一

1. 陶壶（M2:1）

2. 陶壶铺首（M2:1）

3. 铜钱合照

4. 小陶壶（M2:4）

5. 铜釜（M2:3）

汉代墓葬 M2 出土遗物

彩版二

1. 陶三足樽（M4:7）

2. 铜钱合照（M3）

3. 铜钱（M4）

汉代墓葬 M3、M4 出土遗物

彩版三

1. M5:1

2. M5:3

3. M5:2

4. 铺首（M5:2）

汉代墓葬 M5 出土陶壶及其铺首

彩版四

1. M6:2

2. 铺首（M6:2）

3. 小（M6:3）

汉代墓葬 M6 出土陶壶及其铺首

彩版五

1. M7

2. M10

3. M15

4. M16

汉代墓葬出土铜钱合照

彩版六

1. M16:1

2. 铺首（M16:1）

3. M16:2

4. 铺首（M16:2）

汉代墓葬 M16 出土陶壶及其铺首

彩版七

1. 铁刀（M17:1）

2. 陶壶（M21:1）

3. 陶壶铺首（M21:1）

4. 小陶壶（M21:3）

汉代墓葬 M17、M21 出土遗物

彩版八

1. 壶（M33:2）

2. 壶铺首（M33:2）

3. 壶（M33:1）

4. 壶（M37:5）

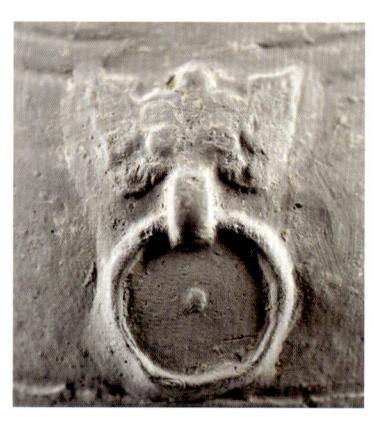

5.. 壶铺首（M37:5）

6. 罐（M37:1）

汉代墓葬 M33、M37 出土陶器及陶壶铺首

彩版九

1. 陶壶（M37:7）

2. 陶壶铺首（M37:7）

3. 小陶壶（M37:6）

4. 铜钱合照

汉代墓葬 M37 出土遗物

彩版一〇

1. 壶（M39:1）

2. 壶铺首（M39:1）

3. 壶（M39:2）

4. 罐（M41:5）

5. 仓（M41:1）

6. 仓（M41:2）

汉代墓葬 M39、M41 出土陶器及陶壶铺首

彩版一一

1. 陶罐（M44:1）

2. 铁䦆（M45:1）

3. 铁䦆侧立式（M45:1）

4. 铜衔镳（M45:6）

5. 铜盖弓帽（M45:7）

汉代墓葬 M44、M45 出土遗物

彩版一二

1. M46:7

2. 铺首（M46:7）

3. M46:8

4. 铺首（M46:8）

汉代墓葬 M46 出土陶壶及其铺首

彩版一三

1. M46:9

2. 铺首（M46:9）

3. M46:11

4. 铺首（M46:11）

汉代墓葬 M46 出土陶壶及其铺首

彩版一四

1. 小壶（M46:12）

2. 小壶铺首（M46:12）

3. 小壶（M46:13）

4. 小壶铺首（M46:13）

5. 博山薰炉（M46:5、35）

6. 井（M46:17）

7. 汲水瓶（M46:32）

汉代墓葬 M46 出土陶器及陶壶铺首

彩版一五

1. 鼎（M46:10）

2. 鼎（M46:14）

3. 釜（M46:18）

4. 灶（M46:19）

5. 灶另面（M46:19）

汉代墓葬 M46 出土陶器

彩版一六

1. 铁剑（M46:1）

2. 铁剑首（M46:1）

3. 铁刀（M46:2）

4. 铜带钩（M46:3）

5. 铜钱合照

汉代墓葬 M46 出土铁、铜器

彩版一七

1. 釜（M46:15）

2. 衔镳（M46:20）

3. 扣（M46:21）

汉代墓葬 M46 出土铜器

彩版一八

1. 輢饰（M46:26）

2. 兽面饰（M46:22左、27右）

3. 衔镳（M46:23、24）

4. 盖弓帽（M46:25上、34下）

5. 辕饰（M46:28）

6. 轴饰（M46:29）

汉代墓葬M46出土铜器

彩版一九

1. 铜当卢（M46:30）

2. 铜当卢另面（M46:30）

3. 陶纺轮（M46:36）

4. 铜车軎（M46:37）

5. 铜桄首饰（M46:38）

6. 铜钱合照（M52）

汉代墓葬 M46、M52 出土遗物

彩版二〇

1. 陶壶（M53:2）

2. 象牙器（M53:4）

3. 小陶壶（M54:1）

4. 陶壶（M54:2）

5. 陶壶铺首（M54:2）

汉代墓葬 M53、M54 出土遗物

彩版二一

1. 鎏金捉手（M55:1）

2. 鎏金捉手另面（M55:1）

3. 钱合照

4. 鎏金帽钉2（M55:3）

汉代墓葬M55出土铜器

彩版二二

1. 铜钱合照（M56）

2. 陶带流壶（M57:3）

3. 釉陶壶（M57:22）

4. 小釉陶壶（M57:23）

汉代墓葬 M56、M57 出土遗物

 1. 小釉壶盖（M57:23）

 2. 釉壶（M57:25）

 3. 釉壶（M57:29）

 4. 瓮（M57:41）

 5. 瓮（M57:42）

汉代墓葬 M57 出土陶器

彩版二四

1. 瓷壶（M57:45）

2. 瓷壶（M57:48）

3. 陶三足樽（M57:81）

4. 陶博山薰炉（M57:86）

5. 陶器盖（M57:92）

汉代墓葬 M57 出土陶、瓷器

1. 小釉陶壶（M57:94）　　　　2. 陶器盖（M57:97）

3. 铜矛镦合集（M57:7、8、20、31、61）

4. 陶器盖（M57:98）　　　　5. 陶器盖（M57:99）

汉代墓葬 M57 出土陶、铜器

彩版二六

1. 铜钫（M57:24）

2. 铜钫铺首（M57:24）

3. 铁戟（M57:1）

4. 铁器（M57:6）

汉代墓葬 M57 出土铜、铁器

彩版二七

1. 铜矛镦（M57:20）

2. 铁剑（M57:10、19）

3. 铁矛合照（M57:9下、13和16上）

汉代墓葬M57出土铜、铁器

彩版二八

1. 铁刀（M57:15）

2. 铜轴饰（M57:77）

3. 铜刷柄（M57:84）

4. 铜锜饰（M57:85）

汉代墓葬 M57 出土铁、铜器

彩版二九

1. 矛镦（M57:31）

2. 衔镳（M57:32）

3. 盖弓帽合照（M57:33 上右、35 上左、68 中左、72 中、74 中右、75 下）

4. 衔镳合照（M57:32 下、79 中、70 和 76 上）

汉代墓葬 M57 出土铜器

彩版三〇

1. 铁剑（M57:54）

2. 铁剑（M57:55）

3. 铜弩机（M57:57）

4. 铜弩机另侧（M57:57）

汉代墓葬 M57 出土铁剑、铜弩机

彩版三一

1. 石黛板（M57:58）

2. 铜矛镦（M57:61）

3. 铁钉（M57:62）

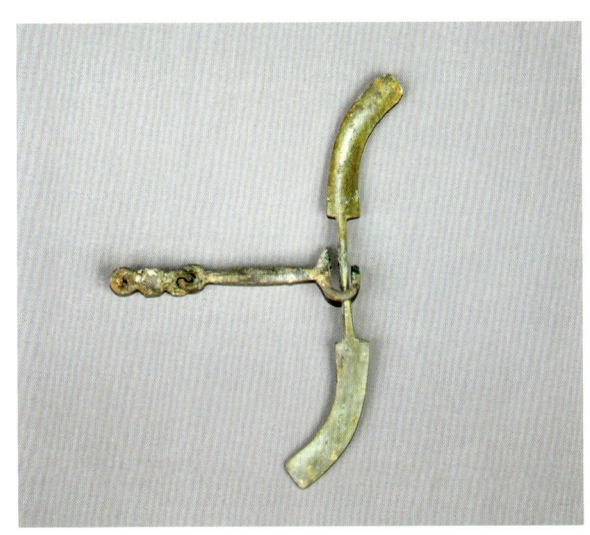

4. 铜衔镳（M57:70、76）

5. 铜軎饰（M57:71）

汉代墓葬 M57 出土遗物

彩版三二

1. 弩机（M57:73）

2. 弩机另侧（M57:73）

3. 兽面饰（M57:78）

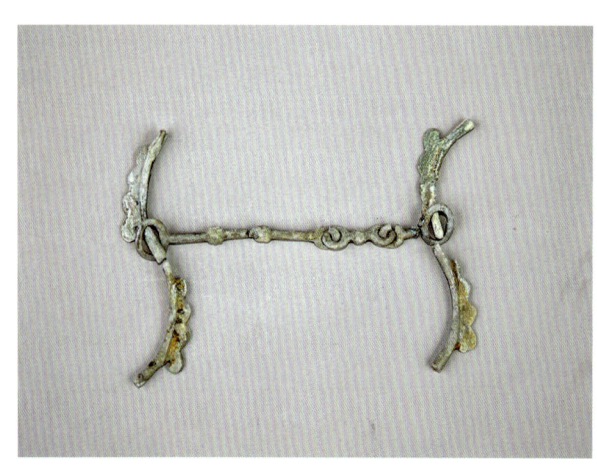

4. 衔镳（M57:79）

5. 铺首衔环（M57:80）

汉代墓葬 M57 出土铜器

彩版三三

1. 觿首饰（M57:101）

2. 柲末端饰合照（M57:103）

3. 四叶蒂形饰（M57:104）

4. 扣合照（M57:64-1、M57:64-2）

汉代墓葬 M57 出土铜器

彩版三四

1. 磨（M58:14）

2. 井（M58:17）

3. 器盖（M58:4）

4. 杵（M58:27）

5. 杵立式（M58:27）

汉代墓葬 M58 出土陶器

彩版三五

1. 罐（M58:20）

2. 罐（M58:26）

3. 纺轮（M58:41）

4. 猪圈（M58:9）

汉代墓葬 M58 出土陶器

彩版三六

1. 灶（M58:18）

2. 鸡合照（M58:5、7）

3. 鸭（M58:11）

汉代墓葬 M58 出土陶器

彩版三七

1. 铁犁铧（M58:2）

2. 铜弩机（M58:8）

3. 陶耳杯合照（M61）

4. 陶三足盘（M61:2）

汉代墓葬 M58、M61 出土遗物

彩版三八

1. 盉（M61:1）

2. 圆盘（M61:4）

3. 汲水瓶（M61:21）

4. 井（M61:3）

汉代墓葬 M61 出土陶器

彩版三九

1. 案（M61:13）

2. 圆盘（M61:16）

3. 案（M61:7）

汉代墓葬 M61 出土施彩陶器

彩版四〇

1. 灶（M61:14、20、26、32）

2. 器盖（M61:72）

3. 长方盒盖（M61:80）

4. 长方盒合集（M61:77、78、79、80）

汉代墓葬 M61 出土陶器

彩版四一

1. 圆盘（M61:19）

2. 圆盘（M61:17）

3. 三足樽（M61:37）

4. 作坊（M61:24、30）

汉代墓葬 M61 出土陶器

彩版四二

1. 三足樽（M61:41）

2. 磨（M61:65）

3. 圆盘（M61:67）

汉代墓葬 M61 出土陶器

彩版四三

1. 铜钱合照（M61）

2. 陶灶（M64:2、4、5、6）

3. 陶勺（M64:2）

汉代墓葬 M61、M64 出土遗物

彩版四四

1. 井（M64:7）

2. 汲水瓶（M64:8）

3. 釜（M64:3）

4. 仓（M64:10）

5. 罐（M64:9）

6. 小壶（M64:14）

7. 罐（M64:23）

汉代墓葬 M64 出土陶器

彩版四五

1. 博山薰炉（M64:26、27）

2. 仓（M64:29）

3. 仓（M64:30）

4. 鼎（M64:31）

5. 罐（M64:32）

汉代墓葬 M64 出土陶器

彩版四六

1. 罐（M64:33）

2. 罐（M64:34）

3. 仓（M64:35）

4. 仓（M64:36）

汉代墓葬 M64 出土陶器

彩版四七

1. 小壶（M64:45）

2. 小壶（M64:46）

3. 三足樽（M64:47）

4. 鸡鸭鹅狗合照（M64）

汉代墓葬 M64 出土陶器

1. 鹅合照（M64:37 左、38 右）

2. 鹅（M64:38）

3. 鸭合照（M64:41 右、43 左）

4. 鸭（M64:43）

汉代墓葬 M64 出土陶鸭、鹅

彩版四九

1. 陶鸡（M64:42）

2. 陶鸡（M64:40）

3. 陶鸡合照（M64:40 左、42 右）

4. 陶狗（M64:39）

汉代墓葬 M64 出土陶鸡、狗

彩版五〇

1. 铜泡钉合照（M64:17、18、19）

2. 铁剑（M64:24）

3. 铁剑铜格（M64:24）

汉代墓葬 M64 出土铜泡钉、铁剑

彩版五一

1. 当卢（M64:16）

2. 当卢另面（M64:16）

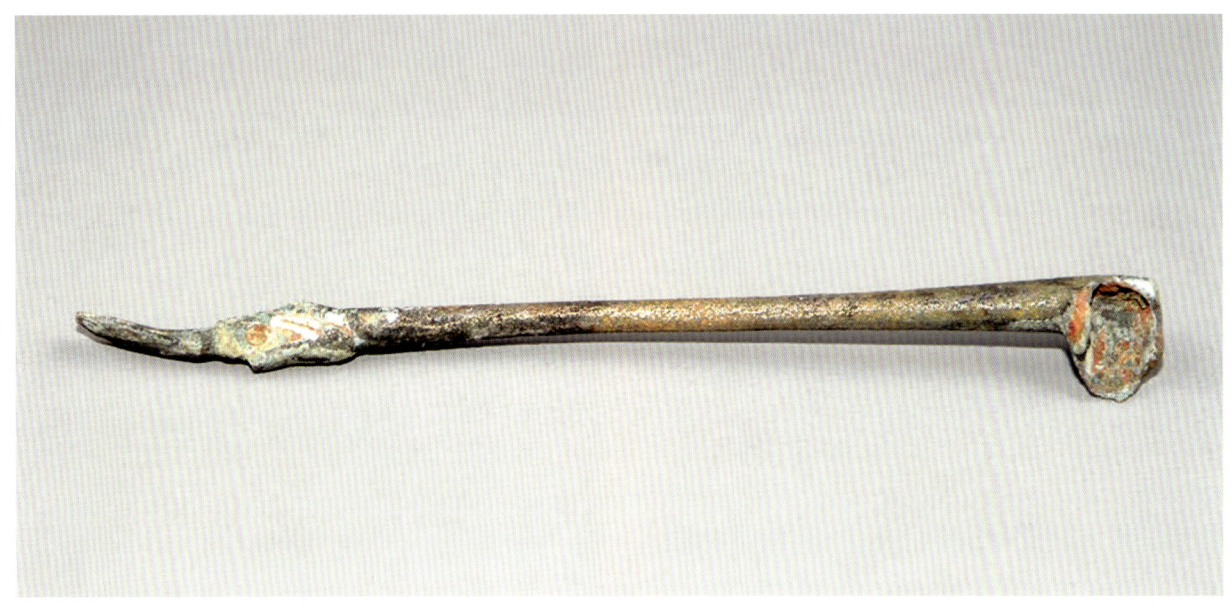

3. 刷柄（M64:22）

汉代墓葬 M64 出土铜当卢、刷柄

彩版五二

1. 铜輢饰（M64:44）

2. 陶双耳罐（M65:2）

3. 铜轙饰（M64:50）

4. 铅饰件（M64:49）

汉代墓葬 M64、M65 出土遗物

1. 铁镤（M68:1）

2. 铁斧（M68:2）

3. 铜盖弓帽（M68:3）

4. 铜当卢（M68:4）

5. 铜当卢另面（M68:4）

汉代墓葬 M68 出土铁、铜器

彩版五四

1. 车軎（M68:5）

2. 桄首饰（M68:6）

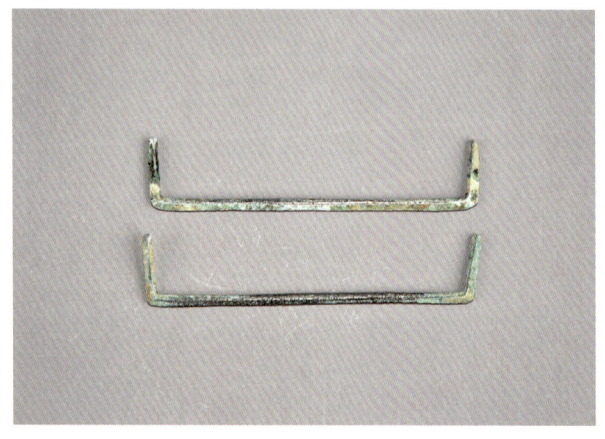

3. 輢饰（M68:7）

4. 轙饰（M68:8-1）

5. 扣（M68:8-3）

6. 柢末端饰（M68:8-4）

汉代墓葬 M68 出土铜器

彩版五五

1. 陶耳杯合照（M70:1 左、2 右）

2. 陶器足（M70:3）

3. 陶勺（M70:4）

4. 陶三足樽（M70:8）

5. 铜钱合照（M72）

6. 铜戒指（M72:4）

汉代墓葬 M70、M72 出土遗物

彩版五六

1. 陶魁（M74:1）

2. 铜釜（M78:3）

3. 陶罐（M78:1）

4. 陶仓（M75:1）

5. 陶仓（M75:2）

汉代墓葬 M74、M75、M78 出土遗物

彩版五七

1. M78:5

2. M78:6

3. 小（M78:7）

4. 小（M79:3）

汉代墓葬 M78 出土陶壶

彩版五八

1. M79:1

2. 铺首（M79:1）

3. M80:3

4. 铺首（M80:3）

汉代墓葬 M79、M80 出土陶壶及其铺首

彩版五九

1. 小陶壶（M80:4）

2. 铜镜（M80:1）

3. 陶壶（M81:1）

4. 陶壶铺首（M81:1）

5. 小陶壶（M81:3）

汉代墓葬 M80、M81 出土遗物

彩版六〇

1. M82:2

2. 铺首（M82:2）

3. 小（M82:3）

4. 小（M87:3）

汉代墓葬 M82、M87 出土陶壶及其铺首

彩版六一

1. 陶壶（M87:1）

2. 陶壶铺首（M87:1）

4. 铜钱合照（M88）

汉代墓葬 M87、M88 出土遗物

彩版六二

1. M88:3

2. 铺首（M88:3）

3. 釉壶（M88:4）

4. 釉壶铺首（M88:4）

汉代墓葬 M88 出土陶壶及其铺首

1. 小（M88:5）

2. 小（M88:6）

3. M88:7

4. 铺首（M88:7）

汉代墓葬 M88 出土釉陶壶及其铺首

彩版六四

1. 釉陶壶（M88:8）

2. 釉陶壶铺首（M88:8）

3. 铜釜（M88:9）

4. 铁锸（M88:10）

汉代墓葬 M88 出土遗物

彩版六五

1. 陶壶（M90:2）

2. 陶壶铺首（M90:2）

3. 小陶壶（M90:3）

4. 铜钱合照（M91）

汉代墓葬 M90、M91 出土遗物

1. M95:2

2. 铺首（M95:2）

3. 小（M95:1）

4. M95:3

5. 铺首（M95:3）

6. 小（M95:4）

汉代墓葬 M95 出土陶壶及其铺首

彩版六七

1. 壶（M97:1）

2. 壶铺首（M97:1）

3. 小壶（M97:2）

4. 瓮（M97:3）

汉代墓葬 M97 出土陶器

彩版六八

1. 小陶壶（M99:2）

2. 小陶壶（M109:3）

3. 陶三足樽（M109:5）

4. 陶仓（M110:1）

5. 铜带钩（M109:4）

汉代墓葬 M99、M109、M110 出土遗物

彩版六九

1. 陶仓（M110:2）

2. 陶壶（M110:3）

3. 陶三足樽（M111:2）

4. 陶三足樽（M112:3）

5. 陶器盖（M112:5）

6. 铜钱合照（M113）

汉代墓葬 M110、M111、M112、M113 出土遗物

1. 壶（M113:1）

2. 铺首（M113:1）

3. M113:3

4. 铺首（M113:3）

汉代墓葬 M113 出土陶壶及其铺首

彩版七一

1. 小陶壶（M113:2）

2. 陶仓（M115:1）

3. 陶三足樽（M115:4）

4. 铜钱合照（M116）

汉代墓葬 M113、M115、M116 出土遗物

彩版七二

1. 刀（M117:4）

2. 剑（M119:1）

3. 剑铜格（M119:1）

汉代墓葬 M117、M119 出土铁器

彩版七三

1. 陶壶（M119:3）

2. 陶壶铺首（M119:3）

3. 小陶壶（M119:4）

4. 铜钱合照（M121）

汉代墓葬 M119、M121 出土遗物

彩版七四

1. 陶壶（M121:2）

2. 陶壶铺首（M121:2）

3. 陶罐（M121:5）

4. 陶罐（M121:10）

5. 陶罐（M121:6）

6. 陶罐（M121:7、9）

7. 铜釜（M121:4）

汉代墓葬 M121 出土遗物

彩版七五

1. 陶壶（M121:12）

2. 陶壶铺首（M121:12）

3. 铜钱合照（M123）

汉代墓葬 M121、M123 出土遗物

彩版七六

1. 罐（M60:1） 宋代

2. 双耳罐（M66:1） 唐代

3. 瓶（M66:2） 唐代

4. 罐（M66:5） 唐代

唐宋墓葬 M60、M66 出土陶器

图版一

汉代墓葬 M3

图版二

汉代墓葬 M10

图版三

汉代墓葬 M12

图版四

汉代墓葬 M46 左墓室

图版五

唐代墓葬 M66

图版六

汉代墓葬 M84

汉代墓葬 M87（左）、M88（右）

图版八

汉代墓葬 M90

汉代墓葬 M105

图版一〇

汉代墓葬 M119

图版一一

1. 陶壶（M1:1）

2. 陶壶（M1:2）

3. 小陶壶（M1:3）

4. 铜釜（M2:3）

5. 陶壶（M2:1）

6. 小陶壶（M2:4）

汉代墓葬 M1、M2 出土遗物

图版一二

1. 小壶（M3:11） 2. 壶（M3:14） 3. 器盖（M3:15）

4. 三足樽（M4:7） 5. 壶（M5:1） 6. 壶（M5:2）

7. 小壶（M5:3） 8. 小壶（M5:4） 9. 器盖（M6:1）

汉代墓葬 M3、M5 出土陶器

图版一三

1. 壶（M6:2）

2. 壶铺首（M6:2）

3. 小壶（M6:3）

4. 壶（M7:3）

5. 壶铺首（M7:3）

6. 壶（M7:1）

汉代墓葬 M6、M7 出土陶器

图版一四

1. 罐（M7:2） 2. 壶（M7:4）

3. 小壶（M7:5） 4. 小壶（M7:6）

5. 器盖（M10:2） 6. 器盖（M10:3）

汉代墓葬 M7、M10 出土陶器

图版一五

1. 铜镜（M10:1）

2. 陶器盖（M12:2）

3. 陶壶（M16:1）

4. 陶壶（M16:2）

5. 小陶壶（M16:3）

6. 小陶壶（M16:4）

7. 陶壶（M16:5）

汉代墓葬 M10、M12、M16 出土遗物

图版一六

1. 铜釜（M16:6）

2. 铁刀（M17:1）

3. 小陶壶（M17:2）

4. 陶壶（M21:1）

汉代墓葬 M16、M17、M21 出土遗物

图版一七

1. M21:2

2. 小（M21:3）

3. M24:3

4. 小（M24:1）

5. M24:2

6. 铺首（M24:2）

汉代墓葬 M21、M24 出土陶壶

图版一八

1. 小壶（M33:1）   2. 壶（M33:2）   3. 壶（M33:3）

4. 壶（M37:5）   5. 壶铺首（M37:5）   6. 罐（M37:1）

汉代墓葬 M33、M37 出土陶器

图版一九

1. M37:4

2. 铺首（M37:4）

3. 小（M37:3）

4. M37:2

5. 小（M37:6）

6. M37:7

汉代墓葬 M37 出土陶壶

图版二〇

1. 壶（M39:1）   2. 壶（M39:2）   3. 壶（M39:3）

4. 罐（M39:4）   5. 壶（M39:5）   6. 壶（M39:6）

汉代墓葬 M39 出土陶器

图版二一

1. 仓（M41:1）

2. 仓（M41:2）

3. 罐（M41:5）

4. 器盖（M41:6）

5. 器盖（M41:7）

6. 器盖（M41:8）

汉代墓葬 M41 出土陶器

图版二二

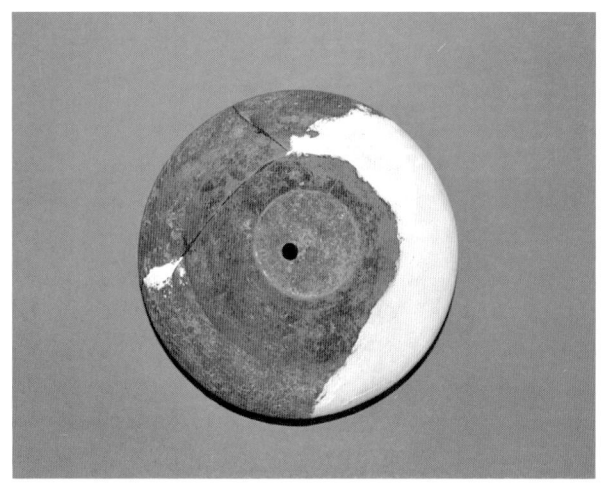
1. M41:9

2. M41:10

3. M41:11

4. M41:12

5. M41:13

汉代墓葬 M41 出土陶器盖

图版二三

1. 陶罐（M44:1）

2. 陶罐（M44:2）

3. 铁䦆（M45:1）

4. 铁䦆（M45:1）

5. 铁剑（M45:3-1）

汉代墓葬 M44、M45 出土陶、铁器

图版二四

1. 铜衔镳（M45:6）　　2. 铜盖弓帽（M45:7）　　3. 铜当卢（M45:11）

4. 陶博山薰炉（M46:5、35）　　5. 陶壶（M46:6）　　6. 陶壶（M46:7）

7. 陶壶（M46:8）　　8. 陶壶（M46:9）　　9. 陶鼎（M46:10）

汉代墓葬 M45、M46 出土陶、铜器

图版二五

1. 小陶壶（M46:11）

2. 小陶壶（M46:12）

3. 小陶壶（M46:13）

4. 陶鼎（M46:14）

5. 铜釜（M46:15）

6. 陶耳杯（M46:16）

汉代墓葬 M46 出土遗物

图版二六

1. 陶井（M46:17）

2. 陶釜（M46:18）

3. 陶灶（M46:19）

4. 陶灶另面（M46:19）

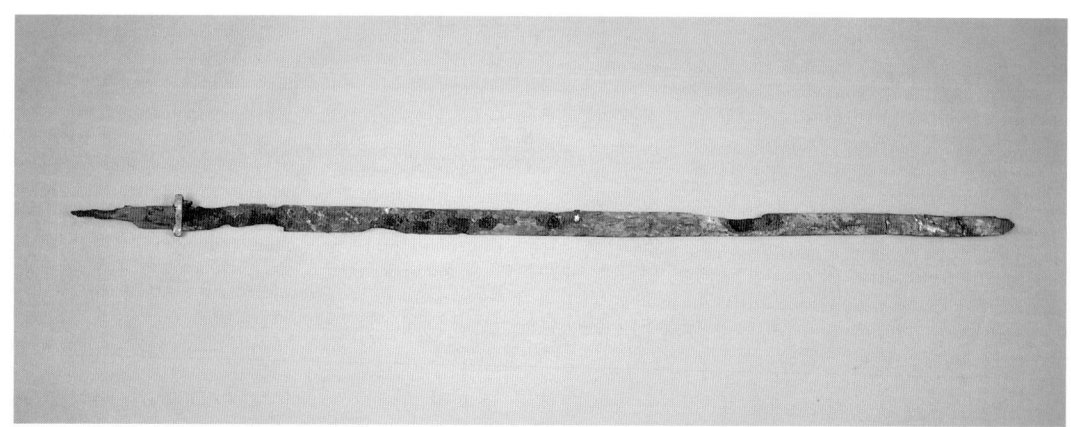
5. 铁剑（M46:1）

汉代墓葬 M46 出土陶器、铁剑

图版二七

1. 铁剑首（M46:1）

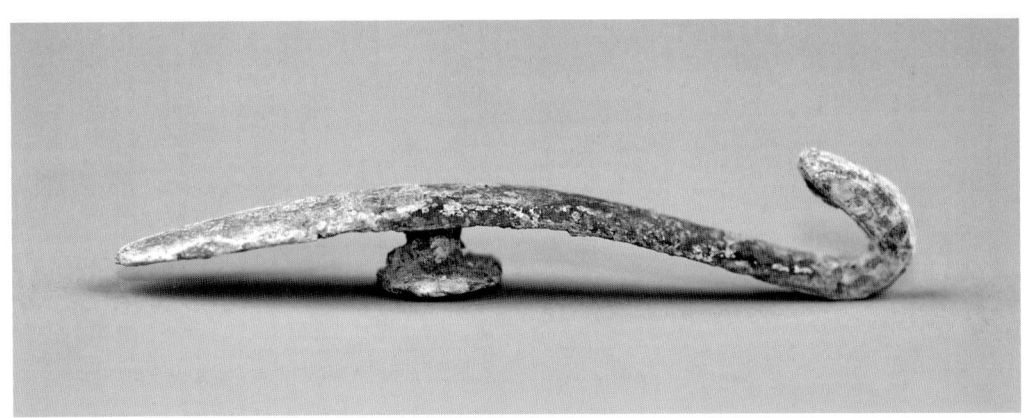

2. 铜带钩（M46:3）

3. 铁刀（M46:2）

汉代墓葬 M46 出土铁、铜器

图版二八

1. 陶奁盖（M52:10）

2. 陶奁盖（M52:11）

3. 陶奁盖顶部（M52:11）

4. 陶器盖（M52:12）

5. 陶器盖（M52:13）

6. 铁刀（M52:1）

汉代墓葬 M52 出土陶器、铁刀

图版二九

1. 陶壶（M53:1）

2. 陶壶铺首（M53:1）

3. 陶壶（M53:2）

4. 象牙器（M53:4）

5. 小陶壶（M54:1）

6. 小陶壶铺首（M54:1）

汉代墓葬 M53、M54 出土遗物

图版三〇

1. 陶壶（M54:3）

2. 陶壶（M54:2）

3. 鎏金铜捉手（M55:1）

4. 鎏金铜捉手另面（M55:1）

汉代墓葬 M54、M55 出土陶壶、铜捉手

图版三一

1. 鎏金铜帽钉1（M55:3）

2. 鎏金铜帽钉2（M55:3）

3. 陶器盖（M55:7）

4. 陶仓（M55:8）

5. 陶器盖（M55:10）

6. 陶器盖（M55:9）

7. 陶器盖（M55:11）

汉代墓葬 M55 出土遗物

图版三二

1. 铁戟合照 （M57:1下、2上二、56上三、60上一）

2. 陶带流壶（M57:3）

3. 陶带流壶侧面（M57:3）

4. 釉陶壶（M57:22）

5. 小釉陶壶（M57:23）

6. 大釉陶壶（M57:25）

7. 釉陶壶（M57:27）

8. 釉陶壶（M57:28）

9. 釉陶壶（M57:29）

汉代墓葬 M57 出土遗物

图版三三

1. 小釉壶（M57:30）   2. 瓮（M57:41）   3. 瓮（M57:42）

4. 小壶（M57:44）   5. 壶铺首（M57:44）   6. 瓮（M57:43）

7. 小壶（M57:46）   8. 小釉壶（M57:49）   9. 小壶（M57:51）

汉代墓葬 M57 出土陶器

图版三四

1. 小壶（M57:52）

2. 小壶（M57:53）

3. 小釉壶（M57:87）

4. 三足樽（M57:81）

5. 博山薰炉（M57:86）

6. 器盖（M57:92）

7. 小釉壶（M57:94）

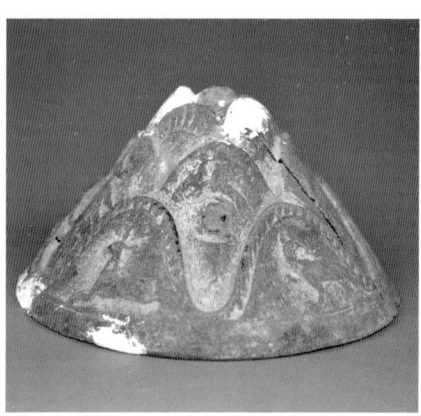
8. 器盖（M57:97）

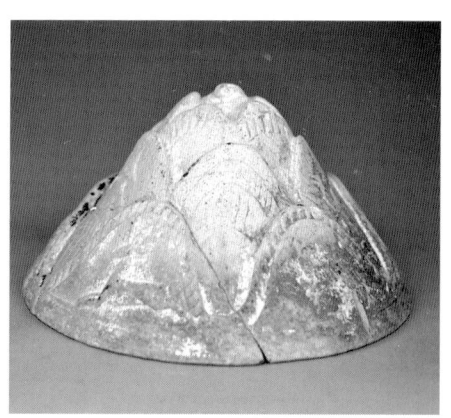
9. 器盖（M57:98）

汉代墓葬 M57 出土陶器

图版三五

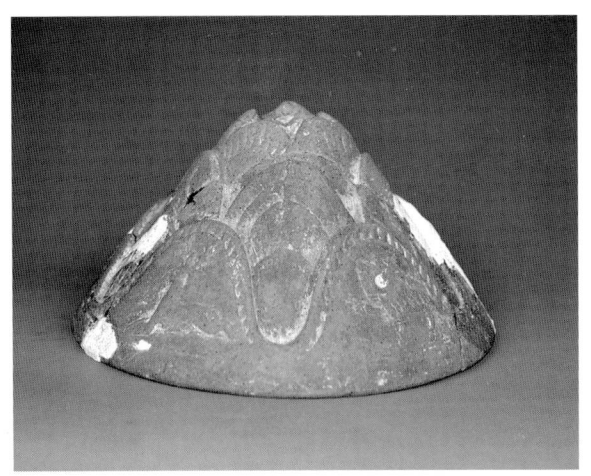

1. 陶器盖（M57:99）

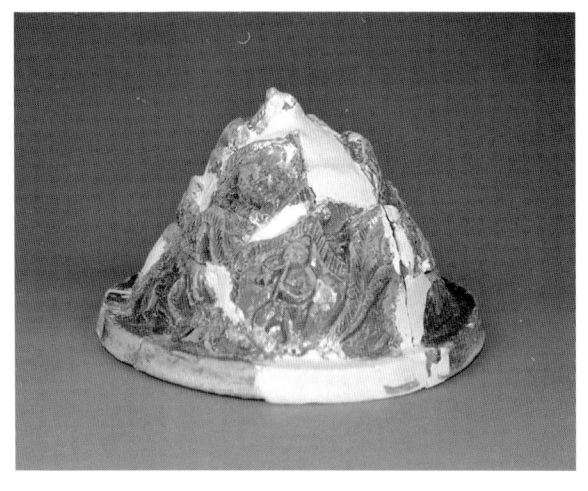

2. 釉陶器盖（M57:100）

3. 铜钫（M57:24）

4. 瓷壶（M57:45）

5. 瓷壶（M57:48）

汉代墓葬 M57 出土遗物

图版三六

1. 铜矛镦合照（2）（M57:7前右、8前中、20前左、31后右、61后左）

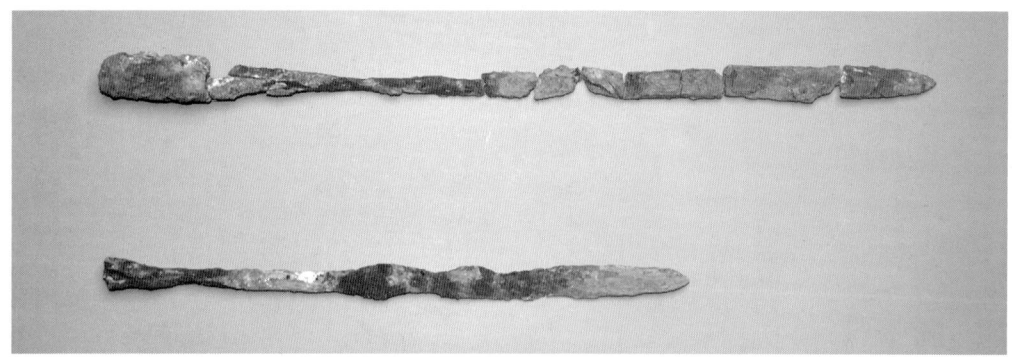

2. 铁矛合照（M57:9下、13和16上）

3. 铁剑（M57:10、19）

4. 铁刀（M57:12）

汉代墓葬 M57 出土遗物

图版三七

1. 铁刀（M57:15）

2. 铜带钩合照（M57:18 左、93 右）

3. 铜矛镦（M57:20）

4. 铜矛镦（M57:31）

汉代墓葬 M57 出土遗物

图版三八

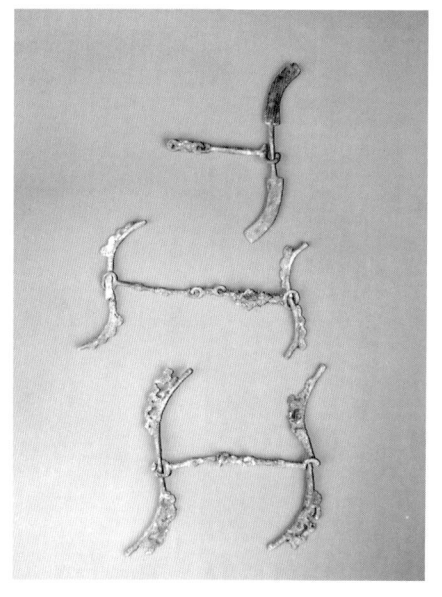

1. 衔镳合照（M57:32下、79中、70和76上）

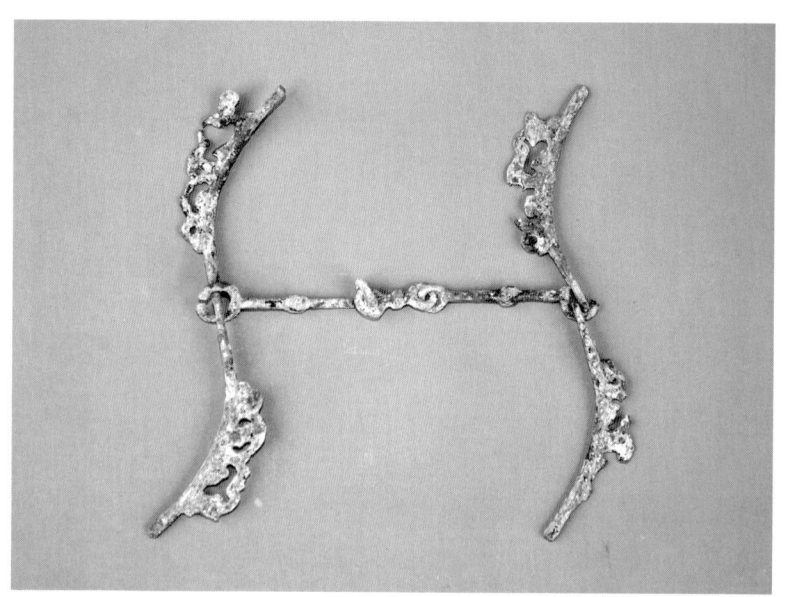

2. 衔镳（M57:32）

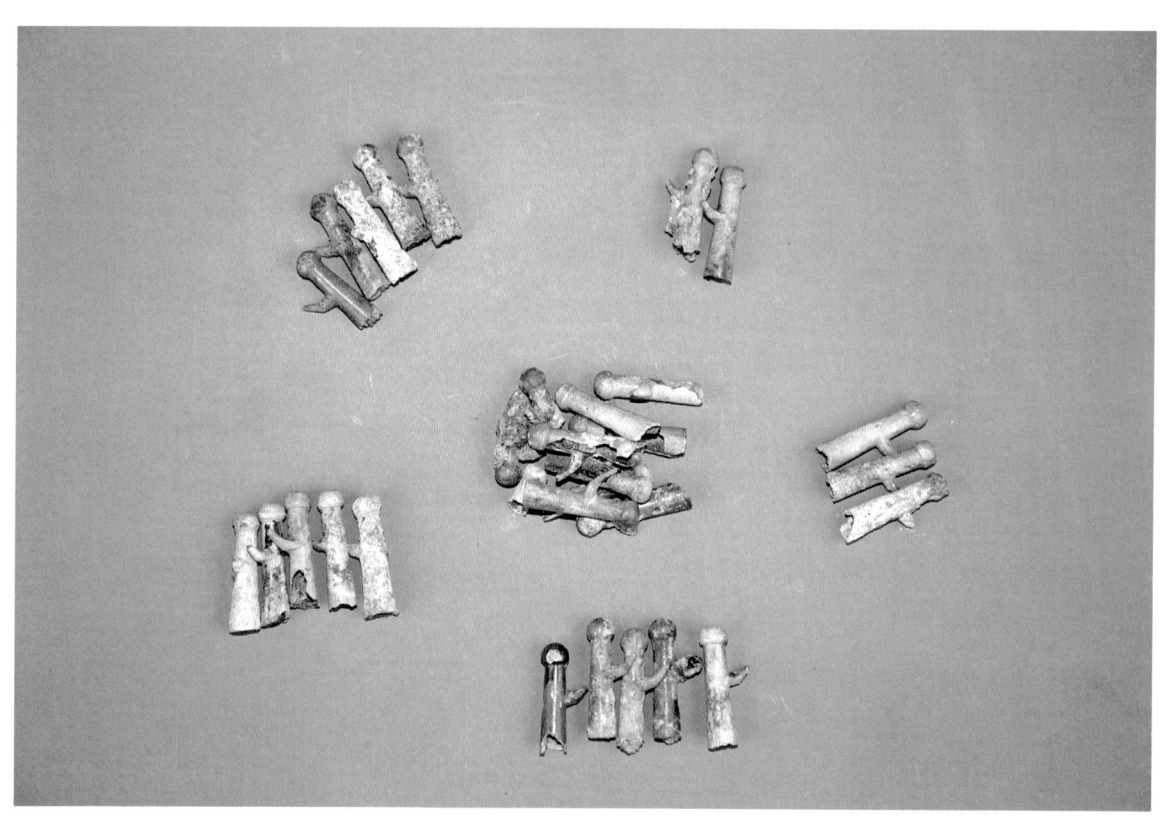

3. 盖弓帽合照（M57:33上右、35上左、68中左、72中、74中右、75下）

汉代墓葬M57出土铜器

图版三九

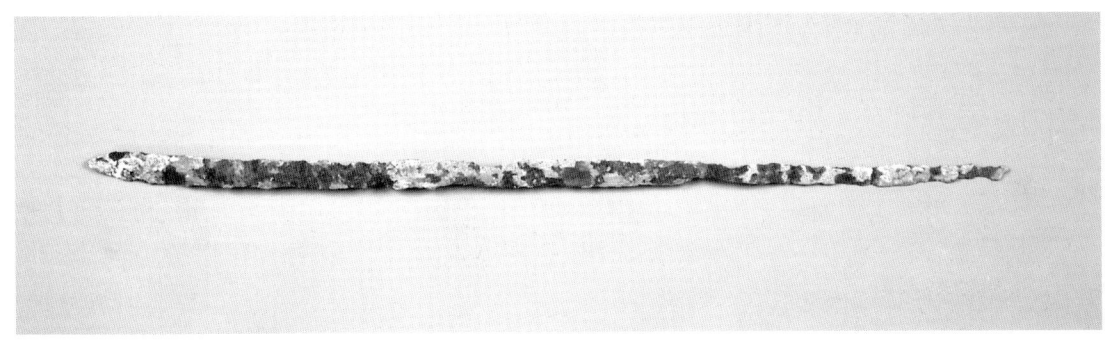

1. 铁剑（M57:54）

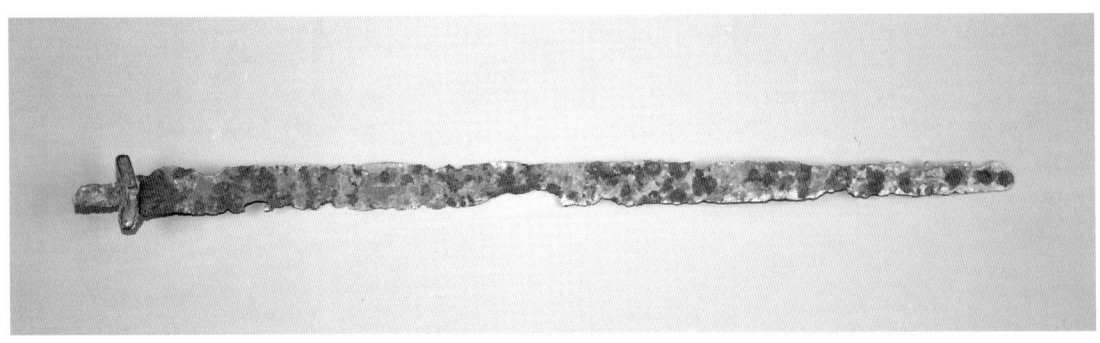

2. 铁剑（M57:55）

3. 铜弩机（M57:57）

4. 铜弩机（M57:73）

5. 铁刀（M57:59）

汉代墓葬 M57 出土铁、铜器

图版四〇

1. 铜矛镦（M57:61）

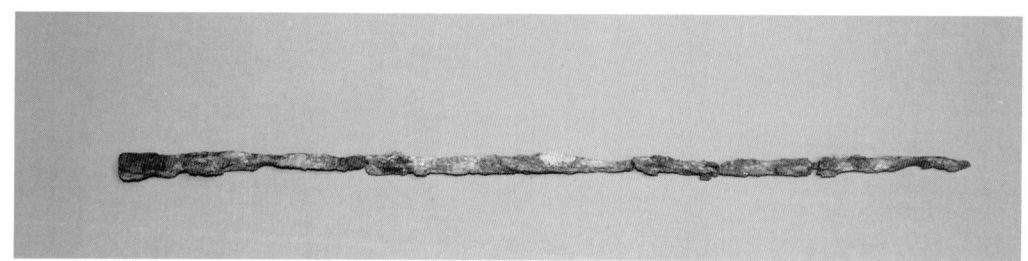

2. 铁钉（M57:62）

3. 铜扣合照（M57:64-1、M57:64-2、M57:64-3、M57:64-4）

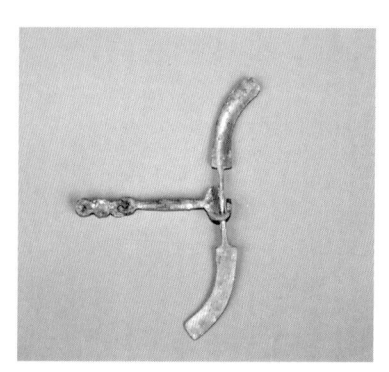 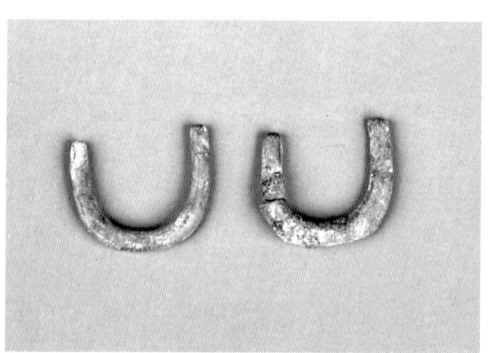 

4. 铜衔镳（M57:70、76）　　5. 铜軎饰合照（M57:71）　　6. 铜兽面饰（M57:78）

汉代墓葬 M57 出土铜、铁器

图版四一

1. 轴饰（M57:77）

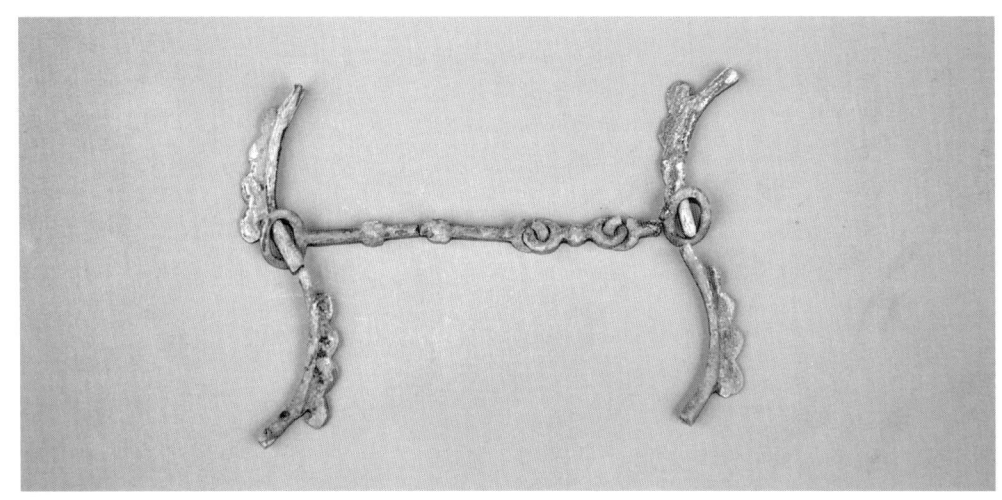

2. 衔镳（M57:79）

3. 刷柄（M57:84）

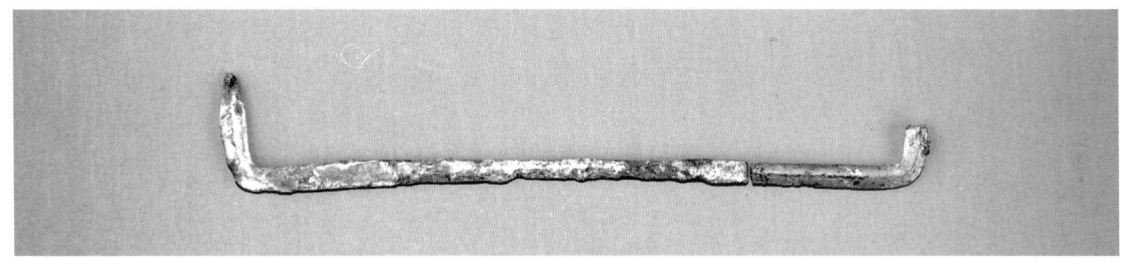

4. 辖饰（M57:85）

汉代墓葬 M57 出土铜器

图版四二

1. 铜桅首饰（M57:101）　　　2. 铜柲末端饰合照（M57:103）

3. 釉陶壶 M57:91

4. 铜四叶蒂形饰（M57:104）

汉代墓葬 M57 出土遗物

图版四三

1. 壶（M58:3）

2. 器盖（M58:4）

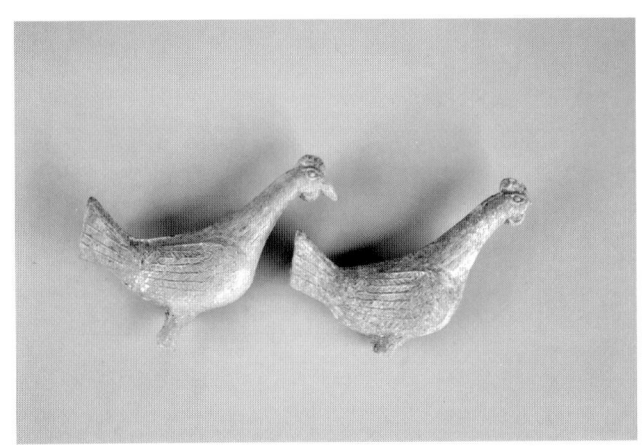

3. 鸡合照（M58:5、7）

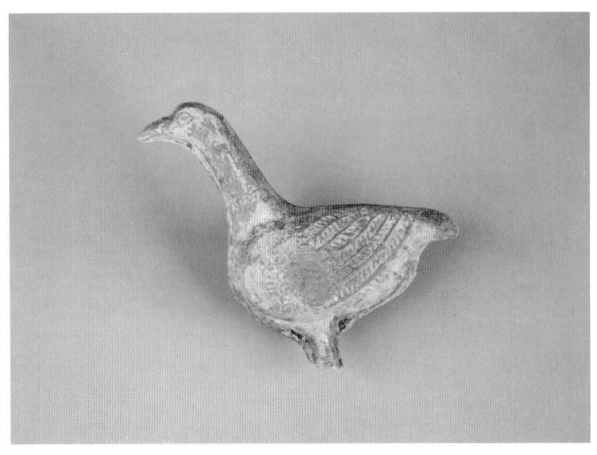

4. 鸭（M58:11）

5. 猪圈（M58:9）

6. 猪圈另面（M58:9）

汉代墓葬 M58 出土陶器

图版四四

1. 仓（M58:12）

2. 仓（M58:13）

3. 磨（M58:14）

4. 井（M58:17）

5. 仓（M58:19）

6. 灶（M58:18）

7. 灶另面（M58:18）

汉代墓葬 M58 出土陶器

图版四五

1. 陶罐（M58:20） 2. 陶壶（M58:22） 3. 陶壶（M58:24）
4. 陶器盖（M58:25） 5. 陶罐（M58:26） 6. 陶仓（M58:28）
7. 陶壶（M58:29） 8. 铜弩机（M58:8）

汉代墓葬 M58 出土遗物

图版四六

1. 铁犁铧（M58:2）

2. 陶提梁盉（M61:1）

3. 陶三足盘（M61:2）

4. 陶井（M61:3）

5. M61:3 陶井的陶汲水瓶（M61:21）

汉代墓葬 M58、M61 出土遗物

图版四七

1. 圆盘（M61:4）

2. 圆盘内部（M61:4）

3. 耳杯（M61:5）

4. 耳杯（M61:6）

5. 耳杯（M61:9）

6. 耳杯（M61:10）

7. 耳杯（M61:11）

8. 耳杯（M61:12）

汉代墓葬 M61 出土陶器

图版四八

1. 罐（M61:8）

2. 耳杯（M61:15）

3. 耳杯（M61:28）

4. 耳杯（M61:27）

5. 耳杯（M61:29）

6. 耳杯（M61:83）

汉代墓葬 M61 出土陶器

图版四九

1. 案（M61:7）

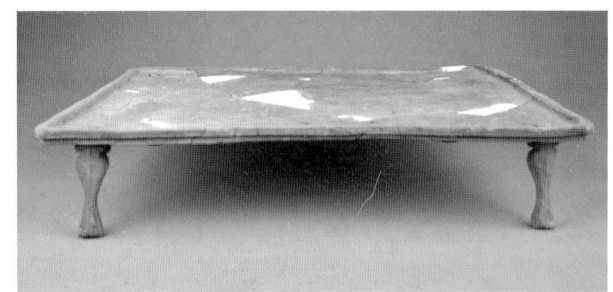

2. 案（M61:13）

3. 灶（M61:14、20、26、32）

4. 圆盘（M61:16）

5. 盘（M61:17）

6. 盘（M61:19）

7. 壶（M61:22）

8. 壶（M61:23）

9. 作坊（M61:24、30）

汉代墓葬 M61 出土陶器

图版五〇

1. 三足樽（M61:37）

2. 三足樽兽面（M61:37）

3. 三足樽（M61:41）

4. 三足樽兽面（M61:41）

5. 釜（M61:25）

6. 器盖（M61:53）

汉代墓葬 M61 出土陶器

图版五一

1. 磨（M61:65）

2. 圆盘（M61:67）

3. 器盖（M61:72）

4. 长方盒分体（M61:77）

5. 长方盒套（M61:77）

6. 长方盒分体（M61:78）

7. 长方盒套（M61:78）

汉代墓葬 M61 出土陶器

图版五二

1. 长方盒套（M61:79、81）

2. 长方盒分体（M61:79右、81左）

3. 长方盒盖（M61:80）

4. 灶（M64:2、4、5、6）

5. 灶中的陶勺（M64:2）

6. 釜（M64:3）

汉代墓葬 M61、M64 出土陶器

图版五三

1. 仓（M64:10）

2. 小壶（M64:11）

3. 罐（M64:9）

4. 井（M64:7）

5. 汲水瓶（M64:8）

汉代墓葬 M64 出土陶器

图版五四

1. 小陶壶（M64:14）

2. 铜当卢（M64:16）

3. 铜当卢另面（M64:16）

4. 铜泡钉合照（M64:17、18、19）

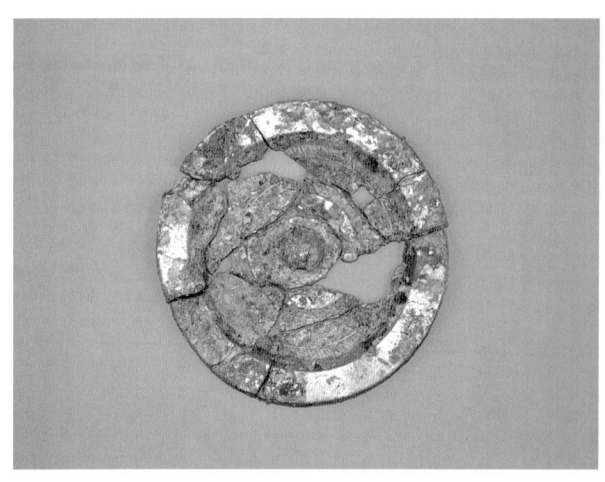
5. 铜镜（M64:20）

6. 陶罐（M64:23）

汉代墓葬 M64 出土陶器、铜器

图版五五

1. 博山薰炉（M64:26、27）

2. 仓（M64:29）

3. 仓（M64:30）

4. 鼎（M64:31）

5. 罐（M64:32）

6. 罐（M64:33）

7. 罐（M64:34）

8. 仓（M64:35）

9. 仓（M64:36）

汉代墓葬 M64 出土陶器

图版五六

1. 小壶（M64:45）

2. 小壶（M64:46）

3. 三足樽（M64:47）

4. 三足樽（M64:53）

5. 器盖（M64:60）

6. 鸡鸭鹅狗合照（M64）

汉代墓葬 M64 出土陶器

图版五七

1. 铁刀（M64:21）

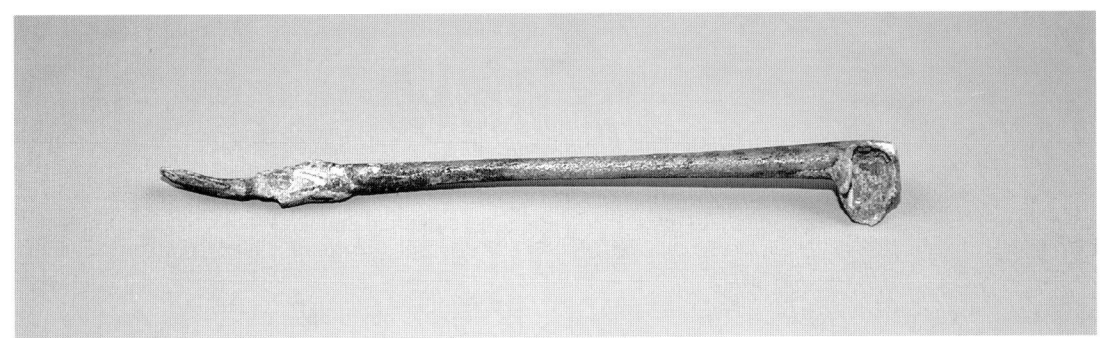

2. 铜刷柄（M64:22）

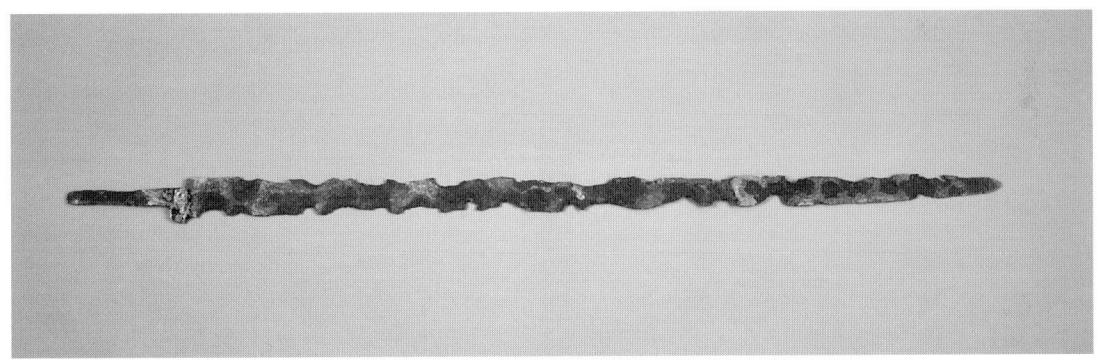

3. 铁剑（M64:24）

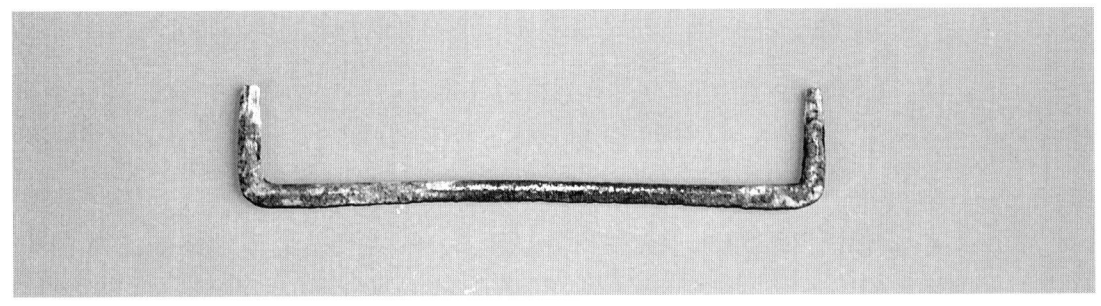

4. 铜锜饰（M64:44）

汉代墓葬 M64 出土铁、铜器

图版五八

1. 铜釜（M64:25）

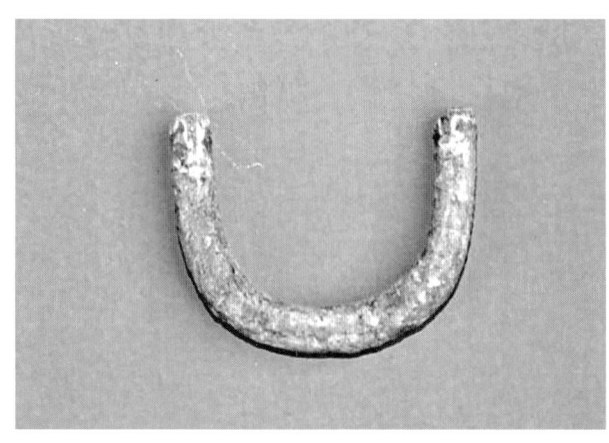

2. 铜輨饰（M64:50）

3. 陶罐（M65:2）

4. 铁器（M65:1）

5. 铁钁（M68:1）

6. 铁斧（M68:2）

汉代墓葬 M64、M65、M68 出土遗物

图版五九

1. 盖弓帽合照（M68:3）　　　　　2. 当卢（M68:4）

3. 车軎（M68:5）　　　　　4. 軚首饰合照（M68:6）

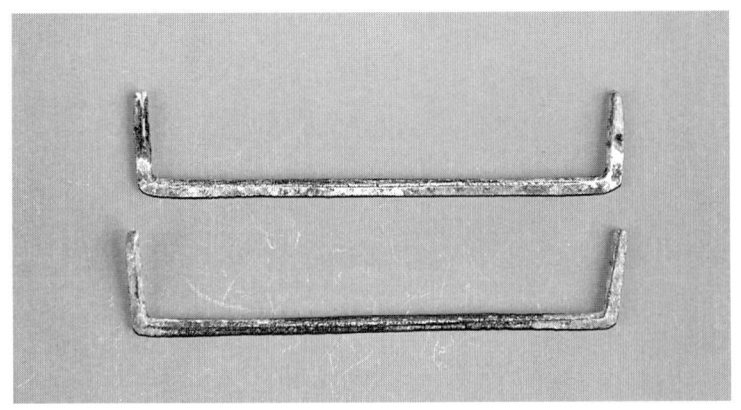
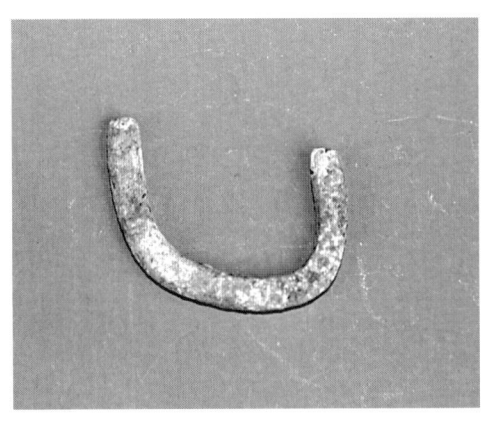

5. 輢饰合照（M68:7）　　　　　6. 轙饰（M68:8-1）

汉代墓葬 M68 出土铜器

图版六〇

1. 铜扣（M68:8-3）

2. 铜柲末端饰（M68:8-4）

3. 陶壶（M69:1）

4. 陶壶（M69:2）

5. 小陶壶（M69:3）

6. 陶耳杯合照（M70:1、2）

7. 陶耳杯（M70:1）

汉代墓葬 M68、M69、M70 出土遗物

图版六一

1. 耳杯（M70:2）

2. 器足（M70:3）

3. 勺（M70:4）

4. 三足樽（M70:8）

5. 魁（M74:1）

6. 圆盘（M74:7）

汉代墓葬 M70、M74 出土陶器

图版六二

1. 圆盘（M74:8）

2. 圆盘（M74:9）

3. 仓（M75:1）

4. 仓（M75:2）

5. 器盖（M75:3）

6. 罐（M76:1）

汉代墓葬 M74、M75、M76 出土陶器

图版六三

1. 陶罐（M78:1）

2. 小陶壶（M78:2）

3. 陶壶（M78:4）

4. 铜釜（M78:3）

5. 陶壶（M78:5）

6. 陶壶（M78:6）

7. 小陶壶（M78:7）

汉代墓葬 M78 出土遗物

图版六四

1. 陶壶（M79:2）

2. 陶壶铺首（M79:2）

3. 陶壶（M79:1）

4. 小陶壶（M79:3）

5. 陶壶（M80:2）

6. 陶壶铺首（M80:2）

7. 陶壶（M80:3）

8. 小陶壶（M80:4）

9. 铜镜（M80:1）

汉代墓葬 M79、M80 出土遗物

图版六五

1. M81:1　　　　　2. M81:2　　　　　3. 小（M81:3）

4. M82:1　　　　　5. M82:2　　　　　6. 小（M82:3）

汉代墓葬 M81、M82 出土陶壶

图版六六

1. 陶壶（M84:1）

2. 陶壶铺首（M84:1）

3. 陶仓（M86:5）

4. 玉器（M86:2）

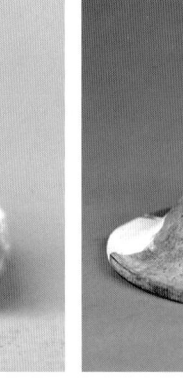

5. 陶器盖（M86:3）

6. 陶壶（M87:1）

7. 陶壶（M87:2）

8. 陶壶（M88:1）

汉代墓葬 M84、M86、M87、M88 出土遗物

图版六七

1. 小（M87:3）　　2. M88:3　　3. 釉（M88:4）

4. 小釉（M88:5）　　5. 小釉（M88:6）　　6. 釉（M88:7）

汉代墓葬 M87、M88 出土陶壶

图版六八

1. 釉陶壶（M88:8）

2. 铜釜（M88:9）

3. 铁锸（M88:10）

4. 陶器盖（M88:11）

5. 陶器盖（M88:12）

6. 陶壶（M90:1）

7. 陶壶铺首（M90:1）

8. 陶壶（M90:2）

汉代墓葬 M88、M90 出土遗物

图版六九

1. 小壶（M90:3）

2. 器盖（M94:3）

3. 小壶（M95:1）

4. 壶（M95:2）

5. 壶（M95:3）

6. 小壶（M95:4）

7. 仓（M96:3）

8. 壶（M97:1）

汉代墓葬 M90、M94、M95、M96、M97 出土陶器

图版七〇

1. 小壶（M97:2）   2. 瓮（M97:3）   3. 小壶（M99:2）

4. 壶（M105:1）   5. 壶铺首（M105:1）

6. 壶（M105:2）   7. 壶铺首（M105:2）

汉代墓葬 M97、M99、M105 出土陶器

图版七一

1. 小陶壶（M105:3）

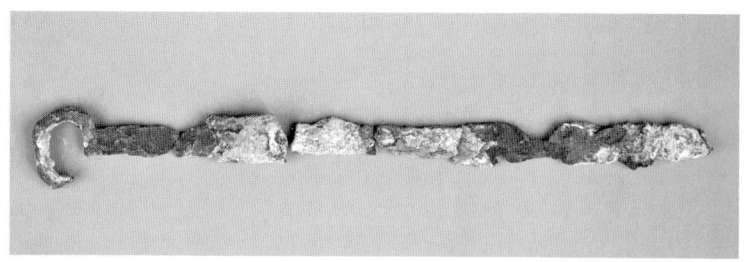

2. 铁刀（M109:1、2）

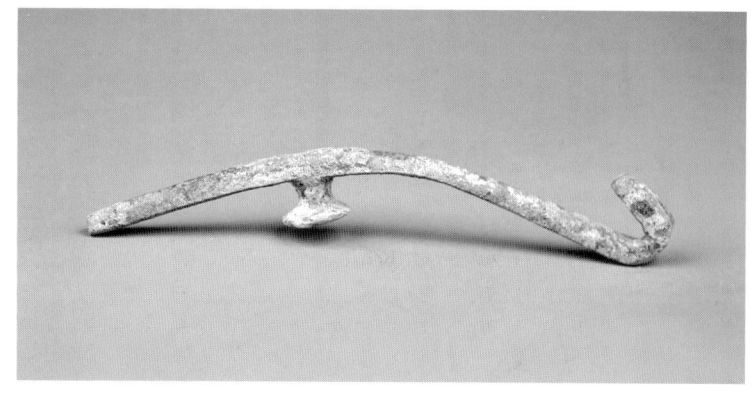

3. 铜带钩（M109:4）

4. 小陶壶（M109:3）

5. 陶三足樽（M109:5）

汉代墓葬 M105、M109 出土遗物

图版七二

1. 仓（M110:1）

2. 仓（M110:2）

3. 壶（M110:3）

4. 小壶（M110:4）

5. 壶（M110:5）

汉代墓葬 M110 出土陶器

图版七三

1. 三足樽（M111:2）

2. 三足樽（M112:3）

3. 器盖（M112:5）

4. 壶（M113:1）

5. 小壶（M113:2）

汉代墓葬 M111、M112、M113 出土陶器

图版七四

1. 壶（M113:3） 2. 壶（M113:4） 3. 壶（M113:6）

4. 小壶（M113:5） 5. 仓（M115:1） 6. 器盖（M115:3）

汉代墓葬 M113、M115 出土陶器

图版七五

1. 陶三足樽（M115:4）

2. 陶仓（M115:5）

3. 陶壶（M117:2）

4. 铁刀（M117:4）

5. 铁刀（M117:5）

汉代墓葬 M115、M117 出土遗物

图版七六

1. 小陶壶（M118:4）

2. 陶罐（M118:3）

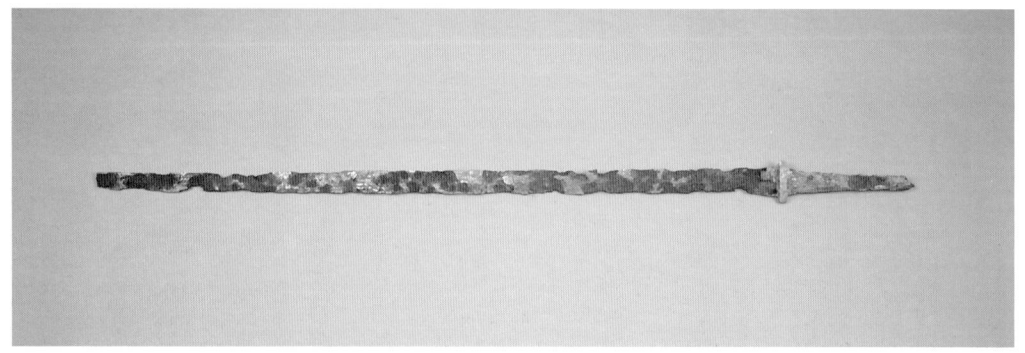

3. 铁剑（M119:1）

4. 陶壶（M119:2）

5. 陶壶（M119:3）

汉代墓葬 M118、M119 出土遗物

图版七七

1. 小陶壶（M119:4）

2. 铜釜（M120:1）

3. 陶壶（M120:2）

4. 陶壶铺首（M120:2）

汉代墓葬 M119、M120 出土遗物

图版七八

1. 陶壶（M120:3）

2. （M120:3）

3. 小陶壶（M120:4）

4. 陶壶（M121:2）

5. 陶壶（M121:3）

汉代墓葬 M120、M121 出土陶壶

图版七九

1. 铜釜（M121:4）

2. 陶罐（M121:5）

3. 陶罐（M121:6）

4. 陶罐（M121:7、9）

5. 陶罐（M121:8、13）

汉代墓葬 M121 出土遗物

图版八〇

1. 罐（M121:10）

2. 器盖（M121:11）

3. 壶（M121:12）

4. 三足樽（M123:2）

汉代墓葬 M121、M123 出土陶器

图版八一

1. 陶盘（M123:3）

2. 陶仓（M123:4）

3. 陶壶（M123:5）

汉代墓葬 M123 出土陶器

图版八二

1. M16 陶壶、铜釜合照

2. M2 陶壶、铜釜合照

3. M37 陶壶、陶罐合照

5. M7 陶壶、陶罐合照

4. M39 陶壶、陶罐合照

汉代墓葬出土遗物合照

图版八三

1. M41 陶仓、陶罐合照

2. M46

3. M58

汉代墓葬出土遗物合照

图版八四

1. M69 陶壶合照

2. M88

3. M121

汉代墓葬出土遗物合照